中学卷

30年教学理论与实录精华

语文报社精品大系丛书编委会

总 顾 问：陶本一

主　　任：蔡智敏

委　　员：赵建功　桑建中　郭文虎　任彦钧　高海平　裴海安

邓　静　姜联众　刘　远　曾　先　王　琦　闫银夫

李虹宾　吴殿魁　荆建强　徐永平　韩宇波　王　睿

王建锋　牛天德　刘应伦　贾文浒

本册编选：《语文教学通讯》编辑部

责任编选：彭笠　王华林　张水鱼　李晋钰　安秀海　张小三

华夏出版社

图书在版编目（CIP）数据

30年教学理论与实录精华·中学卷 / 语文报社编著. —北京：华夏出版社，2010.6

（语文报社精品大系）

ISBN 978-7-5080-5219-9

I. ①30… II. ①语… III. ①语文课—教学研究—中学—文集
IV. G633.302-53

中国版本图书馆CIP数据核字（2009）第087719号

出品策划：
网　　址：http://www.xinhuabookstore.com

30年教学理论与实录精华·中学卷

编　　著	语文报社
责任编辑	张素琴
封面设计	思想工社
排版制作	思想工社
出版发行	华夏出版社
	（北京东直门外香河园北里4号　邮编：100028）
经　　销	四川新华文轩连锁股份有限公司
印　　刷	北京通州皇家印刷厂
开　　本	787mm×1092mm　1/16
印　　张	37.5
字　　数	590 千字
版　　次	2010年6月第1版　2010年6月第1次印刷
定　　价	68.00元
书　　号	ISBN 978-7-5080-5219-9

本版图书凡印刷、装订错误，可及时向我社发行部调换

这缤纷的是时间的花朵
——"语文报社精品大系"代序

蔡智敏

　　"子在川上曰：逝者如斯夫！"时间，真像是一条不舍昼夜的河流。而真正可怕的是，这河流是无形的，它寄形于一切变化之中，却又悄无声息。它就是生命之本质。我们活在时间中，既享受着它的温情，又承受着它的无情。

　　说它温情，是因为属于我们的时间，也会开花，也会结果。

　　无情的是，它淘汰了很多东西，让它们变成河岸上的泥沙。

　　说这些话，是因为想到了语文报社的历史。

　　从1978年创办《语文教学通讯》杂志开始，语文报社已经有了三十年的历史。《语文报》创办于1981年月10月，它的历史也近三十年了。

　　三十年来，报社的报刊一期接一期地出版，读者一批接一批地涌现，论其总数，当以千万计！语文报社的报刊一直深受读者的欢迎。语文报创刊十周年的时候，著名语言学家吕叔湘先生曾为语文报题词，他说："我看见过许多刊物，起头办得很好，时间长了就难以为继，最后就停刊了。《语文报》从创刊到现在，已满十年，还是办得那么生机勃勃，还是那么受读者欢迎，这是很不容易的，是值得庆贺的。"虽然时间又过了近二十年，应该说，吕叔湘先生的话仍没有过时。这一直是语文报人引以为自豪的事。

　　三十年来，语文报社的报刊所以一直受到读者的热烈欢迎，自有其原因。

　　首先是因为有许多优秀的作者。他们有作家，教育家，语文专家，科学家和其他社会工作者；更有特级教师，一线老师，以及各学段各年级的学生。他们奉献出来的，是知识、思想、情感、艺术，是生命的精华，是永不消竭的爱的情愫。正是这些元素，构成了报刊的主体内容，滋养、教育和感动了数不清的人。

　　而一支优秀的编辑队伍，对每一篇文章进行精心的选择、加工和修改，力求做到精美、扎实、生动、丰富、实用，也是《语文报》深受读者欢迎的重要原因。三十年来，语文报社的编辑可以说一直是这个行业中最敬业的人。这种精神的产生，始于语文报社的创始人陶本一先生。正是他，最先把这种忘我的奉献精神和精益求精的品牌意识，传导给了这个不断发展的队伍。

　　我至今都记得二十五年前我刚到报社上班时的情形：那时候陶先生亲任总编，他正值盛年，思想非常活跃（现在仍然如此），他的每一个点子都是一种创意，我们必须跟随着他的节奏工作。他工作效率很高，常常废寝忘食。每一篇文章他都要亲自审阅，重要文章他要亲自修改或撰写。我记得当时是每星期五最后定稿，然后连夜送往太原付印。那一篇篇的文章本来就是编辑们从一麻袋一麻袋的来稿中精选出来的，即便如此，最后过总编这道关仍是一件非常难的事。只要稍有一点不满意，轻则修改，重则重编。等这一篇篇的文章都过了关，常常是已经到了星期六的凌晨……

《语文报》的每一篇文章从一开始就是这样审出来和改出来的。

正因为这样，《语文报》才一直深受读者的青睐。《语文报》的读者已经不止一代人。有不少人保存着十几甚至二十几年前的《语文报》合订本，作为珍贵的资料。每每看到或听到这种情形，我们除了心头有一份感动之外，也常常会生出一种愿望，那就是将三十年来语文报社出版的杂志和报纸上的文章进行精选，重新编辑出版，奉献给那些热爱语文和《语文报》的读者。

现在，在新华文轩公司的大力支持下，这一愿望终于实现了。

这套"精品大系"采取了分年级段分类选编的办法。有小学部分、初中部分和高中部分，而每册书又有各自独立的书名，使之具有相对的独立性，以便于不同学段的读者选择阅读。而每本书的内部体例，则根据内容有所不同。总目标是丰富实用，符合现在读者的需求。

《语文教学通讯》杂志是面对中小学教师的教学研究型杂志，多年来一直深受教师们的欢迎。现在也从中精选出一部分至今仍然十分有阅读价值的文章，编为三册，以飨读者。

毫无疑问，这套丛书的内容是十分丰富的。选在这里的，无论是经典的美文、还是优秀的作文，或者是语言文化常识等等，都是《语文报》所刊登过的最精彩的文章。文学性、知识性、实用性、趣味性兼备，是这些文章的共同特点。

如果说《语文报》的文章是异彩纷呈的，那么，这里缤纷着的，正是时间的花朵，这不是过往道路上零乱的落英，而是记忆的春光中永不凋谢的鲜花。当然，这些花瓣上也流泻着时间的光影，隐现着岁月的痕迹，在历史长河中永葆醇厚的馨香与价值。

最后，我要特别感谢新华文轩公司的每一位朋友，为这套书的出版，他们付出了大量精力。没有他们的努力，这套书难于即时面世。而有一位朋友是我们必须特别感谢的，那就是黄红杰先生。从这套书的策划到编辑出版，他都付出了很多心血。在他的身上，我们看到了一位优秀的出版人所具有的卓越品格。在这个母语学习被许多人所忽视的时代，他肯为一套语文学习方面的书花费如此心力，也显现了他的远见卓识。

上篇 教学理论

下篇　精彩教学实录

▶▶▶ ⊙ **Chapter01　阅读教学**

记叙文部分

议论文部分

说明文部分

上篇
教学理论

Chapter

01

语文教育原理

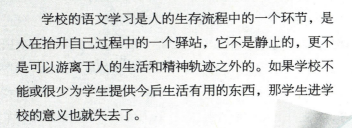

　　学校的语文学习是人的生存流程中的一个环节，是人在抬升自己过程中的一个驿站，它不是静止的，更不是可以游离于人的生活和精神轨迹之外的。如果学校不能或很少为学生提供今后生活有用的东西，那学生进学校的意义也就失去了。

思想性·艺术性·培养性

——对语文教学的几点剖白

❋ 吕志范

一

语文教学有着强烈的思想性。语文教师要通过教学不断提高学生的思想认识水平，这是提高学生政治觉悟、培养学生语文能力和开发学生智力的迫切需要。

很难设想，学生的思想认识水平十分低下，却能有高尚的品德修养，美好的思想情操，远大的革命理想和高度的政治觉悟。也难设想，这样的学生会有很强的听、说、读、写的本领。更难设想，他会准确地观察，深刻地理解，本质地分析，合理地想象，缜密地思考和富有意义地创造。

那么，怎样才能突现语文教学的思想性，不断提高学生的思想认识水平呢？这使我不由得想起有一年盛夏在庐山观赏清溪幽涧的情景。你看它，因地而宜，随势而趋，潺溪流泻于山岩林丛之间，极其流畅，极其自然。望去，叫人魂荡神摇；触之，令人心爽骨润；听来，使人如聆鸣环。我们语文教师要突现语文教学的思想性，提高学生的思想认识水平，何尝不可以效仿这清溪幽涧呢？如果我们掌握了语文教材的特点，摸透了学生的思想脉搏，选准了具体的教学方法，搞好了课堂整体设计，语文教学思想性的溪流不是也会穿林越谷，奔涌向前，不断滋润学生的心田吗？

是的。有时，这强烈的思想性可以体现为形象感染。它不需要教师做多少理性分析，而是以教材提供的形象为依据，极其自然、非常直接地对学生的思想认识施加影响，引起他们情感的共鸣，做到潜移默化，耳濡目染。这正如庐山的小溪，它不单单依赖于溪岸野花芳草的娇翠吸引游人，而主要的是依赖于自身的清澈、明净、醇美和甘冽，让饮者陶醉。《记念刘和珍君》一文中，作者五次写到刘和珍"始终微笑着，态度很温和"的肖像特点，给人留下深刻印象。然而就是这样一位善良和蔼、笑容可掬的女性，却表现出火一样的革命热情和鲜明的爱憎情感。她敢于带领进步青年反抗广有羽翼的校长，她敢于同卖国的反动军阀作殊死斗争，她敢于在枪弹的攒射中正视淋漓的鲜血。因此，在刘和珍的笑影中，我们看到敌人的凶残和卑劣，看到革命青年的风姿和品格，看到衰亡民族的曙光和希望。我想，如果教师能够从形象自身的意义出发去引导学生认识刘和珍，怎会不使学生从形象的感染中提高认识，得到教益呢？

有时，这强烈的思想性还可以体现为哲理昭示。它要求教师不停留在教材思想内容的表面，而是深入其本质，做恰当的升华性的处理，给学生以更深刻的思想启迪。这正像庐山的小溪，它所眷恋的不只是沿路嶙峋的一山一石和葱茏的一草一木，它所追求的目标更高更远，是浩浩荡荡的长江，是无际无涯的大海。《钢铁是怎样炼成的》的作者，在《筑路》这个重要章节中，描写了秋雨连绵的阴晦天气，粮柴奇缺的艰苦生活，疾病瘟疫的猖獗蔓延，凶恶敌人的频繁骚扰，这一切考验着保尔和每一个筑路者。在严峻考验面前，有的人胆怯了，动摇了，叛变了，而更多的人却经受住了这重重困难的磨炼，成为坚硬的钢铁。"筑路"，顾名思义，就是指共青团员在为人民筑路，为革命筑路，实际也是在为自己修筑一条壮丽的人生之路。我想，教师这样做升华性处理，自然会牵动学生对人生探索的情思，更能加深学生对人生的思考。

有时，这强烈的思想性也可以体现为美育诱导。它要求教师在教学中注重培养学生感受美、认识美、辨别美的能力，以促进他们在复杂纷纭的生活中，对不同现象、不同事件、不同人物、不同问题做出正确判断，区别出美丑、是非、曲直、真假和善恶。这正如天下的小溪名目繁多，优劣有别：有清溪，有浊溪；有石溪，有沙溪；有甜溪，有苦溪；有龙溪，有蛇溪，要你自己去玩味、鉴别。《猪八戒照镜子》这幅漫画中，猪八戒用钉耙打碎穿衣镜，目的是掩饰镜中照出的自己的丑相。显然，猪八戒是作者鞭挞的对象。它使人联想到那些文过饰非者听见批评就火冒三丈、暴跳如雷的种种丑相。而画中的镜子则是作者美的理想的化身，尽管镜子被砸成千百块碎片，但它仍然在每块碎片中顽强地映出猪八戒的丑相。它使人联想到那些

实事求是、坚持原则者宁为玉碎、不为瓦全的精神。在引导学生赏析这幅漫画，写作《看画有感》的时候，如果教师适当进行美育诱导，就可以使学生从美与丑相辅相成的关系中认识到，没有丑，就没有美，美更加暴露了丑，丑更有力地印证了美。从而可以提高学生的认识水平，保证作文的思想深度。

二

语文教学应当讲究艺术性。听了一节好课人们常常说："这节语文课真好，简直是艺术享受。"这从一个侧面说出了语文教学的这种特性。是的，语文教学确实是一门艺术。它需要把丰富的教学内容和灵活的教学方法巧妙地结合在一起，它需要把教师的主导作用和学生的主体作用结合在一起，它还需要把局部性教学设计和全局性教学设计结合在一起，构成课堂教学的整体。这个整体像一支交响乐队，在指挥者的指挥下演奏着和谐而美妙的名曲。

我常想，听交响乐队演奏名曲时，人们往往深深地沉醉于它那丰富的旋律所创造的氛围中，欣然地感受着那鲜明而多变的节奏，思绪情不自禁地和它一同起落沉浮，被它带到一个新的境界和新的天地，即使演奏终止，也有一种长久不逝的回味感萦绕在心头。语文教学的艺术性大概也该如此吧？

语文课堂教学不是也需要创造特定的气氛吗？须知，沉闷、凝滞的课堂气氛是学生学习兴趣的坟墓，是开发学生智力的障碍。语文教师有责任通过创造特定的气氛振作学生的学习情绪，激发他们的浓厚兴趣，调动他们的积极思维，使他们理智而又动情地学好语文。科学实验证明，学生在情绪振奋、

兴趣盎然和思维积极的时刻所学到的知识，最易进入智力库存，而且也保存得最长久。当然，创造课堂气氛绝不是千"课"一面，它要因教材内容和风格的不同而不断变异。《荷塘月色》需要宁谧、幽深的气氛，《一月的哀思》需要肃穆、哀悼的气氛，《分马》需要幽默、欢乐的气氛，《药》需要凝重、悲思的气氛，《美洲彩蝶王》需要热烈、探索的气氛，《拿来主义》需要论辩、述理的气氛……

此外，课堂教学自身也需要有一定的气氛，即热情、主动的求知气氛。这要求教师在一节课的设计中应该考虑到教学内容对学生吸引力的强弱，教学进程的起落变化对学生学习情绪的影响，知识传授、能力培养、方法指导在课堂上能形成几次高潮。这样上起课来，教师对控制课堂气氛才能做到心中有数。

语文课堂教学不是也需要讲究节奏吗？这正像交响乐队演奏交响曲的不同乐章一样，其节奏有时明快，有时舒缓，有时急骤，有时轻柔，而语文课堂的节奏到底受什么制约呢？首先，它是跟学生对知识和能力的接受程度相结合的。学生已知和易知的内容，课堂节奏就可明快些，不可拖拖拉拉；学生未知和难知的内容，课堂节奏就可徐缓些，不宜匆匆忙忙。其次，课堂节奏也是和教学的气氛相协调的。不同的教学气氛需要不同的教学节奏。欢乐的气氛节奏明快，宁静的气氛节奏轻柔，悲壮的气氛节奏凝缓，激愤的气氛节奏急骤。再次，课堂节奏又是和师生双边活动相联系的。这正如一位钢琴家，熟悉他手下的每个黑白琴键，才能按到哪个哪个响，疾徐强弱控制自如。同

样，一位教师对各类学生更要了如指掌，只有这样，在课堂上才能够有计划、有步骤地对他们进行训练，达到师生默契，使课堂节奏得到恰当的控制。另外，课堂节奏也是和所运用的教学方法相一致的。讲述、提问、讨论、练习等不同方法的应用，使课堂节奏出现起伏跌宕的变化，影响着课堂教学的进程，决定着课堂的面貌。

语文课堂教学不是也需要把学生带入新的知识境界吗？这正如交响乐队演奏时，在指挥者的指挥棒下，不知奔泻出多少美丽、雄壮、激动人心和热情洋溢的乐章，它们把听众带入一个又一个迷离、奇幻、宏丽、肃穆、明净、幽深的新天地，让人深深受到震动。

同样，学生进入语文课堂后，也总是期待着教师教给他们一些新知识、新能力，把他们带入知能的新领域。因此，语文教师在教学时不应总是搬弄那些陈旧的、重复的、无生气的和僵死的东西，而应不断探索，刻意求新，注意用新知识、新能力武装学生，并巧妙地留给他们进一步回味的余地。比如，讲朱自清的《春》，分析春风一段教师可以说：风是无形的，树枝轻轻摇动，我们知道那是风上了树梢头；水荡起层层涟漪，我们知道那是风吹皱了一池春水。这告诉我们，写无形的事物可以借助有形的事物来加以表现。教师这样传授知识就能给学生以新的感知。但是，这些知识内容绝不是表现无形事物的方法的全部，因为，风还可以送来宛转的鸟鸣声，还可以传来芬芳的泥土香，还可以像母亲的手一样抚摸你。这样经过学生的回味，他们可以悟出，写无形的事物也能通过无形的声音、无形的气味、无形的

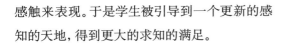

感触来表现。于是学生被引导到一个更新的感知的天地，得到更大的求知的满足。

三

语文教学还应具有强烈的培养性。这是它的归宿。语文的培养性表现在对学生道德素养、文化素养、知识素养和能力素养等多方面的培养，而核心是对语文自学能力的培养，因为只要具备了自学能力，其他素养都能自己去获得。

怎样培养学生自学能力呢？我以为，关键是教师要充分相信学生，而且能大胆地、有指导地放手让学生自学。这使我想到春天的草原，当温馨的东风一吹，草原上的野花竞相怒放，这时，辽阔的草原变成鲜花的海洋、色彩的海洋、芳香的海洋。培养学生自学能力，就要求教师把学生引到花的草原中去，放手让他们自己去充分领略草原的春光，而不是把他们关在小屋子里，单纯地靠教师采摘几朵零星的小花塞到他们手中，单纯地靠教师向他们转述草原春光的美妙。

培养学生自学能力有各种形式。其中，自学汇报课、独立阅读课、练习作业课是培养自学习惯、发展自学能力的几种主要课堂形式。它们使学生跳离了被动学习的局面，走出教师为他们设置的狭小的知识天地，主动涉足到知识鲜花遍开的草原，积极地采撷丰硕的知识果实，饱尝到求知、获知的欢乐。由于他们身上的束缚解除了，视野开阔了，做了学习的主人，因此，在攻取知识、锻炼能力的过程中更加勤于思索，勇于探求，更加大胆质疑，热心讨论，结果也就更能促进智力的发展和能力的提高。不少学生在谈到自学汇报时的感受，都陈述了这样一个心路历程：畏惧——凝思——悟理——畅述——欢乐——新的企盼。

今天，对语文教学的培养性有了更高的要求。邓小平同志提出的"三个面向"，为语文教学指明了方向。语文教师在教学中更应当目光远大。现在我们高中一年级开设了专题课，它既紧密联系教材又略高于教材，既从课内语文学习出发又照顾到课外阅读欣赏的需要，既有利于理解新知识又有利于跨入未知领域，受到学生的欢迎。但是，我的体会是，语文教学的培养性更重要的应表现为建立在自学能力基础上的动手能力，即实践能力的培养。也就是说，我们不单单要把学生带入花的草原，让他们看到五彩斑斓的野花，明灿清涌的小溪，成群结队的牛羊，鸣音清丽的鸟雀，翩飞飘舞的蝴蝶，能欣赏这美好的境界，而且应当培养他们创造这美好境界的本领。培养创造力，是语文教学培养性的真谛。

从学"教"到教"学"

宁鸿彬

1955年，我中师毕业后走上了讲台，就像孩童学步，在教学的道路上歪歪扭扭地走着。28年来，我绕过弯，迷过路，但这使我从中吸取了经验教训，锻炼的步伐渐近平稳。回顾往事，我时常想起这段从学"教"到教"学"的历程。

用实践检验教法

在师范学校学习《教育学》的时候，老师就曾讲过："只有不好的教学方法，没有教不好的学生。"这话对我影响很大。从踏上工作岗位第一天起我就暗下决心，一定要注意向老教师学习，学得一套能够教好学生的教学方法。

学习多是从模仿开始的。最初，我也学着别人讲课的样子，首先介绍作者和时代背景，然后范读课文，讲解字词，划分段落，小结段意，分析课文，最后总结中心思想和写作特点。当时这样认为：似乎只有按照这样的程序进行教学，才算是中学的语文课。但是，由于一次意外，我对这种千篇一律的教学程式开始动摇了。那是1958年，我带着学生到农村参加秋收劳动。根据领导的要求，劳动之余，给社员读报；每天还要出一期黑板报，表扬农村和协作单位的好人好

事。我原以为这两项简单的任务由学生来完成是不成问题的，但实际情况却是：学生读不成句，报纸只好由我代读；学生写不成文，稿子也得由我改写或干脆重写。惊异之后，为了改变这种代劳的局面，我利用工余饭后，给学生办了个读写训练班。我有针对性地讲了报纸和黑板报稿的知识，并让他们动口、动手实地练习，又针对实践中出现的问题给以具体的指导。几天之后，情况竟大有好转，学生读报和写黑板报稿的能力较前有了明显的提高。

这件事给我的震动很大，为什么按部就班地学了几年语文课的中学生，竟连报纸也读不通，连简单的黑板报稿也写不好呢？而应一时需要匆忙搞起来的读写训练班，效果却不错呢？现实终于使我初步懂得了：那固定程式的语文课，不管什么课文，也不管什么学生，一律照套，只重形式而不讲效果；而这个临时训练班，则针对学生的实际水平和实际需要，从实用出发决定教什么和怎么教，没有条条框框，既要管教还要管用，所以取得了成效。这一对比使我明白了：教学方法要用教学效果来检验，有实效才算是好教法。此后，只要听说哪个学校哪位老师有效果显著的教学方法，我就登门去学；而对

于那些只讲形式不讲效果的方法，就是再精彩，再吸引学生，我也不学不用了。

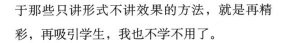
扎扎实实地传授知识

走出去学习，使我开阔了眼界。在边学习、边实践、边总结的过程中，我越来越清楚地认识到，语文教学只有通过课文的讲授，把语文基础知识扎扎实实地传授给学生，教学质量才会提高。而教学要做到扎实，不能毕其功于一役，要采取一系列教学措施，环环相扣，一抓到底。几年来，我采取的措施就是狠抓"懂—记—用"三个环节。

"懂"，就是传授的知识要使学生真正理解，不是死记硬背。对这个问题，我原想得很简单，以为只要把知识的含义讲明白就行了，其实不然。有一次，给学生讲"致力于"这个词语，我既讲"把力量用在某方面"的意思，又讲了"致"当"用"讲，"于"当"在"讲，自以为讲得很明白了。可是，当学生用这个词语造句的时候，却出现了不少"昨天晚上我致力于一道数学难题，收获很大""华罗庚同志把全部精力都致力于数学研究了"之类的句子。可以看出，学生对这个词语还没有完全理解，因而出现了诸如大词小用、内容重复等毛病。这正是因为我没有把"致力于"和"致力""用于""用"等词语进行辨析比较，也没有把这个词的释义大小、使用范围解说清楚。由此可见，把知识教懂绝非易事。

怎样才能把学生真正教懂呢？我的体会是既要教得"活"，又要教得"准"。要教得"活"，讲知识就不能脱离具体的语言环境。因为生动的语言材料不仅可以使学生获得感性的认识，还可以为他们记忆和运用知识创造条件。要教得"准"，就要讲究科学性，对所教的知识进行科学的分析和总结，以便使学生获得理性认识。只注意"活"而忽视了"准"，会使学生囫囵吞枣；只注意"准"而忽视了"活"，会造成学生死记硬背。把"准"与"活"结合起来才会相得益彰，有利于学生理解知识。

"记"，就是要使学生记住传授的知识。有一次，我和一个语文程度较低的学生闲谈。我问他："你的作文总是那么干巴巴的，词汇很贫乏。咱们在语文课上讲了那么多的词语，你怎么不用啊？"那个学生说："我也想用，可是作文的时候，就是想不起来。"他的话引起了我的深思：学生课堂懂了，并不等于记住了。而没有记忆，头脑中就没有储存，到用的时候自然是什么也拿不出来的。

为了解决学生牢记知识的问题，从1962年开始，我就用语言基础知识教学卡片给学生巩固知识。我把字词和其他语文知识如名词、术语等写在卡片上，每节课都抽出几分钟时间，以抽测的形式进行复习、练习。这样，就像"滚雪球"一样，帮助学生积累了知识。

"用"，就是指导学生运用学到的知识。在这方面，我抓了两个环节：一是讲解使用的方法，二是创造使用的条件。讲解用法要在学生理解的基础上进行。如词语，一般来说，要讲清意义的大小、词性、感情色彩、使用范围、搭配习惯等等，以使学生能够正确使用。所谓创造使用的条件，就是要给学生在运用知识上提供方便，排除困难，而不是信手拈来随便出个练习题了事。例如，我结合课文给学生讲了某种文章开头写法的知识以后，做练习的时候并不命题作文，而是先给学生讲一个故事，然后让他们给这个故事添一个开头。这样，学生就能把精力集中于"开头"的构思和表达上，而不致因要兼顾其他而分散注意力了。

让学生获得规律性的知识

1978年春，吕叔湘先生对中学语文教学提出了切合实际的中肯的批评。为了找到一条多快好省的提高语文教学质量的途径，我在这一年秋季开始了改革教学的第一轮试验。

为了使改革更彻底，也为了给自己更多的压力，我决定用初中三年时间，教完初、高中10本统编教材。我采用的主要措施是：讲授课文突出重点，有详有略，抓住课文精要的部分、精要的方面、精要的情节、精要的语句进行教学，其他内容略讲或不讲；大大加强语文基础知识教学和基本技能训练，在训练中注意做到多项内容、各种形式、多种时机、多方指导、多次反复。

这样试验了一段时间，教学质量虽有了明显提高，但对怎样才能花较少的时间使学生学得尽可能多的语文知识这一问题，还未很好解决。

我带着这个问题思索：为什么数学老师给学生讲解一两个例题，学生就能解出诸如此类的题目呢？为什么理化老师给学生做一次实验，学生就能解释出一系列有关的现象呢？这不正是因为这问题或实验，使学生掌握了某些公式或定理，从而使他们能依据这些公式、定理去解决其他有关的问题吗？语文虽然没有什么定理、公式，但是规律总是有的，使学生掌握规律，则是提高教学效率的关键。

于是，我在实践中开始了语文规律的探索。例如，我给学生讲了"襟怀坦白"这个词语以后，曾安排他们作造句练习，最初，不少学生都只把这个词语用于英雄、模范人物。我又提出"要用到自己身上"这一要求，学生开始有些踌躇，后来有个学生造出了"我们是新中国的少年，一定要襟怀坦白，诚恳待人"一句，给其他学生很大启发。此后我又提出"用在反面人物身上"的要求，就有不少学生经过积极思考，造出了类似"那些投机倒把分子，只知损人利己，绝不会襟怀坦白"这样的句子，在这个基础上，我才进一步引导学生总结出褒义词用法的规律，即：①用于正面人物；②以提出努力方向的形式用于自身；③以否定形式用于反面人物。这种方法很受学生欢迎，他们说："这样学习好，学一个，就能懂一串。"我也从中坚定地认识到：只有把规律传授给学生，才能为他们举一反三、触类旁通创造条件。

探索学习语文的规律

1981年暑假，我们的第一轮教改试验完成了预定的任务。秋季，以全面探索语文教学规律、培养能力和发展智力为研究课题的第二轮试验开始了。

我认为探索语文教学的规律要按照这样的顺序去研究：在明确语文教学要培养学生

的听说读写能力的前提下，首先要搞清楚语文教材的特点，其次是搞清楚学生应该怎样学习语文，第三是根据语文教材的特点和学生学习语文的规律，去改革语文课的教学方法。

语文不同于知识的系统性较强的其他学科。语文教材除了少量的知识短文以外，全是一篇篇的文章。也可以说，语文教材不是知识的讲解形式，而是知识的使用形式。由此看来，学习语文，其目的不在教材本身的形式，而是要向教材索取知识和技能，把蕴藏于课文中的语文知识和语文技能提炼出来。古往今来，人们无不以读文章为学习语文的主要形式，"口诵心惟"便是前人总结出来的读书方法。朱熹曾说过："观书先须熟读，使其言皆若出于吾之口，继以精思，使其意皆若出于吾之心，然后可以有得尔。"他又说："读书无疑者须教有疑，有疑者却要无疑，这才是长进。"把他的话综合起来，读书的过程就是"熟读—精思—有得"，而"精思"的过程，则是从无疑到有疑，最后释然又无疑的过程。

为了验证古人的经验之谈有无借鉴价值，我又向学生作了一些调查。他们有的说自己受益于多读：不仅看得多，而且要认真地读，仔细地读，搞摘抄、做笔记。这样读了一段时间就积累了一些东西。有的说自己受益于多思：在学课文之前，自己总是认真预习，发现问题，研究解决，然后在课堂上再把老师讲的和自己的理解对照，如果老师讲的和自己的理解不同，一定要找出个究竟来。有的说自己受益于多练：不管在课内还是课外，只要学到一点就去模仿、就去运

用；也有的时候是自己不会做了，再去学习。

把前人的经验和学生的体会归纳起来，我认识到：学习语文离不开"读、思、练"这几个环节，学习一篇文章则要经过"熟读—质疑—解疑—总结—运用"这样几个步骤。

如果说这一学习语文的基本规律符合实际的话，那么，以老师的读代替学生的读，以老师的一系列提问代替学生的发现问题和认识问题，以老师的讲解代替学生的分析问题和解决问题，以老师的总结代替学生自己从课文中提炼知识，以老师布置的有限的作业代替学生对知识的运用，就都不符合这个规律。多年的教学经验和教训也已证明，以老师的实践代替了学生的实践，是不可能使学生真正学好语文的。认识到这些规律之后，我就开始了改革教学方法的进一步探索。

关键在于指导学生进行实践

要使自己的教学方法切合学生的学习规律，最重要的一点就是要教给学生怎样去学习，也就是说，课堂教学要以学生的实践活动为主，在老师指导下由学生自己去进行实践。

所谓以学生的实践活动为主，具体说，就是文章要由学生自己读懂，疑问要由学生自己提出，问题要由学生自己分析解决，知识要由学生自己发现，规律要由学生自己找到。概括讲，就是使学生通过自己的实践，获得知识，增长能力，发展智力。

所谓在老师指导下学生自己进行实践，

我以为应包括下列两方面内容：一是给学生的实践活动创造条件，诸如充分调动学生课堂活动的积极性，提供或指定学习资料、工具书，讲授必要的入门知识，设计并组织以学生实践为主的课堂教学活动，等等；二是培养学生良好的学习习惯，向学生传授学习语文的方法，诸如怎样读书，怎样发现问题和提出问题，怎样分析问题和解决问题，怎样从课文中提炼知识，怎样运用所学知识，怎样写学习笔记，等等。

按这样的规律进行教学，老师的指导作用则是相当重要的。我的体会是老师一定要指导到点子上，这个点子就是思路。往往会出现这样的情形：老师安排学生质疑，他们却提不出问题，原因是他们还不知道怎样去发现问题；老师安排学生分析，他们却理不出个头绪，原因是他们还不知道从何入手；老师安排学生总结概括，他们却弄不出个名堂，原因是他们还不知道从哪些方面做起。总而言之，他们的思想还不宽广、思路还不通畅，不知道该想些什么和怎样去想。可见，打开学生思路，使他们掌握思考各种问题的多种途径，就是教师指导的核心。

为做到这样的指导，我常采取如下几种办法：①教师作质疑、分析、概括的示范，并向学生揭示自己这样做的思路；②请学生中进行质疑、分析、概括等活动的优秀者讲讲自己的思路；③针对一些课文中提出问题、解决问题的实例，向学生揭示作者的思路；④直接向学生讲解思考问题的思路。

经过这样的指导，学生的思路通达了，思考问题的能力显著增强了。现在学习一篇课文，他们在老师的组织和引导下，自己质疑、分析、概括，不仅学得积极主动，而且深入扎实。例如，初中第四册《机器人》这篇说明文，开头写出人可以蹬梯子摘苹果之后，接着就举出机器人可以模仿猴子摘香蕉的事例。当我安排学生就此质疑的时候，他们提出：课文为何不先解释什么是机器人，然后再举例说明，而是开头就先举例呢？课文为什么非举摘苹果、摘香蕉这样极普通的例子呢？举更先进的例子不是更好吗？当我组织全班研究了这两个问题，并从中找到使用举例法作说明的规律以后，他们自己得出了这样的看法：第一，举例要通俗易懂，能够使读者接受，本文就是根据这个原则选择事例的。文无定法，只要符合这个原则，举别的事例也可以。第二，本文的事例比较简单，几句话就可以说清楚。先举例则可以使文章生动、吸引人，但这并不是固定的形式。《统筹方法》一文就是先下定义后举例，因为那篇课文的举例比较复杂。这说明什么时候举例，要从效果出发。几年来的实践使我坚信：学生提出的问题有许多是有钻研价值的，他们谈出的看法也有不少是具有一定深度的。在老师的指导下由学生自己进行实践，以教给学生怎样学习为核心的教学方法是完全行得通的。

对语文教学的两点思考

❋ 赵大鹏

思考一：阅读能力和阅读教学

语文能力的核心是阅读能力，语文教学的主体内容是阅读教学，这个认识大概不会有什么争议。然而，什么是阅读能力，什么是阅读教学，似乎至今也说不大清楚。为什么呢？有观念问题，也有方法问题。

长期以来，甚至可以说是有阅读教学以来，文章学就成为阅读教学的理论基础。对阅读教学的目的、任务，乃至方法、过程的认识，无一不是以文章学的基础理论为依据。谈到阅读和阅读教学，当然是字不离词、词不离句、句不离段、段不离篇，当然是中心、结构、写法、语言。我们早就习惯于把这些看做阅读文章的方法，看做读懂文章的标准，看做阅读教学的任务。这种观念，与阅读教学设计的程式化，甚至千篇一律大约不无关系。

我绝对没有否定文章学的意思，只是想提出这样一个认识：阅读教学似乎不应当以文章作为唯一的理论基础。读文章，有时确实是为了弄懂中心、结构、写法、语言，但必须承认，有时读文章不是为了弄懂这些，或即使弄懂了这些，却没能达到预期的阅读目的。现代社会需要这样一类阅读：阅读的目的是获取信息，阅读的过程即是对信息的识别、区分、判定、筛选、组合的过程。字不离词、词不离句、句不离段、段不离篇——不能准确概括这类阅读的过程和方法。这类阅读的重要性和实用价值是不言而喻的。从信息论的角度看，阅读材料的价值就在于它是信息的载体，以获取信息为目的的阅读，需要阅读者具备相应的处理信息的能力；这类阅读能力的训练，着眼点也应该是训练处理信息的质量和速度。目前，不少年轻教师尝试将计算机多媒体系统用于阅读教学，探索大量、快速处理文字信息的方法和途径，这种尝试和探索是十分有意义的。可以说，以信息论为基础的阅读教学观念与计算机的结合，带来的将是阅读教学的一场革命，其影响的深度和广度，目前还很难预料。阅读教学观念需要更新，这就是结论。

更新阅读教学观念不能是一句空洞的口号，应当具体化为实实在在的教学思想和教学行为。当前急需解决的是对阅读过程以及阅读教学过程特点的再认识。我想强调如下两点认识：

第一，任何形式的阅读活动，都是对阅读材料的筛选。

这个认识强调了阅读过程这样一个特点：不存在百分之百吸收式的阅读，即使熟读成诵，甚至倒背如流。

阅读目的决定了筛选的方向。为查阅资料阅读，阅读过程即区分有用资料与"无用"资料、筛选出所需资料的过程。为解决疑难问题阅读，阅读过程就是寻求答案的过程，对其他内容则往往无暇顾及。为积累知识阅读，阅读过程则是吸收"新"知识的过程，对于早就熟悉的知识则可以一带而过。为消遣阅读，阅读过程几乎可以随心所欲，什么内容引起兴趣就关注什么，甚至反复读，不感兴趣的就略过去。

读者的特点影响着筛选的质量。文化水平较低的人读专业性太强的科技类文章，对文中涉及的专业知识、概念、术语等等，筛选的质量不会太高；适合成年人阅读的文章，非要让中学生阅读，很难保证筛选方向正确。文化教养、专业、年龄……都影响着筛选的质量。这里，尤其需要重视的是"年龄"。研究中学生阅读，要特别重视对少年晚期到青年早期这个年龄段心理特征的研究，研究不同年级的学生的心理特征与筛选方向、筛选质量的关系。

阅读方式，就是筛选方式。不同的阅读方式，其实是不同的筛选方式。精读、略读，筛选的目的、任务不同，前者筛选的"点"当然多于后者，对筛选质量的要求也高于后者。默读、朗读，前者强调的是对文字符号的思考，后者强调的是对语言单位的体会，是各有侧重的两种筛选方式。其他像速读、跳读、听读……都是筛选方式。

任何一种形式的阅读活动，都是对阅读材料的筛选。我建议青年教师们用这个认识观察一下目前的阅读教学：不管课文的性质怎样，都要讲中心、结构、写法、语言；不管是哪个年级，都要正音正字、介绍背景、范读课文、串讲内容、分析语言、划分层次、归纳中心、介绍写作特点，按部就班，务求全面。这是我们天天见到的情景，不改变行吗？总想让学生把文章的"营养"百分之百吸收，这种愿望，与其说是善良的，不如说是幼稚可笑的。

第二，任何形式的阅读活动，都是对阅读材料的加工。

阅读是双边活动，作者通过作品作用于读者，读者则通过阅读能动地参与作者的思考。也就是说，进入读者头脑的阅读材料并非"原型"，应当而且必然经过读者头脑的加工。读懂了或没有读懂，深层理解或表层理解，赞同或不赞同作者的观点，包括我们经常说的"仁者见仁，智者见智"，都是"加工"。任何一种形式的阅读活动，都是对阅读材料的加工。唯其如此，阅读才成为有意义的活动。研究阅读教学，就要研究阅读过程中学生对阅读材料加工的方式和特点。

阅读过程中离不开对文章内容的加工。读《荷塘月色》，头脑中必然要努力再现荷塘上的月色，月色下的荷塘；读《记念刘和珍君》，必然要再现刘和珍的形象，"黯然而至于泣下"的神态，执政府门前虐杀的场景，等等。这种再现，有着鲜明的"加工"

的痕迹。如果说，朱自清笔下的荷塘绝非清华园中那个荷塘的实录，那么，读者头脑中再现的荷塘也不会是文中画面的照搬。"加工"过的画面渗透着读者对作者情感的理解，渗透着读者对生活的认识和体验。阅读的重要意义之一，正是通过这种"加工"沟通着读者与作者，融合着读者与作者，提高着读者认识生活的水平，丰富着读者体验生活的经验。特别需要强调的是，这种"加工"只能是个体行为，教师范读，学生齐读，看音像资料，公布权威答案……都无法改变个体加工的特点。有时，我们会干出实质上干扰甚至干涉学生"加工"的蠢事，课堂上很少让学生自己读课文，很少让学生自己思考课文的内容，很少让学生自己说说思考的过程……

阅读过程中离不开对作者的观点、态度的思考与评判，这也是一种重要的"加工"，是参与作者思考的一种形式。一篇文章的观点百分之百正确，不等于读者百分之百理解，更不等于在规定的时间内理解得百分之百"到位"；赞同作者的观点，不等于赞同文中所有的提法、所有的主张。强调正确理解作者的观点和态度，仅仅是一个侧面，另一个更为重要的侧面则应当是读者对作者的观点和态度要有自己的理解。阅读的意义主要不在于理解进而接受作者的观点和态度，而在于经作者的启发、触发、激发，进入理性思考的境界，形成对阅读材料的理解和认识，有了这样的理解和认识，才能说具备了阅读能力。

可见，总想"引导"学生按照教师的既定思路思考，总想把学生的认识纳入"标准答案"，这种教学思想和教学行为是错误的。

思考二：语文知识和语文知识教学

张志公先生曾经批评传统语文教学忽视知识教育，他指出："语文教学始终处于一种自发的而非自觉的、凭朦胧的感觉和经验办事的状态，靠老师耳提面命，靠孩子们自己去体会、摸索，不讲知识，甚至反对讲知识，成了传统语文教学的特点之一。"他又指出："不能把语文课搞成一门纯粹的知识课，而是以知识为先导以实践为主体并以实践能力的养成为依归的课。"先生的这两段话，精辟地阐述了语文知识的重要性，阐述了语文知识和语文能力的关系，阐述了语文知识作用于读写听说诸能力训练的方式，足以成为语文知识教学的指导思想。每个语文教师，特别是青年教师要认真学习志公先生的语文知识教学观。

语文知识大体上可以分为三类：一类是概念性知识，一类是方法性知识，一类是规律性知识。这三类知识，特点不同，作用有别，要区别对待。

语文知识中，概念性知识占不小的比重，主要是语言知识和文章知识两类。这些知识，是对语言现象和文章现象的抽象——抽象为能够概括语言、文章本质的知识。这些知识当然重要，是语文知识素质构成中不可缺少的内容，应当学好、记住。但是，实践告诉我们，这类概念性知识无论怎样组装，也难以形成能切实指导读写听说能力训练的知识结构。"语素—词—短语—句子—句群—段落—篇章"一整套知识掌握得再扎实，也不等于形成了读写听说能力；记叙的要素，记叙的顺序，记叙的人称，记叙的详略，这一套知识讲清楚了，似乎与记叙文阅读能力和写作能力的提高不大相干。我们的语文知识教学，问题恰恰是停留在或大体停留在概念性知识教学层面——好像学了不少知识，却看不出有什么用途，这正是停留在概念性知识教学层面的感受。更为严重的是，至今还有不少教师以教会学生概念性知识为目的。这种教学有一个特点，就是特别重视对概念的辨析："课桌"是词还是短语？这一句是借喻还是借代？一定要弄清楚，并且以是否弄清楚这类问题为检查教与学效果的标准。这种语文知识教学观念制约着学生语文能力的发展，制约着语文教学效率的提高，我们慨叹的"少慢差费"不能说与这种语文知识教学观念没有关系。

指导语文能力训练的知识不能是纯概念性知识，这是由语文能力的特征决定的。语文能力有两个显著的特征，一个是综合性，一个是技能性。综合性表现在两个方面，一方面表现在只有真正形成了理解语言和驾驭语言的能力，才能形成读写听说各项能力；另一方面表现在读写听说各项能力的形成密切相关，很难出现单项突进的局面。技能性，指每一项语文能力都能外化为有一定标准、有一定规格的技能，也只有外化为技能，才称其为语文能力。志公先生说过："培养和提高语文能力首先是一种技能训练。凡属技能训练，都要有一定的规格，明确的标准和要求。"语文能力的这两个特征，决定了用来指导语文能力训练的应当是实用语文知识，即方法性知识和规律性知识。以实用语文知识为先导，指导读写听说实践，才是正确的语文知识教学观。

方法性知识是实用语文知识的核心内容。什么是方法性知识呢？简单地说，就是理解语言和驾驭语言的一般方法，也就是读写听说的一般方法。方法性知识与概念性知识有着明确的界限。以词语知识为例，界说词语定义，划分语法归属，区分结构类型等，是概念性词语知识；怎样理解词义，怎样正确选用词语，怎样分析词语的表达作用，怎样根据需要恰当组合词语等，则是方法性知识。用于语文实践，指导操作方法，是方法性知识的特点。我们的语文教学课堂上，缺少的恰恰是对"怎样"的指导。设想一下，我们不再满足于让学生划分主谓宾，而是教给学生：怎样理解各种结构的语句的表达作用，怎样驾驭各种语句结构，怎样根据表达的需要组织语句；不再满足于让学生知道什么是层次结构，什么是中心意思之类，而是教给学生怎样理清文章思路，怎样梳理文章的语言脉络，怎样概括文章的主旨，等等。语文教学的面貌将发生何等可喜的变化！转变教学观念，用实用语文知识指导实用语文能力训练，全面提高学生语文素质就比较容易落到实处了。

方法性知识是从读写听说实践中归纳出来，又用来指导读写听说实践的知识。教方法，指导操作要领，让学生按照这些方法和要领去反复实践，从而掌握这些方法和要领；用会了，用熟了，形成习惯了，也就形成比较强的读写听说能力了。这就是"以知识为先导以实践为主体并以实践能力的养成为依归"这个语文教育思想的实践过程。这里，我想强调一下"习惯"问题。语文能力靠良好的习惯才能养成，这是实践告诉我们的道理。读文章，养成一口气读到底的习惯，探求作者观点的习惯，揣摩作者思路的习惯，分析、积累语言的习惯……久而久之，就形成了较强的阅读能力。没有这些习惯，只有听老师讲课的习惯，能形成阅读能力吗？实践还告诉我们，语文能力往往融合在习惯中，分不清哪些是习惯，哪些是能力。只要写作，就要认真观察，深入分析；只要阅读，就"不动笔墨不读书"，有疑问一定要查找资料。从一定意义上说，语文能力的培养过程，就是培养良好习惯的过程。

像其他认知活动一样，语文学习的过程也是从感性到理性再到感性的认知过程。掌握和运用方法性知识形成语文能力的过程，同时就是逐渐领悟语文能力形成的规律，渐进地掌握和运用规律性知识的过程。例如，阅读中经常遇到的观点和材料的关系问题，文学作品阅读中经常遇到的语言欣赏的问题，语言表达中，什么时候应当直白，什么时候应当含蓄的问题，简明、连贯、得体的问题，就不仅仅是"方法"问题了。解决这类问题，就需要掌握理解、驾驭语言的一般规律，需要掌握规律性知识。规律性知识，是概括读写听说规律的知识，具有比较强的概括性。和概念性知识不同，概念性知识是对前人实践的概括，规律性知识则是在大量的读写听说实践的基础上对读写听说能力规律的概括，是学习者认知活动从感性阶段向理性阶段的推进，是从必然王国向自由王国的推进。也只有是学习者自觉的认知活动，规律性知识才真正有实践的意义。语文知识教学面临的任务之一就是加强方法性知识教学，并适时地将方法性知识教学推进到规律性知识教学的阶段，以真正提高学生的语文能力。

语文教育的价值取向与
课程内容的分类

郑友霄

一

历次语文教学大纲在表述语文教育价值的时候，都把"能够正确理解和运用祖国语言文字"作为基本的价值取向，虽然也附加一些思想品德教育的内容，但真正从学习者生命个体的角度来考虑学习语文的价值则难以显见，这样往往使语文教育目标要么大而不当，要么过于琐屑。对此，李海林先生说得好："语文教育首先是人的一种实践活动，它的本源和实质，是人的一种价值选择。忘记这一点，永远也无法获得关于语文本体的说明。"李先生的话可以提醒我们追问这么几个现实而具体的问题：第一，为什么学习语文？第二，学习语文之前的（或不学习语文的）人一般呈什么样的人生状态？第三，学习语文之后的人一般会有哪些较显著的变化？总之一句话，学习语文其价值何在？

正面回答这些问题是很困难的，但我们可以试着从不学语文对人可能产生的某些缺陷的角度作些并不周延的罗列，或许可能窥见某些问题的实质。让我们先从第二个问题开始思考。

学习语文之前的人，从显性角度考虑，我以为至少存在下面几大缺陷：首先，这个人不识字；其次，这个人不会阅读书报和收集了解社会发展的各种信息；其三，这个人不可能知道文学是什么；其四，这个人不会进行书面交流；其五，这个人不知道人类基本的文化源流；其六，这个人会缺乏文化人特有的素养和气质，也就是我们常说的"人文素养"。（这里没有包含听说内容，我们姑且把听说作为一种本能的和在自然状态中能够基本习得的能力看待。）如果我们基本认同了这个有关语文教育显性层面的回答，那么上文所列的第三个问题的显性层面也就基本解决了。同样地，如果后两个问题基本解决了，那么，"为什么学习语文？"这个问题的显性层面就可以这样回答：语文学习是为了识字，是为了获取信息，是为了书面交流，是为了文学熏陶，是为了了解文化。如果把这几个方面有机综合起来，我们就可以称它是"语文基本素养"。这样我们可以就语文学习方面画出一个人大致的人生轨迹：

学语文→进学校：学识字、学阅读、学文学、学写作、学文化→出社会：具有一定文化文学素养，能适应社会的基本读写要求。

让我们再把这个轨迹图进一步抽象：

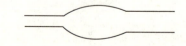

我们姑且把这幅图命名为现代社会的"人

生基本轨迹图",左边相对狭窄的"路"代表"受教育前的自然人生轨迹",中间的圆弧部分代表学校系统教育阶段,右边相对"康庄"的"大道"代表受教育后的人生道路。

它显示了这样几个基本原理:一是没受过教育的自然人生状态下的人生轨迹在现代社会中是相对狭窄的,它显示着教育的必要;二是学校教育应该是比较系统的、多元的和综合的,它显示着全面教育的需要;三是受教育后的人生轨迹在现代社会中是相对宽广的,它显示着教育的重要。

如果单是从学习语文的范畴进行探讨,这幅简图也标示着这样一些基本原理,即学校的语文学习是人的生存流程中的一个环节,是人在抬升自己过程中的一个驿站,它不是静止的,更不是可以游离于人的生活和精神轨迹之外的。如果学校不能或很少为学生提供今后生活有用的东西,那学生进学校的意义也就失去了。令人忧虑的是,这样的常识却在遍及全国的应试教育氛围中成为只有少数人坚持的奢侈的前沿观念,愈演愈烈的应试教育已使语文教育变得奇形怪状,语文教育成为严重脱离青少年人生轨迹的赘物。

如果我们把上文已初步回答的"为什么学习语文"的问题进行整合,则可以梳理出语文教育的两个指向性目标:让受教育者掌握适应社会工作(生存)的技能性目标和寻找到自身灵魂安放地的精神性目标。虽然这两者之间的界限在整个语文学习的流程中很难进行清晰划分,但某种方向性的侧重还是不难判断的。老实说,我们的语文教育的许多失败之处就是不想进行这种功能性的划分,因此往往导致眉毛胡子一把抓。我们以为,像初入语文之门的识

字,以获取信息为主要目标的阅读,以交流为目的的说写,就应该是强调其技能性目标。自然,对这种技能习得程度的验收(测评)方式,应以对一定社会情境(或模拟社会情境)的处理能力为主要指向。虽然处理一定社会情境的能力许多时候需要一定的知识来支撑,但是验收(测评)过程中却不能以知识作为目标指向,除非社会迫切需要这样的知识。而像文学熏陶、文化了解、人文气质等方面,则应归类于滋润和陶冶心灵的精神性目标。在语文学科性质的工具说和人文说的论争中,持"工具说"论者往往指责"人文说"论者大而无当,指出人文素养的培育不独语文一科。这种说法看似有理,实则漠视了语文学科特有的功能特性。在学校教育阶段,尤其是中国的学校教育阶段,人的灵魂的招安点和安放处则非语文莫属,而语文中又非文学莫属,其他人文学科肩负不了安放灵魂的使命是在目前不能论证也不用论证的。因此,语文学科要责无旁贷地全面担当起这副重任,并且应该占有语文教育内容和教育目标的半壁江山。如果说,生存性技能的培养含有几分刚性的话,灵魂的安放则是滋润自身和润滑社会的柔性内容,这种刚柔相济的巧妙结合,就是语文教育的理想结果。

二

有关课程论理论认为,历史上课程取向经历了三个阶段:第一阶段是以掌握系统的知识体系作为课程价值取向,第二阶段是以掌握适应社会需要的技能为课程价值取向,第三阶段是以人的自我的全面发展为课程的价值取向。平心而论,我们以前的语文课程价值取向仅仅停留在课程发展的第一阶段,刚出台试行的《语文课程标准》在理论指向上却是与课程

发展的第三阶段吻合的,这等于越过了课程发展的第二阶段,由于实际的准备不足,在"新课标"的实际操作中已经出现了许多令人啼笑皆非的现象。说实在的,在我国这样的环境中,人的自我的全面发展还仅仅是个奢侈的口号。要在那么落后的传统底座上建立最先进的现代大厦,必然会既伤害了传统,更伤害了"革新"。新课程标准的突然"空降",势必与根深蒂固的传统理念产生冲突。由于"新课标"挟着政府的力量来势汹汹,善识时务的国人自然会巧妙应对,于是,剪了辫子便是"维新",挑落深宅大院几块瓦片便是"革命"的"咸与维新"的荒唐现象也就重新粉墨登场了。现在全国上下不是"咸与新课标"了吗?可许多人的骨子里仍旧是原有的那一套知识结构,并在私下里进行着扎扎实实的应试教育,只在公开场合搞一些所谓的体现"新课标"的噱头。目前全国上下许多地方搞的所谓体现"新课标"的课堂大赛或课堂展示,有许多就是换汤不换药的陈词滥调。

因此,笔者以为,我们用不着也不可能一步登天。我们可以先从适应社会需要的课程价值取向入手,顺应改革开放以来国民追求实在有用的社会心理潮流,以社会生存需要来构建语文教育的刚性(显性)内容,以与社会生活的密切结合作为语文教育的主要手段,以社会检验作为考核的主要方法。这样语文教育中最显性的最能体现生存能力的内容就能充分凸现,教育手段和教育方法也会变得比较简单明了。正如汽车驾驶员的培训,知识方面就是交通法规和道路标志,一目了然,汽车的构造、发动机的性能等知识由汽车修理员负责;学习驾驶,教练没二话就让学员坐入驾驶室上路了,一切技能均在实际驾驶中学习,一切困难均在实际驾驶中解决,教练只负责安全问题,而且过关考核也是以在路上的实际处理能力为最主要内容。这是多么直截了当的教学手段,这是多么富有成效的教学方法。我们的语文教育什么时候能真正向这些汽车教练员学习呢?张志公先生二十多年前所说的话至今犹言在耳:三千多课时,十多年时间,却不会进行基本的听说读写,真是咄咄怪事。如果汽车教练员的教学都像我们曾有的和仍有的语文教育一样的效果,他们只能喝西北风了。

当然,语文教育还有另外一个重要的任务,那就是培养有灵魂的人。我们过去拼命强调语文的工具功能,而且又把这种工具功能偷换成学习语文知识,使得学习的内容基本是既脱离社会又脱离心灵的死板知识,而人也同时成了缺少灵魂的工具的人。本来,政治、历史、社会等学科同属人文学科,它们都有培养具有人文素养的人的任务。但在我们目前的状态下,它们是难以担当此任的。唯独语文课,唯独语文课中的文学作品,才使我们的整个教育在人性培育方面不至于全是荒漠。但是在工具论的天下,文学作品却被切分成许多知识点,被组合成许多训练题,文学更成了工具的工具,这是十分可悲的现象。我们希望学生从文学中窥视灵魂,从文学中体验人生,从文学中丰富情感。严格地说,文学的教学是无法进行刚性检验的,任何人想在文学作品中梳理出客观题来,都是对文学的亵渎。阅读文学,最要紧的是心灵的对话,是情感的沟通,是观念的碰撞。阅读文学作品不可能是面面俱到、穷其所有的。阅读者能就其一点进行感悟或有所感悟也就足矣。阅读文学,不是分析得深不深,而是感悟得深不深。因此，文学教学的内容是无法量化的，更不能用量化方式对文学学习进行检测。

综合以上两方面的论述，笔者以为，语文教学该到了让明白的更明白，让模糊的更模糊的时候了。让社会生存需要去检验应该明白的内容，让灵魂去感悟更模糊的东西。或许，只有这样，语文教育才会走出固有的怪圈，成为许多哪怕是普通教师都能自如操作的阳光课程。对一篇课文，一千个教师有一千种教法，这不是语文的福音，而是语文的灾难。

三

在此，我们要讨论到课堂教学形态问题了。

教育部新订的《语文课程标准》在"课程性质"部分的第一段是这样表述的："语文是最重要的交际工具，是人类文化的重要组成部分。工具性与人文性的统一，是语文课程的基本特点。"因此，在目前的情况下，我们能否暂且不顾细节的纠缠，把语文教学内容果断地分为两大块内容，即上文所述的"适应社会的技能性内容"和"安放灵魂的精神性内容"，把课文按这两个内容要求进行分类，并确定相应的课堂教学形态，形成一定的规范教学程序，使原来复杂无序的语文课程变得简单和有序，这才是目前语文教学改革所面临的最大问题。

比如，把课文分为文学作品和非文学作品两大类，把非文学作品内容的课文归入"适应社会的技能性内容"，把文学作品（高中段可以包括哲学作品）归入"安放灵魂的精神性内容"。（自然，语言学习和感悟是自识字起就贯穿语文教学始终的，但它更多的是依赖于读写的实践流程。语文学习在达到一定的平台之后，决定语言运用水平的是人的思想和生活，而不是语言本身。）就文体而言，像说明类、议论类和日常公文类课文就以社会需要的价值取向对待，教学时可以以"为了什么（人或事）？"和"是否达到了预期目标？"这两个问题作为教学这类课文的基本内容取向（为了达到这种取向目的，相关的支撑性或附着性知识都可在教学过程中随时渗入，从而剔除许多外在的无用的所谓知识，避免为知识而知识的倾向，让知识真正为能力服务，让知识成为我们好用的工具和得力的助手。我们师生也不会为知识所累）；而像诗歌、小说、戏剧、散文等纯文学作品则可以以"作者表达了什么？"和"我们有什么启发和感悟？"作为教学的基本内容取向（相关知识也可在教学过程中随时渗入），当然，精美语言的积累往往要在文学教学中完成，因此，文学作品教学中不妨分为两种课堂教学形态，即以言语积累型为主的教学形态和以感悟型为主的教学形态。

这样，我们的教师在处理阅读教材的时候，就可以首先从宏观上分离出教材的价值及内容取向。如果是适应社会需要类型的，就从社会知识和技能所需要的角度确定教学内容和选择教学方法，呈现出相应的课堂教学形态，这样的课堂可能主要呈现出这样两种形态：一种是知识（或信息）提取（或获取）型的；一种是能力训练型的。而提取什么知识和训练什么能力则是以当下或可预见的将来的社会需要作为根本依据。如果是文化熏陶和心灵培育类型的，则可以言语积累型为主和以感悟型为主的两种基本教学形态来呈现。

语文到底丢失了什么

※ 陈卫国

2006年6月21日，《中国青年报·冰点周刊》用一个整版刊登了王丽女士的文章《语文丢失了什么》，我一口气读完了全文。

王丽女士是我尊敬的一位作者，第一次读她的文章是在1998年。当时由孔庆东、摩罗、余杰主编的《审视中学语文教育——世纪末的尴尬》一书正在热销，其中就收录了王丽女士的《陷阱中的苦恼》一文。而后来我知道了在此之前，她就已经主编了《中学语文教学忧思录》一书。当时尚在大学读书的我被这两本书深深地吸引和感染着，就是在我登上讲台的最初几年，我的语文教学思想依然深受其影响。

时光如梭，一晃8个年头过去了。及至读了《语文丢失了什么》一文，我的记忆方被重新唤醒，重新翻阅着上述的那两本书，对照此文，有些话如鲠在喉，不吐不快。

一

"语文丢失了什么"，这个问题太大了，在从事了近7年的中学语文教学工作后，对于这样的问题，我开始怀抱谨慎。语文教育改革需要教育行政部门解放思想，给予政策、环境的保障，需要专家们高屋建瓴、切实有效的理论指导，需要一线教师脚踏实地地探索、实践，除此以外，抱怨、嘲讽、批判、控诉……都于事无补。或许有人会说"矫枉必先过正"，对于中国的语文教育现状，必须下猛药方能改变。这样的话原是不错的，但遗憾的是，时隔8年，在王丽女士的文章中我读到的依然是她颇显无奈的表情与姿态，与8年前如出一辙。

痛心疾首的追问与反思，放在青年时期来看，都是可受尊敬的事，因为青年的热情，虽显稚嫩但勇气可嘉。然而随着学识的增长，如果仍停留于不着边际的呐喊就无济于事了。先是自己失去了说话的底气，又如何能感染和激励他人呢？在《语文丢失了什么》的文末，作者这样发问："也许，我们需要重新思考：基于今天这样一个日益国际化和全球化的大背景，我们应该如何重新认识我们母语教育的传统和价值，如何拥有一种'坚毅恢弘之胸襟'来向世界学习，向我们自己学习——一句话，如何拯救我们的母语教育？"作者使用的"拯救"一词让人不敢苟同。这个词让我想起《审视中学语文教育——世纪末的尴尬》一书中编者们"这是一本拯救的书"的口号。我们的母语教育是否真的已经沦落到了需要"救世主"们来拯救的境地？恐怕这个问题是见仁见智的。再者，语文教育改革正在进行之中，作者本人也正在参加新课标高中语文教材的编写工作，我相信这样的工作，对改革母语教育才是最切实有效的。

至此，我们可以明白，延续以往的一贯思路，作者在文中展示给我们的，正是她一成不变的忧思面孔，对于语文教育富有建设性的观点却难觅踪影。

二

作者在立论上犯了这样的错误：从牵强对比中引出结论。

作者确实是幸运的，她有机会领略20世纪前半叶及台湾地区国文教材的风貌；而我们，更广大的一线中学语文教师，则与这些教材难有一面之缘。在文中，作者为了表明她对内地语文教育现状的忧思，特别列举了2006年全国高考试卷中的几个题目与台湾地区的高考试题进行对比。其实无须对比，结论也早在人们的意料之中，无非是内地的试题死板、拙劣，台湾的试题灵动、巧妙。

我们再来看一看做者在文中使用的语句。在评述全国卷I第4题时，作者这样写道："笔者看了足足5分钟，也没看出眉目。"接下去她又写道："像这样拙劣的语言材料，怎么能拿来当做高考语文试卷的题目呢？"或许是我眼拙，却怎么也看不出试题语言材料的拙劣，而我做这道题，前后的思考时间，也只用了不到20秒。作者的"难怪判断不出答案"在我身上似乎并不奏效，同时我也不知道全国考生这道题的得分情况怎样，不知是否有同人对此做过统计。在对全国卷I第18题的评述中，作者仍然使用了上面的口吻："笔者怎么也想不出第一个空

格应该填什么……笔者百思不得其解。"随后又说："相似的问题还有。"作者这里没有在句子最后加上"很多"两字，在我看来，这显得很重要。这就表明，即使作者认为我们的高考试卷中有如此"拙劣的语言材料"（尽管这些材料本身是否拙劣也有争议），但幸而，它还不是普遍现象。至于"相似的问题"到底有没有，假如有，又有多少，我们就不得而知了，作者和我们玩了一把模糊语言。

再来看作者对台湾高考试题的评价："笔者一看这道题便忍不住发笑——设计得太巧妙了，堪称匠心独具。""这道题的设计，其巧妙程度堪与上题媲美。""这些题目的高明之处尽在不言中。"被作者大加赞美的这几个试题，在我看来也是不错的，但我不知道台湾的考生这几个题目做得怎样。倘若他们真能游刃有余地做出这几个题目，其语文功底倒真是令人刮目的。我只看到作者对内地考生的语文功底显然是不信任的，文中关于对联一题，她这样为我们的内地考生下了结论："不过笔者又想，要是大陆的考生，多半会闭着眼睛张冠李戴地乱送一气，结果将主人弄得一头雾水，自己没准也被老板炒了鱿鱼！"内地的考生难道真的如此不济吗？

一份试卷，有败笔和有出彩之处都是最正常不过的。很难想象一份一无是处的试卷还能宰割天下所有考生。同理，一份完美无缺、处处出彩的试卷恐怕也是不存在的。总会有这样的试题，一边有人骂着，一边却有人赞赏着，就如那些专家们一致叫好的题目，考生们也许会不知所措。所以，综观作

者在文中列举的两地高考试题，很难给人对等之感。通过这样的对比得出的结论，自然多了几分牵强。

三

作者对全国高考阅读题中考查"科技文阅读"颇有不满情绪。"在每年的高考语文卷子中都有一道名曰'科技文阅读'的题目，意在考查学生的所谓'说明文阅读能力'。"这是作者在文章中的原话，在此我无意对作者之于科技文阅读的不屑态度作任何评价，我只是觉得作者在遣词造句、表情达意上的主观化、随意性，或许正与这种态度息息相关。语文学科既具人文性，又有工具性，对考生进行语言逻辑分析能力的考查正是对语文学科工具性特征的尊重。

在文章中我们可以频频读到作者仅凭主观想象甩出的词句。诸如"显然""我想""可以想见"这样的词语和短语，因为缺乏必要的语义推敲，所以很难让人信服。再如作者对台湾高考考场颇具诗意的遐想："一时间，笔者脑海里甚至浮现出考场上那些本来面色凝重的考生们读到这道题时脸上美丽的笑容！"多么幸福的考生啊！但愿一切真如作者所想。

再譬如下面这段话："现在，虽然名义上全国已有16个省市取得了高考自行命题的资格，可是，在出题思路上，各省市均视全国卷为范本，亦步亦趋，不敢有自己的创新。"据我所知，各省市高考命题对全国卷的模仿确实有之，但像作者这样将各省市高考命题一棍子打死，也是不符合实际情形的。就拿作为沿海省市的龙头——上海市来说，它的高考命题改革就一直走在全国前

列。在某些省市，高考命题与其说是在模仿全国卷，倒不如说是在向上海卷靠拢更为贴切。

四

作者的题目是"语文丢失了什么"，读罢全文，我发现作者谈论的问题其实只有两个：一是高考语文命题，一是语文教育现状。这本是两个有着紧密联系的问题，但我在作者的文章中却读不出二者的关联。至于"语文丢失了什么"，这样的标题与文章内容之间的联系是否紧密，也是值得推敲的。

作者的行文思路是这样的：由批判全国高考命题开始，中间转至对内地语文教育现状的反思(与20世纪前半叶国文教育及台湾地区国文教育作对比)，然后以台湾高考试题为例，反照内地标准化试题的现状，最后安上痛心疾首的结尾——"如何拯救我们的母语教育"。应该说，语文高考是对考生十多年语文学习成果的检验，由语文高考命题传递的诸多信息对于教师平日的语文教育、考生平日的语文学习都具有宏观和微观的指导意义，它必然对语文教育产生深远的影响。但我们看到，作者在文中却将两者孤立看待，对于高考语文命题的意义，作者仅用了几个衔接上下文的短句轻轻带过，不免让人心生遗憾。

最后，还是回到作者文章的题目上来。

语文丢失了什么？相信这个问题必然能深深吸引广大语文教育工作者的眼球，至于语文到底有没有丢失什么，恐怕倒还在其次。而我更希望看到的是有更多的人来关心语文，爱护语文，进而促进语文教育的健康发展。

试论语文教学的过程观

黄厚江

长期以来，语文教学一个突出的问题就是"结论教学"（结论传递、结论推导、结论印证），换一个角度看也就是学习过程的缺失。这是语文教学低效率的主要原因之一。

新课标提出了"知识和能力""过程和方法""情感态度和价值观"三维教学目标这样一个新的理念，其最关键、最核心的部分就是强调了学习的"过程观"。我以为，对于语文学科来说，这个过程观主要体现在如下三个方面：

一、教学的过程，首先应该是教师学习的过程。

从课程的角度讲，教师是课程的一个部分，既是课程的实施者，又是课程的开发者，本身也是课程资源的一部分；从教材使用的角度讲，教师既是教材的使用者，也是教材的建设者，是用教材去教而不是简单地教教材；从教学操作的角度看，教师既要根据特定的教学对象设计合理的教学方案，又要能解决教学过程中生成的种种问题。这一切都要求教师首先必须是一个学习者。

就阅读教学来说，教师自身应该有一个阅读、体验、感知、赏析、评价的过程。教师应该首先接触文本，和文本对话，和作者对话，和编者对话，形成自己的感受和见解，发现阅读的问题和困惑；然后借助相关资料，深化自己的感受和认识，解决自己的困惑和问题，形成自己的一些独到见解。以此为基础设计教学方案，才能针对文本的个性，才能切合学生学习的需要，才能有效地组织课堂教学；课堂教学才能有创意，有个性。教师的阅读应该尽可能地抛弃对文本已有的先知结论，尽可能地以完全陌生的状态进行阅读。这样才能感知比较真实的阅读体验，读出对文本的个性化的理解，形成教学所需要的积累和准备。

就作文教学来说，虽然我们并不能简单地倡导所谓的教师"下水作文"，但教师必须坚持写作实践。因为只有拥有丰富的写作体会，才能够准确感知和认识写作规律，掌握一些切合实际的写作知识和写作方法。教师在进行具体写作教学时，就能够进行有效的指导、准确的评价和有针对性的评讲，从而真正改善作文教学，提高作文教学的效率。

教师不仅要获得语文学习的一般收获，而且更强调有意识地积累和积淀学习过程中的感受、体验，包括学习的困惑和挫折，即更在意学习过程本身，因为这一切是教师教学决策、教学创意和教学机制最重要的依据和资源。

二、课堂教学的过程，应该是学生学习的过程。

这一点是新课程理念过程观的主要内涵。所谓学生的学习过程，就是学生经历学习体验，享受学习快乐，获得学习成功的过程。人们常说的"以学生为主体"就是这一理念的直接体现。这里，我想简单而明白地提出体现学生学习过程的几个最基本的标志。

1. 保证学生的阅读过程和写作过程。应该承认，在语文教学中学生没有阅读机会是一个很普遍的问题。就语文学习的整体情况而言，学生的课外阅读时间相当缺乏，课内阅读时间也是少得可怜。

说学生阅读过程缺失，大家是容易承认的；如果说学生的写作也缺少过程，很多教师是不肯接受的。事实上，学生写作不完整的情况也非常普遍。为了应试的需要，现在大多数教师的作文教学都是让学生当堂完成。但写作的过程，不能仅理解为动笔的过程。完整的写作过程应该包括对生活的感受，对生活的思考，对生活的提炼，也包括对习作的修改。总让学生对着题目写作，是提高不了写作能力和写作素养的。把立足于提高写作能力的训练和立足于写作水平考查的考场写作混为一谈，是对写作规律的违背。写作过程的不完整，是造成学生丧失写作兴趣和写作能力难以提高的重要原因之一。

2. 为学生提供表达、交流的机会。在阅读过程中，学生必然会有自己的体验、感受和认识，也必然会有表达和交流的强烈欲望。这样的表达和交流，既是语文教学的重要资源、教师教学决策的重要依据，也是学生在合作学习中共同提高的过程。让人沮丧的是，平时的教学，学生很少有表达、交流的机会（当然首先是没有阅读的时间和空间）。平时不给学生讲话的机会，等到公开课就用尽手段说尽好话让学生表达、交流。这种做法，即使达到了目的，也只是营造了一种热闹的气氛而已，并不是学生学习过程的真正体现。

为学生提供表达、交流的机会，一个很关键的方面就是尊重学生的体验和思考。所谓"尊重"，既不是教师压制、控制学生的思想，也不是教师盲从于学生的思想；而应该是一个真正的对话过程，是学生之间、师生之间、师生和文本之间的多向多维对话的过程。用我们传统的哲学观点来说，对话应该是"和而不同"的，简单地求"同"或存"异"都不是正确的做法。

3. 让学生发现问题、解决问题。让学生在学习中发现问题，并通过一定的方式解决问题，这是过程观的最好体现。新课标提倡自主、合作、探究的学习，我认为，对自主式学习和探究式学习的理解不能过于拔高，在教学过程中更不能形式化。学生自主学习和探究学习的最明显的标志，就是学生自己能提出问题，并且能在一定程度上解决问题。而现在普遍的现象是，学生和教师的问题意识和解决问题的能力都不够。中考、高考中阅读理解题为什么得分率低呢？这其中可能有很多原因，但平时教学不能培养学生发现问题、解决问题的能力，而寄希望于做几份练习来提高阅读能力，是一个主要的原因。

教师要围绕两个方面培养学生的问题意识：一是障碍式的问题，即学习中的困难；一是发现式的问题，即对教材或教师的结论提出不同的见解。前一类问题，是主要的，但后一类问题更有价值。对于前一类问题，要尽可能地引导学生自己解决，通过这些问题的解决，掌握语文学习的基本方法，提高语文学习的基本能力。后一类问题的解决，能够促进学生创造性思维的形成。对于这类问题，要进行分类和筛选，对不同的问题要采取不同的解决办法：有的可以展开分组讨论，有的可以引导学生进行学习反思，有的可以等待条件成熟时再行解决，而不必一律现场解决，更不必都给予一个明确的答案。

三、语文学习的过程，应该是学生成长的过程。

教学过程有两个核心元素，一是学，一是教。其中的"教"，即教师帮助学生成长。简单地说，就是不知的，让他知；不会的，让他会；不能的，让他能。具体来说，"教"有这样几方面的内涵：

1. 让学生的语文积累不断丰厚。 这一点，如对显性的语言知识、语法知识、文体知识的积累等等，大家基本做得都比较好。但还是有需要改进之处。因为语文学习的积累是广泛的，其中也包括思想感情的积累。在语文学习中，教师要有意识地培养学生敏锐深刻的思想和丰富细腻的感情。

2. 让学生逐渐把握语文学习的基本规律。 语文学习的重要任务就是学会学习语文。词句的揣摩、语言的品味、文意的理解、篇章的把握、鉴赏的方法、问题的分析，都有其学习的规律。"教"的任务，就是让学生尽快地了解、把握这些规律，少走弯路，提高效率。

3. 让学生的语文实践能力不断增强。 语言应用能力是语文素养的核心。而语言应用能力，总是在不断的历练中提高的，总是在语文实践中增强的。但学生在语文实践中不可能不出差错。所谓"教"，就是及时发现这些差错，通过点拨、讨论、比较、示范等有效方法，让学生发现问题，纠正错误。这就是提高，这就是成长。

4. 让学生的思维能力和认识水平不断提高。 "语言活动"是"认识与表达相统一的过程"。语文素养和一个人的思维能力、认识能力紧密相关。越是到语文素养的高级阶段，思维能力、认识能力越显得重要。这就要求教师具有敏锐的感受力和判断力，并且能够智慧地发挥"教"的作用，引导学生养成良好的思维习惯，不断拓展其思维及认知的广度、高度和深度。

教师帮助学生成长，自然要教给他们一些方法，但这个方法不能理解为系统的方法讲解和方法传授，更不能以教授方法为中心。如果阅读教学就是传授词语揣摩几法、课文分段几法、主题归纳几法，写作教学就是开头几法、结尾几法、过渡几法、拟题几法，就又陷入了新的泥淖。新课程理念强调的"方法"是融合在教学过程中和具体的语文学习活动中的方法渗透，是思维层面和认识层面的方法，而不是技巧层面的方法。

勘探语文课程的地质层

朱贻渊

一、语文新课程带来的新困惑

新世纪语文课程改革在一种不无忐忑的氛围中强行着陆，时至今日，这种不安有增无减。就大的走势而论，新课程以语文素养为目标，革除极端工具主义的积弊，恢复母语教育的人文性，恢复母语教育作为人的灵魂塑造的重要渠道，这一系列选择，无疑都是合乎语文教育之道的。既如此，又何忧之有呢？所忧虑者为学科内容的重建问题，也就是语文课程以什么为自己的内容的问题。课程内容是课程改革的核心，在这个核心问题上，新课程给出了什么答案呢？如果我们用"语言"一词来概括此前的语文课程内容的话，那么新课程的内容可以概括为"言语"。这一概括，是在本体论的视阈立论的。对于内容极为错综复杂的语文课程，透视其本体看来是必需的，否则一切都难以定位。在本体论视域中，我们可以得到这样一个观点：此前以"语言"为本体的语文课程实质上是以语言的表层形式系统为中心的。那么，言语化的语文课程以什么为中心呢？似乎难以辨认。事实上，目前的实验表明，言语化的语文课程正在呈现一种无中心的状态。如果说此前的语言形式本体论失之于错

位，那么，代之而起的言语本体论是否成立呢？言语本体论呈现的无中心状态、泛化本体的状态是语文课程应然的状态吗？这就是语文面临的新困惑。

言语说作为语文学科研究中的一个重要成果，在语文教育改革和建设的历史上具有里程碑的意义。（王尚文、黄琼《巴赫金"对话"的启示》）没有这一睿智的发现，语文教育将仍在语言学知识和文章学知识的樊篱之中挣扎，我们将仍然蒙蔽于语文知识可以转化为语文能力的妄念，从而把语文课处理成知识记忆和技能训练的智力体操，使主题旁落。是言语说破解了语言形式系统的铠甲，让语文课重新面对鲜活的言语事实而不是它的抽象规范；让学习者面对一个个具体而意蕴充盈的言语文本而不是一条条抽象的语言学、文章学规则；让阅读者在言语活动中学会与作者交谈，成为一个具有主体性的言说者，而不是只会答题不会说话的考试机器。总之，是言语说把语言学习的内容从抽象的知识还原到言语世界，还原到生活世界，把母语教学还原成素养教育。毫无疑问，言语说导致了一场重要的颠覆。

可是，我们发现，言语说的边际效用是有限的。它对新语文的建设是语言教育哲学

层面的，它可以给出一个宏观的语言教育场景，而不可能给我们一张通往理想之境的地图。言语化的思路从宏观上看是合理的，从言语出发，形成言语能力，一个入口，一个出口，都切合语文素养形成的规律。但问题是，起点与终点之间的中间环节是什么？也就是从言语出发应该教什么，应该以什么为课程中心呢？对这个问题，言语说恐怕很难给出答案。而对于学科教育来说，这恰好是一个不能或缺的环节，不能设想中间环节是一个"黑箱"，更不能设想没有这个中间环节使言语输入到言语输出一步完成跨越。如果是那样，将意味着课程与教学已名存实亡，因为，课程与教学正是这个中间环节。

那么，言语说究竟是难以给出一个中心，还是根本就不可能给出这个中心呢？这个问题事关重大，它关乎新课程的前途和突破口。解决这一问题，有必要从语文课程的本体论探入，我把这种本体论的探讨喻为地质层的勘探。我们将从言语说的两种解决方案——李海林先生的"言语本体论"和陈涛先生的"话语本体论"说起，以期有所发现。

二、言语本体论的难题

当我们说语文教学的内容应该是言语时，这句话包含着两个命题：一是语文学科所教的内容应是言语性的；二是语文课程的内容就应该是言语实体本身。一个是属性范畴，一个是实体范畴。正是由于对这两个命题两种范畴未作区分，言语本体论这个革命性的方案因之面临断崖。

对于语文课程的内容而言，确认其本体属

性为言语性是非常重要的。相信读过李海林先生的《言语教学论》的读者对前几章产生的震撼力记忆犹新。言语本体论诸多论家的一系列探讨，最终完成了语文学科本体由"语言"向"言语"的历史性转变。语文学科及教学应该面对活生生的言语世界，还是应该面对从中抽取出来的语言形式系统？这一问使人们眼前豁然一亮，困扰了语文教学多年的"少慢差费"的病根找到了，而原来，我们错把讲授语言形式系统的知识与技能当成了培养学生语文能力的法宝。这种错位就像有人只选择各种提纯的营养素而拒绝美味佳肴一样愚蠢。

复归言语，使语文教学内容观回到了合乎语言教育规律的轨道上来，这就是，语言学习不能背离实际的语言应用，那么教学内容应还原其语言应用的特性：语言能力的形成不能背离语言生活，教学内容应还原于生活的土壤；语言修养的提升不能背离与语言活动同步的情感活动、思维活动、认知活动，教学内容应注重其情感、思维、认知的信息。微观地说，语言的吸收与内化不能离开具体的语意内容，不能离开具体的言语事实所处的语境，不能离开具体的言语表达特有的语体形式，这三者已在语文课程与教学的内部机理上立论了。语意、语境、语体是言语性的展开。就语意而言，一个词语有固定义和附加义，后者是言语信息，离开后者，抽象的固定义是难以真正获得的；就语境而言，一个词语或者一个句子会因特有的用意受上下文的具体环境的规定而有具体含义，会因更大的外部话语背景而产生特定意义，这种语境正是言语性的；就语体而言，每一个言语表达都有着独一无二的形式，都有着具体性，离开具体的体式（王尚文先生主张用"体式"概念，似比"语体"概念贴切。参见王尚文、黄琼《巴赫金"对话"的启示》。）而去获取那种演绎出来的抽象形式——文体构造、表达手法、表达技巧是反认知规律的，是头足倒置的。从外部关联和内部机理上，"言语性"这一见识如利剑揭开了语文教育的地表，触到了语文课程的深层构造。

但是，我想再次提醒读者，以上这一切积极的成果，都应视为对语文教学内容的本体属性的揭示，也就是说，当我们从本体属性的范畴来理解和使用"言语"概念时，这一切都显得十分合理，十分深刻。而当我们再往前挪一步，把言语理解成本体的实体时，情况就改变了。就像人由于戴帽子而有了身份，人们往往看重帽子而把帽子看成了人本身，人消失了，这叫做人的异己化。同理，言语性本是本体的重要属性，现在属性变成了实体，原有的本体消失了，这就说明语文课程内容已异己化了。课程的异己化会导致什么后果？会导致课程的无中心状态，

导致无课程状态。不幸的是，事实上，语言新课程改革在相当程度上正是因为混淆了这两个本体论范畴而陷入了这种状态。

言语作为语文课程的本体显然是不能成立的。为什么？因为它根本不可能提供一个内容中心。

第一，言语是个别性的、现实性的信息符号，是语言运用的产物，任何人任何时候说的任何话都是言语，如果以它为语文课程的本体，那将意味着任何言语都等量齐观地具有教学价值，这是可能的吗？假如可能，还有什么必要开设语文学科专门去学言语，我们不就生活在言语的汪洋大海里吗？我们每日每时不都在接触、运用着各种各样的言语吗？

第二，如果以言语作为语文课程内容的本体，我们将不知道语言学科要教什么，要学什么。（难怪时下实验区相当多的教师不知自己要教什么。）有人指路说，学语意，学语境，学语体和言语体式呀！可这些内容是作为一个入口，还是一个目标对象呢？如果是作为一个入口，那么言语本身就不是本体，它必然另有本体；而如果作为目标对象，则还是不知到底要学什么。因为言语的语意和体式是千差万别的，根据什么判别孰高孰下孰重孰轻孰优孰劣？在逻辑上言语本体是拒绝提供这样一个标准的，除非采取非教育的手段，强行指定某些言语类型，那实质上言语也已依附于另一个本体了。

这样的后果肯定是言语论者始料不及的，可是，语文课程改革中可能或者实际上正在出现这种迷失，这就不能不催人反思了。语言课程内容的言语化与言语本体化本来是两个不同的路向，言语说本意也无意策动言语篡夺本体之位，但是，检省起来，言语说未能区分两个范畴，不能不说是一种失误，而这一失误又为改革中某种非理性的力量所利用，结果一种卓越的理论发现却被推向了歧路。这不禁让人想起那句名言：真理往前走一步就会变成谬误。

三、话语说能否给语文课程一个中心

或许是意识到了言语说带来的困境，或许是语文新课程改革实验的种种空洞而落不到地面的承诺引起了广泛的忧虑，近年来，一些旨在补救言语本体论的新方案提了出来。其中值得注意的是陈涛先生的"话语说"。

话语中心说的意见是富有启发意义的，它触及了许多语文课程地质层里的东西。

首先，话语作为语文课程的实体虽不准确，但它注意到了课程的基本特征，即必须有一个中心，一个系统。没有中心也就没有教学内容，也就没有课程及其体系和组织。话语作为中心至少圈定了社会语域中的概念系统、思维方式和思想情感与价值观念，这些是不是语文课程内容的本体是另一个问题，作为语文课程的一个构成因素和层面还是成立的。

其次，话语作为社会性语言系统的确是人的语言系统的一个重要来源，事实上，我们无论在语文课内还是在其外，对正在运行的社会话语系统的关注、依赖和拥有都是再自然不过的事了。话语让我们进入现实，读懂现实，成为现实。话语让我们的语言文化交往有了一个共享的平台，掌握一定规模的话语的确是语文课程的任务之一。

再次，话语作为中项，作为一种桥梁，可以提供一个真正的切入口，通过它，也只有通过它，我们才有可能进入深层的语言系统。陈文中话语与语言的关联虽未被充分认定，但从中项这一位置上看应是无可置疑的，它是进入语言普遍规律的必要阶梯和凭依。话语与言语的关联更为贴近，事实上，在《现代语言学辞典》话语条中，"话语"被表述为"可识别的言语事实"（[英]戴维·克里斯特尔编，沈家煊译，《现代语言学辞典》，商务印书馆2000版，第111~112页），是言语个别中的系统性模块，于是，可以肯定它是具有言语性的，是具有感性经验的内容和形式的。

但是，话语本体论给出的内容中心能否成立呢？本文认为是可疑的。

第一，话语相当于"套话"，以套话为本体而不是以套话为阶梯，会导致什么后果？会让语文教育全面落入某种套话的牢笼之中，不论多么权威的话语，不论是主流还是支流，话语都具有不可克服的自我封闭性。正是这一点，使话语本体论失去了合理性。其实，这种内容的语文我们并不陌生，半个世纪以来的几个历史时期里，我们的语文课程内容就是"毛鲁话语"。它不仅把我

们的语言而且连同思维和思想都装进一种模式化的套子之中。如此说来，话语作为本体其教育后果是危险的，它必然从根源处拔除一个民族语言文化发展、创造的可能性，剥夺人的语言创造权利，这在本质上就是剥夺了人的存在。杰姆逊的名言"语言是存在的牢笼"指的其实就是这种凝固化的社会话语系统。当我们的视听、我们的所思所想完全受制于社会话语时，与一台被安装了系统程序的计算机有什么区别呢？

第二，话语定位于"社会语域"，也便定位于特定的时代，其概念系统、思维方式和情感、价值观都必定框限于特定的社会意识形态之中，这一局限造成它与母语教育的文化传承功能相悖，这样的语文教育只着眼于现在，割断了过去，也便失去了未来。说白了，话语教育只注意到了现实中的实用性，而丢失了母语文化中生生不息经久不衰的根性。母语既不能疏离现实的社会话语系统，更不能丢失自己的根性。根性是语言文化的基因，没有它的传承会产生什么后果是不难想象的。

四、一个新假说：基本语言经验

如果我们同意言语（话语）是语言世界的入口，那么，这其中的什么才是形成学生言语智慧的核心营养呢？用课程论的话说，什么因素才是可教可学的东西呢？如果我们承认不是所有言语材料都具有等量齐观的教育价值，那么根据什么确定其中的价值量呢？我想，只能有一个根据，只能有一个标准，那就是其中的母语的普遍规范，也就是

母语中的基本生活经验规范和语言表达规范。它们是言语矿藏中的富矿，是言语海洋中的精华。它们既是鲜活的言语事实，又是充分体现母语中普遍规范的部分，既带着言语的特点，又不纯然是个别性的、个人性的东西，而是富含共同规范的东西，规范的实质正是语言性。这种言语性与语言性相统一的学习内容，可以概括为基本语言经验。展开来说，它应有如下含义：

首先，基本语言经验的形态是经验。长期以来，我们习惯于把学科课程的内容理解为知识，认为既然是学科教学内容，提供的一定是知识形态的东西。什么是知识？按常规，指某一领域里经验的归纳、总结形成的学说或知识体系。这种狭义的知识形态以术语概念、定理、公式为其组件，抽象化、理性化是其形态特征。这种形态的内容之于语文课程显然是错位的，语文课程的内容应该是包括知识在内的经验形态。经验形态简言之就是保留着感性特征与状态的智慧（程序、方法、知识、技能），语言经验就是一种生活智慧与语言智慧的混合体。

经验作为语言学习内容的形态是符合母语获得的规律的，因为，第一，经验是感性的，是读者可以进入的，也即读者的感觉、感受、体验、情感、理解、思想等语言心理要素可以被激活的对象，而不是只需理解和记忆的对象；第二，经验是具有程序性的，是可以模仿迁移的，是可以过渡为言语实践的，不论是在内涵上还是在语言表达的形式上，经验都提供着具体的方案。

其次，基本语言经验的核心是典型的生

活智慧和典范的语言表达智慧。母语的滋养当然应该是智慧的滋养，其中生活智慧无疑是语言智慧的基础。所谓典型的生活智慧，是就未成年人的成长而言，是对其具有普遍的、深远意义的元素。如孔孟的仁义精神、老庄的自由主义、唐人的旷达胸襟、宋人的忧患意识，以及现代生活中法治基础上的自由主义、理性匡范下的个性主义、民主基础上的集体主义，等等。当它们化为一个个具体的生活现象、一个个故事时，就展现为内涵深刻的生活智慧。离开这些智慧，语言教育不知要干什么又能干什么。试问：读《背影》，如果不能让学生懂得对父母的感恩这一良知，读《致橡树》不能彻悟爱情是两个具有独立人格的人之间的欣赏、依存这一真谛，阅读在教什么？

典范的语言表达经验应是生活经验的经典性的表达方式，与抽象的语言形式系统不同，它不是那种抽空了内容的空形式，而是饱含着语意的具体形式。具体性是其重要特征，它总是与具体的内容不可分离的，它总是个性化的言语文本的形式，但又因为其普遍性而具有典范意义。这些形式积累、汇集起来方能形成一个体系。这也就是说，课程应该提供这样一个典范的语言经验的体系。

再次，基本语言经验应具有两种结构，一个是表层结构，一个是深层结构，表层结构提供的是主流的社会话语系统，深层结构则提供穿透历史时空的语言经验的普遍规范。没有前者，经验就失去了具体性、历史性、现实性，也就失去了言语性。而没有后者，经验就会沦为个别性的陷阱，这正是话语说的误区所在。只有在这种结构中经验才会获得开放性，普遍规范才会变成能产性的、根底性的，变成语言发展的基因和基石，成为创造的前提。

母语课程在本体上体现言语性是必要的，不如此就不能保证内容的经验性特征；在构成要素和层面上引入社会话语系统也是必要的，不如此课程就不会有表层内容，而没有表层内容深层内容也就无从显现。但最重要的，在本体上它必须是母语的普遍规范的系统，这个系统才是本，言语性的话语是其枝叶。

学科的迷惘和课标的缺憾

——浅谈新课标给教师带来的困惑

❋ 缪晓明

一、学科的迷惘

1.内涵的不定和外延的膨胀。

语文是什么？是语言文字，还是语言文学，还是有人所谓的语言文化，甚或是语言文章？历来未曾有权威定性。新课标在"前言"部分阐释"课程性质与地位"时，也仅仅是用"语文是最重要的交际工具，是人类文化的重要组成部分"，对语文学科的功能和外延作了说明，仍未对其属性进行定位。这样，语文学科的属性就有了其模糊性和多义性，易于被人们心到意随，"见仁见智"，"乐山乐水"。

当然，美国教育家华特.B.科勒涅斯曾经说过"语文学习的外延与生活的外延相等"，新课标也指出语文"学习资源和实践机会无处不在，无时不有"，"语文课程资源包括课堂教学资源和课外学习资源，例如：教科书、教学挂图、工具书、其他图书、报刊，电影、电视、广播、网络，报告会、演讲会、辩论会、研讨会、戏剧表演，图书馆、博物馆、纪念馆、展览馆、布告栏、报廊、各种标牌广告"，"自然风光、文物古迹、风俗民情，国内外的重要事件，学生的家庭生活，以及日常生活话题"。但是我们知道，外延的无限扩大，就等于失去了外延，而一个失去了外延的概念也就失去了存在的意义。可以说语文课程南于其内涵的不定性和外延的延展性以及功能的多翼性，正在逐渐消弭其独立课程的意义。也有专家认为，语文学科本该承载着人文科学、社会科学乃至自然科学的几乎所有外延，但是对语文及其素养的过分演绎，将使得语文教学承载着不该承载的重任，以致被肢解和异化。

2."工具"的失落和"人文"的升腾。

新课标颁布之前，几乎所有版本的语文教材以及语文教学过程都将语文学科的工具性功能作了过分的夸大。"字、词、句、章、语(法)、逻(辑)、修(辞)、常(识)"成了发现教材、编辑教材的"八字方针"，以及学习教材、掌握教材的"八股式"套路。新课标颁布以后，语文课程的人文性功能得到了最明确的昭示。我们认为，新课标这样定位的初衷是矫正过去偏颇于"工具性"的做法，从而将"人文性"提到与"工具性"对等并重的地位；而且，由于历史的积淀和科学的考虑，新课标还将这对并列短语表述为"工具性和人文性"，"工具性"在前，"人文性"在后，旨在绝不因为强调"人文性"而弱化"工具性"。也许由于长期以来"人文性"在语文课程中的压抑和缺失，也许是人们为了在一片新天地里彰显人文精神，也或者是由于中国人长期形成的"矫枉过正"的思维方式，"人文性"似乎一下子由"婴儿"变成了"十世单传""失而复得"的"宠儿"，备受宠爱和张扬，甚至被扩展到了无所不在、无所不包的地步，几乎世间一切有生命或无生命的事物都被拉进了人文的怀抱，或被贴上"人文"标签；而"工具性"似乎成了后现代主义必须扫除的泛科学主义的残渣余孽。应该说，事物的发展都有它的限度，如果我们过分演绎"人文"观念，那么，"人文"必将由清晰、亲切而演变得模糊、陌生。我们绝不能将"人文"主义升腾到虚无缥缈的境地；否则，最直接的后果将是语文学科人文功能的架空以及语文教育效度和信度的泯灭。

至于语文"工具性"的问题，我们认为，"工具性"本来就是语文课程不可缺少的功能。然而现在的情况是，语文的"工具性"正受到冷遇和排挤，在新课改的浪潮中，如果有人还突出语文的工具性，则将会被视为固守落后、保守的传统教学观念和方式。其实，语文学科的"工具性"有着狭义、广义两种理解。"狭义"仅从一般定义理解，"广义"则拥有广泛的后现代主义内涵。语文，完全可以作为打开人文体验和人文关怀大门的钥匙。汉字是世界上最富有文化底蕴的语言意义物质外壳，语法、句法、修辞等则是构成和修饰这些意义材料的规则和技巧，离开了这个载体和支撑，"人文"将变为无本之木、无源之水，永远只能是可

企盼和描摹而不可触及和享用的空中楼阁。

因此，我们认为，语文新课标实施的基本阻碍就是对语文属性和外延的滥解以及对语文功能的曲解。

二、课标的缺憾

1.基本理念的非本土化。

新课标大量吸收了外来理念，它与本土理念的磨合融洽必然需要一个较长的过程。因为，一种理念，在一种文化环境中，可能是一个真命题；但是，换一个文化环境，就可能成为一个伪命题。其实，任何课程的创立和发展都必须考虑本土的文化环境，因为课程的内涵绝不是什么"价值中立"或"文化无涉"的纯粹客观的知识活动，我们只有在全球文化与本土知识的互动过程中，才能寻找到一条具有自身文化特征、适合自我发展实践的创新途径，而且也只有这样，才可能具有持续创新和发展的可能性。课程变革的内在核心是知识变革，从文化角度看，知识变革的首要问题是价值取向问题，而后者又必须落实到一个民族文化自身的思维特点和生存方式。作为母语课程的语文课程更应该多从这方面考虑。当然，我们并不是去排斥外来的理念体系，恰恰应该是在互动过程中实现两种理念体系背弃能量的消解，并最终实现相互融合。

看来，如何实现真正意义上的"去伪存真""洋为中用"，的确是今后实践中必须建设到位的工程；否则，本末倒置的借鉴取舍的代价将是遗失本土知识的历史文化和价值取向，进而迷失本土知识文化的优势，而这种文化优势恰恰就是国际教育对话中赖以

立足并显示自身民族文化价值的根本。

2.操作指令的泛弹性化。

新课标凸显了这样的特点——理论性大于操作性，探索性大于实践性。其实，在这方面，美国的课程标准在某些方面的表述倒也值得我们借鉴。比如，"美国教师联合会""太平洋研究所(美国)""收获公司(美国)"三家课程标准，分别有这样的描述：课程"标准必须清晰、具体，扎根于学科学术领域，以此建立共同的核心学科课程"；"标准必须精确说明年级不同水平学生应该在每个核心学科中学习的共同内容与技能"；"标准必须全面、详细，要求严格，渐次深化"；"强有力的标准必须为教师、课程和评价开发人员、教材出版商等人提供清晰的指导"；"要以清晰的、无误的、可测的字眼阐述标准。其次，标准不能太宽泛，过于宽泛的标准无法测量，让师生无法把握，以致不能给师生真正的指导。体现具体性这一目标，就是最后是否能采用有效的评价手段来检测学生是否达到了目标"。

然而，我国的初、高中新课标却常常用张力非常强的语言表述操作指令和达成标准，或用心理行为动词替代行为动词，致使部分目标缺乏可操作性、可观察性和可检测性。比如对"情感、态度、价值观"三个维度未作具体说明，使师生在实践中难以准确定位。初、高中新课标中都要求能"阅读"浅易的文言文，但对它们各自的层级并未作科学界定。要求学生对作品的思想情感倾向，能根据文化背景作出自己的评价；对作品中感人的情境和形象，能说出自己的体验等缺少定位或定量的细化、行为化要求。看来有关省市提出的"学会区分辨别社会上文学作品良莠不齐的现象，树立正确健康的阅读观"的修订要求并未得到落实。

3.总体目标的高度理想化。

新课标还带有明显的理想化色彩和隐约的精英化情结。理想化主要表现在部分目标定得过于高远，显得广大而空泛。比如要求"努力建设开放而有活力的语文课程"。殊不知，语文学科有它自身的文本属性，诸如识记基本常识和文言文的译释就难以"开放搞活"，难以开展"自主学习""合作学习""探究性学习"。此外，师生不同的性格、体验、学识、胆识、技巧等因素也制约着课标实施的基础。

精英化主要包括两层含义：其一，尽管新课标以反精英化姿态出现，但是由于目标描述的高度超前，因此适应且完全达到此目标要求的学生在中国这个文化底蕴、教育水平严重不平衡的国家为数并不如理想所愿。何况，有研究表明，当中国的学生遇到矛盾时，其"从众""居中"的文化心理也使他们难以脱颖而出。换一个角度说，能"鹤立鸡群"者仍必为佼佼之精英。其二，新课标的研制者本身，就其综合商值而言，当属精英一族。他们制定并描述某种目标或标准时也不免下意识地以与自己同层级的群体或类群体作为标的，从而居高临下，令芸芸众生望之而兴叹。

Chapter

02

语文学科建设

　　感性语文要求教师能帮助学生解决接触各种感性材料时产生的困惑和问题，因而教师的知识应该是广博的、深厚的；感性语文还呼唤建立学生语文学习能力测评的新手段，它将阅读总量、摘录总量、思考总量作为一个重要的量值，特别强调学生的阅读实践和表达实践。

试谈语文教学的试验

❀ 朱绍禹

叶剑英同志《在中华人民共和国成立三十周年纪念大会上的讲话》中，号召我们"一切经过试验"。在中学语文教学领域内，叶圣陶同志和吕叔湘同志近年来也多次倡导开展教学试验。作为改革语文教学，提高语文教学效率的起点，试验确乎异常重要。语文科有待改进的问题很多，不单新的内容和方法需要试验，现成的内容和方法也多半未经试验。语文教学必定有科学的路可走，但它也许是一条，也许是几条。我们可以朝各个有价值的方面探索，让试验的结果来证实哪一条或哪几条路是最好的。

试验，是小规模的小范围内的实践。试验的目的，在于由点及面，由小到大地取得经验，指导一般。对于当前的语文教学来说，试验的目的，在于观察某一种教材或方法在完成语文教学任务中起着怎样的作用。在试验过程中，要着重观察的，就是实现目的的途径——语文教材或教学方法。如果只能用这种教材或方法，而不能用其他教材或方法，或者运用这种教材或方法比运用其他教材或方法好，试验就算取得了预期的效果。

目前，许多地区、学校和教师对语文教学的试验十分热心，有些早已开始，有些正在酝酿，可以说已有了良好的开端。本文想就浅见所得，对语文教学试验的内容、要求和方法谈一些想法。

一、语文教学试验的内容

语文教学试验的内容，可以区分为两个方面，一为教材试验，一为教学法试验。目前的教材是过渡性的，教学法需要改进的地方更多，因此，进行这两个方面的试验，是当前和今后一个时期内的客观需要。

教材试验的内容可以有种种，我们能够设想到的就有：

1．文学教材和语言教材分别编辑试验；

2．阅读教材和写作教材分别编辑试验；

3．阅读欣赏（名家名篇）教材和写作模仿教材分别编辑试验；

4．按内容组织单元教材和按体裁组织单元教材分别编辑试验；

5．按作家组织单元教材和按时代或表达形式组织单元教材分别试验；

6．文言文教材集中编辑和现代文集中编辑的教材试验；

7．阅读课文和语文知识课文采取不同排

列体例的教材试验；

8．根据不同选文标准的教材编辑试验；

9．在注释、作者介绍、学习要点提示和练习内容等安排上采取不同编辑体例的教材试验。

以上逐项列举的内容，纯属举例性质，我们可能设想到的甚至已经付诸试验的，必定会更多。教材试验的方面广，内容丰富，可比性大，我们的鉴别和选择余地就多。

语文教材试验，涉及教材的性质、标准、结构体系、内容的范围、程度、分量和顺序等各个方面，是个相当复杂的问题，只有解放思想，努力实践，才有希望获得试验的成功。

教学法试验的内容，可以从总体性试验和分项试验两方面进行。

总体性试验，概括起来主要有：

1．新的教学计划试验，主要是改变教学年限，总课时的试验；

2．为达成某种当前的和长远的教学目标进行的试验；

3．某项语文教学原则的适用程度和范围的试验；

4．某个教学方法的适应性和运用方法的试验；

分项试验的范围十分广泛，当前可以选择一些更富现实意义的内容开展试验。

属于阅读教学方法的试验可以有：

1．以读写训练为基点的阅读教学方法试验；

2．读、讲、议、写相结合的讲读教学过程试验；

3．以发展观察力为主要目标的阅读教学方法试验；

4．以发展思考力为主要目标的阅读教学方法试验；

5．讲练结合或以练为主的阅读教学方法试验；

6．阅读的理解和阅读的速度并重的阅读教学方法试验；

7．以培养诵读能力为目标的朗读教学方法试验；

8．默读和朗读交织训练的阅读教学方法试验；

9．课内阅读指导和课外阅读指导相联结的阅读教学方法试验。

属于写作教学方法的试验可以有：

1．命题作文和选题作文的单一或联结试验；

2．多种文体的交叉写作训练和单一文体集中写作训练的试验；

3．单项写作训练和综合写作训练的分阶段或交叉试验；

4．作文的质量和速度的训练试验；

5．着重观察力或思考力或想象力训练的写作试验；

6．用同一文体表达不同事物或用不同文体表达同一事物的写作试验；

7．有条件地模仿范文的写作试验；

8．不同批改方法的效率和效果的试验；

9．实施不同的作文教学过程试验；

属于说话训练方法的试验可以有：

1．在阅读教学中进行说话训练的试验；

2．在写作教学中进行说话训练的试验；

3．独立的说话训练和讲演、辩论训练的试验。

上面列举的可以试验的方面虽已不少，但还远不是全部。教学方法的改革试验，领域既宽广，又没有止境。教材可以求得相对的稳定，教学方法则要求不断地革新。我们应该永远进行新的教学方法的试验。

二、语文教学试验的要求和方法

一项试验价值的大小，要取决于试验的内容，而要取得试验的成功，就要符合试验的要求，和注意试验的方法了。

下列一些要求和方法，是在进行语文教学试验时可以考虑采用的。

第一，试验前要设计。设计就是预先构想，制订出实施方案。"谋定后动"，试验前有设计，可以增强目的性和计划性，减少盲目性和紊乱性。

设计可以分为整体设计和局部设计。整

体设计，就是要从教学目的、内容、过程、组织形式到教学方法，都做精致的考虑，对语文课的试验来说，就是要对诸如文和道、读和写、讲和练、口语和书面语、精读和略读、课内和课外教师的指导作用和学生的主动性的联结做出设想。局部设计，就是对某一教学环节、某一教学方法，或某一种组织形式的试验进行设计。

设计出富有建设性和创造性的试验方案并不是件容易的事，即使是一种普通的教学方法的改革设计，也需要付出一定的心血。

第二，试验要注意单一性。单一性就是排除其他目标，稳定其他因素，集中于一点，达到一个目的。比如，我们要搞教材试验，就要排除教法试验等追求的目标，把试验集中到教材这一方面来。这就要暂时稳定教法、教学设备和学生等因素，试验教材这一种因素。具体地说，就是在同一年级，使用同样的方法和设备，而施行不同的教材，以检查不同教材的性质、程度、范围、数量和序列等是否得当。同样地，如果我们要搞教法试验，那就要求排除其他目标，稳定教材和年级等因素，而施以不同的教法，以便从比较试验中选择方法，完善方法。

试验目标的单一化，可以集中观察点和注意力，有利于明确认识和深化认识。如果不是这样，比如说，在不同的年级，使用不同的方法和设备，试验不同的教材；或者在不同的年级，使用不同的教材和设备，试验不同的教法，其结果，就会既分散思考点，模糊对主要目标的认识，又会因多种因素都处于不稳定状态，而得不到对因果关系和交叉关系的正确认识。

为使目标单一而集中，试验还可以采取分割法。试验应是一个目标，自然也应是一个内容，不仅如此，假如内容是比较复杂的，还可以把它分割为若干方面或若干部分，必要时可安排为先后不同的试验阶段，每次或每一阶段只着重试验一个方面。比如阅读教学和写作教学相结合的试验，就可以分成两个方面，也可以分为两步走：一部分为在阅读教学中如何联结写作的教学试验；一部分为在写作教学中如何联结阅读的教学试验。

第三，试验要体现可比性。有比较才有鉴别，才能分出高下优劣。试验的可比性，就是使试验具有对照比较的性质，以求得对不同试验结果的好坏比较。当前的分散识字教学和集中识字教学试验，以阅读教学为中心和以写作教学为中心的试验，不同教学年限的语文过关试验，等等，都具有对比的性质。自然，对比试验，并不都意味着在同一时间进行对立性的试验。比如，我们不能为了搞精讲多练试验，同时故意搞多讲少练试验，因为精讲多练试验已经具有和习惯的多讲少练的对比性质。不过，事物的对比性，有的显，有的隐。我们为了获得明晰的认识，必要时可以进行具有对立意义的对比试验，比如，同时进行语言文学并行分设、初中语言高中文学分段开设、语言文学轮流开设，以及语言文学混合开设等多种设课途径之间的对比试验。也可以某一现存教学内容或方法为对立物进行试验，比如，进行着重培养学生思考、讨论以至论辩能力的教学，

以和现存的注入式教学做对比的试验。此外，也可以进行为现存的教学内容或方法做补充的试验，比如，进行初中以阅读教学为主和高中以写作教学为主的试验，作为一切年段都是读写教学并重或者以读或写为中心的教学的补充。

试验，特别是对比性明显的试验，都有竞赛的性质，而在教学上开展竞赛同样是必要的、有益的。

第四，试验要有总结。设计、试验、总结，是任何学科走向完善的必经之路，总结是这一过程的最后阶段。总结包括对试验中的现象的归纳分类，和对试验的过程和结果做出分析。首先，对于试验的记录和各种试验材料，要按性质给以分类（如区分为观察力训练、思考力训练之类），又可同时按试验的时间先后次序加以整理（如第一次试验材料整理、第二次试验材料整理，以及每一次试验的不同步骤的材料整理等）。其次，要研究达成或未达成试验目的的原因。在语文教学中，有些问题我们了解它的过程而不了解原因，有些问题则了解它的原因而不了解它的过程。在试验中，经过一系列过程，我们自然了解了它的过程，而要了解它的原因，那就需要进行研究了。

总结要注意分析条件。要分析试验过程中的客观条件和主观条件。要明确形成这一试验结果的条件是什么，以及条件和结论间的关系。一般的说，试验的结果，是和教师、学生、教材、设备以及校内外的环境直接联系着的。经过总结，认清了各种条件，以便适当地控制条件、创造条

件，取得新成果。

第五，试验是一种科学的措施，从事这种活动，首先要有科学的态度。科学的态度，就是对研究对象存疑，一切经过试验的态度，就是需要反复进行试验，直至取得科学的结论的态度。

语文科是个问题多而答案少的学科。许多方面都缺乏经过科学证明的结论，有些方面甚至连经验也很不足。在这种情况下，我们与其相信未经试验证明的结论和经验，不如对现成的观念和经验多提些疑问，多做些假设，把它们放到试验中去加以验证。

设计往往需要多次反复。一个设计方案，最初多半是轮廓式的，难免会有主观设想的成分，它需要逐步充实，才能最后定型化。一个方案设计出来不再修改，或试验一次就弃之不用，是很难成功的。

对试验的进程和结果的分析，应该是客观的，不能缩小或夸大，更不能臆测或歪曲。试验的结果如何，是指是否长期丰收，不是指一时一地的效果。根据不充分的试验就做结论，把一得之功当成普遍的东西，也不是科学的态度。在我们的语文教学领域内，给试验不足甚至未经试验的东西以十足的肯定，并广做宣传和推广的情况似乎不少，今后应该力求避免。

语文的新建树

——试论"感性语文"

❋ 徐社东

中学语文是基础性的语文学习，要少归纳，更多地诉诸学生感性，培养他们的语言感觉，让他们用感觉去感知，用心去体悟。

语言文字在记载知识的同时，还可刻画形象、表达情感、传递观点态度。形象是感性的可以感知，情感是具体的可以感知，观点态度也是可以感知的。理解它们并不需要一套分析的理论，需要的只是丰富的感性。

但是，今天我们发明了太多的词法、句法、文法、教法、学法、作文法，课堂教与学都在围绕这些兜圈子，甚至以这些为教学目标，脱离生动可感的文字现实，进行形而上的高空翻滚，在文字现实和受体（学生）之间铺设道道迷津。比照我国古代的语文教学，教师"启发"，学生"涵泳"，识字再识字，读写再读写，其教学原则简洁，教学方法古朴，教学步骤粗犷。我国古代的语文教学有几个优点：课堂开放、有思想、不重教法。古人识字发蒙之后，就走上了读书、明理、踏访、求证的路，直接从前人的文本中去学去悟，工具与"道"可以兼得。传授者不使用知识术语，把语文切碎成诸多知识点，画成知识树，把很多体悟的东西变成分析的和讲解的，把本无定式的东西变成步骤和方法，这些都脱离语文的本位。很长时间

以来，教法一直在语文教学研究中取强势，这不够尊重学生个体，教法越缜密越精细，学生越被动，学生离语文本位越远。

感性语文强调直接走近意义。知识信息，诸如典章、文物、服饰、器玩、艺术流派、现代科技，等等，是感性语文竭力要占有的；情智的内容，也是感性语文直接要体悟和默化的。感性语文确立学生为感知主体，将学生和教师从术语中解放出来，不码概念术语的积木，还语言文字本来的生动和活泼，抛弃抽象、枯燥、玄乎，还语文以真身，还老师以真身，回到质感上来。感性语文是开放的语文学习。开放课堂和开放学习材料，将老师从45分钟的独角戏和课堂表演中流放；处理好个别精讲与学生自主学习的关系，将课堂延伸到图书馆、电影院、街头，让学生从书、刊、报、影视、宣传栏及周围的生活现实中学习语文。感性语文让学生做大量的阅读积累，广泛接受别人的思想，形成个性的、有思想的表达。感性语文鼓励教师进行个性教学，用自己的方式进行知识联结，用自己的思维品质影响学生。感性语文提供给学生广阔的文化背景知识，贴近现实人生。

感性语文要求教师注意到现代学科的互

相渗透、语汇系统互相借用换用这一现实，注意人们正在用新的语言体系表达、思考一切；感性语文还要求教师能帮助学生解决接触各种感性材料时产生的困惑和问题，因而教师就应该是知识广博的、深厚的，天文地理、古今中外，时时自耕自翻，二茬三茬地收获积累，与时代共进，读文化史、科技史、宇宙史。感性语文呼唤建立学生语文学习能力测评的新的手段，它将阅读总量、摘录总量、思考总量作为一个重要的量值，它特别强调学生的阅读实践和表达实践。

直接的、感性的、大量的语文学习是感性语文的特质。感性语文把握语文的质感，回到语文本位，对语言现象进行直观的感知，对意义综合体也进行直观的感知。

感性语文作为一个概念可能刚刚提出，很多名师实际上已在进行操作实验，并取得了一些让人瞩目的成就。"读读讲讲议议练练"，这是课内的感性语文运作；魏书生培养学生广泛地阅读和表达，并将之扩展到了课堂外，他外出的时候学生仍在自主地感性地学习语文；"四本教学法"抓摘记本、练笔本、日记本、笔记本，特别强调学习和表达，直接在进行感性的语文学习。

感性语文也在近些年来高水准化的测评中现形，这说明专家们的头脑里也有感性语文。如高考语文基础知识部分的题干中只涉及语言现象，不问及知识概念。

感性语文的运作，跟很多别的语文指导思想下的语文实践一样，最终都要经由教师的策划导演，作用于学生身上并且外显出来。

感性语文首先会使学生的语文学习全面地生动起来，同时，较以往的语文学习而言，简洁明快有效起来。各种文字材料、图声材料、现场情景都会刺激学生的感官，但最终要落实到文字上来，使学生在广阔的言语背景里学习语文。

关于阅读，叶圣陶曾说："就教学而言，精读是主体，略读只是补充；但就效果而言，精读是准备，略读才是应用。"有限的课内精读是为大量感性阅读开道的。教师虽人在做着精读的工作，心却想着学生的大量泛读。阅读材料本身相当重要地制约着材料阅读者的思智。阅读材料最好是资料性的，是学生能加工、转化、消化成为自己养料的东西。以鲁迅作品《论雷峰塔的倒掉》为例，以这篇语文材料为核心，可以形成一个材料的集合。对同一事件，这个集合里有各种即兴观点：鲁迅看到了雷峰塔是封建的象征，别人看到了古迹颓圮文化沦丧，还有人看到了一个时代的穷途末路，等等。在这样一个材料集合前，学生的思智定会走出狭隘的圈子的。大量的感性积累，甚至包括对尺牍式材料的堆垒，是学生语文学习的主要任务。可以把课堂比作示范田或实验室。魏书生用1/3学期的学时完成了课本教学，腾出的时间就是让学生进入语文学习的海洋里的。

阅读材料包含的信息问题不容忽视。从学生阅读心理上来分析，一般情况下学生已经能用感官把握语段的多方面信息，而课堂教学只传播一种唯一的正确的信息，这从现代阅读理念来看，是一个错误。这里举几个著名的例子，见罗兰巴特《叙事作品的结构分析导论》和《符号学美学》。

例一：詹姆斯·庞德在等候飞机的时候要了一杯威士忌酒。（这里集中了几个所

指，是一个符号结：现代化、富有、悠闲）

例二：在办公室接到电话时，心里想：跟香港通电话总是这么糟，总是这么难打通。（这里提供的对下文唯一重要的信息是确立了打来电话的地点：香港）

例三：詹姆斯·庞德看见一位五十岁左右的男子。（年龄交代，互不相识）

例四：他拿起四只听筒中的一只。（先进的官僚技术）

从这里可以看出，感性语文并不停留在材料书写的浅表层次。

下面再谈阅读材料的意义。材料具有丰富的含义，阅读者能感悟到哪一层级的含义是阅读水平的重要标志。但丁在解释阅读《神曲》的方法时说，读者应当意识到意义的四个层次：（1）文学的或历史的层次，这是实际要碰到的；（2）道德意义；（3）寓意；（4）神秘的意义。但丁说除第一层次外，其他各层次均可理解为是寓意。当然，这里说的是中学阅读材料中含义最丰富的一类材料。另外，材料的语言有多种，文学语言截然不同于科学语言、日常语言。在不同语言类型的阅读材料里，其意义把握的标准是不一样的。

词语的意义一定是语境义，即材料中的意义。奥斯汀的分类（《如何使用字词》，1962）：一是"非特别表达方式"，如陈述、劝告、请求、允诺、警告、建议时所用的词语，说话者对此负责；一是"完全特别表达方式"，如"我答应上周六带你看电影"这句话的真正意义是并非真的答应，说话者是有意利用语言应有的规则进行规则的亵渎。奥登格和理查兹在《意义的意义》中将"意义"分为认识意义和情感意义两类。认识意义指名称、含义、特征义，"狐狸"一词的特征义是狡猾。引起读者感情反应、情感趋势的是情感意义，即一个词语会召唤出的某种情感。说感性语文将学生心灵和材料意义直接连通起来，应该是恰当的。感知形式是为了意义。

关于阅读的方法问题，要树立现代阅读观。整体阅读（抓整体，先主要，后次要）、检索式成块阅读、研究性阅读能满足不同的阅读需求。在中学阶段比较基础的阅读实践中，数量几乎就是一切。在语文教学里，学生没有垫底的语言背景，教师的传授就是空洞的。

关于表达。大量的摘录已经形成了基本的表达训练，讲究在兴趣驱动下自由写作，以熟练自己的表达。表达一旦熟练了，就可以提出进一步的技巧和思想表达的要求。书写实践，在量上也要谋求最大值。感性语文激发了学生对广泛的感性材料的兴趣，大大强调了学生的"输出端"，他们有话可说使有观点要表达，这一种饥渴其实是需求的动力，对学生语文能力的培养必不可少。

在感性语文的实验场景里，教师如何起作用呢？首先，教师是个资料管理员，他要组织安排阅读学习材料；其次，教师自己是个阅读的先行者；第三，教师仍有原角色身份特征，利用课堂进行个别极典范的点拨。为了更好地表述感性语文的特征，下面勾画出几幕教师课堂活动的蓝图。

（1）领会并说说下面这些谚语里含有的生活道理：

水大漫不过鸭子

公众马公众骑

暴日无君子

唱戏的不瞒打锣的

臭猪肉自有烂鼻子闻

皇帝身上也有三个御虱

补充一些谚语，可以互相提供，也可翻检工具书。

（2）模仿别人的句子，学别人的个性表达。例如，教师确立一个单项训练目标，即仿造出"我人还没到那儿（指酒宴现场），心就醉了"这样的句子，让学生去练习。这个被仿句里的超前夸张的修辞格的知识，教师心知肚明就行了，不要传授给学生，语文课不是以传授语知为目的的，只要学生能造出类似"那一段时间我很讨厌妹妹，每天放学回家，还没见到她，就气饱了"这样的句子就算训练目标达成了。

（3）一堂情景表达课。教师通过多媒体展示空谷足音或蟋蟀秋鸣声（黑屏），让学生去描写声音；教师通过多媒体展示一个盛大的人海场景（消声），让学生去描写场景；教师通过多媒体展示图声并茂的情景，让学生去进行声色热烈的描写；教师关闭多媒体，静堂片刻，让学生唤起经验中有意义的信息，描写一个个人经历过的有声有色的情景。

语文：诗意的学习

凌龙华

语文是美好的。

语文学习是美妙的。

不管把语文界定为什么，语文永远是最基础、最博大、最富文化内涵和最具人文色彩的学科。

语文不是"教"出来的，语文是"学"出来的。"教"的语文是死的，它解读的是符号代码（体现语文学科的工具属性）；"学"的语文是活的，它导向的是文本外的人文品质（体现语文学科的人文属性）。前者是"小学"，后者是"大学"；前者是"跟我学"，后者是"我来学"。

语文教学的目的是让学生学会文本的解读与表达，通过文本来实现人文精神的体悟与捍卫。

因而，文本与人本的交融，就支撑起语文天地斑斓广阔的创造空间。

因而，语文教学从根本上讲是语文学习。语文能力是在语文实践（语言运用）中培养起来的。勤奋的语文教师可以教好文字、语法与解题技巧，但语感和写作是永远不能"教"出来的。

因而，语文应该是最宽容的，最有灵性的，语文学习的主体始终应该是"我"。语文学习理应是学识的、诗意的、智慧的、创造的。

因而，语文学习要关注文化，关注生活，关注人生。

语文学习要有文化的内核，要有生活的外延，要参以人生的阅历和生命的体验。

一言蔽之，语文学习是诗意的建构。

语文学习——"我"是主人

"课本就是世界"的年代，语文学习的主权无疑紧攥在教师手里。在大纲、参考书、教材的重重框定下，语文学习成了教材剖析、知识灌输的"机械运动"。"教"是施加，"学"是听从。云彩、鸟鸣、小草破土、海浪拍岸……书本外一切鲜活的东西仿佛都与课堂绝缘。阻塞了生活之源，失却了体验辅佐，课堂成了纯粹的课堂，教学沦为单向的授受，如是，语文学习还有什么自由境界可言？

事实上，置身于知识至上、教材权威的旧教学模式，"高高在上"的教师也是教学的被动者与受折磨者。教师不能也不敢让"一孔之见"挥洒到语文教学中，按"参考"图解课文，按"标准"分析习题，教师的个性与灵性得不到展现，因而，看似潇洒的语文学习实质上是教师戴着镣铐、数着步点，可悲地"独舞"。

正因贬谪了语文学习的两大主人——学生与教师，语文这门原本充盈人文气息和创造精神的学科就蜕变成了言语霸权的文本模式和不痛不痒的人生说教。学生硬着头皮啃，教师撑着面子讲，结果，一篇好端端的美文被肢解、烘焙成筋筋条条的所谓"范文"，而理应张扬个性的写作也成了教师照本出题、学生依样仿做的"程式"。

不能自主地学习，怎能期待语文天地呈现"杂花生树，群莺乱飞"的缤纷？

语文学习，"我"是主人。实现自主，就是实现"对话"。

● **共同学习——实现教师与学生的对话。**

在"我是主人"的学习氛围中，语文学习将实现平等的、民主的对话。学习的主人，既是"受体"学生，也是"授体"教师。学呼唤着教，教催化着学，质疑与探究并行，求索与退思共进。"学习共同体"的双边互动，将使语文学习提升为一个动态的"生成性"过程：不断探究，不断质疑，不断发现。在这个不断生成的过程中，课堂是宽容的，而学习是民主的。容忍学生说"我认为""我不同意"，也允许教师大胆提出自己的"一家之言"。通过"对话"，使师生感受到学习语文真是如沐春风。

● **开放学习——实现课本与生活的对话。**

"世界即课本"。语文是语言、文学、文化的综合，具有工具性与人文性的双重特性。语文既要教会学生识字"作文"，更要教会学生明理"做人"。从广义上讲，语文学习的外延等同于生活本身。

伟大的教育家陶行知先生早在20世纪30年代就提出这样的口号："生活即教育，社会即学校。"他主张在做中学，学中做。用生活来解读课本，用"人本"来参悟、补充"文本"，让生活的知识库与学习的知识库交汇、交融，实现课本与生活的对话，从而使语文学习充满生活与生命的气息。只有这样，语言才是活的，课文才是生动的，学习才是愉悦的。"心有灵犀一点通"，如果我们用人生体验来赏析宋人赵师秀

的《约客》（"黄梅时节家家雨，青草池塘处处蛙。有约不来过夜半，闲敲棋子落灯花。"），我们是不难理解那一个"闲"字的——闲得无聊，闲得发慌，闲得焦躁！

● **发展学习——实现现时与未来的对话。**

学会生存，学会发展，这样的理念在新世纪的光芒照耀下，正像春雨润草，越来越深入人心。学习的一半是为了"致用"，另一半是为了"营造必要的乌托邦"。为了民族的复兴，为了学生的未来，富有人文气质的语文课堂义不容辞地要为学生开拓一个展望的空间——可持续性学习。

让现时与未来沟通，让独特的个性与多元智能在学习中得以张扬与发挥。琐碎与庸俗，不是语文；即时功利与斤斤计较（一味强调考试成绩），也绝不是语文学习的终极追求。大语文是教人学会大写人，是教人学会挑战教材、挑战自我、挑战现时。今天的学习是为了明天的创造，今天的语文学习是为了明天的人生创造。

因而，语文学习要有诗意，要有理想，要有境界，要有追求。"世事洞明皆学问，人情练达即文章。"语文学习从发展的角度看就是终生学习，就是生活学习。

语文学习——"诗"是灵魂

语文是什么？这样的发问有时就像"是生存还是毁灭"一样折磨人。

假如改成问语文不是什么，我想我们的回答或许就会干脆一些：

语文不是高僧说教；

语文不是痴人说梦；

语文不是政治学家玩措辞；

语文不是经济学家搞预算；

语文不是"一加一等于二"；

……

语文就是语文，简简单单，朦朦胧胧，

清清楚楚，又若即若离。

因而语文学习的境界，也就在那"星光灿烂"与"灯火阑珊"处。语文学习是审美的，语文学习是智慧的，语文学习是宽容的。

●**审美学习——实现诗意的回归。**

当教师把注意力投注到有没有押中作文题，当读书人把热情与炫耀摆放到茴香豆的"茴"字有几种写法时，我们的语文无疑坠入了雕虫小技的可悲境地。

当一位阅卷教师把文章阅读的技巧讲析得如同主刀医师动外科手术一样脉络分明，当一位从未发表过一篇文章的写作课程老师把作文的要义演绎得头头是道之际，我们的语文学习无疑担当了隐形杀手的卑劣角色。

如果王勃躲进小楼，那么"落霞与孤鹜齐飞，秋水共长天一色"的美景就不会如此飘逸地栖落到诗人的笔端，只有在高峻的滕王阁上，诗人才会临风把酒，壮思遄飞。

同样，阅读与欣赏也要打开门窗，让思想的骏马奔驰草原，在蓝天与远方的召唤中，读出那山、那水、那激情、那遐想。

千万不要把美女当标本图解，千万不要把美文当范文析解。

用寻找美的眼光去审视语文，语文是美丽的；用创造美的眼光去构建语文，语文是诗意的。

●**智慧学习——实现理趣的回归。**

语文学习是诗意的，语文学习也是智慧的。语文学习有时如"春风知别苦，不遣柳条青"，无理而有情；有时如"清风不识字，何故乱翻书"，有趣而无理；有时如"东边日出西边雨，道是无晴却有晴"，有情也有趣；有时如"横看成岭侧成峰，远近高低各不同"，有趣更有理。

智慧学习，要把课文当做人生、把文本当做社会来解读，要在"天光云影共徘徊"中去领略语文的博大、自然与精深。还阅读以完整，还鉴赏以自由，还写作以个性。模糊与精确结合，开放与严谨并举，在智慧的学习中，让哲思与遐想并飞，从而在广阔的背景中实现语文理趣的回归。

●**宽容学习——实现人本的回归。**

语文是文化的厚重沉淀，是生活的美丽呈现，是人生的智慧结晶。语文学习要给人春风拂面的愉悦，语文课堂必须是开放的、民主的、宽容的。

宽容，既要有解读的包容——允许"一千个读者有一千个哈姆雷特"，允许"说不清道不明只可意会不能言传"，允许有理的叛逆（逆向思维），允许有情的错误（创造性思维）。

宽容，也要有环境的包容——允许学生怀着"挑战"进课堂，允许学生带着"不满"出教室。教师的教不再是高高在上，学生的学也不再是言听计从。

把学习嫁接到生活中，把生活融入学习中。只有这样，语文学习才能实现人本的回归——既是品读课文，也是品读人生。

文化浸染：语文教育的灵魂

※ 陈弦章

胡尹强先生在《语文教学通讯·高中刊》2006年第10期发表了《语文的学习领域是语言与文学》一文，认为由《普通高中课程方案（实验）》（以下简称《方案》）派生出来的《普通高中语文课程标准（实验稿）》（以下简称《课标》）与《方案》相脱节，并对《课标》中用不少的文字谈论语文和文化的关系，还建议在高中语文选修课程中设置"文化论著研读"且在举例中有"中华文化寻根"专题等做法提出质疑。他认为："语文教育界在原先语文是语言与文字、语言与文章还是语言与文学的困扰中，又增添了一种新的困惑，这就是《课标》颁布后流行的——语文是语言和文化。"

对胡先生的观点，我首先要说的是，语文是"语言和文化"的观点，并不是在《课标》后产生的，它很早就有了，一直有着争论。其次是，中国语文与西方语文（如英语）的特点不同，因此导致了教育目标、教学手段、教学侧重点、考试要求等的不同。现代中国语文教育越来越少关注自身与西方语文在教育内涵上的根本区别了。尽管《方案》在"语言与文学"的学习领域下设置的是语文和外语两门课程，但在实际的教育中，我以为两者是不可同日而语的。过去，我们语文教育中产生的许多问题恰恰就在于把许多西方语文教育理念强加进汉语文的教育中来。

—

新颁布的《课标》的"文化"味的确很浓。根据笔者粗略统计，《课标》（不含附录部分）提到"文化"的地方就有63处之多，而且许多有关"文化"的概念是过去的《语文教学大纲》里从没提到过的。如"文化精神""文化视野""文化内涵""民俗文化""文化素养""文化意识""科学文化素质""文化心理""文化底蕴""文化心态""优秀文化的浸染"等。从中可以看出，《课标》制定者有着深深的文化情结。

在性质上，《课标》将过去的"最重要的交际工具，也是最重要的文化载体"的表述改为"语文是最重要的交际工具，是人类文化的重要组成部分"。这种表述比较恰当地体现了语文学科的性质。

以往语文是"文化载体"的提法，强调语言和文化两者是表里关系：语言是表，文化是里。现在新课标中语文"人类文化的重要组成部分"的表述，更强调语言本身即是文化，它不仅仅是表，而且也是里。那么，在教学实践中，会不会把语文课上成"文化课"呢？笔者觉得不必担心。《课标》的表述更多的是强调语文课程的"文化理念"，许多文化的东西都蕴涵在语文本身的语言文字和文学作品中，也隐藏在语文教育的整个过程中了。语言本身就是文化，作为具有象形文字特色的汉语文教育更具有文化的内涵，更具有熏陶感染的特点。语文教育不仅是汉语言的学习和训练过程，更是中华文化浸染的过程。

当然，我们也要注意到，《课标》中关于文化的表述，可能有歧义或前后不一致的地方。这是因为"文化"本身的定义就很复杂，人们在表述时常会把广义的"文化"和狭义的"文化"夹杂使用，以至于概念模糊。这也是最容易引发争议的地方。如《课标》中"注意观察语言、文学和中外文化现象"一句，就把语言（实际包含文字）、文学和文化并列了。这里应是较为狭义的"文化"。但在《课标》的很多地方又用的是广义的"文化"，如语文"是人类文化的重要组成部分"。我们对语文教育理论进行阐述时一定要注意把握好尺度，既不能忽视语文课程的文化秉性，又不能把语文课程解读成一种无所不包、博大精深、无边无底、虚无缥缈的"万能课程"。

二

中国语文课程改革必须具有中华民族文化的特色，这一点似乎没有反对意见。但改革一旦深入，观点就多了。中华文化的核心是什么？一般认为"儒、佛、道"文化是中国文化的三大支柱。笔者则更愿赞成王蒙先生在苏州大学讲演时提出的观点：中华文化的三大支柱不是儒、道、佛，而是中国文字、中华料理、中国人思考问题的方法。王蒙先生认为：中国文化的根基是中国的文字，"我坚决相信汉字是废除不了的，汉字废除了，等于中国就没了"，"汉字特别神妙，对中国文化的影响太大了"，汉字应该

是中国文化的第一大支柱。的确，汉字是汉民族核心的文化，汉字消亡了，中国语文教育也就找不到根本了。

汉字的文化意味很浓，汉语词汇的文化意义也是很有特性的。词汇有概念意义和文化意义之分。概念意义指的是词汇的语言意义，文化意义指的是词汇的感情色彩、风格意义、联想意义和比喻意义等。由于文化的差异，英汉语言中有许多词汇的语言意义相同，但文化意义的差异却很大。如有些动物其文化意义在英汉语言中是完全不同的，如"喜鹊"在汉语中是"吉利"的象征，而在英语中却被喻为"唠叨"；"龙"在中国文化里是"吉祥、高贵、权势"的象征，而在西方，龙则被视为凶猛的妖怪，是不祥之物。不同文化背景浸润出来的观念是不同的，这也正是语文教育的结果。

现在，人们越来越意识到中国文化是以情感为核心的"德性文化"，具有丰富的人文性。它始终以人为中心，关注的是人的情感、意志等方面，所以未能发展出西方式的理性主义，也因此缺乏经验实证精神，又缺乏逻辑理性精神。近现代中国，无论哪个方面都在努力以西方思想改造中国的思维方式，并在许多方面取得了很大成绩，如语文现代化进程中拼音、语法、逻辑、汉字拼音化的种种改革。但我们也要意识到其中的负面作用：半个多世纪语文教育的理性主义泛滥，使语文失去了其原有的文化特质，给人以"邯郸学步"的感觉。中国古代，在没有系统的语法、没有拼音、方言各异的情况下，中国文化尤其是文学，却借着统一的汉字而辉煌，可见汉字的作用之大。而那时的语文教育内容虽然广，却不会如今日之烦琐机械。我们今日花在拼音、语法、应用文等

技能训练方面的工夫不少，但效果却并不好。这是当前语文教育的最大症结。

由汉字而形成的汉语言表达形式和文学作品是具有其独特的文化特性的。如中国的对联："二人土上坐，一月日边明"，"踏破磊桥三板石，分开出路两重山"，"琴瑟琵琶八大王，王王在上；魑魅魍魉四小鬼，鬼鬼犯边"……这种不但要求字数相对、词语相对、音韵相对，而且还要求字形相对的语言艺术，恐怕只能出现在中国的语言文字中以及中国的语文课堂教学里了。它必然会影响教学的形式，也就是说，不同的语文教育形式会有不同的文化特性。

三

雅斯贝尔斯曾说："教育是人的灵魂的教育，而非理智知识和认识的堆积。"教育一旦离开了人，离开了人的灵魂和精神，严格来说，就不成其为教育。教育的过程，实际上就是人的"文化"过程。中国现代教育的根本就在于教人做人。对此人们没有争议。争议的问题在两方面：选什么样的教学内容，培养怎样的人；用怎样的教育理念，达到怎样的目的。前者由于时代的局限以及不同时期人们认识问题的角度不同而引发了多次争议。如1997年发表的引发语文教育大讨论的三篇文章之一《文学教育的悲哀》（薛毅）中的观点。后者则由于在一段时间里教育围绕着政治、经济、社会运转，偏离了"以人为本"的根本，受西方以科学为核心的课程体系的教育理念的影响，产生了以利益和效益为本的教育思想，使教育变成了一种纯粹为了升学、文凭和就业的技术。即使如人文性极强的语文教育，也成了工具主义、理性主义的东西，教学过程中严重忽视了对学生文化心理、文化意识和文化精神的

培育。

语文文化教育的最高追求应当是精神教育。与知识传授、技能训练不同的是，这是一个由外向内浸润和转化的过程。这就要求语文教育在文化传统、思想道德、民族心理、思维方式和价值观念等更深层次上寻求文化的审视点，去弘扬语文教育元素中的文化意蕴，开掘作品内在的思想和趣味，而不是流于表面化与概念化。

另外，笔者赞成著名作家冯骥才的说法："民族文化是民族精神的载体。民族文化包括两部分——精英文化和民间文化。精英文化主要是给我们力量、思想、精神，是一种父亲文化；民间文化是一种母体文化，给我们情感、血肉、特征、凝聚力、亲和力。精英文化和民间文化都是不可或缺的。"由于国家课程安排、学校教育模式、应试教育等种种原因，我们的学校教育长期忽略了对人的精神养育有着重要作用的民间文化这一重要的内容，这是造成一个人语文素养不均衡的重要原因。

四

文化为人类所特有。文化传统的影响是深层的、潜在的，而且又是十分广泛深刻的。文化的影响方式是长期积累性的、"润物细无声"式的，人们往往处在"日用而不知"的状态中。这也正是我们语文课程教育的影响方式。因此它也常常被人们所忽视。

语文，天生就有着文化的使命，有着文化的灵魂。在经济全球化的今日，我们更要特别强调作为母语教育的语文课程在工具层面的文化探究，知识层面的文化传递，经典层面的文化积淀，精神层面的文化浸染和教学过程中的文化追求。

文化浸染是语文教育的灵魂。

Chapter

03

语文知识与语文能力

　　语文的课程知识与其他基础学科的课程不同，语文知识所具有的非逻辑性、离散性、开放性、交叉性、延展性以及情境依赖性等等特征使教学所赖以形成"抓手"的知识难于把握，增加了教师知识选择的难度。

"语文知识"是个什么样的问题？怎样讨论？

✿ 王荣生

在众多语文教育研究者的共同推动下，"语文知识"的讨论又重新浮出水面。这将使语文教育的研究走向深入。但是，其间也埋伏着重蹈覆辙的危机，弄得不好，可能仍会停留在"要"与"不要"的争锋，或者仅仅做一些归类性的表层描述，满足于得出一些一般性的结论。"语文知识"问题的讨论，所要牵涉的范围、所要抵达的深度、所要顾及的方面，可能比有些学者目前所感受到的，要广、要深、要复杂。本文讲述我这几年对"语文知识"问题的思考，希望能对怎样讨论"语文知识"问题有所启发，说得不对的地方请批评指教。

一、明确"语文知识"的概念

讨论"语文知识"的问题，首先要界定"语文知识"的概念，必须认清我们所谈论的是个什么东西。这可以从四个方面来观照：

从"语文知识"所涉及的范围。语文知识是关于语言和言语、文章和文学的知识，主体是听、说、读、写的事实、概念、原理、技能、策略、态度等。

从"语文知识"存在的状态。语文知识包括"语感"（隐性知识）和"语识"（显性知识）两种状态。但当与"语感"对举时，语文知识特指"语识"，即"在个人间以一种系统的方法传递的更加正式和规范的知识"。

从"语文知识"的现实所指。在语文教育的范畴，当我们说"语文知识"时，它的现实所指就是"学校语文知识"，它们构成语文课程与教学的内容。

从"语文知识"学习的角度。语文知识的学习，很大程度上就是将纳入语文课程与教学的"人类知识"（语识）转化为学生的"个人知识"，根据建构主义的观点，这种转化是由认知主体积极建构的，是通过新旧经验的互动实现的。从学习的结果看，学生对语文知识的掌握，既可以是语识的状态，也可能是语感的状态。

总结上述四个方面，我们尝试对"语文知识"做一个概括的描述：

宽式语文知识是：（1）应该或已经纳入语文课程与教学的；（2）关于语言和言语、文章和文学的听、说、读、写的事实、概念、原理、技能、策略、态度；（3）它有语感和语识两种状态。

窄式语文知识是：（1）应该或已经纳入

语文课程与教学的；（2）关于语言和言语、文章和文学的听、说、读、写的事实、概念、原理、技能、策略、态度；（3）在课程的层面只包括与语感对举的语识；尽管从学习的结果看，学生对语文知识的掌握，既可以是语识的状态，也可能是语感的状态。

通常情况下，我们采用的是语文知识的窄式描述，称之为"学校语文知识"。

二、确定讨论的层面

"学校语文知识"问题的讨论，应该区别讨论的层面，必须确定我们是在什么范围内来讨论"语文知识"问题的。层面大致可以作以下的划分：

语文课程目标的层面。语文课程目标面对"是什么"的问题：为了适应现代社会和学生个体的发展，国家期望学生具备的语文素养"是什么"，主要包括人文素养和语文能力这两个方面。

语文课程内容的层面。语文课程内容面对"教什么"的问题：为了有效地达成《语文课程标准》所设定的语文素养目标，"应该教什么"。从大的方面看，一是构成人文素养确切所指的文学文化经典作品（定篇）及其对它们的阐释；二是包括事实、概念、原理、技能、策略、态度在内的"语文知识"。

语文教材内容的层面。语文教材内容面对"用什么去教"的问题：为了使广大的学生较好地掌握既定的课程内容，"用什么去教"？用什么资源如何去呈现课程内容？

语文教学内容的层面。语文教学内容同时面对两个问题：第一，针对具体情境中的

这一班学生乃至这一组、这一个学生，为使他们或他（她）更有效地达成既定的课程目标，"实际上需要教什么"；第二，为使具体情境中的这一班学生乃至这一组、这一个学生能更好地掌握既定的课程内容，"实际上最好用什么去教"？这两个问题如果体现在课堂教学实践，就是教师"实际在教什么""事实上用什么去教的"。如果落实到学生的学习上，则可以集中为一个问题，即学生"实际在学什么"。

三、认定所要讨论问题的内涵

《语文课程标准》以下简称《标准》的主体是目标，尤其是阶段目标。一方面，与以往的《语文教学大纲》不同，课程目标是对学生学习结果的描述，而不是对教学内容（比如"语文知识"）作具体的规定。另一方面，课程目标又蕴涵、指引着教学内容，蕴涵、指引着中小学生所需要学习和掌握的"语文知识"。目标是什么，当然可以讨论；但在目标既定的前提下，语文课程目标的研究，主旨应该是使目标得以明晰地表述，使大家对目标的内涵有一致的理解。

在这一层面上关于"语文知识"问题的讨论，应该是对其具体"所指"的讨论，也就是通过对表达目标所用概念的界定来界定所涉及的"语文知识"含义。比如："在通读课文的基础上，理清思路，理解主要内容，体味和推敲重要词句在语言环境中的意义和作用。"什么是课文的"主要内容"？什么是"重要词句"？什么是"语言环境中"？什么叫"意义和作用"？什么叫"理解"？什么算"体味"？什么又是"推

敲"？什么叫"理清思路"？乃至什么叫"通读课文"？再比如："阅读简单的议论文，区分观点与材料（道理、事实、数据、图表等），发现观点与材料之间的联系，并通过自己的思考，作出判断。"什么叫"简单议论文"？什么是"观点"？"观点与材料之间的联系"指什么？什么叫议论文阅读当中的"思考"？什么是"判断"？"判断"什么？什么是"区分"？什么叫议论文阅读当中的"发现"？乃至什么叫"阅读议论文"？

在我看来，上述这些概念都需要解释、需要界定，而类似上述界定含义的讨论，目前我们并未系统地开展。综观《标准》的解读文章，论述的几乎都是"学段目标"之前或之后的文字，对学段具体目标本身作分析、作阐释的很少；那些作解释的，多是自己既有观念往《标准》的投射，说的好像也未必是《标准》的本身含义。打个不太恰当的比方，好像一部法律出台，意义如何重大、观念如何先进，宣传铺天盖地，而具体

的法条，却不去理会，大家愿怎么理解就怎么理解，愿怎么执行就怎么执行。结果那些大意义、新观念，很容易被篡改，很容易变成歪门邪道。

语文课程内容的层面，所要讨论的是达成目标的课程内容具体构成。"语文知识"问题的讨论，可以从两个方面入手：第一，对已经纳入语文课程的"学校语文知识"进行考察；第二，研制应该纳入语文课程的"语文知识"。

在我国，语文课程具体形态研制一直是个空档，语文教材一直事实地顶替着语文课程，由语文教材所传布的"语文知识"，实际上就构成语文课程内容。因此，对已经纳入语文课程的"学校语文知识"进行考察，就是对语文教材所传布的"语文知识"——主要表现在语文教材编撰者在"思考和练习"等部位和教师教学参考用书所选择、所生产的"语文知识"——进行考察，包括学生教辅读物所传布的"语文知识"。考察的主题应该在与以下三方面的关系中来确定：

第一，"学校语文知识"与学术界相关学科的研究现状之间的关系。主要考察语文知识的正确性：（1）已经纳入教材的"语文知识"是否与学术界的研究相一致？（2）是否根据学术界研究的新进展，纳入了必要的新知识，或者废弃了陈腐的旧知识？

第二，"学校语文知识"与语文课程目标之间的关系。即课程目标内容化的问题，主要考察语文知识的有效性：（1）相关的诸多学科是否提供了足以达成课程与教学目标的"语文知识"？能不能提供？（2）语文教材的编撰是否从相关学科中获取了足以达成目标的"语文知识"？有没有获取？（3）已经纳入教材的"语文知识"与目标是否一致？能否足以达成目标？

第三，学生在听、说、读、写某一方面的某一环节实际所拥有的语文个人知识与课堂里所授的"语文知识"之间的关系问题。主要考察"语文知识"的适用性：（1）已经纳入教材的"语文知识"主要适用于什么样的学生？（2）对另一些学生选用哪些与他们实际情况相适应的"语文知识"？

语文教材内容层面所要讨论的是"语文知识"的呈现方式问题，也就是语文教材的编撰策略和技术问题，即课程内容如何教材化，教材内容如何教学化。比如在练习题设计中知识呈现的确定性问题，在教学化设计中前后之间的关联性问题等等。我们认为，语文教材研究的宗旨是使教师更方便地"教"，是使学生更有味地"学"。换句话说，宗旨是更有创意地、更有效地呈现语文课程内容，更有创意地、更有效地呈现"语文知识"。

语文教学内容层面所要讨论的主要问题是具体学生的针对性、适应性。即教师所教的"语文知识"对该班学生达成语文课程目标的具体针对性，教师所采用的呈现方式对该班学生的现实适应性。由于我国的语文教材近乎名存实亡——远未达到语文课程内容教材化、语文教材内容教学化，如果不甘心照搬教参的话，语文教师的备课几乎等同于课程内容的研制和教材内容的编撰——我国语文教师的所谓"备课"尤其是"公开课"的备课，很大程度上就是面对一篇课文冥思苦想"教什么""用什么去教"。这样，在语文课程内容层面、语文教材内容层面所要讨论的语文知识问题，乃至在《语文课程标准》层面所要讨论的目标界定问题，作为个体的语文教师被迫全部要独立地面对，而作为个体的语文教师事实上根本就不可能独立地去解决因别人的玩忽职守而转嫁到他头上的那种种难题。为使这一层面的"语文知识"问题讨论切实有效，我们建议在语文教学内容层面重点围绕以下三个方面：

第一，对语文教师所拥有的"语文知识"，包括"理论性知识"和"实践性知识"进行反思或审议。（教师知道什么）

第二，对语文教师实际在课堂教学中实施的教学内容进行反思或审议。（教师在课堂里实际教什么）

第三，对教学之后学生们所驻留的经验进行探询并审议。（学生在课堂里实际学什么）

当然，上述反思、探询或审议，同样必

须在三个关联中进行，即语文教师所拥有的"语文知识"与学术界相关学科的研究现状之间的关联，教师实际在教的"语文知识"与语文课程目标之间的关联，学生在听、说、读、写某一方面的某一环节实际所拥有的语文个人知识与课堂里所授的"语文知识"之间的关联。我们认为，在三个关联中围绕上述三个方面来讨论"语文知识"的问题，应该成为语文教师校本教研的主题，应该作为语文教师专业知识发展的主要途径，也应该作为语文教学论目前研究的主课题。

四、怎么讨论

怎么讨论上面所列举的种种问题？我想总的原则应该是打持久战，做点点滴滴的具体工作，不断地把研究往前推进，在课程、教材、教学几方面，一天一天地谋求改善。上述种种问题，实际上都是累积了上百年的问题，不可能凭一两个人用"革命"的方式在一转念间便获得圆满的解决。

要坚决避免对"语文知识"问题的抽象谈论。我国语文教育研究中的"语文知识"问题，是一个被人为复杂化乃至意识形态化的问题，其中掺杂了数不清的误解与曲解。比如，在一段时间内，有人一说知识就一脸贬斥，"不宜刻意追求语文知识的系统与完整"被荒唐地解读为"不要知识"，把语文课程与教学弄成极端"无知"的课程与教学。再比如，现在又有人提出要重建"语文知识体系""语法知识体系"，我认为，离开了与达成语文课程目标的关联，离开了与学术界研究进展的不断流通，离开了母语环境下千姿百态的学生具体情况，所谓"体

系"，所谓"系统"，很可能是在编织"皇帝的新装"。

我愿意谈一谈对"知识清单"的认识。2000年，韩雪屏先生在《语文建设》发表了《审视语文课程的知识基础》一文，鲜明地提出了语文课程的知识问题。对此我是赞同的。但是，对韩先生提出的"知识清单"问题我持保留意见。我认为这个问题应该区分层面来讨论，只有在课程研制的层面，提出清单的要求才是必须的，而且现在仍十分有必要强调这个"必须"。在《语文课程标准》层面，不存在清单的问题；在语文教材、语文教学层面是不是要以清单的方式出现，则有各种情况。而且，即使在语文课程层面，"语文知识"也不会只有一张清单。语文课程的具体形态应该多元并存，即一种特定的语文课程形态，只适用于特定情形的某些学生，没有一种课程形态是普天下可通用的。清华、北大附中的学生所实施的"语文课程"（比如自由读书）与西北偏远地区学生所经历的"语文课程"（比如知识讲授），显然应该是有所区别的。因而适用于这两种情形的语文课程应该是两份有所不同的知识清单，尽管它们所要达成的是共同的语文课程目标。从这个意义上讲，语文课程需要的不是一份知识清单，而是许多份知识清单。而且，清单也绝不是靠几个人拍脑袋所能列出来的，它是在语文课程研制过程中，在课程内容与教材编制的不断互动中，通过反复的审议，才得以逐渐明朗的。

但是现在，尤其是对广大语文教师来说，好像还远没有到谈"清单"的时候。

"学校语文知识"的严重问题，不是没有清单，而是没有构成清单的货色。我认为，语文课程与教学的主要问题出在内容上。具体说：（1）内容与目标不相一致，甚至截然相对；（2）内容不正确，且数量不少；（3）内容以一种极不确定的面目呈现，有时笼统得几无内容；（4）许多迫切需要教的，无内容；（5）充塞着不少无用的内容。这里所说的"内容"，很大程度上指的就是"语文知识"。在我看来，学校的"语文知识"不是太多，而是近乎没有；或者这样表述，语文教学中充满着像徐江老师所叫的"垃圾知识"，而真正能帮助学生有效地达成课程目标的知识则几乎没有。

所以需要建设，所以需要在审议和反思中除旧纳新。而建设是具体的，除什么旧、纳什么新，也是具体的。我以为，语文知识的问题必需一项一项、一个一个地来具体地讨论；在与学术界研究现状的关联中、在与语文课程目标的关联中，在与学生具体情形的关联中，来一项一项、一个一个地具体讨论。

我建议，语文教师最好能用自己的一堂课、一个教案、一次作业的批改、一回活动、一点体会等等，来加入"语文知识"问题的讨论。"语文知识"的问题，语文教师一定要当做切身的问题，当做自己专业知识发展的问题，当做培养你所教班级的学生语文素养问题来讨论，千万不要搬运一通陈述性知识、程序性知识、策略性知识等等名词了事，虽然这些名词本身并没有错。

文本的积极阐释与消极阐释

❋ 董菊初

阐释在阅读教学中的意义

阐释，有利于促进学生的成长与发展。随着阅读教学要求的日益提高，如果教学方法还停留在"识字、认读"的阶段，就必然影响阅读教学的深刻度与开放性，影响学生的思维成长与认识发展。我们知道，学生的成长与发展不在于仅仅了解"结论"，更在于懂得"过程"，即不仅要了解"是什么"，更要理解"为什么"和"怎么样"。后两个问题的解决正是"阐释"所要完成的任务。

阐释，有利于培养学生的创造精神和审美能力。阐释是从工具性与人文性视界融合的角度作出的新发现；是以"世界的多元化"来瓦解"世界的单一化"；是以文本的开放性来取代文本的封闭性，从而培养学生怀疑的智慧、不迷信权威的精神、求异和精细的思维，最终落实到审美能力的提高与创造精神的培养上。

阐释，是落实"工具性与人文性统一"的必要措施。传统的阅读教学重视"文道统一"的原则，亦即"因文释道"与"因道悟文"相融的方法。这种方法可以体现"工具性与人文性统一"的性质。如今要加强对作品的解读与鉴赏，以"释"和"悟"为基本目标的阐释方法就成为文本解读的重要方式。

积极阐释的类别与功能

一、循环阐释

循环阐释，是中外阐释学史上共有的阐释方式。钱钟书认为："积小以明大，而又举大以贯小；推末以至本，而又探本以穷末，交互往复。"这就是"阐释循环"，又称为"蛇衔尾"："字→句篇→全书"。循环阐释的基本方式有四：其一，整体性循环，即"文"与"道"之间的循环。要理解"文"就必须了解"道"，要理解"道"，就必须了解"文"。其二，从文本结构来说，有整体与部分之间的循环。具体来说，要了解作品中单个词的意义，就必须了解作品整体；要了解作品的整体，就必须了解单个词；要了解整篇文章的内容，就必须了解部分的内容；要了解部分的内容，就必须了解整体的内容。其三，作者与作品的循环。要了解作品，就必须了解作者的背景、心理，要了解作者的背景、心理，就必须了解作品。其四，美学规范与作品属类的循环。要了解作品的美学规范，就必须了解作品的属类；要了解作品的属类，就必须了解具体的作品。

循环阐释，是生成体验与感悟的机制与方式。文本通过循环阐释，使"道"之深沉和"文"之精妙达到完美统一，使原来的"迷"有所"悟"。禅宗认为，顿悟有三个阶段：未悟道之前，见山是山，见水是水；既悟之后，见山不是山，见水不是水；再进一层，又复为见山是山，见水是水。就语文解读来说，第一阶段，先是主体对工具性内容作出了初步的表象性认识。第二阶段，主观意识翻转向内，见山不是山，见水不是水，山水本身并没有发生变化，改变了的只是人的意识，即通过工具性内容，加深了对人文性内容的认识与理解。原来的工具性内容就不像本来那样仅是形式了，而如辩证法所谓的，工具性的内部有着二重因素即工具与人文。"工具性内容"中含有深刻隽永的人文内涵。最后一个阶段，世界又恢复了它的本来面目，作品的形式没有变，而是成为深刻反映内容的形式了。但这不是简单地复归到第一阶段，而是恢复了它原本的功能和潜在的价值，从而使阅读者对外在形式的丰富内涵及其巧妙功能有了全面而深刻的理解，领悟到原来外在的形式是如此美妙。这就是由迷转悟的过程。

循环阐释，要避免恶性循环。"恶性循环"是一种简单低级的循环，无阐释主体的积极投入，无实际价值的循环，它只是复制前人的体验与结论，却没有水平的提升和质量的增值。克服恶性循环，首先，要摈弃"先入为主"的观念。"先入为主"与"先行之见"是两个性质不同的概念。阐释学所谓的"先有、先见与先行把握"，即"先行之见"，是阐释主体所具有的

知识、经验。"图式"，这是建构新意的基础，不可或缺；而"知人论世"及必要的学科知识等都属于此范畴。但是，"先入为主"是消极的，它是指外界预先加在阐释对象上的套子、框架，限制了阐释主体的创造性思维。所以，教师不应该在学生解读、阐释之前把文本的意义、主题及艺术手法等告诉学生，以免给学生造成思维定势；而必须始终从文本本身出发，清理"先入为主"，从而保障阐释的针对性和科学性。其次，阐释需要理论指导。理论上的自觉意识会增强进一步阅读的快乐和自由。在进行理论分析后，学生会感到新的快乐，发现新的美妙之处。所以，阐释应该对感性的领悟和理性的论辩作出解释，这样才能提升阐释的水平与层次，从而激发学生的兴趣与成就感。

二、创新阐释

阐释必须创新。创新阐释，是学生思维发展和生命成长的表征。创新并不容易，所以，对学生的创新阐释不能要求过高，只要高出其原有水平的认识，就是创新，就是成长；只要对前见有所补充，就是创新，就是发展。教师的任务是鼓励学生不断创新，不断标新立异，尽可能在对教材现有的评价基础上有所发现。文本是一个能够不断生发新意义的"百宝箱"，应该鼓励学生尽量多思考一些问题，将其思维的触角伸向尽可能远的地方，争取有独特的发现。

创新阐释必须以认识上的突破为前提。道德，要鼓励学生放开视野，大胆发现新的视角，但是，必须从文本出发，因为任何创新阐释都要受到文本的制约。其次，创新阐释是一种精神上的解放。对文本的阐释，就其本质来说是在挖掘，而一旦挖掘，就是对正统的破坏，对传

统的颠覆，就是对真实文本的潜文本的发现，就是对文本的创造性理解与独特性认识。第三，创新必须实事求是。阐释不是为作品唱赞歌，也不是替作品做辩护律师。应该是有好说好，有坏说坏。这说明，任何文本都可以被描述或诠释，关键是怎样描述或诠释。从目前的文本阅读来说，要更多地关注作品的形式。创新阐释是最好的、不落俗套的批评，这就要求师生必须把对内容的关注转化为对形式的关注。这是由阐释到鉴赏的关注点的转移，标志着阐释水平的提升。所以，阐释中，品味语言绝对不能少。第四，必须有正确的态度。创新阐释并不是四平八稳、不温不火的。因为四平八稳、不温不火的诠释往往只是表达一种共识。尽管这种诠释在某些情况下也自有其价值，但其终究不可能引发学生的"思想风暴"。

三、体验阐释

体验阐释，就是通过主体的联想、触发，让自己的经历、经验与作品的意境相契合，感同身受，产生共鸣，形成独特的体验、感悟。可见，体验绝非无中生有，绝非千篇一律，而是因人因文而异的。所以，体验最有独特性。语文阅读中，解读阐释方法常常因文体而异，如解读议论文和说明文，常用抽象阐释方法，即说明、分析、论证等方法，而赏读诗歌、小说和散文，常用心理阐释方法，即感悟、体验、涵咏、体会等方法。例如，褚树荣老师在教学《一碗阳春面》时，根据"情缘事发，理因情生"的体验生成原则，让学生把课文的细节与自己的经验联系起来，从而产生了丰富而深刻的体验：从"母子三次碰头""儿子夹面给妈妈"，体会到了相依为命、母慈子孝的亲

情；从老板的激动流泪和在一碗面中偷偷加了三碗面量，看到了人间自有真情在……并由此感悟到"团结奋斗……理解万岁""爱无处不在""有志者事竟成"等道理。

消极阐释的类别与避免

一、割裂阐释

这是"知的片面性"造成的后果。所谓的"纯工具论、纯人文论"都必将造成割裂性的阐释。"纯工具论者"犹如叶圣陶先生所言的"贩卖的商贾"，一味推销自己的商品即系统的语文知识，而对文本所反映的生动、深刻的人文内容置之不顾。"纯人文论者"犹如叶圣陶先生所言的"传教的牧师"，滔滔不绝地讲解教义即人文内容，而对于优美的艺术形式视而不见。两者都破坏了"工具性与人文性的统一"的实施。其不良表现有四：其一，对文道理解的偏窄。把"文"仅仅理解为对词语的品味和鉴赏，对于其他的要素不甚顾及，如句式、修辞、写作方法、篇章结构、表达手段等等。其二，对"文"孤立分析，不与"道"结合起来阐释。其三，对于"文"的要素分析简单。例如，引导学生抓住关键词这一点是做了，但仅要学生指出而已。其实，对关键词的理解要从以下四个方面下工夫：一是要抓准，二是要理解内涵，三是要说明其与语境的关系，四是要体会关键词的表达力量。其四，脱离语言形式孤立地大讲其"道"（人文内容）。可见，阅读教学中，教师既不能当"商贾"，也不能当"牧师"，而应该是"古玩的鉴赏家"，要将文本的"形"与"质"统一起来评价、鉴赏。

二、错误阐释

这是"知的不正确"造成的后果。主体认识朦胧、糊涂，必然使阐释失去对作品鲜活的生命意味的体认：或是对工具性内容的错误理解，望文生义；或是因价值观的问题，牵强附会；或是取其一点，不及其余；或是热衷于低级趣味。如有的学生在阅读朱自清的《背影》时，眼中所看到的，只是父亲走铁轨、爬站台，违反交通规则。这样的阅读体验，没有从总体上抓住作品所反映的基本倾向——人情美，只是抓住了非主要、非本质的东西。这样的体验是对作品的歪曲与误解，是不足取的，它违反了作品的整体构思、主导倾向。殊不知，对作为作品形式的语言文字、段落篇章、文本结构的解读与分析，都必须与作品的基本思想和总体倾向挂起钩来。作为学生不懂得这些尚可理解，然而有的教师也竟然以此为据，建议将《背影》这篇作品从教材中删除。这倒说明了，在今天贯彻"接受阅读"的思想、鼓励学生创造性解读文本的新理念的时候，学习与运用文艺理论是何等重要！提高教师的美学鉴赏能力又是何等重要！总之，要避免错误阐释，其一，要从文本的整体出发，避免随心所欲的突发奇想和难以觉察的思想习惯的局限性；其二，要有一定的理论指导。

三、不足阐释

"不足阐释"是"知的不周全"的结果。这样的人坐井观天，忽视整体，仅抓枝节，既没有对文本足够多的元素进行分析，也没有对历史上实际存在的文本进行全面的考察，便进行阐释。如有的学生对《荷塘月色》的阐释，仅抓住文中对荷塘月色的描写来孤立地加以理解，而没有将其置于全篇之中来认识，又不理解作者当时的处境，据此，便认为《荷塘月色》写出了作者当时乐观的心境。这样的阐释显然是不全面、不中肯的，即违背了阐释方法与原理，没有掌握"知人论世"的原则。"知人论世"被看做是理解文学作品的金钥匙。王国维说："由其世知其人，由其人逆其志，则古诗虽有不能解者寡矣。"鲁迅先生更明确地指出："我总以为倘要论文，最好是顾及全篇，并且顾及作者的全人，以及他所处的社会状态，这才较为确凿。要不然，是很容易近乎说梦的。"可见，当下文本解读中由烦琐的"五大块"走向另一个极端，即忽视"知人论世"，常常是形成不足阐释的因由。

四、过度阐释

所谓"过度阐释"，即对文本的阐释犹如过度饮食那样在该停的时候没有停下来，因而犯了"过度"饮食或"过度"阐释的错误。"偏执狂式的诠释"即典型的过度阐释之一。有人举例：如果我在街上碰到一个熟人，和他打招呼说："嘿！天气真不错，不是吗？"我并不希望对方边走边这样自言自语："天哪！他说这句话是什么意思？难道他如此没有主见，竟然弄不清楚天气的好坏而不得不向我求教？那么他为什么不停下来等答案呢？也许他认为我不知道今天的天气情况，因此他好心地告诉我？他是不是在暗示说，今天由于他没有停下来和我说话，因而显得比昨天更为可爱，因为昨天我们停下来聊了那么久？"可见，凡是脱离历史、环境、文本、作者实际的无根据的妄想性、臆想性的阐释，均可以视之为"过度阐释"。

防止过度阐释，要注意从三个方面着手。其一，不能求之过深，牵之过远：或心血来潮，东拉西扯；或牵强附会，脱离文本实际，脱离学生水平，随意挂钩。阅读鉴赏是熏陶感染的过程，急求立竿见影之效，往往适得其反。其二，要有平静的阅读心理。阅读文学作品，应该让学生沉浸其中，忘记功利。面对文本要全身心投入，设身处地，不停于字面；要使我们固有的知识、智慧、感情、经验与文本的情事境界发生感应，进入难以言说的状态，品味工具性与人文性统一的妙趣与奇效。其三，要把"过度阐释"与创新阐释区别开来。不能因某些阐释用了过激的词语就诬之为"过度阐释"。其实，对学生来说，即使是过度阐释也大有裨益，往往"过度"阐释要比"稳健温和"的阐释更为有趣，对人类智能的发展更有价值，对培养学术胆量与独到眼光更有好处。

语文知识：距离学生有多远

——兼论教师合理选择语文知识的必要性

❋ 栾雪梅

一、距离的存在——学生所能接触到的语文知识

语文知识经由语文教师的理解传达至学生，其与学生的距离是愈来愈远还是愈来愈近，取决于教师对知识是否合理取舍、选择。现实中，语文知识选择失当的具体表现可归结为：

1. 知识内容的失真。首先是教师对语文知识内容的理解产生偏差，对知识的性质、功能要求等理解失误，对教材或文本理解不深刻、有误或者偏离能力讲知识，因而难以实现教育教学目标。其次是知识内容传递的失真，表现为教师在不恰当的时机用不恰当的方式传递了不恰当的知识。比如语文知识与文本情境的脱离、语文知识的非教学化呈现以及知识结构失当造成的知识传递过程的失真。另外，由于对知识价值理解的偏差而造成的知识结构的失衡，也会使知识内容的"信度"发生变异，造成知识内容的失真。

2. 知识价值取向的偏差。在追求语文学科科学化的背景下，语文教学强调知识的系统性、逻辑性，语文知识的科学价值被提升，知识的价值取向日益滑向"工具主义"。新一轮课程改革中，语文教学"人文主义"的觉醒，使知识的人文价值得以彰显，而知识的科学（或工具）价值受到冷遇，成为当下语文基础学力下降的原因之一。教师取向知识价值的"科学主义"或是"人文主义""精神价值"，或是"功利价值"都是对知识价值的褊狭理解，是导致语文教学"工具过度"或是"人文过度"的原因之一。对知识价值取向的褊狭，直接造成学生语文素养的结构失衡，语文教育的有效性降低。

3. 知识选择的非理性。面对以选文为教材的语文课程，语文知识相对其他学科来说呈现出隐性存在的特点，教师怎样选择知识、怎样确定教学内容就会有怎样的语文课程。调查显示（王荣生、许志先《语文教师教学内容选择的现状调查及分析》），教师不但会依据课程标准、学生现状确定教学内容，甚至以学校阶段性教育重点、考试范围、各种教辅资料、教学参考书以及网络教案为标准。所以说，不仅是语文知识本身需要"除旧纳新"，语文教师在选择知识的过程中缺乏学理依据、缺乏理性，甚至自行"生产"语文知识、随意处置知识的现象也成为语文知识教学出现危机的原因之一。

4. 无效的知识选择。知识选择无效是就达成相关语文能力而言的，语文教师的无效知识选择首先主要体现在知识与能力两方面，相应的能力没有相应的知识的支撑，而相应的知识无法构建相应的能力。比如，以一些仅限于说明性的语言解释文本、表达文本的写作特点，这既无助于提高学生的鉴赏能力，也无助于增强学生的归纳概括能力，更无法给学生的语言运用能力以任何的帮助。其次则体现于对知识的无效提取，比如脱离文本情境的知识给予造成的知识价值的萎缩，相互冲突的知识的并列呈现导致的教学效果的抵消，等等。由于语文知识有很大一部分是非教学化的存在，同一知识可以以多种状态并存，因此，教师选择知识的过程不仅是筛选的过程，同时也是对语文知识重新组织、建构的过程，这是语文课程实现有效教学的前提。

二、语文知识的矛盾——无法回避的知识选择

首先是语文能力结构与语文知识之间存在矛盾。新的课程改革把语文新课程模式概括为"素养—养成"型，其核心概念"语文素养"提示了语文能力结构所应包含的内容：字词句篇的积累，语感，思维品质，语文学习方法和习惯，识字写字、阅读、写作和口语交际的能力，文化品位，审美情趣，知识视野，情感态度，思想观念等。而我们的课程标准所给予的显在的语文知识所能够承载的语文能力是有限的。比如语感能力的培养、思维品质、审美情趣、情感态度的培养等等是构成语文能力的一部分，但是却缺乏相应能够操作的语文知识予以支持。另外，语文素养所要求的能力结构与语文知识也存在脱节现象，语文知识内容的陈旧与知

识类型的静态存在成为语文能力形成的障碍，比如相关的阅读能力所依赖的知识"至少落后二十年到五十年"（孙绍振《改革力度很大，编写水平太惨》），相关的写作理论则被批评存在着"明显的缺陷"。而语文素养所倡导的能力结构与相对贫乏的语文知识则明显缺乏对应关系，一方面大量听说读写方面的基础知识在构建语文能力方面是无效或低效的，另一方面，新的研究成果尚未通过教学验证和课程标准，无法成为"法定知识"而难以进入课堂，从而造成语文教学中无效知识过剩而有效知识闲置的现象。语文能力结构与语文知识之间的矛盾使语文教师进行适宜的知识选择成为必要。

其次，学生的认知结构与语文知识存在矛盾。现有的语文知识与学生的认知结构之间也存在矛盾。奥苏贝尔的认知同化理论指明，当学生把教学内容与自己的认知结构联系起来时，有意义学习便发生了，而认知结构是指学生现有知识的数量、清晰度和组织结构。语文知识与其他学科相比，具有"流动状和生产性"（王荣生《语文科课程论基础》）的特点，流动状的特点使学生认知结构中知识的组织结构有可能发生异变，而产生性的特点则有可能导致学生认知结构中起固定作用的观念降低清晰度，由此造成对学生原有认知结构的干扰，新的学习由于与学生原有的认知结构无法产生联系而转变为机械学习。因此，在当前语文课程形态多元化的背景下，选择什么知识进入语文课程才有利于学生的学习是语文教师教学的起点。

另外就是知识价值之间的矛盾。完全没有价值的知识是不存在的，知识价值的绝对

一元也是不可能的。语文教学中所谓的工具主义盛行与人文精神失落，与语文知识内容本身并非显性相关，其实质是知识价值之间的选择，"新课程与旧课程之间的差异，主要不是由于发现了新知识，而是由于对这种知识的不同部分采取不同的、更合时尚的研究方法。"（[美]埃贝尔《掌握知识应该是首要的教育目标》）当前，对语文知识无效性的批判、对语文知识"除旧纳新"的提议以及对语文知识教学工具主义的指责，多半是对语文知识此价值的贬抑及彼价值的张扬。知识的价值是对立地统一于知识本体之中的，如何在新课程的先进理念下培养学生的语文素养，知识价值之间与知识内部价值之间的矛盾是教师不得不面对的抉择。

三、语文知识与语文教材的距离

以选文为主要表现形式的语文教材是我国语文课程的主要载体，语文教材中的每一篇选文都是一个"相对完整的独立的言语行为"，"它所负载的言语智慧是全面地、综合地、整体地"（李海林《文选型教材的双重价值》）体现于选文中的，因此，大部分选文的教学价值是综合的，是可以相互替代的。如何从选文中提取知识、选择知识，实现教学价值就成为语文教师必然面对的选择。

（一）语文教材的同心圆编排特点。 所谓同心圆排列，"系指同一课题或同一对象被反复多次加以研究的排列方式"。在此，"反复研究同一对象不是单纯的反复，它应当一次比一次更详尽、更广泛、更深入，不断增加新的知识素材，使圆环不断扩大或者

形成螺旋形上升运动"（[日]佐藤正夫《教学原理》）。比如，从课程标准来看，《全日制义务教育语文课程标准（实验稿）》和《普通高中语文课程标准（实验）》中对阅读的要求中关于语句或关键语句的表述大同小异，归纳起来就是结合语境理解（关键）语句含义并体会作用。以十二年的教学培养这一语文能力，很容易造成语文知识教学的简单、机械重复，工具性价值的缺失，从而浪费教学资源。由于处于小学、初中、高中三个不同的学段，学生的最近发展区显然是不同的，如何对这一语文能力进行分层并逐级递进达至有效的教学，有效语文知识的选择，显然是极其重要的。

（二）语文教材与语文知识的隔离。 语文知识在语文教材中的呈现方式不同于其他课程，无论是《语文课程标准》还是语文教材都没有清晰地列示语文知识内容，其逻辑体系更无从谈起。语文教材大量"文质兼美"的选文所反映的生活化、社会化的内容对学生来说，处于已知与未知之间的灰色状态，语文知识本身的智力因素不足，"以文字文本易自识、易自解为表象的知识呈现出一种似'无障碍化'"，"学生在认读方面自我感觉的'零障碍'（全都读通了），在解读方面自我感觉的'没大疑难'（明白说什么了），在听讲方面自我感觉'都已料到'（就这样了）等等"（转引自谢兰荣《对话式教学与语文课程的实施》）都使深层次的语文知识隔离于语文教材。在教材中，语文知识的体系是潜存于教材编撰者的主观意向之中的，其具体形式以选文背后的"助读系统"和"练习系统"呈现，而语文

教材的"助读系统"及"练习系统"又以其对知识的不当使用而饱受批评，至于由于其表述不当导致语意模糊而使语文教师对其提取的语文知识产生歧义，更增加了知识与教材的隔离。在此，语文知识与语文教材的关系呈现出一种不确定性，同样的选文在不同的教材编撰者或教师那里可以提取出迥异的知识序列。鉴于语文教材与语文知识的非确定性关系，及教材编撰者与语文教师对选文的理解可能发生的冲突，教师对同一篇选文所选择的知识就可能有很大的差异。

（三）选文的整体性与人为的知识分类。从语文知识本身的系统来看，知识可分为字、词、句、篇，语法、修辞、逻辑、文学常识等；从知识的依存状态来看，知识可分为听、说、读、写知识；从知识分类角度来看，语文知识也可分为陈述性知识、程序性知识和策略性知识；从知识的存在状态来看，语文知识还可分为静态知识和动态知识，普适知识和个体知识；而从教学角度、知识对语文能力的形成来看，语文知识则分为有效的知识和无效的知识。上述从不同角度对语文知识的归类，让我们意识到同一知识可从不同的角度切入，而作为以整体面目出现的选文，其所负载的语文知识是整体的、综合的、相互关联的，知识在语文教学中的问题在于过分关注了分类的知识，而忽视了知识的整体性。所以，我们无法简单地否定知识的系统性、完整性或是知识的静态

性、普适性、无效性，对能力形成产生障碍的只能是知识的无效授予，即是教学的无效，而非知识的存在本身。知识可能是静态的，但在教学中可以用动态的方式呈现；知识可能是理性的、科学的、预设的，但在教学中可以用感性的、体验的、生成的方式呈现；知识可能是疏离的，但在教学中可以用相互联系的方式呈现；知识可能是单独的、细化的，但在教学中可以用整体的、立体的方式呈现。总之，教师对知识的选择不仅应定位于知识内容与知识类型，知识价值与知识的教学价值更应成为我们选择的重点，语文教师应该把对知识存在系统的关注转移到对课程知识选择的关注中来。

语文的课程知识与其他基础学科的课程不同，语文知识所具有的非逻辑性、离散性、开放性、交叉性、延展性以及情境依赖性等等特征，使教学所赖以形成"抓手"的知识难于把握，增加了教师知识选择的难度。而现时对语文知识教学的批判，则主要来自于对知识系统的过分追求及语文知识状况的陈旧与无效。语文知识作为一种静态的存在，其与教学的结合来自于教师的选择，而现实的语文知识状态作为相对不变的常量，它的有效与否也决定于教师知识选择这一变量。换言之，鉴于语文知识在一定时期的相对稳定状态，能够改革的只有语文教师对知识的选择。

教学方法与教学模式

　　让热爱，不是让学生热爱分数；让实践，不是让学生为分数而操练。只有热爱语言、文学的教师，才能让学生真正爱上语言、文学；只有对读写听说有自己的感悟的教师，才能带领学生走上语文实践的正途。

用叶圣陶的教学模式
指导我们的教学改革

❀ 王德俊

我们所说的叶圣陶教学模式，其实是指叶圣陶先生在20世纪40年代初设计的教学步骤。那个年代大约还没有模式这个词儿，但是模式是教学思想的简化形式，表现为步骤，称之为模式也无不可。用叶先生的语文教育思想指导教学，推行叶先生的教学模式是个好办法。我们从2001年开始推行叶老的教学模式，至今已经5年了，效果非常好，课堂教学发生了深刻的变化。

叶圣陶先生在20世纪40年代初设计的阅读教学步骤是：

1．预习；2．讨论；3．练习。

其具体内容如下：

预习。预习有如下一些工作：第一，通读全文。可以是朗读，也可以是默读。目的是整体感知，理解课文。第二，认识生字生语。生字生语，应由学生各自挑选出来，自己查字典解决。第三，解答教师所提示的问题。叶老主张在预习时提出一些问题让学生"去动一动天君"，自求解决。"如果学生能够答得大致不错，那就真的做到了精读"。叶老说："最坏的情形是指导者与领受者彼此不相应，指导者只认领受者是一个空袋子，不问情由把一些叫做知识的东西装进去。"叶老也提倡学生写笔记，但不是什

么"段落大意"之类的东西，而"是他们自己参考与思索来的结果"。叶老要求教师"指导他们去思索，最好给他们一种具体的提示"。

讨论。叶老对讨论的要求，一是要学生在预习的时候准备充分，这包括读得充分和对教师提出的问题思考得充分；二是在平时养成学生讨论问题、发表意见的习惯；三是讨论进行的当儿，有错误给予纠正，有疏漏给予补充，有疑难给予阐明。讨论的内容应该是预习中没解决的问题，教师问的新的较难的问题以及学生提出的未懂或未思考过的问题。

叶老在其他几篇文章中谈到讨论时说到，讨论包括欣赏，包括"必须把可以体会的体会出来"，"还可以让学生研究一下，这篇文章有没有毛病"。

练习。叶老主张练习要做三件事，第一即为吟诵。叶老说："吟诵就是心、眼、口、耳并用的一种学习方法。"他还说："吟诵的时候，对于讨究所得的不仅理智地了解，而且亲切地体会，不知不觉之间，内容与理法化而为读者自己的东西了，这是最可贵的一种境界。"此时正需要教师对学生的读给予细细指导。第二是阅读相关文章。

叶老说："精读文章，只能把它认为是例子与出发点。既已熟习了例子，占定了出发点，就得推广开来，阅读略读书籍，参读相关文章。"略读不是简略地读，而是对课堂学习的运用，应该要学生下更大的功夫，这有利于提高学生的阅读能力。第三是应对教师的考问。"考查的方法很多，如背诵、默写、简缩、扩大、摘举大意、分段述要、说明作法、述说印象"等等。

我们为什么在全市范围内推行叶老的教学模式呢？

叶老的教学模式用的都是眼眉前的字眼，比时下流行的新字眼儿通俗易懂多了；整个模式才六个字，比那些"六步""八步"教学法简洁可行多了。最主要的是叶老的教学模式内涵十分丰富，他所设计的阅读教学步骤与通常的阅读过程是一致的，与课程标准倡导的理念是一致的。通常的阅读过程应该是怎样的呢？

北宋著名哲学家、教育家张载说："所以观书者，释己之疑，明己之未达。每思每知所益，则学进矣。"他说的阅读过程是：观书—释己疑—明未达。

朱熹说："大抵观书须先熟读，使其言皆若出于吾之口；继以精思，使其意皆若出于吾之心，然后可以有得尔。"他说的阅读过程是：熟读—精思。

张载、朱熹说法不同，实质上是一致的，都是"读思"的过程，即一边读书，一边思考；"释己之疑"与"明己之未达"是精思；"精思"也一定有"释己之疑，明己之未达"。

因此可以说阅读过程就是读、思或熟读、精思的过程。

如何"思"？叶圣陶先生曾说："善于读书的人，一边读下去，一边自会提出一些问题或题目来。"显而易见，能提出问题是思考的表现。

"思"的内容有哪些呢？应该有对文章内容和主题的理解，这是是否读懂文章的主要标志。同时，应该有对文章表达形式的欣赏。林语堂说："读书须先知味。这味字，是读书的关键。""知味"就是欣赏。还应该有对文章的体验。茅盾说："他应当一边读书，一边回想所体验的相似的人生，或者，一边读书，一边到现实的活人生活中去看。"这种"体验"，与生活相联系，也是一种思考。更应该有对文章的质疑。何其芳说，"既然一切书籍都不外乎是人类对自然现象和社会现象的说明"，就未必所有的说明都是正确的，有些人主观上是为了追求真理，但未必他所写的书就是真理。因此应该批判地读书，这"批判"更是思考。

朱光潜先生在《给青年的十二封信》中的一段话，极精练地概括了通常的阅读过程，他说："关于读书方法，我不能多说，只有两点须在此约略提起。第一，凡值得读的书至少须读两遍。第一遍须快读，着眼在醒豁全篇大旨与特色。第二遍须慢读，须以批评态度衡量书的内容。第二，读过一本书，须笔记纲要精彩和你自己的意见。记笔记不但可以帮助你记忆，而且可以逼你仔细，刺激你思考。"这一段话阐述的读书过程也是读、思，并且讲了如何思，即"须以批评态度衡量书的内容"，"须笔记纲要精彩和你自己的意见"。

叶老的教学模式充分体现了人们通常的阅读过程，涵盖了通常阅读过程的方方面面，同时又充分体现了课程标准倡导的理念，自主、合作、探究尽在其中。

怎样用叶老的教学模式指导教学呢？我们的主要做法是结合观摩课或研究课讲解叶老教学模式的内涵和意义。先是在全市，然后是县、区，最后是学校。我们要求每一位语文教师都会上叶圣陶模式的课。我们还选最好的课"送教下乡"，让农村的语文教师也会上这种模式的课。从2001年到2005年每年都在本市开展体现叶老教学模式的观摩课或研究课的活动。我们连续五年在"东北四城市青年教师素质教育教学研讨会"和"辽宁省课程改革研究会"上推出体现叶老教学模式的研究课，反响极好。当然，每次都有变化。"讨论"中的侧重点不同，"练习"的内容也各有变化。

我们把叶老的模式分为基本式和变式。基本式就是叶老设计的三个步骤。预习可以是课前，也可以是课上。课上，就是要多读几遍课文。讨论的问题包括教师提出的问题和学生提出的问题。我们也设计模式的变式，例如：

1.读文：朗读、默读、自由读。

2.讨论：学生提出问题，学生欣赏文章。

3.练习：或背诵欣赏的内容，或造句，或复述等。

这个变式重点在欣赏。例如，大连市二十一中杜桂枝老师在"第九届东北四城市青年教师素质教育教学研讨会"上执教的《蝴蝶的金翅膀》一课，在引导学生解决了学生自己提出的六个问题之后，便引导学生欣赏。

师：……大家的提问如此踊跃，也使老师有了灵感，我也想问一个问题——主旨句的一般表达会怎么说呢？

（众生齐读、思考）

生：他教会我不仅仔细观察，而且不停思考。

师：和原文比较，哪句更好？

众生：原文更好。

师：原文好在哪儿？

生："一只眼睛仔细观察，另一只眼睛不停寻找"是同时观察的、寻找的，另一种说法不能体现这一点。

生：大家都知道眼睛是必不可少的，两只眼睛可以看到世界，一只不行。所以这个比喻说明观察和寻找必不可少。缺一不可。

师：对什么必不可少？

生：对掌握知识而言。

师：看来这个比喻用得特恰当。由此我们可以品出一点东西，短短的一句话，仔细品味，我们会品出许多妙处，那就整篇而言，更会有无限风光。现在你就从文中找出你认为写得最好的地方，说说你的理由。提示大家：你可以用比较法，也可以直接阐述理由。

（以下教师引导学生欣赏，略）

我们设计的变式还有，重点让学生提问，教师引导学生解决问题。2005年在"辽宁省课程改革研究会"上推出的由大连市六十五中王青老师执教的《流泪的故事》就是这样的课。这节课先是学生读两遍课文，让学生提出问题。学生提出了九个问题，教师精选其中的三个，引导学生解决，练习安排的是学生创造性复述课文。

为什么要设计这样的变式呢？因为这能体现学生学习过程的自主性。所谓自主学习，就是学生是学习的主人，他要学，他能学，他会学；他能独立思考，能独立解决问题。独立思考最主要的表现即是学生能够发现或提出问题。

从某种意义上说，教育的真正目的就是让人不断提出问题、思索问题。布鲁巴克说："让学生自己提问题，是最精湛的教学艺术遵循的最高准则。"我们许多的优秀语文教师在让学生自己提问题方面做出了有益的探索，积累了许多成功的教学经验。于漪说："教学过程实质上就是教师有目的有意识地使学生生疑、质疑、解疑、再生疑、再质疑、再解疑的过程。"

《语文课程标准》倡导的与文本对话，就包括了提问、质疑和批判。语文教学必须引导学生学会问。贝弗里得说："确切地陈述问题有时就是向解决问题迈出一大步。"（《科学研究的艺术》）让学生提出问题目的在于培养学生的"问题意识"。叶老的教学模式可以做到这一点。

中考的引导也是必要的。2002年中考现代文的阅读试题中我们就设计了一道让学生提出问题的题目，即你在阅读此文的过程中，会产生一些疑问。请把你认为最有价值的一个问题写在下边。这道题，对教学的引导是有力的。以后每年都会以不同的形式在这方面加以引导。

要说明的一点是，我们要求教师至少会运用这种模式，但不要只会这种模式。

语文课程资源整合的制约因素及策略

❋ 屈家泓

语文源于生活，其课程资源非常丰富，但众多资源并不是都能直接"进课堂"的，它们大多还只能是备选材料，只有经过教育学加工并付诸有效实施时才能成为课程资源。

那么，语文课程资源"进课堂"受到哪些因素的制约呢？

一、"课程目标"的制约

"提高学生的语文素养"是语文课程的总目标，所有的资源配置必须以此为出发点和归宿。为实现这个总目标，《教学大纲》将其分解到教材的各册各单元，因而单元整体目标就显得尤为重要，它是教师直接面对的"靶子"，各种资源都要以此为参照进行取舍。

高中三个年级的目标，教科书的编者根据新课标的理念，已经做了"第一级"整合，划分出阅读、写作、口语交际三个部分，且每部分都设有具体的课程目标。这三个部分互相联系，互相配合。但是编者的整合是"过去时"的，它已经凝固在一册册教材之中了。

作为教师，关键在于"二级开发"。这种开发，不仅要吃透教材，更重要的是，要以"目标"为出发点，获取更多与课文相关的信息。但是，翻阅的资料多、获取的信息量大、对问题的理解深，并不等于可以把自己研究的所有成果一股脑儿都倒给学生，也不能够把自己认为最"出彩"的东西教给学生，更不能为讨得学生抑或听课教师的欢心而热热闹闹地"演"给学生。如果目标是茫然或偏误的，那些忙忙碌碌、反复演练的"好课"不上也罢，因为这样反倒助长了学生浮躁的心态。

曾听洪镇涛先生讲授孙犁的小说《荷花淀》"候夫编席"中那段极富情味的对话描写，洪老师设计了一段与人物个性有所差异的"对话"跟原文进行了置换，并亲自表演；学生即刻就领悟了原文独特的语言魅力。另一位教师讲述这一情节时，先让学生朗读，然后讨论这段"对话"美在哪里，并由此展开对语言描写方法的讨论，还展示出孙犁先生关于文学创作的有关论述，资料可谓全矣，方法无可厚非，但已经脱离单元目标中"体悟小说语言风格"这一要务了。洪先生则以"朴素"的话语方式整合了那些关于语言风格的"创作原理"，学生的脑海中不仅生动地复现出原文中的对话场景，而且品味出对话中弥漫出的浓浓的人情味，进而感悟到一种朴素而高尚的人性美。可以推想，洪先生课前对那些资料是研究过的，但洪先生将其内化了，"化"得看不见、摸不着，却又贯穿这一教学片段的始终。有人说，这恰恰体现了两位教师的教学风格，在笔者看来，却是两位教师心中的"标的"不同使然。

高考是检测课程改革成效的重要手段，虽然这种测试还有许多亟待解决的问题，但目前仍然是最公正、最成熟的检测方法。毋庸讳言，从现实的教学角度来看，"高考考点"也是课程资源调配的重要目标。它直接而具体地深入课堂，在特定的时期显示出强大的"指挥"作用。教师一定要理清这些考点与总目标的关系，让学生从进入高中的第一堂语文课起就始终笼罩在"语文"的艺术氛围之中，让"考点"成为一个个跳动的音符，而不是有意无意地将它变成一个个张牙舞爪的魔鬼。

二、"课题类别"的制约

课题因其自身的特殊性，可以分出许多类别。比如教材中的阅读、写作与口语交际、综合性学习等板块，就是依据内容的不同性质来划分的。具体到每一"板块"，又可以划分出许多子项来。比如"阅读"有"现代文阅读"和"文言文阅读"之分，"写作"有记叙、议论、说明、应用四种文体之别；如果从课型上分，还可以分出"新授课""复习课""练习课""活动课"等等。

不同的课题类别，也会影响到课程资源的利用和整合。基础重在"积累"，阅读重在"领悟"，作文重在"创新"。这些内容之间虽然有着非常密切的联系，但各自所涉及的知识和能力、情感态度和价值观的侧重点不同，因而过程和方法也就各异。

这里主要谈谈阅读教学。因为阅读教学不仅是最主要的课题类别，也是课程资源整合与开发的重头戏，更是当下被新课标"充分利用课程资源"这一强势话语而遮蔽"本真"的一个误区。教材是一种静态的文本，由于主体的差异性，解读文本的结论是千差万别的，教师的主导作用就在于给学生导航，以自己的解读过程影响学生的解读。阅读教学必须回归"文本"，以文本自身的内在联系开发课程资源。根据《教学大纲》的规定，我们可以从以下几个方面来整合读法教学的范围：（1）从书面语言的单位看，有

词句读法、段落读法、文篇读法；（2）从阅读方式看，有精读与略读、朗读与默读、速读；（3）从阅读目的看，有理解性阅读、评价性阅读、鉴赏性阅读、积累性阅读、应用性阅读、消遣性阅读。如果我们能够将上面提到的种种读法一一展开细目，化解为一个个可以操练的阅读技能，那将是对阅读教学的一大贡献。

至于练习课，这是大家都在"着力"进行而又羞于谈论的一类课。本来这也是课题的一个类别，但在新课程改革的背景下，因其与应试教育有斩不断的直接联系，往往被作为"另类"而置于"地下"。其实练习课仍然有它自身的优点，关键是如何充分利用我们的课程资源，使这类课上得不令学生厌烦。

三、课堂"动态"的制约

语文课程资源的开发利用是从具体而微的问题、课题、情境等入手的，因而就受到某一问题、课题、情境的制约。在一堂动态生成的语文课中，由于课堂的生成性而充满了不确定性，讨论的走向、学生认识的偏向、意见分歧的出现，往往会与教师案头备课的预设不尽相同，有时甚至会大相径庭。这就需要教师适时调动"备用资源"，巧妙地删枝剔叶，把这些不确定因素转化为课程资源，使课堂之绿树健康成长。

在课堂教学中，教师要特别注重教学情景的创设、教学氛围的营造，让学生自己在比较、鉴别的过程中提高能力。具体到一堂课，就是要融通"课情"与"学情"以建构教学，通过若干广泛、深入、多元的互动，

有序有效的学生主体活动，化解重难点，带动全面发展，实现教学的高效益。这里，教师的主导作用就是引导学生去和作者对话，而不是用教师与作者对话的结论去影响学生与作者的对话。不少教师根本没有意识到语文教学过程本来就应当是教师引导下的语言操练过程，自然也就不会利用背景、创设情景，发掘学生现有的生活经验，进而将学生引入特定的语言训练场。比如在有些教师的课堂上，多媒体课件演示的内容只不过是备课笔记的复制。教师总是想方设法将学生的思路引到多媒体课件既定的程序中去。整堂课的教学过程看起来热闹，却完全是由多媒体课件的程序控制的，答案都是教师预设好的。但是对许多问题，学生与教师的理解是有很大差异的，尽管有些教师能够肯定学生的答案，却不能把学生的许多有创意的答案放入多媒体课件，向全体同学展示。结果仍是把自己原先设计好的内容、答案用多媒体展示出来。长期如此，学生就不会积极思考，或不愿意发表自己富有个性的看法，而是消极等待教师的"标准答案"早点展示出来。所以，教学课件的设计，必须在"整合"上下工夫，不仅要有明确、恰当的教学目的，而且要运用充分必要的资源，与课堂教学的实际需要和教学精神融合起来。惟其如此，才能充分发挥多媒体的效用，才能避免多媒体课堂的公式化、程式化，从而实现课堂教学的真正解放。

具体而言，面对"动态"的课堂，资源的利用与整合可以从三个角度考虑。一是从问题的角度看，可以由课内向课外开拓。由课堂教学所遭遇的实际问题而引发开去，探

寻课外学习资源，从而使问题得到解决或再认；可以由书本知识向学生生活、社会生活延伸，让书本知识在日常生活中获得新的生长点和生命；也可以从学生的经验和生活中的具体问题拓展开来，上升到更高层面进行探讨，等等。二是从课题角度看，可以以国际国内发生的学生感兴趣的事件为课题，充分利用报刊、图书、影视、网络等资源进行深入探讨；可以以教科书中涉及的有关重要议题，特别是"综合性学习"设计的课题为研究主题，调动、发掘校内外可利用的资源，等等。三是从学习情境看，可以从大自然中探求资源；可以从家庭中发掘资源；可以从校园、社区等这些富有文化内涵的场所中获取资源；还可以以专家、学者、教师为语文学习的课程资源，各行各业的行家里手

都是不可忽视的课程资源的生命载体。

当然，如何把"原生态"的、散见的语文课程资源化为语文课程的有机组成部分，这是语文教师课程开发的基本功。一般来说，要做到以下几点：第一，对零散的课程资源（个人、家庭、社会、自然、媒体中的课程资源）进行组合，使之具有一定的系统性和教育的针对性、目的性；第二，对传统的文化资源进行现代性转换和激活，使之具有现代教育价值和教育活力；第三，对现有的已利用过的课程资源进行变通、嫁接，使课程资源具有再生性、可持续利用性，即具有语文教育的新生点，等等。同时还要处理好课内资源与课外资源的关系，直接经验与间接经验的关系，知识、智力、能力培养与兴趣、习惯、情感态度、价值观养成的关系。

说"让学"

❋王尚文

我在《语文教学通讯·高中刊》2003年第6期曾发表过《应当比学生更可教》一文，文中引用海德格尔的有关论述，指出教学的本质就是"让学"。现在进一步来探讨"让学"的具体内涵。

我们可以把"让学"分为两个层次：一个是"让热爱"，一个是"让实践"。这是语文教学的两项基本原则。前者是基础，后者是基础之上的上层建筑。

"让"者，"使"也：既可以是"逼使""强制"，也可以是"激励""诱导"。当然，海德格尔所指的绝非前者，而是后者。两者之间的根本区别是前者中学生是应付的、被动的、消极的，后者中学生则是自觉的、主动的、积极的。就语文教学的现状而言，学生学习语文是自觉的、主动的、积极的吗？我们曾就如下一个假设咨询过许多中学校长和语文教师：如果中考、高考不考语文，学生的语文学习将会出现怎样的状况？他们无一例外地说："恐怕就不会有人学了。"

"让学"首先是让学生爱上语言、文学，起码要对语言、文学的学习饶有兴趣。"知之者不如好之者，好之者不如乐之者"，我们已经有太多的论著从各个角度各个层面来论证兴趣对于学习的无比重要性，以至我们再说什么也都显得是多余的；但同时我们也发现，在"让学"上见真功夫的论述却并不多。在此，我们也只能说点"原则性"的意见。

首先要让所学的内容在学生的心目中显得可爱，起码是在教师启发、指点之后让学生觉得可爱。教学内容主要由教材转化而来，取决于教师的教学观念，主要是关于学生如何生成提高汉语素养与文学素养的认识。因此，教学内容既和教材相关，也和教师自身的语文功底与教学观念相关。关于教学内容，"可接受性"是我们一直以来强调的原则之一。我们认为，"可接受性"与学生"好之""乐之"的要求尚有距离，似乎只是比较重视学生能否接受，而没有对学生是否乐于学习给予足够的关注。就拿教材来说，语文教育界的前辈们就曾一再提出：

儿童感觉无味，就不是最好的教材。所以国文教材普遍的标准，当为儿童曾接触过的事物，而表出的方法，又能引起儿童的感情的。

（叶圣陶，见《二十世纪前期中国语文教育论集》）

从什么读起不成问题，最初但从有兴味的着手就可以。其实，除了从有兴味的着手也没有别的办法……

（夏丏尊，见《夏丏尊文集》）

我们读《水浒传》《红楼梦》《鲁滨逊漂流记》一类小说的时候，读了第一节，便想读第二节，甚至从早晨读到夜晚，从夜晚读到天亮，要把它一口气读完了才觉得痛快。中国的教科书用零碎的文字做中心，没有这种力量。有人说，中国文人是蛀书虫。可是教科书连培养蛀书虫的力量也没有。蛀书虫为什么要蛀书？因为书中有好吃的东西，使它吃了又要吃。吃教科书如同吃蜡，吃了一回，再也不想吃第二回，连蛀书虫也养不成。

（陶行知，见《二十世纪前期中国语文教育论集》）

法国教育家卢梭也认为"使学生喜欢"是教材应有的品质。布鲁诺更是明确地指出："学习的最好刺激，乃是对所学材料有内在的兴趣，而不是诸如等级或以后的竞争便利等外来目标。"两人的话虽然都并不是专指语文教材，但也完全适用于语文教材。我们认为，"可接受性"原则应改为"乐学性"原则。我在20世纪90年代参与主编浙江师大版《初中语文课本（实验本）》时，和傅惠均、王国均两位先生曾提出如下见解：

好的语文教材，应当具备以下两个功能：一是吸引功能，使学生一见之下就情不自禁地要读要听要说要写，使读写听说真正成为他们生活的内容、生命的表现，从而获得满足感、解放感、提升感……一是点燃功能，能够点燃学生的感知力、想象力、思考力、创造力，从而释放出感情的力量、意志的力量、智慧的力量、道德的力量，释放出自我实现的力量。

遗憾的是，在课本编写中我们做得并不理想，但上述看法我至今认为还是基本正确的。

自孔子以来，我国历代教育家也都非常强调教学应使学生乐于学习。例如，程颐说："教人未见意趣，必不乐学。"朱熹认为学得"心中喜悦"就能达到"其进自不能已"的最高境界。王阳明则进一步发挥："大抵童子之情，乐嬉游而惮拘检，如草木之始萌芽，舒畅之则达条，摧挠之则衰萎。今教童子，必使其趋向鼓舞，中心喜悦，则其进不能已。譬之时雨春风，沾被卉木，莫不萌动发越，自然日长月化。若冰霜剥落，则生意萧索，日就枯槁矣。"我们认为，能让学生爱上语言、文学的，就是优秀的语文教师；能让学生觉得语言、文学该学并有所获益的，则是及格的语文教师；学生跟你学了三年还觉得厌恶、痛苦的，就该回炉进修或另谋高就了。

再说"让实践"。之所以要"让实践"，是因为语言素养和文学素养均来自学生的读写听说实践。从根本上说，"让热爱"与"让实践"是一码事。"热爱"是个及物动词。热爱什么？就是热爱祖国的语言文字，热爱文学，它们都来自读写听说的实践。教师是让学生在读写听说的实践中爱上语文的，热爱必然体现于读写听说的实践之中，没有爱诗歌而不愿读诗歌的。但是两者毕竟又不能完全等同，如果说"让热爱"是属于情感态度价值观的范畴，那么"让实践"就是过程和方法方面的问题了。

"让实践"有两层含意：一是勇于放手让学生去实践，不能总是抱着走，背着走，牵着走。学生是学的主体，要尊重学生学的主体地位，要相信学生学的无限潜能。在培养学生热爱语文的过程中，特别是初见成效之后，请多给学生一些自由吧，甚至可以让学生自选课文，自上课文，自办文学社、通讯社。据说国外就有一家儿童自办的通讯社曾因率先报道某条重要新闻而闻名全球。我们当然不必也不应盲目仿效，但确实不能低估学生的自主意识和创造精神。我们教师应该有勇气实事求是地承认可能会有许多方面不及学生，从而放下架子向学生学习，特别是警惕自己千万不能有意无意地去充当契诃夫笔下的那个"套中人"。

二是善于给学生指点实践的门径和方法。所谓"名师出高徒"，高徒之所以为高，主要不是因为传承了名师所治之学，而是因为名师给他指点了治学的门径和方法，因而可以少走甚至不走弯路，取得更大的成就。打个比方，一个学生原来只知做读书卡片，若有教师指点他上网查阅、收集资料，效率将会大大提高。教师与其向学生展示自己得自网上的资料，还不如指点学生如何自己上网查找资料。这就是大家常论的"授人以鱼，不如授之以渔"的道理。学生毕竟是学生，需要鼓励、呵护、帮助，授之以渔，必须让他们享受到得鱼之乐。譬如作文批改，我们就简单地把它定义为：指出学生作文的优点、长处；而不能一味所谓主观公正地罗列优点一二三，缺点ABC。然而，倘若学生的作文实在"乏善可陈"，怎么办？这就触及语文教学原则的核心——语文教师对学生的爱。可以毫不夸张地说，爱是为人的教学得以产生和形成的唯一基础；严格地说，缺乏爱的教师行为不能称之为真正意义上的教学。教师的教育之爱，有别于基于选择的情人、朋友之间的爱，也有别于基于血缘的父母之爱，它是上一辈本着传承人类文明并使之不断发扬的目的在与下一代的相遇、交往中所产生、形成的感情，是一种"大

爱"！教师作为人类经验与文明的代表，凝聚着对下一代的全部希望。雅斯贝尔斯说得好："教育在单个个人的心目中成为人类全体发展的希望，而全体人的发展又是以单个个人教育发展为基点的。"教师在意识到自己肩上责任的严肃伟大的同时，又以自我成长发展过程中的快乐、企盼、烦恼、痛苦，去体验他所面对的学生的快乐、企盼、烦恼、痛苦。教师对学生只有爱，只有希望，因为作为教师，他没有别的选择。如果教师认为他的学生不可教，即将意味着人类文明的中断，人类前途的绝望。如果教师觉得他的学生不可爱，那则意味着他将失去作为一个人的起码品格。即使是对待有罪的犯人，司法人员也要坚守人性、人情、人道的底线，因为他们懂得，只有这样犯人才有改过自新的可能。何况教师面对的是儿童，少年，青年！再说，教师自己也在和学生的对话中感受到了和他们合作的喜悦，感受到了和他们共同成长的快乐。他应感谢他们成为他的学生，感谢他们的信任、关爱，感谢他们给他的生活、生命注入了意义。正是因为这种"教育爱"，他总是能够发现他的学生在不断成长，哪怕是极其微小的变化他都能从中读出进步，就好像任何一位母亲都能从婴儿的一颦一笑中发现他或她的可爱一样。

让热爱，不是让学生热爱分数；让实践，不是让学生为分数而操练。只有热爱语言、文学的教师，才能让学生真正爱上语言、文学；只有对读写听说有自己的感悟的教师，才能带领学生走上语文实践的正途。

语文课堂教学模式浅探

范桂飘

一、在中国"学习"史上口传文化的渊源及其特质

据中国社会科学院研究所专家叶舒宪的考证，《论语》的第一篇《学而》的名称是"语病"，因为"学而"不是一个词，而是引自孔子教学语言的第一句话"学而时习之，不亦说乎"。此外，在《论语》中类似的，还有第七篇的篇名"述而"其实也是截取孔子的另一名言"述而不作"，于是引出了关于《论语》口传语境的发掘，呼吁重新恢复深远的"口传文化"语境。

下面我们就从三个方面来考证"口传文化"在中国"学习"史上的重要意义。

（一）"瞽宗"

据周代的《大戴礼》记载：古代天子要入"四学"学"礼"，而"四学"者，东序、瞽宗、虞庠及四郊之学也。我们从四学之一的"瞽宗"这个专名，可以看出一些潜在的含义。因为"瞽"即"盲人"，而"盲人"自然不可能是"书写文明"的代表。他们在"口传文化"中扮演的是最重要的信息记忆与传播者。可见，在早期的书写文明下的宫廷教育中，"口传文化"的教学模式余威不减。

（二）"万世师表"孔子的教学模式

《论语》是孔子的学生为追忆老师的话语而辗转记录下来的口头对话录，即我们常说的"语录体"。而孔子本人是主张"述而不作"的，所以《论语》在今天虽然被当做"书"来教学，当做"经"来诵读，但其实是不一定符合讲话人孔子的初衷的。

此外，从《论语》的知识考古学发掘来看，孔门私学的许多主张都验证了上古教学体制不是围绕书写文字，而是围绕口传文化传统。例如，据考证，《论语》中的"学"与"习"的方式并不是读书识字，而是更接近于口授与记诵。而且，"学"并不专注于读书，而是专注于礼乐教化。《论语》云："子曰：德之不修，学之不讲，闻义不能徙，不善不能改，是吾忧也。"从传授一方说，"学"是"讲"出来的，那么从接受的一方看，只能用耳朵去听（闻）才能得到"讲"学的内容。而且据古文字学家考证，"学"的本来意义并不等于今天的学习，而是既指教又指学的双向互动过程。如《论语·子罕》云："夫子循循然善诱人，博我以文，约我以礼，欲罢不能。"由这里的"诱"字从言的结构便可知道是用口授的方式来"诱"导学生，这也就是"讲"学的方式。

（三）中国远古时期的韵文学习

我们可以从中国远古时期开始的韵文学习来看远古"口传文化"教学传统的渊源承继关系。《周礼·大司乐》郑玄注："于成均以及取爵于上尊也。""成均"即"成韵"之意，而且《大戴礼》中记载太子所学内容是关于押韵的诗歌传唱或背诵。而押韵的出现绝不是偶然的，因为口头语言的传播信息方式最讲究的就是押韵。押韵才能朗朗上口，才能把机械的内容变成生理上的条件反射性的唱或诵。

而且，按照《礼记·文王世子》郑玄注引董仲舒"五帝名大学曰成均"的说法可以推测，口传模式应是当时学习的核心方式。

有趣的是，根据有关专家的深入研究，"口传文化"并非我国所特有，而是世界性的。如《荷马史诗》所代表的是西方口传文化，这里就不赘述了。

从以上关于官学"瞽宗"、孔子教学模式、成韵之学的文化传承的挖掘，我们可以明显地看出："口传文化"是远古最重要的，也可以说是最神圣的教学模式。

对这一模式的挖掘的列举，是希望从源头来探讨如今众说纷纭的语文课堂教学模式。当然，从上面的论述中我们可以发现，如今语文课堂教学模式的莫衷一是，是因为书写文本成为了"学习"的中心，所以教学模式的探讨全都是以书写文本的学习为基础的。我们所有的说法都可以说是对原初"学习"意义的曲解。也许我们只有透过书写文明的壁障与误解，重新恢复比书写文明更悠久、更深厚的口传文化，才可以给我们今天的语文课堂教学指出一条根本的道路。

二、对新课标下语文课堂教学模式的一点反思

以上我们对"口传文化"的教学模式进行了知识考古意义上的挖掘，证明了"口传文化"的模式是远古最重要最神圣的教学模式。如果要以之为标准来促成我们的反思的话，还需要有对这一模式的正确理解：

1. "口传文化"的教学模式绝不是我们今天所批判的教师的一言堂（即由教师来唱独角戏）。我们可以从孔子所提倡的"不耻下问"看出，古老的"口传"模式是情景对话式的，是问难式的，是师生之间彼此互动式的，这正暗合了新课标所提倡的课堂教学模式。

2. "口传文化"模式下的教学是对教师口头所说的道理能够心领神会地分享，而不是跟随教师念书。我们仍以《论语》为例："子曰：回也，非助我也！于吾言，无所不说。"颜回是孔子最得意的弟子，是因为颜回对孔子所传的东西能感到喜悦，这便是一种理解，一种共鸣。可见，"口传文化"绝不是跟着教师念书。

3. "口传文化"成为可能有其科学依据。美国杜克大学心理学系教授大卫·鲁宾所著的《口头传统中的记忆力》指出：口头传统的记忆是一种连续性回忆的方式。它意味着口头传统中的知识储备不是唾手可得的，需要有演唱过程（韵文）所提供的连续性暗示，即每一次的开口都是学习。所以我国古代提倡"举一反三""闻一知十"。为什么是"举"是"闻"？这正好说明了"口传文化"的模式在探究新知上有强烈的暗示性作用。

我们已经知道了"口传文化"的教学模式源远流长，同时也对这一模式的正确理解作了些说明，那么，以这一古老神圣的"源模式"为标准，对今天轰轰烈烈的新课标下的教学模式的一些所谓"标准"进行反思，我们可以很容易发现，如下的一些"标准"值得商榷。

1. "教学必须以学生为主"和"课堂应该营造平等的气氛"这两种提法显然是矛盾的，却

一直一起被认为是评价课堂是否符合新课标理念的标准。事实上，仔细想想就能发现，如果有以"谁"为"主"的话，就不可能存在平等。反观"口传文化"模式，则不存在"谁为主"的问题。例如，孔门的教学模式就是对话式的、问难式的，明显是一种不分主次的模式。如果有以谁为"主"的话，也许就很难开展教学了。

2．一味追求形式多样，于是整个课堂就像一出闹剧。其实古老的模式已经给了我们很多启发：只有心领神会的分享，才是最高的境界，才可以实现道德的提升。所以，形式其实是次要的。如果学生在课堂上过多关注形式，而忽略了最本质的东西，那我们教师就实在是罪莫大焉了。

3．工具性与人文性的问题。其实，工具性是"书写文明"出现后才有的概念，而"人文性"才是学习的最高目标，也是最本原的目标。有人认为："语文"是该讲"如何载道"的，而不该过多地讲"道"本身。这其实与古老的教学传统是不相符的。从"口传文化"的模式看，如今留下来可供学习的是"道"，而不是如何"载"；而且，无论"道"如何载，吸引人的还是"道"本身。

三、尾声

以上我们用"口传文化"这一神圣的教学模式对新课标下的语文课堂教学评价标准进行了一些粗浅的反思。其实，如果我们稍微把眼光放开一点，我们就可以惊喜地发现传媒业在这方面已经走在了我们前面。当我们还在为新课标下的语文课如何上而"窝里斗"的时候，大众传媒已经不自觉地给我们指引了一条可供借鉴的路，而且这条路似乎也不自觉地暗合了古老的"口传文化"这一模式，只不过被披上了"现代化"的外衣。

如从中央电视台的"百家讲坛"栏目中走到观众面前的厦门大学的教授易中天，他对"三国"人物的评价就给不少人的"三国"知识"扫了一回盲"，更激发了许多青少年对历史的热爱。还有北京大学的孔庆东也是借这一栏目使更多的人对武侠小说、对鲁迅有了更多的了解。类似的还有凤凰台的余秋雨的"秋雨时分"、李敖的"李敖有话说"……

可以说，他们其实是更大的课堂上的老师，而且，许多人讲的其实就是我们的"大语文课"，是我们的同行。只是，反观我们自己，许多语文课堂沉闷，学生对语文课不感兴趣，而我们作为教师也不住地哀叹语文课难教。看来，作为语文教师的我们确实应该进行反思了。

这么多的现象给了我们不少启发，我以为，我们语文教师在新课标下讨论的不再应该是形式上的东西。我们应该拨开"书写文明"给我们设下的层层迷雾，重新回到古老神圣的"口传文化"的模式中来。我们要做的其实就是充实自己，让自己成为一个智慧的演讲家，至少也要成为一个思考者。因为只有善于思考的人才能给学生以启发。而当我们语文教师都能为了让学生在课堂上有充满智慧的问答，自己也自觉地不断地充实自己的时候，那么语文课堂教学的春天就来到了。

课外拓展的系统机制及其教学检讨

❋ 张悦群

一、教师——课外拓展的主导

1. 教师是解读教材的"权威"与"首席"。固然，解读教材是师生共同的任务，但是，教师的主导作用也是非常重要的。在师生共同解读教材的活动中，教师应是"权威"与"首席"。一位教师要上好语文课，要组织好课外拓展，首先应对教材作出准确的解读与深刻的剖析；否则，就既不能正确指导学生阅读文本，也不能有效设计与策划课外拓展。

2. 教师是课外拓展的"总设计师"。课堂教学中的课外拓展是一出"重头戏"，能够体现出教师的教学智慧与教学能力。尽管课外拓展可以让学生参与备课，师生共同策划与设计，但毕竟"教改的问题主要是教员问题"（毛泽东语），教师应该是课外拓展的总设计师与总策划者。诸如为什么要拓展，拓展什么，怎么拓展，乃至怎样安排学生与安排哪些学生参加设计与策划等问题，最终都要由教师"拍板"方可确定。优秀的教师总是能综合学生、教材、情境等因素，使课外拓展在编者的"编路"、作者的"思路"、课标的"导路"、教师的"教路"与学生的"学路"等方面求得最大的和谐与统一。

3. 教师是拓展主体的"全程指导"。虽然与一般教学活动一样——主导者是教师，主体是学生，但是，课外拓展活动中教师的主导作用更为重要：一要指导学生研读教材，二要指导学生参与设计拓展方案，三要指导学生实施拓展行为，四要指导学生作出反馈与评价。但是在实际教学中，教师却往往没有发挥出这样的主导作用。一位教师执教《孔雀东南飞》时，在课堂上设计了一道课外拓展题："焦母为什么要折磨刘兰芝，要赶刘兰芝走？"学生就这一问题讨论了半天，结论五花八门。其中最出格的有"兰芝太完美了，以致焦母疑心兰芝会给焦家带来祸害"，"焦母自私、胆怯，想打发兰芝走"。学生有这样奇异的联想尚可理解，不能理解的是教师的反应："有道理。""能自圆其说就行。""能够大胆联想想象，确实难能可贵。""思考了，就有收获。希望大家勤学苦思。"这样的课外拓展，已经没有了是非观念；这样的语文教师，已经丧失了主导者的职责。

4. 教师是拓展主体的"检验对象"。课外拓展设计的优劣主要取决于教师，而拓展活动实施的好坏主要取决于学生。教师要注意学生的反馈与评价，以学生的"喜闻乐见"与教学的实际效果作为评价课外拓展成功与否的主要标准。从这个角度看，教师作为拓展的主导者，必须承受主体的反馈与检验，也只有这样，他才能承担起拓展的主导者应负的责任。

那么，组织高质量的课外拓展活动需要主导者具备哪些条件呢？

第一，作为主导者的教师要有丰富的教育理论素养；否则，难以设计出既适合教材，又适合课程标准，更适合学生的课外拓展活动。第二，主导者要有较高的专业水平。一名语文专业知识贫乏的教师，是不能准确而深刻地解读教材的，也不能设计出科学有效的课外拓展活动。第三，主导者要有创新思维能力。创新的、独特的、富有个性的、极具学习价值的课外拓展，需要创新思维能力强的教师来策划和设计。

二、教材——课外拓展的客体

课外拓展是教师对教材的"缩微变式"；教材是课外拓展的反映对象，即客体。作为客体的教材在课外拓展过程中主要发挥着以下作用：

1. 规定拓展的前提。作为客体的教材，是课外拓展的反映对象，它在课堂教学中处于什么地位呢？尽管课外拓展不属于"教教材"的范畴，而属于"用教材教"的范畴，但其依据却是教材。"用教材教"首先要教好教材，要引导学生学好教材，由教材"自然地生发"才是最好的"用教材教"的状态。学生只有在学好教材的前提下，只有在掌握教材重点与难点的前提下，才能实施有效的课外拓展；否则，任何课外拓展都将走上歧途。从这个角度来说，教材规定着课外拓展的前提——拓展主体首先应该学好教材。

2. 影响主体的认知。社会语言学理论认为，一篇文章一旦离开读者的手，便是毫无意义的纸和墨；只有阅读能使之产生意义，使之重新成为一篇有意义的文章。教材也是如此，其意义与价值不在教材之中，也不在学生的大脑之中，而是在学生与编者（或作者）的交流过程中。在这个交流过程中，教材通过解读与拓展给学生以滋养与启迪，学生通过解读与拓展给教材以回报与反哺。学生的回报与反哺，就是对教材的进一步理解与尊崇，进一步丰富与升华。因此，教材在课外拓展过程中，必须通过主体解读这一关键环节，必须通过学生的认识、整合、编码与心灵化，才能成为拓展活动的"生产资料"。同时，教材又反作用于主体。它往往通过潜移默化的浸染或急剧动荡的震撼，改变着主体的心灵状态，孕育和培养着主体的思想、情感、人格、胸怀、理想、信念、追求和知识，从而在更深层次上影响着主体的拓展认知与拓展水平。

3. 提供拓展的切入口。主导者无论拓展什么内容，怎样拓展，都需要有一个切入口。作为客体的教材，可以提供如下一系列切入口：（1）从文章重点段落入手拓展；（2）从文中的插图入手拓展；（3）从课后设计的训练题入手拓展；（4）从关键词语入手拓展；（5）从文本空白处入手拓展（一些平实简短的表达背后往往蕴藏着大量的空白，填补这些空白，能使学生的情感得到有效升华）；（6）从文章标题入手拓展；

（7）从文章时代背景入手拓展……

4. 表现学科的特点。语文教材寄寓了作者的倾向、编者的意向与课标的导向；表现了学科的特点，蕴涵了语文的本味。课外拓展理应充分体现这样的特点，理应充分尊重语文的本味。但是，我们平常不难发现这样一些课外拓展训练题：（1）《鸿门宴》，"分析刘邦走向成功、项羽走向失败的诸多原因"。（2）《长江三峡》，"查阅相关地图，看要去三峡游览怎么走？到那里应先游哪个峡？"（3）《陈情表》，"认真思考一下：忠孝观对今天的人们来说有什么启示意义？"（4）《以虫治虫》，"试举出我们地区几个利用害虫的天敌消灭害虫的例子，说说其治虫意义。"这类拓展已经改变了语文的本味，把语文课变成了历史课、地理课、伦理课、自然科学课或者别的什么课。

那么，面对教材，教师主要应该注意些什么呢？

首先要树立课外拓展必须"以教材为本"的思想。既然"教材无非是一个例子"，就应该把这个例子教好学好。其次，要充分尊重文本，要用足够的时间引导学生解读文本，不能剥夺学生阅读课文的权利。再次，要根据实际情况选好课外拓展的切入口，只有选好切入口，才能进行有效的课外拓展。另外，还要注意保持语文学科的本味，不能在课外拓展中把语文课异化为历史课、地理课、生物课、美术课……

三、传媒——课外拓展的载体

主导者的创意、主体的参与、客体的内容，都要通过一定的传媒来传达。传媒，即载体，这里是指课外拓展的内容与方法。这种传媒比较复杂，从活动形式上来说，有讨论、辩论、口述、演讲、讲故事、访问、报告会、虚拟会议、社会调查等；从学习领域上来说，有知识点到知识点的拓展，课文到文章的拓展，语文学科到其他学科的拓展，学习到生活的拓展；从文本角度上来说，有体裁、作者、背景、内容、主题、手法、语言等方面的拓展；从思维形式上来说，有归纳、演绎、类比的拓展……

上述载体主要有以下四大作用：

1. 承载客体的重点、难点。作为客体的教材，其重点、难点常常是课外拓展的教学目标。课外拓展目标的选择和制定，可以由教师来完成，也可以由师生共同商量决定。不管由谁来选择与制定，课外拓展目标都应该是对教材重点、难点的体现。拓展载体秉承着拓展主导者的教学意图，承载着拓展客体的重点、难点，期待着拓展主体进行拓展操作和拓展实施。一位教师执教《小石潭记》时布置了以下四道拓展题：（1）请你根据小石潭的风景图片，设计一句旅游景点的广告语；（2）借鉴本文的写法，写写家乡的小河，300字左右；（3）把你曾学过的描写景物的古代诗文中的名句摘录下来，选择一两则加以赏析；（4）阅读文言文《龙湫》，与《小石潭记》比较异同。试想，这么多的拓展内容，学生在有限的时间内怎么能完成呢？再说，初中文言文《小石潭记》的重点、难点应该是文本的翻译与理解，怎么能是写作文、编写广告词与积累名言名句呢？

2. 刺激主体心理。中学阶段是学生心理最复杂的时期，很多学生不愿与教师沟通，也不太愿意学习语文。可见，无论是课内的课外拓展，还是课后的课外拓展，如果载体形式别致，内容紧扣重点、难点，那么对于学生学习语文来说，其引发兴趣、巩固知识、开发智力的作用是不言而喻的。

3. 符合主体认知。课外拓展载体的选用与设计，应该考虑到要符合主体的认知，但在实际教学中，许多教师在这方面做得不尽如人意。例如，拓展程度失当，序列不清。一位七年级教师在执教《打开一扇门》时，为了加深学生对文学的印象，拓展阅读了一篇法国文学理论家贝贝特的理论文章。把高中学生学习的东西提前到刚刚小学毕业的初中生面前，这无疑是加大了难度，颠倒了序列。再如，拓展数量失控，内容不精。一位教师在《我的母亲》的"讲学稿"中设计了两课时，每一课时都"拓展"一道中考选择题与一道中考阅读题。第一课时拓展的文本是《每月第一个礼拜五》，第二课时拓展的文本是《读书人是幸福人》。其实，它们与课文《我的母亲》没有一点关系。为什么不可以让学生自己静静地读读文章，读后谈谈各自的感受，然后再因势利导加以点拨深化呢？为什么总是非要为答题而去阅读呢？

4. 开发教学资源。课程改革要求语文课程应满足多样化和选择性的需要，因此，我们必须增强课程资源意识，重视课程资源的开发和利用。对于语文课程资源，新课标有较为详细的列举："教科书、教学挂图、工具书、其他图书、报刊、电影、电视、广播、网络、报告会、演讲会、辩论会、研讨会、戏剧表演、图书馆、博物馆、纪念馆、展览馆、布告栏、报廊、各种标牌广告"；

"自然风光、文物古迹、风俗民情，国内外的重要事件，学生的家庭生活，以及日常生活话题。"不同的拓展载体，可以不同程度地开发和利用上述课程资源。

但是，有一种过分倚重多媒体手段的不良现象应该引起我们的注意：不少教师把多媒体教学当做一种"时尚"、一种"装饰"、一种身份的"标签"来追求，甚至把阅读教学完全寄托于电教手段，特别是公开课、示范课上，录音机、投影仪等"轻重武器"一齐上的阵势已屡见不鲜。其实，不明白阅读教学的真正目的，过分倚重多媒体教学，加上课件的设计又没有达到得心应手的境界，课堂上出现尴尬场面自然在所难免。即使是教师运用起来得心应手，多媒体教学的负面影响也是显而易见的：快速闪动的画面影响了学生的深入思考；过多放映影视片段限制了学生对文本语言的阅读与品味；而过多的音乐，也干扰了学生的阅读，同时使学生的阅读心态日趋浮躁。

那么，对于课外拓展的载体，作为主导者的教师主要应该做些什么呢？

在指导学生设计拓展载体时，要尽可能形式多样，根据学生的兴趣，广泛开发教学资源；同时，要注意适度使用多媒体，避免以画面、音响的欣赏代替对语言文字的咀嚼。教师设计课外拓展活动时，应树立"以学生为主体"的观点，正确设置目标及重点、难点，有效控制课外拓展的难度。尤其要控制课外拓展的容量与频率，不能犯上述执教《小石潭记》的教师的错误——既不能一篇课文搞许多拓展，也不能课课都搞拓展。

四、学生——课外拓展的主体

作为拓展主体的学生，在拓展活动中主要有以下表现：

1. 期望拓展主导者的指导。 课外拓展是新课改中出现的新话题，是学生学习的新难题，也是教师教学指导的新问题。对于课外拓展，主体无论参与设计，还是实践操作；无论独立探究，还是合作讨论，都期望教师给予正确有效的指导与帮助，否则难以完成拓展任务。

2. 遵循拓展载体的规范。 固然，拓展载体是拓展主体的操作对象；但是，拓展载体也不是一个随意接受主体摆布的对象。一方面，无论是造句、写作文、朗读，还是讨论、辩论、口述、讲故事，或者是访问、作报告、社会调查，都蕴含着自身的规律、规则与特点，对主体的拓展认知作了内在的规定，如果漠视或脱离这些规定，拓展活动就难以产生较好的效果。另一方面，主体通过课外拓展的操作与实践，能更加完美娴熟地实施拓展行为。

3. 决定拓展效能的发挥。 课外拓展的好坏优劣用什么来检验呢？不能只看它是否科学，更重要的是看它是否能促进主体拓展效能的发挥。拓展效能的发挥，取决于拓展实施的质量；拓展实施的质量，取决于拓展主体的拓展素养与拓展技能。具有良好效能的课外拓展，有助于学生的创新精神、合作精神、动手能力、实践能力的培养以及学生价值观念的形成和人格的完善。

对于课外拓展的主体，教师应该注意一些什么呢？

在拓展活动中，教师应该适时指导，纠误纠偏，调整升华，不能以为学生是学习的主体，就让学生进行类似上文《孔雀东南飞》教学中的"放羊式"拓展，把课外拓展引向反面。要保证指导的正确性，教师应该深入研究课外拓展，认真总结经验，提高自己的指导水平；同时，也要研究学生，研究他们的兴趣态度、心理认知结构、思维加工方式与学习习惯，选择适应学生拓展的载体，循序渐进地提高其课外拓展的素养与技能。另外，教师还需要跟踪了解学生课外拓展之后的语文智能状态，关注其可持续发展，为后续课外拓展积累经验。

阅读教学

　　人们经由阅读可以开阔视野，提高认识能力，有利于形成思想，陶冶感情，培养品德，发展个性。尤其是青年人的成长，往往得益于阅读；还因为阅读健康的读物也是人们正当的、积极的休息和消遣的一种手段。因此，培养阅读能力是语文教学的一个重要任务。

应当建立一门阅读学

❋韩雪萍 张春林 鲁宝元

阅读是人类社会生活当中不可缺少的活动。这是因为人们经由阅读可以突破时空限制，汲取人类所积累的丰富精深的关于自然和社会的知识与经验；阅读成为人们学习和认识世界的必要途径，这是因为人们经由阅读可以开阔视野，提高认识能力，有利于形成思想，陶冶感情，培养品德，发展个性。尤其是青年人的成长，往往得益于阅读；还因为阅读健康的读物也是人们正当的、积极的休息和消遣的一种手段。因此，培养阅读能力是语文教学的一个重要任务。

特别是，当今时代科学技术的迅猛发展，人类知识的更新率大幅度增长，大量的文字资料和图书，有待人们快速阅读。因而，如何全面发展一个人的阅读能力，迅速提高阅读效率，就迫切地摆在了每个人的面前，成为语文工作者急需研究的问题。

但是，一般地说，过去，提到一个人的语文程度，就等于说这个人的写作程度，人们并没有或者很少把阅读能力的培养当做一个独立的课题来研究。语文教学的研究往往只在读写关系上争论不休，甚至提出以写作为中心来安排语文教学的全局。形成这种情况的原因很多，但其中一个重要的原因是："写作程度有迹象可寻，而阅读程度比较难以捉摸，有迹象可寻的被注意了，比较难以捉摸的被忽视了。"（叶圣陶《语文教育论集·对于国文教学的两个基本观念》）

因此，为了有效地提高全面的阅读能力，就要认真地研究那难以捉摸的阅读，科学地分析阅读活动的性质、阅读过程的特点、阅读能力的构成和发展规律等等问题，建立起一门科学的阅读学。

阅读是一种重要的社会活动。不同的时代不同的读者在阅读的动机和兴趣，阅读的需求和方法上都有着明显的差异。即以在校学生而言，一个学生接受文字信息量的多少，阅读的感知、理解和体验的深浅，阅读速度的快慢，也都和他生活的条件有着密切的联系。因此，把阅读放到广阔的社会背景上来考察，这不仅对研究阅读效果的最优化是必要的，而且对探求如何设计读物、怎样组织阅读活动、怎样进行阅读指导也是极为有益的。

从心理学角度看，阅读是一个复杂的心智活动过程，在阅读书文时，人们的感知对象不仅是一个个单字、单词，而且是一组组句子和段落，以及由它们组成的完整篇章。在感知的基础上，人们对语言材料进行各具特点的组合，进一步深入理解书文。一般说来，阅读的理解阶段大都经过了以下两种心理活动，一是由部分到整体，由语文形式到思想内容，即由句段到篇章，由题材、布局、表达、用语入手去探索文章的中心思想和作者的写作意图；一是由整体到部分，由思想内容到语文形式，即在中心思想、写作意图的指导下，研究作者怎样选材、谋篇、遣词造句等。这两种心理活动是密不可分、往返交错在一起的。阅读的理解阶段充满了分析、综合、抽象、概括、比较、归纳、演绎等思维活动，极大地调动人们的心智去还原作者的构思，去探索作者在读物中所反映出来的对客观事物的认识成果和认识程序。而且，在文艺作品的阅读过程中，还需要读者发挥联想和想象力，在头脑中再造形象。这种形象是抽象概括的感性支柱。人们对读物有了一种新的理解之后，就会产生一种表述自己内心感受的愿望。在校学习的学生也会在教师指导下不断作出应有的反应。他们可以通过复述、诵读、评介、写作等多种方式来表述自己的理解，进而形成自己独有的见解，作出自己的评价。因而，依照阅读过程中人们心理的变化，一个完整精细的阅读过程大致可以分为感知、理解、表述、评价四个不同的阶段。由此可见，阅读过程是与人们的思维活动和言语活动密切联系着的。阅读能力提高了，人们的思维和言语能力就能推进到更高的水平。语文教学完全应该而且可能按照阅读过程中心理活动发展的客观规律，有步骤地对学生进行科学的思维和语言训练。

阅读的实际情况表明，人们绝不是只按照一种目的去阅读诗文的。由于读物的类型不同，人们在阅读时也会有不同的目的。如果为搜寻某些特定的资料而进行阅读，为决定是否需要详尽阅读先大致浏览一下读物内容，这是一种探测性阅读。深入细致地研究专业书籍、论文或规定的课业，那是一种理解性阅读。在理解的基础上，进而要对读物作出自己的判断，或是为了向他人推荐这些读物，这是一种评价性阅读。围绕某一论题，阅读大量有关资料，从中形成自己的观点，或提出某些新见解、新论断，这是一种创造性阅读。在工余、课后、饭后、睡前，以休息为目的地读些轻松的小说、优美的诗歌，这是一种消遣性阅读。在不同性质的阅读活动中，人们的思维都呈现出不同的状态。在这多种性质的阅读活动中，理解性阅读具有中心和基础的作用，但理解性阅读绝不是唯一的阅读活动。由此可见，阅读的多种目的，决定了阅读活动具有广阔的天地和灵活的变化。语文教学完全应该而且可能从阅读的实际应用出发，依照各种不同性质阅读活动的阶段和联系，对学生进行多方面的、系统的、实用的阅读训练。

阅读需要一系列专门的知识和技能。不论什么样的阅读目的和读物类型，都首先需要识记字词，因此，文字的社会功能、汉字的字形分析和汉字字体的演变，以及词汇的构成、词语的意义、词的构成方式、词语的组合以及古今汉语的异同等，就是阅读能以顺利进行所必需的知识。为此，必须具有查阅字典、词典等基础工具书的技能，必须具有从上下文及词素推断词语近似意义的技能(亦称猜读)，否则，阅读将时时被不认识或不熟悉的字词所阻断。

句法、句式、句型，是阅读识记阶段不可缺少的知识。书文当中的长句、难句和虚词功能，往往是阅读困难的所在。因此，长难句的分析、虚词的功能、语感的培养以及古今汉语句式的异同比较等语法、修辞、逻辑知识和相应的技能，是阅读过程中必须具有的。

段落承句开篇，是组成完整篇章的枢纽。掌握了段落就不难理解全篇。一个段落表达了一种单一的思想。为了掌握段落的中心思想，必须学会用不同方式归纳段意，写小标题。段落的单一思想是有层次地完整地表达出来的。为了掌握段落的完整性，必须学会分析段落的组织，了解段内句群的开展顺序。一个段落对于完整篇章来说，它的独立性只是相对的。为了了解段落在建成篇章中的地位和作用，就必须研究段与段之间的各种关系。

段落建成篇章。篇章是作者思路的反映。探讨篇章结构形式及其对表达思想内容的作用，实际上就是在探讨作者认识客观事物的顺序和阶段。因此，常见文体的篇章特点、基本的章法模式、篇章的逻辑规律等词章学、逻辑学知识，是理解篇章所必需的知识，而编制提纲、绘示图解，则是对研究篇章逻辑结构十分有用的技能。各种不同文体

的篇章结构、用语行文都有各自不同的特点。在阅读科学读物、政治读物、文艺读物、实用读物(如报纸、广告、电文、序跋、图示、符号、工具书等)时，读者只要把握住它们的侧重点和构成规律，就能迅速而准确地达到既定的阅读目的。有关文体的知识和阅读技能，也是全面的阅读能力所必须具备的。

学习和工作的实践，还要求一个人具有独立地寻找和选择所需读物的能力。为此，还必须具有目录学、图书分类学、版本学等基础知识，学会利用图书卡查找目录、翻检索引。

除此之外，有关的文学史、文学理论，以及读物所涉及的各种专门知识，都是有效的阅读所不可缺少的。

多种性质的阅读活动需要多样阅读方法和技巧。比如：圈点勾画、分类摘录、评点批注、提要摘要，这是多种阅读活动共同需要的技巧。朗读与默读、熟读与背诵、复述与推理，这是提高阅读理解力和记忆力不可缺少的技巧。精读与泛读、评读和摘读、跳读与猜读，则是提高阅读质量、扩充阅读领域所！必须具有的技巧。社会生活的迅速发展、图书数量的日益增多，已经对人们提出了速读的要求。近来，国外语文教学界提出的直接阅读、整块阅读、区间阅读等新颖课题，已经使人们跳出了习以为常的朗读、默读、精读等范围，进一步认识到阅读可以超越出声的或不出声的口语媒介而直接指向读意思。这不仅可能间接有助于提高阅读能力

和阅读效率，而且必然会引起我们对阅读的心理机制和规律作更进一步的探索。

根据阅读能力的结构，在语文教学中向学生循序渐进地传授阅读所需要的一系列知识；由简单而复杂，由单一到综合地对学生进行各种阅读技能训练，是完全有必要的，也是完全可以办得到的。

综上所述，一个具有相当阅读能力的读者，应该能够根据实际需要，独立地解决寻找读物、确定阅读目的、选择阅读方法这样三个问题，全面的有效的阅读能力是由以下几种因素组成的：

1.认读。即认读字、词、句的能力，其中包括常用字的识记量、常用词语的储备、常用句式、句型的积累。认读是阅读过程的前提和先决条件。

2.理解。即与阅读有关的各种知识技能在阅读实践中的应用，阅读过程中展开的各种思维活动。理解，是阅读过程的中心和基础，是一个人阅读能力高低的主要标志。

3.记忆。熟记或背诵读物的有关部分，是提高阅读质量的重要手段。边读边忘，是很难说明具有阅读能力的。只有理解深、记忆牢的阅读，才是最有质量的阅读。

4.速度。阅读要讲求效率。阅读能力要有一定的速度为标志。一般地说，阅读速度是依存于理解程度的。阅读的速度还与读物的性质、阅读的目的、一个人已有的知识水平和阅读技巧有关。我们要求的是认读易、理解深、记忆牢、速度快的全面阅读能力。

5.技巧。各种不同目的的阅读，构成阅读能力的各个因素，都以一定的阅读技巧为基础。各种不同性质的读物，要求不同的阅读技巧。因此，能否掌握多样的、熟练的阅读技巧，根据阅读目的、读物性质及时、准确地选择适宜的阅读方法，也是一个人阅读能力高低的重要标志。

总而言之，阅读是一种复杂的社会的、心理的活动，阅读能力是一项重要的、独立的能力。探索阅读过程的心理特点和规律，分析阅读能力的组成因素，会使我们打破对阅读的神秘化、不可捉摸的错觉；条分缕析地研究阅读活动所需要的各种知识和技能，研究各种不同目的的阅读实践活动，会使我们进一步找到阅读训练的规律。传统的"多读""熟读"的经验，对于积累语言材料，形成敏锐语感具有不可抹杀的功绩，但是，在现代多学科学习制度和急速发展的社会生活面前，也是有明显的局限性的。为了快速形成和全面发展阅读能力，我们应该建立自己科学的具有民族特点的阅读学，应该为现代化、科学化的语文阅读训练教程早日诞生而努力。

论初中语文阅读教学的课型创新

❋ 余映潮

一、课型为什么要创新

创新课型是目前语文教改中十分重要的话题。

所谓创新课型,一言以蔽之,就是从不同的角度、用不同的组合形式,创造出有时代特点的科学的高效的新颖的实用的新课型。

课型需要创新,主要由于如下因素的影响:

第一,当前语文教学改革的宏观背景有了很大变化。一是对学生思想品德的教育成为人们关注的热点。二是素质教育对课堂的高效教学提出了很高的要求。三是减轻学生过重课业负担的要求很有力度,提高单位时间内的教学质量成为教改的主导方向。四是创新教育的研究日渐深入,呼声日益高涨。五是课程改革、教材改革正在紧锣密鼓地进行。这些因素必然要求我们更生动更有效地进行语文教学,必然要求我们进行课型创新,这里面的研究课题可以说是层出不穷。

第二,试用修订版的《初中语文教学大纲》和试用修订版的初中语文教材,要求我们在教学设计上从如下重要方面更新观念:

1. 教学设计要讲求从课文整体的角度进行阅读教学。2. 教学设计要突出诵读训练的安排与指导。3. 教学设计要注意简化教学头绪,强调内容综合。4. 教学设计要讲求积累、感悟、熏陶和培养语感。5. 教学设计要关注培养学生的思维能力特别是创造性思维能力。6. 教学设计一定要突出学生的实践活动。

可以说,上述内容表现出初中语文教学与初中语文教学设计在理念上的重大变化,它们给我们表达出了教学要进行改革、教学设计要进行创新的指令性的要求。

第三,各地的教学改革试验与科研课题的深化需要创新课型的支撑。在接近新世纪和进入新的世纪之际,诸如山东省进行的"大面积'以训练为主'教学模式"的研究,河南省的"中学语文素质教育研究",广东省的单元教学研究,四川省的"学堂·主人·训练"教改实验,武汉市的语文教学"本体论"与"学长式"的教学研究,宜昌市的"课内外衔接语文能力训练",汕头市的"读写创"课题研究等大量的教研教改成果激动人心。很难设想,这些优秀的充满科学性充满生命力的教学科研能够让那些由教师独占讲台的陈旧课型所支撑。可以说,没有课型的创新,语文课堂教学改革和语文课堂教学研究只会是一句空话；也可以说，越是优秀的课题，越是富有成果的教学改革，其课型的研究、改革和创新就越有风采。

综上所述，我们可以知道：课型设计要创新，是教育改革形势发展的必然。

二、初中语文阅读教学课型创新的方向

破除串讲式、讲析式、答问式、谈话式等陈旧的课型，是我们的一种历史责任。

创造学生自主阅读式、活动式、导学式、探究式等崭新的课型，更是我们的一种历史责任。

在课型创新的研究中，我们要注意如下内容：

第一，要结合实际。 就是不离开素质教育、创新教育、高效阅读教学等诸方面的"大背景"，不离开初中语文教材这个重要的载体中体现出来的教学设计上的要求，不离开初中语文阅读教学"诵读、品析、积累"的学科教学要素，不离开大面积语文教师的教学需求。

第二，要突出重点。 一是要重点研究如何让学生在语言积累、能力训练、方法养成、情感熏陶、思维培养等五个方面得到科学而切实的训练。二是要重点研究如何让创新的课型更有效、更科学、更具有操作性，同时又更具有美感。

我们应该有明确的课型创新意识，有在进入新时代之后进行深入探索的自觉性。经过对课型进行创新，在如下方面形成新的课型设计主流，在形式和内容上总的表现出如下两点：

第一，语言训练充分，技能训练扎实，思维训练科学。

第二，教师精要指导，学生充分活动，课堂积累丰富。

我们所创造的优秀课型，要着眼于学生的能力训练，着眼于学生学习方法的培养，着眼于学生的知识的积累。

我们所创造的优秀课型，要表现出我们能够运用各种方法，创造各种课堂活动形式，以学生为主体，充分地开展有效的课堂教学活动。

我们所创造的优秀课型，要能够处理好阅读与诵读、阅读与听说、阅读与编创、阅读与论辩、阅读与置疑、阅读与品析、阅读与积累、阅读与想象、阅读与延伸等各种关系，让学生在诵读、听说、编创、论辩、置疑、表演、想象、扩读等丰富多彩的课堂教学活动中求知、求智、求美、求乐。

我们所创造的优秀课型，要丰富而又新颖，科学而又艺术，独特而又普通。既要带有研究性又要适用于大面积上的语文教学；既是优秀教师的创造而又适用于大面积上的语文教师；既能参加各个层次的教学竞赛又可以说是一般通用的常规课型。

三、初中语文阅读教学课型创新的主要内容

初中语文阅读教学课型创新的内容主要表现在三个方面：一是着眼于课堂活动的课型创新，二是着眼于运用新教材的课型创新，三是服务于教学科研的课型创新。课型创新要做到有力度、有氛围、有实效，还必须在"系列"上下工夫，也就是说，对上述三个方面的内容，我们都应该分别创造出系

列性的新课程。

先说着眼于课堂活动的课型创新。

如中学语文阅读课堂教学的一个极为重要的课堂活动就是"朗读"，我们研究的以"朗读"活动为主的系列创新课型，就可以由教读课、析读课、品读课、研读课、辨读课、理读课、练读课、评读课、说读课、写读课、听读课、背读课、演读课、想读课、助读课等多种课型组成：

1.教读课——教给学生朗读的方法，训练学生朗读的技巧，提高学生朗读的能力；2.析读课——通过"朗读"对课文进行文意、文理分析；3.品读课——就是赏析式地读，是朗读教学中的一种"美读"的方式；4.研读课——就是要研究、体会为什么要这样朗读；5.辨读课——在辨析之中朗读，主要用于文言文字词教学；6.理读课——在朗读训练中进行语文板块的积累指导；7.练读课——既进行朗读训练，也进行有关字词句段的练习；8.评读课——对课文进行评点，边评点边朗读；9.说读课——说说读读，读读说说，边说边读，边读边说；10.写读课——朗读中学写，写中有朗读；11.听读课——重点突出配乐诵读；12.背读课——指导学生读好、背好课文；13.演读课——用组织表演的方式进行朗读教学；14.想读课——在朗读教学中激发学生想象，训练想象能力和朗读能力；15.助读课——让学生在有关教学资料的帮助下学习朗读，进行阅读；16.联读课——也叫"扩读课"，就是将主题相近的课内外文章合在一起进行朗读教学；17.比读课——将能够进行比较的作品放在一起进行朗读教学。

这样的一个朗读教学课型创新的系列，

就好像语文教学中一部小小的法律。一旦我们认为它是科学可行的，它就会规定着、要求着我们艺术地生动地进行朗读教学——在这样的课型中，你不能不让学生去读，你也不会不让学生去读，你只能想方设法去指导学生读好学好。由于有这样的课型系列，"还我朗朗读书声"就再也不会只是一种希望、一个祈求或者一句呼吁、一声抗议了。

再说说着眼于运用教材的课型创新。

从2000年起，人教社编写的《九年义务教育三（四）年制中学教科书（试用修订本）》将逐步进入课堂。这套教材的编写思路，是课文按照其反映的生活内容组元并贯串于教材的始终；这套教材构造的阅读系统，是致力于丰富语言、增长知识、发展智力、扩大视野，以有利于提高阅读能力和人文素质；这套教材的重要改进之处是淡化文体，强调综合，提高培养"文学素质"的地位，提高古典诗词和文言文课文的比例，还要求背诵文言文课文20篇、古代诗词50首。这样大动作的改进，必然会带动课型设计和教法运用方面的改革。因此，为了适应修订后的这样一套教材，在阅读教学中除了一般常用的教读课型和自读课型之外，还要注意如下课型的设计与运用：

1.朗读课型——主要用于名家名篇的教学，用于文学作品的教学。此时的朗读训练已不是一个环节而是一个课型，其课型的任务就是让学生充分地朗读课文，于朗读中体会课文的精妙之处，并在朗读中对学生进行语调、语速、节奏、情感等技能训练和说普通话的训练。2.诵读课型——也就是背读课型，主要用于文言诗文课文的教学。这是一种重要的新课型，其课型任务是降低难度，简化讲析，进行文言文背读、理解和积累的教学工作，培养学生自读、自品、自悟的能力。3.学法指导课型——重点用于对学生良好的阅读方法和科学的阅读技能的培养。其课型任务是对学生进行阅读技能训练和学习方法指导。4.文学欣赏课型——主要用于文学作品的赏析教学。它讲求突出文体色彩，要求有比较高雅的教学手段，还要求有突出的"美点"以及丰富的情感，要求我们在语言品味、形象感染、情感熏陶三个主要方面下工夫。5.活动课型——用于课中活动，用于培养学生个性和发展学生的能力。安排语文活动课是义教初中语文教材的创举，是语文教材质量整体突破的标志之一。语文活动课的课型任务是，将语文知识的渗透、语文能力的培养融于生动活泼的训练、比赛、娱乐、游戏、演出等丰富多彩的活动之中，开拓学生学习语文的天地，将学生的兴趣爱好引入学习语文的广阔视野。6.积累课型——用于语言特别丰富的课文，突出语言的感悟、积累与运用。在这一点上需要特别指出的是，试用修订版的《初中语文教学大纲》中反复多次提到了"积累"，甚至在第4节《教学评估》中也说道："对学生的评估要重视语文积累、语言文字运用能力和语文水平发展的评价。"如此强调语文教学中的"积累"，对于《初中语文教学大纲》来讲，此次的试用修订版是空前的；落实"积累"二字，又必然地会表现在相应的课型上。

另外，以上所有课型的创新与运用，还离不开"多媒体教学"几个字，这种突出教学手段的课型有着广阔的前景。

最后说说服务于教学科研的课型创新。

这里所说的"教学科研"，主要指阅读教学改革的某种试验方案或者某个专题研究的课题。由于各个科研方案的视角、方法、手段等内容的不同，所创新的课型也会各有所异，不能一一进行罗列与阐述，但从语文教学研究过程的共性来看，除了朗读课、诵读课、活动课以外，还有一些重要课型是值得提出来并希望大家进行认真尝试的：

1.整体感悟课型——单篇课文的整体阅读教学课。这种课到底如何上才符合要求？2.语言学用课型——语文课中关键性内容的学用课。这种课型有什么的操作要求，它能够细化为字词品读课、句式学用课、精段读写课、智能练习课等课型？3.自主阅读课型——以学生的自读活动为主的课型。在这种课型中，教师有什么样的活动比例，教师到底应该如何发挥作用才能让学生确有所获？4.思维训练课型——培养学生思维能力的课。在语文教学中，应不应该设计专门的思维训练课？即使有，又如何指导学生运用比较、分析、归纳等方法，发展他们的观察、记忆、思考、联想和想象能力？5.探究性学习课——突出学生实践活动、培养学生探索研究能力的课。这种课型如何操作，它对教师提出了什么样的要求？6.单元组合课型——单元教学中各个不同的课型。单元组合课型对大面积上的语文教师适用吗？怎样创新才能使它们由"不登大雅之堂"而进入"寻常百姓家"呢？

可以说，以上所列的每一种课型都是一个教学研究的"课题"，都是一篇内容丰富的大文章，任何人突破任何一种课型的研究，都可以说是在课型创新上超越了别人一步；随之而来的，肯定会是个人教研水平的提高和课堂教学质量的超越。

 四、创新课型举例——理读课

创新课型并不是一件十分困难的事，每一个有研究能力有自信心的语文教师都能在这个方面有所发现。为了说明这件事不是很困难，下面特举出一个创新课型的例子——理读课型。这种课型的功用是在朗读训练中进行语言板块的积累指导；从另外一个角度说，这种课型也是一种在教师科学指导下的自主阅读课型；再从另外一个角度看，这种课型还是一种"无提问设计""无讲析"的简化头绪、强调综合的课型。下面请看《〈论语〉十则》的教学设计：

【学习要求】

1.认读字词。2.背读课文。3.整理、积累语言材料。

【教学思路】

板块式教学思路，全课的教学分为4个板块。

【教学过程】

第一个教学板块：赛读课文。(10分钟)

1.同学们自读课文的"阅读提示"。2.各自大声地朗读课文。3.各自大声地流利地朗读课文。4.各自大声地快速地朗读课文。5.就"大声""流利""快速"地朗读课文进行竞赛。

第二个教学板块：质疑问难。(10分钟)

1.同学们双向交流，互相提出与解答自己不懂的语句。

2.同学们就自己觉得很难理解的问题问老师，老师进行解答。

3.老师反过来问学生，看还有哪些地方需要进一步落实。

第三个教学板块：背读课文。(10分钟)

1.同学们自由背诵。2.分"则"背诵。3.背诵比赛。4.全班齐背。

第四个教学板块：梳理课文。(15分钟)

老师下发印有"分类式整理练习"的白纸，同学们根据白纸上安排好的类别整理课堂笔记。

1.在"作家作品"类记下：

孔子（前551～前479），名丘，字仲尼，春秋时鲁国人，我国古代伟大的思想家、教育家。

《论语》是记录孔子和他的弟子言行的书，是儒家经典著作之一。

2.在"成语"类记下：

学而不厌　诲人不倦　温故知新　不耻下问　三人行必有我师

3.做"难句翻译"类练习：

①有朋自远方来，不亦乐乎？

②温故而知新，可以为师矣？

③三人行，必有我师焉。

④知之者不如好之者，好之者不如乐之者。

⑤逝者如斯夫，不舍昼夜。

下课之前，同桌同学互相交换检查"分类式整理练习"。

与教学文本对话

❋ 韩雪屏

　　文选制历来是我国编制语文教科书的传统制度，一篇篇文章和文学作品进入教科书之后，就变成了教学文本。什么是教学文本呢？"教学文本是在教学沟通的过程中产生和接受的，可以视为会话文本与读写文本，以及对话文本与独白文本的总体。这种教学文本是教师与学生一起合作创造的极其复杂的产物。"其中包括：学科课程标准，教学指导用书，教科书，相关的电视、录像、广播等视听材料；以及以教师的教案为代表的教学沟通计划、教师在课堂中的提问与讲述，学生的作业、作文、答问、发言等。教科书只是教学文本中的一类，它们是供师生学习和研究的、既成的读写文本，是"经过教学论加工过的专业文本"。从客观效果来说，素材丰富、有血有肉的教材，远比成人化、教条式的教材，更具有可读性和吸引力。因此，教科书的编制需要有明确的教学理念、复杂的智力操作和相应的技术手段。一般说来，教科书在本质上应当包括如下三个基本要素："①作为学生的知识体系所计划的事实、概念、法则、理论；②同知识紧密相关，有助于各种能力与熟练技巧的系统掌握、心理作业与实践作业的各种步骤、作业方式与技术；③知识体系与能力体系的密

切结合，奠定世界观之基础的，表现为信念的、政治的、世界观的、道德的认识、观念及规范。"

　　面对经过教学论加工过的专业文本(教科书)，语文教师需要特别注意的问题是：领会编选意图、了解学生学情和"用教科书去教"。

🌱 一、领会编选意图

　　首先是探察篇目入选的依据和缘由。阅读篇目入选的依据，主要是语文课程标准当中"课程目标"的有关规定和"教科书编写建议"。探究具体课文的入选缘由，应当注意以上所述教科书基本要素。特别是在当前基础教育课程改革的大潮中，语文教科书的入选篇目，更是灵敏地反映着教科书编者的指导思想，体现着语文课程改革的方向。比如，自从语文课程标准明确地提出课程的人文性和语文教学的人文教育目标之后，教科书在选文上就更注重高扬人文精神了。人教版义务教育语文教科书的选文，就突出地关注到学生对"人生与生命"的体验，关注到学生对自然中生灵的感悟，关注到学生对亲情、爱心的体验。即便是对于一篇课文的取舍、更换，语文教师也应该仔细地加以

体会。比如，人教社的2003版高中语文教科书，把《为了忘却的纪念》换成了《〈呐喊〉自序》，并且把后者作为统领鲁迅作品的首篇。有研究者认为：这样做不仅是因为《〈呐喊〉自序》较完整地呈现了鲁迅的文艺观、社会观和革命观，而且是因为作品表现了"他对国民性的无情解剖，他对自己的严肃深刻的反思，无不彰显其理性的思考与思辨的力量"。因此，研究者指出："2003版教科书在选文上更注重了关怀人性和张扬理性，这为语文教育走向其人文性本真奠定了坚实的基础。"

其次是确定选文的类型和作用。有研究者指出语文教科书的选文有四种类型：即"定篇""例文""样本"和"用件"。定篇，应是世界和民族的优秀的、经典的文化和文学作品。学习这些作品本身就是语文课

程的目的之一，就是语文课程内容的一大项目。这些作品应当直接地、原汁原味地进入教科书，并且应当成为该教科书的核心。正如朱自清在《〈经典常谈〉序》中所说："在中等以上的教育里，经典训练应该是一个必要项目。经典训练的价值不在实用，而在文化。"学生学习定篇，应当沉浸在这些诗文之中，并且按照权威的解说，诵读、理解和内化这些经典之作。教师应当明确：让学生"熟知经典""了解和欣赏"经典，本身就是语文课程和教学的目的。例文，是文章和文学作品的某些共通法则和共同样式的例证，是人们阅读、写作和口语交际的基本原理和行为规范。例文给学生学习语文知识和言语经验提供了经验性的感知。学生学习例文，应当从中了解和掌握相关的语文知识和言语规范。教师阅读和研究例文，应恰当地选定一个侧面作为教学的目标。但是，也应当知道：对同一篇例文，用不同观点、不同方法去分析和阐释，也可以使学生体会到不同方法的魅力和意义多元互补的功效；可以使学生切实地感受到文本丰厚的蕴涵。样本，是学生历练读写方法，形成熟练的语文技能的依托，是学生言语实践活动的凭借。编者编选"样本"选文，可以以提示、演示、搀扶、候选或开放等不同方式出现。用件，是学生从中获取知识、资料和信息，扩大知识视野的材料。用件具有可替换性。由此可知：不同类型的教学文本，具有不同的教育作用，也决定着不同的学和教的方法。这是教师务必应当弄清楚的。

再次是把握教学文本的编辑体例和编辑方法。如果说探察选文的依据和缘由，确定

文本的类型和作用，都是从"选"的角度与教学文本对话，那么，把握文本的编辑体例和编辑方法，就是从"编"的角度来领会编辑意图了。因为从文本的创作角度说，各个文本之间本来是毫无联系可言的。现在编者把它们组织在一本教科书里，并分编成若干单元。那么，编者希望它们之间发生什么样的联系呢？编者又是如何将它们联系起来的呢？编者如此编辑的意图是什么呢？检索阅读教学文本时，研究和解决这些问题，也关系到阅读教学对话的方向和进程。

一般的编辑加工方法有单元提示、预习提示、思考和练习题目等。应该特别提出的是评点式文本。评点文字表现的是批评家或编者对文本的见解和个性化的阅读经验，它往往用不同于正文的字体，以夹批或是旁批的方式出现。通过印刷上的种种特殊安排，批评家和编者可以在师生阅读之前和阅读之中引导他们，影响他们，使师生同时接受正文与评点文字。这样，师生的阅读就处在与"文本－作者"、与编者、与批评家三重关系的对话之中了。

如果说，在进入阅读教学过程之前，不论是教师还是学生，作为读者，在阅读某一文本时，都是处于读者与作者"你－我"两个主体对话之中的话，那么，从阅读教学文本的角度看，这个"你－我"的对话过程，开始有了编者或批评家的"他性介入"。教师或学生在阅读教学文本时，会不断地对作者、编者和批评家进行试探，与他们反复进行商榷和交流。

总之，教科书的编辑意图在一定程度上体现着语文教育的价值观念。

二、了解学生的学情

教师在与教学文本对话时，在他的心目中除去编者和批评家之外，还有一个隐含的对象——学生。因为，教师与教学文本对话的直接目标是为了以文本为中介，进而与学生对话。其最终目的是为了促进学生的发展。因此，教师在与教学文本对话时会经常思考：学生对于这个文本已经知道了什么？他们理解这个文本还存在什么疑难和困惑？他们会不会与作者有不同的见解？他们理解和接受文本的难点在哪里？这些思考说明了教师与教学文本的对话，已经不同于和作者的对话；他们此时已经具有了明确的"教学生对话""与学生对话"的意识。因此，不论多么伟大作家的作品，此时都已经成为沟通教师"教"和学生"学"的中介，成为师生对话的话题了。为了架起学生和作者对话的桥梁，教师必须要尽量多地了解和把握学生学习这一文本的情况。

由于学生个体差异的存在，他们对同一文本的理解和感悟也必然存在着不同。了解和研究学生的学情，实质上关系到如何确定教学目标，如何缩短学生与教学目标之间的差距，如何分析教学的支持性条件等重要问题，因此，著名的教育心理学家奥苏伯尔在他1978出版的《教育心理学：认识观点》一书的扉页上写道："假如让我把全部教育心理学仅仅归结为一条原理的话，那么，我将一言以蔽之：影响学习的唯一最重要的因素就是学生已经知道了什么，要探明这一点，并应据此进行教学。"

了解学生阅读文本的学情，方式较多，可以检阅学生的读书笔记、日记、作业，也可以组织临时小测验。从教学过程来说，一般有两个渠道：一是组织课前预习，让学生主动地质疑提问，教师有意识地通过访谈和阅览去搜集学生的问题。这样做，依赖于教师课前的判断和计划。二是组织课堂讨论，让学生自由地说出自己的理解和困惑，教师随机地筛选和组织问题。这样做，依靠的是教师当堂的教学机智和组织集体思维的能力。不论采用什么方式，教师的主要目的都在于寻找到作者、编者、学生和教师四者之间读解的结合部。这种结合部，往往是文本的着重点、学生的疑难点、编者的关注点和教师的切入点的有机融合。

三、用教科书去教

语文教师作为一个独立的、有经验的读者，在与教科书对话时，不能依赖"教参"，更不能被"教参"所左右。只有教师生成了对文本的个性化理解和感悟，才有可能产生创造性的阅读教学活动。在这个时候，最需要明确地树立"用教科书去教"的观点。

"用教科书去教"这一观念，使教师在与教学文本对话的过程中，进入"教学法思维"。教学法思维是教师在准备教学时所特有的一种思维状态。这种思维状态一般具有综合性、动态性和虚拟性等特点。所谓综合性，指的是在这种思维状态中，教师的思维头绪很多。教师首先需要研究一篇或一个单元的课文如何体现和贯彻教育目标，即如何通过教材对学生进行知识和技能的、过程和方法的、情感态度和价值观的综合教育。这是解决"为什么教"的问题。其次是选择和组织教学内容，即解决"教什么"的问题。教师对于教学文本的理解和体验的程度，对于教学文本的理解和利用状况，从根本上决定着阅读教学的内容。再次是学生已有的知识和经验状况，以及这种状况与达成教学目标之间的差距，还有为了缩短这些差距，应该和可能采取的措施和手段，即解决"怎么教"的问题。所谓动态性，指的是在教学法思维状态中，教师的头脑中充满了对课堂阅读教学活动的种种设想。他要根据目标、内容和学情，构思课堂教学活动的过程，选择教学方法和媒体，安排教学活动顺序，管理课堂阅读行为（全班讨论的、小组合作的、学生之间互教互学的、个人自读的）等等。应当强调的是：阅读教学内容对于教学方法具有制约作用，与方法相比，内容永远是第一性的，因为方法从来就是对内容的处理方法，对于内容的处理，展现为一个动态的方法实施过程，脱离了内容，方法也就失去了独立存在的价值。所谓虚拟性，指的是这种思维是以意象和腹稿的状态存在的。从表面上看，教师虽然仍然处于沉思默想之中，但是，在他的脑海中已经回响起生动活泼的阅读教学对话的声像，在他的眼前已经舒展开有声有色的教学活动风云。把这种富有虚拟和意象性的腹稿写出来，就成为具有创造性的教学设计——教案了。

在"用教科书去教"的观念指导下，教师在与教学文本的对话过程中，就会获得读解和处理教材的更大的主动权。比如，有教师认为人教版(试验修订本·必修)高中语文第三册的课本和读本中所选的中外诗歌数量已经不少，但单元的编排却有些杂乱。因此，重新编排组合为六个单元：中国古代诗歌之古体诗单元、中国古代诗歌之近体诗单元、中国古代诗歌之宋词单元、中国现代诗歌单元、中国当代诗歌单元、外国诗歌单元，这样可使学生"学有序"。每一单元内部均以专题形式来编排：或按诗人组成专题，或按诗派组成专题，或按国家组成专题，这样可以使学生"学有专"。每一单元的开头都安排一两篇专家学者的有关文章，对学生进行诗词鉴赏的方法指导，这样可以使学生"学有法"。这是教师从学习理论出发重组教材，使教学文本具有了学习概念的支架作用，体现了建构主义教学理论对教学文本的有效改造。

此外，还有的教师根据研究性学习课题自编教材。例如，研究课题是"妙语绘声佳境传神——文学作品中的音乐描写艺术研究与鉴赏"。自编的教学文本有：核心课文——刘鹗《明湖居听书》，参读课文——白居易《琵琶行》、韩愈《听颖师弹琴》、李贺《李凭箜篌引》，选读课文——李颀《听安万善吹筚篥歌》、张若虚《春江花月夜》，学生自选课文还有金庸的《笑傲江湖》(节选)、傅雷的《与傅聪谈音乐》、肖复兴的《音乐笔记》等。这是从研究性课题出发，自行编选和组织教材。其中既有学生熟悉的课文，也有他们生疏的课文。自编教材实现了古今多种文体的交叉融合。更为可喜的是：学生作为学习的主体，主动地参与了读物选择。

总之，不论是重组教材还是自编教材，新课程理念为师生积极参与语文课程，为师生研读和处理教科书及其他教学文本，开创了更加广阔的天地。

批判性阅读管窥

✿ 谢建丰

首先声明，我们所谈论的阅读都是在教学论意义上的，故可称之为"教学性阅读"。为简便起见，仍称阅读。许多论者都已从各自的角度出发对阅读的本质进行了探讨，如从哲学意义或语言交际意义上谈对话性阅读，从学习心理学角度谈创造性阅读，从读者立场谈个性化阅读、体验式阅读等，不一而足。这些探索对于促进阅读教学理论建设与教学实践都有非常积极的意义。真正推动阅读活动进行的动力是什么。我认为，不能专用"对话性"来解释，因为"对话"是一种活动状态；也不能仅用"创造性"来说明，因为"创造"强调构建意义的过程与结果，二者几乎仍是在较为宏观地阐述阅读行为。细究根源，阅读活动得以进行的动力是阅读本身的批判性质。阅读的批判内核决定了阅读的批判性，故有批判性阅读之名称。下面是我们关于批判性阅读的管窥。

一、关于"批判"的界定

在某些时刻，人们仅仅提到这个词，似乎就有那么一种莫名的心悸，只要是被"批判"的，一则一定不是好事，二则免不了没有好下场。这实在是一种不必要的误解。《现代汉语词典(1986年版)》关于"批判"

的解释是"对错误的思想、言论或行为作系统的分析，加以否定"。而在《现代汉语词典(修订本)(1978版)》中的解释却有三条：①对错误的思想、言论或行为做系统的分析，加以否定。②批评。③分清正确的和错误的或有用的和无用的(去分别对待)。在《汉语大词典(缩印本)(1997版)》也有三条：①批示判断。②评论；判断；批评。③对所认为错误的思想、言行进行批驳否定。可见，"批判"不仅仅指向"错误"，更要紧的另一个方面是"批判"其实指向任何思想、言论或行为。"正确"的思想、言论、行为，美好的思想、言论、行为，同样也需要分析、辨别，同样需要进行批判，但目的当然不是加以否定，相反，经过批判思考，最终得到更明确的肯定。其实，任何思想、言论或行为，并不能预先知道是否正确。一个思想、言论或行为的正确与否，只有经过反复分析、辨别、筛选、推敲，才能得出。如果是在没有经过"批判"之前，就已经确定此或彼的思想、言论与行为是不正确的，就好比事先判定某个人将来要杀人而将他立即关押起来一样，那是不成立的。批判，是作为一个过程，而不是仅作为一种结果。对某个思想、言论或行为作出正确或错误的判别，意味着批判已经结束。所以，我以为，关于批判，比较全面的理解是：批判是对思想、言论、行为等作系统的分析，加以肯定或否定，判断或选择的过程。

二、阅读的批判性何在

从阅读的心理角度来说，阅读是一种"图式运动"，也可叫"完形构造"，或者"语感图式"运动。我们说阅读是一种对话过程。那么读者拿什么与文本对话？就是拿自己的原有语感图式与文本进行对话交流的。读者的原有阅读图式，也可以称"前理解"，它是阅读得以进行的基础，包含着读者所有的生活积累，如生活经历、教育经历、文化修养、语文修养(听说读写经验特别是阅读经验)、情感经验、人生态度、价值观念、思考问题的方式、方法、习惯等。读者面对文本，从读第一个字开始，就将所读到的语言形式与自己的图式进行比照。比如读到一个"花"字，这个概念化的抽象的"花"与读者经验中具体的各种花即刻发生联系，"花"这个字刺激了读者原有关于"花"的图式，这个"花"字也就放在了以读者图式为背景的交流中心，成为读者图式的筛选对象。经过读者选择之后浮现的也许是电视里所见的牡丹花，记忆中老屋门前的梅花，也许是关于一个带"花"字的某个女子的名字或者就是那个女子，或者是某句诗如"无可奈何花落去""一枝红杏出墙来"等，而浮现什么或构建出什么意义，全在于读者的图式结构，不同的读者所浮现的内容往往全不相同。但是读到"花开"，读者头脑中所浮现的范围可能就会大大缩小

了，可能想到的是各种花开的情形，当然也可能浮现出女子的笑脸等。继续往下读，接着是"花开花落"，情形可能又变了，读者根据自己的生活经验，猜想这四个字所包含的意义除了花开花落是一种自然现象，是否还有别的什么意义，这四个字可能是表示时间过去很快吧，也许是表达青春易逝、容颜易老吧，都有可能，如果没有下文，不同的读者选择何种意义，也全在于其图式结构的特点。继续往下读，"花开花落，人生无常"，猜测时间过去很快的读者也许要调整自己的想法了，而一些读者的猜想得到证实，内心或许会产生一种满足感，读者对这八个字的反应，也许已变成：人生是多么无法预测啊，就如花开了又落了，有人可能将之与自己一生坎坷的经历相联系，或许自然而然感到悲从心来，有人可能还会想到，说话的这个人为什么说这些话呢，想表达什么态度或情感，等等。如果不知道"无常"二字的含义，情况又会有很大不同；如果在以前读过相同或类似的句子，所领悟或创造的意义可能又是另一番情形。无论如何，读者怎么想，内心有哪些变化，也在于读者图式结构的不同。不同的读者图式结构面对文本语句时，获取的是什么，或构建的是什么意义，全在于读者图式结构或前理解的选择。读一个字、读一个词如此，读一个句子情形类似，读一段话或读一篇文章，情况当然复杂得多，但基本原理似乎大略接近。阅读其实就是在阅读者的图式结构或前理解与文本的内在结构间不停交换，是在对文本所展示的上下文语境的刺激下不停地选择、猜测、追问、质疑、犹豫、改变、消化、吸收的过

程，是一个"提问、回答，质疑、反驳，肯定、否定，赞许、批评，补充、延伸，等等"（王尚文主编《语文教学对话论》）过程。不同的读者面对相同的文本，由于他们原有图式结构的不同，最终选择什么，得出什么结论或构建了什么意义，也是不大一样的。读者将文本放到自身的图式结构中去，这个图式结构对文本内涵选择什么舍弃什么，偏重于哪些，忽视了哪些，也是大不一样的。同一个读者在不同的时期读相同一篇文章，创造的意义也是大不相同的，或扩大，或缩小，或改变。

这种变化是因为读者的图式结构发生了变化，对文本内容、角度等的选择也就自然很不相同。一般说来，优先被选择的往往是那些与读者阅读图式结构相同或接近的内容，其他的则被排斥或舍弃，阅读就是一边选择一边放弃的过程。为什么选择为什么放弃，根源就在于阅读过程中阅读者图式与文本结构在互相作用（或称互相交流）时，只取自己所需的角度、内容、情感等。所得出的意义就是阅读的结果，是与文本对话的结果。这个既选择又放弃的过程，我称之为"批判"。从读者与文本一接触，这种"批判"就开始了，到读者掩卷感叹，"批判"宣告结束。

三、关于批判性阅读的定义

那么，我们如何来定义批判性阅读这个概念呢？

关于批判性阅读的特点，还有许多教师与研究者对此进行了有益的探索，有的试图给它下定义。比如，有人提出，批判性阅读

"就是读者在理解文本的基础上根据一定的原则和标准对读物的真实性、有效性及其价值进行判断并作出评价的一种阅读活动"。这个定义认为，阅读是先理解后批判，承认了理解的优先性，但容易让人觉得批判性阅读是与理解性阅读对立的两种阅读。旅美学者祁寿华认为，评判阅读（即批判性阅读）"意味着当你进入文章所构筑的世界里，不仅要理解它的基本内容，更要经过思考，作出自己的评判，对整个阅读过程采取一种积极主动、探索和评估态度的阅读方法"。这个定义基本道出了阅读的批判本质。

根据以上分析，结合相关研究，我们可以给批判性阅读下一个简单的定义。所谓批判性阅读，指的是在阅读文本中读者对文本蕴涵的信息进行认知、感受、想象、理解、记忆与接受时，进行分析、质疑、辨别、推敲、筛选、评价的阅读姿态、方式或倾向。据现代阅读观念，批判性阅读是读者利用自己的生活与教育经历、文化素养、人生体验及阅读经验等与文本展开讨论、交换思想，通过解释、分析、推理、评判、甄别、选择，最终创造或建构意义的过程。

四、几个与批判性阅读相近的概念

1.批判性阅读与创造性阅读、对话性阅读。阅读是一个对话过程，也是一个创造过程，更是一个批判过程。对话、创造、批判是从不同角度对阅读本质的揭示。对话是从读者与文本作为主体际关系角度讨论的，创造是从读者与文本互相作用构建意义角度阐述的，而批判则是从读者与文本接触时思维是如何进行这个角度来论说的。

创造性阅读或对话性阅读的内核是什么？或阅读的动力因素何在？创造性阅读的提出是为了强调阅读的创造性质，而提倡对话性阅读的人们，也同样是基于阅读本身的对话性质。可以说，创造性阅读与对话性阅读其实是从不同的角度、立场对阅读的本质作出的解释：创造性阅读主要是从阅读是一个构建意义的过程这个角度而言的，对话性阅读则是从阅读的现实形态即阅读是读者与文本的交际行为这一角度而言的。而批判性阅读，则是从阅读的思维品质角度揭示阅读的性质，是对阅读批判性质的强调。

正因为阅读本身的对话、创造与批判性质，人们为了强调，才将阅读称为"对话性阅读""创造性阅读"或"批判性阅读"。我们常说，没有批判就没有创造，其实创造与批判是一体的，是同一件事情，批判即是创造，创造即是批判，不是先有一个创造然后再来一个批判，而是在批判的同时创造。

2.批判性阅读与理解性阅读(或领悟性阅读或体验性阅读)。将凡是阅读都定义为批判性阅读，似乎有故意拔高阅读品质之嫌。在理论上，任何阅读都具批判性质。在实践中，阅读是有层次高低之分的。划分阅读层次，是为确定读者层次进而提升阅读水平的教学实践提供依据。参照相关研究，我们认为可以将阅读分成三个层次：记忆性阅读、理解性(领悟性)阅读与批判性阅读，它们的关系如图所示：

AA批判性(创造性、对话性)阅读

aa理解性(领悟性)阅读

a'a'记忆性阅读

上图表示，理解性阅读是阅读的基础层次，故在下层；批判性阅读是阅读的较高层次，故在上层。批判性阅读涵盖了理解性阅读，即批判性阅读自然包含了理解性阅读，但理解性阅读却只是作为批判性阅读的一个环节而已，是不完全的阅读。我们将阅读分成几个层次，而不称阅读的种类或类型，因为种类之间是不相融的，往往是对立的，不许包含或交叉，而层次却是较高的也可以包含较低的层次。阅读的层次是渐进的，记忆性阅读并没有在理解性阅读层次中消失，理解性阅读又包含在批判性阅读层次中；批判性阅读是阅读的最高层次，包括了所有的阅读层次，也超过了所有的层次。其实，划分层次的目的也往往是为了研究的方便，阅读本身并没有所谓理解性阅读与批判性阅读层次之分，只要是阅读，就都是批判性阅读或对话性阅读。根据批判性阅读的层次划分原则，我们在进行教学实践时，必须遵循阅读从较低层次开始逐渐达到较高层次的规律。

3.批判性阅读与复制式阅读或指令性阅读。如上文所述，批判性阅读强调了阅读的批判性质，谈批判性阅读就是谈阅读。如此强调阅读的批判性质，实在是为了与过去所进行的灌输式阅读或复制式阅读相区别，为了强调突出读者所应有的主体地位。复制式阅读，以将文本(作者)或者教材(参)编者或教师的阅读意见复制到学生(读者)，以期达到记住、背诵的根本目的，将他人思想当做自己的思想，将他人思想、行为、方法无批判地内化为自己的思想、行为、方法，最终结果是丧失了读者的主体性。以此为基础所开展的教学活动，从根本上来说，是一种"压迫者"的阅读教学。批判性阅读与教学是对

"压迫者"阅读与教学的根本反叛。这是在阅读与阅读教学价值取向上的根本革命。李海林说"批判性阅读",是"对创造性阅读的态度和价值取向的描述"。由于批判性阅读是与批判性思维密切相关的活动,所以批判性阅读实际可以理解为是用批判性思维进行阅读的倾向、态度和方法。在西方,批判性阅读由来已久,可以追溯到苏格拉底时代;而我国,古代的孟子也曾提出了"尽信书不如无书"的阅读态度。现代欧美,由于情报泛滥、信息爆炸而提倡进行批判性阅读,并形成思潮,主张使学生成为"主动的阅读者","根据自己的标准去评价、批判语言作品的价值"(王荣生《语文科课程论基础》)。所以,对于批判性阅读教学而言,实际是一种促使学生进入阅读的主体地位,培养学生对语言作品进行批判性思考的阅读态度,教给阅读方法、技巧,在阅读中学习阅读、学会阅读的教学活动。

五、对话——批判性阅读的必然平台

由于我们所谈的阅读其实都是在教学论平台之上,故此除了论及读者(学生或教师)与文本的关系之外,必然还涉及师生关系。无论哪一种关系,对话,必然都是批判性阅读的平台。

历史上,语文教学中的师生关系经历了许多阶段,从强调师道尊严的训诲型到以知识为中心的单向授受型,再到今天提倡教育即对话背景下的师生平等的对话型关系。师生平等首先是伦理学意义上的平等,而不是学识上的相等,将师生平等错当做学识上的相等,实际是消解或颠覆了教育。教师在教学活动中既是与学生平等的一员,也是对话"首席",起着引导、组织教育对话的作用。其次,对话是一种权利和义务,既有说的权利、义务,也有听的权利、义务。这里的说与听不仅仅指问答,还应该包括无声的心灵之间的交流。放弃了任何一项权利或义务,也就取消了教学对话。一位青年教师教秦牧的散文《土地》,文中有这样的两句话,"骑思想的野马奔驰到很远的地方"和"收起缰绳,回到眼前灿烂的现实"。突然,有一位学生问:"老师,既是野马,何来缰绳?"这一下使毫无思想准备的老师一时张口结舌,支吾半天。最后,显得不耐烦地说"你如果少钻牛角尖儿,你的学习成绩还会好些",不允许对话,学生可贵的质疑精神、批判性阅读的最佳时机就此错失。

师生与文本之间必须有对话的精神,才能有批判性阅读的开展。对话双方需要遵循一定的规则,如尊重文本与作者,顾及文本语境、行文逻辑等等。除了态度,还应具备对话的能力。不是你说要对话就对话,而是只有具备了对话的能力才能进行对话。学生如果缺少对话的能力,那么,教师的作用就是促使学生进入对话状态,作一些背景介绍以增进学生前理解,传授对话技巧以更好地进入对话状态等。阅读教学的目的不是为了让学生去接受现成的定论,而是为学习建构意义,通过批判学习批判,通过创造学习创造,通过对话学习对话——通过阅读学习、学会批判性阅读。

阅读教学的理论困境

✿ 李国栋

阅读：喧哗与骚动

阅读教学一直是语文教学的主要内容。新课程实施以来，阅读教学在后现代课程观的影响下呈现出了一些新气象，但也出现了一些新问题。比如，课堂讨论热烈了，但朗朗的读书声少了；所谓独立的、个性化的解读多了，但合理化的推演少了；创造性阅读、探究性阅读、个性化阅读、独立阅读、多元解读、深度阅读多了，但误读也泛滥成灾了。不少人开始反思，阅读的本质究竟是什么？阅读活动到底应该是一种什么样的活动？是什么原因让阅读教学乃至语文教学陷入了"无中心""无组织""无结论"的"非指导性教学"的困境？笔者认为，这其中的根本原因是阅读教学元理论的纠缠不清。

阅读教学作为特殊的阅读活动，因为有了特定的读者——教师和学生的参与，其实也走过了一个从作者中心到文本中心再到教师中心最后是学生中心的变化过程。我们一直以来就没有停息过的"课堂中心"和"课堂主人"之争，其实质就是"读者中心"与"文本中心"在教学活动中的思想交锋。

就此，笔者研究了诸如文本主义、接受美学、建构主义、对话理论等近年来深刻影响语文教学的理论思潮，将阅读理论的三个重大事件称为"阅读的三次革命"。第一次革命是接受主义取代了文本主义，第二次革命是对话理论对接受主义的改造，第三次革命是建构主义的兴起。文本主义倡导阅读就是对作者写成的文本的正确解释。接受主义则认为，文本是作者、作品、读者、社会等诸因素共同形成的结果，它远比作者的写作意图复杂得多，所以，文本一旦写成，其意义就已经被丰富化了；阅读就是要找到那个最可能被绝大多数人认可的意思，个体阅读必须逼近群体阅读。对话理论则刷新了一切，它认为，文本的意义只能在对话中得以实现；阅读就是多重对话，意义结论并不重要，重要的是对话的参与过程。而建构主义又前进了一大步，认为文本的价值只存在于阅读中，文本的意义是在阅读中不断建构的，它并不明晰和确定。通过上面的论述，我们不难看出：阅读学所走的一条路径是解释—解构—建构。而当前的语文阅读教学正走在解构的路上。

问题由此产生了：我们当前的阅读教学的元理论到底应该是文本主义的、接受主义的、对话理论的，还是建构主义的？我们到底应该服膺于哪种理论？

事实是，在我们的新课程理念中，传统的解释学理论与新锐的解释学理论并存交织，纠缠不清。新课标中有这样的表述："阅读文学作品的过程，是发现和建构作品意义的过程。""鼓励学生积极地、富有创意地建构文本意义。"从这些表述中我们看到了清晰的建构主义印迹。但在新课标中我们也看到了对话理论的影子："阅读教学是学生、教师、教科书编者、文本之间的多重对话，是思想碰撞和心灵交流的动态过程。"另外，旧的阅读理论也"阴魂不散"，新课标是这样表述的："应引导学生在阅读文学作品时努力做到知人论世，通过查阅有关资料，了解与作品相关的作家经历、时代背景、创作动机以及作品的社会影响等，加深对作家作品的理解。"不同的阅读理论混杂在一起，于是阅读教学的困境便不可避免地产生了。

阅读教学的三个困境

1.困境之一：文本中心与读者中心。

文本是文学的载体。一切文学活动都是围绕文本展开的：作家创作文本、读者阅读文本、批评家研究文本。在文本主义看来，作品一旦写成，所有的阅读和批评都与作者无关，文本作为一个自足的独立的个体，其本身的意义才是阅读的终极目标。

但是，文本中心论的阅读观却遭遇到了最严峻的挑战。后起的接受主义完全否定了文本中心论，它把读者拉进了文本的生产行列，认为文本是某种"图式化"的框架，是某种召唤性的空框结构，有待于读者通过阅读活动将其意义现实化和具体化。

受接受主义影响，读者在阅读活动中被凸显出来，并成为阅读活动的唯一权威。这导致的结果是，不少语文教师对课堂文本阅读的作用和价值认识不足，或远离文本，架空分析；或漠视文本，以练代讲；或弃置文本而代之以课外阅读、语文知识讲座。同时，对文本的无限制的多元解读泛滥成灾。

2.困境之二：解构与建构。

虽然持解构主义观点的人口口声声说阅读教学的最终目的是促进多元视角、多维思考，但解构主义以无中心论反对中心论带来的必然结果是阅读的虚无主义。

也许正是看到解构主义理论本身存在致命的缺陷和不可调和的矛盾，建构主义才应运而生。这种理论认为：文本的价值体现在读者自足的开放性、独创性的阅读过程中。作品写成后，文本本身是没有意义的，正是不同的阅读支撑起了文本的意义和价值；阅读活动一旦停止，文本的意义和价值便随之消失。它倡导读者是阅读的主体，作者退居幕后。在教学中，教师也要退居幕后，由学生根据已有的知识储备、学习经验来主宰自己的思维活动，建构新的知识和意义，获得个性鲜明的深刻理解。

但是，建构主义也不可避免地存在一些理论缺陷。比如，在阅读活动中，教师的阅读没有得到充分的尊重；在意义建构时，学生误读的危害越来越严重，以致出现了把误读当做个性化阅读、创造性阅读的现象。

正是受解构主义和建构主义理论的影响，在今天的语文课堂上，不少教师抛弃了他人的真知灼见，只是一门心思要别出心裁地去建构新观点、新理论、新思想；而对于学生建构的意义，也缺乏正确的价值判断，使我们的阅读教学出现了杂树生花、群莺乱飞的虚假繁荣景象。

3.困境之三：误读与阅读的不可能。

"误读"这一概念来自哈罗德·布鲁姆关于"诗的误读"的诗论。布鲁姆的误读论包含三个层次：第一个层次是不存在直达文本原始意义的阅读，阅读和写作一样要创造意义，它是一种"延异"的、近乎不可能的行为；第二个层次是"影响即误读"，文学史上前人对后人的影响，实际上是由后人对前人的一系列误读的修正和改造构成；第三个层次是"文本的意义取决于文本间性"，单个文本存在于和其他文本的区别和联系之中。他还认为，创造性的阅读理解也是一种误读。

误读理论后来被认为是一种普遍的阅读现象。按照这种理论，所有阅读都不可能是对作品本身原始意义的理解；作品的意义和价值是在不断地"误读"中确立和丰富的；任何"误读"都是对作品的一种理解。《中学语文教学》曾刊发多篇关于"创造性阅读"的争鸣文章：陈爱娟老师把创造性阅读分为"无中生有""有上生新"两种；浙江师大李海林老师则批判"无中生有"，认为创造性阅读和多元解读都必须坚持"有据"，而"无中生有"的阅读是一种误读。这场争论反映出的核心问题就是我们在纠缠不清的阅读理论面前的无助和困惑。

那么，我们的阅读教学到底该走向何方呢？

阅读教学亟须定位

1.学生的定位。

在阅读教学中，学生是特殊的读者。受读者中心论的影响，阅读教学乃至整个课堂教学的中心就理所应当是学生。但读者不可能有绝对的自由，读者不是至高无上的上帝。所以，学生作为课堂的主人不应该成为主宰。今天，我们常把课堂活动中的师生关系表述为学生为主体、教师为主导，或者学生为主体、教师是"平等中的首席"。在后现代哲学观和课程观的背景下，我们应该深入思考的第一个问题就是如何调整至今还处于尴尬境地的师生关系。从阅读的角度来看，就是课堂上到底该尊重学生的阅读结论还是教师的阅读结论？阅读教学需不需要教师的预设和控制？对学生的阅读结果教师是否该予以评价？

2.文本的定位。

阅读活动的载体是文本。文本阅读应该成为阅读主体(学生)的生命需要。文本中心被读者中心取代后，逐渐出现了一些被边缘化的倾向：很多人忽视文本，只把文本当引子，教学的重点放到了课外拓展上。应该说，常态的阅读教学应该是建立在文本以及和文本相关联的副文本基础上的阅读，应该让学生通过认真的读书，读出书的意味，读出自己的心得。

3.评价的定位。

自从阅读教学成为一种开放式的活动后，由于教师的退居幕后，阅读评价也自然被忽视。因为要尊重多元解读，教师对每位学生的阅读结论都说"好"；因为要提倡创造性思维，教师一般不会对歪理邪说说"不"。这样造成的结果就是，阅读评价没有起到匡正谬误、褒扬正确的功能，于是一些表面合理实则荒诞的阅读结论便开始蔓延泛滥。

Chapter

06

写作教学

写作本身就是一种创造性劳动，也是一个人智能的综合性体现。根据作文教学的特点，我们对上述几种能力稍作变通，就形成了一种以智能培养为中心的作文教学体系。它包括观察能力、想象能力、构思能力、表达能力等，其重心则在于思维能力的培养。

试谈初中议论文写作训练的"序"

❀ 顾黄初

初中阶段的议论文写作训练，该按照怎样一种序列去进行，目前谁也说不准。最近，我们在编写《中学作文教学设计（初中）》的过程中，对这个问题进行了一些探讨。讨论的结果就反映在这套资料的单元编排之中。现在这套资料已经编成，觉得有必要把有关议论文写作训练的编排意图作些具体阐述，一方面供试用这套资料的同志们参考；一方面也可以借此征求意见，看看我们的想法究竟有几分合理性，究竟能不能经得起实际的检验。

在我们编写的这套资料里，议论文写作训练一共安排了11个单元，它们顺次是：

①向学校或班级提个建议

②写一份讨论会上的发言稿

（以上为初一年级训练内容）

③对某种事理进行分析

④评论作品(课文)中的一个人物

⑤对某种事理进行综合

（以上为初二年级训练内容）

⑥论述某个概念

⑦对某种事理进行合理推断

⑧在对比中展开论证

⑨在论辩中批驳谬误

⑩读书札记

⑪时事短评

（以上为初三年级训练内容）

从培养议论能力的过程看，这11个单元实际上包含着四个训练阶段，即：感性准备阶段—初步训练阶段—全面训练阶段—巩固熟习阶段。

先说感性准备阶段。初一学生年龄还小，抽象思维还处于刚刚萌发的初级状态，他们对于议论文的写作往往会感到高不可攀，难以着笔。为了打破这种神秘感，在进行正式训练之前，最好能找到一些过渡性的练笔活动，使学生既在发议论却并不自知在发议论，因而轻松自如地被引进"议论"的殿堂。在这里，"提个建议"和"写份讨论会上的发言稿"可以成为这样一种能发挥过渡作用的较为理想的活动项目。

初一学生阅历还不深不广，各方面都还很不成熟，但他们的思想却往往十分活跃，他们对周围发生的一切常常会七嘴八舌，说长论短，认为这个对，那个错；这样做合理，那样做不合理。平时，这种谈论是既没有中心、更没有决议的，说过就算，谁也没有把它当做一回事，因而在实际生活中并未发生任何作用，他们的思维能力和语言表达能力也没有因为有意识地进行指导和训练而得到相应的提高。如果我们在充分了解学生的基础上，有目的地指导学生把自己对学校工作、班级工作的意见，对社会上某些现象的看法，整理出来，选择其中较有价值的，向有关方面诚恳地提出，并说说改进的办法，写成一份建议书，那么，这种活动就将成为有效地进行议论文写作训练的桥梁。因为既是建议，总要希望有关方面能重视并认真去实施，所以就要叙述情况(建议提出的原因或根据)，还要陈述建议并说明理由(怎么办和为什么这么办)，其间就包含着一般议论文所必备的基本因素。各种各样的建议提出来了，还可以分分类，分别递交给有关部门，供改进工作的参考。这样，写作训练又和实际生活直接沟通起来了。

如果说"建议"一般都是针对着某种具体的工作或活动提出的，因而情况和理由都较为单纯，那么，"讨论会上的发言"就常常要涉及不同意见，议论色彩就显得比较浓厚。所以，"写一份讨论会上的发言稿"，从形式上看，只是要求学生在讨论某个问题时把自己准备要讲的话写成书面材料而已；而实质上，这就是一次议论文的写作训练。因为讨论问题的发言稿，一般都要具备这样两个基本条件：一是针对讨论的问题，提出孰是孰非的看法；二是摆出一定的理由证明自己看法的正确。按常规，发言稿为了使听众得到鲜明的印象，总是先提出看法再摆出理由，用的是证明法。这些都是议论文写作的基本要求。对于初一学生来说，讨论会是经常要开的，讨论会上发言的机会是谁都会碰到的，事先写个发言稿，使自己讲的话更清晰，更具有条理性，这不能算苛求。只要

讨论的问题确实是学生们普遍关心、普遍感兴趣的，就会激起他们发言的冲动，人人都想争取机会说说自己的看法，个个要力求自己的发言能使大家信服。这样，尽管他们并没意识到这是在训练议论能力，而实际上已经是在学习如何议是论非了。

在感性准备阶段，从学生这方面说，由于进行过这样两次练笔活动，对"议论"已有了一些朦胧的感受和体会，为后面接受议论文写作的初步训练打下了基础，从教师这方面说，通过作业的检查和批阅，已收集和积累了不少足以反映全班学生"议论"能力的具体素材，为后面有的放矢地进行指导准备了条件。有了这样的基础，进入议论文写作训练就不至于太困难了。

初步训练阶段一共安排三个单元，总的要求是：一、懂得"说话要有根据"；二、懂得什么是分析、什么是综合。我们认为，一个人的抽象思维能力很大程度上是反映在对事物进行分析和综合的准确性、敏锐性上。因为人们认识事物，通常总是先通过分析，了解事物的各个局部、各个侧面或各个要素，然后再进行综合，从现象突入本质，获得有关这一事物的完整的知识。这个认识事物的一般过程也就是抽象思维借以展开的过程。而分析和综合又是紧密联系着的，二者是认识事物的完整过程中不可分割的两个环节。基于这样的认识，我们确信，让学生初步掌握分析和综合的方法，并使之成为熟练的技巧，应该是培养和提高议论能力的重要基础。"对某种事理进行分析"和"对某种事理进行综合"这两个单元，就是为了实现这一目标而设置的训练内容。前一个单元

着重进行"分析"训练，例如分析一个问题的多种表现、一种现象的各个侧面，一个结果的多种原因，等等。总之，是把"森林"分解为若干"树木"，对个体逐一进行考察，学会用平列式或总分式的结构来展开议论。后一个单元着重进行"综合"训练，例如综合各种现象的共同本质、各个侧面的共同特点、各种原因的共同结果，等等。总之，是把"树木"联结为"森林"，从总体上加以考察，学会用总领式或归结式来综合议论的要点。通过这两个单元的学习，让学生大体掌握议论文从提出问题到分析问题到解决问题的一般过程。

在上述两个问题中间还插入"评论作品(课文)中一个人物"的训练项目，这是为了通过读写结合，让学生切实掌握"说话要有根据"这一议论文写作要领，因为评论人物的善恶美丑，都得说出理由，摆出根据，这理由和根据就在作品(课文)的具体环节中，谁说得准确、充分，有个统一的衡量尺度。此外，评论人物首先要对人物进行"分析"，所以前一单元的训练重点又正好在这一单元中得到实际运用。前后三个单元紧密相连，可以形成一个整体。

当分析和综合一旦被引进"议论"，就必然要和特定的议论对象、议论目的发生联系，从而形成各种各样的论证过程和论证方法。所以，随之而来的全面训练阶段，实际上就是在初步掌握分析和综合的基础上进一步去学习一般议论文的论证过程和论证方法。这里当然可以开列出许多细目来，但初中阶段不宜把要求提得过高。所谓"全面训练"绝不是也不可能是巨细无遗、面面俱到的训练，而只能是抓住若干基本点，以便较为牢固地掌握。

我们认为，一般议论文的论证过程和论证方法似乎可以归结为这样四个基本点，即释概念、作推理、设对比和驳谬误。前两项使议论得以形成，后两项使议论得以展开。掌握了这四个基本点，进行一般性的议论，大体可以够用。所以，在这一阶段，我们就相应地设置了这样四个单元。"论述某个概念"，集中训练学生阐释概念的能力。列宁在《论对马克思主义的讽刺和"帝国主义经济主义"》一文中曾说："要进行论战，就要确切地阐明各个概念。"斯大林也认为，在论辩中"为了避免发生混乱，我们必须预先确定我们所运用的概念"。可见，学会准确地解释概念，恰当地使用概念，并熟练地掌握"释义""分类""辩证"等阐释概念的逻辑方法，是进行议论文写作的一项基础功。尽管在现行语文教材中，有关形式逻辑的基础知识是安排在高中阶段讲授的，但既然要在初中阶段进行议论文写作的训练，那就无法回避那些逻辑思维的基本形式和基本规律。这里的关键，在于怎样讲以及讲到何种程度为宜。

建立以智能培养为中心的作文教学体系

茂 林

以智能培养为中心的作文教学体系主要包括学习能力、记忆能力、认识能力、表达能力和创造能力。

学习能力，是指经过一定途径的培养，使学生通过阅读、听讲、做笔记、查找工具书和文献资料而获得知识的能力，它是建立合理的智能结构的基础。记忆能力，是一种将接收到的信息与材料一成不变地保留和贮存起来的能力。记忆是掌握知识和运用知识的基本途径。认识能力，是指人们运用所掌握的各种知识，通过观察、思考、想象，从而辨别不同事物及其本质和规律的能力。它包括观察能力、思维能力和想象能力。观察能力，是一种积极的、目的明确的、有选择性的感知能力，它是充分占有材料，增加感性认识的重要手段，它是认识能力的基础和前提。思维能力，是指在已获得的知识中，经过分析和综合、推理和判断等逻辑思维活动，从而得出新结论的抽象思维能力。思维能力是认识能力的核心，正如有人说的："观察所采来的是花粉，而只有抽象思维才能将花粉酿成蜜汁。"想象能力，是指人们的形象思维能力，它是"促进人类发展的伟大天赋"（马克思语），是加强认识能力的催化剂。表达能力，主要是指演讲表达能力

和文字表达能力，表达能力是智能结构的重要因素，前者是通过听觉让人们体察演讲者的思想、感情及其讲述的道理；而后者是通过熟练地运用语言文字及各种表达方法和技巧，使读者通过视觉（阅读文章）进而体会作者的思想感情及其所阐述的道理。表达能力是一个人智能结构的重要标志。创造能力，是指对已积累的知识进行加工和创造，产生新知识、新思想、新概念、新成果的能力，它是以观察、记忆、思维、想象等能力为基础的。创造能力不仅体现着能力的综合性，而且表现出一种探索性和求新性，这是一种高层次的思维能力，同时又是一种高层次的实践能力。

如果说中学语文教学的着眼点是上述五种能力的培养，那么作文训练则应该是侧重于后三种能力的培养，辅之以前二种能力的培养。

写作本身就是一种创造性劳动，也是一个人智能的综合性体现。根据作文教学的特点，我们对上述几种能力稍作变通，就形成了一种以智能培养为中心的作文教学体系。它包括观察能力、想象能力、构思能力、表达能力等，其重心则在于思维能力的培养。

采用这一体系对学生进行写作训练，较

之传统的无系统、无定向、穿插式的训练有着明显的优势。纵观近年来中学语文教学中取得较佳成果者，莫不注重于学生的智力开发，且不论众多的名家大家，就一般教师而言，只要注重开发学生的智力，培养敏捷的思维，就一定能取得较好的效果。笔者曾采访过某市中学的一位语文教员，他多年来一直注重在教学中开发学生的智力，培养学生的思维能力，所以他培养出来的学生思维敏捷，具有较强的能力，这是人所公认的。他带的第一个试验班，在短短两年中，五十名学生中就有二十三篇作品发表在省及全国性六家报纸杂志上。而且随着语文智能的迁移，同时促进了其他课程的学习。任课老师普遍反映，他的学生思维活跃，对老师的讲授往往能提出不同见解。市宣传部的一位部长听了他的课后，感慨地说：这才是教书育人，其他老师只是教书，并不育人。

笔者为了见"真格的"，采取突然袭击的方法考察了他的学生，即兴出了一个记叙文题目，要一部分人书面作文，一部分人口头作文，而且只给十分钟时间构思，结果十余名学生的口头作文不仅没有一篇雷同，而且角度、内容的选择也各有千秋，甚至有的还不乏深度。要知道，他们仅是十三四岁的初中二年级学生啊！在走访他所教过的毕业生中，我同样发现这些学生无论是继续升学的，还是已经就业的，他们的实际能力都比较强，演讲、写作、分析综合能力、创造能力都明显地高出了一般学生。

笔者作为一名大学写作教师，近年来也在这方面做了一些尝试，结果是令人满意的。尤其是在讲授中，过去传统教材解说不清的东西，从思维的角度来讲授，特别易于收到良好的效果。如我们传统的写作教材中，对文章（当然也可以说是文学作品）主题的要求是新颖、深刻等，但究竟如何才能达到深刻、新颖却说不清楚，或者是一带而过，只讲讲要求，或者是肤浅地弹几下"八股调"，其结果，不仅学生惶惑，恐怕教师自己也不甚了了。而如果从思维方式运用的不同，即通过各种不同的思维方法，从而达到主题的深刻、新颖这一角度来讲授，不仅自己觉得言之有物，而且学生也感到思路顿开。今年，我在吕梁地区给中学教师进行面授辅导，讲授议论文写作的构思时，就是从思维的角度讲了"议论文写作中的两种思维模式及具体运用的方法技巧"（此文将发表于1989年的山西师大学报第三期），学员们不仅感到新颖、深刻、生动，而且认为极富实用价值，受益匪浅。写作理论不再是纸上谈兵式的了。不少学员反映，他们从来没有听到这样的讲法，如果用这套方法去指导学生，一定能迅速提高学生的写作能力。

要建立以智能培养为中心的作文教学体系必须注意到以下三个原则：

完整性原则。以智能培养为中心的作文教学体系，其五个要素构成一个多序列、多层次的动态有机综合体，它们是一个完整的体系结构，其各要素之间，既互相区别，又互相联系。它们既有相对的独立性，但又密切联系，互相依存，不可截然分开。如记忆能力，看起来较为简单，但它是一种基础，其他能力的发展从某种意义上来说是依赖于记忆能力的发展的。同样，创新能力也离不开观察、想象、思维等能力。因此，以智能培养为中心的作文教学体系，一定要坚持完整性原则，注意各种能力的同步培养。尤其是作为教师，不能仅凭自己的兴趣和爱好，偏爱某一能力的培养而忽视别种能力的增强，这样是不利于学生智能的全面发展的。

某中学有一位语文老师，他基本上是以智能培养为中心进行教学的，但他却偏重于写作能力的培养，忽视基础知识的培养，结果他的学生在参加统考时就显得捉襟见肘。这方面的教训我们是应该引以为戒的。

层次性原则。一个科学的合理的体系，是由各种因素按一定的顺序和层次构成的，它有明显的多维性和递进性，写作教学尤其如此。以智能培养为中心的作文教学体系中的五个要素，是按学习能力、记忆能力、认识能力、思维能力、表达能力的顺序和层次组合的。其中认识能力是这一结构大厦的基石，思维能力是关键，表达能力是前两种能力发挥作用的保证。而作为辅助性的学习能力、记忆能力则分别是这一体系的基础和物质前提。

层次性原则要求教师在作文训练中要分阶段、分层次进行教学和训练；观察、感受、想象、构思、表达等要循序渐进，一个阶段集中训练一个专题，一步一阶，稳扎稳打。同时也要求教师既要有全局性、系统性的教育设计，又要有局部的行之有效的一系列的方式方法。这样，较之传统的无系统、无定向、穿插式的作文训练，效果是不可同日而语的。

调控性原则。所谓调控性原则，就是要求教师在作文智能系列训练中，必须对学生的各种能力进行经常的、有效的调节和控制。这就要求教师在作文训练中，不仅要注意到一般，而且要注意到个别，不仅要照顾到普遍，而且要兼顾到特殊，正像我们古人说的，要做到"因人施教"，即经常注意根据学生个人的具体情况加以调整性的指导。如果发现学生一味追求书本知识的学习而忽视能力的培养时，就应该指导学生恰到好处地控制前者，去更多地思考、观察，从而培养他的创造能力和思维能力。反之亦然，如果有的学生一味追求思维能力、创造能力的培养而忽视基础知识的学习，也应当加以适当的调控，否则学生会形成不合理的智能结构，结果只会影响其成才。知识和能力是人的智力发展过程中不可分割的两个方面，两者相辅相成，缺一不可。能力是在知识积累的基础上形成的，知识则只有在能力的指导下才会"活化"或"裂变"。没有知识为基础的能力是低层次的能力，而难以形成能力的知识则是僵化的知识，两者互相依存，缺一不可。

总之，以智能培养为中心的作文教学体系，无论是在理论上还是在实践中，都被证明是确实可行的。尽管它是以提高学生的写作能力为目的，但其根本的着眼点还在于开发学生的思维能力、创造能力，开发学生的智能。无论是从中学语文教学的系统要求来看，还是从解决中学作文教学中的矛盾来看，都是有着一定的科学性和可行性的，尤其是从四化建设、人才培养的总目标来看，更有其特殊的意义。

写作教学的价值取向与方法

潘 涌

一、写作教学的价值取向

根据语文课标对写作教学的新精神和新理念，可以确立未来写作教学的基本价值取向。在此前提下，教师从自身教学的具体条件和特点出发，再去探索和创造写作教学的实施方法。

写作教学价值取向之一：激励学生坦诚地展示自己心灵深处的真实思想。这是一句朴素的话，却蕴涵着作文立人的深刻理念。任何人的写作均是先有内在的思想，然后是文字（即书面语言）的外化。缺乏前者，文字就是一种机械的堆砌。而为了使学生真正获得酿自生活的思想，教师要从作为独立个体的"人"的角度去培植学生独立的人格、思维自主的意识和现代思维的品质。首先，所谓独立的人格，是相对于指令型教学下唯师是从、唯书本是从、灵魂萎缩和思维复制的依附性人格而言的，没有独立的人格，就无从谈及特异的和个性化的思维追求。这就需要教师在平常的教学中以民主的理念与亲和的情态去尊重作为学习主体而存在的学生，不但悦纳其顺应师长的心理倾向，而且宽容甚至欣赏其离经叛道、标举自我的逆向性思维特征。现代语文教师应当具有这样的

襟怀。再者，所谓思维自主的取向，就是鼓励学生"我思故我在"的主体意识的觉醒。无论是高层次的作家创作，还是低层次的学生习作，其共同本质就是写作主体自主地表达思想，所以应当如课标主张的那样："要求学生说真话、实话、心里话。"故必须力克由于人格依附而导致的"趴着写"和"跪着写"的思维模式，只要是维系着写作主体的正义感和良知感，就应当让思想自由地高翔。那种拒绝学生正视社会负面、透视生活底蕴的应试教条，实在是变相剥夺其自主思维的权利，误导其思维向歧途异化。尽管这可能会使学生的写作思维走向韩寒式的"单纯的偏激"，但较之于不敢追求生活的真理、盲目"代圣人立言"要有意义。毕竟，人生的阅历和写作的实践会使人的思维变得全面和成熟。其次，所谓现代思维品质是确保学生善于在写作中表达自主性思维的重要心理条件，因此，语文教师尤其要着力培养学生凭借母语来尝试创新思维所必备的优异品质，诸如对问题的发现意识、对未来的开拓意识、对真善美的探求意识，等等，并使之掌握多种思维形式，将发散与收敛、直觉与逻辑、侧向与反向乃至经验和超验等各种对立统一的思维形式有机地融为立体动态式

思维网络，从而最大限度地扩展具有张力的思维空间，达到以人的思维品质的优势来创造写作思维的崭新高度。

写作教学价值取向之二：激励学生充分抒发从生活中积累起来的真挚感情。唐朝大诗人白居易如是论诗："诗者，根情，苗言，华声，实义。"虽然这仅是形象地指出情感在诗歌创作中的根本性地位，然而由于初级层次的学生习作与高层次诗人创作具有共通的审美本质，即两者均以写作主体真实的情感体验为写作缘起。正是这种不可遏止的情感冲动使作者产生了那种倾诉与宣泄的欲望。恰如叶圣陶先生指出的"写作的根源是发表的欲望；正同说话一样，胸中有所积蓄，不吐不快"。写作心理学告诉我们，只有写作主体经过亲历、沉思、感悟等生命体验的形式，才能不断积蓄感情能量并转化为高昂的激情，从而强烈地驱动写作主体用物化的文字去倾吐。否则，就会出现我们所习见的情感苍白的应试作文，这自然缺乏对阅读者心灵的震颤力。为此，我们反对纯技术主义倾向对写作主体自由活泼之情性的阉割，反对让学生在对体裁模型和结构套路的刻意追逐中丧失自由之情性。详而言之，我们力主在写作教学中恪守下述原则来培养学生的写作情感。首先是忠实于生活。叶圣陶先生说："情感与经验有密切的关系。""遇悲喜而生情，触佳景而兴感。"由此生命体验而生发形形色色的真情。语文教师要鼓励学生正视生活的原生态，即生活的原汁原味。而生活中既有辛酸、无奈与悲怆，也有甜蜜、幸福与欢畅，既有挫折、苦难与沉沦，也有成功、搏击与升腾，它们共

同构成了生活的多元形态，只有全方位透视与感悟，从中获得的情感体验才有汰尽粉饰之纯度。以任何名义，诸如"主流与支流""一般与个别""本质与表象"等等方式而人为地给学生划定写作可以反映的"应然生活"，势必导致其心灵与"实然生活"之间的分离和隔膜——这就本质而言是对真实生活的背离。再者，鼓励学生以真诚的情感态度对待生活。即教师要避免先入为主地给学生外加一种非此即彼的情感取向和价值尺度，以此来所谓"评估"或"匡正"生活，致使作文出现泡沫化的虚构。既不能人为"拔高"来对原生态客观生活作审视、感验和评价，也不能以蕴涵工具理性的一统化"大我"排斥甚至取代鲜活生动的"小我"，而是允许学生通过朴素的生活逐渐生成价值理念，从大量的感性认知中提升价值评判标准。这样，学生对生活的情感态度才是赤子之心、根深不移，因其态度而能赋予作文一种特殊的感染力甚至是冲击力。

写作教学价值取向之三：激励学生顺应时代发展的潮流，追求《语文课程标准》所倡导的"自由表达和有创意的表达"。这将显示写作主体的生命才情和个性特色。以加入WTO为标志，中国将更有广度和深度地介入到全球化的历史进程中去，而全球化大市场经济不但要求物质生产领域持续创新，而且也势必深刻地反映到人们的精神生产领域，从而使人的审美时尚出现革命性的变化——从一统化和从众化转向追求独特风格和鲜明创意。表现在写作教学上，更当如此。用现代语言学来观照，社会化的语言与个性化的言语是两个截然不同的概念，写作

的过程就是对共性的语言之运用，亦即个性化的言语之展开。从平面和静态的语言到立体和动态的言语，这种具化的过程自然要求写作主体追求如是境界：努力刷新一般化的"公共话语"，尝试运用为独特的主体所拥有的"个人话语"。而从言语内容与言语形式共生共长的角度来观照，既然我们主张写作主体要培养原创性的思想和真实化的情感，那么，与这种烙有主体生命痕迹的言语内容相吻合，作为其外化的言语形式也应具备写作主体的个性特征。为此，我们要在写作教学中处理好下述关系。首先，引导学生理清言语模仿与自信自创的关系。优秀的范文总是闪烁着显现自身魅力的言语风采，对学生言语实践和发展具有无可否认的借鉴和模仿价值。学生通过深读范文来积累语词和句式，但不能"入套"而不"出套"，应当自信如同走个人的生活之路那样来自创个人的言语风格，高标一帜，坚执无疑。他人恬淡清馨，不失儒雅，未必我辈不可汪洋恣肆、英气磅礴；他人含而不露、意蕴沉潜，未必我辈不可棱角分明、锋芒逼人，如此等等。其次，引导学生认识长葆天籁与自觉习染的关系。"清水出芙蓉，天然去雕饰。"由清纯的校园文化所怡养而成的童真之心至为可贵，我们应当让学生保持这颗纯粹的童心和由童心所传达出来的天籁之声，反对急功近利地去人为拔高，致使童心不葆，言不由衷地成人化甚至英雄化。只有在守护言语天然本色的基础上，并通过长期充满艺术气息的听说读写之言语实践，才能自然而然地渐趋写作主体颇具个性特色的言语境界，涌现出那种蜕净笔端匠气、言语才情独具的少

年作家。如是，写作教学可谓有硕果矣。

总之，上述写作教学价值取向，旨在通过有内涵、有品位的写作教学来达到"树人""立人"之目标，从而使写作实践的过程成为个体生命深化思维、升华情感、发展个性的教化和陶冶之进程，使青春灵魂通过文字洗礼而更趋真挚、仁爱和美丽的大化境界。

二、写作教学的新方法

从方法层面看，师生双方默契配合的写作教学，如同开阔的精神地平线上导与驰的艺术。在这个驰骋心智的过程中，新课标精神正在"导演"写作教学的课堂剧。

1. 导入生活。课标已经指出，写作的真正源头在生活。或者说，学生的思想和情感源自其朴素而意蕴颇丰的日常生活，因此，课标进一步要求学生"参与生活""发现生活"。语文教师的使命就是创造条件、提供机遇，"导"学生投入生活之海，任其畅游。课标提及的导入途径有：指导学生根据写作需要搜集素材，采用走访、考察、座谈、问卷等方式进行社会调查，通过图书、报刊、文件、网络、音像等途径获得有用信息等。事实上，网络时代，不出教室尽可纵览世界，过滤纷纭生活；而走出教室，体验自然、感悟人文、积淀情思，自当更佳。需要强调的是，这里林林总总的"生活"，主要是与其心灵发生了价值联系、激发其思绪的那部分生活。正如孙绍振先生所说的："所谓生活并不是你所见所闻的一切现象，而是被你的心灵同化了的、成为自己心灵的一部分、与最精彩的体验联系在一起的东

西。"换言之，只有找到了写作主体与生活的契合点，才能赋予作文鲜活的生命和鲜明的个性。孙先生还认为："本来，孩子都有自己并不一定与流行的标准化的模式相同的初始观感，这应该是最为宝贵的，只要经过几个层次的转折就可能上升到更新、更具开阔视野的高度。教师本该引导青少年贴近这种独特的初始观感。"教师应尊重并珍惜学生这种原初的感受（这是最富个性色彩的精神现象，有可能升华为创造力）。让学生的心灵如同"建构"课堂知识那样去"建构"客体的生活，这样自我与生活才合二为一。因此，所谓通过作文去表现生活，最终就是通过作文去表现真实的自我。

已有语文教师在尝试"人性化作文教学"，其要义是尊重学生的发现和选择，引导其从已有的生活知识和经验出发，展开丰富的想象和联想，去"发现"生活现象中存在的哲理，去"发掘"人与社会的奥秘和意义。

2．激发情趣。《语文课程标准》提倡学生"自主拟题，少写命题作文"。这有助于学生在自我发现"动情点"的过程中释放写作欲望，变外加的"要我写"为"我要写"，变写作负担为写作乐趣。这里，教师指导学生在生活积累、思想深度开掘基础上建立作文题库的方法，不失为一条简洁可行、易于操作的途径，有教师称之为"给学生一个自由的精神家园"。其操作程序如下：首先，异质分组，提供备选题目。将全班学生按照合作学习原则，异质组合，组内充分合作，在协商基础上提供若干个备选题目，每个题目附上200字左右的简要说明，阐述出题的理由、根据以及写作思路。其次，全班筛选。各小组所提供的备选题目都要经过全班的讨论、质询，获得90%以上的满意率方可入选。再次，正式建立作文题库。教师将所有入选的作文题目，分类整理后印发给全班学生，学生每学期可以从中自由挑选题目进行习作（不要求写尽所有题目，但有一个基本数），最后动态滚动。即每个学期都对作文题库进行滚动式更新，筛旧增新，激发全班竞选题目活力。以后，教师再装订成册，这就建立了学生们喜欢浏览、徘徊的"精神家园"。学生的心灵徜徉在这座一步步以自己青春的热情和智慧营造起来的"精神家园"里，扑面感受着无比亲切、熟悉的生命气息，心中时时涌起写作的热情和灵性冲动，试问：这样的"零距离"写作不就是一种享受吗？不就是享受倾吐的畅快和表达的满足吗？所谓"人""文"合一不就达到了完满的实现了吗？

3．注重积累。这里的"积累"除了上文提及的生活阅历和生活体验的积淀外，侧重指课外文学作品的阅读拓展和相应练笔。《义务教育语文课程标准》要求"学生九年课外阅读总量达到400万字以上"，许多古今中外的文学名著被列入推荐范围内；《普通高中语文课程标准》则要求三年中课外阅读"总量不少于150万字"，自主选择，读整本书，以丰富自己的精神世界，提高文化品位。课标在弱化语文学习其他刚性指标的同时，着重强化了课外阅读的刚性指标，这是引人注目的。这除了在宏观上可以促成学生的人格文化之提升外，一个具体的指向就是配合写作教学。阅读与写作的关系，就是吸纳与倾吐的关系，无法设想只写不读会导致学生怎样贫乏与苍白的作文。美国著名心理学家克拉森的实验研究已经表明学生充满趣味的课外阅读对发展其写作能力，远胜于机械的写作训练。另外，建立在持续的、大量的课外阅读基础上的练笔，形式随意，短小轻松，对于丰富学生词汇量，提高其驾驭语言能力，养成个性化的写作习惯，具有显著的功效。而且，这一"读"与"写"相结合的积累，可以奠定学生写作的基本素养，对于应付作文统考也将是一把万能钥匙，足可以不变应万变。

4. 放手评改。 呼唤"把作文评改权还给学生""让教师从作文批改中解放出来"，已经成为课改时代语文教学界的响亮口号。一线语文教师也已经在摸索中逐渐创造出烙上自身教学个性的作文自改模式。其操作程序大致如下：

第一，确定自评自改文章的顺序和内容（评分标准）并予以公布。顺序，一般从整体到局部。整体，指统览全文基本思想内容和结构框架；局部，指段落乃至字词句等细部。两者之和即构成自评自改的内容。第二，组织学生分组轮值评改、交替运作。每次由一名学生朗读文章，提出评改意见，其余同学提出补充建议（含作者自己的看法），允许争鸣，并由轮值学生打出等级后交还作者自改。第三，在此基础上，教师从全班荐评的优秀习作中选出若干篇，交由作者在课堂上朗读，同学共赏析，教师作点评，气氛和谐，其乐融融。这样的评改效率高，又能强化学生的写作主体意识，收效显著。

5. 优化师评。 把写作评价和修改的权利还给学生，同时还要求提升教师评价的质量。教师的目光应聚焦于"鼓励学生自由地表达、有个性地表达、有创意地表达"这个基本目标上，在学生自评自改中，教师扮演着一个主持人和协调者的重要角色，其当堂口头点评贵在精简、一语到位，能使全班学生都信服乃至佩服教师的睿智眼力、精彩口语和敏捷才思，这对今后的写作教学是一种很好的情感投资。

至于书面作文评语，是联系写作教与学双方的重要渠道。正如有教师在实践中已深切领悟的那样，优秀的评语应当双重关注学生的写作能力和人格成长。它不但能引发学生写作的强劲内驱力，而且能唤醒其热爱未来、憧憬理想的美好情愫，坚定其力克困厄与挫折的意志力量；它不但能对学生的语言运用发挥榜样的作用，提升其言语的文化品格，而且能对学生产生思想上的影响力、情感上的向心力和人格上的感召力——如是，作文评语的功德可谓大矣。

审视"伪文化"

——关于中学写作教学的又一种异化

 钱林波

风起风落间都诠释着世界的精彩与生活的奇妙。它们是渺小的一点朱砂，但却折射了整个大自然的完美与感动。

孔子登泰山而小天下，泰山的日出让一代圣人为之臣服。仅是那一抹红色的悸动，仅是那一山绿色的清风，一个流芳百世的"儒"字便刻在了所有炎黄子孙的心里，难以磨灭。

苏东坡看见了赤壁，驾一叶扁舟，饮一壶美酒，抒一腔愁绪，悟一生真谛。只是山间清风，江上明月，东坡却从中参悟了"一蓑烟雨任平生"的豁达与豪气。

李白看见了长江，于是便把多半条银河引入心间，灌溉了几世几代人浪漫的情怀。仅那一瓢长江之水，便让"谪仙人"的酒杯里长存一轮皓月，他从中品出了大千世界的辛酸苦辣。

这种文段粗粗一看，似乎是当今流行的"大文化散文"手笔。其实，它是刊登在一家杂志上，作为2005年高考作文的佼佼者被推介的。短短一个把小时，在规定话题下，临场写出这些"才情非凡"的文字，也的确让人刮目相看。

然而，问题就来了。当我们一篇篇往下读，读完杂志上刊登的30篇2005年高考优秀作文，就会发现一个令人瞠目的现象——此种借史抒怀类的"文化散文"竟占了一大半。不管具体话题是什么，这些少年作者的笔端，往往会或生硬或流利地一转，转入一个大同小异的历史抒情结构，形成一个大同小异的诗化表达效果。一样的佳词丽句，一样的史事感慨，一样的铺陈排比，甚至，所动用的材料也是那么几个常客——李白、屈原、苏东坡、孔子、庄子、谭嗣同。怅然良久，我不禁疑惑：这些感慨议论都是自然真实的吗？都是出自考生的生命体验吗？明明不是文史专家，他们又为何不约而同地选择了这样一种"视角后转"的言说方式呢？当然，我并非说这些文章不能打满分，也并非说学生写作不能这么去尝试。我只是担心，这类"范文"一旦被误会、误解，进而被定位成中学写作教学目标，那就会误入歧途，产生极为严重的后果。鉴于高考满分作文巨大的导向作用，我们对这种写作视角集体后转、写作主体严重缺席的现象，必须予以深切的关注。

文化意识的表现是文化散文的灵魂所在。文化散文的"文化"，绝不仅仅在于取材于风流诗文或趣闻逸事上。秦砖汉瓦、唐风宋雨固然易于激发人们的文化情怀，但更需要写作主体深层的文化意识、深刻的文化思考、透彻的文化理解和阔大的文化视野来投注和激活安睡的"文化"，以连接和穿透古今的"文化"。显而易见，所谓"文化散文"，根本还是文化主体对文化客体的一种生命投注，其灵魂则是作者显示的文化态度、文化观念和文化情趣。

再来看看考生"文化散文"的另一片段：

我策一匹骏马，在昏黄的古道上奔驰①。然而，官场的尔虞我诈，世俗的道貌岸然绊住了我奔跑②的脚步，无情的现实冷却了我一腔热血。是啊，想当年力士为我脱靴，贵妃为我磨墨。那该是我仕途上奔跑③得最顺畅的时期啊。

可是，无意间我看到了力士谄媚的丑态和贵妃不可告人的笑，我觉得我应该永远让我奔跑④的双脚停滞不前，离开这黑暗的金马门。我清醒地知道，我宁愿散尽千金，只求一醉，也不愿摧眉折腰，做大唐的"御用文人"！于是我带上一把佩剑，把一杯酒，去寻访我暂且放在名山的白鹿，永远跨出黑暗的仕途之门。

昔日我骑御赐骕马奉诏奔驰⑤，今日我骑白鹿奔向我梦寐以求的远方。浊酒深酌，重返喜地，寻幽豪饮，同销万古情愁；南下吴越，梦游天姥，齐叙难酬鸿志。奔跑⑥让我屡跌屡撞，奔跑⑦又让我获得心灵的超越——思想，永远在徘徊和失意中成熟。

显然，短短3个小节7次出现的"奔跑"（奔驰）二字是作者为了迎合题目而有意凸现的。许多语句牵强组合，十分生硬。如②③④处用"奔跑"来描述李白涉足仕途，就不够恰当。⑥与⑦处的"奔跑"更是莫名其妙：如果指投身官场，那又为何"让我获得心灵的超越"呢？可见，行文之时作者并不在意李白当时仕途进退的心灵体验，在意的只是用"奔跑"二字抓住阅卷者，赚来分数。我甚至有理由怀疑此文是宿构之作，考场里临时组装到了话题"奔跑"上。再来看作者的"文化感悟"："我宁愿散尽千金，

只求一醉，也不愿摧眉折腰，做大唐的'御用文人'！"简单一句，李白的心灵挣扎被消解了，化用的名句"散尽千金"云云又把他飞扬的情思错误地作了"现实处理"，理解很不到位。文句也多有不通之处，"齐叙难酬鸿志""奔跑让我屡跌屡撞"明显有生造之嫌。此类错误同样也见于文首例子等其他"满分作文"，若不给题目，读者往往不知所云。

常识谬误，文句拗口，理解有误，运用失当。这些本也难免，但隐藏其后的为文造情却不是小事。正如浙江省教研室胡勤先生所论，"31.5万考生，好作文寥寥无几。写身边生活的文章几乎看不到。其中不乏空洞之作，没有实质内容，披着华丽的外衣，满是整容的痕迹"。"整容"二字道尽这种"伪文化"写作的本质。

"伪文化"写作之伪，首先伪在对现实生活的无视，伪在写作被当成一种精神操作的过程，而荒芜了个人情怀、心灵世界。真正的文化关怀与关怀者的生命原创力是密切联系的。文化绝不是刻意制作的塑料花卉，它必须扎根于丰沃的土壤。还没读完几首古诗，就言不由衷地放言"太白""东坡"，亲热得像在谈论自家隔壁的二叔：我要批判的它的虚妄之处就在于此。

"伪文化"写作之伪的另一重危害是造成了新八股倾向。记忆犹新的"杨朔模式"曾风行30多年，几乎成了我们唯一的话语方式。不论写景状物记人叙事，在文末总是妙笔一点，或赞美，或歌颂，文章立马被凭空拔高一截，主题"提升"变成了文章格式。这种公共话语的膨胀严重挤压了私人的表达空间。20世纪80年代末，余秋雨散文正是以僵化的杨朔模式的革命者姿态登上历史舞台的，一旦当其替代前者，成为散文写作的主流范式，我们就要警惕新的话

语霸权。

如果说十年前韩军先生所反对的"伪圣化"是杨朔模式的余波，那么，十年后"伪文化"倾向则是余式散文的矫情泛滥。这"美丽诗意"里潜伏着"集体失语"的更大危险。

仔细考察当前中学语文教育生态，"伪文化"习作已泛滥成灾。原因种种，试作探析：

"范文"误导，评价失当，写作标准的偏颇与单一。

在这场轰轰烈烈的"伪文化"运动中，第一推动力当属高考满分作文的炒作误导。以满分作文为标准件的生硬克隆，由于其"迅速见效"的应试功能，日益上升为作文教学的主导模式，甚至是唯一追求，生产出了大量虚假俗滥的"美文"。急功近利的浮躁心态，使我们丧失了理性检视能力。写作教学的内在规律一再被弃置扭曲。对"范文"的过度追捧，对目标的简单界定，成为一种集体无意识。

课程缺席，随意跟风，写作教学形式化。

鉴于固定的高考游戏规则，许多"聪明"的教师早就设计出了最佳考场作文方案：(1)用一两个漂亮句子扣住话题，亮明观点，抓住阅卷者的眼球，即所谓的凤头。(2)主体部分要排列整齐，尽量用上排比、对偶与反问。古今中外，分几个层次来述题，就更见你的思路开阔了。(3)文末要简洁回扣，来点煽情，给人留个最佳印象，这叫豹尾。

但是，立足于中学写作教学的基本价值取向，我们不得不追问：练就这样一副笔墨究竟是为什么？究竟能干什么？答案显而易见：我们并不需要那么多"小文人"。

正如王荣生先生所见，将"文体不拘一格""边界完全消除"的散文作为中学写作教学的主要样式，可能是个悖论。好的散文是人与文的深层交融，对于中学生而言，可遇而不可求。(当然，对于一部分有喜好和天赋的学生可以有选择地发展。)因此，我们在中小学所做的大部分作文训练，要么归于无效，要么只能将本来"不拘一格"的散文体式僵化而徒具其形。就这个意义而言，我们一直没有真正科学形态的作文训练。小文人语篇，正是写作课程的荒原上一片肆意蔓延的野草。严峻的现实提醒我们，中学写作课程建设已迫在眉睫。

人文分离，生活不在场，写作教学本质异化。

人文分离，主体缺席，对当下生活的集体漠视与失语，正是传统写作教学的致命弱点，也是新课程作文教学改革的最大困境，问题核心直指整个教学机制与写作理念。有鉴于此，李海林先生一语道破——"整个写作行为的虚假"。他提倡"真实写作"。"应该有真实的写作任务，真实的写作对象，真实的写作环境，真实的写作成果。只有这四条皆真，才能称之为非虚假写作。"写作，本应是一个热腾腾的生活事件，与"知""情""意""行"和谐成长，与人的生存发展融于一体。鸢飞鱼跃，月圆花开，充满生命律动的心灵成长过程若沦落于斯，不亦悲乎？

21世纪作文教学需要一种什么样的体系？

※ 马正平

当代作文教学体系的性质问题、理想问题、目标问题，在我看来其实也很简单，就是多年来我所向往主张倡导的写作教学三化：现代化、科学化、民族化。但是，这个问题也并不简单，因为要把这"三化"从空洞的口号转化为具体的可操作的作文教学与训练体系，这是需要很扎实艰苦的学术研究与实验的。也就是说，要解决这个问题必须依赖写作学原理与写作教学原理的一个根本突破，首先是写作原理、写作教学原理的现代化、科学化、民族化，否则这个问题是不能讨论下去的。

这里首先解决一个高等写作学理论、高等写作教学理论与中小学作文教学体系建构的关系问题。常识认为，中小学作文教学不同于大学写作教学，因此，大学写作理论与教学理论是不能运用到中小学作文教学中去的：大学重理论，中小学重实践。但从写作的原理、写作知识教学与能力生成机制的原理来看，其实二者并无本质上的区别，只有量和程度的差别而已。所以美国著名教育家布鲁纳认为，大学、中学、小学课程的性质、科学原理是没有多大的区别的。在中小学作文教学的问题上也应当做如是观。因此，我们的中小学语文教师应该了解当前中外大学写作学的前沿理论，并用这些新的研究成果进行"洗脑"，否则我们无法进入这个话语世界。所幸的是，中国当代高等写作学与写作教学的原理与体系通过老、中、青几代写作学人的不懈努力，尤其是通过一批中青年学者二十多年的潜心研究，现在已经基本建构成熟了一套高等写作学的课程与教学体系。由我主编的教育部"面向21世纪课程教材"——《高等写作学教程（1～5册）》就企图努力表达这个体系。

这就是说，中小学作文教学的现代化、科学化、民族化来源于、派生于大学写作教学的现代化、科学化、民族化，而大学写作教学的现代化、科学化、民族化又来源于高等写作学（写作原理）的现代化、科学化、民族化。换言之，中小学作文教学的现代化、科学化、民族化来源于大学写作原理的现代化、科学化、民族化。因此，这里的核心是写作原理的现代化、科学化、民族化的问题。

现代化，实际上就是科学化的问题，是针对经验化而言的理性化、原理化，因此写作原理的现代化、科学化、民族化也就是指具有中国特色的科学的写作原理的问题。那么，当前高等写作学是怎样理解、阐释这个问题的呢？

当代写作学将"写作"定义为："人类运用书面语言文字创生生命生存自由秩序的建筑的行为、活动。"所谓"生命生存自由秩序"包括两层意思：一是指"语言结构秩序"，二是指"情感思想秩序"。如果要问写作教学、作文的终极理想，可以说就是建筑这种"生命生存自由秩序"，而建构"语言结构秩序"就是一种中介性、手段性、途径性理想。但是，语文性存在与其他性质存在不同的地方就是语文性存在是通过"语言结构秩序"的建筑来完成的。因此，这就是写作不同于其他信息传播行为的地方。这是写作哲学和写作美学的问题。

写作原理的第一个层面关心的问题是，"情感思想秩序"和"语言结构秩序"的形成、生成机制是怎么一回事？当代写作学认为，这二者都是通过写作思维来生成的，因为言语行为和思维行为是并行的。言语生成的问题无法通过语言学、语法学以及文章学来解决，必须通过写作思维学、心理学来解决，因此，写作学的问题主要是写作心理和思维的基本原理的揭示，这就是广义的写作思维和广义的写作心理的内涵。当代非构思写作学认为，写作的第一原理是赋形思维——重复与对比的生长原理；第二原理是路径思维——作为逻辑思维的因果分析、构成分析、过程分析、程度分析和作为形象思维的相似思维。运用这两大思维操作的种种模型、技术不仅可以生成思想、情感，而且可以生成表达行文的材料、语言、结构、篇章。上述思维学是写作微观操作化原理。

第二个层面是写作的宏观控制原理。一方面是指写作文化规范对写作思维的控制，另一方面是指写作禁忌对写作思维的控制。前者是指写作文化学，后者是指写作禁忌论、写作策略论。前者保证了写作内容和技巧的先锋性、创造性，后者保障了写作内容的得体性和智慧性。

在第三个层面上，关于写作行为过程的理想状态的原理。当代写作学认为，真正的自由的写作并非如西方几千年的传统写作学所"假想"（法捷耶夫）的那样，是一种先构思，后表达的过程，而是一种非构思的生长过程。

中小学作文教学与大学写作教学的关系的另一方面又表现为差别性。中小学作文教学与大学写作教学二者又是有差别的，否则就没有高等写作教学与中小学作文教学这样两个名称了。这种区分和差别体现在两个方面：一是教学内容的侧重点不同，二是教学语言和教学方式不同。前者是作文教学的课程论问题，后者是作文教学的方法论问题，而这里的重点还是前者。

从上面当代写作学阐述的三个层次的基本原理来看，一、二层次的基本原理是写作行为的基本原理，第三个层次的写作原理是写作教学的原理。从理想的科学的教学目标来看，无论大学写作教学还是中小学作文教学，"非构思写作"状态和境界的形成是写作教学的最终目标。但是，在教学内容上，中小学作文教学的重点应该放在写作思维操作模型、习惯、无意识的感性形成上面，其目的是能够让学生运用这些写作思维操作模型自动生成文章的主题、立意以及所需的材料、结构、篇章，实现基本的写作能力，同时运用这些写作思维的基本能力去进行各种具体的文章体裁的练习与实践，实现"出言有章"、"言之有序"的写作表达；同时通过写作行文措辞学知识的学习解决写作行文语言的艺术性、表现力的问题，从而实现"言之有文"的写作表达；通过写作禁忌学知识的学习与训练，实现"言之得体"的写作表达。而大学写作教学则侧重于通过写作哲学、写作美学、写作文化学知识的教学形成写作思维的控制能力，实现对写作思维活动的控制，实现先锋性、原创性、审美化的写作表达。

至此，我们解决了中小学作文教学体系的两个前提性问题：一是作文教学目标问题，通过非构思写作实现人类精神秩序和语言秩序的创生；二是作文教学内容途径、课程论问题，即通过写作思维学、写作策略论、写作措辞学的学习和训练达成"非构思写作"的境界，实现写作的自由表达、有创意的表达。这样一来，中小学作文教学体系的性质问题——什么样的体系的问题，即现代化、科学化、民族化——便得到了基本解决。

为什么说这只是"建构什么样的中小学作文教学体系"这个性质问题得到了基本解决呢？因为，这里还未解决作文教学内容的科学进程问题，这个问题不解决，仍然不能形成科学的作文教学的课程体系。我以为，这个进程可分为三个阶段：

第一阶段：写作思维操作模型建构训练。其中包括：①写作赋形思维（重复思维、对比思维）操作模型的建构训练；②写作路径思维（因果分析、构成分析、过程分析、程度分析）操作模型的建构训练；③写作相似思维（自相似与他相似）操作模型的建构训练；④写作策略思维

（协调、对抗）操作模型的建构训练。

第二阶段：将上述写作思维、写作策略操作模型运用到非构思写作行为的写作过程中，进行写作思维过程的训练。这个阶段包括：①"立意"思维操作模型；②行文展开与行文措辞的写作思维操作模型的建构训练。这样才能提高真正的写作过程的思维能力和表达能力。

第三阶段：在上述写作知识与写作能力的基础之上，进行各种具体的文章体裁的写作过程训练。

上面讨论的问题，只是中小学作文教学的课程体系的问题。然而作文教学的体系不仅包括课程体系，还应该包括教学方法的体系，没有后者的科学性，作文教学的科学性同样值得怀疑。但是要真正解决这个问题也必须建立在写作能力生成的方法论原理上面。

写作能力的形成、生成的方法论，可以从三个渠道考察：第一个渠道是从大量的写作实践中进行无意识的积淀，有些作家的写作能力大多数都是这样形成的；第二个渠道是通过阅读来提高写作能力，所谓"熟读唐诗三百首，不会吟诗也会吟"；第三个渠道是通过写作教学行为进行写作理论知识向写作能力的转化。前二者就是所谓"在语文实践中学习语文"，这是经验化语文作文能力形成观，但这并非在进行作文教学，其实是可以不在写作教学论这个范围里来讨论的。只是第三种渠道才是一种作文教与学的行为，所以它才是现代化、科学化的作文能力形成观。这里必须指出，如果把前者作为语文、作文教学能力形成的指导思想，毫无疑问，这不是一种语文作文教学行为，而是一种

社会语言交际活动。只有将其作为作文教学能力形成的补充方法才有意义。因此，"通过写作知识进行写作能力的转化"的作文能力形成观应该是现代作文教学的主要指导思想。

那么，怎样把体系化的作文知识理论转化为真实生动的写作能力呢？这里应该包括这样几种能力训练转化途径：①运用建构主义心理学思想，从作文例文中归纳出作文思维操作模型，并进行写作思维规律的概括，并进行讲授。②用这些写作思维操作模型的理论知识（即模型）对正面、反面的作文例文进行写作思维、写作行文、写作措辞（语言）的示范分析。③让学生模仿教师的分析方法，进行文章的写作思维、写作行文、写作措辞（语言）的分析实践。④带着这种思维分析的模式去进行文章阅读，让学生理解文章是怎样运用写作思维操作模型（即规律、原理）进行文章的立意思维、行文和措辞思维操作的。⑤教师运用这些写作思维进行写作思维操作模型的单项实践或者进行文章的立意、行文措辞的实践，对学生进行示范，让

学生知道文章立意、行文措辞都是有规律可循的，是可以学会的，减少学生对作文思维的神秘感，增强学生作文的信心。⑥让学生模仿教师写作实践的示范，运用写作思维操作模型进行写作思维操作模型的单项实践或者进行文章的立意、行文措辞的练笔实践。⑦让学生进行自由写作，注意写作思维操作模型对写作行为的影响，使学生对写作思维模型有一种依赖性。⑧根据写作思维操作模型这些思维原理规律，制定文章评价系统，让学生运用这些标准对自己或别人的文章进行自评与互评。这样，通过自评与互评过程提高学生的写作能力。⑨大量的课外写作实践的布置与督促。⑩通过广义作文发表以进行激励。

运用这里的作文教学与训练方法体系开展中小学作文教学，这样形成的作文教学系统就是我认为的现代化、科学化、民族化的中小学作文教学体系了。21世纪的中小学作文教学需要的正是这样的体系，这也是我们心目中的中小学作文教学的终极理想。

写作训练体系与评价体系的构想及实践

蒋念祖

首先，我们尚未建立一个独立的、完整的可供实际操作的作文训练系统，同时也缺少相应的作文评价系统。

目前，普通中学的语文教材中没有独立的写作教材，写作教材是附于阅读教材之中的。这样似乎可以加强阅读与写作之间的联系。实际上，阅读与写作之间的联系，更重要的是一种长远的联系。长期的大量的阅读，可以为写作提供深厚的文化素养，可以让学生的语言素养在潜移默化中得到发展。但是写作中必须具备的思维、写作方法和技巧等方面的知识和训练，均付之阙如。写作教学、阅读教学各有其自身规律，还是尊重其自身规律，自成体系，效果更好。在此基础上，再谈阅读与写作之间的相互联系，未尝不可。如今，高考、中考都是话题作文，平时写作教学也都是话题作文，完全否定了写作教学的基本规律，长期下去，后果不堪设想。不少教师觉得阅读教材中关于写作的内容用起来不顺手，干脆丢开教材另搞一套，从而造成作文教学的随意性和无序性。建设独立的写作教材，实在是势在必行。

其次，现行的写作教材还未形成一个完整的系列。

以现代信息论的观点来看，一般意义上的写作，是一个信息输入、储存、加工和输出的过程。而我们目前的指导、训练，多集中在"输出"这个环节上，对如何观察生活、感受生活、思考生活，如何搜集材料、整理材料、加工材料等等，则缺少必要的指导、训练。现行写作教学的目标，主要是培养学生的书面表达能力，但是写作并不单纯是一个表达问题，它与人的整体素质有着密切联系。写作教学应当而且可能将提高学生的整体素质作为它的目标，应当而且可能将引导学生观察、感受、思考、积累生活（包括直接的生活和间接的生活）作为自己的重要任务。现在一些学生甚至教师，动辄感叹"生活太单调"，似乎确实没有什么材料可写。其实，有谁不是生活在变化万千的生活之中呢？学生缺少的不是生活，而是对生活的观察、感受和思考。因此，培养学生的审美能力、思考能力，让学生成为生活的"有心人"，才是写作教学的重要任务之一。有人认为培养学生的认识能力、审美能力，不是语文学科特有的目标。但是，如果我们都不考虑从自己所任教的学科方面落实这一目标，那么，这一目标岂不成了几只都偷懒的猴子抬着的大磨盘？所以，笔者认为，必须把引导学生观察、感受、思考、积累生活纳入写作训练的系列之中，如此，写作教学才能形成完整的系列。

再次，现行的写作教材尚未完全形成可供实际操作的训练系列。

比如，关于议论文写作，从初中到高中，写作教材中只介绍了什么是论点、分论点，论点应当准确、鲜明、深刻、新颖，如此等等。但是，如何提炼论点，如何展开论点，如何使论点准确、鲜明、深刻、新颖，则没有相关介绍和训练。

缺少独立的、完整的、可供操作的训练系列，自然也就缺少相应的评价系统。平时作文的评分，基本上是凭教师的总体印象。高考、中考作文评分，有个量化的标准，文章的立意占很大比重。照此依据，平时作文中，立意也成为重要依据。据调查显示，99%以上的学生作文没有思想倾向问题。但是这是不是能够说明我们作文教学的评分起了积极的导向作用呢？我们强调文道结合，但是最好首先强调让学生获得"道"的方法，这正是我们的思维训练要担负的任务。不进行正确的思想方法的指导、训练，而一味要求学生拔高主题，这正是学生作文时无话可说或者材料不真实的重要原因。在表达形式方面，我们的评分和训练一样，没有能够每次作文都确定一个重点，评分依据的是"整体水平"。整体水平高的总是得高分，反之总是得低分。评语从小学到初中再到高中，多少年都是一种模式：结构如何，详略如何，语言如何。这样的评价系统，不利于激发学生写作的积极性，还有可能扼制他们的个性发展。

如何构建一个比较完整的可供实际操作

的写作训练系列呢？

以笔者所在学校为例，从1987年开始，我们就在高中议论文写作教学中进行思维训练的实验了。我们认为，各种类型的议论文，其写作过程大体可以归结为提炼论点、将论点分解为分论点、论证论点、修改等几个基本环节。这些环节，从思维科学的角度看，都离不开各种思维方法、思维形式的运用。而学生议论文写作中一些常见的毛病，如不善于提炼论点，不善于展开说理论证，拿到题目后感到无话可说或者议论起来套话连篇，容易模式化、绝对化等，其实质还是在于不能掌握、运用各种思维方法、思维形式，缺乏良好的思维品质。因此，我们认为，可以而且应当以思维训练为主线，进行议论文写作训练。首先，在传授有关思维知

识的基础上进行单项思维训练，让学生掌握各种常用的思维方法和思维形式；然后引导学生将各种思维方法、思维形式运用于议论文写作的全过程，让学生学会如何提炼论点、展开论点，如何使论点准确、鲜明、深刻、新颖，如何对论据材料进行选择、加工（取舍、阐释、论证、评价等）。抓住了这条训练的主线，就抓住了议论文写作教学的主要矛盾，就能够解决议论文写作教学中存在的主要问题，就能够将提高学生思维能力和议论文写作能力的目标落到实处。根据实验结果的分析，我们形成了如下两点认识：

1. 通过思维训练，实验班学生的思维品质得到了全面的发展，无论是在灵活性、批判性、深刻性，还是在创造性、敏捷性等方面，都明显优于对照班。

2. 作文教学中的思维训练，提高了学生分析、概括、综合等方面的能力，调动了学生学习语文的积极性，促进了学生语文能力的全面发展。

在思维训练中，需要处理好三方面的关系。

一是思维训练与语言训练的关系。

"语言表达能力"有狭义和广义两种。狭义的语言表达能力，就是指遣词造句，往往需要凭借语感。我们在写作中强调的也正是这种狭义的语言表达能力。一篇文章、一段文字，行文的思路确定以后，随后的"遣词造句"往往是"不假思索"地"跟着感觉走"，可见在思维训练的同时，还必须注重语感的培养。

二是写作和阅读的关系。

上文已经说过，阅读和写作有着密切的

关系，但各有其自身规律，所以应当自成体系。在此前提下，写作教学中应当充分发挥阅读的作用。比如教给学生某种思维方法、写作技巧时，可提供相应的例文、范文；设计题目时，可提供相关背景材料、例证材料；等等。在带着明确的写作目的的条件下阅读相关材料，如果组织得法，阅读与写作都能有所裨益。

这里笔者想着重强调一下阅读理论方面文章的重要性。写作教学中进行思维训练，其实就是教给学生若干种基本的思维方法，用来加工各种思维材料。思维方法从何而来？由理论、观点转化而来。引导学生阅读社科方面的相关理论，不仅可以拓宽他们的阅读视野，提高他们的阅读能力，培养他们的理论兴趣，而且可以为他们展开议论提供"理论武器"，为他们观察、思考问题提供新的视角、新的方法。同时，这也是培养他们理论联系实际，将知识转化为能力的重要途径。笔者在实施思维训练过程中，先后给学生开设过美学、心理学、哲学常识等讲座，收到了良好的效果。

三是思维训练和非智力因素的关系。

学生对作文缺乏兴趣，是我们必须着重考虑的问题。

首先是命题。我们每次的作文训练，以教给学生某种方法为目标，一般对题材、命题不作规定，学生可以选择自己感兴趣的话题展开议论。为了给学生提供可供选择的话题，我们在班上设立了"班级日记"，除了记载班级上发生的事件外，还欢迎学生发表评论。学生对此极有兴趣，少则三言两语，多则三五百字，这些往往成为引发学生发表长篇大论的"导火线"。

其次是作文指导。我们大可改变教师一讲到底那种"一言堂"的模式。如有的命题作文，从审题、立意到选材，都可以让学生作一番交流，在不同见解的碰撞中激发心灵的火花，激发写作的热情。

第三是评分、评讲。我们的训练尽可能做到目标明确，循序渐进，这样就为形成一个可供操作的评价系列打下基础。目前，我们设想评价从两方面着手。内容方面，主要看所训练的思维方法运用效果如何。学生作文中立意方面的偏差，不作为评分的依据，但可在评语中指出发生偏差的原因所在。语言方面，每学期提出训练的目标和评分的标准，同时介绍实现这些目标的相关知识，这样让学生既明白努力的方向、重点，也知道实现目标的方法。习作在交给教师之前可以根据评分标准互改互评，使学生在言语实践中自觉追求语言表达的完美。有关研究资料表明，这对培养语感有明显的效果。这样，充分利用评价的导向、激励功能，可以调动学生的积极性，评讲自然也会改变教师包打天下的局面，学生的主体性也能得到充分发挥。

追求作文教学的智慧

✿ 曹勇军

一、智慧在于权衡利弊

有人强调写作的精神价值，有人更着眼于写作的工具意义；有人认为写作知识、写作方法很重要，掌握了写作方法，写作水平就能提高，也有人认为写作知识、写作方法对写作帮助不大；有人推崇自由写作，有人更赞赏课堂命题写作。同样是课堂作文，有人推崇情境式活动型的写作实践形式，认为这种形式有助于学生思想素养、写作素养的提高，也有人赞赏常规的命题作文、材料作文，认为这种形式更能培养学生审题立意、谋篇布局的能力。有人觉得多写才能写好作文，也有人认为一味贪多意义不大，应该少而精，写一篇是一篇……可以说，作文教学的每一个环节，都存在截然相反的认识和做法。这些想法和做法，各有其利，又各有其弊，各有其长，又各有其短。

作文教学的智慧就在于权衡利弊，知其长，识其短，知道"软肋"所在。强调作文教学的精神价值固然好，但是容易流于空泛、缺乏操作性；同样，强调写作的工具价值，而不从精神思想上下工夫，也难有大的进步；倡导情景活动式作文，容易激发学生写作的兴趣和参与热情，可是"写作成本"太高，很难长期坚持；强调课堂命题正规写作，有利于培养学生思维的严密和条理，但又容易远离学生的生活，引发"假大空""伪圣化"。

怎样扬长避短？古人讲的中庸之道能给我们以智慧的启发："执其两端"以求得中和常行之道，从而避免走向极端。作文教学中写作方法很重要，但不能过分迷信，学生不是掌握一点方法写作上就会进步；课堂命题写作很重要，但如能适当穿插一些情景性的写作实践活动，不仅可以避免"审美疲劳"，更有利于学生眼界的拓宽、思想的提升、灵性的培养、才气的保护；精批细改固然好，但在学生有了进步后，适当组织学生自批互改，能取得更好的效果……只有根据学生的实际需要，依据自己的个性和特长，采用灵活的策略，两种方式交互为用，彼此穿插，而又有主次侧重，才能收扬长避短之效。

二、智慧在于减法

世界上有两种人，一种人喜欢做加法，把简单的事情变得复杂；一种人善于做减法，千头万绪的事情，简单的方法足以解决问题。智慧在于减法。我们应该抓住一些最核心的东西，在千头万绪的作文教学中抓好几个基本的"点"，不能在复杂的现实面前迷失自我。

首先是破除对写作序列的迷信。写作无"序列"而有"系列"。所谓"序列"就是由低到高、由浅入深的步骤和套路，这个东西"定体则有，大体须无"。学生写作水平的提高固然有一个由简单到复杂的过程，但很难说一定要有先观察后写作、先审题后立意、先主题后表达、先思路后语言的所谓的"序列"；学生写作素养的提高也并非直线上升，往往是进进退退，停停走走。那种过分迷信写作"序列"，希望按部就班提高学生写作水平的想法，是不切实际的幻想。不过，写作应该有"系列"。在随机生成的情境中，不妨开个"作文连锁店"，由一篇拓展为一类，写一篇带动一类，每一类中有目标，有指导，有过程，有评价，让学生的语言、思维、情感、想象、灵魂不断燃烧，进而促成其写作能力的提高。我曾根据学生的一封来信设计了"星空灿烂，谁是真的大师"的写作实践系列，收到了较好的效果；我还曾根据高三学生写作的实际情况，设计了"给我学生的三个人生礼物"的"一拖三"的写作实践，学生至今记忆犹新。

其次是减去那些繁琐无用的语言学、文章学、文体学知识，减去那些枝枝节节的东西，让语言、语境和语体这些写作的核心显露出来，重锤敲打。我曾和学生一起给课文中的有关人物写"墓志铭"；一起学习景观设计师俞孔坚的《足下的文化与野草之美》，观察南京的景观设计，提出我们的观点和批评；一起观看电影《钢琴师》，组织

座谈交流，推动我们对"战争与和平"这个历史发展双重变奏主题的理性思考；一起参加班级"课前5分钟阅读演讲"，互相学习，推动阅读，丰富写作；一起开展班级同学阅读调查，提出阅读建议，建设书香校园；一起品评央视"感动中国十大人物"颁奖辞，模仿它为唐诗宋词选修课写"感动我们的十大唐代诗人"；一起编写写作顺口溜，表达写作的感悟和体会；一起抄选同学们的"写作金言"，明确写作的奋斗目标；一起选编班级优秀作品集，享受写作进步的快乐……教学中，我尝试把遣词造句、谋篇布局、修辞表达、写作习惯糅合在一起，搭建若干简便易学的知识平台，引入生活因素，拓展实践活动的时空范围，使之与学生的生活、心理的成长结合，以人为本，用字当头，强调兴趣，突出习得，重视灵性的启发和培植，让学生学会智慧地表现生命的智慧，在实践活动中求得发展和提高。

三、智慧在于规范

生活内容课程化。学生有丰富的生活，却常常感觉无事可写，原因在于缺少对生活的认识，没有像学习一门课程一样去学习感受、发现、情感、想象等。感受、发现、情感、想象乃至幸福、谦卑、悲悯、感恩等人文情怀都是能力，是需要学习的。我们有句口号：给学生一点思想，让学生越写越聪明。就是在作文指导和讲评的过程中，注重学生思想的进步和人格的提升。一句话，就是重视用"立言"来"立人"。它是学生追求写作进步的精神动力，也是推动学生写作进步的精神源头。教师堂上堂下的讲评与指

导，就是指导学生做人，指导学生学习生活，认识人生。这种课程化的生活内容使学生作文有了高远的追求和全新的面貌。有学生了解到西部贫困地区的孩子上学就吃两顿饭，联系自己的生活写了《多出来的一顿饭》。我在评语中给了肯定："这世界上有贫困不可怕，可怕的是我们往往习以为常，视为当然；这世界上有人对穷人说几句大话也不可贵，可贵的是一个中学生从平凡普通的生活对比中自然流露出来的平民意识和感恩情怀。"

作文要求制度化。课外练笔自由活泼，比较个性化、私人化，更能展现学生的灵气和才情。我们把课外练笔纳入常规作文教学中，要求每周一篇练笔，有批改，有讲评，比较好地遵循了作文教学个性化的教学指导原则。除了每周一篇课外练笔之外，还有一系列的作文教学要求，以确保每位学生都能得到进步。比如每学期七到八篇大作文，备课组集体备课：有指导，有评价，有讲评，最后登记在案。过去，期中期末考试后，学生只看到作文分数，对自己作文的优势和不足并没有清醒的认识，阶段考查的丰富资源被白白浪费。现在我们要求备课组通力合作，尝试了"综合评述—作文例析—自评矫正"的新方式。阅卷一结束，备课组老师分工，汇总作文情况，形成文字的"综合评述"；选出不同层次有代表性的作文，每篇附上教师的批改手记，形成"作文例析"；两份材料印发给学生，让学生明确标准，对照检查，然后班级交流，针对存在的问题提出改进的建议。长期坚持，形成制度，效果相当明显。

四、智慧在于常识和常规

作文教学中许多常识、常规是一代又一代教师在丰富的教学实践中提炼出来的，包含着作文教学的规律，充满了智慧。我们总是企图寻找一种作文教学的高效途径，甚至很多人声称已经找到了捷径，可他们的那一套往往是对作文教学的基本常识和常规的颠覆。我们似乎习惯于用一种"替代式思维"来除旧布新，却不曾想这种想法和做法具有很强的杀伤力。

比如，训练序列。许多人希望设计一套科学的训练序列，替代多读多写，以为这样学生写作起来就会一马平川。可是结果呢？曾经喧闹一时的这个法、那个法之所以不能长久，是因为它不符合作文教学的常识。现在有一种倾向，议论文写作大大提前，不仅高中生，甚至初一的学生就开始写作议论文。这也是违反写作常识的。一个人写作能力的提高是一个由具象到抽象的发展过程。写作类型也有一个"事"（叙事）—"态"（绘态）—"情"（抒情）—"理"（说理）的提高过程。写议论文不是会搭一个议论框架，选几个论据就可以了，这不是写议论文的关键；议论需要深邃的思想见解和对事物内涵的深刻把握及剖析能力，让学生过早接触这种比较成人化的文体，只能让他们学会写空洞的议论、陈腐的滥调，根本无法有效培养学生的写作素养。

比如，读写结合。一段时间里大家对此有不同的看法，有人甚至把它当做是一种传统的保守的作文教学方法。现在回过头来看，它还是非常有效的写作形式。这种或仿其格或仿其意或仿其言的写作方式，强调细心揣摩文章的立意布局、分段造句，务求透彻，不放过一字一句，是初学写作者求得进步的不二法门。

比如，教师下水。这个说法提了很多年，仍难有改观。这是一个并不复杂的道理。凡是有一定的写作经验的教师，在写作训练的路数、形式、时机、点拨能力、评价方式等方面都具有巨大的优势，更容易让学生获得写作的成功经验。而我们的教师往往多的是文章学术语和概念，却鲜有写作的甘苦和心得，这样的指导岂不是隔靴搔痒！

比如，自由写作。近年来，自由写作成风，有人还把自由写作抬高到了替代课堂正规写作的地步。当年，王森然先生曾经分析过课堂作文的益处，其中有三点讲得很好：一是"练习思想的敏捷"，二是"使思想纯一不乱"，三是"避免抄袭"。今天读来，仍然觉得他的话平实之中能给人以深刻的启发。

五、智慧在于融通

教学中不少教师往往顾此而失彼，或者扬此而抑彼，这样就在整体的指导上丧失了"智慧"这一最宝贵的品质。怎样化解矛盾克服对立，就是要培养自己"融通"的眼光，就是要有行动"路线图"。在理想与现实、素质与应试、长远追求与短期目标，乃至面向多数与个别培养等许许多多看似矛盾对立的地方，都需要我们运用"融通"的智慧加以化解。作文教学中，语文教师既要是战术大师，同时又必须是战略大师。

与阅读教学相比，作文教学随机生成的

特点更鲜明更突出，它要求教师自主地构建课程目标，营造教学情境，设计教学过程，提出评价标准。因此说，教师就是课程，每位教师都可以有也应该有各自的一套教学方法；只要它不是凭空臆造，而是来自实践，就能或多或少揭示出作文教学的某些规律性的东西。没有一位教师可以完全"霸占"作文教学的本质，各有各的"心法"，各有各的特色，也各有各的适用条件和范围，这就是作文教学的特点，也是其魅力所在。那种把某种作文教学模式定于一尊，片面夸大其实际作用的做法是荒谬的。对作文教学，我们应该有一种多元、开放的追求，这种追求相互渗透，相互竞争。惟其如此，作文教学才有生气。

强调作文教学的多元追求。有一个基本追求，那就是追求智慧作文，也就是追求一种充满人文情怀、表达自己人生进步并通过它反过来推动自己人生进步的机智大气的文章。指导学生写这样的作文需要教师具有更多"融通"的智慧，这种智慧是我们在复杂的作文教学现实中的行动哲学。智慧的东西不重分析论证，一听就懂，一学就会，一用就行。

六、智慧在于对人心和人性的洞察

作文教学智慧，从本质上说是一种人生智慧，它与一个人的价值观，人生哲学，对人情、人心、人性的洞察是融为一体的。"求则贵，送则贱"，"少则得，多则惑"，"先严后宽者，人感其恩；先宽后严者，人怨其酷"，这类生活中的格言，充满了教育的智慧。它不是外在的，而是我们感悟出来的，是从我们自己的血脉筋骨中生长出来的。一位语文教师的杂学背景，尤其是对"人情世故"的历练等学科知识技能之外的阅历积累，常常能给他的作文教学带来职业智慧。

尊重自己的个体体验，在内省和履践中汲取生命智慧的源泉。这个学期我和我的学生跨入了高三，每天从学校繁茂的大树下走过，我总是抬起头来看看这美丽的树，它使我疲惫的心灵得到喘息和安宁，从这些大树背后我读出了许多东西。它们一天天聚集起来，撩拨着我教学灵感的触须。那天在作文课上，我问学生，你们知道校园里有多少棵大树吗？当时班上没有一个人举手。我说，你们在这个学校有的读了3年书，有的甚至读了6年书，天天在这些美丽的树旁生活，却没有关注这些树，了解这些树，没有读懂这些树在你们生活中的意义和价值。受到震撼的年轻人放学后迫不及待地在校园里数树，有人说是88棵，有人说是92棵，有人说是95棵。更多的学生数完后，已不再关心数量的多少，而是用一种全新的眼光看待周围的生活，思考读书的意义，受压抑的心灵被激发出一种诗性的光辉和神性的力量。

对自己的洞察，可以让我们更好地洞悉学生的心灵，了解他们思想的渴望、情感的需要、心灵的焦灼、生命的冲动。我和学生天天在一起，在读书的道路上，在人生进步的道路上，在生命的大教室里，共同生活，一起进步。是一届又一届的学生提升了我的人生智慧、教育智慧，我从他们或者厌恶、或者不满、或者认同、或者喜悦的眼神中、语调里洞悉了他们灵魂的奥秘，苦苦寻觅契合他们的写作时机和写作方式，又苦苦等待教学成功的甜蜜和幸福。老实说，我的作文课并不都是成功的，我的作文教学也并没有在所有的学生身上产生奇迹。可是这些苦涩，从反面让我触摸到了作文教学的智慧所在。那些没有获得更多进步的学生与作文成功的学生一样，都是我的老师，他们合在一起完整而又真实地揭示了作文教学智慧的内涵。我感谢我的学生。

Chapter

07

文体教学

　　创造性思维能力是智力结构各因素中最活跃、最有代表性的因素，通过训练，使学生了解创造和创造性思维的一般特征、基本方法，培养他们的创造品格和创造能力，诸如逻辑推理能力，联想想象能力，直觉灵感能力，掌握一些创造技法，激发学生的创造兴趣。

思维训练课的总体构想和大纲

❈ 张昌义

一、总体构想的思路

思维训练课的开设必要，可行。但如何进行？开设到什么程度为宜？总体布局怎样安排？这是首先要解决的问题。下面提出很不成熟的设想，期望引起大家的讨论，拿出更好的方案。

1. 抓住思维发展的关键期和成熟期，对青少年进行系列思维训练。

"中学的青少年思维的基本特点是：整个中学阶段，青少年的思维能力迅速地得到发展，他们抽象逻辑思维处于优势的地位。但少年期（主要是初中生）和青年初期（主要是高中生）的思维是不同的。在少年期的思维中，抽象逻辑思维虽然开始占优势，可是在很大程度上，还属于经验型，他们的逻辑思维需要感性经验的直接支持。而青年初期的抽象逻辑思维，则属于理论型，他们已经能够用理论做指导来分析综合各种事实材料，从而不断扩大自己的知识领域，同时，我们通过研究认为，从少年时期开始，已有可能初步了解矛盾对立统一的辩证思维规律，到青年初期则基本上可以掌握辩证思维。"（朱智贤，林崇德：《思维发展心理学》537～538页，北京师范大学出版社，

1986年）根据我国心理学家们的研究，"初二年级是逻辑抽象思维的新的起步，是中学阶段运算思维的质变时期，是这个阶段的思维发展的关键时期。"而"高中一年级或高二年级（15～17岁）是逻辑抽象思维发展趋于初步定型，或成熟的时候。"（《思维发展心理学》544页）如果我们能针对青少年时期的思维发展的特点，抓住关键期和成熟前的时间，安排训练的内容，进行系列训练是大有可为的。

调查我校学生表明，初二学生的两极分化是很明显的，特别是数理成绩，差距拉大，尽管教师们作多方面努力也无济于事。我想，这也许是在这思维发展的关键期，各人所受的各种因素影响不同，致使思维发展程度不一，扩大了智力差异。

笔者上小学（还是新中国刚成立时的事），发现班上成绩好的多是小同学，班上十三四岁、十五六岁的大同学上小学一年级读书，不知为什么那么笨，总是学不好，当时就感到奇怪。现在看来，这些大同学由于错过了早期教育，特别是思维发展的几个关键期，思维能力没有受到及时的培养。

高中二年级的学生，各种思维成分基本趋于稳定状态，基本上达到了理论型抽象逻

辑思维水平，思维水平的优劣，不会有大的变化，与其成年期的思维水平基本上保持一致，有进步也是不大的，思维类型也趋于基本上的定型。

随你调查哪一所中学，不难发现，高一学生的智力表现和学习成绩变化较大，但高二、高三学生就比较稳定。在高中阶段，如果他的数学成绩平常，进入大学数学系，也成不了高材生（数学成绩很能反映一个人的思维水平）。

成熟前思维发展变化的可塑性大，成熟后思维发展变化的可塑性小。我们抓住成熟前的各种思维能力与智力的培养，让我们的青少年接受比较全面的、系统的系列思维训练，该是一件多么有意义的事啊！

2. 思维训练课应成为中学生必修的基础课程。

教育是一个讲求实际的系统。这一系统要依靠环环相扣的严密结构和大量必要的惯性来维持其生存。自捷克教育家夸美纽斯（1592～1670）提出建立统一的学校制度，在学校实行班级授课制，自今有300余年，300余年的演变，形成了今天的教育模式。

中学里应设置什么课程？这是教改中一直争论的大问题。几十年来，教育界以及与教育界相关的学者专家一篇篇的文章发表出来，呼吁要在中学开设这样那样的课程。诸如心理学、美学、逻辑学、人才学、人口学、创造学、计算机、社会学、环境科学等等。这些建议都有道理，但很难付诸实现。原因很简单，现有的课程表已经排得很满了，排上新的课程势必要挤掉其他课程，挤掉什么课程呢？你能说哪门课程不重要吗？

况且，传统课程似乎非教不可，因为我们的升学考试制度决定这一切。各地区的教育部门，以至学校的校长、教师都希望该地区、该学校的学生在升学考试竞争中成绩显赫，这也是家长们的期望。

分析我国现阶段中学开设的课程，重知识，轻能力，且与现代社会发展脱节，也与学生智力发展不适应，死记硬背的东西太多了。

理想的课程设置我以为应该分为以下几个部分：基础工具课程、辅助常识课程和职业选修课程以及体育美育课程，传统的语文、数学为基础工具课程，传统的理化、史地等为辅助常识课程，而思维训练课，可作为中学生的必修基础课程，这是因为思维训练课是旨在开发学生的智力，培养思维品质，探索思维方法，建立思维模式的工具性质的课程。

3. 思维训练课应成为训练中学生智能的综合性课程。

传授思维技能，可以有各种途径。曾有中学专门开设形式逻辑，逻辑满足了将思维形式化以达到数学的精确程度，但逻辑只是思维的一部分，它本身不能完全取代思维教学。把思维作为其他学科教学的副产品，这是传授思维技能的另一途径，各门学科在教改中都把思维技能传授作为一项重要任务。传授思维技能的途径还可以通过学哲学，学心理学，游戏活动，打字训练，等等。这些途径对思维发展有一定作用，不可摒弃。思维训练课则可以成为传授思维技能的主渠道，成为中学生智力开发的综合性课程，它可以包容逻辑学知识，心理学知识，方法学知识，用脑常识等。通过训练，培养学生的思维品质和思维习惯，帮助学生探索和总结思维方法，建立思维模式。

思维的成熟是人成熟的一个重要标志。我们在中学开设思维训练课，就是想在青少年思维成熟期前安排系列训练，使他们不仅获得有关思维的知识，还获得必要的思维技能。为此，我们提出如下的训练大纲。

二、思维训练的大纲

系列思维训练课在初一、初二、高一和高二四个年级开设，初一为初级思维训练，初二为创造性思维训练，高一为抽象思维训练，高二开设思维原理与科学方法。初一、初二、高一采取排入课表的形式，每周一节，每学期以18节计算，共108节；高二采取讲座形式开设，每个年级的训练内容可以交叉，深度可灵活掌握。具体纲目设想如下：

1. 初级思维训练

初一年级开设"初级思维训练"，又称之为初级智力思维训练。通过训练，打开初入中学学习的学生的智力窗口，培养运用思维去观察、记忆、想象、推理和创造。同时，介绍一定量的智力题，激发学生用脑，培养动脑筋的习惯，并指导学习方法。

（1）观察力与思维训练

图形识别（观察两个图形的同异点、图形位置的变化、图形的错误等）；

观察与阅读（训练阅读速度、准确度等）；

观察与习作（训练作观察记录，观察日记）；

观察与写生（与美术课相结合，从不同角度观察有不同的结果）；

观察与想象（观察图案或痕迹，看它像什么）；

观察与迷宫（如何走出迷宫，如何设计迷宫）；

观察力测试（选10道题测试观察力）。

联系实际：考试、作业时看错题目是什么原因？抄写错行是什么原因？粗心是怎么一回事？如何提高你的观察力？

（2）记忆力与思维训练

理解与记忆（公式、语词、文章在理解基础上记得快、记得牢，进行训练比较）；

规律与记忆（在学过的知识中找出规律再记）；

特征与记忆（寻找事物特征、字形特征、数字特征）；

比较与记忆（多种资料比较，增强记忆）；

归类与记忆（系统复习记忆）；

联系实际：你的记忆能力怎样？影响你的记忆效果有哪些因素？你的最佳记忆时间是何时？

（3）想象力与思维训练

像什么训练（对一图案分析，进行扩散想象）；

语词连接（将两个看上去毫不相关的语词中间用两至三个语词把它们连接起来）；

想象作画（可根据画题，亦可根据一则故事作出一幅画来）；

续写作文（一篇作文，只开一个头，发挥想象力，接写下去）；

组合图形（运用几个简单的图形，可放大或缩小，但不改变基本形状，组合成各种图案）；

标志设计（用简单图案作为事物的标志，使人看了一目了然）；

一分钟演讲（依照题目，即席演讲）。

联系实际：你觉得做作文难在何处？如何打开你的思路？做作文与想象力有什么关系？

（4）推理力与思维训练

图案推理（从图案构造上找规律，补上所缺图案的形状）；

数字推理（结合数列等知识，找出空处所缺的数字）；

趣味推理、故事推理（简单的逻辑推理趣题，训练推理能力）；

破译密码（找寻密码的内在规律）；

推理力测试（用10题推理检测推理能力）；

联系实际：找一找语文课本上有没有要运用推理预测文章下一步应如何写。电影看了一半，你又没有看电影说明，你能推测故事的结局吗？你喜欢看推理小说吗？喜欢预测未来吗？

（5）智力（游戏）趣题

皇后登山、梵塔探奇、七桥问题、一笔画、七巧图、九宫图、火柴棒拼图、世界智力难题等。介绍原理和解题方法，激发兴趣。

（6）学习方法与思维训练

学习过程学习方法介绍（包括预习、听课、作业、复习、考试），帮助学生对中学学习进行适应。

2. 创造性思维训练

初二年级开设创造性思维训练。创造性思维能力是智力结构各因素中最活跃、最有代表性的因素，通过训练，使学生了解创造和创造性思维的一般特征，基本方法，培养他们的创造品格和创造能力，诸如逻辑推理能力，联想想象能力，直觉灵感能力，掌握一些创造技法，激发学生的创造兴趣。使之在生活、学习中有所创造。

（1）扩散思维的训练

多路扩散的训练；

侧向扩散的训练；

立体扩散的训练；

逆向扩散的训练；

扩散—集中—扩散的训练。

（2）排除思维障碍的训练

先入为主的干扰，不知不觉缩小问题的范围，固定思维框框的束缚，传统观念的束缚，过早下结论，只满足于一个答案，对权威的迷信，多余条件阻碍你思考等。

（3）创造技法的训练

检查单法，特性列举法，关键词法，缺点列举法，移植法，组合法、综合法，信息交合法等。

（4）创造品质的培养

有造福于人类的理想，有批判精神，有顽强的毅力和坚持精神，观念灵活、想象力丰富、知识面广，有良好的创造习惯。

（5）创造实践与创造练习

用信息交合法写作文；

列一个开发新产品的检查单；

将创造技法（某一种）移植到学习上，改进你的学习方法；

搞一项小发明。

（6）用脑、健脑常识

脑是思维的器官；

几种健脑方法：动手，入静，健脑操，交替用脑，培养用脑习惯。

3. 抽象思维的训练

高一年级开设抽象思维的训练，较系统地介绍形式逻辑的有关知识，掌握概念、判断、推理等思维形式，逻辑思维的基本规律以及思考问题的种种方法，并运用到学习、解题中去，促进形式思维的发展。

（1）概念的形成与掌握的训练

下定义的训练，分类的训练，概括的训练，限制的训练，概念间关系图示法训练，抽象模型法训练，编制概念系统的训练等。

（2）准确判断的训练

性质判断的质量分析法、主谓对照法，关系判断的关系特征揭示法，条件判断的条件辨别法，矛盾关系、反对关系的判断分析法等。

（3）推理论证的训练

三段论法，连锁推导法，综合归纳法，类比法，反证法，归谬法等。

（4）问题思考法的训练

假设提问的方法，因果联系的方法，同异比较的方法，灵感捕捉的方法，联想创造的方法等。

4. 思维原理与科学方法讲座

高二年级学生的思维进入成熟阶段，需要较系统地介绍有关思维的知识，结合哲学常识的学习，发展辩证思维的能力。

（1）思维及其构成要素（知识、语言、观念、情感等）；

（2）思维的类型（形象思维、抽象思维、灵感思维）及其特点；

（3）辩证思维的基本规律及其在学习活动中的运用（对立统一规律、质量互变规律、否定之否定规律）；

（4）现代科学方法介绍（主要介绍系统方法）；

（5）思维的错误及其克服（思维错误主要包括片面性、绝对化、自我为中心、自我满足、初始判断干扰等）；

（6）优化知识结构，发展思维能力。

关于思维训练大纲的几点说明：

本大纲只是初稿，很不成熟，有待于在实践中不断修正和补充；

大纲不可能把具体的训练内容列出，只提供练习框架，具体内容尽量与文化知识课程相结合；

不经过专门的思维训练，思维也能发展，指导学生掌握思维方法，更要引导学生去发现方法，这也是我们思维训练课的宗旨。

初级思维训练、创造性思维训练和抽象思维训练，本人都已实践过，高二年级的思维原理及科学方法讲座没有完全进行。在开设过程中遇到的问题，效果如何，应该注意些什么，将在另一篇文章中叙述。

关于课堂上采取什么形式，运用什么手段，如何对思维能力进行测试和评估，亦在以后的文章中讨论。

语文教读课究竟该教什么

韦志成

在中小学基础教育中，以母语（即祖国的语言文字）为教学对象的语文教学，是一个世界性共同研究的课题。凡有独立语言的国家和民族，都十分重视研究本国的语文教学。研究的所有问题集中到一点，归根结底，就是提高语文教学效率。提高语文教学效率的标准，就是让学生更好更快地掌握祖国语言文字这个工具。语文教学，它表面上看来似乎好教好学，实际上是难教难学，难就难在提高教学效率上。世界各国概莫能外。我国的语文教学，自1978年以来，有不少教育家、学者呼吁，倡导改革，要搞掉语文教学"少、慢、差、费"的"老大难"的帽子，提高教学效率；全国不少教师在教育思想、教学内容和教学方法等方面进行改革，取得了可喜的成绩，语文教学效率确有明显提高。但从大面积来看，仍未尽如人意。

众所周知，构成语文教学基本内容的，主要是阅读课与写作课。而阅读课是基础，占了教学内容的绝大部分，因此可以推论，语文教学效率不高，主要是阅读课的效率不高。阅读课按教读课、课内自读课、课外自读课组成教学单元，教读课是领头课、重点课、关键课，教学效率不高，就主要反映在教读课上。

所谓提高效率，指提高单位时间的工作量，花时少而取得较好的工作效果。由于时间不能倒流，不能代替，不能增添，所以时间就是金钱，效率就是生命。世上一切事物的优化，最终都归结到时间的节省上。提高教读课的效率，说到底，是指在最少的时间内取得最佳或最优的教学效果。提高教读课的效率，重要的是解决两个层面的问题，第一层是教什么，第二层是怎么教。前一层是实质问题、原则问题，后一层是方法问题、操作问题。本文想重点探讨教什么的问题。我认为：

一、教学生学习语言文字，积累语言材料

教读课，顾名思义，就是教学生读书，或者说指导学生阅读课文，通过"读"，学习、理解祖国的语言文字，积累语言材料。

对于语文教学的目的任务，在研讨中见仁见智，不管有多少种看法，有多少种观点，但总改变不了一个基本事实：1903年语文独立设科，就是为了要使语文从历来的经学、史学、哲学、伦理学等混合教学中分离出来，而以教学生学习祖国的语言文字为专职。如果今天又给语文教学这样那样的"任

务"，或者模糊语文教学的根本任务，那就不仅有悖于语文独立设科的初衷，而且于历史简直就是倒退了。语文课的根本目的是什么呢？叶圣陶先生精辟地回答："语文这一门课是学习运用语言的本领的。"①"语文"是口头语言和书面语言的合称，教读课的任务就是指导学生通过对课文（即书面语言）的学习，正确理解祖国的语言文字，积累语言材料，学习运用语言的本领。

构成一种语言的基础和决定语言的基本面貌是基本词汇和语法结构，它们还是区别其他语言的标尺。只有掌握了基本词汇和语法结构，才算是掌握了一门语言。所以，学习祖国的语言也必须掌握基本词汇和语法结构，积累语言材料。郭沫若说过："胸藏万汇凭吞吐，笔有千钧任歙张。"也是说，先掌握一定的词汇，运用语言表情达意才有基础。学生在语言表达中，经常出现词汇贫乏、词不达意、言不逮意、言不尽意等"语文痛苦"的现象，就是因为掌握的词汇量太少，基本的语法知识没有学好。而掌握基本词汇和语法知识不能靠阅读词典和语法书籍获得，那不仅严重脱离生活实际，而且根本就学不好、记不住。因此，从古到今，从中国到外国都是通过选文让学生阅读，借以了解祖国语言的基本形态，认识各种不同的语言形式，接收"活的语言"。课文是一篇篇的"言语作品"，虽不是语言知识的解说，却是以语言知识灵活运用的形式出现的。这样，在学习课文中既学习了语言的基本形式，如词、短语、单句、复句、句群等，也学习了语言知识。叶圣陶先生指出："不论国文、英文，凡是学习语言文字如不着眼于

形式方面，只在内容上去寻求，结果是劳力多而收获少。"②夏丏尊先生也指出："学习国文应该着眼在文字的形式方面。"③可见，学习语言重在学习语言形式，如果抛开语言形式只就课文内容进行分析，大搞"满堂灌""满堂言"，凭教师个人的兴趣爱好教学，就偏离了语文教学的根本目的，必然导致教学效率低下。试想，如果每篇课文的教读都能抓住学习语言形式这个根本目的，指导学生学会新的字、词、句、段，从小学到高中毕业，近千篇课文，3 000多节语文课时，该要掌握多少字、词、句、段啊！学生的语文程度还会低吗？

毛泽东同志指出："语言这东西，不是随便可以学好的，非下苦功不可。"④下苦功的重点就是要积累语言材料。"积学如积宝"，对于祖国语言中那些久经岁月磨炼仍放出夺目光彩的古典诗词，脍炙人口的名篇佳作，则尤其要积累，因为它们是祖国语言的瑰宝和典范。"记诵者，学问之舟车也。"（章学诚《文史通义·辨似》）积累的办法就是多读多背。朗读是语文课的第一教学法，是学生学习语言的第一基本功。朗读，将课文入于眼，看清字形、词语、句子，不掉字、不添字，是为"目治"；出于口，吐珠喷玉，流利顺畅，口中自有情词芬芳，是为"口治"；入于耳，听来抑扬顿挫，声韵合拍，是为"耳治"；记于心，依文赋情，心旌摇荡，潜移默化，熏陶感染，是为"心治"；如此眼、口、耳、心并用，一举数得，何乐不为？当学生把课文读对字音，读通词句，读断句逗，读准语调，读清思路，读出情味，读顺文气，读懂技法时，

在琅琅书声中，学生的语感便形成了，课文内容化为营养不知不觉被学生吸收了，学生的阅读能力也在潜滋暗长了，语言材料的积累由熟读而记忆也就实现了。"腹有诗书气自华"（苏轼语），腹中积累了不少诗文的名句、名段，何愁语言能力不能提高？可现在的教读课朗读、背诵太少了，难怪学生胸无点墨、头脑空空！

二、教学生理解语言文字，学习语言表达技巧

教读课，要教学生读懂（即理解）课文。怎样才能读懂了呢？古人云，"读者，抽也"，"抽释其意蕴至于无穷"。就是说，阅读要抽出读物的意义，才算读懂了读物。在语言交际中，听和读是接收语言信息，以理解意义为中心。听，把语音意义结合起来；读，把文字符号按组合顺序同意义结合起来，把语言文字承载的信息意义揭示出来。教读课就是指导学生把课文的意义抽释出来，否则就没有理解课文，就不能培养学生的阅读能力（包括认读能力、理解能力、鉴赏能力等）。

课文意义的理解，从语用的角度说，就是把语言交际作为一个动态过程，理解语言在一定语境中的实际运用，包括理解语表意义和隐含意义。叶圣陶先生曾谆谆告诫："语文老师不是只给学生讲书的，语文老师是引导学生看书读书的。一篇文章，学生也能粗略地看懂，可是深奥些的地方，隐藏在字里背后的意义，他们就未必能够领会。老师必须在这些场合给学生指点一下，只要三言两语，不要啰嗦，能使他们开窍就行，老师经常这样做，学生看书读书的能力自然会

提高。"⑤由于课文的语表意义学生能"粗略地看懂"，因而教读课中教师的主要任务是给学生"指点"课文"深奥些的地方"，理解课文"那隐藏在字里背后的意义"，即隐含意义。

语言的隐含意义是由多种原因造成的，或是说话人受到环境、场合、条件的某些限制，话不能直说，故有时语意双关，绵里藏针；有时吐吐吞吞，闪烁其词；有时正话反说，指桑骂槐；有时明知故问，影射比喻，等等；或是为了追求"隐以复意为工"（刘勰《文心雕龙·隐秀》）、"文贵曲"的表达效果，而有意曲笔，夸张变形，跳跃跌宕，含蓄隐晦，模糊省略，等等；这样就使语言形式和表达意义不能统一，"言在此而意在彼"，给读者理解带来困难。但只要不离语境、揣摩语境，那语言的隐含意义——言外之意、象外之象、景外之景、韵外之旨，语言内在的潜台词是一定能够理解的，那字里行间的，"沉默的语言"就会呼之而出，那隐形的"立体的语言"就会站在我们面前。例如：《祝福》中鲁家年终祭祀，描写四婶制止祥林嫂配置祭器的话语有三次：

①"祥林嫂，你放着罢。我来摆。"

②"祥林嫂，你放着罢。我来拿。"

③"你放着罢，祥林嫂！"

比较一下，差别细微，却话中有话。第①、②次只一字之差，含意可不同：第①次可以拿但不能摆，第②次连拿都不行了。第③次先制止后称呼，生怕她沾了边，且语气强烈，这无异于说，伤风败俗的，不干不净，靠边站吧！锣鼓听音，说话听声，在特定的语境中一比较，不是清楚地听出那话外

之音么？不是理解了那话中的分寸感与情味感么？

正确理解了课文的意义，还要引导学生明了课文是怎样运用语言来表达意义的，学习语言表达的技能技巧。语言运用的技巧，有选择最恰当的词语、句子、修辞格，选用记叙、描写、说明、议论、抒情等方法，但段落层次和篇章结构的技巧尤为重要。一则可让学生认识课文内部的逻辑联系和关系，明白文章的思路，增进对课文的理解；二则训练学生的思维能力，为他们作文训练安排段落层次、篇章结构搭起了桥梁。如《谁是最可爱的人》记载中国人民志愿军的三个故事（松骨峰战斗、马玉祥抢救冰窟小孩、坑道里与战士谈话）能否将其位置互换呢？为什么？学生弄清楚了这个问题，就能懂得语言表达必须服从中心的需要，必须言之成理、言之有序。学生思考后，回答不能互换。因为志愿军出国作战的目的是"抗美援朝，保家卫国"。"抗美"，打击侵略者是首要任务，"松骨峰战斗"必须放在第一部分。第二个故事表现战争的另一个侧面，体现"援朝"，也是回答对敌恨的缘由。然而，志愿军为什么爱憎分明，具有革命英雄主义和国际主义精神，其根由是对祖国的爱，爱国主义精神是其思想基础，所以把第三个故事放在最后。

积段而成篇，只有建立"篇"的观念，才能从整体上认识运用语言表达的主旨和特点，"整体大于各部分之和"。"熟读唐诗三百首，不会做诗也会吟"，揭示了学习诗、文要以"首"或"篇"为单位的道理。只有通过"首""篇"这个语言表达的整体，才能认识表达的"主脑"，才能领悟作者的匠心和运用语言的技巧。古人云："皮之不存，毛将焉附？""首"和"篇"是"皮"，字词句段是"毛"，没有"首"和"篇"，一个孤立的字词句段即使再好也会黯然失色。犹如一片叶、一朵花、一个枝杈，离开了有生命的树，终究是要枯萎的。"倾国宜通体，谁肯独赏眉？"一个倾国倾城的美人是整体的美，如果只是眉毛美丽谁愿意去欣赏她呢？因此教读课文，必须引导学生经由"整体—部分—整体"的认识过程，既完整地理解课文，又获得语言运用的全面技能。

三、教学生做堂堂正正的中国人

吕叔湘先生曾在《语言与语言研究》中指出："说到底，语言学本质上是一门人文科学。它跟别的人文学科一样，可以尽量利用技术学科的帮助进行它的工作，但是它自身不会变成一门技术科学。"语言集中而突出地体现了人文性，体现了人之为人的特点。人是"语言的动物"（卢梭语），言为心声，语言是人的心灵活动的表现，是人的生命活动、社会活动的交际工具，因此，语言在产生、形成、发展的过程中，自始至终凝聚着人的意识，积淀着人的精神，这样人的意识、精神和语言天然地形成了一个谁也离不开的谁的"情结"，以意识、精神为内核，以语言形式为物质外壳。因而，学习语言就是在学习社会、学习人的思想意识和精神，学习做人。

就人的心理成长过程来看，一是依赖自然的发展进化，像最简单的单细胞动物发展进化为高级哺乳动物，奠定了人们心理成长的物质基础。二是积淀文化历史的发展过程。在这个过程中，人的心理得到文化历史的熏陶感染，逐步"人化"，在社会活动和人们的交际中成熟起来，其中介就是语言。语言天经地义地成为人的心理内化和外化的工具。所以学习语言可以促进人的心理健康成长，教读课也就责无旁贷地要陶冶学生情操，促进学生心理健康成长，实现教书育人、读书做人。

科学无国界，而语言是有国界的，是属于民族的。学习一种语言，就意味着从思想意识上加入这种语言所属的国家或民族，接受这个国家或民族的文化影响。在学习语言的过程中就是对这个国家或民族的意识的体验，对表现于语言中的民族精神的认同，个体心理得到民族心理、民族情感的同化。可见，教学民族语言，其价值远远超出了语言本身，是在传播、培育和弘扬民族精神，在塑造未来的民魂和国魂。

我们学习母语，知言养气，读书美身，理所当然地要接受中华民族精神的熏陶，体验我们的民族精神，同化并发扬我们民族的优良传统，如崇德重义的价值取向，自强务实的人生态度，见贤思齐的理想人格，乐善好施的道德规范，见义勇为的做人品性，忠孝两全的基本尺度，礼仪修身的伦理准则，

等等，让学生为做一个堂堂正正的中国人而感到自豪。同时，教育学生热爱社会主义祖国，不忘肩上的历史责任，振兴中华，开创未来，为世界和人类做出较大的贡献。总之，我们在教读课中，要以祖国优美、丰富的语言文字，伴随着博大精深的人文情思教育学生，直至影响他们的一生。

以上从三个方面回答了教读课究竟应该教什么的问题，而在实际操作中，这三个方面统一在一个教学过程之中。这个过程是一个教、学、做合一的过程，是一个知、情、意结合的过程，是一个真、善、美统一的过程，它以教学生学习语言、培养语文能力为中心，同时也在进行人文方面的情操陶冶。明乎此，教读课才算尽到了分内的责任，语文教学效率也就有望提高了。

注：

①叶圣陶《语文是一门怎样的功课》，见《叶圣陶论语文教育》第192页，河南教育出版社，1986年版。

②《叶圣陶语文教育论集》第177页，教育科学出版社，1980年版。

③《夏丏尊论语文教育》第86页，河南教育出版社，1987年版。

④毛泽东《反对党八股》。

⑤《叶圣陶论语文教育》第167页，河南教育出版社，1986年版。

Chapter

08

识字教学

初中是基础教育阶段，属于国民教育，练好写字基本功，对学生今后的学习和工作，对提高全民族的素质都有重要作用。因此，广大中学语文教师，尤其是广大初中语文教师，一定要重视写字教学，严格要求，加强训练，使广大学生扎扎实实地练好这项基本功。

要加强初中语文课的写字教学

刘　辉

文字是记录语言的符号，是交流思想的工具。每个字或词都传达着不同于别的字或词的信息，都有全社会公认的写法。因此，要准确地传达信息，正确地表情达意，就要讲究写字用字的规范化。这不仅反映着一个人的文化素养，也反映着一个民族、一个国家的教育水平和文明程度。

我国政府一向十分重视文字的规范化。新中国成立初期，在百废待举的情况下，《人民日报》于1951年6月6日发表了题为"正确使用祖国的语言，为语言的纯洁和健康而斗争"的社论，在全国进行了语言文字的规范化和纯洁化工作，提高了我国语言文字的规范化水平。1963年，原教育部颁发了《关于加强中小学学生写字教学的通知》，明确指出，"写字是中小学学生一项重要的基本训练"，"中小学学生都要注意不写错别字"，"不随意乱造和乱用简化字"，要求把字写得"正确、清楚，笔顺合理，字体端正，行款整齐"，并规定："全日制小学各年级都要设写字练习课。低、中年级写字课每周三课时；低年级写字可以和每天的讲读课适当结合进行，也可以分开进行。高年级写字课每周两课时，在写字课时间以内，教师应当进行具体的写字指导。初中一年级每周设一课时写字指导课。中学各年级都要通过作文和书面作业等练习写字，也可以在语文课的课外作业中规定习字练习。"《通知》发出后，全国中小学对写字教学进一步重视，教学工作普遍加强。十年"文化大革命"的浩劫，使我国的文明建设蒙受了重大损失，语言文字的规范化和纯洁化工作遭到破坏，中小学的教学工作包括写字教学也毫无例外地遭到了破坏。为此，1981年6月19日《人民日报》再次发表了题为"大家都来讲究语言的文明和健康"的社论。但是，由于种种原因，近年来文字不规范的现象仍然比较严重，而且越来越严重，污染了语言，污染着社会的文明。

文字不规范的现象表现在三个方面，一是错字，即错误的字，严格地讲，这种字不是字。字典上没有这样的字。如把"武"写成"武"，把"煌"写成"煌"，把"步"写成"步"，把"染"写成"染"等。二是别字，即字原本没有错，只是用"别"了，用错地方了，不该用它而用成了它。如把"再次"的"再"写成"在"，把"已经的"已"写成"以"，把"暧昧"的"暖"写成"爱"，把"辩论"的"辩"写成"辨"，把"题词"的"题"写成"提"等。三是其他不规范的字，如已规定简化而没有简化的繁体字，没有规定简化而随意简化的简化字以及难以辨认的潦草字（草书例外），如把"副班长"的"副"写成"付"，把"比赛"的"赛"写成"塞"，把"舞蹈"的"舞"写成"午"等。1987年国家教委委托华东师大用近两年的时间调查了全国初中三年级的语文教学现状。调查的范围是北京、天津、上海、山西、江苏、安徽、广东、广西、湖北、陕西、甘肃、吉林、黑龙江、四川、云南等十五省、自治区、直辖市。在这些地区，用分层随机抽样的办法抽查了五万名以上的学生，约占全国初中三年级学生总数的4%。接受问卷调查的学校有527所，教师2800多名。调查的结果表明当前大多数初三学生语文成绩偏低。写字能力差就是其中的一个方面，许多学生基本功差，错别字多。例如，在调查测试中，学生是认识"颊""鼻""鬓"这些字的，但很多学生不会写。"鬓"字只有55%的学生会写，"颊"字也只有65%的学生会写。作文试题中，有一项是填写汇款单，其中汇款金额一栏需填写"陆元贰角"，而"陆"和"贰"两个大写数字的正确书写只有26%。究其原因，很可能是因为这些大写数字，无论是语文课还是数学课从来没有教过。记叙文写作是提供具体材料让学生重新剪裁概括，其写作用字材料上都是现成的，结果每篇平均错别字比议论文写作还多0.35个，可见许多学生对摆在他们面前的现成的字的字形和笔画也没认清。此外，10%的学生写字基本功甚差，甚至还可以看出，有的学生连最起码的写字的指导、训练也没受过，根本不懂得什么叫正确的笔画、笔顺。

我国初中毕业生的60%左右不能升学，广大农村的初中毕业生80%要回乡参加生产劳动。今天在校学生的字迹潦草，错别字多，明天就会变为社会污染，成为危害社会工作的因素。1986年春天，共青团北京市委动员北京20多万红领巾走上街头，开展了一场"让春风吹走首都街头错别字"的运动，在短短几天内就查出错别字和其他不规范用字26万多处。据国家语言文字工作委员会的统计，近年来西单、王府井、大栅栏、东单等处商店出现的不规范用字竟占用字数的4%□10%，报纸杂志、电视屏幕上的不规范用字也屡见不鲜，甚至在某大报套红的一版上出现过4个错别字，而且都是出自名人的手笔。在文化发达的北京，在知识分子或名人的笔下尚且如此，在不发达或落后的地区就可想而知了。这种情况已经引起了公众的关注和不满。再也不能继续下去了。1990年4月17日，国家教委副主任、国家语言文字工作委员会主任柳斌同志在修订后的《标点符号用法》发布会上说："语言文字不规范，使用混乱，不仅给文化教育带来危害，也给经济、技术、国际交流等各个方面带来损害。"某自治区的出口商品只是由于包装纸上印错的一个字，不得不重印，经济损失达数十万元，如果由于不负责任而在语言文字上出现了重大政治错误，其后果就更为严重了。

毛主席曾指出，要"把消灭错别字认真地当做一件事情来办"。要办就必须找出造成语言文字不规范、使用混乱的原因。原因在哪里？从社会与教育内部看，主要原因在于教育内部；从教育内部看，主要原因在于基础教育中小学和初中的教育；从小学和初中的教育看，小学每个年级都有写字课，而且各年级的写字教学抓得都比较扎实。初中没有写字课，在语文教学大纲中，对写字教学提出了一定的要求，但在教学实践中未能认真落实，小学生升入初中后，写字能力得不到严格训练，以致初中学生在书写方面存在很多问题。因此，要提高写字水平，实现使用文字的规范化，关键是改进和加强初中阶段语文课的写字教学。

一、要安排一定的写字教学的时间。当前，"六三"制和初中各年级并行学科较多，教学内容偏深，学生负担偏重，尚不宜单独开设写字课。但要充实和调整语文教学计划，将写字教学穿插在一、二年级的语文课中。从查看初中写字教学的情况看，初一应在小学写字教学的基础上，结合学生的实际，进一步传授写字的基本知识，继续加强基本训练，纠正错误的执笔方法和写字姿势，掌握汉字的难写笔画和结构的书写方法。继续练习用毛笔临帖，有条件的还可以练习用毛笔写小楷。初二应继续用毛笔临帖，有条件的可继续练习用毛笔写小楷，重点加强用钢笔写字的训练，能比较熟练地用钢笔写字，写得正确、端正、清楚，力求美观，行款要整齐，并有一定的速度。在教学时间上，初一和初二每周可安排20分钟到30分钟；可集中安排，也可分散使用。试验"五四"学制的学校，可在初中一、二年级的语文课中，每周开设一节写字课，并列入课表。其他年级或其他类型的初中，也都要根据实际情况，在教学中加强写字训练。

二、提高学生的写字水平，只靠课内的一点儿教学时间是不够的。各类型的初中以及各年级，都要在写字课或语文课的课外作业中安排适当的写字练习。在学生的作文、各科日常作业和各科试卷等书写方面，都要提出严格要求，有条件的地区，可在语文考试中对书写的好坏进行评定，对书写好的要适当加分，差的要适当减分；平时加减的分数可多点儿，升学考试时可少点儿，作为一种艺术教育。各学校可根据实际情况，在加强写字教学的基础上开展课外活动，吸收书法爱好者参加，定期进行书法练习和书法展览，培养或发展学生的兴趣和特长。

三、提高师资水平是加强和搞好写字教学的关键。(1) 近几年来，在考试指挥棒的指挥下，为了追求升学率，考什么，有些教师就教什么，甚至认为："学生的考分高就行了，字写得好坏没关系。"因此，所有教师首先要提高认识，重视写字教学，把写字当做义务教育阶段学生的一项基本功，扎扎实实地抓紧抓好。(2) 写字应作为各科教师，特别是语文教师的一项基本功，所有语文教师都应当把字写好，不论是上课时的板书，还是在批改作业时，都应把字写得正确、端正、清楚、美观、熟练。(3) 语文教师对学生写字要严格要求，加强指导。对学生的各种书面作业，都要要求把字写规范、端正、清楚，行款要整齐，卷面要干净，使学生养成认真写字的优良习惯，做到练习要认认真真地做，字要规规矩矩地写。

语文教育家叶圣陶先生在《学习语文要练基本功》一文中说，字要写得正确，一笔一画都辨得明白，还要写得熟练，"把字写得正确熟练，这就是基本功"。初中是基础教育阶段，属于国民教育，练好写字基本功，对学生今后的学习和工作，对提高全民族的素质都有重要作用。因此，广大中学语文教师，尤其是广大初中语文教师，一定要重视写字教学，要严格要求，加强训练，使广大学生扎扎实实地练好这项基本功。

Chapter

09

口语交际和综合性学习

只要充分认识到加强口语语体教学的重要性，并且以认真的态度、开拓的精神把口语的教学和训练抓紧、抓好，就能够彻底改变传统语文教学"重文轻语"的现象，有力地促进学生听说读写能力的提高和思维能力的发展。

论听说读写的系统工程

❋ 林运来

现代心理学研究表明，利用多种感觉——口、耳、眼、手等综合进行听说读写的言语活动，多通道地传递信息，更有利于识记、再生和运用，消除由于单调、机械、呆板的练习而造成枯燥、沉闷的课堂气氛，调动学生学习的积极性，提高课堂教学效益。

一、从系统论的角度研究听说读写

听说读写这个系统整体的构成，是以思维为核心的，如图示。

此图表明，听说读写围绕着思维这个核心，通过纵向、横向、对向的联结关系，发挥多侧面转化、迁移的功能，形成纵横交叉的网络系统。

1. 内部语言与外部语言的转换过程

语言不是思维，而是思想的反映。听说读写是一个言语活动的心理过程。它们之间的联系，表现在内部语言与外部语言的相互转换关系上。用言语表达思想的过程，即说的过程，是思想体系转化为特殊思想，特殊思想再转化为

语言体系，选择词句，通过发音器发出言语声音，传递信息。如：

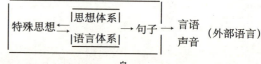

大脑（内部语言）身体

上述图式，大脑（又称"黑箱"）思维过程是内部语言，通过大脑的积极思维，然后由人身的发音器官发出言语声音，这是外部语言。听和读的过程是由外部语言到内部语言的转换过程，即人们领会或理解别人说话的意思的过程；说和写的过程是由内部语言到外部语言的转换过程，即人们应用和表达自己思想的过程。领会、理解是基础，应用、表达是提高，两者互补互用，互相促进。

2. 听说读写的排列组合

根据听说读写的关系，应用数学上的排列组合方式，可作如下几种安排：

第一项：听说读写

这是信息传递的四条基本途径，它们各有特性，各具功能，形成四个独立支柱，又是四种能力的系统工程。

第二项：

听—说　读—写

听—读　说—写

听—写 读—说

上面两项组合成六种关系,是最基本的组合关系,其他更高级的组合,也只是它们的延续和发展。例如:

第三项:听—说—写
　　　　说—写—读
　　　　读—听—说

第四项:听—说—读—写

这是第一种发展构成听说读写诸要素之后而构成最高级的组合,是语文能力的整体效应。

以上四项十一种组合关系,既是分析法的运用,又是综合法的运用,表明了语文能力的内部规律。这个内部规律,我们可以有许多表述;或曰"以说带听,以读带写",或曰"以听促读,以读促写",或曰"又听又说,又读又写",或曰"听听读读,说说写写",等等。实质上是发挥"听⇄说""读⇄写"的对流作用。

3. 恰当安排听说读写教学的顺序

当今信息社会,科技迅猛发展,信息量成倍增加,听说使用频率增大。据统计,在人类认识活动和互相交际过程中,听占45%,说占30%,读占16%,写占9%。由此可见,听说功能随着科学的进步而扩大了交际时空,使语言生活进入现代化高级阶段,实现语言生活的第三次飞跃。基于上述认识,听说读写这四种能力的教学顺序,应当是先听说,后读写。在听说基础上培养读写能力,使学生的听说读写能力和谐地全面发展。

中学语文是基础课程,应当抓好语文的双基训练,双基训练要着眼于听说读写。根据不同年级和对象,分阶段进行练习,培养学生"四会"能力。一般地说,分阶段教学是指视听说领先,读写及时跟上。初、高中可分为三个阶段,初一以培养听说为主;初二、三以培养独立自学能力为主,全面发展听说读写能力;高中阶段应当全面巩固提高初中阶段的学习成果,加强口语训练,同时注意朗读、阅读和写作能力的提高,发展智力,使双基、能力、智力三者相互促进,协调发展。

二、从信息论的角度研究听说读写

信息的传递总有发出信息的一方和接受信息的一方。发出信息的一方通过说话者编码输出信息,接受信息的一方通过听者译码输入信息,互为循环往复地进行双向的言语交际活动。

1. 听说读写的认识过程

根据信息理论,一个说话人利用言语编码,组织思维,输出信息,而听话人则通过耳听、眼看进行译码,接受信息。如:

说话人:编码→传递→感知→译码　听话人
　　　　　↑　　↑↑　　　　↓↓　　↓
听话人:评码←感知←传递←编码　说话人

从表面上看,听的言语活动好像是消极、被动的接受过程。实质上,在听的过程中,人们并不是机械被动地接受或简单地重复,而是通过积极主动地思考,重组语言材料,创造性地理解和接受信息。不过,由于听话人或说话人的知识、阅历和智商的不同,再加上语音标准、规范程度、速度和话题难易的影响,听说的表达与理解,容易出现几种对应关系:

①表达明确——理解正确

②表达不明确——理解不正确

③表达不明确——理解正确

④表达明确——理解不正确

在现实语言生活中，第③、④两种情况比较常见。无论是表达一方还是理解一方，都会产生言语障碍，影响交际。因此，人们言语交际需要双方的互相配合，彼此怀着一个共同的愿望，互相理解，共同合作，才能顺利地进行交际，达到预期的目的。

2. 加强听说的口语训练

提高口语水平，不仅需要进行一般口语表达训练，更需要进行口语修辞训练，研究现实社会生活中各种活生生的口语表达形式和表达技巧。一位外国心理学家曾经发明这样一个公式：信息总效果＝7%的文字＋38%的声音＋55%的面部表情。这就要求口语修辞除了研究词句的选择外，还要着重研究语调、态势和语境的选择和调配。

教学过程中，提问和对话是口语训练的重要形式。培养学生的问答能力应当遵循由机械性、意义性训练过渡到创造性、交际性训练的原则。这方面可分为两个阶段进行。

第一阶段，比较简易，浅显和机械性、意义性的答问。它有两种类型：重复性提问与理解性提问。前者要求学生重复课文中现有语句表达的内容，加深记忆。后者要求学生理解课文内容，并根据课文内容重新组织，用自己的话来回答问题。

第二阶级，有一些难度，并富有创造性的提问。它也有两种类型：创造性提问与评析性提问。前者要求学生对课文内容进行分析、综合、概括、推理。后者要求学生对问题作出实质性的判断和评价，然后发表自己的观点。

3. 注意读写的平衡协调

传统语文教学，多采用分析综合法，从逐句讲解发展到讲段落大意，讲词法句法篇法，讲主题思想等。而学生平日阅读书刊却是采用综合分析法，通过文字符号的感知、扫描，对文章进行模糊识别，但观大意，不求甚解。近年来，广大语文教师学习了系统科学方法，注意整体改革，加强意群、语段的综合分析，提倡速读法、猜读法、跳读法，能以最快的阅读速度接收最大信息量，达到教学过程中的最优化。因此，语文教学必须从实际出发，针对学生的心理特征，缩短学校语文教学过程与学生平日阅读实践中的距离，培养良好的阅读技巧和能力。

历来的语文教育家都主张把阅读教学分为精读与略读。认为精读是准备，略读才是应用。现行中学语文教材除少量课文指定要采用精读（分析综合法），把它认作例子与出发点外，多数课文都采用略读（综合分析法），教师从中加以指点，教会学生自读，以期"举一反三"，师逸而功倍。

三、从控制论的角度研究听说读写

听说读写四种能力，其信息的传递与接收，各个有其自控系统和方法。

首先是听话控制。听话，不只是听见，更重要的是听懂。有人认为："听，应更好地定义为'听觉的认识'，以强调听是一种认识过程，不只是一个生理过程。"当今社会生活节奏加快，人们越来越多地使用听和说，替代了部分读和写，要求听能具有敏捷的理解能力和反应力。

1. 集中注意力。 听和读不一样，读是靠眼睛吸收文字信息，一次看不清或不理解，还可以重看重读。而听则不能，要求高度集中注意力，除接受声音信息外，还要通过思维活动，理解话语的内涵，并且抓住别人说话的要点、实质，及时作出反应。

2. **加强理解能力**。口语大都是随想随讲，缺乏深思熟虑，难免有重复、脱节、松散、零乱，有时甚至说些题外话等现象。所以，人们听话，要注意理清话题的头绪，善于抓住其中的主要信息和必需信息，排除冗余信息，掌握对方说话的题旨。

3. **提高鉴别力**。训练鉴别力，建立在理解能力的基础上。听人叙述、说明、议论，要辨察说话有无片面性，内容是否真实，判断、推理方法是否恰当等。听人朗读、复述、说故事等，要辨明音调、内容、语气、感情等正误与优劣，才能切实有效地提高鉴别力。

其次是说话控制。说和听是一个问题的两个方面，常常联系在一起。说话有助于听话能力的提高，使理解与表达协调发展。

1. **学会适度表达**。根据《中学语文教学大纲》的要求，说话要说普通话，力求发音准确，吐字清晰，运用恰当的语调，注意句子停顿，控制说话速度等，使口头表达的语音、语调、语脉、语流、语速等，自然合度，大方得体，掌握说话基本功。

2. **加强口语修辞训练**。说话要言简意赅，生动活泼，富有表现力，扩大信息量。因此，说话要求在一般表达的基础上，进一步训练善于说话，做到"合于论理，却出乎至诚"，而且"精于思想，富于感情，工于表达"（叶圣陶语），具有一定的说话艺术。

3. **掌握主要的说话方式**。现行中学语文教材都编入若干篇听说训练的知识短文，要求中学生必须进行讲故事、讲见闻、讨论、演讲、即席讲话等几种主要说话方式，要求通过课堂教学中的复述、答问、朗读等环节的训练，掌握日常交际的基本说话方式，使学生说话做到言之有物，言之有理，言之有序。

再次是阅读控制。阅读是书面语言，和听一样都是接受、吸收信息的过程。所以，对听的控制也对读的控制具有同等的重要作用。

1. **根据阅读目的又分为粗读、浏览、细读几种**。粗读是通过文章的标题、关键句段、作者的评论等方面把握大意，领会要旨；浏览是通过书刊的目录、索引、后记、前言、序、跋之类，迅速地找寻特定信息，确定阅读价值；细读是对粗读而言，对朗读主要信息进行分析综合，比较鉴赏，掌握文章的深层结构。

2. **根据阅读内容可分为精读、略读、泛读**。精读是通过朗读、推敲、揣摩、鉴赏等环节，接受美感经验，得到终身受用；略读是对精读而言，与粗读大体相似，但观大意，不求甚解；泛读是综合性阅读，注意力集中于理解文章内容，略去语言形式。

3. **根据阅读方式可分速读、猜读、跳读**。速读是通过对文章符号的感知、扫描，进行模糊识别，掌握文章梗概；猜读是通过上下文的联系，从语段、意群等语境中进行理解；跳读是一目十行，根据阅读目的与需要进行选读。

最后是写作控制。写作是专门的独立的一门学科，从听说读写的系统工程看，写作教学应当重视引进口头作文，强调"写话"，使说与写之间互相迁移，沟通口头语言与书面语言，以写促说，互补互用，全面提高语文表达能力。

综上所述，听说读写四种能力在教学过程中的运用与调控，有迁移规律、互补规律和同步规律。它们之间不能截然分开，往往融会贯通，协调发展，或以听说促读写，或以读写导听说，以一种能力辅翼和弥补另一种能力。相互为用，相得益彰。

论口语语体及其教学

❋ 黄岳洲　陈本源

语体学是一门崭新学科，为语言学界和语文教学界所普遍关注。中学语文教学应该而且必须大量引进语体学知识。现代汉语的语体可以分为口语语体和书面语语体两大类，在语文教学中两者不应该偏废。口语在社会交际中有很重要的作用，常常是书面语不可能代替的。普希金说："书面语由于使用谈话产生的语汇，它才是永远生动有色的。"书面语实际上也是在口语的基础上形成和发展的，是口语的一种加工形式。谢尔巴院士更认为："标准语本身创造的，少于取自生活所创造的。"一个学生要真正学好汉语，就必须把熟练地掌握汉语口语语体作为学习中必不可少的一个环节。随着现代社会对交际活动越来越要求高速度、高效率，随着现代化通信技术、计算机技术的发展和"人机对话"时代的到来，口语语体必将更加广泛、更加频繁地进入各种社会交际领域。切实有效地提高教师和学生对口语语体的理解和表达能力，已经成为广大语文教学工作者的当务之急。

一、口语语体的特征

口语的框架是直接随便，不像书面语那样逻辑严谨。要观察研究口语语体的特征，

人们的日常谈话当然是第一手材料，某些记录口语的文字材料也值得我们重视。书面的文章也有的基本上是运用口语写的，如《尚书》《论语》《孟子》《左传》《史记》的许多篇章。又如选入中学语文教材的话剧《龙须沟》（选场）、《雷雨》（节选）、小说《老杨同志》等，以及近年来新兴的"口述实录文学"，像张辛欣、桑晔的系列作品《北京人》等。还有一些基本上用书面语写的文章中也渗入了一些口语成分，例如，文章中写人物对话的部分通常就是用文字记录的口语。下面摘引《龙须沟》第三幕第二场中丁四谈自己怎样买新衣裳的一段话：

可是大妈，您可也有猜不到的事儿。刚才呀，卖衣裳的一张嘴就要四万五，不打价儿……我把衣裳撂下，跟他聊天。喝，我撒开了一吹：我买这身儿为的是去开大会；我修的沟，我能不去参加落成典礼吗？我又一说：怎么大夏天的，上边晒得流油，下边踩着黑泥，旁边老沟冒着臭气，苍蝇、蚊子落在身上就叮，臭汗一直流到鞋底子上！我还没说完哪，您猜怎么着，他把衣裳塞在我手里，说：拿去，给我四万块钱！不赔五千，赶明儿你填老沟的时候，把我一块儿埋进

去！大妈，您想得到这一招吗？

这段话是非常典型的口语。从这一类比较典型的口语材料中，我们可以看到口语语体的一些基本特征：①丰富性。它能广泛采用口头语言中多种语言材料和语言手段，有时也不排斥某些书面语言中的词句。②生动性。它能普遍使用生动、形象的词和句，还能利用语音、语调的变化来完成复杂微妙的表情达意功能。③灵活性。它在选词、用词、组句等方面都是灵活多变、富有弹性的。④粗略性。由于口语表达的过程非常短促，随想随说，而且能够随时补充、纠正，也由于口语表达总是依存于特定的语言环境，并且能够借助表情、姿态、动作等非语言的辅助手段，因此，口语语体可以允许一些不很连贯、不很完整、不很严密的粗略的表达方式。当然，像上面的引文已经是经过作家加工过的口语，在粗略性方面跟日常谈话中的口语是不同了。

口语语体的这些基本特征，决定了它在词汇和语法方面都表现出一些特点。词汇方面，口语语体大量使用口语词、惯用语、谚语等，可以适当使用一些方言词，有些书面语词也可以有条件地渗入口语，但是古语词、外来词、专业术语一般较少进入日常口语。从词性来看，实词中动词出现的频率较高，而且以表示实在动作的动词为主（上面引文中每个句子和分句都有一个以上的动词）；虚词中语气词、叹词使用较多，连词、介词使用较少，有些虚词还有一些特殊用法，例如，用"的"表示完成时态（上面引文中"我修的沟"，"的"相当于"了"），用"得"表示可行态（如"这东西吃得"），用"看"表示尝试态（如"说说看"）等。从词形来看，儿化词、重叠形式的词出现得较多。从词义和词彩来看，许多词语表义比较具体、比较灵活，除表示概念意义外，往往还带有描绘色彩、表情色彩；除具有语言意义外，往往还具有特定的言语意义（语境意义）。以代词为例，口语中代词的意义在特定语境中活用、虚指等比较常见，这类活用、虚指往往带有某种附加的情态意味。例如，《红楼梦》三十一回袭人在回答黛玉对她的挖苦时说，"我们一个丫头"，实际意思是"我是一个丫头"，自称"我们"比直说"我"语气要委婉一些；平时常常听到母亲哄孩子时说"咱们不哭，咱们是好孩子"，用"咱们"来代替"你"，增添了亲昵的意味。语法方面，口语语体也有一些明显的特点。从结构来看，口语的句子结构一般比较简单、粗略，短句多，省略句多，插入语多，紧缩句多，而具有较多附加成分、联合成分、同位成分的长单句以及具有复杂层次关系的多重复句就很少出现。从语序来看，口语中符合常规的语序是大量的，但由于受到讲话时的特定语境、讲话人的特定情绪的影响，也常常出现易位、追加、脱节、重复等比较特殊的语序。例如，"怎么啦，你？""弄不清楚呀，我这个笨孩子！"从词语搭配来看，口语中有时会出现一些看似"不合理"但是完全能够为人们所接受的特殊搭配关系。例如，《龙须沟》中的"我这儿给她赶件小褂""我不应当拦住你们的高兴"；《老杨同志》中老杨自称"做过十年长工"，群众称赞他用木掀用得好就说"（他）真是一张好木掀"。

二、加强口语语体教学的重要性

在汉语的发展历史上，曾经长期存在"言文分离"的现象，在语文教学中也形成了根深蒂固的"重文轻语"的倾向，这种倾向至今仍然没有彻底纠正，对学生听说读写能力的全面提高非常不利。针对这种情况，我们必须在语文教学中加强口语语体的教学，来促进听说读写的训练，促进学生智能的发展。加强口语语体教学的重要性主要表现在以下三个方面：

第一，加强口语语体的教学，有助于切实有效地提高学生听和说的能力。

从日常生活中的随便交谈到课堂上的提问、答问，从谈出一个最简单的看法到口述一个十分复杂的问题，都要求学生具有必要的听和说的能力。目前，许多中学生听话、说话的能力并不很强，听别人的话有时不得要领，甚至理解错误；自己开口讲话往往是一副"学生腔"，在口语中不恰当地搬弄一些书面语体的语汇或句式。一位中学物理教师曾经谈起，有一次他在课堂上问一位学生："为什么射击瞄准的时候要闭上一只眼睛？"那位同学的回答是："因为两只眼睛都闭上就什么都看不见了，所以只能闭上一只眼睛。"看来，那位学生的听话能力很成问题，他没有重视口语语体中语音、语调的表达功能，没有注意到教师提问的时候逻辑重音是落在"闭上"上边，而不是落在"一只"上边。有的学生干部找学生谈心，不善于根据口语语体的特点和情境、语境的要求选词选句，却喜欢用许多政治术语，用一些

不出现主语的"要……""应该……"的社论式的语句，这就必然影响谈心的效果；如果多用口语词汇，多用一些"你看是不是……""咱们能不能……"这一类富有亲切感的句式，情况就会大不一样。学生中存在的这些问题，正说明了加强口语语体教学的迫切性。

现在有些国家的中学语文教学大纲和教科书明确地编入了听话、说话训练的内容。例如，日本的国语教科书中就有听话、说话、说服、讨论、开会、发言、演讲等方面的内容。德国的语文教科书也普遍安排了说话训练的教材，以多种形式训练学生说话的技能和技巧。俄罗斯的许多学校都设立了口头作文课，作为培养学生表达能力的必要环节。我国现行中学语文教材对听话、说话训练还缺乏系统的安排。但我们还是可以利用现行教材中的有关内容，并且结合学生的实际生活有计划地精心设计一些运用口语语体的听、说训练。例如，《老杨同志》中写到抗战时期一位县农会主席老杨到一位胆小怕事的农民老秦家去吃饭，老秦对老杨存有戒心，十分客气，使老杨觉着不舒服；但是老杨通过自己的言谈和行动努力缩短了老秦和自己在感情上的距离。文中记述的老杨那些真诚、亲切、自然的言谈，就很值得我们从口语语体的角度去学习、领会。在教学中，教师还可以把课文中的材料作为借鉴，根据学生的实际生活设计一些特定的情境，指导他们进行会话练习，例如，跟一个对自己有某种误会的学生怎样通过交谈来消除误会，课外去访问一个不大愿意敞开思想的失足青年，怎样努力使他乐于交谈，等等。

第二，加强口语语体的教学，有助于更好地提高学生读和写的能力。

读和写主要是运用书面语，书面语的基础却仍然是口语。现代的书面语是语体文，正如叶圣陶先生早就指出的："语体文的最高的境界就是文章同说话一样。写在纸上的一句句的文章，念起来就是口头的一句句的语言，教人家念了听了，不但完全明白文章的意思，还能够领会到那种声调和神气，仿佛当面听那作文的人亲口说话一般。要达到这个境界，不能专在文字方面做功夫，最要紧的还在锻炼语言习惯。"（1）老舍先生在谈到散文写作的时候也说过："散文是加过工的口语。""我们话说得清清楚楚，明明白白，这就有了写散文的基础。"（2）教师认真引导学生学好口语，像叶老所说的那样"锻炼语言习惯"，他们在读语体文时就能体会得更加真切，在写语体文时也能写得更加纯粹，达到更高的境界。目前报刊、书籍中语体文写得不够纯粹的现象普遍存在，这种风气也对中学生造成了不小的影响。在《中学生文苑》第六辑上，我们读到了一位高二文科班语文课代表的习作《论赵云》和另一位高二理科班学生对这篇习作的评议，从整体来说，两篇文章清新可人，但有些语句的文白夹杂实在是美中不足。原作的结尾部分和另一位同学的改文是这样的：

[原作]......古语曰：窥一斑而知全豹，子龙可谓有识之士矣。

由此可见，赵子龙不愧是一位智勇双全的将才，是马超、许褚之流所望尘莫及的。因此，评论他时，若只言其勇，显然是不够的。

[改文]由此可见，赵云确不愧为一位智勇双全、胆识兼备的将才。若论赵云只言其勇，与许褚、马超等同，则失之矣！然而岂止是论一赵云，知人论事不都应作如是观么？

诚然，我们可以有目的、有选择地把古人语言中有生命的东西渗透到语体中来，但是，我们不能认为文白夹杂、语体不纯的现象是必要的、健康的。加强口语语体的教学，对于克服这种语体不纯的现象是大有帮助的。

注意到语体文和口语的一致性的同时，还应该注意到它们之间存在的差别。一般来说，书面语体要比口语语体更加精密、更加严谨、更加规范、更加明确。加强口语语体的教学，引导学生掌握口语语体的特征，也能够帮助他们从口语和书面语的对比中更好地把握书面语体的特征，在写作语体文的时候要注意对口语进行恰当的加工提炼。

第三，加强口语语体的教学，对于发展学生的思维能力也有很大的促进作用。

《德语语文教学袖珍手册》一书指出，"说话训练旨在培养青少年用口语说话的能力和熟练技巧，并使其有助于青少年个人的发展，大大促进他们的交往能力和在政治上的活动能力"，从而"为改善学生的学习条件做出本质的贡献"。（3）这里说的"有助于青少年个人的发展"和"改善学生的学习条件"，显然涉及发展智力、培养能力的问题。口语的表达过程是：思维（内部语言）→快速选词造句→口头语言（外部语言）；而口语的理解过程是：听话（感知外部语言）→快速辨词辨句→理解（掌握深层语义）。这两个过程往往交织在一起，进行得像闪电般的快速。要提高口语的表达能力和理解能力，就要提高思维活动的速度和效率，增强思维活动的敏捷性、准确性和及时应变的弹性。一般来说，听话、说话能力很强的人，思维能力也是比较强的。因此，加强口语语体的教学和训练，不仅是培养学生听说读写能力的重要环节，也是发展学生思维能力和实际活动能力的有效手段。

我们这一代的语文教学工作者，只要充分认识到加强口语语体教学的重要性，并且以认真的态度、开拓的精神把口语的教学和训练抓紧、抓好，就能够彻底改变传统语文教学"重文轻语"的现象，有力地促进学生听说读写能力的提高和思维能力的发展。

注：

（1）《叶圣陶语文教育论集·怎样写作》。

（2）老舍《小花朵集·散文重要》。

（3）转引自朱绍禹《外国语文教学资料集纳（二）》，《教学通讯》文科版1982年第11期。

直面世界：口语交际教学新概念

❀ 潘 涌

从1992年中小学语文教学大纲提出听话与说话教学，到2000年修订语文教学大纲时改称"口语交际"，再到新课标对"口语交际教学"的一系列完整表述，清楚地表明：汉语文教学不但追随着世界母语教学的时代步伐，而且在"口语交际教学"的目标确立上已获得突破性进展。

一、走近口语交际教学的目标

变"听""说"为"口语交际"，是相对于"书面交际"而言的。较之于以往"听""说"偏重于静态教学，"口语交际教学"更偏重于在动态中发展学生的即时性和现场性口语能力——这就是"交际"一词所包含的特定内涵，因此，我们视之为消失了距离感、时间感，撤去了人格面具而直面世界之能力。在书面语交际中，言语者有足够的耐心和时间去斟酌"表达的形式"，言语难免有"遮蔽"自我的功能，而"直面世界""直面对象"时，心灵的敞开度大了，对言语综合素养的要求也高了。这就使"口语交际教学"具有多重层级目标：

1. 静态知识。

这是口语交际能力生成与发展的基础。从一般的口语知识要求，到各种口语交际场合的特殊要求，从语速、语气、语调、吐字清晰度等共性要求，到针对不同对象而变换口语表达方式的规律性要求，都需要教师在交际情境中对学生有所传授。

2. 动态能力。

即在人际交互作用、思维对流的情境中，培养和发展学生的倾听能力、表达能力和应对能力。

第一，倾听能力。这里包括语音辨识能力、语意理解能力和语感能力。倾听能力需要在长期的口语交际教学实践中逐渐养成，从而促进思维的敏捷性和灵活性。

第二，表达能力。这里包括内部言语生成能力、外部言语组织能力和驾控能力。内部言语即人的思维内容，而外部言语则是将思维内容按照母语语法规则而"编码"成有序、达意的词汇系列。从内部言语生成到外部言语表达（组织与驾控），都与人的思维活动、情绪变化相辅相成，故锻炼言语表达能力也就是锻炼思维能力，锻炼思维的灵敏性、深刻性和丰富性。

第三，口语交际中的应对能力。新课标在"课程目标"中强调："注意口语的特点，能根据不同的交际场合和交际目的，恰当地进行表达。借助语调和语气、表情和手势，增强口语交际的效果。"并提出了"善于倾听""敏捷应对"的能力要求。可以说，"应对能力"居于口语交际能力中的最上位，对"应对能力"的培养是口语交际教学中的重点和难点，也是超越以往"听话""说话"教学的鲜明特征之所在。

3. 交际素养。

新课标提出了"交际素养"的新概念。广而言之，它包括上述交际知识和交际能力，另外隐含着交际的情感、态度和方法；狭义而言，口语交际中的"交际素养"重点指"文明态度和语言修养"。新课标在"实施建议"中指出："口语交际教学应注重培养人际交往的文明态度和语言修养，如有自信心、有独立见解、相互尊重和理解、谈吐文雅等。"应该说，内涵丰富的"文明态度和语言修养"，是口语交际教学中的"隐性目标"。我们同意这种见解："它应包含、渗透在口语交际教学的各项具体目标之中，而不是孤悬在口语交际教学各项具体目标之外。"在交际行为中，主要体现在如下几个方面：

第一，倾听的态度。耐心专注地倾听他人的表述，既不分散自己的注意力，也不随意打断对方的表达，以诚恳的"注意"表示对交际对方的尊重，并能结合表达者的肢体语言准确理解其意图和观点。

第二，表达的态度。即对倾听者的彬彬有礼、真挚动人，述说时的自信、热情和负责任，条理的清晰性和话题的集中性，适度有效地利用目光、表情、手势、重音、语气和节奏变化来辅助口语表达，以增加言语的艺术感染力。尤其在辩论、演讲、会议讨论等公开场合，还要注重通过副语言和体态语的特殊魅力来打动听者。

第三，交际者的人文修养。交际者的一颦一蹙、一举一动都是其内在精神世界的显现，是其人格品质的自然流露。就外部而言，光明磊落的人格气质、不卑不亢的处世态度、以诚待人的交际风格、井然有序的表述习惯、扣动人心的言语个性、端庄儒雅的举止风度等等，构成了交际者的直观形象；就内部而言，克己容人的处世哲学、志存高远的思想修养、超越狭隘的道德境界、坚定自持的意志品质、广博深厚的知识修炼，构成了交际者的心灵世界。上述内外相辅，有机地构成了交际者活生生的立体形象，在交际过程中闪烁着甚至超越言语交际能力的独特魅力。口语交际教学的使命就在于它不仅要练就学生交际的技能技巧，更要唤醒其"文明态度和语言修养"的自觉意识，从深层次上塑造自身的交际形象和交际品位。虽然未必每位学生都能达到上述这种交际艺术的高境界，但人人都应不懈追求，持之以恒。

二、语用学与口语交际教学

"语用学"于20世纪90年代由美国哲学家莫里斯最先提出，更准确的汉译是"语言使用学"。它从交际功能的角度研究语言的运用，为言语交际情境中话语意义的恰当表达和准确理解提出了一整套原则和方法。口语交际教学应让学生领悟和掌握口语交际的基本原则，并将其融入情境中加以实践和应用，如此一来，定会收到实效。

第一，合作原则。

它包括信息适量的所谓"量的准则"

力求说话真实的所谓"质的准则"、扣住话题的所谓"关系准则"、清楚明白地表达的"方式准则"。它对口语交际教学的启发是：教师要让学生学会表达什么和怎样表达，以适量、质真、相关、简明为准，追求在相互合作中完成言语交际。

第二，礼貌原则。

即指进行言语交际时为尊重对方而遵守的原则。语用学视野中的合作原则和礼貌原则存在着明显的区别。前者重在关注话语是否成立，后者则关注话语是否可行；前者重在要求交际者怎样表达，后者重在要求怎样使对方接受。

第三，协调原则。

旨在通过协调双方的话语形式和交际心理来达到协调双方言语行为之目的，主要包括得体原则、合意准则和接近准则三个子项。

以上从语用学与口语交际学中引进的交际原则，无疑应该成为口语交际教学的重要内容。它们直接关系到学生口语交际能力的形成和发展，关系到新课标所提出的"文明态度和语言修养"的总体生成。

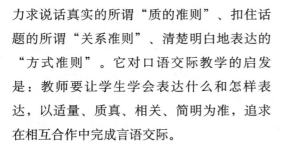
三、口语交际教学方法论

1. 情境设置。

口语交际学习，不能像一般作业那样作孤立的静态设计，而是要创设情境、营造氛围，使学生产生"如入其境"的亲历感、现场感和对象感。只有在这种情境中，学生以交际互动为主要特征的口语能力和听知能力，才能得到有效的锻炼。一方面，情景将充分调动起学生的言语合力，包括有声言

语、有色言语（即表情言语）、有形言语（即肢体言语），当这三种言语恰当搭配、立体组合时，表达一方才能传递细腻微妙的思想情绪，而倾听一方也才能将三者联系起来，作出准确无误的理解和接收。另一方面，交际情境将激发交际者思维与表达（含反馈）的同步和同位进行。与书面语交际相比较，口语交际没有时间供交际者停顿、揣摩、斟酌和推敲，交际者必须在交际互动的短暂瞬间作出反应。表达者和接受反馈者均须思维敏捷、善于调适，明察交际流程中对方的心理变化而调整话语方向和话语形式。所谓交际者思维与表达（含反馈）的同步和同位，前者是指思维与言语表达的同时性，当然两者存在着时间差，而即时性的情景交际旨在尽可能缩小这种时间差；后者指思维与表达在内涵上的一致性，言语表达比较到位地传递思维内容。

2. 序列设计。

口语交际教学应当设计一个完整的实践序列，从单一到综合，从浅易到复杂，最终练就在双边互动、复杂多变的交际条件下的应对能力。所谓从单一到综合，是指先设计单项的口语交际活动，在此基础上走向综合性学习，使口语、阅读、写作等互相结合，全面发展语文素养和语文能力。所谓从浅易到复杂，即先安排重在口语单向表达的活动，如朗诵、复述、发言；再到增强互动程度的交际活动，如演讲、采访、说服、安慰等；最后是以互动为主、口语表达和听知反馈交错递升的交际活动，如评论、判断、辩论、即席问答等。这样一种活动序列，由技能而艺术，渐入交际情境，从而达到集文化

修养与语言艺术于一体，熔思维、智谋和才情于一炉。

3. 追求创意。

目前，大陆尚未形成独立的、有特色而又适合基础教育之需的口语交际教学体系。长期以来，传统的口语交际教学往往附着在语文阅读课教学之中，无课时保证，不列入评价范围，读写大大重于听说，甚至听说沦为读写的一种点缀，更谈不上口语交际教学的研究和创新。我们认为，应该在充分吸收语用学、言语交际学、非言语交际学、通用口才学、心理学等相关学科理论精华的基础上，博采国外口语交际教学之长处，面向青少年学生，研究创意之途、求新之法，培养其谐于语境、变于交际的口语才能。人称"世界是张谈判桌"，那么，就让每一位未来人都尽可能拥有直面世界的谈判技能和艺术吧！口语交际教学当为是而努力。

口语交际的课程意识

※ 王荣生

一、问题的边界

语文学习的天地广阔，学生在日常的生活当中，通过听说读写的实践逐步形成和发展了自己的语文能力。我们把学生在日常生活中所进行的语文学习笼统地称为语文学习的"社会通道"。在学校的其他课程里，学生事实上也在进行着丰富的语文活动，也或隐或显、或多或少地发生着语文学习。站在语文课程的角度，我们把这些也并入语文学习的"社会通道"。

与"社会通道"并行的，是现代意义上的"语文课程"：一门以培养学生的语文素养、提高学生的听说读写能力为专职的课程。"社会通道"与"语文课程"存在着种种关系。然而在语文课程的研究中，我们不是一般化地泛论这两者之间的关系，而是要在两者关系的讨论中来确定语文课程教什么、学什么，乃至怎么教、怎么学。换句话说，讨论"社会通道"与"语文课程"的关系，并不能替代对每星期占五六节课时的语文课程的研究；重视学生的日常语文实践活动，并不等于就此解决了语文课程的问题。

口语交际的社会通道，相比较读写来说对学生所起的作用更大、更明显。作为语文课程一个主要领域的口语交际，绝不能与学生的生活、与学生的日常口语交际活动脱节，这是一方面。另一方面，把学生的日常活动简单地搬到

课堂而混淆"社会通道"与"语文课程"，这无疑也是不妥当的。在与学生的日常口语交际活动密切联系的前提下，确认作为语文课程一个主要领域的口语交际教什么、学什么，乃至怎么教、怎么学，是我们的任务。我们所要讨论的，乃是作为中小学语文课程中一个相对独立领域的口语交际问题。

二、主要的议题

确认问题的边界，是为了凸显语文教育研究中的课程意识。而课程意识，集中地体现为课程内容的意识。为了有效地达成语文课程标准所设定的目标，语文课程中的口语交际应该"教什么"，这便是口语交际教学研究的总议题。那么，"教什么"是个什么样的问题呢？我们借大家比较容易理解的阅读教学来做进一步的描述：

大家知道，阅读的问题，乃至中小学阅读教学的问题，很大程度上可以归结为"读什么"和"怎么读"的问题。而根据我们的研究，读什么，可以区分出两个层面。一个是战略的层面，即在浩如烟海的书籍中，选取什么样的作品供中小学生读，也就是通常所讲的选文问题。另一个是战术的层面，即在已被选取的这一些、这一篇作品里面读什么，引导学生将阅读的"意识点"放在哪里。

同样,怎么读,也有两个层面。战略的层面我们把它叫做"阅读取向",即"哪一种"阅读的问题,表现为阅读的样式、阅读的姿态、阅读的模式等等。战术的层面,即通常所讲的"阅读方法",指对一类作品、一篇作品"怎么读"。

很显然,一类作品、一篇作品"怎么读",也就是将阅读的"意识点"放在哪里的问题。比如有人问,顾城的《弧线》怎么读,他实际上想知道的是到这首被冠以"朦胧诗"的作品里去"读什么"。也就是说,我们通常所讲的阅读方法(怎么读),实际上就是在具体的一篇作品里"读什么"的问题。另一方面,考察战略层面的读什么与怎么读的关系,即选文与阅读取向的关系,虽然有种种复杂的情形需要进一步厘清,但从中小学阅读教材编撰的角度看,真实的情况倒好像是由阅读取向来决定选文的。换句话说,我们自以为是"首先"选定的作品,实际上在此之先还有一个为什么选这些文的问题。为什么选这些文,涉及一系列的"理念",而具体到"阅读"和"阅读教学",所谓理念往往也就是所主张"哪一种"阅读的问题。先有"哪一种"阅读的确认,然后再由具体的选文来固定、来承载、来体现这种或那种"理念"。也就是说,看起来是选文的问题(读什么),实际上主要是阅读取向的问题(怎么读)。

我们把上面的这番推论,用一个图来表示:

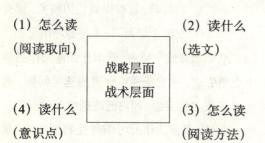

(1) 怎么读　　　　　(2) 读什么
（阅读取向）　　　　（选文）

战略层面
战术层面

(4) 读什么　　　　　(3) 怎么读
（意识点）　　　　　（阅读方法）

讨论阅读和阅读教学,合理的逻辑应该是先按顺时针方向从 (1) 到 (4) 考虑:"阅读取向"具体化为选文,具体的选文产生了如何阅读的具体问题,而这一问题的解答落实在该选文的阅读"意识点"上,由"意识点"引导阅读时的眼睛"注视点",从而生成对这一篇作品的这一种"理解"。

也就是说,阅读教学"教什么"这个总议题,可以分化为两个主要议题:

第一,阅读取向问题,它决定了选什么样的文,也规限着阅读方法。

第二,阅读中的"意识点"问题,它是阅读方法的实际承载,也是阅读取向的具体落实。

口语交际也是如此。我们首先面临的是取向问题——在语文课程当中我们所要教的、学生所要学的,是"哪一种"说话、"哪一种"聆听。这决定了口语交际的教学中选取哪些材料、选取哪一类的活动。提供材料、创设活动,在语文课程中有特定的目的,目的是要学生学习怎么说,比如在坦率地讨论中该怎么说、在理智的辩论中该怎么说。

与阅读相类似,怎么说实际上可以转化为在一场具体的交际活动中应该"说什么"。请看下面的材料:

在演讲之后的问答会议上如何答话——

◆仔细聆听人家的问题。

◆用自己的语言重复这个问题,以保证你的理解是正确的,并使别人也可以听到。

◆如果这个问题很复杂,则把它们分成若干部分,你先讲述一部分,然后再回答。

◆把你的回答同你演讲中的论点联系起来。

◆回答问题时,要简短明了、击中要害。

要核对以下："我的回答解决了你的问题吗?"绝对不要——

◆使提问的人感到难堪

◆辩论

◆辩解

◆虚张声势

◆盛气凌人

◆一对一地辩论

"在问答会议上如何答话"是应该怎么说的问题。从上面的材料中不难看出，应该怎么说，是由"应该说什么"来解答的，比如要"用自己的语言重复这个问题"，要"把你的回答同你演讲中的论点联系起来"，等等。应该说什么，反过来就是"不应该说什么"，因而应该怎么说，也可以具体地落实在不应该说什么，比如不要"辩论"（即不要说辩论性的话语）、不要"辩解"（即不要说为自己辩解的话语）等等。在一种特定取向的口语交际中，有哪些需要具体落实的点——应该说什么，这是我们面临的第二个主要议题。

从上面的材料我们也可以看出，口语交际与刚才所讨论的阅读有一个重大的区别：口语交际在外显行为这一面更为突出。阅读也有行为问题，比如保持书籍与眼睛的适当距离、通过打拍子等来抑制默读中的内部声音干扰等等，这些在语文课程中也是要教的，但相对而言可以作为次一级的问题来对待，它们可以穿插在"意识点"（读什么）的教学过程中，也可以单独抽出来进行教学。但是，作为口语交际，尤其是面对面的口语交际，行为是被包含在交际里面的，在有些时候行为还构成口语交际的主要方面。比如上面材料中"回答问题时，要面向全体听众"，绝对不要"虚张声势"和"盛气凌

人"，这些行为有时比说出来的话还要重要，乃至决定着交际的成败。行为问题，很大程度上是"做什么"和"不做什么"的问题。这样看来，口语交际的"意识点"包含着两个方面，一是听、说什么，二是在听说时的行为与态度。

综上所述，我们把课程层面口语交际研究的主要议题概括如下：

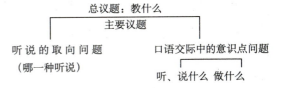

三、已经解决的问题

上面所说的第一个主要议题，即在语文课程中的听说取向问题，我们认为在理论上已经得到了正确的解答，其标志就是从过去的"听说训练"转移到了现在的"口语交际"教学。

新中国成立以来，"听说训练"一直与推广普通话联系在一起，在普通话推广取得显著成效的同时，听说训练却显示出越来越趋于书面化的倾向。在课堂教学中，学生听的是书面作品，复述的是书面作品，言说的范例往往也是书面的文学作品。请看某教材的"测听训练"——

《丰碑》

"红军不怕远征难，万水千山只等闲。"当年红军在长征途中留下了许许多多动人的故事。微型小说《丰碑》所反映的，就是这样的英雄事迹。听完录音后，你能按要求把它讲述出来吗?

练 习

一、在播放课文录音前，查词典，解释下列词语，并给加点字注音。

混沌　迷蒙　嗥叫　冰坨　踉跄

迷离　蓦然　怔怔　伫立　弥天

二、认真听记播放的课文录音，然后按下面提出的问题，有重点地讲述课文内容。

1.将军带领的一支红军队伍是在怎样恶劣的气候条件下行进的？将军在思索着什么？

2.冻死了一个人后，将军表露出怎样的神情？采取了怎样的行动？

3.将军了解到冻死的就是军需处长时，他的神态和行动起了怎样的变化？

三、再次听记播放的课文录音，按下面提示的要点进行讲述。讲述时，在符合课文原意的前提下，可以适当地加以想象。

1.一个冻僵的战士，好似一尊塑像。

2.将军听见无数沉重而又坚定的脚步声。

四、结合课文内容，谈谈小说为什么用"丰碑"作题目。

五、学习本单元课文刻画人物的方法，讲一讲班里某个同学或学校里某个老师在外貌和行动上的特点。先写后讲，让同学们猜猜你描述的是谁。

2000年，我国中小学三个新的教学大纲，将原小学大纲中的"听话、说话"、初中大纲中的"听话训练、说话训练"、高中大纲中的"说话能力"，统一改为"口语交际"。将听话、说话改为口语交际，注重提高口语交际能力，"这不仅是提法的改变，首先是认识的变化"。认识的变化，引起提法的改变，而提法的改变，实际上将导致语文课程与教学中的听说取向的重大转移。

2001年出台的《全日制义务教育语文课程标准》沿着"口语交际"的方向继续推进，明确指出："口语交际能力是现代公民的必备能力。应培养学生倾听、表达和应对的能力，使学生具有文明和谐地进行人际交流的素养。""口语交际是听与说双方的互动过程。教学活动主要应在具体的交际情境中进行。""评价学生的口语交际能力，应重视考察学生的参与意识和情意态度。评价必须在具体的交际情境中进行，让学生承担有实际意义的交际任务，以反映学生真实的口语交际水平。"在各学段的具体目标中，十分鲜明地倡导"口语交际"教学。

当然，语文课程中的听说取向在理论上已经解决，并不等于说在实践中没有问题。由于长期的习惯，更由于我们对口语交际"意识点"研究的严重疏忽，在新课程的实施中，在实验教科书和课堂教学实践中，还存在着背离"口语交际"的现象。比如某册实验教科书的有一个"话须形象才动人"的单元，让学生所学的"说话"是：

（1）"朋友们，我们现在就是身在仙山妙境，请看，我们背后是蜿蜒葱翠的丛林，面前是无边无垠的太湖，碧波晶莹，细纹无波。青山绕着湖水，湖水托着青山，山石伸进了湖面，湖面咬进了山石。头上有山，脚下有水。真是天外有天，山外有山，岛中有岛，湖中有湖；山如青螺伏水，水似碧海浮动。"

（2）"终于，我爬到了小龙湫的眼前，我仰起头来，由石缝进出的是一股雪白怒泉，滚滚泻下，待泻到半途，怒气消解，却又散为细碎银珠，抖抖撒撒，飘荡而下。纷乱的银珠击在湫下乱石上，迸得更细碎，更纷乱，终于还得落在潭溪里，凝成更闪亮的洁白颜色。随注滚下，窜过乱石隙缝，坠入涧溪了。"

取向的偏差，导致所选择材料的失误（上

面案例中所选择的都是书面的文字材料），进而导致师生教学活动与口语交际的背离，这个案例很典型地说明了这个道理。口语交际教学中的这种书面化倾向，必须坚决扭转。我们也相信，像上述案例那样的取向失误，在《语文课程标准》的贯彻落实中将得到纠正。

四、迫切需要解决的问题

据我们了解，造成目前口语交际教学大规模受到伤害的，似乎已经不是过分书面化，而是另一个极端——过分地日常化。口语交际的大量课例，实际上是将日常生活简单地搬进了课堂让学生"活动"一番，而缺乏作为一门课程的教学价值。下面是小学口语交际教学的一个典型案例：

文明之星伴我行（五年级）

一、创设情景，激发交际情趣

同学们，愉快而短暂的寒假生活结束了。在寒假中，我们开展了"文明之星伴我行"的活动。活动中要求同学们运用文明语言进行交际，相信大家在这次活动中一定大有收获。现在谁说说你在假期中开展了哪些文明交际的活动？看来，寒假中同学们把这项活动都开展得丰富多彩。今天我们就以口语交际的形式把开展这项活动的具体情况汇报一下。

二、提出要求，明确交际要领

先请同学们想想：你们在假期中是如何活动的，在交际中你们是怎样做一名文明小少年的。

我们应该如何与别人进行口语交际呢？

◎生A：寒假期间我们小组使用文明语言，在帮助同学购买到称心如意的学习用品时，与售货员阿姨交际时注意使用"您好""请""谢谢"等文明用语，礼貌商谈不同意见。做到语句通顺，条理清楚。

◎生B：我们在帮助残疾老人过马路与他交谈时热情大方，语言自然得体。

●师小结：同学们说得很对，大家都善于积极动脑，主动与别人交际。

◎生C：我认为在口语交际时还应当围绕一定的内容。

●师相机点拨指导：是啊，这些就是口语交际的要领。这节课我们就紧紧围绕班上开展的"文明之星伴我行"的活动来展开交际。

三、创设氛围，促进多边交际

1. 分组交际练习

学生离开座位，自由组合练习，再现生活情境。

2. 全班交流，评选优胜

刚才同学们都在积极主动地与伙伴进行练习，听的同学能认真听别人的对话，听懂交际的主要内容。

哪个小组愿意在全班汇报一下活动情况呢？

教师给听者提出要求：听的同学一定要认真仔细，并想想交际的同学哪儿值得你学习，哪儿还需要改进。

四、A组汇报

◎（简介：我们给大家展示的是寒假期间客人来我家，我文明接待客人的场面。）

◎（客人的敲门声）

小华：谁呀？

客人：是我，你爸爸单位的王叔叔，找你爸爸有点事。

小华：哦，是叔叔呀！快请进！

小华：请坐。我先给您倒杯茶，您稍等。

客人：这孩子真是有礼貌，谢谢。

小华：王叔叔，您喝茶。

客人：谢谢。

小华：王叔叔，我爸爸去奶奶家了。估计快要回来了。您找我爸爸有啥事呀？

客人：一点儿私事。

小华：哦，那您就先等等吧。

◎（简介：小华陪王叔叔聊天等爸爸回来。）

客人：时间不早了。小华，要不我先走吧，你爸爸回来，请他给我来个电话。

小华：好的。他回来我一定转告他，您慢走。

客人：小华，你这么小就会有礼貌地使用文明语言待客了，真是个讲文明的好孩子。请回吧，再见！

小华：再见！（微笑送客）

●师：看，这个小主人多么文明待客啊！真是讲文明的少先队员。说说看，他们的交际中哪儿值得你学习，哪儿需改进呢？

◎生A：他们在交际中不仅使用了文明用语，而且让我们看到了他们的文明行为。比如："谢谢"、"请坐"等语言……

◎生B：他们的交际语言条理清晰，自然流畅。

◎生C：如果在交际中态度再大方一些、热情一些，我们就更高兴与小主人交际了。

●师小结：说得好，说明你们在听的时候不仅认真仔细，而且还积极地动脑子。我们一起看看下一组汇报得怎么样。

◎（下面B组、C组、D组汇报略。最后是师生的表演、各组的评选，略。）

从见到的大量教案和教学实例看，许多教师在不同的年级重复地搞"打电话""买文具""招待客人"之类的"活动"，而组织该类活动的着眼点，与其说是"口语交际教学"，毋宁说更像是在指导学生"学会做那件事情"，比如，学会打电话、买文具，等等。还有一类，冠之以"介绍""采访""讨论""辩论"等等，但无论是教材还是教学实践，所着眼的也往往是"一次活动"。在这一次活动中教师"教什么"，通过这一次活动学生"学什么"，含混其事而带有极大的随意性，至多像上述课例那样做一点皮毛的"指导"，比如"做到语句通顺，条理清楚"，"热情大方，语言自然得体"，"主动与别人交际"，"在口语交际时还应当围绕一定的内容"，等等。

一方面，我们在"教什么"的战略层面上取得了重大的胜利。《语文课程标准》树立了"口语交际"的正确取向，广大语文教师在教学中也积极地贯彻执行。另一方面，我们在战术层面上"教什么"的研究严重滞后，乃至严重疏忽，造成口语交际课程内容的严重缺失，导致口语交际的正确取向难以坐实。这就是我们当前所面临的现状。

口语交际研究的重心，现在应该由取向的宣传转移到口语交际中"听、说什么"和"做什么"的开发，转移到口语交际的课程内容建设。这就意味着语文教师必须树立口语交际的课程意识，必须自觉地把握所设计的口语交际活动中所蕴涵的课程内容，必须清醒地意识到在某一活动中教师想教什么、学生要学什么。

关于语文综合性学习边界问题的思考

❀ 黄 伟

语文综合性学习应该是有边界的，问题是，这个边界到底在哪里？要回答这一问题并非易事。但是，若不回答这一问题，我们就无法断定什么样的语文综合性学习是"狭化"了，什么样的语文综合性学习是"泛化"了；什么样的语文综合性学习是"语文的"，什么样的语文综合性学习是"非语文的"；进而言之，也就无法判定什么样的语文综合性学习是有效的、高效的，什么样的语文综合性学习是无效的、低效的。

我认为，要给语文综合性学习划定边界，有必要厘清几个前提性问题，这虽不能给语文综合性学习明确划界，但可以帮助我们理解、解释当前语文综合性学习中"去语文"和"泛语文"等一系列问题。

❧ 一、语文综合性学习展开的广度导源于对"语文"的认识

这里的对于"语文"的认识包含三个问题：其一，语文是什么？或曰语文的内涵是什么？对此我们至今尚未获得统一的认识，有"语言文字""语言文学""语言文化"等多种不同的说法。持有什么样的"语文观"就会有什么样的"语文综合性学习的视野"。当我们把"语文"的内涵主要定位在"语言文字"上，相应地，语文综合性学习

就会围绕"语言文字"这一中心来展开；当我们把"语文"的内涵定位在"语言文学"上，语文综合性学习就会特别关注"文学活动"；当我们把"语文"的内涵定位在"语言文化"上，语文综合性学习将会在更为宽阔的背景下展开。其二，我们在怎样的范畴中指称"语文"？对于"语文"范畴归属的认识我们仍处于模糊状态，至少在实践领域无意把它分开，比如，我们所指称的"语文"，是母语还是母语教育？是一门人文社会学科还是一门学校教育课程？这两对概念的混淆，会导致学校的语文教学与社会生活中的语文学习不分，语文课程的序列训练与语文素质的自然生成不分，语文的间接经验学习与语文直接经验的习得不分，进而会导致对学校语文教育包括课堂教学的轻视鄙薄，把生活中的语文习得凌驾于语文课程教学之上，使语文学习成为社会生活中的"天马行空""自由放牧"。其三，什么是语文素养？语文素养主要靠什么获得？有人说，新世纪语文课程改革把"语文能力观"变为"语文素养观"，用"语文素养"似乎比用"语文能力"来得丰富周全，几乎囊括一切，面面俱到。但问题是，在视野大开的同时，语文失却了核心，语文学习也没有了问

题焦点，相应的，语文综合性学习无边界泛化也就随之而来。语文素养论的无限泛化，使得语文教学失去了语文学科的核心问题，在"全面"的时髦口号下追求面面俱到，结果是收获浅薄的"广"和无序的"多"，语文综合性学习正是在这样的理念下让各种非语文活动"你方唱罢我登场"，而语文教学却"反认他乡为故乡"。另一个方面，语文素质的养成是以生活中的语文习得为主还是以学校的语文学习为主？两者关系到底如何理解？什么是高效的语文学习方式？语文学习与生活到底具有怎样的联系？通过文章、文学学习语文会比到生活中、到其他学科中学语文学得更好吗？或是恰恰反过来？这在我们面前还是"黑箱"，我们如果不能明确回答这些问题，我们指责那些所谓语文综合性学习的"泛化""非语文化"就缺乏底气。

二、对语文综合性学习中的"综合"的理解会影响综合的深度和力度

什么是"综合"？什么是"语文学习的综合性"？这些问题还有待深入探讨。所谓综合，就是"把分析过的对象或现象的各个部分、各属性联合成一个统一的整体"。综合是与分析相对的，也是与分析相依存的，没有分析就谈不上综合，所谓分析，就是对事物或现象的要素及相互联系的了解和理解。也可以这样说，要进行综合首先必须对所要综合的对象进行分析，探明其不同种类、不同性质的事物之间的关联性。正是事物内在要素的关联性的多少强弱决定了综合的可能性及其综合程度的深浅；也正是不同类、不同质的事物有其关联性，综合才成为

可能，通过综合才能使事物的内部要素相互影响，产生作用，实现功能增值。否则，貌似综合实则拼合、杂烩。例如，我们常常把语文学习与音乐学科的学习进行综合，但是到底在哪个维度上进行综合，我们少有深入分析和研究。通常的做法是，在语文综合性学习活动中开展音乐活动，先是"唱唱""听听"，然后"说说"。下面"《穿行在音乐的天空》教学案例"较为典型地代表这种综合性学习的活动方式：

教学过程：

一、播放流行音乐，唤起学习兴趣。

二、穿行音乐天空，了解中外经典。

（一）走进民族音乐

1. 说说你接触过的民乐曲目。

2. 根据音乐风格猜猜它所产生的地域。

《信天游》

《好一朵茉莉花》

《珠穆朗玛》

《月光下的凤尾竹》

3. 说说你知道的民族乐器和用它们演奏的优秀曲目。

4. 看影音片段猜乐器。

5. 听音乐，猜乐器猜曲目，讲典故叙来历，我们一起来欣赏。

《二泉映月》

《高山流水》

《梁祝》（小提琴协奏曲）

（二）走进外国音乐

1. 说说你接触过、了解过的外国音乐。

2. 了解经典，欣赏经典。

《命运》

（三）自选曲目推介（分小组介绍）

三、交流各自感悟，感受音乐魅力。

纵观整个教学流程，这节课不像是语文综合性学习，倒很像是一节"音乐欣赏课"。教学的主要内容是音乐相关知识的介绍、乐曲的播放和欣赏，而语文学习却被遮蔽了，被削弱了。但是，笔者认为，问题不在于"音乐欣赏"与"语文学习"内容安排得多少，真正的问题表现在这节课的综合性太弱，我们几乎看不到"音乐欣赏"与语文综合性学习的"综合"维度，到底在哪里达成了"综合"。如前所述，凡综合，应该找到综合对象之间的相通、关联的"综合点"，只有凭借这个"结合部"才能实现两个或多个不同事物、不同学科的融通，进而达成对事物和学科的多重理解。就语文综合性学习而言，就是要凭借语文与其他学科的联系性，通过学科之间的相互沟通来实现学生学科素质的多重建构。具体到《穿行在音乐的天空》这一次语文综合性学习而言，它显然是语文学科"跨入"音乐学科的综合。在这种跨学科的综合中，我们首先要找到两个学科可以综合并实现综合的"基点"，这种综合的"基点"主要不在说说乐曲的相关知识上，也不在听后谈谈感悟上——如果把综合定位在这两点上，那么语文学科就可以随便地"综合"，就可以与任何东西"综合"，这恰恰是当前语文综合性学习"泛化"的一个重要根源所在。语文与音乐综合的"基点"应该建立在两者的联系性上。具体地说，语文与音乐的联系主要表现为两者同为传情达意的一种方式，同属表达情感的符号系统，只不过一个用语言文字这个符号来表达，另一个用音符和旋律来表达。当我们体验同一种情境、同一种情感时，我们既可以用音乐——音响、节奏和旋律来表达，也可以用语言文字来表达，那么，音乐的表现就可以转化为语言文字的表现。在语文综合性学习中，可以凭借两者的共通性把音乐唤起的美感、情感与形象用语言文字表达出来，在此基础上进行艺术与文化的深度探讨。如《二泉映月》与《命运》，同是表达了对命运的不屈与抗争的情感，但因其艺术表现手法和手段的不同而给人以完全不同的情感体验和审美享受，联系乐曲的作者身世、文化背景和使用的乐器来进行探讨，将涉及多方面知识的综合。这样的综合，不仅是从音乐切入来学习语文，也是从音乐出发走进文化。当然，民歌、流行歌曲与语文的联系性更强，也更加便于开展语文综合性学习。

正是对综合性学习的综合关注不够，我们在开展语文综合性学习的活动中常常是捡到篮里便是菜，导致了五花八门、毫不相干的东西的胡乱堆积，甚至误以为，在综合性学习中掺杂的成分越多越好。这一方面使语文综合性越来越失却语文的底色，另一方面杂质的成分过多，反而使得综合性变弱。作为综合性学习，综合的维度多一些会更好，但多维度综合难度也更大，容易变成拼盘、捏合，而非真正的综合。当前语文综合性学习形式化、过度泛化的现象在很大程度上源自我们对"综合性"没有深入探讨和认真对待，不顾及综合的维度与深度，只在形式上拼凑在一起，必然制造语文综合性学习的"豆腐渣工程"。

三、评价维度决定语文综合性学习的实际效果

我认为,对语文综合性学习评价的误区和误导,是导致语文综合性学习的泛化、非语文化的另一重要原因。

在对语文综合性学习的评价上,其误区主要表现为:其一,只重形式不重实质。对于语文综合性学习活动的评价,我们常常把兴趣点放在那些花里胡哨、热热闹闹的形式上,而对于哪些活动在哪些方面建构了学习的知识与能力,在哪些方面培育了学生的语文素质却很少深入追究和认真测评。其二,将过程、方法与学习结果、效果隔离。有些论者和实践者为了强调语文综合性学习与传统的语文课堂教学的不同,将学习过程、学习方法抬到比学习结果、学习效果更高的地位,凌驾于学习结果和学习效果之上,将学习过程与方法从学习结果和学习效果中剥离出来。实际上,学习过程、方法与学习结果、效果是相互依存、互为因果的关系,在这对关系中任何一方失去对方都将失去意义。由于我们只看重所谓的过程和方法而忽视或轻视学习的结果和效果,自然会导致过程的散漫化,方法以求新求异为时髦时尚。那些无问题的探究、假问题的研究、虚假的合作、虚张声势的讨论交流、现代教学手段的越位和喧宾夺主……举凡种种,都是唯重过程和方法所产生的病症。只要我们深入追问其学习的结果和实效如何,那些泡沫化的过程和花拳绣腿般的方法立显原形。在语文综合性学习中,对学习结果的测评诚然不宜用一把尺子衡量有差异的学生,但结果的检测应该贯穿到学习的每一个环节。其三,

将语文知识与能力对立,将语文知识、能力与情感态度价值观割裂开来。当前,语文综合性学习的一个严重误区是,语文综合性学习无需语文知识,排斥语文知识,更无意把语文综合性学习活动过程作为语文知识的学习过程;另一误区也值得关注,其后果可能更为严重,这就是将语文知识学习、语文能力培养与情感态度价值观的养成割裂开来,在许多语文综合性学习中,不见语文知识学习、语文能力培养,大谈情感态度价值观,或者总要在活动中"外加一勺",似乎在语文综合性学习中情感态度价值观可以甚至应该脱离语文学习的过程而独自存在。事实上,情感态度价值观的养成,虽是语文学习的重要目标,但它总是与"语文学习"相伴而生的,是派生出来的。失却了语文学习,所谓情感态度价值观的养成就无从谈起,或者就不再是语文综合性学习。我们虽不能简单断定在语文知识、语文能力与情感态度价值观中谁是主要目标,但可以肯定地说,语文知识、语文能力目标在语文综合性学习中是先在的,先决的;尽管在实际学习过程中两者的关系可能是互为基础,互为支撑,甚至互为因果的关系,但是情感态度价值观的培养不能离开语文学习而另搞一套。当前,语文综合性学习的"去语文",与情感态度价值观的养成脱离了语文学习关系极大,我们误以为情感态度价值观可以在语文综合性学习活动中"独舞"。

评价无疑对语文综合性学习的教学起到制导作用,如果评价失当,必然对教学活动产生误导。评价失当,深究其因,可能来源于《语文课程标准》对语文综合性学习的表

述不够具体，不够充分，甚至错位。《语文课程标准》对语文综合性学习的目标表述显得空泛笼统（《语文课程标准》对认字与识字、阅读、写作、口语交际的目标表述同样有空泛笼统之病，但由此而带来的后果在综合性学习中表现得最为严重，因为这是一个全新的教学领域与课程形态），缺乏严谨的界定，尤其是在"评价建议"中关于综合性学习的表述，好像更为适用于"综合实践活动课程"中的"研究性学习"：

综合性学习的评价应着重考查学生的探究精神和创新意识。尤其要尊重和保护学生学习的自主性和积极性，鼓励学生运用多种方法，从不同的角度，进行多样化的探究。这种探究，既有学生个体的独立钻研，也有学生群体的讨论切磋，所以除了教师的评价之外，要多让学生开展自我评价和相互评价。评价的着眼点主要在：

——在活动中的合作态度和参与程度。

——能否在活动中主动地发现问题和探索问题。

——能否积极地为解决问题去搜集信息和整理资料。

——能否根据占有的课内外材料，形成自己的假设或观点。

——语文知识和能力综合运用的表现。

——学习成果的展示与交流。

在评价时，要充分注意学生在解决问题的过程中所采用的思路和方法。对不同于常规的思路和方法，尤其要给予足够的重视和积极的评价。

评价的"非语文化"表现得非常明显，除了"语文知识和能力综合运用"一条外，其他条款均是适用于综合实践活动课程的评价指标。由于评价对语文综合性学习的特质关注不够，对"语文性"和"综合性"轻视与忽视，过于强调研究性、活动性，这就在很大程度上把语文综合性引导到"综合实践活动课程"的轨道。

语文综合性学习的泛化、非语文化现象背后藏匿着较为复杂的问题，其中最为主要的问题来自我们对"语文"及"语文教学"的模糊认识，来自对"综合性"缺乏深入研究，来自"评价"的偏失而造成的误导。就现象来看，问题出在教学实践中，但究其根源是我们对语文综合性学习的理论解释不够与引导不力。而要给予语文综合性学习以明确的理论解释和有力的引导，又不得不阐明一些前提性的问题。看来，我们对语文综合性学习的研究只是刚刚起步，还有很长的路要走。

我们对当前的语文综合性学习提出批评与质疑，实际上就隐含着我们对语文综合性学习的基本立场和基本观念。一般而言，那些不关语言文字表达能力的培养，看不到听说读写整体训练的所谓语文综合性学习，我们就有理由说它"泛化了""非语文化了"。这里，我们把"语言文字表达能力的培养""听说读写整体训练"当做语文综合性学习的主线。事实上，离开了这条主线，语文综合性学习既失去了凭借，也失去了目标，这是一个简单的道理。但我们容易被一些时髦名词和时尚的理念所左右，当我们紧紧抓住这条线的时候，语文综合性学习就可以在广阔的空间里伸缩自如。这条主线不能是僵硬的，它像个"皮筋儿"，具有极大的弹性和包容性。

语文素养的核心理应是语文基本能力，即听说读写能力，其他能力对于语文能力可能起到重要作用，但不是语文能力本体，它们或为辅助，或为基础，或为前提，或为伙伴，或为派生。我们所关注的"语文性"，说到底就是对培养听说读写能力有直接影响力的教学方式与教学内容，能够直接地生成语文基本能力的教学方式和教学内容。但是，语文基本能力的形成对人的其他素质、整体素质都有相应的要求，因而，形成某一方面的语文能力也就不可能是单线直进的，不能只管"葫芦大与小"，不管"藤叶死与活"，常常需要多方面能力的协调与协作，

甚至需要前提性的、奠基性的工程，特别是听说读写整体能力的发展，语文知识、语文能力的综合运用更是需要多门学科、多项活动、多种资源的参与和配合。可否让多门学科、多项活动、多种资源参与并配合，应根据学生学习需要而取舍，根据语文课程与教学目标而取舍，根据综合的功效优劣而取舍。

应该说，语文综合性学习的边界是客观存在的，但它是随机变化的，不可拘于一格，同时也因其浸润化了而变得模糊不清。我们试图给语文综合性学习明确一个边界，实质上是寻找一个出发点、落脚点、归宿点的问题，也是在寻求一个合适的视角、视野、视点的问题。

Chapter

10

考试与评价

问题的关键还不在于洋八股式的考试设计有可能坑害考生，或考试办法尚缺乏应有的公正性。问题的关键其实在于：语文考试的目的不应该主要是为了遴选所谓的优秀人才，而应该主要是为了整体提高国民语文素养，尤其是青少年的语文素养。

再谈语文到底考什么

※ 张伟明

前不久，应《中国考试》之邀，写了一篇文章《语文到底考什么》。这篇文章主要是针对报刊上关于语文教学和考试的讨论所发的感想。大家知道，教育和考试有本质的不同，教育是传授知识、培养能力的一种形式，而考试则是对人的知识和能力的一种检验形式。从矛盾的内因和外因的关系来看，考试只是教育的外因，考试的变化只能对教育的转变起到催化剂的作用，教育自身的改革才是根本。

中小学语文教育的问题久已有之，主要是教学没有形成体系，没有明确且可操作的教学目标。激烈竞争的高考使这些问题暴露出来，但这些问题不是高考改革可以解决的。高考的目的是为高等学校选拔新生，选拔要求科学、公正、公平，它不能迁就教育中的问题而放弃原则。一些人认为是高考干扰了教育，这种认识显然是片面的。高考作为教育的外部因素，它的改革可以对教育产生积极影响，这是高考改革所追求的。从语文学科来说，形成一套完整的考试科学体系，有助于教学目标的形成。可是，有些人看不到这一点，大肆攻击考试的科学化，如"《考试说明》说明了什么"之类，意欲取消《考试说明》，而使考试和教学重新陷入

一片混乱之中。这种做法既不利于考试的科学化，也不利于教学改革的发展。

在当今的情势下，无论是从事教育还是从事考试的有识之士，都在为语文教学出现的问题感到担忧。问题严重本是一件坏事，但也可以转变成一件好事。最近国家拨重金用来建立中小学课程标准，这就为教育改革开了一个好头。高考对教育具有反拨作用，因此高考改革要和教育改革的方向相一致。在考试科学化深化改革的同时，高考在内容和形式上还应该进一步调整，使其和中学教学改革的目标一致起来。具体来说，高考语文学科的改革主要体现在以下几个方面：

1. 制定高考语文学科能力目标。制定学科测试目标一直是我们努力的方向。但是，长期以来，由于语文教学的模糊性，使得语文测试目标的建立在认识上难以达成共识。我们不反对语文教学的模糊性，但模糊性是指具体的教学过程而言，并非指整个教学体系。结果这一模糊就模糊了近一个世纪（语文作为一门独立学科），沉淀下来的苦果让我们也尝到了苦涩的味道。作为教育来说，任何一门学科都应该有独立科学的体系，考试也是一样。经过十多年的努力，高考语文学科逐渐建立了自己的能力体系，即识记、

理解、分析综合、应用和鉴赏评价。这个能力体系与布鲁姆提出的一般认知能力体系不同，它更加充分地体现了语文学科的特点，使我们对语文学科能力的认识有了深入，从而为科学地研究语文的教育目标和考试目标奠定了基础。

学科能力并不代表教育目标和考试目标，因此，有必要进一步研究语文学科的教育目标和考试目标。作为考试来说，研究考试的能力目标是研究和制定考试目标的基础和难点。我们力争用两年的时间为考试的能力目标勾画一个大体的轮廓，这样不仅使考试更加公正、公平、合理，同时也使教师指导高考复习的方向更加明确。明确考试的能力目标对教学有益无害，但考试的目标不能等同于教学标准，考试是对教学最终结果的测量，它不能反映教学的全部过程。因此，高考语文能力目标的确立，对中学教学会起到良好的导向作用，但不能解决当前中小学语文教学中存在的所有问题。

2. 命题材料进一步贴近教学和考生阅读的实际。贴近教学和考生阅读的实际有两个用意：一是有利于测量考生的真实水平，二是增强教师教学和学生学习的信心。例如，现代文阅读材料，以往，往往选择二三十年代的文章，这些文章在词语的用法上与现代人有些差别，文章中的一些背景知识学生不了解，这就增加了学生答题的难度。这对高考来说本无可非议，高考就是让考生用已学的知识和掌握的能力在未知的领域里探索，只要题目不出在考生未见过的知识点上，不是故意为难考生，就属于正常命题。现在的问题是学生读的文章太少，范围太窄，阅读

理解的能力还比较差，在这种情况下再考一些他们不熟悉的文章就会影响考试的信度。1998年高考现代文阅读材料选了宗璞先生的散文《报秋》，这篇文章与中学课文收入的文章相似，考题没有语言障碍和文化背景要求，因此有利于考生发挥真实水平。从考后的结果来看，难度为0.50，区分度为0.422，指标比较理想，说明试题符合考生的实际情况。从另一方面来看，适当降低阅读题的难度，也有利于增强语文教师对语文教学的信心，这个方向在今后的命题中还应该坚持。

3. 减少知识性内容，增加语言应用能力的考查。高考考查能力的目标既已确定，那么就应该逐步减少对知识内容的考查，增加能力考查。1999年的《考试说明》中删去了"文化知识""名言名句"等内容，增加了语言表达能力考查的比例。高考考查"文化知识""名言名句"等知识性内容对于培养学生的语文基本素质是十分有益的，在一定的时期曾对中学教学起到了积极的导向作用。但是，近年来由于受应试的影响，这些内容反而加重了学生学习的负担。因此，1999年高考语文命题删去这部分内容，表明了命题人反对"应试教育"的一贯思想。语言表达能力的考查着重在语言应用的规范、连贯、得体。语言表达能力，即学生对语言的感知力。我们通常称之为语感，它是语言思维的逻辑性、连贯性和语言与用语环境相契合等方面的综合运用。学生良好的语感能力是靠平时正确的用语习惯和准确的语言训练积累而成的。所以，学习语文一定要注重语言基础训练，要培养学生良好的语言习惯。

增加能力考查，着重在语言思维能力、分析综合能力和鉴赏评价能力几个方面。为了更有效地测量考生诸方面的能力，命题将压缩试卷的题目数量，从而使考生答题有更多的思考时间。

4. 调整试题难度。 近几年高考语文试题的难度与其他科目相比属于适中偏易。试题总难度一直保持在0.58左右，而其他学科经常有0.5以下的难度。在这种情况下老师们仍然反映语文试题偏难，这里面的原因比较复杂。它涉及测量理论中的问题，也反映了考试结果中的具体问题。从测量理论来看，我们现在所采用的经典测量理论在难度值的估计上不适应语文等一些社会学科。表面上看来，难度控制在0.5左右，区分度可能最好，但语文作为母语学生不可能得分很低。因此，0.5就基本失去了作用。从考生的得分实际情况来看，虽然总平均分不低，但是高分段学生少，这就使得语文学科的分数在总分中地位偏低。这样，在高考各学科中，语文学科的作用就体现得不够充分，同时也影响到学生学习语文和教师教语文的积极性。因此，调整语文试题的难度就显得非常有必要。1998年高考语文命题对试题的难度做了调整，从原来的0.58调整到0.65。应该说这个调整是冒了一定的风险的。试卷难度调整到0.65是否符合测量学的规律？区分度能否保证？这都关系到改革的成败。在这方面，高考是有教训的。90年代初，高考试行新科目组试验时，各科试题的难度均调到0.60左右。造成了好学生与差学生拉不开档次，影响了公平、公正、择优选拔的原则，在社会上引起了一场不小的风波。因此，难度调整要十分慎重。要从学科的特点出发，不能一哄而上。从考试的结果来看，语文学科难度的调整是符合测量学规律的。试题的区分度没有因此受到影响，不少考生的语文分数达到130分至140分。被录取的考生的语文分数在总分中的权重有了明显提高。从社会反映来看，增强了语文教师教学的信心，增强了学生对语文学习的重视程度。

高考的一个很重要的原则就是有助于中学教学全面培养学生的素质，但绝不是迁就教学。高考语文学科多年来正是本着这个原则，在考试内容的改革上对中学教学力争起到了积极引导、弥补不足的作用。比如，对现代文阅读内容的考查，语文能力层级的制定都对教学起到了良好的引导作用。但是，语文教学的问题积压已久，加之激烈竞争而导致的应试，使得问题的严重性并没有减轻。可见，语文教学的问题还要通过教学自身来解决，高考只能起到辅助和引导的效果。高考不同于教学，它有自身的规律和要求，我们不能以教学的方式来要求高考。同样，我们也不应该以考试的方式来进行教学。高考具有超前性，教师应该认真研究高考，吸取高考内容中对教学积极的方面，从而使培养人的目标和选择人的目标一致起来，这是我们应该共同努力的目标。

初中语文测评考核改革构想

郑友霄

目前，教育改革（包括考试改革）的速度进一步加快，素质教育的观念逐渐在教育决策层生根，在大量的有识之士心中生根，它势必在改革的过程中由观念转化为行动和措施。其中，考试的素质化走向也势在必行。

为此，我们必须在考试问题上重申两个原则：（1）考试是提高学生语文素质的手段，而不是目的。从客观上说，它只具备测评功能。（2）考试是为了鼓励和提高，至多可带点提醒或警醒，但绝不是为了惩罚。因此，考试要充分考虑到学生的兴趣，不要把学生考得灰溜溜的。学生应该苦学，但更应该引导他们乐学、善学，最终学会学习。

语文学科因其知识和能力体系的综合性、整体性、非控制性和非线性的特点，任何单一的测评模式都很难反映被测试者智能的全部或大部。因此，在以素质测评为核心的原则下，语文测评的方式应该多种多样，做到分项与综合相结合，课内与课外相结合，理论与实践相结合，口头与书面相结合。总之，生活有多少种样式，语文学习就有多少种样式，语文测评也应有多少种样式。

下面就具体谈谈语文测评的一些办法：

分项考试

一门课程只一张试卷的考核方式，常常使名列榜首的学生永远在先，而榜尾的学生也可能永远处在末尾。如果分项考试，有些榜尾的学生由于某项成绩突出，很可能取得优秀的成绩，从而使这些学生也体验到成功的喜悦，树立上进心，增强学习的主动性。

分项考试的方式和内容有：

①抄写（包括书写水平和书写习惯）。

②三千个常用字过关（包括会认、会写、会用）。

③词汇。

④朗读。

⑤背诵。

⑥默写。

⑦阅读理解。

⑧作文（命题、材料、想象和联想等）。

⑨积累语言材料。

⑩课外找一段或一篇读来让人感动不已的文章。

可以仿照小学评选"星级"或每次选拔前10名张榜公布等办法对各项考试成绩优秀的学生进行鼓励和表扬，但不能进行全班排

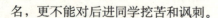

名，更不能对后进同学挖苦和讽刺。

鼓励重考

重考是建立在学生自觉自愿基础之上的，目的是调动学生的学习积极性。

每次考试后，有的学生对自己的考试成绩不满意，可以申请重考；重考成绩不满意，可以再次申请重考，直至学生对自己的考试成绩满意为止。记入学生成绩手册的分数可以是学生最满意的重考分数。

像朗读、默写、背诵、抄写、三千常用字过关，甚至作文等，学生重考时，都可以老题重做，学生只要达到或接近要求，都可以人人过关，甚至人人满分。而一些测评综合素质的卷子，各校及各任课老师则应建立相应的试卷库，当学生申请重考时，就可以随机抽样，以保证重考的可信度。

因材施考

因材施考是在因材施教的教育原则中派生出来的。就是根据不同的对象，特别是学习情况不同的学生，给予不同的考试（包括考试内容、考试形式、考试要求等方面的差异）。如综合卷，就可以分A、B、C三档，让学生根据自己的实际水平自行取档。分项考试，也可以对不同的学生提出不同的要求，让学生自行选择。但教师应允许和鼓励学生奋力往高档冲刺。（这样做的理论根据有二：①"不怕慢，只怕站"，②共同提高绝不等同于同步提高。参差不齐是集体教育的起点，也是终点。）

因材施教可以消除学生对考试的恐惧心理，并使一些程度较低的学生逐步找回自尊和自信心，从而提高学习兴趣和学习效率。

等级评分与综合核分

学生学习的知识内容和智能的某些部分可以用一定的分数来衡量，但更多的智能水平和素质水平则很难通过一次或两次书面考试来检测，更难用分数表示出来。学生语文学习成绩的几分之差，并不能说明任何问题。因此，我们必须改变什么都用数字来衡量的观念和做法。除确需用分数量化的外，我们提倡用等级评分的方式来评价学生的学习情况。

等级的划分办法有：

①五级评分：优秀、良好、中等、及格、不及格。

②四级评分：优秀、良好、及格、不及格。

③二级评分：合格、不合格。

人们习惯于把期中和期末（或统考）的卷面成绩记入学生学籍卡作为其终评的成绩，其实这样做是片面的和欠科学的。我们认为，终评成绩应该综合核分。

综合核分的成绩一般应由四部分组成：

①平时学习积极性。主要看课堂是否爱发言、爱提问、爱发不同的见解。

②课外阅读与参加实践活动情况。

③作业完成情况。如背诵、默写、其他作业等。

④卷面成绩。

这四部分成绩在综合核分时多大比例为宜，各学校和任课教师可根据情况自行确定。这里的参考意见是：比例可以是1：2：2：5。

一些具体做法建议：

一、综合卷的题型（这里的综合卷一般指统考卷或期终卷）

（一）基本题型

1．每张试卷都必须有书写题。

2．每张试卷都必须有朗读题。

3．每张试卷都必须有默写题。（默写的内容限在课内。）

4．每张试卷都必须有"提问"题。（选取课外与相关年级水平相当的片段，由学生阅读后提出问题。至少要求提三个问题，多问不限。但必须是有效提问。）

（二）特别题型

除了以上基本题型外，不同的年级应当安排些不同的题型。

初一年级应增加词汇量的测试内容。如以一个字为词根进行组词，多多益善；也可先写出一个词，要求写出与这个词意义相同、相近或相类的词，多多益善。

初二年级可以增加句子和段落衔接的测试题型。句子衔接的测试方法是：或给上句，要求写出下句；或给下句，要求写出上句；或给上句和下句，要求写出中间句。如有必要，可以对要衔接的句子提出修辞的要求。段落的衔接要求可以与此类同。

初二年级还可增加简单的阅读理解篇目。

初三年级因为要同升学考试接轨，故可加大阅读理解题型的分量。阅读理解可分为现代文和文言文两大类。

至于题型的分值安排，各年级应有所区别。一般情况下，低年级的朗读、默写、书写等题分值可以稍大一些，而高年级的阅读理解题和作文分则应占较绝对优势。

二、试卷难易度的分值比例

考核学生"起码要求"的应占50%，考

核学生"基本要求"的占30%，考核"较高要求"的占20%。

三、特别建议

考虑到期终考的试卷一般是由县、市教委统一命题，而且都是以综合卷为主，关于综合卷上文已有论及，故下面仅就校内和任课教师自主的考试办法提一些建议。

1．初一学生第一次的语文考试就考抄写，目的是纠正学生的不好的书写习惯。不过关的可随时补考，一直到抄写合格为止。

2．初一第一学期的期中考试就考三千常用字的读、写、用。要尽可能人人过关。

3．初一第二学期的期中考试就考"朗读、默写、作文"三块，分值比为3：3：4。

4．初二第一学期的期中考试"背诵、默写和作文"。分值比也可为3：3：4。

5．初二第二学期的期中考试可以开卷考，如布置学生在一两周内搜集50条精彩的比喻句，并要求注明出处。

6．初三第一学期的期中考试可布置学生课外寻找一篇或一段读来令人感动甚至能催人泪下的文章。（如果把它作课外作业，期中考就考阅读和写作。）

7．初三第二学期的应考练习可专门侧重于阅读理解和作文。

8．任课老师可在学期初就向学生通报本学期的考试形式和考试内容，让学生早作准备。

笔者以为，语文教学理论和观念的研究探讨不但是必须的，而且是至关重要的，但理论终究要靠实践来落实。因此，在语文考试的具体方式方法上作些形而下的探究或许有它特有的价值。

课改背景下初中毕业生语文学业评价构想

俞发亮

新课程改革下的评价首先体现为终结性评价将会和形成性评价相结合，改变以往仅凭一张试卷（终结性评价）"定终身"的做法。加强形成性评价，学生平时学习语文的兴趣、习惯、态度，课外阅读的量与质，参与各种语文活动和竞赛的情况，综合性学习的成绩，语文方面的特长，均可以作为评价的内容与依据。终结性评价与形成性评价两者结合的比例，由于改革初始，后者尚处于探索阶段，因此仍然应以前者为主。

其次体现为评价的主体多元化，改变单一评价主体的传统。即学生的学业评价不能仅凭教师一人说了算，应当听取和吸收学生的自我评价、学生间的互相评价、家长的评价，使评价成为教师、学生、管理者、家长共同参与的交互行为。评价旨在促进学生的发展，这样的评价同时也能够充分调动各方面对学生的学习加以关注和帮助。

以上两项工作，必须从起始年级抓起，采用成长记录的方式，强调语文学习的过程，关注学习的健康发展，尊重学生的个体差异。这些细致的工作，体现了"为了每位学生的发展"的人文精神和课改理念。

考试，只是评价的方式之一，而不是唯一。但从目前情况看，初中毕业生学业考试（旧称"中考"）那份试卷，仍然举足轻重，成为改革的焦点。

"突出语文课程评价的整体性和综合性，要从知识与能力、过程与方法、情感态度与价值观几方面进行评价，以全面考查学生的语文素养。"《语文课程标准》这几句话可以视为命题的总纲。在实施课程标准的大背景下，借鉴近年来各地命题的经验，初中毕业生语文学业考试应包含以下三个部分的内容。

一、语言积累与运用

义务教育阶段学生语文学习的一大特点是积累，扎扎实实地识记、背诵。试题中，可以考查字的积累（字形、字音、字义），词的积累，句的积累，古诗文名句名篇的积累，现当代经典段落和篇章的积累，还有文学文化常识的积累。试题形式，或者直接填写，或者提供语境，或者课内外结合（运用课内知识，向课外迁移）。它们可以单独设置，也可以穿插在阅读测试中。

语言运用的试题，以语用学、语体学的理论为指导，考查学生实际运用语言的能力。这类试题立足语文素养的考查，取材于现实生活，渗透于其他学科，具有很强的灵活性、综合性，愈来愈受到青睐与肯定。

几年来的实践证明，仿句也是一种主要考查学生语言运用能力的好题型。

另外，学生的学习习惯，例如：汉字书写、运用符号修改作文、阅读时圈点批注、做读书卡片，均可编拟为试题，以突出、落实"三个维度"的考查。

语文考试，语言是核心；而语言积累和表达能力的考查，应当尽可能地结合语境，重在运用，以主观文字表述题为主，遵循语文学科的规律、特点。

课外经典阅读的积累也应当纳入考查的内容。《语文课程标准》提出"关于课外阅读的建议"，"要求学生九年课外阅读总量达到400万字以上，阅读材料包括适合学生阅读的各类图书和报刊"，并列出了一些书名。课外阅读对形成和发展学生语文素养的重要意义已经是人们的共识、常识，问题在于怎样去促进、落实学生开展大量的、有益的课外阅读。考试评价，既是检查，又是推动。总体看来，近年来这类试题的形式和角度还有待于创新。要求考生写出作家、作品、人物的试题，仅停于识记的能力层级；且容易让不读原著只背作家作品（看缩写本、导读本）的学生"合算"，背离了命题者的初衷。而下面的试题就颇有新意：

下列三部古典名著你读过吗？请用简洁的语言各写出一个你熟悉的故事（小学、初中课文除外）。

例如：《红楼梦》<u>葫芦僧断案</u>
《西游记》_____
《水浒传》_____
《三国演义》_____

就这道题，考生若没有读过原著，起码也须看过改编的电视、电影，或听过其中的故事，才能正确回答。这里仅靠识记不够，还包含了理解与概括。这就有了发展、创新，虽然只是一小步。

二、阅读

现代文阅读试题应当以学生的"前理解"（已有的知识背景）为基础，唤起学生的情感体验，使之接受文本的人文精神、科学态度熏陶。根据初中毕业生的年龄阅历、认知水平，以理解性阅读为主，侧重考查学生整体感知、提取筛选、概括分析的能力，评价学生初步鉴赏文学作品的能力，重视他们的创造性理解。

现代文阅读的文本以课外为宜，文言文阅读则主要取材于课内，适当地延伸于课外（知识必须源于课内）。

"评价学生阅读古代诗词和浅易文言文，重点在于考查学生记诵积累的过程，考查他们能否凭借注释和工具书理解诗文大意，而不应考查对词法、句法等知识的掌握程度。"（《语文课程标准》）初中生学习文言文重在诵读积累，除了名句名篇默写外，断句、朗读节奏划分（语意停顿）的考查能够以简驭繁，一箭双雕，从"读"中有效地测试出学生的语感和理解水平。

文言与成语相结合的试题，是一种积极的尝试。成语，被称做古汉语的活化石，誉为连接古今汉语的桥梁，它承载着丰富的民族文化内涵。成语中，保留了大量的古汉语词义和语法，所以，文言与成语相结合，增强了试题的综合性、现实感，扩充了试题的容量。而且，对学生的文言学习又不失为一种有益的方法引导。例如，在《愚公移山》阅读中，要求考生"试写出含有'易'字，且与'寒暑易节，始一反焉'中'易'的意思相同的成语"，既考查了学生对课文句子中"易"的词义把握，又检测了他们对成语的积累与理解；答案开放又有所限制。

传统试题，如解释文言词语、翻译文言句子，符合文言学习的特点，且测试的区分度在正常情况下比较理想，能够真实地反映出学生的掌握程度。因此，归真返璞，还有继承与发展的价值。

三、口语交际与写作

不必讳言，我国口语交际理论的建设不够完善，还有不少人抱着"母语口头表达不必训练"的观念，口语交际教学处于可有可无、顺其自然发展的散漫状态，以致学生拙于口头表达。与国外相比，口才（包括辩论、演讲）成了我国学生的弱项。

近年来有一些地区考查了听力，在几十个考场，针对几万名考生，统一时间采用录音机播放或者电台播音的形式。让考生确实用耳朵专心、认真地听，边听边答。这无疑是有益的大实践和突破。然而，目前考查听书面语的多，考查听口语的少。听力材料应当突出生活化、口语化，体现口语交际的特点。

"写"是用笔（或键盘）来表达，"说"是用口来表达，但"说"又不仅仅是嘴巴的事，与"写"一样，它是人的心智复杂活动的集中体现。而且，"说"对思维敏捷性的要求远超过"写"。口语交际（听与说相互交替）的互动性、瞬时性

无法在试卷上真正体现，说的能力"评价必须在具体的交际情境中进行"（《语文课程标准》）。由于受到人力、财力的限制，口语交际测试目前几乎还是一个空白，亟待有志之士敢为天下先，探索出科学合理、操作性强的方案。

"能具体明确、文从字顺地表述自己的意思。能根据日常生活需要，运用常见的表达方式写作。"《语文课程标准》这两句描述，朴实而凝练，概括了学生经过九年义务教育所应当达到的写作目标。写作的主体是学生，应该尊重他们对生活的感受和体验，强调"真情实感"，表现自我，富有个性，改变重文（文章形式）轻言（言语表达）的传统，倡导自由、舒畅地表达，鼓励"有创意的表达"；不能再简单、片面、机械地要求学生作文"思想积极、感情健康"，转变以主题（中心）决定作文命运的观念，打破这个制约写作教学改革的瓶颈。

半命题作文和话题作文，具有较强的启发性，给考生提供了张扬个性、发挥特长的广阔空间。提供两题、三题让考生选择其一的写作试题，充分体现了尊重学生个别差异，保证每个学生有话可说的课改新理念。依据初中生的年龄、心理特征，写作试题应突出生活化和形象性特点，使他们能够萌发写作欲望和冲动，调动情感体验和知识积累，驰骋丰富的联想和想象。例如：

书、阳光、土地、歌声、感动、体验、第一次

给自己一个微笑、我有一片天空、生活中的一朵浪花

写作测试是汉语的传统项目，有一千多

年的历史，积累了丰富的经验。写作是一个人生活体验、知识积累、思维方式、审美取向、思想认识和语文素养的综合反映，从一篇文章大体可以看出作者的语文水平。写作试题的赋分不应低于全卷的40%，以50%左右为宜。另外，作文"三人独立阅卷"的制度还须进一步巩固、完善，应努力扭转阅卷教师打"保险分"（中等分）的倾向。

值得特别一提的是，近几年出现的开放性试题，顺应课改趋势，倡导学习的自主性、研究性，给考生较大的自由度，得到了各方面的称赞。识记类开放题（例如写出含有"月"的古诗词句子），语言表达类开放题（如写一则旅游广告语，根据论点说出一句名言或写出一个事实论据），既充分发挥考生的主动性、创造性，又有较明确的要求，阅卷评分容易把握；而鉴赏性阅读、创造性阅读开放题，则给评卷带来相当的难度，命题者应当慎之又慎，在开放与限制之间寻找最佳的契合点。

本文名为"构想"，包含理想的成分，与现实还有一段距离。怎样超越这段距离，还有赖于教育界内外、全社会人士都来思考并身体力行。

新课程评价体系构建设想

胡岱藩

一、指导思想

依据课程标准，全面综合评价：评价方式多样，评价主体多元；立足过程评价，定性定量结合；关注个体差异，促进学生发展。

二、评价内容

1. 全面评价学生的语文素养。不仅关注学业成绩，而且关注多方面的潜能和特质的发展，尤其是探究与创新能力、自主学习能力、合作学习能力、实践能力，以及学习兴趣、学习态度、学习习惯、学习过程、学习方法、情感体验。用三维目标进行综合评价。

2. 评价学生对"课程目标"中十项"总目标"的落实。

3. 评价学生对7～9年级第四学段"阶段目标"中"识字与写字""阅读""写作""口语交际""综合性学习"五个方面的达成。

三、评价方式

1. 立足过程评价。按过程50分（即平时五个方面40分，单元测试10分），终结50分（期中测试10分，期末测试40分）相结合的方法评价每位学生全学期的语文成绩。

2. 坚持全面评价。"成绩评价表"侧重解决"知识与能力"的评价，"过程与方法""情感态度与价值观"的评价，提倡通过教学观察、访谈、成长记录袋等多种方法来了解和评价学生。

"成长记录袋"是评价学生进步、促进学生发展的有效评价方式。各校可统一印制，也可让学生自制，写上名言警句，激励学习。袋内可装入期初学习计划、阶段性学习反思、期末学习总结；成绩评价表、评语评价表、家长的信息，单元测试、期中测试、期末测试的试卷；书法佳作，课堂活动或答问创新纪实，优秀习作，综合性学习成果；竞赛获奖作品及证书；课外阅读记录卡，课外练笔记录卡，单项突出进步卡。成长记录的内容要真实，与评价的项目、内容保持一致，作为每月自评、期中互评、期末总评的依据。成长记录的内容，每月总结展评一次。

3. 重视发展性评价。教师要从语文课程的始点、过程和终端多方面关注每个学生，淡化评比与排队，通过纵向比较，从发展、变化、进步的角度评价每个学生语文学习的多样化过程。

4. 采用激励性评价。对学生语文学习的

表现，应以鼓励、表扬等积极的评价为主，采用激励性评语，从正面加以引导。

5. 提倡多次评价。 当学生对某次语文测试的答卷觉得不满意申请重考时，教师应允许学生重新解答，直到满意为止。教师可推迟判断，重新评价，把重考分数记入成绩表，使每一位学生在评价过程中领略成功的喜悦。

四、评价主体

从单一教师评价转向自评、互评、师评、家长评四结合。逐步强化学生的自评和互评，突出评价过程中学生的主体地位。

五、评价操作

1. 自评。 每次单元测试后、期中测试后、期末测试后，每位学生要针对自己一月来、前半期、全学期语文学习的实践及成绩作出自评。自评时，一要填出成绩评价表前五大项中的各分项分数（能测评的单项按测评平均分填），二要写出自评评语。

2. 互评。 期中、期末测试后，学习小组在本组成员自评的基础上，对每位组员开展两次互评。写出互评评语，评成长进步，提改进建议，评出前五大项中的各分项分数（能测评的单项按测评平均分填）。

3. 师评。 教师既要重视平时教学过程的各种形式的评价，又要做好期末终结性评价。

4. 家长评。 家长在"家长开放日"要到学校听课、座谈、调查，了解孩子；根据孩子的学习表现、成长袋的资料、学习成绩以及自评、互评、师评的评价，写出家长评语。

5. 评语评价。 ①自评、互评、师评、家长评的评语，都要针对上述的"评价内容"，依据学生成长袋记录的资料，平时的语文学习观察、测评及测试成绩，最有代表性的事实，抓住关键，突出重点，进行全面综合的评价。②"评语"既要指出学生语文学习的发展进步，又要提出改进建议。学生、家长、教师在对某一学生充分了解的基础上，思考、设计下一学期促进该生语文学习发展的、有针对性的改进建议。③评价要宽容，要沟通，要让被评价者最大限度地接受评价的结果，充分发挥评价的反馈调节、展示激励、反思总结、记录成长、积极导向的功能。④评语要作客观描述，语言应以激励、表扬、认同、理解等积极评价为主。⑤期末总评的评语要参考每月的评语及中考后互评的评语。要从全学期看，从整体看，要重视每个学生语文学习的发展、变化、进步。

6. 分数评价。 ①分项分数评价："成绩评价表"前五大项中，17个分项期末的"总评"分，能测评的分项，按测评平均分计；不能测评的分项，自评分、互评分各半。自评分指全期每月自评分的平均分，互评分指中考后、期考后两次互评分的平均分。平时，每次自评分和互评分可列表另记。②分项测评评价："成绩评价表"前五项中的某些分项，如常用字的认、写、用，硬笔正楷字的书写，五种阅读能力的水平，课外阅读量，课内外写作量，写作速度，口语训练，主题演讲，学习成果的展示与交流等8个分项，不必组织自评和互评。教师可选择科学的方法，组织学生分项测评。最后按各分项多次测评的平均分计，直接填入分项"总评"栏。如某生单项进步显著时，就可取该项的最高分计。可张榜公布单项测评的前10名，鼓励各层次学生发展自己的特长，但不能全班排名。③综合测试评价：改革单元测试、期中测试、期末测试的内容和方法，注意命题的正确导向及综合测试的科学性和有效性。单元测试的总评分指6个单元测试的平均分。期中测试、期末测试的总评分由教师或教师指导学生对测试试卷作出客观的分数评价，填入相关的总评栏目。

表一：初中语文新课程促进学生发展评价体系成绩评价表

学校_____ 年级_____ 学期_____ 班级_____ 学生_____ 总分_____

评价项目	评价内容	分值	自评	互评	总评
识字与写字 （5分）	1．汉语拼读能力，运用汉字的能力，识字能力。每学期认字600个，会写500个。	3			
	2．硬笔正楷字的书写正确、迅速、端正、整洁。	2			
阅读 （10分）	1．自订或合订《作文》或《作文报》等杂志或报纸。	1			
	2．阅读的兴趣、习惯、角度、理解、创意。	2			
	3．朗读、默读、精读、略读、浏览的方法与能力。	3			
	4．每学期课外阅读总量45万字，阅读名著1部。	4			
写作 （10分）	1．多角度观察生活，独立写作：选材、构思、列提纲、修改。	2			
	2．作文有真情实感，有创意的表达。	2			
	3．掌握各种文体的写法，45分钟写500字作文。	2			
	4．每期课内写作7次以上，其他练笔五千字以上。	4			
口语交际 （5分）	1．日常交际文明、得体、简明、生动，善于应对。	1			
	2．讲述见闻、复述转述、即席讲话、主题演讲的能力。	1			
	3．课堂内外讨论积极，发言有中心、有条理、有根据、有独创。	3			
综合性学习 （10分）	1．参与程度：自行设计、组织活动、主动发现问题和探索问题。	2			
	2．合作态度：搜集信息、整理资料、协调、实施。	2			
	3．语文知识和能力综合运用的表现。	3			
	4．学习成果的展示和交流。	3			
小计	以上共5大项17项内容。	40			
单元测试 （10分）	1　　2　　3　　4　　5　　6	10	平均		
期中测试 （10分）	依据"课程标准"，改革考试内容和方法，与中招命题吻合。	10	师评		
期末测试 （40分）	依据"课程标准"，改革考试内容和方法，与中招命题吻合。	40	师评		

六、评价呈现

形成性评价和终结性评价兼顾，定性评价和定量评价结合。期末，把表一"成绩评价表"及表二"评语评价表"一起呈现给每一位学生及家长。

七、评价反馈

期末，每一位学生都要依据"课程目标"，借鉴学习小组、家长、教师对自己提出的改进建议，作出"评价反馈"，即制定出下学期促进自身发展的、有针对性的语文学习计划，填入表二"下期计划"栏目。

表二：初中语文新课程促进学生发展评价体系评语评价表

学校＿＿＿＿＿　　年级＿＿＿　学期＿＿＿　班级＿＿＿　学生＿＿＿　时间＿＿＿

评价项目	评　语	
自我评价	发展进步：	
	改进建议：	
小组互评	发展进步：	
	改进建议：	
教师评价	发展进步：	
	改进建议：	
家长评价	发展进步：	
	改进建议：	
下期计划		

高考试题设计理路与中学语文水平测试目的

❋ 辜正坤

一、应试教育为语文教改带来便利与契机

中学语文水平测试是认定中学语文教学水平和学习效果的关键。目前,中国语文界普遍抱怨中国的语文教学过分受应试教育的牵制,这并非毫无道理。然而,应试教育本身并不一定是错误的。在一个以市场经济的赢利原则为指导思想的时代,要想让语文教育丝毫不受功利主义的影响、总是保持一种纯学问的追求,这是不现实的。正如中国古代伟大的科举考试制度曾大大强化了普通百姓对学问的向往,并推进了中国的行政管理理性化的同时也带来一定的弊端一样,目前的高考制度也同样强有力地反作用于中学语文教学,使其轴心几乎不得不完全系于应试教育。然而,正是这样的态势,给中国的中学语文教育改革带来了易于操作的便利和契机。换句话说,我们只要从高考试题设计理路入手来进行改革,那么中学语文考试方法——或曰水平测试方法——的革新,就很容易取得突破性的进展。中学语文教学越是依赖于应试教育模式,那么我们就越容易通过变更"应试"的形式及内容来反控中国的中学语文教育过程。

二、高考语文试题的设计目标定位及其效果

中学语文考试的目的是什么? 要回答这个问题,先要回答语文高考的目的是什么。因为,如前所述,高考成了中学教育的指挥棒,语文的高考现状也就成了中学语文教学的指挥棒。同理,高考语文试题的设计目标或目的也就成了一般中学语文教学的目标或目的。

一般人会不假思索地说:高考就是为了遴选合格的大学生,为国家选拔人才。这从高考的表层含义而言,是有道理的。但是,在我看来,高考真正应该具有的深层的更为伟大的目标和意义在于,它有助于提高整个国民,至少是整个青少年阶层的文化素质。

依据为了提高整个青少年阶层语文素质这种逻辑思路,高考语文试题的设计,应该主要着眼于如何能够反映绝大多数考生,主要是青少年考生的实际语文水平,而不是主要着眼于如何反映个别考生,或曰个别优秀考生的实际语文水平——请注意我的这一区分具有至关重要的意义。

如果我们把高考语文试题的设计目标定位为考核优秀考生是否能够机智灵活地运用中学语文教材中的语文知识与技能,以便于遴选所谓合格的考生进入大学的殿堂,那么,高考试

题就会着眼于如何故意增加语文试题的捉迷藏式的难度，以便拉开所谓劣等生与优等生之间的差距，否则——像有些人担心的——如果大多数考生都考及格了或得高分了，怎么招生？在这样的思路下，考官们便会莫名其妙地故意在考题上设置迷宫，以便让所谓的尖子生脱颖而出，让所谓的劣等生名落孙山后也心服口服。同时，为了阅卷的方便与所谓计分的科学性，高考试题的设计也倾向于能够让机器阅卷。这种试卷的机读要求，将使得诸多试题变成一种非常奇特的从西洋输入进来的选择法。这种洋八股选择法的一个致命弱点，就是强迫学生去接触许多他们原本不知道的错误答案。学生尽管多半会选择正确的答案，但也往往会不知不觉地记住那些错误的选择。当这样的试题数目累加到一定程度，数倍于正确知识的错误答案在大脑中存储过多，就有可能在考生日后的学习过程中造成潜移默化的干扰性影响，使得喧宾夺主的错误记忆资料库挤垮了势单力薄的正确记忆资料库。因此，在考场上叱咤风云的考生，在考场外很有可能犯一些来源于这种后遗症的可笑的错误。

反过来，如果我们把高考语文试题的设计目标定位为考核普通考生是否真正掌握了一个中学生应该掌握的语文知识和技能的话，那么，高考试题的设计就不会着眼于故意增加语文试题的难度，恰恰相反，而是将着眼于如何使试题本身明白易晓，让考生能够在迅速把握试题题意的情况下，尽快地显示出自己实际掌握的语文知识与技能。换句话说，让他们学习什么东西，就应该考查他们什么内容，而不应该故意将那些内容进行挖空心思的异化、变形，再来考核他们对付异化后的猜谜游戏或妖魔鬼怪的本领。

三、按提高国民语文素质的道路来进行高考试题的设想

由上可知，问题的关键还不在于洋八股式的考试设计有可能坑害考生，或考试办法尚缺乏应有的公正性。问题的关键其实在于：语文考试的目的不应该主要是为了遴选所谓的优秀人才，而应该主要是为了整体提高国民语文素养，尤其是青少年的语文素养。

让我们来假定一下，如果按主要是为了整体提高国民语文素养的思路来为高考语文命题，其结果又将如何呢？

要说清楚这个问题，让我们先来界定需要加以测试的语文水平包涵哪些基本内容。传统的语文考试一般包括语文基础知识和作文两大部分。所谓语文基础知识包括生字注音、词语病句、阅读理解、古诗文翻译和默写等。其中，阅读理解占分较多，即给出一段文字，然后给加点的词注音、解释；或提出一句话，让考生说明该句话反映了作者什么样的情绪，诸如此类。大体说来，这样的考试内容还是比较合理的，既考了考生需要切实掌握的基础知识，又考了考生的创造性语文运用能力。但是，我觉得阅读理解部分与作文本身相重叠的部分颇多，所以不该占太大的比例，故可加以缩减，例如纯粹考理解能力的部分就可以完全删掉。同时，考试的内容范围还可以增加逻辑与修辞部分。若按我的设计，不妨重点考核下列内容：(1) 识字（含正音、辨义、成语，占20%）；(2) 逻辑与修辞（20%）；(3) 作文（60%）。（古文考试部分可放在"识字"这一试题范围内。）

其次，我们要讨论试题的命题方式。我要强调的是：基础部分考题的命题形式不应该太灵活。应该较为固定、规范，应该是基本上掌

握了这些内容的考生都能够理所当然地通过的内容。而作文部分则相反，可以让题目灵活一些，可以让考生有尽可能大的自由发挥的空间。这样才能阴阳互补，相得益彰。说得具体一点，所谓正音、辨义、成语、逻辑与修辞诸方面的考题，应该是课本里面学过的内容，或者是课文练习题中出现过的题型，或者是略加变形但能够轻易辨认其出处及含义的内容。我们的考题一定要防止这样的情况出现：一个考生本来是知道某词的含义或某字的字音或某句的句意的，但由于考题本身形式的怪异而无法正确地答题或复现相关的知识。我们要试图将每一次的考试都变成让考生进一步加深对语文基础知识的理解与把握的过程，而不是让他们感到语文知识高深莫测，永远没有准确把握住它的机遇。

甚至可以这样设想，在极端的情况下，我们可以将试题公开。例如，包含着中学语文全部基础知识的100～2000个试题可以构成一个试题库，每年的高考试题可以从中随机选出。假如某个考生能够熟记并正确地答对试题库中所有的试题，那么，我们就可以姑且认定，他是一个与通过了高考语文试卷考试的考生在语文水平上相齐的国民，至少是一个合格的中学语文毕业生。如果他能够熟记并正确地答对试题库中所有的试题，那么他在应付高考的随机题时自然就没有多大的问题了。可能有的人会大叫：天呀，这不是死记硬背吗？这不是题海战术吗？无论这是死记硬背也好，题海战术也好，只要一个考生能够轻松自如地完成试题库中的所有试题，就应该假定他是一个勤奋的考生，就应该认定他在语文基础知识这一方面已经合格。

不管从经验上、良心上还是法律上看，我认为这都是毋庸置疑的！

四、改革高考试题后怎么办

让我们回到前面的问题：如果以上面的旨在整体提高国民语文素养而设置的考试范围和考试方式为高考的主要依据，那么，情况会如何呢？

十分明显，由于试题库公开，考试方法不再成为陷阱，凡是经过苦学掌握了相关语文知识的考生都会至少在语文基础知识方面获得更好的成绩，每年的高考考试合格者数量会激增。然而，由于我们国家的教育现状使得招生的数量还不能相应的成正比例扩增，那么，考试合格者该如何处理？问题很简单，如果某考生确实考试合格，就应该让他拥有并保留这个合格的权利。如果由于名额有限，今年无法实现入学的愿望，那么可以顺延到第二、第三或第四年。有的人担心，这样下去，岂不是到了某一天，中国青少年中的绝大多数人都可能具备了大学预科合格证书了吗？是呀，假如情况会这样，我从睡梦中都会笑醒——这不恰恰是国民语文素养普遍提高的证据吗？

如果我们再回到最初提出的关于中学语文考试方法——或曰水平测试方法——如何进行改革的话题上来，就很容易明白，何以我认为要取得中学语文教育改革的突破性进展，就必须从探讨高考语文测试机制的利弊入手。鉴于中学语文教学几乎总是依赖高考应试教学模式，那么，我们通过改革变更应试的形式及内容，便可以轻而易举地反控中国的中学语文教学过程了。

考试："似我"与"学我"

——兼谈语文教师的"应试"能力

❋ 李玉山

检测试题高考化，是目前一个很普遍的现象。从试卷结构、考题类型到考题数量（或曰知识点）无不上演着与高考试题"惊人相似的一幕"。高考考了对联，于是从高一到高三，从小考到大考，全都齐刷刷地考上了对对联，也不管这种题型是否适合学生作答；高考考的是话题作文，于是从高一到高三，从平时写作到考场作文，统统是"话题"，什么文体训练、规范训练都不要了。高考是个指挥棒，高考试题是风向标；高考试题变化了，高一、高二的语文考试则也紧跟其后而变。我并不反对检测试题向高考看齐，但检测试题过于注重高考试题的"形"而忽略了高考试题的"神"，的确是一个值得深思的问题。平时检测如何避免机械"模仿"高考试题并提高其"语文浓度"，也就成为摆在各位同仁面前的一个严肃的话题。

✎ 考什么，怎么考

考试性质不同，考试内容、考查范围、试题难度也应该有差别，这是一个常识，然而这个常识却被很多人有意无意之中给忽略了。高考试题检测的是一个接受过完整高中教育的学生的语文水平。语言基础知识、阅读与鉴赏、语言运用、写作等各方面的考查都要在试题中有所体现，才能保证考查的信度；并且要体现一定的区分度，以利于高校进行人才选拔。而平时考试（包括单元考、月考、期中考、学期考等）检测的是一定时间段内的知识巩固与语文基本能力的提高程度，试题的拟定应该在覆盖这一时间段所学所练内容的基础，应该充分考虑到知识和能力的衔接与延伸。也就是说，不管是考试的内容范围，还是试题的难易程度，平时考试与高考都有较大的区别，不能将平时考试简单化地处理为高考的"仿制"，甚至机械的"克隆"。

某校高一第一学期的语文期中检测卷的结构如下：

第Ⅰ卷客观题：

1.语文基础知识6道小题：字音、字形、近义词、成语、病句、标点符号等的辨析使用。

2.科技文阅读4道小题：理解句子、筛选信息、文意把握、推断想象等。

3.文言文阅读（课外）：文言实词、虚词、信息判断、文意理解等。

第Ⅱ卷主观题：

4.文言文翻译：3个句子。

5.古诗词鉴赏：1首唐诗。

6.现代文阅读4道小题：理解文中句子，归纳要点，分析评价，鉴赏形象、语言及表达技巧等。

7.语言表达与运用3道小题：压缩语段、仿写、拟写对联。

8.写作：话题作文。

高一上半学期的教学内容按一般进度应是高中语文第一册的前三个单元：新诗、散文、演讲词（或者一个文言文单元）。教学任务为：从解析意象入手，结合相关背景赏读新诗；在整体感知的基础上鉴赏散文的情感、思想、语言与艺术特色；把握演讲词的基本特点，并能深入分析、咀嚼、揣摩（或积累文言词汇，理解文章内容，评价人物形象）。因此，检测卷理应重点考查学生上述几方面知识及能力所达到的水平，以期发现问题，及时调整教学方略。以此作为标准衡量，可以说上述检测卷是极其"糟糕"的。原因如下：

1．科技文阅读题是彻头彻尾的"高考阴影"。

2．文言文阅读题的考查也不尽合理。即使学生已经学习了一个单元的文言文，平时检测也不宜采取单纯的"高考形式"，而应该注意课内考查与课外考查的有机结合。如果前半学期根本没有开设文言文，那么，试卷中的文言文试题同样是极糟糕的"邯郸学步"。

3．对联题有些难为学生。尤其是在平时没有进行过相关训练的情况下考"对对联"，命这样的题，目的何在？

4．高一学生的作文主要是训练复杂记叙文的写作，要求在符合规范的基础上写出真情实感，展现个性。平时考试不宜考"话题作文"。

5．题量过大，题目过难，没有考虑到高一学生的实际"承受能力"。平时考试一般是两个小时，分值100分。有的题目如文言文翻译，一个挺长的句子只占1分。真是有些滑稽！

齐白石先生曾告诫他的学生说："似我者死，学我者生。"所谓"似我"就是机械模仿，"学我"就是得其精髓，自成机杼。上述检测卷就是一套典型的、"似我"式试题。对一位教师而言，命制试题应是其基本素质之一。命制试题的基本原则有二：一要考虑到"时空"因素。如你面向的是什么样的学生，学生学了什么，考试的目的是什么；二要考虑到形式因素，如试卷结构、题型、题量等。命制试题前大脑中对这些问题有了清晰的认识，才可能造出"学我"的产品。

质疑一束

一、"走了形"的文言文阅读

高考文言文阅读题共20分，具体分值的分布为：文言词句的理解与翻译14分，文章内容的理解与评价6分。能读懂浅易的文言文是对高中生的基本要求。"读懂"首先需要扫除文字障碍，准确理解词句的意义，然后才能对文章内容、作者的观点态度予以分析和评价。从这个意义上讲，高考文言文阅读题的结构特点与难度系数是比较合理的。但是，如果"高标准严要求"的话，高考文言文阅读题的"阅读浓度"是比较低的，其考查的重点还是放在了"语言"的解读上。这对高中文言文教学与平时检测所带来的负面影响是显而易见的。

1. 文言文教学重文字疏通轻内容解析：

以《勾践灭吴》的学习为例。我曾经在刚刚学完此文的某班作过一个调查，问了如下三个问题：

（1）写勾践实行休养生息的国策，为何开头先交代"勾践之地……广运百里"？

（2）勾践从投降吴国到灭吴雪耻，用了二十余年，作者为什么却只详写了其安抚百姓、发展生产、增加人口等方面的措施？

（3）在勾践复国的二十余年中，越国数次打败吴国。但作者写对吴的几次战争时，既没有交代战前的部署，也没有反映战况，只是用简洁的语言描述了"国人皆劝"的高昂的参战情绪和列叙战绩："败吴于囿，又败之于没，又郊败之。"为什么这样写？

结果没有一个学生能流利且完整地答出来。理由很简单：老师没有讲。上课时，教师将重心放在了解释重点词语、翻译疑难句子上了，对文章内容只作了笼统的概括，至于文章的章法、人物形象等全部"忽略不计"。这样的课还算阅读课吗？

退一步讲，字词句这些最基本的知识，花了那么多的时间，应该弄得很透彻了吧，事实却未必如此。比如关于文言虚词"之"的"用在主谓之间，取消句子独立性"这一基本用法，很多学生都背得很熟，甚至对其还有一个"简称"——"取独"，但对"取独"的真正含义却说不清，也不会分析。学过的、背得熟的句子中有"取独"作用的"之"，能判断，没学过的句子则说不清楚。

文言词语的理解，不是简单地机械记忆就能解决的。积累相关词汇，根据语境合理推断理解词语，是高中生必备的素质。如果日常教学都搞成了费时耗力而低效的文字疏通教学，学生又怎能感受到祖国传统文化的博大精深呢？

2. "客观题"真的客观吗？

先看下面的例子：

下列句子中加点词语古今意义不同的一项是（　　）

A. 天宝中拜参知政事

B. 时同列奏对，多有异议，惟端罕所建明

C. 端小事糊涂，大事不糊涂

D. 陛下今日杀之，明日继迁可得乎？

这是某校高一的检测题，"标准答案"是A，很多同学也选的是A。其实大谬矣！

文段选自《宋史·吕端传》，主要表现了吕端的谨慎与稳重。这道题如果非要选个答案的话也应该选B。"时同列奏对，多有异议，惟端罕所建明"说的是大臣们上朝议事时，皇上（宋太宗）让大臣们发表看法，其他大臣都有建议，只有吕端很少说话。"建明"题下注解为"即建白，陈述意见或有所倡议"；"异议"与"建明"是同义词，不同于现代汉语的"不同的意见"，这在修辞学上叫做"同义对举"。很明显，命题者未能认识到这一层，其认为答案为A的理由也不难推测，即"参知政事"是个官职，而今天已无这个官职。问题是加点的是"政事"而不是"参知政事"，这个"政事"就是朝中的事、政府的事。"政事"的意义古今是相同的。

二、都是"话题作文"惹的"祸"？

话题作文作为一种作文命题形式，被高考相中且明确贴上"话题"标签是在2000年。这种命题的优点是取消了文体限制，给了每个考生以较开阔的自由写作空间，能最大限度地体现考试的公平性。由于连续多年占据着高考这个大舞台，话题作文也就顺理成章地成为很多学校日常作文训练与平时检测的主角。在给予学生以充分的写作自由的同时，话题作文所衍生出来的弊端也日渐凸显。具体表现在：

1. 审题立意的"泛化"。

一些师生有一种错误认识，认为话题作文的审题很宽泛，不存在跑题的问题，因而在写作的时候对话题缺少最基本的理性解析，完全凭瞬间的感觉与模糊的认识率然为文，结果写出的文章只能是"基本符合题意"。更有甚者，其作文就是"贴标签"，不管写的是什么都往"话题"上靠。而有的老师居然为这样的作文高声喝彩，这岂不是误人子弟？

《语文学习》曾刊载过一篇以"合作"为话题的作文，文中有这样的叙述：①原始社会，人们的生产力较为低下。他们没有对大自然进行掠夺性开采，而大自然也能给原始人提供丰富的资源和蓝天碧水。这是原始人与自然"合作"的结晶。②梵·高倾情于向日葵，于是认真观察，勤奋作画，他与向日葵的"合作"产生了令世界震惊的传世名作《向日葵》。教师对此的评语是：文章用丰富的材料阐述了"合作"的内涵。其实这是一篇典型的话题"泛化"的习作。查查《现代汉语词典》，再想想生活中"合作"

的典型事例，就会明白：合作是甲乙双方或多方为了一定的目的有意识地主动地采取联合。"有意识""主动"是合作的"意念特征"。而原始人与自然、梵·高与向日葵的"合作"明显不具备这样的特点。可见这篇文章谈的根本不是"合作"的问题，这属于典型的"偏离题意"。而造成"偏离题意"的原因只有一个，即平时的写作教学缺少严格规范的审题训练，甚至有意无意之中，"纵容"了学生的"泛化"行为。

与"泛化"相对的是"窄化"。有些教师在指导学生写作的时候，常常把题目的外延限制在一个很小的局域内。这样的"好处"是把学生跑题、偏题的几率大大降低了，但却束缚了学生的活动空间。

2. 写法上的"纯技术化"。

写作当然是有技巧的。但是如果脱离具体的内容与思想情感，为写作而写作，把写作变成"纯技术"的机械操作，就走向了写作本质的反面。

技术之一："广告效应"。

很多广告是靠高频率的播放来引起人们注意的。"广告效应"体现在作文上则是文中反复出现"点题""扣题"的句子。听一位同人说，他就是这样训练他的学生的，理由是，用"点睛句"反复刺激阅卷老师的神经，以示这篇文章"十分切题"且"结构严谨"，请多多给分吧！当然，从结果上看，这类作文得分也应该在平均分上下，但总感觉这些学生不是在写作文，而是在操作机床。如果是为了考试，"不为贫穷宁有此"，多少还能让人理解，可是有的学生从开始写作文的时候接受的就是这种"训练"，何其可悲！

技术之二："拼盘"。

"总分式"结构颇受一些学生青睐，但"分"的几个部分之间是什么关系，应如何设置这些"分"，很多学生并不清楚。如写"留给明天"，"留"的几样东西常常风马牛不相及。一篇习作先写要把握今天，因为今天的奋斗是为了明天的成功；然后写要珍惜资源，合理利用资源，多给子孙留些财富。这样的"拼盘"作文简直就是"拉郎配"。其结果只能是让学生记住一些关于写作的"技巧"与"方法"，而不能有效训练学生对文题进行理性思考与逻辑分析的基本能力。

3. 文体的"非规范化"。

学生由于从高一（甚至是初一）开始就写"话题作文"，没有了文体的限制，自由倒是自由了，但同时也出现了一些非驴非马的"四不像"文章，出现了一些以奇怪文体取胜的"智者"。高一本应训练复杂记叙文的写作，高二本应训练议论文，但很多教师却将这些常规训练取消了；有的教师甚至从高一开始就鼓励学生写"特殊文体"，如诊断报告、新闻简报、采访记、说明书之类。结果有的"聪明"学生很快就窥透了其中的玄机。在写作上"单打一"，不管是平时练习还是考场写作，就认准了一种"特殊文体"，而且居然凭此屡屡得手，拿到高分。

其实，把所有的问题归罪于高考有些"横推车不讲理"。不管高考试题怎么变化，"变"的永远是试题结构与试题形式，"不变"的永远是对语文素质与能力的考查；或者说"变"是为了更好地体现"不变"的内容。我们分析高考试题的目的，并不是看其"外形"发生了哪些变化，而是要挖掘出试题"外观"遮掩下的"内蕴"，以便调整平时教学与应考复习的方向与策略，从而取得最佳效果。

还是那句话："似我者死，学我者生。"如何做到"学我"，需要广大教师静下心来，以一种对学生真正负责的"角色意识"不断研究、探索、实践。

高考作文评卷中的理性缺失

❀ 杨云萍

新一轮基础教育课程改革对高考无论在内容还是在形式上的影响都是巨大的，就高考作文方面来说，最直接的影响是对作文文体的开放。从1999年话题作文的兴起，到2007年《考试大纲》的修订，高考作文在一路争议中完成了从"淡化文体"到"不限文体"的艰难转变。与此同时，高考作文评卷也出现了两个特别吸引媒体和公众眼球的热点。一是高考满分作文。随着高考对文体要求的淡化，对写作者主体性的强调，考生的写作范围和表达方式空前灵活，写作个性也相应得到了前所未有的彰显，乐于锦上添花的评卷老师大胆地打出满分作文，以此鼓励考生。没想到此举一经媒体报道，立刻产生了轰动效应。近10年来，满分作文像高考一样牵动着千家万户，每年高考后，新鲜出炉的满分作文都会让学生、教师、家长争相传阅。二是零分作文。也许是受满分作文的启发，大约从2004年起，零分作文不断地出现在各大媒体上。笔者认为，这两类作文的出现恰恰反映了高考作文评卷中的理性缺失。

一、文采重于思想

恢复高考制度30年来，作文评卷的改革也一直在不断探索之中。无论是以前的综合评分还是现在的分等级计分，作文的上限是满分，下限是零分，这一点没有变。从理论上来讲，满分作文和零分作文都是允许出现的。但为什么前20多年高考优秀作文和不及格作文不断走进公众视线，高考优秀作文选的集子也层出不穷，却没有出现满分作文和零分作文呢？

湖南师范大学中文系的陈果安教授从1981年开始参加高考作文评卷，近10年来一直主持湖南省的高考作文评卷工作，他的观点应该具有代表性："考生的作文非但没有出现我们所期待的那种令人欣喜的现象，反倒叫人担忧……湖南省2004年38万考生，2005年42万考生，我在评卷中竟没有发现一篇中规中矩的议论文或记叙文。"他从学生驾驭文体能力下降的角度反思了高考作文改革中淡化文体的消极影响。我们也可以由此从一个侧面看出，学生的作文起码从结构来讲就没有达到尽善尽美的境界。我们不禁要发问：一篇满分作文，到底是应在内容、结构、语言、书写等方面做到确实无可挑剔，达到完美无缺的地步，还是在某个方面表现出鲜明特色即可？从笔者所接触到的公开发表的满分作文来看，除书写方面的特点无从判断外，另外三个方面的特点是：

在语言方面展现了过人的天赋，在内容方面多有思想的火花闪耀，在结构方面文体不纯类似杂说。也就是说，这些满分作文大多在语言方面表现出了特色。同是形式，对语言极度重视，对文体却极度忽视，这一轻一重之间，价值取向可见一斑。可以说，对组织内容和结构的忽视，实际上就是对思想表达层次的忽视。如果用我国传统文论的"文质彬彬"来要求，显然是文胜于质，即文采盖过了思想。那么，文采重不重要呢？毫无疑问，非常重要，语言最能展现一个人的风格和个性，但表达与交流应该主要是思想和情感的交流，否则就会陷入华而不实的文字游戏。组织文章思想的结构可以放任自流吗？那要看结构对于思想的表达是不是真的毫无影响。但笔者以为，许多经典散文的结构都是写意式的，连缀文章的不是表层可辨的经脉，而是内在精神的理性力量。

自话题作文问世以来，高考作文中出现最多的是随笔式散文（满分作文基本如此），文学色彩浓厚或力图展现文学风采，但普遍缺乏的是统率全篇的结构力量。这透露出一个信息：散文实际上是考生无奈的选择，考生选择散文，不是因为喜爱，不是因为这种文体最能张扬自己的个性和长处，而是因为他们没有掌握议论文、记叙文等常规文体的结构和写法，于是只能选择貌似对结构要求不严的、相对不容易被评卷老师看出组织结构方面破绽的散文。这一现象折射出的是日常教学中作文训练的混乱章法。既然一切以高考为纲，高考又不限文体，于是教师就不按文体序列组织教学，学生也乐得偷工减料，结果致使学生的写作基本功普遍下降，其危害不在小矣！

那么结构的训练到底在组织思想上起什么作用呢？遵循一定的程式、讲究结构的严谨是不是会束缚学生的思想表达呢？朱光潜先生在《从我怎样学国文说起》中回顾了自己幼时学习八股文的一段经历，当时科举制度已经废除，但他的父亲却将一套应付科举的把戏教给了他，教他做策论经义。朱先生在经过新文化运动的洗礼和西方文明的熏染后总结道："坦白地说，我颇觉得八股文也有它的趣味。它的布置很匀称完整，首尾条理线索很分明，在窄狭范围与固定形式之中，翻来覆去，往往见出作者的匠心。""这类文章没有什么文学价值。人人都知道。但是当做一种写作训练看，它也不是完全无用。"尽管后来这些话遭到蔡仪的尖锐批评，说他"原来是遗老遗少的同情者"，有着"旧的士大夫的底子"，但如果我们抛开当时意识形态方面的偏见来看，也正是幼时严格规范的程式训练为朱光潜先生打下了坚实的国学基础。

这里我们当然不是提倡八股式的刻板形式，但它却从一个特别的方面反证了形式训练的重要性。技巧到了娴熟的地步，运用起来便会得心应手，仿佛自然天成。只是作为一项基本功，要想掌握非下苦功不可。现在学生由淡化文体到淡化结构，仿佛文体、结构成了束缚他们个性的东西，其实并不是因为结构本身不好，而是因为他们自己基本功不扎实。

二、情绪多于理智

相对于满分作文的铺天盖地，零分作文

还不怎么为人所知。按常理，只要考生没有交白卷，写了几百个字，评卷教师总得给点分数，不至于得零分。但零分作文却在近几年的高考评卷中出现了，并在一些媒体上公开发表。下面我们来看两个零分作文的片段。

> 我们头上的灿烂星空？谁出的题啊？现在的星空还灿烂吗？怎么不改成美丽的太湖水呢？这个比较有现实意义……闲话少说，还是要写作文，现在来论证怎么能够看见头上灿烂的星空：拿一个大棒子，狠狠地打在头上。（江苏卷：命题作文"怀想天空"）

> 看着这个题目，心里很沉重，为什么现在的高考居然掺入了商业的元素呢？悲哀！（辽宁卷：命题作文"我能"）

从这些叛逆的表达中，笔者深深地体验到一种情绪：烦躁和嘲讽。综观各类零分作文，它们的一个共同特点是：它们不是考生作文水平的展示，而是一种情绪的宣泄。是什么促使学生从心底准备彻底放弃分数，用荒唐的逻辑和满不在乎的语言拿作文题开涮，对关乎自己命运的高考进行恶搞和嘲弄呢？笔者以为，有命题本身的问题，它让考生首先感觉无话可说，然后产生了厌恶和叛逆的情绪。他们的抗议反映出的两个问题值得深思：一是情绪化的话语所表达的情绪却具有理性的普遍性。别说成绩好的学生会觉得这样的作文难写，就是教师也觉得很为难。一位教师在评价2007年高考作文题时说，"表面宽泛的诗意想象，对作文来说，其实是一种更为逼仄的命题"。二是否定命题者的文学定向。就2007年的18道写作试题来看，笔者以为两套全国卷出得非常有水平，给出一个范围，不在题目中暗藏价值引导，自由度较大。而有些省市的作文命题，不但规定好了写作的价值取向，而且连表达方式也规定死了。命题者给出一个明确的思想无可厚非，但怎样组织语言阐明这个思想则是考生的事，如果连表达方式都被命题者越俎代庖了，还奢谈什么"有个性、有创意的表达"！由此可见，有些高考命题表达了命题者的个性，却严格限制了考生的个性，明显地违背了《课程标准》所规定的"表达与交流"方面的课程目标。也许有人会说，2007年的作文题文采飞扬，目的就是要作个示范，引导出学生的个性表达，你看"怀想天空""行走在消逝中""提篮春光看妈妈"等哪个不是文学意气才情焕发？的确，文学色彩是一种鲜明的个性，但鲜明的个性不等于文学色彩。文学色彩只是表达个性的一种，质朴的抒发、理性的言说也同样是鲜明的个性。正是因为对这些基本概念的混淆，才使得我们的高考评卷出现了严重的重文轻质的现象。2007年江苏一位考生的作文成绩被三次改动：一评36分，二评42分，三评39分，四评（也是终评）却给了54分，原因是写得质朴。媒体容易为这样的"拯救""复活""打捞"而欣喜，教育却应该为这样的混乱而悲哀。同一篇文章，却会出现这么大的评分差距，假定评卷教师的水平不用怀疑的话，那我们就要怀疑教师评卷标准的价值取向了。是不是我们的高考作文评卷在运用文学大赛评奖般的单一尺度？是不是我们日常的教学走向出现了偏颇？如果答案是肯定的，那就说明我们对课标中"个性"的解读产生了极大的偏差。其实，个性并不等于文学个性，感性或理性、华美或质朴都可以彰显个性，为什么一定要抑此扬彼呢？

教材建设

　　构建教师教学生学语文的基本范型的核心问题是在教材中作出师生教与学的设计。安排好教师教什么，怎样教，学生学什么，怎样学的路子，以资对语文教学过程作整体性和动态性的制约。为此，就要铺设好语文教学过程中宏观调控和微观操作的轨道。

语文教改史上一份珍贵的记录

——读刘半农著《应用文之教授》

❈ 顾黄初　张源潜

一九一八年一月出版的《新青年》第四卷第一期，发表了刘半农的一篇文章，题为《应用文之教授》，提出了改革传统语文教学的主张，并具体介绍了他从事语文教改的实践经验。这是五四运动前夕"文学革命"理论建设方面的一篇重要论著（蔡元培曾把它编入《新文学大系·理论建设集》），同时也是我国现代语文教改史上一份弥足珍贵的记录。在纪念五四运动六十周年的今天，重读这篇文章，回顾当年那些资产阶级革命民主派奋起改革旧中国道德文章的蓬勃生气和战斗业绩，对于我们在新的长征途中批判继承历史遗产，进一步明确语文教改的方向、坚定语文教改的信心，无疑是有积极意义的。

语文教学作为一种培养一代青年品德才智和文化素养的重要手段，它的动向总是同一定时代思想政治斗争的趋势相联系，并成为反映和推动这一斗争的敏锐而有力的一翼。刘半农从一九一六年下半年起开始为《新青年》撰稿，一九一七年五月发表《我之文学改良观》，积极参与了"文学革命"的理论建设。与此同时，他又同沈尹默等人把"文学革命"的理论运用于语文教改的实践。在他一九一七年秋担任北京大学预科国

文教员时，便有意识地进行了教材和教法方面的大胆革新，以此作为实现"文学革命"的手段之一。当时，理论的探讨和教改的试验，就是他们努力的两个方面，对此，刘半农自己就曾明白地说过，"《新青年》同人所主张的"，"目下还在试验时代，试验的方法，一方面是各就所知，大家把自己的主张见地，与社外社内的同志，平心静气的讨论，务要找出个'真'字来；一方面是根本可此项主张见地，在教授学生时实事求是地试验，务要使自己良心上觉得有些是处。这两种试验的结果和经过情形，都随时在《新青年》上披露"。（《通信》，见《新青年》第四卷第三期）而《应用文之教授》一文，正是刘半农把他在北大预科进行语文教改实践的结果和经过情形，公之于众的一篇重要的实况记录。自那以后，随着"文学革命"运动的日益扩展和深入，叶圣陶在《新潮》第一卷第一号上发表了《对于小学作文教授之意见》（一九一九年一月），《平民教育》第六号开展了《中学校国文教授的讨论》（一九一九年十一月），陈文华根据自己的教学实践在《平民教育》第十八号上报告了《我之改革中学国文教授底试验》（一九二零年二月），涌起了我国现代语

教改史上的第一股浪潮，这股浪潮虽未形成摧枯拉朽之势，却也有力地冲击了千百年来封建文化专制主义控制下陈腐的语文教学内容和僵死的语文教学方式。从这样的背景下来看刘半农的《应用文之教授》，其在历史上的影响和意义确是不容忽视的。

《应用文之教授》一文大致分三个部分，第一部分讲教学的宗旨，第二部分讲阅读教学，第三部分讲作文教学。在阅读教学方面，先讲选材，后讲教法，在作文教学方面，先讲注意事项，再讲命题，后讲批改。举凡语文教学中的一些主要问题，文章都涉及了，并且提出了不少新鲜的、独到的见解。这些见解，在当时固然有振聋发聩的作用，在六十年后的今天，读来也还使人感到既中肯又亲切。

五四运动是以讲科学、争民主的思想解放运动为其前奏的，当时提出的许多具有进步意义的主张，都离不开科学和民主两大内容。刘半农在语文教学方面提出的主张和试行的改革措施，同样是以科学和民主为其灵魂和准绳的。

科学精神，究其实质，就是一种实事求是的精神，一切从实际出发的精神。刘半农在《应用文之教授》的"开宗名义第一"里为自己规定的教学宗旨，就是"实事求是"四个字。他说："我在教授之前，即抱定一个极简单的宗旨，曰：不好高骛远，不讲派别门户；只求在短时期内，使学生人人能看通人应看之书，及其职业上所必看之书；人人能作通人应作之文，及其职业上所必作之文。更作一简括之语曰，'实事求是'。"过去，在封建科举时代，读经习文是晋身官场的必由之路，教授八股文，学写试帖诗，无非是为了对付"三场闹墨"。"民国"以来，科举制度废除了，随着西洋各国先进的社会思潮和科学技术的传入，人们的视野以及人们所需要掌握的新知识，也越来越广泛，这时读书习文已经不完全是为了追求仕途功名，而是为了掌握一种具有重要社会功能的、表情达意的工具，以适应工作和生活的需要。可是，当时学校中的国文教授法却偏偏仍"在科学的旧轨道中进行"，"换汤不换药"（引文凡未另注出处，均引自《应用文之教授》）。有人调查当时小学校里的作文题后，慨叹地说："《华盛顿论》《王安石论》《爱菊说》《爱竹说》《郭子仪单骑赴会论》《岳武穆奉诏班师论》，以迨各种策论及古奥之说明文等等，竟数见不鲜"（《通信》，见《新青年》第四卷第五期）。其结果，学生"读书数年，能做'今夫''且夫'，或'天下者天下之天下也'的滥调文章，而不能写通畅之家信，看普通之报纸杂志文章"；及至踏入社会，"学实业的，往往不能译书；学政法的，往往不能草公事，批案件，学商业的，往往不能订合同，写书信"。总之是言文相悖，学用相违，完全脱离了实际。刘半农针对传统教学的这一流弊，鲜明地提出：语文教学决不是读写充满八股文陈腐气息的所谓"文学文"，而是读写为实际工作和生活需要的"应用文"。五四时期的所谓"应用文"，同我们现在所说的应用文，内涵并不一样，对此蔡元培曾作过简明的解释："应用文，不过记载与说明两种作用。前的是要把所见的自然现象或社会经历给别人看。后的是要把所见的真伪善恶美丑的道理与别人讨论。都止要明白与确实，不必加别的色采"（《国文之将来》）。可见，刘半农所指的应用文，实际上是我们现在所说的记叙文、议论文和说明文的总称，是指具有一定文化素养的人在工作和生活中必须会读、会写的一般文章。刘半农为自己规定的教学宗旨，冲破了传统语文教学的桎梏，体现了实事求是的科学精神，这在当时确是新人耳目的创举。

科学精神，还意味着一种反倒退、反迷信的社会革新精神。这在刘半农的教改试验中体现得也比较鲜明突出。他在阅读教学中提出了十二条选材标准，其中规定："凡骈俪文及堆砌典故者，不选"，"凡违逆一时代文笔之趋势，而极意摹仿古人者——如韩愈《平淮西碑》之类——不选"，"凡思想过于顽固，不合现代生活，或迷信鬼神，不脱神权时代之习气者，均不选"，此外，那些"卑鄙龌龊的应酬文、干禄文"以及"谀墓文"也"一概不选"。他所要选的是"文笔自然，与语言之辞气相近者"，"思想学说，适于现代生活，或能与西哲学说互相参证者"以及"文章内容与学生专习之科目有关系者"。在刘半农看来，选讲的文章犹如"蚕吃的桑叶，吃不着他，固然要饿死；吃了坏的，也要害瘟病"。那些思想陈腐、形式僵死的文章，读了要害"瘟病"；只有内容和形式适合于时代进步潮流的文章，读了才真正有益。在作文教学方面，他定下了十二个注意事项，其中特别强调："要以记事明畅，说理透彻为习文第一趣旨"，并规定作文要"勿落前人窠臼，勿主一家言，勿

作道学语及禅语"，"勿用古字僻字"；"不避俗字俗语，即全用白话亦可"；"勿打滥调，勿作无谓之套语……凡古文家、四六家、八股家之恶习，宜一概避去"。读写两方面，贯彻的是同样的精神，这种精神同他们在《新青年》上鼓吹西哲的进步学说，宣传无神论、倡导白话文等等的精神是完全一致的。

科学精神还要求人们严格地按照事物发展的客观规律办事。刘半农并非研究教育学的专家，但资产阶级进步文化所提供的大量事实却使他明白无论是"治学"还是"教学"都必须努力去探索对象的固有的规律，这才能收事半功倍之效。《应用文之教授》一文中所提出的一些主张和措施，当然不能说全都符合语文教学的客观规律，但其中有一部分却确乎颇有见地，值得研究和借鉴。例如关于读和写、理解和表达的关系问题。刘半农认为在语文教学中，作文"比选讲尤为重要"，"研究应用文，着手第一步，便抱定了'要能作应用文'的目的……选讲两方面，其实都是个'作'字的预备而已"。否则，"读了一世书，自己半个大字不做"，那么，除了自诩"博古通今"以外，于人于己都无实际用处。正因为刘半农认定在教学中选讲一定数量的范文，目的在于培养和提高学生的写作能力，所以他在讲解范文时着力点也放在"运用"上。他给自己规定的讲课要求共十条，其中第四条是："艰深之字义，费解之典故，均探求其来历及出处，其用于本文中之当与不当，与作文时能否仿用，亦详细说明。"第五条："古奥之文句，依文法剖析之；且说明其合与不合，

及作文时能否仿造。"他说:"古人用字用典及造句,尽有谬误百出,万万不宜盲从者,故于四、五两条尤为注意。"这种以阅读为基础、以写作为中心,用阅读来指导写作、把阅读和写作密切结合起来的构想,应该说是比较符合语文教学的规律的。至于作文教学,历来的学馆家塾根本没有一套科学的训练方法,儿童一开笔,就是命题作文,而且命题大都出自四书五经,学生是有本固可照套,无病也得呻吟。倒头来,除了满纸八股老调,写不出一篇真正文从字顺的像样文章来。刘半农则一反过去的传统老套,从日常工作和生活的多种需要着眼,设计和安排了许多不同的作文训练方式,现将这些方式引述于下(每项后面方括号内的提示,为笔者所加):

1.出一记事文或论文题目,由学生自由作文(这是老法)。[命题作文]

2.说一段文字,令学生笔述,不许增损原文。[听写]

3.译白话文为文言,或译文言为白话。[翻译]

4.化韵文为散文(如古诗及白香山纪事诗,均可改作散文,兼采辞曲)。[改写]

5.以"讲的方面"第六条(指选文内容的分析研究)研究之结果,令学生撰为论文或笔记。[听讲心得]

6.以一段长冗之文字,令学生删繁就简,作一短文,其字数至多不得逾原文三分之一。[缩写]

7.就其专习之科目,出种种应用题目,令学生实地研习(如记载实验、解析学理、辩论、批牍、商业通信、订立合同等,各视所专习之科目定之)。[应用文习作]

8.以一段文字,抽去紧要虚字,令学生填补之。[填写]

9.以一篇不通之文字——或文理不通而意义尚佳之小说杂记等——令学生细心改订,不许搀入己意。[修改文章字句]

10.以一篇文字,颠倒其段落字句,令学生校订之。[整理文章脉络]

11.以一段简短之文字,令学生演绎成篇。[扩写]

12.预先指定一书,或一书之一部分——其篇幅以一万字至三万字为限,且文义不宜高深,要以学生能自行阅看,全无窒碍为度——令学生阅看,即提纲挈领,作一笔记,或加以论断,字数不得逾千。[读书笔记、书评]

这十二种几乎包容了学生出校以后在实际工作和生活中可能碰到的运用语文工具的主要方式,同时也相当全面地概括了人们驾驭语言以表情达意的多方面的技能技巧。如果能够循序渐进地作恰当的、合理的安排,无疑是有利于促进作文教学科学化的。应当肯定,刘半农在六十年前所苦心经营的这些体现了科学精神的教授法,至今仍有其生命力。

《应用文之教授》一文所反映的第二个特点,就是民主精神。历来在封建文化专制主义下形成的那一套传统教学法,都是把学生当做盛物的容器、装书的箱柜的,学生在塾师面前完全处于被动地位,不能发挥任何自由思想和主动精神。刘半农的教改试验却处处注意调动学生的积极思维和学习主动性,这同政治上倡导的民主精神是完全一致的。

例如,在"授课之第一日",他就把

字法、句法、章法等三个方面，"昔之所重而今当痛改者"和"昔之所轻而今当注重者"，分别列出一个表来，并"一一举例证明之"，使学生在开始学习之前，对于文章的优劣美丑的判别，就有一个鲜明而确定的标尺，以后在学习过程中可以自行评断和鉴定。此外，在开笔作文之前，他还拟订了十二个注意事项，对作文如何审题、如何安排结构、如何列提纲、如何确定主题思想、如何用字造句，乃至如何按时完卷、如何注意书写等等，一一提出了明确要求。这十二条，相当于作文的"要领"，每次作文，学生都要拿出来阅读一遍，使自己从构思到落笔不致离谱脱轨，完卷以后还可以认真对照。这些措施，确实是从发挥学生的主动性着眼的，若不流于形式，可以取得好的效果。

在教学过程中，尽可能引导学生去独立分析、独立研究问题，并且容许他们责疑问难，鼓励他们发表自己的见解，这是教学民主的重要方面。从刘半农自己总结的那些教学方法来看，他是有意识地在作这样的试验的。例如在他提出的十条讲课要求中，首先强调的是学生的"预习"，"每讲一文，先命学生自行预备"，许多问题让学生通过预习自行解决。在讲课时，又十分重视启发学生作比较的研究，第六条："所讲之文，如与学生专习之科目有关，则命学生自为比较的研究；如与西哲学说——普通的而非专门的——可以互相参证或攻辩，则兼述西哲学说之大要，命学生为比较的研究。"第七条："前后所讲各文，有内容上性质上文体

上之类似或反对，一一比较研究之。"这种连类而及的比较研究，有利于学生举一反三，触类旁通，提高独立分析的能力。而在比较研究中，学生有不明了的，或有怀疑的，"许其自由发问"，教者"即以所问者向全体学生细讲之"，使课堂的学习空气既严肃又活泼。在作文教学方面，他针对过去"前辈先生"批改学生作文时或瞎捧、或胡批、或乱改的弊端，设计了"每作一文，必批改二次，讨论一次"的批改方法，具体过程是："一、初次批改，只用种种记号，将文中'毛病'，逐一指出[记号凡二十四种，此处从略]；二、初次批改后，以原卷发还学生，令其互相研究，自行改正；有不能改，或虽有符号，指出其毛病而仍不能知其所以然者，许其详细质问；三、学生自行改订后，另卷誊写，乃为第二次之批改，此次不用记号，竟为涂抹添削，至评判分数，则折衷于初二次之间；四、第二次批改后，学生有不明了处，仍准质问。"这种批改方法，在今天看来似乎并不新鲜，但在六十年前，在封建教育的漆黑铁屋子里才透进一丝民主曙光的时代，无疑是一种以学生为主体、充分体现了民主精神的大胆的革命尝试。可惜时隔不久，他就赴欧洲留学，这项试验没有能持续下去。一九二五年回国后，任北京大学教授，又潜心于语音、文法和音韵的研究，几乎消尽了当年战斗者的锐利锋芒。他当初在语文教改方面所作的出色的探索，只在《应用文之教授》一文中留下了一个大体的轮廓。应该说，它是我国现代语文教改史上值得珍视的一份记录。

论语文教材的更新换代

❀李寰英

一、新的观念：让语文教材成为制约语文教学过程的动态系统

要编写语文新教材，首先必须搞清语文教材的本体。如果不搞清楚语文教材的本体就去编语文教材，是难以编好的。语文教材的本体是什么呢？以笔者的孤陋寡闻，好像还没有人提出和回答这个问题。笔者认为：语文教材的本体是制约语文教学过程的动态系统，必须据此来编写语文教材。这个观念的理论依据如下：

1.铺设语文教学中进行宏观调控和微观操作的轨道的学科定位论。语文教材的定位应当是：充当教师施教过程中进行宏观调控和微观操作的轨道。宏观调控通过微观操作落实，微观操作体现宏观调控。

2.设计情理知能连环导引操作要领，让学生练好语文内功和语文外功。全面提高学生语文素质的认知渠道论。教材"是教学内容的主要依据，是实现一定教育目的的重要工具"。语文教学要达到教学目的，必须在作为教学内容的主要依据的语文教材中设计出一条体现语文特点、符合认知规律的路子，引导学生进行探究、发现、创造等种种认知活动。这就是认知渠道。语文教材应当设计出这样的认知渠道：进行情理知能连环导引，即由情

入手，由情而理，由理而知，由知而能，在这种引导中让学生练好语文内功和语文外功。

3.以能否做到让教师教有所依，让学生学有所本来作为评估教材优劣的价值尺度论。怎样评估语文教材的优劣？迄今还没有一个公认的价值尺度。语文教材的价值尺度问题还没引起重视，少见有人提出自己的主张。因为教材是"师生教与学的主要材料"，所以语文教材必须让教师明确教什么，怎样教，让学生明确学什么，怎样学。这就昭示我们：一部好的语文教材一定要让教师教有所依，让学生学有所本。这就是语文教材的价值尺度。

由以上可知：语文教材应具有整体性、动态性和对语文教学过程的制约性，这就决定了语文教材要成为制约语文教学过程的动态系统。

二、新的构架：构建出教师教学生学语文的基本范型

把语文教材构建成教师教学生学语文的基本范型，是语文教材作为制约教学过程的动态系统的具体化，全面地体现出教材的学科定位论、认知渠道论和价值尺度论的要求。

构建教师教学生学语文的基本范型的核心问题是在教材中作出师生教与学的设计。安排好教师教什么，怎样教，学生学什么，怎样学的路子，以资对语文教学过程作整体性和动态性的制约。为此，就要铺设好语文教学过程中宏观调控和微观操作的轨道。

1. 宏观调控的轨道应设计如下三项机制：

一是教学目标机制。这个机制有显性目标和隐性目标两个层面。显性目标指的是以文章为形态的语言组合知识。以此作为教学目标是因为一切表情达意的语言形式都是由字词句组合起来的，而语言组合的理解和运用又都离不开文章，文章便是语言组合得以表现其生命和魅力的鲜活环境。这个显性目标通过各册的中心、各单元标题和各课标题表述出来。隐性目标指的是：情理知能。情，即以祖国人民利益为本位的喜、怒、哀、乐、爱、憎；理，即进步的、科学的理念；知，即以文章为形态的语言组合知识；能，即可由知识转化而成的语文能力。情理知能这四项隐性目标通过所选的课文体现出来。

二是认知图式机制。所谓"认知图式"，就是贮存在大脑神经中的"一个与外在现实世界相对应的抽象的认知架构"。学生的语文学科认知图式，就是学生大脑神经中对语文知能进行吸收和运用的"主体动作的认知结构"。它的功能是"在相同或类似的环境中由于重复而引起迁移或概括"。学生大脑中有了语文学科的认知图式就如同设置了一个语文认知频道，能够对外界同频道的知识信息产生共振，准确地选择和接收，内化到这个认知图式中来，不断充实、增长

自己的语文知能；同时，也可以根据认知的需要，把相应的语文知能外化出去，解决同频道的语文实践问题。经过不断的内化和外化，学生的语文知能也就周而复始地螺旋式上升。据此，语文教材要编成教师教学生学语文的基本范型，就必须在语文教材中设计出认知图式机制。

三是课堂教学过程机制。课堂教学过程分教读过程和自读过程两大部分。教读过程的机制是：情理知能连环导引。教师首先抓住课文中能激起学生情感波澜的诱导物，诱发学生的喜、怒、哀、乐、爱、憎；接着在引导学生思考的基础上让他们把情感升华为相应的进步的科学的理念，达到情理统一。继而让学生在领会课文意蕴的同时，探究课文的情感和理念如何表达为美的语言形式，于是产生了"知"；然后启发学生运用所学到的知识去进行语文实践，从而形成语文能力。这个导引过程在教材中由两组课堂训练题来体现。自读过程的机制是：教师指导学生运用教读中获得的知能去自由阅读。教材中安排了相对应的"迁移阅读"课文和"扩展阅读"课文，作为学生的自读材料。每篇课文都有体现情理知能连环导引的阅读提示。

2. 微观操作的轨道应设计如下四项机制：

第一，教读机制。有5项要领：(1) 以知识点为统领，每课设一个知识点 (以文章为形态的语言组合知识)，统领在某一点写法上相通的同类课文7~9篇；(2) 以课文为例证，每课以7~9篇课文，含教读课文1篇和自读课文若干篇作为范例，与该课的知识点相对应来证明知识点；(3) 以学法为中介，每课都安排1项学法供教师指导学生运用，成为学生理解知识点和课

文的中间环节；(4) 以课堂训练为纽带，每课都编制一套体现学法运用的训练题，让学生对照知识点，运用学法，解读课文，掌握知识，衍生能力，成为贯穿一堂课各个步骤的纽带；(5) 以提高学生素质为归宿，每学一课，学生都得以接受课文的情感熏陶，形成理念，掌握学法，学到知识，培养能力，于是自然而然地提高了素质。

第二，触类旁通机制。每课都由在写法上有某一点相通的同一类课文7～9篇组成，其中1篇为教读课文，通过教师操作教读机制，授予学生金钥匙，学生就凭这枚金钥匙掌握窍门，自行解决自读课文中的问题。

第三，学法指导机制。每课都安排学法指导，其特点是：(1) 紧扣教学目标；(2) 和课文特点相吻合；(3) 要领具体，有可操作性；(4) 有配套的系统训练题，做训练题的过程就是操作学法的过程。

第四，循序渐进机制。每一课，即每一类的若干篇课文及起统领作用的那个知识点，构成一个中心，作为一个小梯度，每册15课，就成为15个小梯度；在每册的15课中分为5个单元。每个单元都各有一个中心，分别统摄各单元的若干课，这就构成5个中心，成为5个中梯度；每册又都有一个中心，分别统摄各册的5个单元，成为一个大梯度，三年制初中6册就成为6个这样的大梯度。就凭这一整套大、中、小梯度，教师才得以引导学生循序渐进。

上述宏观调控轨道和微观操作轨道的七种机制可以产生四种效益：

第一，把素质教育落到了实处。自从国家提出加强素质教育的要求以来，许多教师认识到素质教育的重要性，也有付诸实施的强烈愿望，就是觉得素质教育很抽象，不知怎样和教学实践对上号。在教材中设计出情理知能连环导引构架，以情理知能作为教学目标并构成顺理成章的教学过程，就功到自然成地把素质教育落到了实处。

第二，使文道有机地统一起来。语文教学有文和道两大任务，得到普遍的认同，也令人伤透脑筋。因为文和道很容易变成油和水的关系，实施起来或者抓了文却丢了道，或者抓了道却丢了文，于是造成了教学的片面性；或者先抓文后抓道，或者先抓道后抓文，这样导致了文和道的互相分离和机械相加。所有这些都违背了语文教学的特点和规律。在教材中设计出情理知能连环导引，文和道就能得以浑然一体，文道关系的种种问题就能迎刃而解了。

第三，能让学生扎扎实实地练好语文外功和语文内功。语文外功指的是以文章为形态的语言组合的基本规则。教材中一整套教学机制的设计，应对教与学的范围有清晰的界定，每一项知识点都要用简洁的文字表述具体、明白，并配有示范课文作例证，配有系统的训练题来落实，教与学都按部就班地进行，这种看得见、摸得着，步步到位而又环环紧扣的基础训练是可以让学生扎扎实实地练好语文外功的。语文内功指的是掌握和运用以文章为形态的语言组合知识的领悟力和感受力。这是一种内在的灵气。教材中安排大量的自由阅读课文就是为此而设的。这种训练，是放手让学生走进五彩缤纷的艺术世界中去寻幽探胜，取得心醉神迷之乐。这种寻幽探胜，因为超越了利害得失的羁绊，学生就进入了无我之境；又因为允许凭自己的个性去摄取、吸收，从而引起共鸣，乃得以成为学生的有我之境。于是，学生在自己的情感与课文中的情感的不断碰撞中接受课文养料的哺育，在潜移默化中摄取课文的丰厚意蕴和辞章技巧，久而久之，就积淀成为一种领悟和感受以文章为形态的语言组合知识的灵气，就可以产生一种较为丰富而敏锐的感觉去驾驭语言，进行读写听说的语文实践。这就是一种较好的内功。

第四，可以达到叶圣陶先生提出的"教是为了达到不需要教"的理想境界。学生在情理知能连环导引的过程中提高素质，练好外功和内功，学到学习方法，掌握认知图式，在语文实践中既善于内化也善于外化，触类旁通，就可以在教师指导下的各种训练中，逐步培养出一种无师自通的本领。

在教材设计中，概括起来就是要构建教师教学生学语文的范型，规范教师教学生学语文的路子，克服教与学的盲目性和随意性，有效地提高语文教学质量。

三、新的取材：实用性、趣味性、丰富性

课文的取材要有一个明确的指导思想：不是编一部从古到今的名家代表作，而是编一部作为制约语文教学过程的动态系统，从而足以充当教师教学生学语文的基本范型的语文教材。因此，课文的取材，不应以名家名篇为依据，而应以能与教材构架对上口径为依据。取材总的原则是：选取内容健康、文字规范、能紧扣教材知识点的美文，要做到实用性、趣味性、丰富性。

实用性指教材的三种价值：借鉴价值、知识价值和资料价值。

实用性可使学生觉得语文课实惠顶用，从而勤于动脑，勤于动笔，勤于应用。

趣味性是指所选文章能给学生以新鲜感、惊奇感和巧妙感：

（1）新鲜感，即让学生每学一课都觉得是在进入一个新的生活领域。接触到许多新人、新事、新风景和新思想，在知识的获取方面登上一个新台阶。

（2）惊奇感，即让学生在教材中接触到许多奇人奇事、奇物奇景、生活奇趣、海外奇谈，因闻所未闻、见所未见而拍案惊奇。

（3）巧妙感，即让学生觉得所选文章巧妙至极，或为故事巧妙，或为表情达意巧妙，或为写景状物巧妙，或为论辩说理巧妙，总之，妙不可言。

各种新鲜感、惊奇感、巧妙感足以诱发学生求知的乐趣、思考的乐趣和探索的乐趣，从而觉得语文课充满无穷的乐趣。

丰富性是指内容上的涵盖面广和形式上的异彩纷呈。在丰富性中突出如下内容：（1）反映社会主义建设日新月异的成就，（2）讴歌英雄伟人的壮丽业绩，（3）赞美为祖国为人民奉献的新人新事，（4）描述祖国的奇山秀水、名胜古迹，（5）介绍中华传统文化，（6）报道新科技、新发明。

取材的丰富性可以让学生从多方面吸取养料、丰富文化修养，有利于语文学习的理解、吸收和表达。

原始文本、精彩文章与自由阐释空间

——我的中学语文教材改革设想

苏　涵

我总是想：在为那样一群天真无邪而又充满了激情、充满了幻想、有着极强可塑性的少年开设的语文课堂上，我们的教师精彩地讲着精彩的文章。不，有时候他们是什么也不用讲，只是和所有的学生一起肆无忌惮地遥望窗外蓝天，大声地朗读着一篇精彩的诗文，一起陶醉，一起欢呼，或者一起悲伤，一起落泪，也就够了。用不着再去吹毛求疵地寻找病句，再去刻舟求剑地划分段落与句子成分，再去胶柱鼓瑟ABCD地肢解或曲解文意，然而却将激动和思考留给了他们的一生，那该多好！

随着新一轮基础教育课程改革的呼声日起，中学语文教学改革便必然要把教材的改革视为重要环节。而以前的中学语文教材之所以必须改革，实在是因为它存在着太严重的问题，所以，我想就此提出一些设想，并对这些设想提出时可以预想到的巨大障碍与艰难程度作一些相应的论析。

原始文本

我所说的原始文本，是针对这样的情况：一个很长的历史时期以来，中学语文教材总是被"装订"在少数几位编辑者的教学构想之中，从他们设定的教学构想出发，入选课文在进入教学过程之前就有了先决的诸多限定，如：

——单元归类与编排顺序对教学的总体框架和教学侧重的具体规范。

——课文前后编附的教学目标、要求、提示、练习题对教学内容的具体规范。

——与教材配套的教学参考书对课文所作的详细解析，甚至于对教学细节产生直接影响。

这都是这种限定的证明。

不仅如此，又由于我国的教材发行具有政府指令并一统天下的特征，附着于教材本身的种种限定，一直就在偌大的中国的所有中学的语文教学中形成强大而唯一的支配力量，也相应酿成了语文教学对这种限定的高度依赖，种种弊端即由此而生。

弊端之一，是本来应该非常丰富的语文课程内容，被这些"装订"成册的限定，也"装订"成了一个统一的模式，很少有人能从中彻底超拔出来。

弊端之二，是酿成相当数量的中学语文教师知识水平、思想水平、教学水平在一种有依赖的情形下，在低层次上的持久徘徊，很难形成对自我的超越和提高，比较多的是越教越熟，而不是越教越好。

弊端之三，是酿成了学生对本来不应厌倦的语文教学的厌倦，因为他们在自我阅读中都能得到的审美感染和意义体味，反而在我们的教学中被扭曲或者被瓦解。

而更为深刻的弊端则在于，当这些限定与考试联系起来之后，又强制着学生的认同与接受，并且影响到他们的知识状态的形成。这就不只是形成了知识本身的凋敝，而且损害着一代代学子思维方法的进步与思想境界的提高。

因此，我首先提倡中学语文教材不仅应实行多级教材体制，而且应实行原始文本原则。也就是说，只将编选者与教学者基本上一致认可的文章选为教材课文，而且呈现给教师与学生的只是一篇篇原始的文章，基本不附带编选者的个人理解与教学限定，让教师根据他们自己的理解进行自由的教学阐释，留给语文教学一个相对自由的阐释空间。

我提出这样的原则，当然是出于对语文课程特性的充分强调。就语文课程来说，它在以文学作品为最基本的篇目时，意义的多向性、审美的丰富性，以及欣赏接受中的再度创造性，都是一种开放的理解与体验空间，对它进行任何单一的或死板的限定，显然都有悖于这一基本特性。而语文课文在进入阅读和教学状态的时候，不论是教师还是学生，又都必然有着理解与体验的巨大差异性，甚至于同一教师教同一篇课文，这一轮与下一轮的理解讲授都会有很大差异，如何能僵死地进行限定呢？限定的结果，是相当多数的教师只需按教学"参考"备一次课，便不断地重复"播放"，失去了新的体认，

失去了接受与教学中的再度创造，因此便不能不乏味下去。同时，在整个语文课程体系中，除了一部分基本知识具有较强的客观性外，绝大多数语文课中应该教授的内容，都不具备解释的唯一性与答案的标准性，为什么就非得按编写者的理解去理解，而不能去作另一种同样合乎情理、合乎艺术规律的理解呢？

所以，我提出，只将原始的文本交给老师，交给学生，交给那几千万、几亿个独立思考的大脑，由他们自己去开拓更为广阔的理解空间。

当然，我在提出这一思想的时候，又同时考虑到这一思想的实现所面临的巨大障碍。

障碍之一，是目前仍通行不改的标准化语文考试方式。由于语文考试也被标准化，那么它就必然要将无比丰富的语文内容分解成所谓的知识的点面与系列，僵化成理解的定向条块，迫使语文教学俯首就范。这确实是一个难以逾越的巨大障碍。但我想，既然整个语文教学的改革已经成为不可逆转的趋势，那么，考试方式的改革也不应该是难以企及的目标，与我所设想的这种只提供原始文本的自由阐释趋势相应的，自然是以理解能力、分析能力、表达能力、欣赏能力、批评能力为主要考核目标的考试思想与考试方式，而奉行多年的语文标准化考试，则将作为语文教育史上的教训，而被浓墨重彩地写进当代中国教育史。

障碍之二，是如果仅仅提供原始文本，那就需要语文教师必须具备较高的学识与教学能力。只有这样，才使他们独立面对教材

与学生时能真正进行具有创造性的教学开发。然而，我国目前大多数的普通中学语文教师，他们的学识和能力，还不能令人乐观。在撤除了那些限制性的"帮助"之后，他们中的一些人会不会变得六神无主，或者随意应付，会不会降低教学质量，因而使人对实行这样的思想产生新的怀疑。

这怀疑是有理由的。但是，我却同时认为，一方面，我们不能因为这种怀疑背后的现实理由而放弃对关乎整个民族教育的重大问题的思考与改革；另一方面，如果我们真正实现了教材与教学过程的全方位开放，那无疑又反过来会对教师提出新的要求，形成新的压力，迫使他们从习惯的心态和不很适宜的学识状态中超拔出来，不断地真正强化学习，持续地追求提高并且形成优胜劣汰的竞争态势，这样，中国的中学语文教学才可能取得真正的突破。

精彩文章

我之所以又提出"精彩文章"这样一个并不精彩的概念，是想为中学语文教材的编选提出一个超越过去种种编选思想的新编选思想。这个思想与原始文本的观点相呼应，一个解决教材形态的构建问题，一个解决教材篇目的选择问题。而这一观点的提出，又同样是针对我国相延几十年的中学语文教材篇目选择中的弊端提出来的。

在相延几十年的教育思想左右下，更替了许多次的中学语文教材，虽然都曾编选过一些精彩文章，但是都因为选编思想的偏失，导致了教材质量上的诸多问题。

一、名人的文章，哪怕是文化名人、著名学者，因其名重声远，常常将其并不精彩的文章或并不适宜于作为教材的文章勉入其中。

二、本来一读即懂的实用性文章或文学作品，本无精彩之处，也无可讲之点，为了填充所谓知识体系的需要，亦将其凑进其中。

三、以意识形态的某种规范为准绳，衡量作者，将有些作者非常精彩的文章排斥在选文之外。

如此种种，就出现了中学语文教材几十年间的老套、平庸，缺少光彩，却又难以改变的状况。

那么，我所说的精彩文章应是什么样的文章呢？

其实，在每个人的阅读体验中，既会有差异，又会有共同的直观感受。文章读到精彩处，常常令人长吁短叹，使人欲歌欲哭，让你激情奔涌，催你神思飞扬，甚至于情不自禁，拍案叫绝。但是，如果从理论上来进行界说，我想，所谓精彩文章，应该是这样的：

其一，在内容上能够提供深刻的思想，提供认识人生与自然的智慧。也就是说，以其思想的深刻性、科学性来给人以启迪，来引发读者对人生面临的一切思考，并能得出属于读者自己的理解。

其二，在艺术形式和审美表现上，能够打破平庸，摒弃故常，具有卓越的创造性和极大的审美价值。也就是说，我们不能不允许人类文化进程中出现大量的平庸艺术品，但我们提供给中学生的课文，则绝然不该是平庸的，每一篇都应该是别开生面的美文。

其三，单纯从语言上来说，则应既符合特定历史条件、语言环境中的民族语言规范，同时又具有特别的创造性与生命力的语言，为学生提供示范，并能激发他们自己的语言创造欲望。

其四，具有作为教材使用时的可讲性、可教性。也就是说，作为中学生读的文本，必须具有丰富的可阐释性，即使这种阐释会产生巨大的分歧，甚至形成截然相反的不同认识，但只要具备一定的认识能力、鉴赏能力的教师，不需要任何人的指点，就能发现其中的可讲之处的，才可以作为课文使用。

沿着这样的思路，我还想提出中学语文教材编选的三个允许：

允许不同文化体系背景下的具有思想价值与审美价值的精彩文章进入教材；

允许不同社会见解的作者的有思想价值与审美价值的精彩文章进入教材；

允许名不见经传的小人物的精彩文章进入教材。

这是一种文化上的宽容大度，是教育思想的远见卓识。在宽容的原则下，我们不以人取文，更不因人而舍文，尤其是不因位高名重而取文，不因名浅见异而舍文，唯视其是否精彩，我们才能以真正卓越的精神产品去飨我们的后代，去培养他们真正优异的精神与醇美的修养。

自由阐释空间

所谓自由阐释空间，是希望将中学语文教学从习惯了的预设化、模式化而又狭小单一的阐释空间中解脱出来，在充分尊重知识的客观性与严肃性的前提下，由教师和学生一起发挥想象，拓展理解，并积极地对情感与思想进行不确定性的触发，实现语文这一特殊课程在教学阐释上的充分自主与自由。这是对前文提出的原始文本与精彩文章两个论点的深层意味的进一步阐释。

这是基于对教育与人的关系的哲学理解的。人之所以要接受教育，尤其是近代以来人接受愈益科学的学校教育，是试图以最佳的思想和智慧帮助人更好地成长、发展和生存。而在这样的教育过程中，不可避免地会出现两种对立的情形：一方面，是受教育者需要用最具有拓展性、最具有理智的内容和方式来开发他们对人生与自然的积极思考，使自我臻于一种相对最佳的智慧境地；另一方面，却是教育者总有着思想与智慧的种种局限，甚至有无法避免的失误。于是，这两方面就构成了深隐的尖锐矛盾。我们并不能要求教育者成为事实上不可能的思想与智慧的完人，以满足受教育者的需求。但我们必须清醒地意识到教育者的这种天然局限，并且以理智的方式给以弥补。那就是设法让受教育者处于动态的开放思维、自由思想之中，用自由的探索去弥补局限。相反，如果教育者一定要固执地将自己的思维和思想延伸为受教育者的思维和思想，那不仅意味着不同形态的文化专制，而且必然阻滞人类思想与智慧的前行。

我一直在想，我们今天的中学生、大学生都程度不同地存在着精神缺陷，最明显的是两种极端的表现：一个极端是，精神疲惫，缺少激情，缺少博大的人文情怀；另一个极端则是，莫名其妙地对一些流行文化产生狂热，狂热得不可思议。细细想来，这虽然不能归罪于我们的语文教学(是社会文化与教育的整体影响所致)，但是，我们的语文教学毫无疑问地没有起到应有的积极作用。如果我们的语文教学能够用大量非常精彩的涉及哲学、宗教、文学、艺术，乃至于社会思想、科技思想等人文内涵的作品去教育学生、启发学生，并将这样的影响扩展给社会，使他们形成强烈的人文关怀，并在自由涉猎与自由思考中将丰富的人文精神变为自身的文化见识与文化追求，那我想，他们不至于是这种令人堪忧的精神状态吧。

因此，我还认为语文课程应该弥散着浓郁的文学气息、艺术气息、文化气息、审美气息、学术气息，因而，要以精彩为标准，选入大量的纯文学作品、文学艺术评论作品、文化阐释或文化评论作品，尽量少选甚至不选非文学作品和实用文体。这不仅是为了人文精神培养的需要，而且，即使从语言训练的角度来看，也绝然比那些所谓以语言训练为主的文章效果要好得多。这是因为，中学时代的母语教育，最需要的不是将自己已能熟练使用的语言再一段一片地拆解开来，看看其间是传统家具的卯榫结构，还是今天流行家具的螺丝联结，而是以文学的、文化的、审美的、思想的眼光去接受母语作品，去感悟它、研究它、批评它，然后从中寻找到可以融入自我的东西，再"出落"成一个更为文化的自我。那么，把这其间感悟、研究、批评的空间全然留给教师和学生自己，才能真正达到这一学科教学应茬的境界。否则的话，语文课程只能在人们不断的淡漠中被遗弃。

当然，倡导这种自由阐释，又必须回答以下的两点疑问：

第一点是，处于阐释的自由状态时，会不会忽略了体系性、完整性的语文知识的教与学？我以为在整个语文知识体系中，最稳定的部分是语言学知识。几代学者经过艰苦的研究，已经构建了一个基本的语言学知识体系框架，任何一个接受过大学中文教育的语文教师，都会熟悉它，把它适宜地融入教学过程之中。而其他方面的多数知识，都处于动态流变之中，正需要我们在自由状态之中不断学习和不断发展。

第二点是，在提供了充分的自由阐释空间后，该如何面对阐释的巨大差异？能不能实现它们之间的沟通。我以为，首先，我们追求的就是阐释中的差异和差异中的对比。通过差异中的对比，不仅能深化我们的理解，而且能启发我们寻求差异的思想，而不是培养盲目的认同。这正是我们的目的。其次，我们在自由阐释中的差异，只要言之成理，当然也是能够沟通的，而且，这样的沟通，不是互相间的同化，更不是寻求互相间的统一答案，而是寻求对任何差异之中的真知灼见的认可。在差异之中，我们看到思想的独到之处，又发现了它的缺陷之点，我们便在这样的争辩中得到发展。

所以，我们不能因为疑问而抹去这个自由阐释的空间。

当我们营建了一个有序的自由空间之后，我们在语文课上以最精彩的文章进行教学，我们的中学语文教育再也不是灌输知识的容器，不是训练考试的校场，而是让思想撞击的精神家园，让激情燃烧的情感火山，让创造活力迸发的动力驿站。

编文选文 双管齐下

许更生

叶老一直认为，从古今中外的文章中选取若干篇范文作为课本乃是不得已而为之的办法。叶老对此观点作过一而再、再而三的说明。他说："选古今现成的文章作教材。这虽已成习惯，其实并不一定是好方法，尤其是对于初中程度的学生。……最理想的方法是依照青年的需要，从青年生活中取题材，分门别类地写出许多文章来，代替选文。""把目前通行的书报作为依据，统计其中每个词的出现次数。结果，把得票最多的若干词(数目当前不止一千两千)组织在课本里头。""更重要的还在学习语言，接受新的词和句式。因此，作为学习材料的课本当然不能马马虎虎。编辑课本从统计词和句式入手，诚然麻烦，然而读者读了这样编成的课本，可以到处应用，不至于把拿到手里的工具随便丢开。那么麻烦一点也是值得的。"(均见《叶圣陶语文教育论集》上册)叶老这些关于以词为纲编写语文课本的可贵想法，跟新文学的倡导者之一梁启超先生是不谋而合的——甚至连表述的语句都十分相似！可惜，近百年时间过去了，两位语文大师的这一科学念头一直被束之高阁，不能付诸实施。

不过，只要是科学的想法，就自有后来人。当代著名语文教育家顾黄初先生在《关于语文学科课程改革的一些设想》中又旧话重提。他说："在我看来，小学语文课本的课文完全可以按等级表中规定的汉字逐级组织编写；初中语文课本的课文，选的虽然是现成的范文，但也必须按等级表对课文中的汉字，采取先提取后归类的方法进行整理，使该掌握的常用字、次常用字展示得十分明确。"湖南师大文学院副教授、博士彭泽润则更为具体地指出："要重视现代汉语单词教育，而不是传统的单字教育。……要把'生字'放在'生词'教育的大背景下进行。对外汉语教材已经都是这样进行了，很值得借鉴。"

北京的李镗先生也认为："语文教学科学化首先要实现字词教学科学化……语文教学科学化理应从字词教学开始。"他以大量借助电脑统计的材料证明：随机的"选文式"的课本，必然造成一定的必须掌握的字词的遗漏。例如，现行人教版小学语文课本12册(1990年版)，全套课本未出现的常用字有110个，如奸、刃、疤、婚、孕、帅、矛、贤、霸、币、墓、肾、售、骡等，未出现的次常用字有455个，其中中国大写数字壹、贰、叁、柒、捌、玖等都没有出现，要、改、局、届、宗、税、掀等高频常用字未能出现；初中教材课文中有26个常用字以及209个次常用字没有出现。

如此严重的疏漏长期存在于我国义务教育阶段的正式课本中，实在是很不应该的。

基础教育阶段语文教学的根本任务是积累大量的语言材料，而词汇是构成任何一种语言的基本材料，语言教育的任务主要在于词汇的积累。可惜，我们中国的语文课本长期背离这一基本准则，而且至今仍然停留在"识字"阶段——充其量叫做认识"单音词"吧，忘却现代汉语早已是双音词、多音词占绝对优势的时代了。日本学校数十年前就有了明确的基本词汇量的规定，而我们至今依然心中无数。可以说，教材的不科学首先表现在，它大大忽视了作为语言主体的词汇的学习与积累。似乎中国人学习汉语，可以跨过词汇的掌握搞"跨越式发展"。如今的小学、初中语文课本，仍然不见《词语表》！这在世界上恐怕是独一无二的怪事吧？长此以往，语文教育质量怎能提高？这一点，连人教社的老编辑们也心存疑窦。人教社编审庄文中先生尖锐地指出："语文教学中最成问题的地方，就是没有一个基本的语言材料的概念。比如小学掌握2500字，初中3500字。初中多出的是哪1000字？不落实。小学应掌握多少词汇？不明确。初中应掌握多少词汇？也不明确。到了高中阶段，连语言方面的具体要求也没有了。对基础内容没有界定、没有量化，这是我国语文教学很薄弱的环节。"

为什么百年来母语教学的效率一直低下？其原因固然相当复杂，但语文课本没有以语词为纲目和核心来编写，不能不说是其中的一大因素。为什么今昔数代学子异口同声地认定，他们语文水平的提高，主要得益于课外的广泛涉猎，而不是主要依赖于课本的学习呢？其中一个重要原因，就在于课本的词汇量太少，太分散，而且是随机地、杂乱无章地出现的。语文课本既没有预先设定和整体安排的词汇量，更不顾及词语的复现频率、词语义项及用法的完整与否等等。编写上的这般"粗放经营"，必然造成"课本"难以为"本"的被动局面，学生们只好靠课外吃"杂粮"和"广种薄收"来"喧宾夺主"。可以断言，教材编写上的"粗放经营"如不转变为"集约经营"，就难以扭转百年来语文教学事倍功半的落后局面。

长期忽视词语学习和积累的课本，带来的负面影响至今还很深重。其一，作为人类思维和表达主要凭借的词语贫乏，直接造成了学生思维萎缩、思路枯涩、表达苍白、词不达意。其二，多年来，高考语文试卷中有关词语识记与运用的内容，其得分率一直低下。报端一份"学生自己认为语言最大的毛病"的中学生调查表明，"词汇贫乏"占总人数的64.7%。这些"老生常谈"的问题，笔者就不再赘述和举例了。

人教社资深编辑周正逵提出，语文教材改革的主攻方向是改革旧的教材体系。旧教材体系的第一个基本特征就是"文选系统"。这样的教材体系，不大符合学生语文能力形成和发展的规律。其主要弊病是：1.缺乏明确的训练目标；2.缺乏严整的训练计划；3.缺乏系统的训练内容；4.缺乏科学的训练方法，这些因素直接影响教学质量和教学效率的提高。语文教材的改革，必须紧紧抓住这个要害，奋力攻坚。

笔者极为赞同彻底变革以"文选系统"为基本特征的旧的教材体系。集几十年的语文教学和教研经验，笔者认定崭新的、科学的中学语文课本必须由这样两部分构成：一本为《汉语读本》（请务必注意，绝不是《语法教本》），其主体是以8000个中学阶段必须掌握的语词（其中成语和常见四字语词2000个左右）分门别类写成的简明优美的语段。此外，还包括汉字与词汇知识、常用修辞格、中华文化常识等。它体现中学阶段语文学科最基本的、最具可持续发展的知识的"核"，规范"中学语文"究竟是要学些什么，勾画出汉语学习的一个基本的知识与能力框架。另一本是以古今中外名家名篇为主（包括典范的实用文）的文选本。它海阔天空、包罗万象，充分展示出语文领域"浩浩荡荡、横无际涯"的迷人风采的一面。这些起"旗帜"和"标识"作用的名家"目标语"，既起着语言运用的示范作用，还兼有拓展认知视野、继承文化传统、陶冶思想情操、培育艺术修养等多维任务，为人的一生发展打下底色。从语言表达的层次水平看，它必须与"伙伴语"有比较大的反差，才能使学生产生比较强烈的心理效应。

当代著名作家梁衡也有过相似的想法。他说："我曾想，语文教材要解决什么，语法恐怕是最简单的了，修辞比较难一点。我想从初一到高三，能不能给学生编一点最精彩的修辞段落，特别是最精彩的常用修辞，如比喻的段落。无论是毛泽东的还是梁启超的，把最精彩的段落拉出来，让学生综合起来理解……人一生当中一定有一些最基本的记忆单元和要素，这个记忆要素是他一生当中必须用的，最好在青少年时期，尽量一次性解决。……就是要充分利用学生的记忆优势，把语文教材同时变成一本记忆教材，为学生的一生打一个好基础。"

许多不谋而合、所见略同的看法，往往蕴涵着某种新颖的、科学的理念。

现代语言学习理论提出了"目标语"、"伙伴语"和"中介语"的概念。这是对言语能力发展过程和条件深入研究的结果。"目标语"是学习的蓝本，是语言学习者的终点；"伙伴语"指与学习者水平相近的语言素材（学习者与伙伴交谈时所显示的言语水平），是语言学习的起点，从起点到终点必然有一个过渡阶段；"中介语"就是指处于过渡状态的语言水平，它是不断变化的。笔者"编文选文双管齐下"的设想，主要就是基于语言学习理论研究的这种概念划分。对于"选文读本"，大家都很熟悉了，这里侧重谈谈以词"编文"读本的编写问题。

我国语文界公认的"三老"之一张志公指出："语汇是语言的根基，文言如此，现代白话也如此，汉语如此，别的语言也如此，而汉语、汉字的特点，使得语汇之学的重要性格外突出。我们的先人一上来就准确地抓住了语言的根本，可以说，这在世界早期语言学中见解是很高的，成就是很大的。……这些做法显然同汉语汉字的特点有密切关系。在这一点上，传统的经验对我们是颇有启发作用的。"传统启蒙教育的规律和精华浓缩地反映在《急就篇》《三字经》《百家姓》《千字文》《蒙求》这样一些启蒙教本的编写上。现在，绝大多数人都承认它们编写上的科学性和教学的有效性。不过，长期以来，人们一直片面地以为它们只是集中识字的范本。然而，如果我们从古代汉语单音词占绝对优势着眼就不难发现，与其说它们是"识字"课本，倒不如说是"识词"课本更为确切。退一步讲，即使真是"字"，到了《三字经》《百家姓》《千字文》这些具体的篇章中，不也成为"词"了吗？总之一句话：我国传统的、行之有效的启蒙课本，历来就是从"识词"入手的，而且是通过密集"识词"、"饱和轰炸"来强化记忆的。同时，这种强化和记忆又不是机械的、乏味的，它是通过"以词成文、以文带词"的方式来进行的(否则人手一册《说文解字》或是今天的《现代汉语词典》作为课本算了)。它既体现了一种有效的教学方法，更显示出"文道结合"的可贵思想，即工具性与人文性的高度统一。

笔者常常想，古人在苛求用词(字)不重复的情况下，尚且能几乎单枪匹马地编写出如此文质俱佳的课本。我们今天群策群力，借助电脑等现代利器，而且语词运用不必刻意都不重复(为了便于行文和复习记忆，适当的复现还是十分必要的)，难道还编写不出新时代的新课本吗？当然不是——是不想为，非不可为！近年来涌现的新编《三字经》、新四五七言歌、《中华成语千句文》等等，以及四川等地集中识字的几个课本的陆续问世，就是一个明证。近几年，笔者为了教学的需要，曾经把初、高中的十多篇课文中的几十个语词进行联词组段，发现这项工作的难度其实也并不太大，即使是学生进行的一些联词组段练习，也屡屡涌现出许多写得很有创意的语段。倘若把它们拿来作为"伙伴语""中介语"材料，何尝不可？

以学生必须掌握的词语为纲编写语段，还有比较便捷的方法。那就是"拿来主义"——直接从名家名篇中采撷有关的精彩段落，有的也可以进行适当的改写加工。例如，小学语文课本中《迷人的张家界》一文，就是根据识字的需要，凭借碧野的《翠绿的张家界》、陈祖甲的《天设地造出神入化》和峻青的《难忘的索溪峪》三篇文章改写而成的。对于一部分比较怪僻的词语，姑且称为"硬骨头"吧。可以向全世界发起语段编写征文，让全世界的华人——从名人名家到莘莘学子一起努力，广开言路，协同攻关。只要广为征集，群策群力，好中选优，何愁课文难编？汉语语句组合灵活奇特.为联词组段提供了得天独厚的用武之地。这一点，古有《三字经》《百家姓》《千字文》等的成功实践，今有《新三字经》和多种识字韵语课本的问世，都证明了"编写"以识词为核心的语文课本绝非镜花水月。

编写精彩语段以"呈现"相应语词的做法，必须解决这样一个认识误区，即以为这样按需"组合"出来的文字太"小儿科"，登不上"课本"的大雅之堂。笔者斗胆猜测，这恐怕也是近百年来所有课本编者的顾忌之一吧！实则此言差矣！按需编写出来的语段固然比较简单浅显，但它绝对合乎规范，足以显示某些"规矩"，而绝非低劣的"文字游戏"。请问，谁敢指责数理化学科为了让学生掌握定理、公式而刻意编制的典型例题、习题是在玩弄概念的"数字游戏"呢？

谁敢指责军队新兵训练时的"正步走"之类的队列训练是不合实战需要的"花架子"呢？谁敢指责武术操练时"马步弓步"等一招一式的架势是形式主义的"无用功"呢？从一定意义上讲，言语技能训练语料的选择和编写，更应该注意接近学生的水平和表述习惯，才能使之倍感亲切，从而更好地起到诱导作用。它之所以是语言片断，就是为了使教学目标更为集中，更加凸显。同时，也正因为它的目标比较集中，程序编排比较单纯，所以教学效果更容易及时反馈，内容更容易自成系列。

"本"动则"末"从。可以断言，这样以语词为核心编写的新课本一旦问世并且颁行，还必然带动语文教法的根本变革——至少没人敢对课文中的生字新词等闲视之，口若悬河的"分析讲解"也将自然而然地"顿失滔滔"……

当然，毋庸讳言，这样理想化的教本是不可能一朝一夕就能面世的。但是，我们绝不能因其难就裹足不前，以至于近百年来一直无所作为而"空悲切"！只要是必要的并且是可能的，我们就应当奋勇前行，一步一步地去接近目标。如果说当年叶老他们是因为势单力薄而力不从心，难以下手，那么，我们今天完全可以发动千百个志同道合的有识有志之士一同来参与此事。光是语文教师全国就有百万之多，让他们写点精彩的小片段并非难事吧？有志者事竟成。只要我们发扬愚公移山的精神，乘势而上，锲而不舍，少则三五年，多则十来年，总有一天可以完成几代人的美好凤愿。

笔者坚信，中国的语文教学真要迈上"科学化、现代化"之路，编写出以常用词为核心的语文课本就是其中最基础、最重要的工作之一。它既免不了，也避不开，我们这一代不干，我们的子孙后代也总会有人干，总会有人要去完成的！

Chapter

12

语文教育史研究

如果说，把语文教育理论建设比做是营造一座宏伟大厦的话，科学化是基石，现代化是栋梁，中国化则是这座大厦的显著特色。科学化、现代化、中国化是中国语文教育理论发展的走向，这三者是紧密相连的。

谈谈语文教材的语文性

※ 李海林

我们在实施语文教学的时候，面临的第一个问题，也是最重要的问题，是语文教学内容的确定，即：这一堂语文课，或这一个教学单元，我们要"教什么"。这个问题，在其他学科中是不存在的或者不突出的。在数学课、物理课、政治课里，我们教什么，直接由教材呈现给教师和学生。但语文课不是这样。我们教和学的是一篇篇的课文，但课文并不是我们要教和学的内容，课文只是我们要教和学的内容的载体，语文课的教学内容隐藏在语文课文中。于是，"教学内容是什么"这么一个在其他学科里教师们开始实施教学前就已经解决了的问题，在语文教学中还是一个等待解决的问题。语文教学内容要在教学过程中，由教师和学生现时地从教材中生成出来。

在实践中，这种教学内容的生成出现了许多的变形与走样，甚至出现非语文、反语文的现象。一方面当然是教师的语文意识与专业水平的问题，另一方面，也是更重要的方面，是语文教材本身的"语文化"程度的问题。

一、何谓语文教材的语文性及其体现

1.语文教材必须以文本为中心。语文教学的文本中心论似乎已经被建构主义批倒了。但对语文教材来说文本中心却是一条基本的要求。语文教学的所有意义所有功能所有目标，都是建立在一个起码的前提之下的，那就是学生与文本的接触。任何语文教学，只要在这一条上犯了忌，就肯定不是语文教学。没有文本的语文教材是不可想象的，而没有以文本为中心的教材也不是"语文的"教材。文本是指文章本身，而不是指从文章中抽取出来的知识要素(如语词、方法、结构等)，也不是指文章所反映的内容(如主题、情节、人物等)，也不是从文章变形出来的其他任何东西(如习题等)，也不包含超出文章的部分(如文章的背景、"接受史"等)。语文教材，就其主体来说，就是供我们接触的文本。而从文章中抽取出来的知识要素、文章所反映的内容、文章的背景、"接受史"，依据文章编制的习题，只是帮助我们接触文本的。

2.语文教材应该以"语用"立意。我们要求学生必须与文本接触，那么是从什么意义上来接触文本，或者说，是接触文本的什么呢？回答是语用。文本是语用观下的文章，文本是语用的产物。我们要求学生必须与文本接触，就是要通过接触文本而实现接触自身的语用化。换一句话说，学生与文本接触，是把文本当做语用过程中的一个环节来接触的，学生与文本接触，于是这种接触就纳入到语用的过程之中，成为语用活动的一个组成部分。所谓"语文教材应该以'语用'立意"，就是指语文教材的所有设计所有考虑，都是从如何促使学生与文本接触从而实现接触文本这一行为的语用化来着眼的。

3.语文教材要实现主题化。 主题化是借用王荣生博士的用语，也可称之为概念化，其含义(在某种程度上)就是指赋予语文教材以知识形态。

我们在前面论述到，语文教材是以文本来呈现课程内容，而不是以知识或其他什么东西来呈现课程内容的。那么为什么又要求语文教材实现以知识形态为标志的概念化呢？

在"最终成果"上，语文课程的目标并不是通过学生的"知识操作"来实现的，而是通过与文本的接触实现的，但在学生与文本接触之前之后之外，要想实现语文教学的目标，语文课程、语文教材还有许多事要做。具体说来，大致包括：语文课程目标的研究和阐释；语文课程内容的开发和描述；教师知识条件和素质条件要求与教师培训；教学进程的说明和控制；关于学生如何接触文本的"事实、观点、法则和问题"的指导等。而这些，都必须需要一系列的知识才能予以落实。在这里，一部分知识属于课程和教材编制的"工作概念"，这些"工作概念"帮助语文教育的实施；一部分则直接属

于教学内容，是要在语文课堂里教给学生的。我们在这里所说的"语文教材要实现主题化"，是专就前者说的。

以上我们回答了什么是语文教材的语文性的几个要点。那么，语文教材的语文性体现在哪些方面呢？根据顾黄初、顾振彪和钱梦龙以及我自己的研究，我们将语文教材的要素概括为这么五个系统：范文系统，知识系统，作业系统，助读系统，活动系统。我们可以从这五个方面入手，来探寻语文教材的语文性问题。

1.范文系统的语文性问题。 所谓"范"就是"范式、榜样、例本"之义。范文的语文性问题就是指：它是哪个方面的范式、榜样、例本(是语文方面的范式、榜样、例本吗)？以及这种示范是否达到足够典型的程度？

2.知识系统的语文性问题。 语文有知识性的问题，但又不完全是知识性的问题；语文是知情意的统一。语文可以知识化，但又不能完全知识化：语文有一部分而且是重要的一部分可能是无意识、下意识甚至是潜意识的，因而是无法知识化的。即使是可以知识化的这一部分，也还有一个是不是属于，以及在何种程度上属于语文的知识的问题。

3.作业系统的语文性问题。 作业系统是语文教材中一个十分重要的组成部分，它不但有重现教学内容、巩固教学成果的作用，更有教学目标导向的作用、教学内容定位和指示的作用。任何作业都要布疑设问，此"疑"布在何处，此"问"从何而设，都暗藏着对教学目标、教学内容的定向、指向的

作用。这种暗藏着的教学目标指向和教学内容定位，是语文的指向和定位吗？或者说，是指向语文的吗？是定在语文之"位"吗？

4.助读系统的语文性问题。助读系统，包括主题词、导语、提示、题解、注释、旁批、资料索引、背景介绍等。这些内容有没有一个语文性的问题呢？应该肯定，它们的直接目的，是帮助学生读懂课文本身的，因此，它们的语文性问题没有像作业系统那样直截了当和充分，也没有范文系统那样重要。但是，文本是无限的，这里所谓的"读懂"仍然是一个有限的概念，学生要读到文本哪一个层次才叫"读懂"呢？因此，助读系统仍然有一个度，这个度既包括认知的分寸，也包括语文的分寸。

5.活动系统的语文性问题。自从新课标大力提倡语文教学的实践性以来，语文教材出现了一种新气象，那就是主题活动的教材模式设计。相对过去以文体系列或表达手法为线索的教材编排体系，这是一种新的教材呈现方式。这种"活动平台"的创意有利于培养学生的语文综合素养，有利于倡导自主、合作和探究的学习方式。但是，同时它也带来一种新的可能，那就是活动设计的泛语文化。如何将主题活动的主题定位在语文上，开发语文本身的活动本性，从语文本身的活动性元素出发来设计语文活动，是我们面临的一个新的问题。

二、语文教材的非语文倾向及其来源

现代语文教育一直有个文道之争，争论的焦点是如何处理"文"与"道"的关系。"文"，就是指语文，"道"则在不同时期

有不同的含义，但总的来说就是指思想内容。文道之争，就演变成所谓"语文训练"与"思想教育"之争。最后被大家基本接受的观念是都重要，于是同时被列入语文教育的目标和内容体系之中。当然，问题并没有解决，在具体的语文教育实践中，在不同的语文教师那儿，在不同的社会背景下，人们在这两者之间还是有取舍有偏向的。于是就形成了现代语文教育史无数的拉锯式的争论。

起始于20世纪末的语文教育大讨论，是"新语文"与"旧语文"的一次交锋。"新语文"对"旧语文"的批判，矛头之一，也是最主要的矛头，就是"旧语文"的技术化倾向。这种批判是正确的，对语文教育改革起了有力的推动作用。但是，这种批判并不是语文教育内部的学理批判，它的立场并不

是语文的，而是教育的甚至哲学的。钱理群先生的一段话很有代表性：

中小学语文教育主要应该培育学生对真、善、美的追求，对彼岸理想世界的向往与想象，对人类、自然、宇宙的大关怀，对未知事物的好奇心，并由此焕发出内在与外在的激情，生命的活力，坚强的不屈不挠的意志力，永不停息的精神探索，永远不满足于现状的批判与创造的欲求。所有这些宝贵而美丽的精神素质可以概括为"青春的精神"。它既符合青少年的生理与心理发展的特征，同时也是一个人的健全生命的基础。(钱理群.以"立人"为中心.语文教育门外谈.南宁：广西师范大学出版社，2003.9～10)

在这里，钱理群先生给出的其实并不是语文的证明，而是"一个人的健全生命的基础"的证明。正是在这种非语文化的证明中，"新语文观念被充分地意识形态化了"（薛毅.反思新语文观念.当代文化研究网），语文教育直接等同了精神教育、文化教育。这种倾向立即在语文教材及教材使用中表现出来，被人们冠之为泛语文化倾向。时隔六年之后，语文教育大讨论的发起者之一、《文学教育的悲哀》一文的作者薛毅先生对新语文作出了深刻的反省：

从语文教育本身而言，"精神的底子"如何内化为语文教育自身的目标？应该使"精神的底子"语文化，而新语文观念没有完成这个任务。……文化毕竟不是语文，文学也毕竟不是语文。所以，问题应该是，如何在语文具有文化性、精神性的前提下，使语文寻找到自身的位置。

我们可以把薛毅先生的这段话，视为新语文的语文性觉醒。

正如我们所预料的那样，新语文这种轻视语文的语文性的倾向很快引起了人们的警惕。张友慈先生睿智地告诫人们"谨防语文学科人文教育的虚化和浮夸"，"绝不能削弱基础教学"。王尚文先生强调："舍语文而求人文，同样也有语文、人文两失的危险。"钱梦龙老师则大声疾呼"语文教学，魂兮归来"，并明确指出"学习语言：语文教学本体的回归"。体现在语文教材的编撰上，人们强调要"守正"："严格遵循中学语文教育的基本规律，注意继承我国高中语文教科书编制工作的优良传统和成功经验，适当考虑中学语文课程和教材改革的循序度和适应面。"这些无疑都是极有见地的。问题是：何谓语文的"基础教学"，语文教学之"魂"指的是什么，"语文教学的本体""语文意识"指的是什么，"守正"之"正"是相对什么东西而言的呢？

应该说，这样的问题，真正逼近了语文的本义，其答案就是语文性的内涵的揭示。但就目前所看到的研究成果，我们发现，人们研究的思路绕过了语文性这个概念，又绕回到这个问题的历史语境中：一方面，这种思考的矛头指向了对空疏化的人文教育的批判（这种批判是对的）；另一方面，又把自己的立足点收回到一个逼仄的角落，那就是字词句篇、语修逻文。除了"解释加点的词""指出下列几句话中所使用的修辞手法""划分这篇课文的层次结构"等传统的方法外，一些新的设计形式，在其理念中，仍然是一个旧的语文观。我们以一套教材中马丁·路德·金的《我有一个梦想》的练习题为例：

课文反复提到"平等""正义""自由""民主"，试以《现代汉语词典》中的注释为依据，结合课文的内容，阐释它们在文中的具体含义。

这个练习题的设计很隐蔽地体现了编者对语文的一种理解。它的设计意图在于落实语文，而且也考虑到了它们在"文中的具体含义"，它的目标是指向语文的。但是它却要求"以《现代汉语词典》中的注释为依据"。不管是从语词理解还是从思想熏陶哪个方面来说，这种限定实际上都是不必要的，但却把学生对"平等"、"正义"、"自由"、"民主"的注意力拉向词语注释的层次上，也限定在词语注释的层次上。

三、语文的方法论反思与现实的选择

1.百年语文教育，我们经历了一个艰难的探索过程。 我们首先由古代的"义理教育"向"语言教育"转变，体现了语文课的语言的觉醒；同时，我们又批判了工具论的技术主义和客观主义，揭示了语文的人文性质和精神性质，我们向前迈出了一大步。当我们走到21世纪，我们又发现，我们仍然面临着"如何重新寻找'精神的底子'与语文教育的有效结合点"（薛毅.反思新语文观念.当代文化研究网）这么一个原点性的问题。我们认为，这并不是在历史的长河中原地踏步走，也不是在历史的帷幕下转圈，而是对语文性的逼近。也许，现在我们要做的，倒并不是急于揭开"什么是语文"的命题性的答案，

而是对我们一直思考这个问题的哲学方法作一深刻的反省。

2.一元化的方法论。 过去关于语文性的研究有没有一个根本性的失误呢？问题还是要回到那个"古老"的话题上："文"与"道"。但是，我们思考的焦点不再是"文"与"道"的关系，而是在如何理解"文"和"道"上。"如何处理'文'与'道'的关系"这个命题本身就预设着一个错误的命题："文"与"道"是二分的。而在现代语言学理论和文本理论中，"文"即"道"，"道"即"文"。"文"与"道"的统一不是二者在外部的统一，不是"文"与"道"在语文课中平分天下这样的统一，而是一元化的统一，是相互包含的统一，是它们相互之间的蕴涵上的统一。工具主义把语文坐实在字词句篇、语修逻文上，是以思想与语言的二分为前提的；同样，"新语文"把语文虚化为精神和文化，也是以思想与语言的二分为前提的。而一元化的方法论，则同时实现了对工具主义和"新语文"的超越。

3.广义知识观。 知识是课程的重要组成部分。"课程的问题，本质上是知识的选择问题。革除中国语文课程与教学的种种弊端，归根结底，要靠语文学校知识的除旧纳新。"（王荣生.语文科课程论基础.上海教育出版社，2003.272页）但是，另一方面，受传统知识观的制约，很长时间内，我们是在一种很逼仄的视野里来理解知识的，我们所指的知识，主要是指命题性知识、陈述性知识，而没有包括程序性和策略性的知识。事

实上，在广义知识观中，不仅关于客观事实可以知识化，关于人的技能、个性、思想、方法、过程、态度、情感、素养、价值观等，在很大程度上(不是所有！)也是可以知识化的。只是，这里的知识，不再是过去我们理解的狭义的知识了。过去我们的思路是：这个知识不符合语文的本性，我们就不要它了(淡化知识教学的观点，就是这样来的)；而现在我们的立场是：这个知识不符合语文的本性，那么我们就重建一个符合语文本性的知识系统。

4.现实主义态度。我在这里所说的现实主义的态度，是指一种承认历史、面向实际的选择。现代语文教育到今天才刚刚百年，我们应该允许它有一个发展的过程，我们应该承认，它的确还在一个初级的建设阶段。实际上，我们也不能期望有一个不变的理想的语文。对于语文来说，也是"存在大于本质"、"存在先于本质"的。从"我们现在可能做点什么"出发思考问题，从"我们面对的是一个什么样的语文"出发来选择对策。

对近年来学法研究的
回顾与构想

❀ 李聚箴　尚宜弘

学法研究，是时代的产物。我国有优良的学习传统，然而是零碎的、不完整的，散见于圣人先哲经传的学习经验和方法，只有在今天，才真正被人重视而作为一门学问、科学来做系统、全面、深入的研究，它是优良历史与崭新时代猛烈碰撞的结果，是严谨治学传统与强烈创新意识之间的一种张力。随着语文教改的不断深入与发展，这种张力，愈来愈显示出它在构筑人的知识、能力、智力结构上的重要作用。

—

当今时代，是一个激剧变化的时代。科学发展，技术进步，经济猛增，生活优裕，观念更新，这标志着信息知识总和的现实社会载体的迅速递增确实已到了"爆炸"的程度！据科学研究提供：每隔10年，至少在自然科学、技术科学和应用科学中，我们获得知识的50%左右，就要部分地或完全地过时、陈旧，为新知识所淘汰或替代。因此，时代发展首先冲击了人，使人警悟：自己始终是成长着的个体；冲击了教育，学校仅仅几年的施教，不可能使人饱受终生！因此，培养个体，使其具有优良的学习品质与科学的学习方法，是时代赋予当今教育的神圣使命。这一点，作为一种现代意识，已被广大的教育工作者所认识、所接受。我们的研究者撰文必谈什么调动学生学习的积极性，激发学生学习的兴趣，培养学生创造性思维能力等；我们的教师张口必言，什么三字过程，五字方法，什么记忆窍门，复习秘诀，甚或引用古今中外圣哲贤人有关学习的哲言警语教育学生等，就是这种意识的具体反映。但是，毋庸讳言，由于传统的单向传递知识教学结构的顽固不化，由于各地区文化教育发展极不平衡的现状，由于教师思想上还存在种种羁绊而未能彻底更新观念等主客观方面的因素，到目前为止，大面积的也仅仅是初步具有了这种意识，少部分可能观念还很淡薄，甚或抱有抵触情绪。他们以为课程已经够重了，还要增加什么"学法课"，简单地把教给学法看成是功课以外的第二种负担而拒之门外。在这种情况下，怎么可能出现教改的高峰期、成熟期？怎么可能大面积提高语文教学质量？思想是灵魂，理论是指导，只有明确目标，坚定认识，才可能有切实有力的具体方案与实践活动。当然这样说，并不否认少数人教改的显著成绩，相反是进一步给予肯定与赞扬，并提出了更高的要求，更为严峻的任务——为彻底更新教育观念，为彻底改变教学面貌，培养出"四化"建设未来需要的人才来，要进一步起好带头作用，为教改之花开遍祖国各地。

二

作为教改尝试、探索、追求阶段，一切都是初步的、动态的、发展的，不可能，也绝不会出现什么意外的成熟果实。然而我们的语文教育界，特别是为教改摇旗呐喊、推波助澜的全国各类语文报刊上却出现了许多令人遗憾的现象：随着语文教改的不断深入与发展，各地教派纷呈，这本是好事，但由于各自取得了一点成绩，尝到了一点甜头，便自以为是，故步自封，不愿突破；又由于信奉者，崇拜者纷至沓来，造成了一种封闭的自我系统，作茧自缚，从而又不敢突破；没有胆量自我解剖，甚至自我否定，这是一方面。另一方面，宣传舆论工具的报道、评奖又失之冷静、客观，致使好多文章冠以"最优""最佳"的形式出现，这又无形中助长了自以为是、自尊为大的不良风气。这样环环相循，恶性后果会愈来愈膨胀，最终不是推动教改的发展，而是起阻碍与破坏作用。这一点许多有识之士已经敏锐地意识到，并尖锐地指了出来，是值得深思的。试想在这样没有争鸣，没有民主，只有盲从，只有褒奖的氛围中，怎么会有教改的节节成功？

教学改革，最终是着眼于学生的改革。如何培养学生优良的学习品质和教给学生科学的学习方法，也是教改要探讨的问题之一。对于这个问题，如上文所说，已得到普遍的认同，并引起了足够的重视，为了这样一门新兴学科的建立，同行们作出了不懈的

努力。但又如上文所说，由于不良风气的影响，已经深不下去了，掺杂着许多传统因素的时代改革自身又为自己设下了不可逃脱的陷阱。至于一般情况，更是小学小用，小打小闹，特别是不顾学生实际，机械照搬这种"学法"，那种"读法"，简单模拟这种"程序"，那种"环节"，随意性、盲目性很大。造成这种现状的原因是多方面的，但主要一条就是认识事物的狭隘性，研究对象的单纯性，没有从更高的层次上去看问题，没有从更深的结构中去把握实质。也就是学法研究与学生身心实际、智力现状、思想方法、教法改革、品质培养等问题相脱离。这一方面当然是研究的方法问题，但另一方面也反映了我国普遍的，特别是农村中学的师资水平还比较低的现状。要彻底改变这种困窘的局面，首先要靠自我的发奋、提高。

三

培养学生要特别重视知识的体系与序列，也就是阶梯性。学习方法作为一门独立的学问，自有其独特的体系结构。它围绕学生的个性成长过程、心理发展轨迹和知识由浅入深、由易到难的规律，形成了自己与之相应的体系。小学生有小学生的学习方法，中学生有中学生的读书规律。虽然有的方法从小学到初中再到高中仍然一直在用，但它的实际作用是绝不等同的。方法随着人的能力的提高而提高了它的效益，方法随着对它的多次重复与巩固产生了质的飞跃。这是一个简单的道理，然而现实教学中，不顾自己学生年龄大小、能力高低的实际，盲目照搬先进经验与教法者有之，不顾学校内部、学校与社会、家庭之间关系协调程度如何，随

意施行教改方案者有之，难怪有人怀疑先进教法是否先进，最优教法是否最优了。当然这种现象多出在教改心切、精力旺盛而又较少教学经验与教学理论的青年教师身上，多出在信息闭塞、资料缺乏的山村僻野中学，这些教师经过一段拼命的"尝试"之后，饥渴感愈来愈重，危机感愈来愈强，他们迫切希望有人给予指导，有文给予引路，特别是广开学科，围绕专业的边缘学科，系统全面地给予辅导学习，以期本身素质得到提高。

中学教学，总的来说，有两种知识要学生掌握，一是科学文化知识，一是获取和运用这些知识的能力。前者属于硬知识的范畴，后者属于软知识的范畴。用现代教育观念来看问题，软知识更为重要，因为这是动力、是途径、是运用、是创造。我们培养的学生不是要装书袋，不是要具有百科知识性的活字典、词典，而是要富有独立运用能力和创新精神的开拓者、发明者。因此在研究知识的序列性、阶梯性、完整有机性的同时，重点要研究包括学习方法在内的能力的结构体系，使学生作为成长着的个体，每一阶段、每一时期都受到适合其身心特点，并时刻保持强烈探知欲的学习方法的熏染与教育、能力的培养与训练，从而爆发出大于其本身结构总和的创造性。

就认识过程的纵向角度看，学习方法的阶段可表现为这样几个方面：制订学习计划——课前预习——课堂学习——课后复习——独立作业——解决疑难——全面总结。当然这主要是指整个的课堂教学过程，还不包括围绕课堂学习内容或形式的各种不同点进行的各种学习延伸阶段，如与课堂教学相辅相成的第二渠道活动的开展，也包括类似的学习阶段。重视每一个阶段的阶段性特点，总结出学习规律，探索出科学的方法，让学生掌握，会大大提高学生的学习效率。

从学习能力培养的横向角度看，包括的内容则更为丰富：一般说来有这样几个方面：阅读、笔记、思考、记忆、积累、观察、听问、操作、分析、综合、判断、表达、检测等。而每个方面又包含着许多值得探讨的问题。如思考：怎样提高思考问题的力度、思考中的纵横分聚，反思的方法、集中思考与分散思考、求同思考与求异思考、在观察中思考、在记忆中思考、形象思考与逻辑思考等。可见围绕不同的知识获取和能力训练，构成了庞大的、然而又是有机的完整的学习结构体系。研究学法就是要从这纵横交织的知识、方法网络出发，着眼于培养能力，开拓智力、发展个性、发挥特长、为四化建设和未来需要培养各级各类合格人才。

当然，研究学法，这是基础，但没有从更高层次上的宏观的考察与审视，把握与指导，还只能是就事论事，最终跳不出狭小的圈子。因此，我们还要注意处理好这样几对关系：

(一)把学法研究同研究学生的生理、心理发展结合起来。我们的教学对象都是灵肉活现的一个个实体，一个个由小到大、由低级到高级始终成长着的实体。他们由小学到初中到高中每个阶段，甚至以年级划分的再小一点的阶段，对事物的感知力是不同的。因此研究学法，首先要研究学生身心成长的客观规律，进而赋之以科学的学法，使每个人在学习中爆发出个性优势，从而取得好成绩。

(二)要把学法研究同开发学生的智力因素与非智力因素结合起来。也就是要培养学生良好的学习品质。学生学习获取知识的过程，包含着一系列复杂的心理活动，大体地说，一是有关认识过程本身的，如感觉、知觉、记忆、想象与思维等；一是有关学习态度的，如兴趣、情感、意志、性格、气质和信念等。这就是所谓智力因素和非智力因素。

学习方法是十分具体而实用的，每种方法无不隶属于不同的认知因素，而方法的科学运用与有关因素的结合，就构成了认知过程中某一方面的能力。如观察力的形成就离不开科学的观察方法这一必要条件。学习方法虽与非智力因素没有什么明显的关联，但正如非智力因素对智力因素的调节、制约、推动、促进一样，对学习方法也起着不容忽视的重要作用。因此，研究学法，切不可脱离学生的这两种因素的实际。要教给学生科学的学习方法，培养各种认知能力，并始终保持积极的学习兴趣、强烈的求知欲望、坚韧不拔的意志品质，为着自己崇高的目标而努力。

(三)要把研究学法同研究思想方法结合起来。学习方法是非常具体而实用的，就像盲人的拐杖一样，能帮助盲人在一片漆黑之中顺利到达目的地；又像茫茫大海中的一叶舟，能领你从已知的此岸到达未知的彼岸。这种认识事物、把握规律、探索新领域从而改造客观世界的方法，说到底是一个思想方法问题，也就是具体方法的有效度、合理度、科学度受思想方法的制约与决定。要掌握科学的学习方法，必须有正确的科学的思想方法为指导。

那么正确的思想方法是什么？就是马克思主义唯物辩证法。要站在研究对立统一规律、量变与质变的法则、否定之否定原理、一般与个别、本质与现象、内容与形式等范畴的理论高度，开展学法研究，这样才能取得具有普遍意义的科学成果。

(四)把研究学法同研究教法结合起来。

教法改革，是针对学生的改革，着眼点在学生，最终目的还是学生，因此学生学习的情况是与教改的一切活动密切相关的，甚至在某种意义上，教改要受到学生学习情况的影响与制约。当然，我们单纯地、随时地、适宜地教给学生一些学习方法是必要的，但不可忽视中学生在校期间大多是在教师的亲自教育下度过的。因此，成功的学法研究途径应该是在纵向的教法改革与横向的学法改革的交汇处。只有寓学法于教法之中，使教法学法化，使学法教法化，学生才能最大限度地接受科学学习方法的熏陶与教育。在一个个具体化的学法演示中，在一场场切身化的实际操作中，潜移默化，教师良好的学习品质，科学的学习方法，被学生所接受，这要比空洞的概念化的学法交流给学生的印象深刻得多。教改中一定要抓住这个关键。

总之，学法研究，还是一个新课题，为使学法更趋合理化、科学化，并为大面积提高学生学习水平发挥作用，需要更多的有识之士来实践、总结、探索，积累丰富的经验，进行多方的思辨，从而建立我国的"学习学"。

科学化·现代化·中国化

——九十年代我国语文教育理论发展的思考

✿ 韦志成

毋庸赘述，20世纪80年代是我国语文教育理论研究的黄金时期，取得了辉煌的、不可磨灭的研究成果。90年代我国的语文教育理论应该朝着什么方向发展呢？我认为，科学化、现代化、中国化是它的发展方向。如果说，把语文教育理论建设比做是营造一座宏伟大厦的话，科学化是基石，现代化是栋梁，中国化则是这座大厦的显著特色。

记得阿基米德说过，如果给我一个支点，可用杠杆把地球翻过来。这句话的深刻哲理在于，它揭示了科学的无穷力量。事实证明，没有科学就没有人类的物质文明和精神文明。科学是伟大的生产力，推动着人类前进。从原始人的茹毛饮血到现代人的美食佳肴，从山顶洞人居住的山洞到今天耸立云天的高楼大厦，从古老的钻木取火到现在的原子能发电站，从混沌初开的结绳记事到眼前的电子计算机，这些莫不显示了科学的力量。语文教育理论要发展，首先要科学化。如果说，过去曾经埋怨我国语文教育理论"苍白""贫乏"的话，就在于它不够"科学"，经不起风吹草动，一遇风浪就左右摇摆。"满堂灌"之所以不得人心，其根源就是不科学。今天，人类已经创造了机器人，而教学却把学生当机器去"灌"去"喂"去

"填"，这怎么能是"科学"的呢？语文教育理论的发展，怎样才能科学化呢？

第一，要建立语文教育理论的科学概念系统，概念是理论的基石。概念不科学，怎样进行缜密的逻辑推理和判断呢？比如，我们经常谈到的，似乎懂得的一些司空见惯的概念、语感、训练、能力、诗教、理解、体味、寓教于乐、单元教学，等等，谁能准确揭示它们的本质含义呢？于是坐而悟道，见仁见智，万一"悟"不出其中的真谛，也就我行我素、各行其是了。语文教育理论的概念，要经过严格筛选，必须是属于语文学科的概念。在概念的基础上，建立语文教育理论的框架。

第二，科学是真理，真理是朴素的。反对把理论搞得玄妙莫测，甚至装腔作势，借以吓人。烦有些理论繁琐而不得要领，文字花样变了不少，到头来不知所云。有人分析了这性那性，加起来有十多"性"，究竟什么是它的根本属性呢？说不清。"以己之昏昏，使人昭昭"是不行的。有的教改试验，说什么"五步、六阶、十二法"，而每法中又有六个因素，一堂课就有几十个因素，如此烦琐，怎样操作？宏伟的哲学殿堂包括自然科学和社会科学，然而它的规律却只有三

条：对立统一的规律、量变质变的规律、否定之否定规律。这三条规律何等精要、好懂、管用！美国"科学管理法"的创始人泰罗，对于科学管理的问题提出精辟的三问：能不能取消？能不能合并？能不能用简单的东西来取代？泰罗的思考艺术是值得我们借鉴的。我们在探讨某个问题时，不妨也来个"三思"。"多则惑，少则得"，中国人老早就发现了这条真理。

第三，科学无国界。科学家是有祖国的，但科学是无国界的。语文教育理论研究就应该突破本学科的藩篱，突破国界，实行跨学科、跨国界的研究，吸收相邻相关学科的研究成果，借鉴国外语文教学研究成果，使语文教育理论研究不致徘徊在弹丸之地，而应有广阔的社会背景、智力背景。近代史上，民族英雄林则徐是我国第一个"睁开眼睛看世界"的人，因此他就有胆有识，成为中华民族的"脊梁"。搞理论研究的人，如果不"面向世界"，何以"贻厥后来"？借鉴国外先进的语文教育经验，采用"拿来主义"，同中国的实际相结合、碰撞、融合、消化、吸收，进行艰苦的"智力杂交"。通百家之说，取众人之长，走自己之路，成一家之言，从而锻造中国的语文教育理论。

现代化是语文教育理论发展的栋梁，没有这个栋梁就不能支撑起语文教育理论的科学大厦。现代化，就要具有战略的眼光，使语文教育理论不仅能反映现代的高科技水平，满足时代的需要，而且还能指引人们"面向未来"。今天坐在课堂里的学生，他们是当代的贵宾，未来的主人，是继往开来、跨世纪的一代新人。我们的语文教育理

论就是为了让他们掌握语文这门工具课的理论，如果不为他们服务，没有现代意识，没有时代特色，理论也就失去了光彩。所谓要引进时代的源头活水也就是一句空话。同时，为了改造语文教育理论陈腐的基因，摘掉语文教学"少、慢、差、费"的帽子，也必须现代化。怎样才能现代化呢？

要从哲学高度研究语文教育理论。哲学——教育哲学——语文教育哲学，是语文教育理论的基础，从根本上解决人们对语文教育的认识论问题。

要拓宽语文教育理论的研究范围。从语文和人、语文和社会，语文在学校、家庭、社会等方面的功能、价值、地位，探求语文教育的规律，明确语文教育对人进行素质培养的基本任务。

要研究语文的学习心理、教师教的心理。在智育、美育、德育的统一方面，研究学生学习语文的智力因素与非智力因素的关系，知识、能力、智力的关系，教法和学法的关系，完善语文教育过程的运行机制。

要吸收相邻相关学科的研究成果。运用新的理论工具，采用新的研究方法。比如，运用控制论、信息论、系统论来研究语文教育，提倡科学实验，注重操作化的研究，把宏观研究与微观研究结合起来。

要理论联系实际。"理论是灰色的，生活之树常青。"理论从实践中来，又回到实践中去检验。急中学语文教师之所急，想他们之所想，从根本上解决广大教师"教书难"的问题，为广大教师提供新型的语文教育理论的武器。广大教师就是上帝，他们的教学实践既丰富我们的语文教育理论，又是

检验真理的唯一标准，如果把理论研究锁在高楼深院又有什么意义呢？

中国化是语文教育理论研究的出发点和归宿。从中国的语文教育出发，为中国的语文教育服务，这是语文教育研究的基本宗旨。中国的语文教育理论，理所当然地要打上中国的烙印，它无论走到哪里都应该像黄山、黄河、长江、长城一样永远是属于中国的，像北京的天安门、故宫的建筑一样，具有鲜明的中国特色，怎样才能中国化呢？

要从中国的语文特点出发。中国语言文字，即通用的汉语言文字，是以单个的方块汉字为学习语文的最小单位。扫盲即从认识汉字开始，掌握了一定数量的汉字，就能读写，就能摘掉文盲的帽子。汉字除了声符的作用外，兼有形象性和表意性。形和意不仅积淀了我国悠久的文化传统，同时还凝聚着一定的民族心理、民俗风情，等等，可见汉字具有丰富的人文性；汉语文讲究严格的词序、句序，稍有颠倒变换，表意就不一样，汉语言简意赅，具有突出的逻辑性和无可比拟的简洁性；汉字形体结构匀称，布局合理，声韵结合，音调优美，具有整齐的结构美和悦耳的音乐美。从这样的特点出发，我国著名的语文教育家叶圣陶先生认为学习和研究中国语文，应做到"三一贯"，把语言、文字、思想联系起来一贯训练，把知识、能力、习惯联系起来一贯训练，把读书、作文、做人联系起来一贯训练，这就从根本上解决了文道统一的问题，解决了传授知识、培养能力、发展智力、陶冶情操的问题，实现了语文教育中智育、德育和美育的完美统一。

要批判继承中国古代的语文教育理论。中国古代的语文教育理论是一座丰富的宝库。对此，我们要爬罗剔抉，取精去糟，推陈出新，古为今用，发掘其中的合理内核，与现代先进的教育理论结合起来、沟通起来，使其具有鲜明的中国特色。例如，试比较"举一反三"和"最近发展区"的理论，"启发式"和"发现法"的理论，"因材施教"和"掌握学习"的理论，"长善救失"和"反馈学习"的理论，"学思结合"和"教育促发展"的理论，等等，只要认真思考一下，我国古代语文教育理论中就孕育着现代教学论的胚芽，并不是"外国的月亮比中国圆"。但是，这决不意味着不学习外国的教育理论，而是把外国教育理论中先进的东西同中国的教育理论联系起来，予以科学地阐释与解说，形成有中国特色的语文教育理论。

要符合中国的国情。我国是社会主义国家，我们的教育是社会主义的教育。语文教育理论必须以马列主义、毛泽东思想为灵魂，以提高中华民族的思想素质和科学文化素质为核心，以培养革命接班人为目的，因此要研究在语文教育中怎样进行思想政治教育，怎样防止"和平演变"的问题。这个问题应体现在教材建设、教学过程、学科测试等各个方面，离开了这一点，也不能实现中国特色。

总之，科学化、现代化、中国化是中国语文教育理论发展的走向，这三者是紧密相连的。

近20年来听说教学的回顾与前瞻

刘森　王小霞

随着现代社会的发展和我国改革开放的深入，近20年来，听说教学这种以听说训练为教学内容，以培养学生的听说能力为目的的教学活动，在我国中学语文教学中从长期被忽视到逐渐引起重视，并在语文教学中占据了一定的位置，呈现出良好的发展态势，听说训练正在逐步纳入科学训练的轨道。但也毋庸讳言，听说教学的实际状况与现代社会发展的需要还有很大的差距。面对21世纪知识经济时代的到来，面对全面提高学生语文素质的迫切需要，我们必须具有前瞻意识，进一步转变观念，强化听说教学，这是语文教育刻不容缓的历史使命。

一、听说教学的长足发展

20世纪70年代末80年代初，随着我国改革开放、教育"三个面向"新形势的到来，语文教育事业呈现出蓬勃发展的局面。作为语文教学重要组成部分的听说教学，在经历了长期的被忽视之后，其重要地位重新被人们认识，并取得了长足的发展。表现在：人们的语文教学观念已冲破只谈读写、不顾听说的樊篱，并把听说与读写四项基本语文能力放在了同等重要的位置；中学语文教学大纲明确规定了听说教学内容和教学要求；中

学语文教材设计和安排了初步的听说教学训练序列；中学语文教师逐渐积累和总结出多种多样的听说训练的方式方法；语文已将听说教学作为语文教学的一项重要内容加以研究。

1.教学观念更新，听说教学成为语文教学不可缺少的重要内容。

传统语文教学重读写轻听说，古代的语文教育史料也缺少有关听说训练方面的内容和理论阐述。建国以来，在1950年出版的《初中语文》"编辑大意"中虽然提出"语文教学应该包括听话、说话、阅读、写作四项"，明确指出了听说教学在语文教学中的地位。但是，由于长期囿于传统语文教育观念，兼之教育体制逐渐陷于升学教育的泥淖，听说教学未能真正纳入语文教学体系。鉴于这种情况，语文教育家叶圣陶先生1980年指出："现在教学生可不是让他们去应对考试，咱们是要让他们掌握工作和生活必要的本领。所以听、说、读、写四样应该同时看重，都要让他们受到最好的锻炼。"

在叶圣陶先生的倡导下，20世纪80年代初期，我国语文界开始对听说教学的地位进行新的审视。北京师范大学出版社1982年版《语文教学方法论》中率先设专章对听说

教学的地位与作用、听说能力的构成、听说训练的指导和听说训练的方式方法作了专门阐释，不少中学语文教师也在教学中进行了多种途径的听说能力训练。语文教育界对听说教学和听说能力重要性的认识逐渐形成共识。1989年国家教委制定颁布的《全日制中学语文教学大纲》在"教学目的"中改变了只提"进行严格的读写训练"，培养学生"具有现代语文的阅读能力和写作能力"的狭隘性，明确提出要使学生："具有现代语文的阅读能力、写作能力和听说能力"，并在"各年级语文基本能力和基础知识教学要求"中分别对各年级的听说读写能力提出规范。在此基础上，1992年颁发的《九年义务教育全日制初级中学语文教学大纲(试用)》在"教学要求"中又分别对"听话能力"和"说话能力"作了更为具体的规定。从此，听说教学成为了语文教学中不可缺少的重要内容。

从语文教学大纲对听说教学的要求与内容的规定可以看出，语文教育界对听说教学在语文教学中的地位的认识不断深化，对听说训练内容的认识不断趋于具体化，标示着我国语文教育界思想观念的更新和对听说教学的认识取得了重要进展。

2.听说教学纳入教材建设，听说训练安排初步有序。

语文课本是语文教学的主要依据，是全面达到语文教学要求的主要凭借。在以前，由于对听说教学的忽视，大纲中缺少对听说教学的要求，教材中也基本上没有安排听说训练。随着语文教学思想和观念的转变及听说教学在语文教学中地位的确立，80年代以来多种实验教材和现行九年义务教育中学语文教材，已将听说教学内容纳入课本之中。如北京师范大学编写出版的《四年制初中语文课本(试用)》及人民教育出版社出版的《九年义务教育初中语文课本》等。这些教材根据教学大纲的要求，初步设计了专门的听说训练程序，构建了较为切实的训练内容。使语文教材中听说的训练安排初步走上了序列化的健康发展的轨道。这种体现听说训练程序的编排体例在以往的统编教材中是没有的，可以说是我国语文教材编写的重大进步。

3.探索和总结出多种形式的听说训练方法与途径。

近20年来，我国广大中学语文教师在教学实践中积极探索，开展了大量的听说教学研究与实验，总结出多种形式的听说训练方法与途径。

(1)分散训练和集中训练相结合。

分散训练是指贯穿课文讲解过程始终的听说训练，即在读写教学的同时，开展听说教学。集中训练主要指以下两种形式：一种是利用上课前的几分钟训练，如课前的听课文录音磁带、听教师范读课文、两分钟演讲、自我介绍、环境介绍、事物介绍、讲述见闻与经历、一事一议等都属于这种形式；另一种是专门开设听说训练课，在统一的主题和形式下进行集中训练，如故事会、介绍会、讨论会、演讲会、辩论会等都属于这种形式。由于教师采取灵活训练的方式，学生随时能得到训练的机会，因而，学生的听说能力就可大大提高。

(2)专门训练和综合训练相结合。

在教学实践中，语文教师们创造了多种听说训练的方式方法，并根据教学的不同需要，除进行单纯的听说专门训练外，还将听说与读写训练结合起来，进行多种多样的综合训练。这里讲的结合绝不仅仅是指在阅读或写作指导时学生对教师"教"的听与说，而是指有计划、有目的、有步骤、有指导、有评价的听说训练同阅读、写作训练的交叉运用和协调统一。

(3)课内训练和课外训练相结合。

语文教师除在语文课上对学生进行听说训练外，还要在语文课外相机进行。如在课内安排了普通话的训练，课外就安排说普通话比赛或朗诵比赛，课内课外相互呼应；或把听说训练扩展到语文课外的其他学科的学习中去，求得数理化等学科教师的配合；或抓住学生在学校、家庭、社会环境中练听说的机会及时地加以指导，不断地扩大听说训练领域。通过这些课内外结合的方式促进学生听说能力的提高。

二、听说教学存在的问题

近20年来，我国的听说教学取得了十分可喜的成绩，但与现代社会对听说教学的需求仍有较大差距。具体表现在以下几个方面：

1.教学目的要求有待进一步具体化。

我国的《九年义务教育全日制初级中学语文教学大纲(试用)》关于听说教学目的要求的规定，虽比以前颁发的几套语文教学大纲大有进步，但与发达国家的提法相比，还是显得不够具体明确。如日本官方教育机构文部省颁发的《中学学习指导要领》，不但有年级教学要求，而且有年级教学目的。又如《现代美国英语》中初中阶段说话能力训练的目标，不仅对说话训练的内容、形式提出了要求，而且对说话的态度、效度、创造意识、表达方式及辅助方式等都做出了具体规定。这些规定具体明确，符合学生实际，便于教师进行教学操作，有利于提高学生的听说能力。而我国在这些方面还存在一定的差距，教学目的要求还有待进一步具体化。

2.缺乏专门的听说教材和训练课文。

九年义务教育初中语文课本在每册中都安排了两次听说训练，但指导性不强，教师在教学中难以实施。从总体上说，语文教材在听说读写的安排上，还是重读写，轻听说，并且缺少可供训练的专门课文。可见，语文教学还没有给听说训练以足够的重视及应有的地位，还远远不能满足未来社会对人才的高要求。

3.对听说能力缺乏检测机制。

近年来，我国中考、高考只注重考查学生的基础知识与阅读、写作能力，而忽视了听说能力的考查。如近年高考语文试题，前35分左右主要考查语音、文字、语法、修辞、文学文化常识各项基础知识，中间55分主要考查现代文、文言文的阅读能力，后60分考查写作能力，而唯独没有对听说能力的考查。发达国家的听说教学之所以受到重视，跟考试检测机制有很大的关系。他们不管是各级各类考试都须考听力、口语，这必然会引发人们对听说教学的高度重视。利用考试这一检测机制的导向作用引导大家重视听说教学，并给听说教学以衡量标准，是将听说教学放在应有地位的重要条件，也是真正培养和提高学生听说能力的重要保证。

三、对未来听说教学的前瞻

对我国近20年来听说教学状况的回顾，可以说是既喜又忧。那么，如何使我国的听说教学摆脱令人忧虑的状况，并从战略思考的高度，认识听说教学未来的发展方向的前景呢？

未来的21世纪，是知识经济的时代，是渴求人才的时代。随着世界现代科学技术的高速发展，知识经济时代对于人才的要求不断地发生变化。具备较强的听说能力已愈显得迫切。因而，我们必须进一步转变教学思想和观念，下大力气，迅速地、大面积地提高学生的听说能力，全面提高学生的语文素质，以适应未来高速发展的社会需要。可以预料，在21世纪的语文教学中，听说教学必将引起人们更高度的重视，其发展前景将十分广阔。

1.听说教学的地位必将进一步加强。

听说教学是语文教学的重要组成部分，与读写教学相辅相成，缺一不可。重视听说教学是全面提高语文能力的重要保证，也是全面提高学生语文素质的需要。随着科学技术的发展，现代社会的高信息化、高效率化、高社交化，更要求人们讲话清晰、简洁、易懂，也更要求人们听得准、理解快、记得牢，对听说能力提出了越来越高的要求，因而，未来的语文教学必然从全面提高学生的素质出发，进一步强化听说教学。听说教学也将日益显示出其重要性。

2.序列化、科学化的听说训练教材呼之欲出。

教材是教学内容的载体，载体是否科学合理，对效益会产生直接的影响。我国现有语文教材在听说读写安排上的比例严重失调，不利于听说教学的开展。因而，比较科学、易于操作的专门听说教材，必然顺应语文教学实践的需要呼之欲出。这种听说教材应与阅读教材、写作教材一样，有自己独立的体系，单元与单元之间既互相联系，又有相对的独立性，每个单元由训练目标、训练方法、示范材料和训练习题构成，具有较强的操作性。

语文教学要走向科学化，首先得走向有序化，听说教学也应如此。"序"就是按照既定目标，有次序地排列事物的位置。有了序，才能使工作成为规则运动。语文听说教材通过序化组合，就会形成一个线性流程，简化教学头绪，消除互相交叉重叠的弊病，节约教学时间；有序化教材思路清晰，师生双边活动易于产生共鸣共振，达到默契，避免盲目性；运用有序化教材，学生学习每迈进一步，面临的都是新鲜内容，符合青少年求新进取的心理特征，能促进学生学习的积极性。这样的听说教材，教师教得轻松，学生也学得主动，既减轻了学生负担，又提高了教学质量。《九年义务教育全日制初级中学语文教学大纲(试用)》规定了听说训练的初步序列，应该说这是语文教学改革的历史性突破，它为"教"与"学"提供了一定的方便条件，但这个序列也存在明显的欠缺，如教学目标规定得不够具体，课题之间缺乏内在联系，练习设计缺乏科学性、趣味性；另外，整个序列缺少测试手段、测试方法的说明等，这些都给教材的使用带来一定的困难。因而，听说教材建设的序列化必然会得到进一步的重视和加强，听说教学将日趋科学化。

3.教学方法途径将日益现代化。

语文教学目标必须通过一定的教学方法和手段才能达到，教学内容也必须通过事实上的教学方法和手段才能完成。语文教学方法、手段的现代化对于提高语文教学效率具有深远意义，它可以促进视听形象结合，增强感知效果；可以缩短教学时间，提高教学效率；可以激发学生学习兴趣，调动主动精神；可以及时反馈信息，促进教学改革。因而，未来的听说教学，必须重视运用现代化教学方法与手段。

目前已经广泛使用并在将来一段时间内仍将继续使用的现代化教学手段有幻灯、录音机、广播、投影器、电视、电影等，它们对于语文教学尤其是听说教学起着重要的作用。在中国限于经济条件尚未广泛流行的教学机器、语言实验室、电子计算机和多媒体等电教设施，对于语文教学尤其是听说教学有着重大的意义。但可以肯定，随着我国综合国力的逐步增强，人们对"科技兴国"战略的日益重视，这些现代科学技术不断创造出来的新的现代化教学设施必将逐步运用于中学的听说教学中。

此外，听说教学的组织形式，也将向多样化的方向发展。除已有的教学与训练方式方法外，课堂教学与远程教学、个体训练与集体训练等教学手段与途径将异彩纷呈。总之，随着现代科学技术的发展，21世纪的语文教学必将走向现代化，听说教学必将出现更为广阔的前景。

4.改革考试势所必然。

考试是最好的检测手段和激励机制之一，但长期以来，我国的升学考试语文命题一直是重视读写忽视听说，这与语文能力的实际构成和考试的检测目的相违背，与素质教育相违背。既然语文能力由听说读写四部分构成，既然升学考试是全面检测学生的语文能力、评价学生的综合素质，那么听和说的检测就应该自然地涵盖在语文试题之中。因此，随着素质教育的全面推行，在未来的各级各类语文考试中，听说能力的检测必将占据一席之地。在这种考试"指挥棒"的导向作用下，广大的语文教师必定会在教学实践中真正重视听说教学，听说教学质量的提高将有坚实的保证。

【参考文献】

1.《叶圣陶语文教育论集》，教育科学出版社，1985年版。

2.张鸿苓著《中国当代听说理论与听说教学》，四川教育出版社，1998年版。

3.鲁宝元《日本中学语文教学的听、说训练》，(《上海教育》1981.5)

4.郑有才《要求每个部位都会"说话"》(《中学语文》1997.1)

5.曹洪《我怎样进行"说话"训练》(《语文教学通讯》1997.2)

6.陈华伦《浅谈中学生口头表达能力的训练》(《台州师专学报》1995.2)

7.杨光《试论语文教学中的听说教学》(《安庆师院社会科学学报》1995.2)

8.杨宝琴《浅读语文能力的培养》(《中学语文教学参考》1988.7)

9.赵雅文《谈中学生听说能力的现状与对策》(《新语文》1997.9)

语文教学改革

※ 陈钟梁

20世纪70年代初，联合国教科文组织委托法国前总统富尔率领一批教育专家、学者调查、分析了56个国家、地区的教育状况，最后形成了一个报告《学会生存》，报告中有一句名言："未来的文盲不是不识字，而是不会学习。"报告特别强调，要用人文精神关怀人类的发展，以保证科学技术为增进人类幸福和社会进步服务。富尔报告对20世纪全球后20年的教育，产生了极为深刻的影响。

站在新旧世纪交替的门槛上，联合国国际21世纪教育委员会又及时提出了一个令人为之振奋的命题："教育：必要的乌托邦。"这是一个具有强烈针对性的命题，当今社会功利主义和实用主义泛滥，人们的趋利动力远远超过自我完善、自我发展的追求。应该看到，一个太讲究功利、太计较实利的民族，是很难走向成熟，走向高尚的。

———

对于语文教学来说，太需要乌托邦了！

近年来，语文教学功利性、实利性愈演愈强。不少语文课变成了追求分数、排列名次的工具。课文尚未接触，便要求全班齐声朗读黑板上展示的几条教学目标。仅仅教了几篇少得可怜的说明文，就匆匆忙忙总结说明文特点，这是举例说明，那是比较说明；才学了一两篇议论文，便要归纳议论文写作规律，论点要正确，论据要充分，论证过程要严密。空空洞洞，热热闹闹，概念术语满天飞。多媒体进课堂，无疑是一件好事。可是我见到的几堂课，屏幕上显示的是填充题、选择题、简答题，生动的教学过程演变为通盘题型化。教师也有苦衷，似乎不这样做，学生就无法上考场应试了。"阅读，是一项高尚的心智锻炼"这句名言，全然不见了，学生只能被左右着成为教师和知识的奴隶，经受着年复一年索然无味的痛苦煎熬。语文教学功利性行为导致的种种弊端，可以说到了路人皆知的地步。

教育由于各种原因可能会犯有这样或那样的失误，但决不能饶恕的是扑灭了学生旺盛的求知欲。按理说，就语文教学本质而言，是最利于实现师生间人际交流、对话、沟通，共同探究学问的交互性活动。但事实并非如此，课堂上尽管也有表面上的问问答答，形式上的"议论议论"，实质上仍然是教育家杜威先生在《民主主义与教育》这本巨著中所阐述的，学生为"静听考"，整个教学基本上属"静听教育"，朝气不足，暮气有余。我近日曾在一所完全中学对一个初一班级与一个高一班级学生做过一次调查，提出了两个极为简单的问题：在学习中你最快乐的是什么？你最讨厌的又是什么？使我感到十分惊讶的是两个不同年龄段学生的回答何其相似：最快乐的是聊天与上网，最讨厌的是重复与啰嗦。两句普普通通的话，却击中了语文教学的要害。我作为一个几十年从事语文教学的工作者，不能不反省，不能不自责。社会已进入了信息时代，青少年一代多么渴望我们教师再不要像过去那么吝啬，要舍得给他们自由发展的空间与时间，不要整天的去重复那些讲过千百遍的空洞道理，就像好心的老外婆那样的唠叨。年轻人希望我们语文教师不仅是一个长者，更是一个学者，有宽阔的知识视野，有平和的常人心态，师生和睦相处，亲密无间，课堂上充满了新鲜气息，焕发的是诱人的青春感。可惜，当今的语文课上却很少能找到这样的激情，更看不见神奇。圣西门、傅立叶的灵魂远去了，语文教师失去了职业理想，也丢失了教学浪漫。无需去追究谁的责任，是学校？是家庭？是社会？总之，受害者是学生。我忽然想起了17世纪著名社会学家、教育学家卢梭的话，心中不禁为之一颤：当教育追求实利，残害学生身心，"学校便成为心灵屠宰场"。

二

社会学家们分析说，GDP高速增长的时期，也就是社会转型时期。此时社会公众的心态普遍缺少一个永恒的追求——即使是相对永恒的追求也较少。人人都像得了多动症，思想极易分散，矫情多于自然，行动多于理智。急于求成、急功近利，成了这个时代的流行病，人们似乎都对此失去了免疫力。这种社会风尚不可能不反射到语文教学中来。"浮躁与尴尬共舞，口号与模式齐飞"，绝不是成熟的开始，而是幼稚的高潮。

由于语文教学日益世俗化被等同于一种产业，以被赋予的外在目的包围而逐渐失去了自己本性——对人的呵护，因而产生了种种怪象。

语文教学当然应当根据学生不同的学习阶段落实不同的外在教学目的，诸如识字写字，阅读写作，说话听话以及综合性学习能力，等等。但是，决不能因此而忘却了语文教学神圣的内在目的——培养一个文化人，否则，很可能导致有知识而没有精神。

学者闫引堂教授在《管窥教育的内在目的》一文中，有一段非常精彩的阐述：

鲁迅在20年代为北大校庆设计校徽时，只将汉字"人"略加雕饰使之呈现的立体的模型，便公之于众，一直沿用至今。这种对人的本质的理解带有时代的烙印，但却昭示一个亘古不变的真理：人只有精神上不断充实自己，形成独立的人格，才能成为脱离生物学意义，充满人文色彩的真正意义上的人。

关于语文教学的内在目的，至少有以下三个方面基本认识：内在目的关注教育对象的全部生活过程。"语文学习的外延与生活的外延相等"，这是广大语文教师已十分熟悉的判断。语文教学小学、初中、高中三个阶段既有其延续性，又有其跳跃性，小学教学应当贴近学生生动活泼的生活，初中教学要引导学生走向绚丽多彩的社会，高中教学则重在指导学生接受人类优秀文化的能力。从切身生活到周边社会，再进展到人类优秀文化，这就构成了语文教学一道亮丽的生命线，处处闪耀出乌托邦的光彩。

内在目的全力投注于阅读教学中。一个人用什么"以内养外"，"补血养颜"？答案只有一个：读书。早在20世纪80年代中期美国著名社会学家假托·福勒在《第三次浪潮》（即"美国十大发展趋势"）一书中就深刻地指出，随着社会信息日益密集，青少年一代将愈来愈不安心于文字型阅读。而文字因为具有牢固性、持久性与深刻性的优势而永远不会被其他载体替代。因此，激发学生阅读兴趣，是培养理想与浪漫的光荣使命。阅读可以改变一个人的人生。1970年联合国教科文组织第16届大会上确立了"阅读社会"的概念，倡导全体社会人人读书。"读书人口"在这个国家人口总量中的比例，将成为这个国家综合国力的一个重要标志。

内在目的阐发深刻的道德价值意义。语文课四五十平方米面积与四五十分钟时间的组合，是最富有诗情画意的。教材中的一篇又一篇美文，可以在学生心目中构成一个又一个经典与丰碑。正为朱自清先生当年所说，它们的价值不在于实用，而在于文化。人们只有长期在一种优质文化熏陶与感染下，才可能在内心深处唤起自发的完善自身的需求，增强不断追求崇高与挑战生命的力量。当然，语文教学不可能承担起培养一代新人高尚道德的全部任务，但却有着其他学科、其他渠道所不能取代的职能。就以礼貌为例，我国是礼仪之邦，待人接物彬彬有礼，体现了一个人的学识水平与教养水平。温文尔雅的举止、幽默得体的谈吐，乃是学养深厚者所具有的气质，而这种气质出自经年累月的修炼。懂礼貌，讲礼貌尚且如此，何况深层的道德理念与道德行为呢？这就更需要有厚重的文化积淀了。

不管是教学设计，还是教材编写，都不能忘却语文教学的"内在目的"。

三

21世纪教育委员会似乎没有对中小学任何一门学科的内部改革指手画脚，说三道四，因为毕竟太微观了。唯独指出校园不能没有诗，不能没有诗的教育与诗的感化。

法国诗人荷尔德说："人，诗意地居住在大地上。"能否也让我们的青少年一代诗意地居住在校园中，享受着诗一般的教学，诗一般的生活呢？

中国是诗的国度。几千年来，诗作为一种文化载体，任何时候都与教学同存，都与学子共存。诗教对于一个人灵魂的纯净、理想的升华，有着强烈的熏陶作用。教育家苏霍姆林斯基说得好："没有一条富有诗意的、感悟的、有审美的清泉，就不可能有学生全面的智力发展。"确实如此，一首好诗，就犹如一把篝火，能燃起一个人心中求知的欲望与奋进的信心。在读一首好诗的过程中，会不知不觉地打开联想的窗口，插上想象的翅膀，去达到"思接千载""心游万仞"的境界。

无须痛苦地追忆过去那个狰狞岁月对诗与诗的教学的践踏。今天，摆在我们语文教师面前的任务，是拾起自己少年时代的梦，以诗人的气质、诗人的激情去教诗，去指导学生组织诗社，编诗，策划诗歌朗诵会等。

语文教师可以在校园中骄傲地宣称：诗与诗的活动是最少有功利性的。当年，闻一多、梁实秋在清华园就读时，就奋起组织了一个诗社。两人认为既然是诗，就得有"诗的艺术，诗的想象，诗的性感"。在诗的王国中，"宁可多一点贵族精神，也万不可提倡什么平民风格"。闻一多与梁实秋踏上社会后，各走各的路，不知他们当初的宣言有否改变。马克思称希腊神话中盗火英雄普罗米修斯为"哲学日历中最高尚的圣道者和殉道者"。语文教师何不自诩为现代普罗米修斯——崇高与完美的播火者。

校园里是不能没有音乐、没有图画、没有诗的，学长丛药汀先生曾送我一首诗，题为《感悟艺术》，写得太好了。丛老放声高歌，声泪俱下，使之四座皆惊。现将此诗转述如下：

> 有支无声的乐曲
> 在我心弦上轰鸣
> 在我脑海里奔放
> 钢琴多情也难以把它弹唱
> 不该弹响 岂敢弹响
> 唯恐打断心弦演绎的乐章
> 有幅无形的图画
> 在我梦境中泼彩
> 在我视野里徜徉
> 妙笔生花也难以把它描绘
> 不该描绘 哪敢描绘
> 生怕涂黑梦境流动的画廊
> 有首无言的诗歌
> 在我血管里跳跃
> 在我灵魂中飞翔
> 言词动听也难以把它歌唱
> 不该歌唱 怎敢歌唱
> 担心惊落灵魂悬浮的诗铃铛

语文教学是最讲究咬文嚼字的。"必要的乌托邦"，"必要"一词用得好。语文教学不可能时时处处弥漫着"乌托邦"，该精确的不能含糊，该实在的不能乖巧，但又不能没有"乌托邦"。我国传统语文教学在农耕社会中生活太久了，今天应当以开放心态走向大海，像海燕那样展开雄健的翅膀，高傲地飞翔，大声呼喊——

让时代的暴风雨来得更猛烈些吧！

对20世纪50年代文学教学思想和经验的清理

张 毅 郑国民

当前，对于20世纪50年代文学课程改革的探讨有很多，但对于当时文学教学具体实施层面上的研究还可以说是一片空白。虽然囿于时代的局限，当时的探索者对于文学课程的认识以及在实际操作方面还很不成熟，但在文学教学实践中，一些体现文学本质特点的基本教学观念和教学方法已经开始确立，文学课的基本组成因素也开始被探索者们所认识，也正因为如此，使得教改初显成效，在当时受到了大多数师生的热烈欢迎。总结20世纪50年代文学教学的宝贵经验，不仅是对重要史料的抢救整理，而且对当今的文学教学也是很有启示意义的。

一、回归文本，把握形象

建国初期，全国的语文教学中虽然消除了封建的、买办的、法西斯主义的教育内容，但又过分地突出了革命政治思想教育。在革命语境中，政治和道德教化(劳动和革命)的倾向愈来愈严重，讲课大而空，语文教学本身的特点越来越被忽略。这种倾向在1953年受到了苏联专家普希金教授的质疑批评。在学习凯洛夫论著和普希金谈话的基础上，当时的教学界开始纠正两种错误的偏向：

一是对空洞的政治说教的批判。"既然是在教文艺作品，就不能把文本搁在一边。这样的思想政治教育是从外边勉强加上去的，乃是一种十分枯燥乏味不能令人信服的说教，和从文艺作品内容出发进行的生动感人的教育根本不同，不能有什么大的作用。""(我们应该)领导学生在作品形象的具体讨论中对主人公的思想感情获得深切的感受。""一个教师在讲授一篇文艺性的课文的时候，假如他在逐字逐句地串讲过以后，又生硬地牵强附会地去进行政治思想教育，发挥微言大义，他的教学方法可以说是失败的。即使这篇课文是一篇顶好的文学作品，这个教师也没有教好，因为他把文学因素的教学忽略了。"

二是对把文学教学课上成抽象的文学理论课或语言分析课的批判。"文学是艺术，它的思想内容是通过艺术形象来表达的，不是通过逻辑的论证来表达的。""读者从文学作品里直接接触到的，不是抽象的概念、定义、规则、定理，而是人物、事物、环境、生活。""不应该离开形象去空谈理论。这就是文学教学有别于其他学科的地方，也就是文学教学的主要特点。""在谈写作技艺时，也一样要从作品的具体分析下手，并且避免滥用文艺学名词，这样就可以

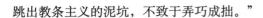

跳出教条主义的泥坑，不致于弄巧成拙。"

概言之，要求回归文本、把握形象就成为了50年代文学教学探索的一个良好开端。

二、强调完整，反对割裂

解放前，国文教师在国文课上所用的教学方法除了文言文的串讲翻译外，主要是逐句逐章析句评点，就文章讲作法，文学欣赏的因素很少。1953年红领巾教学观摩课的最先执教者吴健英老师用的仍然是这种逐句逐章串讲的方法。苏联专家普希金教授在评课时指出："当我们教文学作品的时候，不管篇幅长短，都应该给予学生完整的印象，不该把课文割裂成一片片地去教。"又说："篇幅过长的作品，为了学生接受的方便，可以考虑分段，但在分段后，教师讲解时还要特别注意必须使学生获得完整的印象。"

普希金教授将苏联文学教学的这种整体的观念带到了中国，很快被当时的教学界所接受，对文学形象完整性的明确强调后来也正式进入到了《文学大纲》中："分析作品，应该中肯地、深入地、扼要地阐明教学大纲所规定的要点，保证艺术形象的完整，不要只作简单的抽象的概括，也不要作过于琐碎的分析。"在这份大纲公布后，"完整"的观念甚至成了50年代文学教学中最为核心的观念，"完整"一词也成为50年代文学教学的关键词，文学形象完整性的思想也由此成为当时文学教学的一个重要的指导思想。

三、创造情境，重视体验

50年代的教师十分注重引导学生进入作品所营造的情境中去体验作品人物的感受："讲

授《桃花源记》的过程中，如果不能至少有一个阶段把学生带进作品中去，使他们几乎忘掉自己是在课堂中，恍如身临其境，看到夹岸数百步的桃花，一望无际的缤纷的落英以及洞内的良田美景和黄发垂髫怡然自得的生动形象，就不能达到'文学教育'的效果。"这样的认识使课堂教学的切入受到了重视。

生动地讲述在文学课中也被认为是引导学生熟悉课文内容的一个关键环节，而教师形象地描绘事物的能力也就被视为了一种必须具备的艺术才能。例如一位教师执教《琵琶行》一课时作如下讲解：

她好容易嫁个丈夫，但丈夫一点儿也不了解她。于是，她只好守着空船，独自在浔阳江上寂寞地徘徊。她的身边没有那亲爱的阿姊和弟弟，也没有那争送礼物给她的富贵少年；而只有那孤寂的明月和冰凉的江水围绕在船边陪伴着她啊!白天过去了，黑夜又来了；枫叶红了又绿，绿了又红；芦花开了又谢，谢了又开。这漫长的岁月在万般的寂寞中无声无息地过去，这怎能不使她产生种种的感慨呢？当她"夜深忽梦少年事"的时候，就自然而然地会"梦啼妆泪红阑干"了。

这种"创造性讲述"还强调学生在教师的指导下自己来完成。让学生讲述成了当时文学课堂教学的重要组成部分，也成了文学课上激发学生学习兴趣和真切感受课文的重要方式。在创造性情境方面，当时各地探索和运用了多种多样的方法，这些方法有：把第三人称改成第一人称，或假想其中的一个人物的口气来讲述；类比讲述，即当做品中的形象唤起学生个人经验中的同类形象时，让学生适当地利用这些新形象，并用类比的复述来巩固它，把形象转移到别的环境中，想象人物在新的环境中怎样生活？他的思想和感情将会怎样？要求学生创造出人物在新环境内的故事；联系课文，让学生运用绘画、造型、演剧等方式进行演示，等等。

四、重视朗读，强调表情

50年代文学作品朗读教学的主要特点，就是进一步强调朗读中的感情因素。有感情的朗读也是前苏联百年文学教学的基本教学方法之一，因此，在学习苏联的"先进经验"的过程中，朗读教学成为了当时阅读课的重头戏："篇幅很长的文学作品，可以要求学生先在课外朗读，再在课堂里选择重要的相对完整的部分范读，再开始分析课文，也可以在课堂里范读前半部分，引起学生对课文的阅读兴趣，然后要求学生朗读全文。"当时文学教育的指导书中都有专门章节来详细介绍有表情朗读的各种方法技巧，既有理论指导，又有实例引导。

五、提倡创新，反对僵化

提倡创新、反对僵化是50年代文学教学改革的主旋律，主要表现为对单一的注入式教学方法的突破和对陷于僵化的"红领巾教学法"突破的尝试。在文学教学中，教育工作者们反思了50年代前期那种"注入式"教学之下的课堂状态："我们的学生在文学课堂上，特别是分析课的时候，思维还是长期处于休闲状态，用心的学生也只是无可奈何地听着老师在重复着课本上的语句，或者零碎地抄写黑板上的一些不完整的词语；不能约束自己的学生，更不免感到听得厌烦，思

想开小差。虽然有时学生的活动似乎显得紧张一些，但也只是忙于记笔记，并不是真正在独立思考，积极思维。""中学生对于过去的语文课感到厌倦。认为'听了也不多，不听也不少'，第一课时还有兴趣，以后就不感到兴趣了。因为翻来覆去所讲的无非是他们已知已懂的。"这样，强调发展学生的思维能力和认知能力就成为了当时课堂教学的突破点。教育工作者们认识到：课堂教学是师生共同活动的，假若不为学生在课堂上的积极思维创造一些条件，要他们积极思考、踊跃发言，学生就始终处于旁观者的状态。为此他们提出："编写教案要简单明确，把主要力量放在考虑和组织问题上。确立几个大问题，再根据大问题组织些小问题。问题的大小、深浅、难易，对于启发学生发言积极性关系很大。"

50年代文学教学创新的另外一个重要方面，是为突破陷于僵化的"红领巾教学法"而做的种种努力。"红领巾教学法"曾风靡一时，这种按作者介绍、时代背景交代、分段划层、概括中心特点、分析人物性格流程进行的教学法在一些地方的教学中已成了固定的模式。1956年新教材中长课文很多，而长课文的教学对陷于僵化的"红领巾教学法"带来了极大的冲击。因为按照原来的教学模式进行教学，不仅教学时间不够用，教学效率也十分低下。一些教师认识到："我们习惯于老一套的教学方法，不管什么课文，都要经过一定的步骤：解题、作者介绍、讲述时代背景、范读、分析、总结和复习。""刻板的步骤是可以而且应该根据教材的特点加以调整或者精简的。""文学作

品有各种不同形式，我们的分析方法就不能千篇一律，流于公式，对于内容不同、形式不同、艺术特点不同的作品应有各种不同的分析方法，就是连同一体裁的作品，我们的分析方法也不能完全一样。"如何进行长课文教学可以说是当时文学课程开始后遇到的最大的难题和挑战，各地教师在长课文的教学中摸索出了许多灵活多样而又经济的方法。《中学文学和汉语教学》《文学课长课文教学》和《汉语文学分科教学的良好开端》等书介绍了很多长课短教和改变教法的例子。

六、紧抓语言，提高能力

尽管当时在文学作品的语言教学方面还没有形成一整套教学策略和方法，但还是探索出了一些操作性很强的语言分析的方法。例如，有的探索者将文学课的语言分析分为两类，认为一类遵循"语言－形象－思想内容"的途径，在内容讲析中进行语言的分析，目的在于帮助学生有血有肉地感知形象，领会作品的思想感情；而另一类语言分析则是在内容分析之后总结写作特点时进行，属于语言特色的概括。在内容讲析中的语言学习方面，"解释重点词句"、"对原句加以引申发挥(理解'弦外之音，意外之象')"、"就原句渲染描绘启发联想"、"将前后文进行对照"和"换一个说法进行比较"等都是当时总结出的好方法。

七、常读常新，反对琐解

当时的教师对前期落后的教学方式进行了这样的反思："课堂教学有它的局限性，不可能全部代替学生对一篇作品的反复玩味，它只能在有限的时间之内，使学生获得最主要的东西，并且在教师的启发之下，举一反三，在课后慢慢咀嚼。过去的语文教师不明白这个道理，所以就采用'分段串讲'的方式，遇到一处就分析一处，有时一课时只能分析两三段文章，一篇作品要分析几个课时，结果割裂了形象；现实中又不能掌握正确的角度，时而从形式到内容，时而又从内容到形式，结果又形成混乱。由于不明了课堂教学的要求、对分析的对象不加选择，结果就教学结果而言是得不偿失的。""任何教师都不可能在课堂内一次就传达出它的全部思想价值和艺术成就；任何天资或基础较好的学生，也不可能只听几堂课就能把握作品的全部思想性和艺术性，甚至还不可能完全掌握教师所讲述的那些东西。只有反复地富有情感地朗读，才能一步深似一步地理解它，我们要掌握的是它那丰富的思想及其深刻的教育意义，是它那值得我们学习的高超艺术技巧，是它那丰富、生动的语言，这些，单在课堂上求其懂得是不行的，必须通过反复朗读，才能真正掌握。"这些深悟文学教学三昧的理念认识得之于教学实践，又指导着当时的实践，促进了广大一线教师在教法上的革故鼎新。

八、尊重历史，积极解读

50年代的教师还特别强调在教学中引导学生历史唯物地积极解读课文。作为对建国初人物形象分析中动辄上纲上线倾向的纠正，文学课程教改中十分强调要运用历史唯物主义的观点去考察文学作品，这就显示出了当时教学者的一种高明的文学眼光。福建一位教师对《孔雀东南飞》中焦刘反抗的解读就很具有代表性：

有人责怪刘兰芝的反抗不彻底。可封建社会里谁没有封建思想呢？在那样的历史条件下和社会环境里刘兰芝不以死反抗又有什么办法呢？这首诗的结尾虽然是消极的幻想，但对压迫来说消极却是一种抗议，这个结尾并不完全是一个悲剧，生前不能得到美满姻缘，却幻想"生不团圆死团圆"。这个象征给这首诗以积极的意义。它象征了男女爱情的胜利。它显示：真正的爱情是不可摧毁的。

【参考文献】

1.徐中玉《论文艺教学和语文问题》，东方书店，1954年。

2.何天林《小学语文教学中的文学、语言因素——小学语文教学改革问题(上册)》，通俗读物出版社，1956年。

3.叶圣陶《改进语文教学，提高语文教学质量》，《人民教育》，1956年第7期。

4.罗大同《初中文学教学讲话》，湖北人民出版社，1958年。

5.刘溶《略谈中学文学教学问题》，1955年。

6.叶苍岑《从"红领巾"的教学谈到语文教学改革问题》，《人民教育》，1953年第7期。

7.李莘《对古典文学教学的体会》，《光明日报》，1954年5月18日。

8.吕漠野《初中语文教学法讲话》，浙江人民出版社，1954年。

9.湖北省教育所编著的《汉语文学教学经验汇集》，湖北人民出版社，1957年。

10.王辑《文学课长课文参考资料》，江苏人民出版社，1958年。

11.方雨人、王家弟《中学文学与汉语教学》，新知出版社，1957年。

12.王辑《文学教学中的语言分析》，江苏人民出版社，1958年。

13.湖南省教育厅编著的《中学文学汉语教学经验选集》，湖北人民教育出版社，1957年。

中学语文教学研究30年

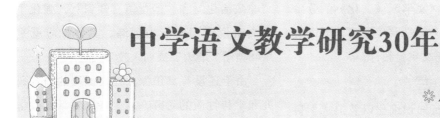

※ 唐建新

从粉碎"四人帮"算起，到2007年已经30年了，中学语文教学改革与教学研究，也走过了30年的艰难路程。

一

20世纪70年代末，大家怀着要把四人帮耽误的时间统统夺回来的急迫心情，开始了只争朝夕的语文教学改革和研究：从十年制过渡到十二年制，从省编教材中以毛泽东、鲁迅以及社论等充满无产阶级斗争火药味的文章为主，到全国统编教材中以反映工农兵历史主人翁的时代精神的文章为主，再到80年代初的强化"知识就是力量"，把过去荒芜了的知识尽可能一股脑儿倾泻给学生，希望他们一口吃成胖子。

从"文化大革命"的噩梦中走出来的语文教育工作者，直接对准过去以阶级斗争为纲的把语文变成无产阶级专政工具的思想禁锢，发出了发自肺腑的呐喊：不要把语文课上成政治课，一定要把语文课上成工具课，语文课要有语文味。

二

到80年代中期，各种各样的语文教学改革风起云涌，出现了万马奔腾百花争艳的喜人态势。于漪的情感教学、章熊的语言思维训练、钱梦龙的"三主"教学、黎见明的"导读"教学、张孝纯的"大语文"教学、蔡澄清的"点拨"教学、欧阳代娜的"初中语文能力基本过关"的教学、宁鸿彬的"卡片"教学、陆继椿的"一课一得，得得相连"教学、魏书生的"知识树"教学等在全国都引起了极大的反响。

不仅语文学科内，就是跨学科的一些教学改革的理论方法，也得到了广大语文教育工作者的积极欢迎，如查有良的《信息论系统论控制论与教育科学》等。广大语文教育工作者如沐春风地从这些新的理论及方法中寻找语文教育多快好省的有效途径。

80年代有两本关于语文教育内容的书也引起了大家的注意。一本是四川教育科学研究所组织全省近200人参与研究整理的《中学语文教学体系研究》。该书编著者们对人民教育出版社教科书的内容体系进行了长达三四年的研究，提出了语文教育应该"减少不必要的重复，避免重大的遗漏"的观点。一本是章熊先生等出版的《高考写作能力分类研究》，提出了作文能力认定标准的一些设想。

这一时期，大家在教材编写上也作出了积极的探索：人民教育出版社编写了重点中学初中《阅读》《写作》分科教材,重点中学高中含《文言》《文学》《文化》的分阶段分科教材。广西教育学院也编写了以语文能力为主线的初中语文实验教材。

三

在过分急迫进行知识细化以及追求学科科学化的道路上,大家遭遇到的是师资差、内容多、知识旧碎等问题,这与语文教育的实际很不相容。因此,80年代中后期人们又喊出了"淡化语法淡化文言淡化文体"的口号。

在减轻过重学业负担的要求下,教育主管部门删减了高中所有含逻辑常识的知识短文,删掉了一些初中的内容,制定了基本篇目的课文范围。

以上的教学改革和教学研究的价值在于:基本上去掉了"阶级斗争的烙印",力求探讨出我国语文教育的相对科学的方法与路径。

这一阶段的研究成果总起来看是进一步"非政治化"和"淡化语言知识",强化了语文听说读写的能力训练,具体标志就是"48项语文能力"被列入教学大纲。

由于还没有真正深入语文课程的内容研究和学科性质的研究,以上各家各派的教学改革虽然从局部看的确取得了可喜的效果,但是,仍然难以经受住历史的淘洗。

四

进入90年代以后,语文教学研究没有了80年代的繁荣与热闹,呈现出的是一种逐渐冷却的,缺少争论、缺少新锐、缺少新的说法的局面。

全国语文教学研究的关注热点开始投向了高考中考,开始出现了教学大赛。以"语文报杯"为代表的全国性赛事受到了广大一线语文教师的欢迎,也得到了各个省(市)教育厅教研室的支持。

同时,一些来自一线的尤其是中青年的语文教育工作者如陈军、韩军、李海林等的声音也逐渐被重视起来:我们十多年的语文教改之路有没有值得怀疑的地方?这样的道路太偏重方法技术,还能够走得通吗?外国的语文教育经验似乎不能够完全解决中国的问题,我们丢掉了传统语文教学中哪些宝贵的东西?我们的语文教育改革是不是缺少了基础性(如常用汉字)的研究?也有人喊出了"高考到底应该考什么样的语文能力"的声音。

由于一些权威学术机构以及一些著名特级教师的相继退休与缺少参与,90年代的研究与呐喊并没有引起足够的重视,教学改革和教学研究慢慢地进入低迷的彷徨状态。一些高校的语文教育工作者如顾黄初、李杏保等把主要精力放到了我国语文教育史的研究及我国20世纪语文教育资料的研究上；一大批一线教师及教研员则随着市场需要着手开始了大量的精细的语文备考资料的研究，并为此投入了巨大的精力。

而语文教学及语文考试则被推到了一个极端，被批判的很多问题都集中到了高考语文试题上。1997年，高考结束后《北京文学》就发表了王莉的采访手记——《语文教育忧思录》。文章大量引用了作家、学者、中学特级教师以及大学生们对当时高考语文试题的尖锐批判，拉开了语文教育大讨论的帷幕。当时讨论中最尖锐的声音是专家学者发出的"误尽天下苍生是语文"的抨击，说学生高中毕业了连城市规划都不会写，认为中学语文应该以文学教育为主，高考应该恢复到就考一篇作文，等等。

尽管批判的言辞过激，要求不太符合高考以及我国语文教育发展实际，但问题还是被揭示了，也引起了国家高层的高度关注。有关部门要求成立中小学语文教育研究委员会或工作组展开深入研究工作。结果，该工作组还没有正式开展工作，人们对数学、英语、物理、生物等各个学科的课程内容以及教学方式就先后提出了严厉的批判。这样，基础教育课程改革自然就不可回避地拉开了序幕。

五

1998年，国家教育部基础教育司开始组织课程改革的启动工作。这次语文课程标准研究制订组的组成与过去的教学大纲的人员组成有很大的差异：过去是编书的与教书的

人来制订语文教学大纲，现在是以高校的博导为主外加少量的编审和特级教师组成研制组。研制组于2000年拿出了中学语文教学大纲修订稿，这实际是新课标投石问路的纲领性文件。2001年《全日制义务教育语文课程标准(实验稿)》颁布，2004年《普通高中语文课程标准(实验)》颁布。

与过去相比，这一阶段全国性的语文教育法规性文件，从某种程度上吸纳了传统语文教育经验和国外母语教育理论。与过去的语文教学大纲相比，虽然还有很多需要进一步调整的地方，但是理性色彩明显加强，在学科性质上也吸纳了大家的研究认识，将工具性人文性并举，并提出了"语文素养"的新概念以适应发展，以此来逐步取代过去比较外显的"语文知识与语文能力"。这些文件在对语文教育特点的把握上增加了汉语性与母语性两大过去缺失的特点，初中的综合性学习、高中语文共同基础和个性发展、必修与选修课程的开设，都极大地丰富了我国母语教育的科学认识和理性把握，在教育实践中正在产生着积极的影响。

强劲的语文课程改革之风在神州大地上猛烈吹刮，对高考一统天下、教材一统天下的僵硬局面起到了不小的软化作用。初中的10余套教材、高中的5套(实际推开的为4套)教材，都各具特色，在不同的地方实验着，接受着实践的检验。

这些近年来的语文教育研究，基本上是围绕着语文课程标准在进行，对此，学习领会运用者众，提出质疑进行批评者寡。

受市场经济的影响，许多没有参与高中课程改革或者比较滞后参加初中课程改革的

地方都出现了课改语文教育的出书热。许多没有参与课改的各界人士的指导课改的论文连篇累牍地出现在报刊杂志上，教导着课改实验区的语文教育工作者。高等学校的扩招，尤其是研究生的扩招，使得发表论文成为研究生们的主要符号。我国21世纪以来的语文教学研究论文，出现了大量的高校文章，而处在课改一线的语文教育工作者的呼声则显得有些微弱。

在这重大的语文学科转型时期，另一种语文教育研究的技术主义的倾向也比过去更加精细精美地出现了，并在一定程度上吸引了很多语文教育工作者特别是年轻教师的眼球。这种倾向对于教学过程的方法、环节，乃至细节的关注，大大超过了对学科性质和教学内容的关注，甚至超过了对学生语文素养形成的关注。

语文课程改革实践的展开，在呼唤着更加基础的理论研究：我们的语文课程改革的课程性质、课程目标、课程内容，究竟应该有一个什么样的基础性研究？难道中国的母语教育就只能在匆忙之中，在没有基础理论的牵引之中，在打比方的"工具性"和无所不包的"人文性"之中继续下去吗？

当社会发展到一定的文明程度，的确是应该冷静下来投入巨大的人力物力进行语文教育的基础研究的时候了。

语文教育比较研究

新时代对人才素质的高要求，必然期待我们的语文教育树立一种整体观念，即努力克服语文教育中那种重政治说教，轻感情渗透；重书本知识，轻能力训练；重课内灌输，轻语文活动等偏向。

当代国外语文教学方法改革概观

❀ 冷 华

一个以国家性、竞争性和重在基础为特点的教学改革热潮，是当前世界发展的大趋势之一。

在各国教育改革运动中，本民族语文课都毫无例外地居于一个主要的、基础性的位置上。通过语文教学对学生进行"全人"教育，培养和发展学生利用语言进行交际的能力，已成为各国语文教学所共同追求的目标。

为了达到这一目标，各国在语文教学方法上的改革，虽各不相同，难以穷尽，但总的说来，其共同特征可以大致概括为：创设前提条件、打好知识基础、发展思维内核、利用班级集体。

所谓"创设前提条件"，指的是语文教育中重视培养和发挥学生学习语文的主动积极性。因为人们越来越清醒地认识到，一个人的成长与语言意识和能力的发展有着千丝万缕的联系。运用语言去表达、去交流，是个体成长过程中一种带有本能性质的欲望和内在动力。为此，语文教育工作者要充分认识这一特点，发掘学生学习和运用语言的主动积极性，以为改革语文教育的前提条件。20世纪60年代中期，美英加三国的国语教学讨论会即重申了国语教学这样的教学任务；

西德的《德国语文教学手册》对写作课的教学任务也有相应的规定。

为了能够充分发掘和调动学生学习和运用语言的兴趣和积极性，许多国家在编排教材内容、组织教学活动时，都力求与社会生活的实际需要，与个体精神生活的满足与发展结合起来。比如，日本全国大学国语教育学会主编的《国语科教育概说》中介绍的阅读对象的范围已无所不及；西德的写作练习项目大多是实用题材；而美国中学的核心课程就是以人类的基本活动来组织学习课题的。他们认为，这样可以使学校和社会生活联系起来，可以激发学生在了解客观世界和人类自身的实践活动中，学习和运用语言的主动精神。

语文教学方法随着上述教学思想而发生着明显的改变。具有特征的方法是：

观察法。在苏联，以著名教育家苏霍姆林斯基为校长的帕夫雷什中学，写作教学已经实现了在大自然中教学语言的计划。教师带领学生到大自然中去观察、去体验、去领会祖国语言的细微色彩。

活动法。日本的《国语研究实践》介绍了一所中学语文教学的经验。他们以学习课题为目标，组织学生读、议、画、写，其中的"画"，就是让学生用图画表现自己对课文的理解。他们认为这样可以加深学生对课文的理解，发展想象力。美国的Terry D.Johnson在专著《阅读教学》中，于"读后状况"中，除了绘画之外，还列举了根据课文着色、剪纸、粘贴、雕塑、演剧等活动。用活动方式去激发学生固有的、潜在的阅读和表达愿望。

实践法。实践也是一种活动，但它更强调实践活动的社会性，例如，西德有一套写作教材，其中的写作练习注重引导学生参加社会实践活动。日本文部省编辑的《中等教育资料》中也推荐了一位国语教师借家长的力量帮助学生开拓作文题材的类似经验。

提问，这一传统的教学方法，在美国中学的教学法研究中日益趋于细致化。他们根据当今青年学生的心理特征，细致地研究提问的类型、模式、用词，提问的时机以及在课文里插入问题的位置对学生思考和理解的不同作用等。

所谓"打好知识基础"，指的是为使学生语言表达规范化，应该重视语言基础知识的教学，因为，语言活动虽然是一种个体内在的、本能的、具有鲜明创造意向的活动，但它同时也是有规律的、受规范的活动。因此，日美等国针对六七十年代学生语文水平下降的情况，现在都十分强调语言基础知识的教学。

为适应扎扎实实进行语言基础知识教学的需要，教学方法上出现的主要特征是：

文章结构教学法。英美语文教学界近年来十分重视段落的教学。他们认为段落是构筑文章的基础。主张在阅读教学中研究段内句子之间的逻辑关系；在写作练习中教学生学会连句成段，连段成文。为此，他们还提出了段落组成的三种要素、段落结构的四种形态和段落发展的十二种方式，并且认为一篇文章就是一个主题统率下的若干段落群。

程序设计教学法。也称"精确教学"。这种方法的特点是把学习材料分成若干单

元，再把这些单元分成几个更小的子单元，教师把这些材料精心地加以组织，一小步、一小步地讲授、指点和训练，并经常给予大量的重复，使学生出现教师"期待中的反应"。这种方法适用于细致、准确的语言知识的教学和训练。

所谓"发展思维内核"，指的是突出语文教学中的思维训练，以发展思维智能作为培训语言能力的内核。比如，日本著名的国语教育家舆水实在他的《国语教育的实践原理》这一专著中强调地指出：在国语教育中对思考的重视，是世界性的趋势，是有着时代动向的，并提出了"以思考为主的讲读指导原理"。而美国的全美英语教师学会则于1982年号召它的成员为讲授思维技巧承担特殊的责任，理由是"思维与语言密切相关"。它还建议英语教师从创造性思维、逻辑性思维和批判性思维三个方面教会学生思维的技巧。

适应这一指导思想，语文教学方法上富有特征的变化是：

测读法，也称"预读"。在开始阅读一篇文章时，学生要带着一定的问题去读。适用于所有文章的普遍性问题有，这篇文章是为什么写的？写给谁看的？怎么会想到这样写？谁写的？什么时候写的？通过什么方式表达的？达到了怎样一个高度？这七个问题的英文首字母正好是五个"W"两个"H"，所以又称为"五W二H法"。测读还包括针对具体书文提出特殊的、有针对性的问题。

探究法，也称"发现法"。这种方法主要适用于阅读教学中探讨难度较大的问题，如作者的构思线索，写作的真实意图、文章的道德观念，作品的美学观念、艺术手法或语言风格等。采究法具有双重性质，既学习知识内容，又学习知识产生的过程。这种性质的学习活动使学生始终处于积极的、创造性的思辨之中，具有强大的乐趣和动力。

扩展法。语文教学的根本目的决定了语文教学活动不能局限于理解眼前课文的意思。因此，日本，法国等著名语文教育家都撰文指出：要让学生围绕课文广泛地展开学习。教师要给学生提供书目，指导学生利用图书馆，搜集有关资料，找出课文与其他学科知识的联系，在扩展的学习中去读、去写、去思考，从中历练多种读书方法，形成探索和创造的精神。

所谓"利用班级集体"，指的是充分发挥现代教育制度的班级组织的集体教育功能。班级教室是几十个学生集体学习的场所。教师应设法使教室为学生学习情绪、学习方式提供有利的背景和条件。美国夏威夷檀香山东西方中心的一位语言教师，建议用多种不同的方式重新安排教室的桌椅，努力给学生创造一个新鲜的、活泼的学习气氛，让教室成为学生自由学习、交流思想、纠正错误的场所。日本教育界倡导"组织小组学习"，使教室呈现"蜂音"学习的状态，美国也提倡"小老师制度"、"开放课堂"等。他们认为这种教学活动方式能促使学生积极思考，有助于学生之间的团结合作，有利于发挥班级的集体教育功能。

以上，我们从四个方面叙述了当今国外语文教学改革中带有方式性的十种教学方法。这些情况大概向我们说明着以下几个本质问题：

第一，语文学科的内涵十分丰富，它与学生的生活、思想和情感有着天然的联系。因此，语文教学的外延几乎与学习者的生活领域同样广阔。所以，"语文的研究，尤其是在青年时代，是应当和事物的研究联系在一道的，这样，我们对于客观世界与语文的认识，这就是说，我们关于事实的知识和我们表达事实的能力，才能同时进步。"（［捷］夸美纽斯《大教学论》）

第二，语文教学过程是一个由学生、教师、教材、教室等多种因素密切联系、组织有序的动态系统。任何行之有效的教学方法都应自觉地符合并促进这一整体系统中信息运输和反馈的功能。这一点，正如日本大桥正夫在他的《教育心理学》中所指出的：

"在教室中的具体学习情境下，学习指导可以说是一种一名教师和许多学生之间的教材为媒介的通信过程。"

第三，学生是教学这一特殊认识活动的主体。科学的教学方法和手段应以充分了解学生的认识特点和规律为基础、为前提。因此，当今国外教育心理学的发展已经显现出由研究教法向研究学法转移的趋势。语文教学方法的改革必然会顺应这一发展趋向。正如美国华尔特·B.科列斯涅克在《学习方法及其在教育上的应用》一书中所指出的："如何学习(即过程)要比学习什么(即产物)重要。所以非常侧重的是帮助学生'学会如何学习'。"

2000年对中国语文教育的呼唤

——从香港地区的语文教育谈起

❀ 张 锐

中国正在大踏步地迈向2000年。是的，还有4年光景，我们就会迎来一个崭新的时代。这新时代让我们培养什么样的人？要求学生具有什么样的语文能力？我们的语文教育又面临怎样的挑战？应当采取怎样的教育战略和策略？作为在世纪之交回归祖国怀抱的香港，又要怎样在发挥特区教育特色的同时，逐步融入祖国语文教育大家庭的怀抱？等等，对这些富有前瞻性问题的探讨，是很有必要的，也是很有意义的。

✍ 一、2000年，呼唤中国语文学科培养新型人才

不同时代对人的素质有不同的要求，我们平日讲的素质是"品学兼优"，"其中对'品'的理解，说的是'品德'，实际指的是'听话''老实'；'学'指的是学习，即主要看学习成绩。但新时代的要求可不那么简单。因为我们面对的是世界范围内的经济竞争和综合国力竞争，这点在香港体会得尤其明显。有人讲：谁掌握了面向21世纪的教育，谁就能在激烈竞争中处于战略主动地位。也有人讲21世纪其实是"创造教育世纪"。这就给我们要培养的人才规格定了位——富有创造精神的复合型人才。这种人才要有强烈的时代特色，其素质必须具备以

下要素：一是品德素质。即有高尚的理想和道德、良好的情操及顽强的意志。热爱祖国，热爱自己的民族，有民族自豪感；热爱生活，具有为公众服务的责任感和奉献精神。二是才能素质。即掌握现代科学文化知识和专业技能，有较强的语文能力，还要有一定的组织才能和适应能力。此外还应有强健的体魄，以适应工作的重担和快节奏的社会生活。三是心理素质。要有良好的心理素质、品格和毅力。特别是这样几种意识尤为重要，即：竞争意识、超前意识、风险意识、自制意识、法制意识、创造意识等。

如果我们以未来人才素质的要求来审视我们今日的语文教材和语文教学，那差距不是明摆着的吗？

新时代对人才素质的高要求，必然期待我们的语文教育树立一种整体观念，即努力克服语文教育中那种重政治说教，轻感情渗透；重书本知识，轻能力训练；重课内灌输，轻语文活动等偏向。整体观念还意味着：语文教育的对象应面向全体学生，而不只是少数拔尖人才。由于社会的复杂分工，对不同的职业有不同的素质要求，我们应当使每个学生的语文水平达到一定的目标水平，都能适应未来工作的挑战。

二、2000年，呼唤中国语文学科教学指导思想的科学化

新时代要求我们的语文学科尽快结束蛮干、乱干、费力不讨好的历史，用科学的教育理论来指导教学改革的实践。首先要抓好语文教学思想、教学观念的更新、改造，破除一些陈腐的、僵化的教学观念。近年来，人们对下述语文教学的规律逐步取得了共识：

(一)语文教育和思想品德、情感修养教育统一的规律。

基于文因道存、道以文显、文道结合的语文客观规律，注重在教学中引导学生以文悟道，因道学文，充分发挥语文教材本身的熏陶感染作用。既防止把语文课教成说教课，又注意克服纯知识课、纯语言分析课的倾向。

(二)听说读写相辅相成的规律。

在听说读写方面，内地和香港两地的教改经验相当丰富，但大家都注意到了这四种能力不是孤立发展的，而是相互促进、相辅相成的。于是在听读训练过程中，注意以章法为指导，引导学生把握语言规律、思维规律、表达技巧，促进其说写能力的提高。在说写训练中，尽量利用、借鉴、模仿听读训练所提供的范例，注意读写的有机结合。并且设法安排听说读写的综合训练，使四者相互配合，全面发展。

(三)语言训练和思维活动的紧密联系，是语文学科的一大特征。

许多教改实验(比如香港的"目标为本"课程)，都在听说读写训练过程中把思维训练当做基础环节，充分调动学生思维的积极性和主动性，在发展学生思维能力的基础上，提高其语言能力。

(四)课内课外语文训练相结合的规律。

注意到课内带动课外，课外促进课内；课内重在举一，而课外贵在反三；做到课内打基础，课外练功夫。前不久颁布的国家九年义务教育初中语文教学大纲，正式(也是首次)把语文活动纳入语文科的基本内容，可见其重要性。

遵循上述语文教学的规律，我们必定在培养新时代人才方面少走弯路，语文教学改革得以健康发展，才能大面积地提高教学质素。

三、2000年，呼唤中国语文课程和教材要更加贴近社会、贴近学生

语文课程的单一性，语文教材的陈旧性、静止性，不可能培养出新型的人才。近年来，北京、上海等地在语文课程改革方面做了有益的探索。在北京，许多小学和初中开设了社会课，增设了语文选修课和职业指导课。在上海，设立了必修课程、选修课程、活动课程三个板块的课程结构。语文必修课程重在基础知识教学、基本能力培养，通过文质兼美的语文基本篇目的熏陶与感染，提高学生的阅读能力。选修课程重在发展学生的个性、特长，开设了"古代汉语""古文选读""影视剧评论""外国文学作品选"等，供学生选修。语文活动课程如演讲、论辩、采访、电脑中文打字等，意在发展学生的兴趣、爱好、表现能力和组织能力，力求使三个板块相互配合，以期产生合力效应。香港的一些中小学，特别是几所国际学校，也在选修课、活动课方面，积累

了一定的经验。上述这种使课程更加贴近社会需求、贴近学生旨趣的趋向，正是未来时代所期待的。

尽管内地推行"一纲多本"(一个大纲、多种教材版本)的体制之后，各具特色的语文实验教材纷纷涌现，呈现出百花竞放的繁荣景象，但始终有两个问题未能很好解决，难以适应新时代对培养语文能力的迫切需要。一是语文教材的内在序列不够科学，那种以文选为主，语文知识与能力训练的安排无章可循、消极循环的毛病，使教材的素质难以取得突破性的进步。新时代呼唤着这样的语文课本：语文知识线、语文能力线和智力开发线，三条线都可以在各册书里，结合学生学习语文的认知心理特征(例如：初中学生大都喜形象、厌抽象；喜情理、厌纯理；喜参与、厌被动等)，予以有机的安排，做到：有理、有序、螺旋上升。各年级将读写听说思维能力的总目标，分解成子目标，再分解成若干训练点，并据此来编写或选编课文和知识短文(而目前多数则是反之，即先指定了课文，再从中找训练点，碰到什么算什么)。在这方面，香港近期提出的"目标为本课程——中国语文科学习目标"，尽管有人提出质疑(有些问题不容忽视)，但其大方向还是好的，为教材编写提供了更切实的依据；为教师提供了较明确的施教、学习及评估方向；亦为政府和家长用以监察和评估语文教育的水平和学生语文的等级，提供了某种定性、定量的办法。我所见到的香港启思出版社编写的小学、中学语文教材，在语文训练的系统性、力度、多样化、趣味性等方面，有很多值得我们内地出版部门认真借鉴。二

是语文教材的内容没有贴近社会生活的巨大变化和学生视野的变化。课本中的选文倒是"精"了，可时代气息却是"老"了。今后从选文的总量来说，脍炙人口的古文和近代大家的作品以40%左右为宜，反映当今世界和当代社会生活的佳作以60%左右为宜。特别是作为国际大都市、世界金融中心之一的香港，在语文教材内容的现代化方面，理所应当走在全国的前列。换句话说，即目前香港多数语文课本中选文的陈旧性(并非一点儿不要文质兼美的古文和二三十年代的优秀作品)和严重脱离当代社会生活的现状，是与香港这个世界性大都会地位不够相称的。

四、2000年，呼唤学生语文自学能力的培养

当今世界在培养人的问题上，许多国家的教育界经历了由"知识型"向"智能型"，再向"个性和谐发展型"的转变。反映到语文教育上，就是提供"乐学"的态度、"爱学"的心态、"会学"的技巧和"自学"的能力。语文教育界在展望未来时，之所以重视语文自学能力的培养，乃是强调学生"主体"地位的教学观念的集中体现，即应把学生看成是一个个积极主动、独立自尊的能动的人。语文教学的出发点与归宿，就是教会学生学会自学语文，自如地运用语文。在语文自学能力的大讨论中，人们逐渐在下述认识上取得了不同程度的共识：语文自学能力是个综合性的、较宽泛的概念。它大致包括四要素：(1)自学的心理素质——自学的态度与动机；自律力、自制力、自我调节能力、自我反馈能力，这些是自学的内在动力与前提。(2)自学的基

础学力——语文"双基"掌握的准确度、流畅度、运用的熟练度与灵活语言应变力等，这些是构成语文自学能力的基础。(3)自学的智力品质——包括观察力、思考力、联想力、想象力、记忆力等，这些既是自学能力构成的重要组成部分，又是发展自学能力的潜在要素。(4)自学的方法与技巧——对语文学习特点与规律的把握，对语文学习方式方法的选择与运用，诸如字典检索法、课文分析法、单元自学法、读议自学法、尝试自学法、探究自学法、语文背诵法、语文速记法、语文复习法等，以及听说读写的各种知识与技巧，语文自学习惯的养成，这些是构成语文自学能力的技能要素。上述四要素缺一不可，互为制约，并构成语文自学能力这一整体。为落实自学能力培养的目标，近年来内地和香港两地研究、实验侧重训练语文自学能力的课程，十分活跃。主要的有：(1)开设语文自学方法指导课。一是学法指导课。引导学生练习制订语文学习计划、掌握几十项学法的技巧。二是学法研究课。带领学生研究语文自学心理，语文认知的规律与特点，怎样搞好单元学习等。三是学法实践课。让学生独立地分析文章，写评论，写调查报告等。许多教师按照这样的步骤进行训练：铺垫阅读法——整理评价法——结构摸进法——变化移植法——科学探索法——综合沟通法，取得了较好的教学效果。(2)开设思路训练课。引导学生学会开启思路，发现思路，调整思路，优化思路，注意克服思路闭塞、思路狭窄、思路黏连、思路误区等毛病。(3)开设智力开发课。着重训练学生的观察力、思考力、联想力、想象力、记忆力

等，以增强学生自学能力的后劲。展望未来年代培养语文自学能力的理论研究与教改实验，可以看出这样一些趋势，教学民主化的趋势，真正让学生成为学习语文的主人，培养学生的教学参与意识。教法与学法并重的趋势，在不断改进教法的同时，更重视学法的研究与实践，做到教法要考虑学法，学法要纳入教法。

五、2000年，呼唤语文单元教学的更新与改造

语文单元教学的兴起，揭开了我国语文教学新的一页，也是未来年代语文教改的又一重点与趋势。

首先，对语文单元教学的理论构建取得了较明确的认识。在走出单元教学认识上的模糊性、随意性、片面性的误区之后，人们对单元教学的本质特征，作了较深入的探索。比如：(1)单元的组合性。单元教学是将一组文章或某个语文训练点，按特定的训练目标要求组合在一起，构成一个学习的单位(单元)。按记叙、议论、说明三大文体组元的老模式，遇到了社会的挑战。时代要求人们不断开拓组元的眼界与新思路。比如还可以按学生的生活场景组元，按课文的题材组元，按听说读写各自的训练点组元，按思维训练点组元，按培养语文习惯组元，等等。(2)单元的整体性。在教学中注意别把单元教学又变成单篇教学，而应从宏观上整体把握各篇教材的共性与个性，把单篇文章放在单元里去分析；从整体出发，大胆取舍，突出单元训练重点，不追求面面俱到。在单元教学中，把教读与自读结合起来，把培养能力、开发智力、思想教育统一起来，重在发

挥单元教学的整体效应。(3)点面结合。在单元内,要确立教学的点和面,"点"是指本单元的知识点、能力训练点、教材特色点和学习困难点。教学过程中做到:点上导读,面上自读;点上求突破,面上求活用。(4)重在比较。运用比较法施教,是单元教学的一大优势。教师要善于把教材单元内的几篇课文由"并列"关系变为"比较"关系。如单元内课文的对比、同类型单元的对比、不同类型的单元对比;体裁对比、题材对比、立意对比、结构对比、人物对比、情节对比、风格对比、表达方式对比,等等。在这过程中,锻炼学生的比较思维能力,诸如求同对比、求异对比、纵比与横比、正比与反比等。而这些本领,无疑正是新时代复合型人才所需要的。(5)单元的阶段性。单元教学是由若干教学步骤组成的相对完整的教学阶段。包括:单元说明,单元学习目标,单元教材,单元学习步骤,单元练习,单元学习检测等。这个小小的单元,应当视为一个小系统,注意发挥其系统的功能。但目前像这种有新意的典型的语文教材,在内地和香港两地还不多。

其次,对单元教学的课堂结构还应作许多探索。目前影响较大的有:知识结构单元教学模式,五步三课型反刍式单元教学模式,四环节智能定型单元教学模式等。它们各有特点,各有所长,都以"预习——教读——自读——检测"的教学程序为主,体现了单元教学重在举一反三、强化训练效果的特点。从未来单元教学发展趋势看,将会呈现一种综合化(听说读写并重,综合发展)、多层面(智力层面的单元、语文知识层面的单元、语文能力层面的单元、语文兴趣与习惯培养层面的单元等)、多环节组合(预读——教读——自读——自结——自测,以及其他样式)、多种水平(不同地区、不同学校水平)的发展趋势。单元教学的改革与实践,必将在培养学生较扎实的语文能力、适应新时代需求方面,起到更大的作用。

六、2000年,呼唤语文教学手段的现代化

富有创造精神的复合型人才,还需要运用多种教学手段,特别是现代化教学手段来培养,以收"利于自学、强化认知、节省课时、灵活运用"之效。比起物理、化学、生物、英语等来说,我们语文课在运用现代化教学手段方面,恐怕是最落后了。对中国内地广大农村学校来讲,"一支粉笔走天下"还相当普遍,但责任不在老师,谁让教育资源太穷呢。而内地大城市的多数语文老师,主动把幻灯、录音、录影等电化教具引用到课堂上来也不太多。其客观原因之一,就是研制这种现代化教学资料的部门太少、经费太少、利用太少。我曾在1990年与我校现代化教育研究所合作,研制出一套电脑软件——初中文言文复习系统。这种在简易PC机上运作的软件,学生可自行操作将初中三年内学过的二百多实词、十几个虚词的用法、例句,自学一遍。软件不断提供测试题来考查,如果答错了,软件能自动辨别其错误类型,并提供相应的辅导及练习;如答对了,则自动给分,以资鼓励。这套带有一定智能型的文言文复习软件,虽然获得了国家教委颁发的一等奖,但在今天看来其实并不先进。如果我们考虑到当今世界,特别是香

港和内地一些大城市电脑逐步走入家庭的大趋势，考虑到电脑多媒体技术的迅猛发展，我们的语文教育再不奋起直追的话，恐怕要犯"时代的错误"（姑且说得重一些）。由此我产生了一个动议：利用香港地区电脑科技人才和技术资源的优势，研制多套适合幼稚园、小学、中学使用的语文自学软件和教学用软件，不仅提供香港使用，而且面向内地的大市场，为内地一亿两千万中小学生学习语文提供优质的软件，这可是香港的一大贡献啊！如果香港的几所大学以及民间的语文教学研究团体与内地的同行们联手合作，成立一个中国"语文电脑软件开发中心"，在香港财界人士和香港语文基金的资助之下，

再借鉴台湾开发中小学语文多媒体软件的经验，那么这项跨世纪的大工程，是可以做得有声有色的。

综上所述，2000年，呼唤着语文教育的春天，呼唤着我们的语文教育要从指导思想、教学内容、课程结构、教材编写、教学方式方法等方面，逐步进行必要的调整与改革。就香港地区来说，还有一个教学语言(使用普通话讲课)的改革问题，否则学生难以走出"言文脱节"、语文水平相对低下的困境。但我们相信，随着香港回归祖国怀抱的进程，两地的语文教育工作者联合起来，共同创造21世纪语文教育的美好蓝图，是一定可以实现的。

下篇
精彩教学实录

Chapter

01

阅读教学

　　在阅读教学中，学生是特殊的读者。受读者中心论的影响，阅读教学乃至整个课堂教学的中心就理所应当是学生。但读者不可能有绝对的自由，读者不是至高无上的上帝。所以，学生作为课堂的主人不应该成为主宰。

记叙文部分

《福楼拜家的星期天》
教学实录

❈ 刘秋红

师：上一节课我们通过茨威格的介绍，结识了大名鼎鼎的雕刻艺术大师罗丹，了解了成功的秘诀。今天，我们再来认识四位举世闻名的大作家。这四位大作家的形象，被著名的法国文学家莫泊桑精彩逼真地记录在散文《福楼拜家的星期天》中，下面我们就来学习这篇课文（板书课题、作者）。

师：同学们都已经预习过这篇课文了，这四位大作家都是谁呢？

生：福楼拜、屠格涅夫、都德和左拉。

师：（出示有关几位作家简介的投影片）几位作家中我们最熟悉的是谁呀？

生：（齐声回答）都德。

师：为什么？

生：我们曾学过他的短篇小说《最后一课》。

师：好！现在哪位同学给大家简介一下这四位大作家呢？

生：（看投影片）

福楼拜（1821～1880），法国作家，代表作有《包法利夫人》等。

屠格涅夫（1818～1883），俄国作家，代表作有《父与子》等。

都德（1840～1897），法国作家，短篇小说代表作是《最后一课》。

左拉（1840～1902），法国小说家，代表作有《小酒店》等。

师：（指点投影片，简介莫泊桑）莫泊桑（1850～1893），法国文学家，他是19世纪后半叶法国杰出的批判现实主义作家，创作成就以短篇小说最突出。他在创作上受福楼拜、左拉和屠格涅夫的影响较大。莫泊桑与福楼拜交往甚密，再加上莫泊桑善于观察，因此写下了这篇出色的散文。散文的特点是什么？

生：（齐答）形散而神不散。

师：在这篇文章中，没有一个完整的故事情节，没有写星期天在福楼拜家发生了一件什么事，没有开端、发展、高潮、结局，但是四位大作家的形象却被刻画得栩栩如生。下面我们就来学习作者是如何刻画这四位大作家的形象的。我们这节课重点解决两个问题：

1．知道应抓住人物思想性格特征进行描写；

2．了解在叙述、描写中插入抒情、议论的写法。

师：下面请同学来朗读课文，其他同学考虑这几位作家分别具有什么样的性格特征，作者是怎样表现出来的？

生甲：（朗读1~4自然段）

生乙：（朗读5~6自然段）

生丙：（朗读7~8自然段）

师：（范读9~10自然段）

师：我们先来看主人——福楼拜（板书：福楼拜）。"每到星期天，从中午一点到七点他一直都有客人来"，这说明什么问题呢？

生：可见福楼拜朋友特别多，与他的交往都很密切。

生：这也可以看出他在欧洲文坛上的地位很高。

师：大家考虑一个问题，刻画人物的思想性格特征，往往是通过对人物进行哪些描写表现出来的呢？

生：肖像描写、语言描写和行动描写。

师：我们现在一起来找一下描写福楼拜肖像、语言、行动的语句。

生：肖像描写是"蓝色的大眼睛""古高卢斗士式的大胡须"。

生：语言描写有"他的嗓音特别洪亮，仿佛在他那古高卢斗士式的大胡须下面，吹响着一把军号"。

生：还有"他可以用一句很明了很深刻的话结束一场辩论；一次思想的飞跃纵观几个世纪，并从中找出两个类同的事实或两段类似的格言，再加以比较。于是，就像两块同样的石块碰到一起一样，一束启蒙的火花从他的话语里迸发出来"。

师：从对福楼拜的语言描写中，可以看出福楼拜是一个什么样的人呢？

生：博学善辩。

师：非常准确（板书：博学善辩）。接着找有关福楼拜动作描写的语句。

生："门铃一响……他总是亲自去开门。""渐渐地，人越来越多……这时只见福楼拜做着大方的动作（就像他要飞起来似的），从这个人面前一步跨到那个人面前，带动得他的内裙鼓起来，像一条渔船上的风帆。"

生："最后，他的朋友们一个个地陆续走了。他分别送到前厅，最后再单独和每个人讲一小会儿，紧紧握握对方的手，再热情地大笑着用手拍打几下对方的肩头……"

师：福楼拜朋友这么多，可他是"分别送""单独和每个人讲""紧紧握握对方的手""再热情地大笑着用手拍打几下对方的肩头……"这些短语说明什么呢？

生：可见福楼拜是一个热情好客、开朗豪放的人。

师：好（板书：热情豪放）！大家把最后一段齐读一下，把关键词语通过重读表现出来。

生：（齐读最后一段）

师：第一位客人是谁呢？

生：屠格涅夫（板书：屠格涅夫）。

师："第一个来到的往往是伊万·屠格涅夫。"可见屠格涅夫与福楼拜的关系怎么样？

生：不一般。

师：那么他们深厚友谊的基础是什么呢？哪些语句可以体现出这一点呢？

生："他们相同的思想、哲学观点和才能；共同的趣味、生活和梦想；相同的文学主张、狂热的理想和共同的鉴赏能力与博学多识使他们两人常常是一拍即合。一见面，两人都不约而同地感到一种与其说是相互理解的愉快，倒不如说是心灵内在的欢乐。"

师：一系列的相同点，是他们深厚友谊的基础，这样写"一箭双雕"，同时表现了两个人的性格特征。下面，我们来看一下作者对屠格涅夫的肖像、语言、动作的描写。

生：肖像描写是"白的脸"。

生：语言描写是"用一种轻弱并有点犹豫的声调慢慢地讲着；但是不管什么事情一经他的嘴讲出，就都带上非凡的魅力和极大的趣味……谈话很少涉及日常琐事，总是围绕着文学史方面的事件。屠格涅夫也常常带来一些外文书籍，并非常流利地翻译一些歌德和普希金的诗句"。

生：动作描写是"仰坐在一个沙发上"。

师：谁能用短语概括一下屠格涅夫的思想性格特征呢？

生：博学多识。

生：老成持重。

师：不错（板书：博学多识 老成持重）。按照客人到来的先后顺序，依次来的是都德和左拉（板书：都德 左拉）。现在给大家几分钟时间同桌讨论一下，找出对这两位作家进行肖像、语言、行动描写的地方，在书上画出来，并用短语概括一下二人的思想性格特征。

生：（同桌讨论，教师巡回指导）

师：大家讨论得很认真。刚才我看到大家把关于都德、左拉的肖像、语言、行动描写的语句都在书上勾画出来了，通过这些描写你们看这是两位具有什么思想性格特征的大作家呢？

生：都德活泼开朗，而且很幽默。

生：左拉不太爱说话，沉默寡言，但是坚毅聪慧。

师：好（板书：幽默健谈 活泼开朗 沉默寡言 坚毅聪慧）！我有一个疑问，在对左拉的肖像描写中有这样一句话："他的头……虽然不漂亮，但表现出他的聪慧和坚强性格。"大家想一想，我们平时随便看一个人，能不能通过他的头看出他是聪慧还是愚蠢、坚强还是软弱？

生：不能。

师：这都不是一眼就能直接看出来的，因此作者的这种肖像描写已不是纯粹的客观描写，而是用议论来发表自己的主观感受了，并把自己对左拉的敬佩之情融入其中。纯客观的自然描写就只能是"肥胖的脸，近视眼"，而在描写中插入议论抒情，能把人物的性格特点表现得更加鲜明，给读者留下深刻的印象。这一点对我们同学作文也很有启发。另外，为什么我们在读完课文之后就能不要图说出四位作家不同的性格特征呢？

生1：因为作者莫泊桑抓住了四位作家的不同特点，从肖像、语言、行动等方面进行了描写，把人物形象刻画得栩栩如生。

师：很好！由于作者善于观察，抓住了这四位作家的不同性格特征，人物在哪一方面最富有特点，就着重写哪一方面，谁能具体地说一说呢？

生2：福楼拜是主人，性格热情豪放，重点写他的动作；屠格涅夫博学多识，主要写他的语言；都德生性健谈，因此描写时是肖像、语言并重；左拉沉默寡言，重在描写他的肖像和动作。

师：好！现在我们来做一个小练习（出示莫泊桑肖像的投影片）：大家试着用在记叙、描写中插入议论、抒情的写法对莫泊桑作一下肖像描写。

生：（讨论）

师：谁来说一说呢？

生：莫泊桑高高的个子……

师：我们通过看莫泊桑面部的画像，能看出高高的个子来吗？

生：（笑）莫泊桑一副严肃而又慈祥的面庞，一对浓黑的眉毛微锁着，像是在思索着什么问题，又像是对现实充满了不满，一对大而有神的眼睛发出尖锐的目光，厚厚的嘴唇上两撇浓浓的八字胡微微向上翘着，他的脸总是沉着，看起来严肃认真而又和蔼可亲。

师：不错。我们再做一个小练习：四位作家的思想性格特征我们现在都已经掌握了，假设此时四位大作家正在谈论着文学方面的事情，这时门铃响了，来者不是别人，正是莫泊桑，请你抓住这四位作家的不同的性格特征来想象一下此时这四位作家会用什么样的表情、语言和动作来迎接莫泊桑的到来呢？同学们讨论一下。

生1：福楼拜打开门，一看是莫泊桑，他一下子抱住了莫泊桑："啊，莫泊桑！真没想到是你呀！"然后，拉着莫泊桑向里屋跑去，边跑边叫着："大家快看呀，我们的莫泊桑来了！"刚刚爬完六层楼还在气喘吁吁的莫泊桑还没等站稳，就被福楼拜拉着做了一次小跑练习。莫泊桑面对着热情的朋友们，十分高兴，像个小弟弟一样跟在福楼拜的身后。

生2：屠格涅夫仰坐在一个沙发上，用一种轻柔的声调慢慢地讲着："莫泊桑，好久不见了，你还记得以前我们在你家谈论文学史方面的事吗？最近又有什么新作品了？可不可以让我们一饱眼福呀？"莫泊桑有点不好意思了："这些日子我确实很忙，我今天来正是想让大家对我新写的这部小说提提意见，还希望您对我多加指导！"屠格涅夫看着莫泊桑微微笑了。

生3：刚才在对这几位作家进行介绍时，我们已经知道福楼拜比莫泊桑大29岁，而且莫泊桑在创作上受福楼拜的影响很大，因此可以说，莫泊桑是福楼拜的学生。我先做一个假设，假设这四位大作家正在谈论着莫泊桑的写作技巧方面的问题，这时门铃响了，都德说："中国有句古话'说曹操，曹操到！'你们看，准保是莫泊桑来了！"门开了，果真是莫泊桑，他拥抱着福楼拜，不住地叫着"老师"。都德回过头来对大家说："想不到福楼拜竟有这么优秀的弟子，你看他浓眉大眼，气质非凡，像不像当年的我呀！"大家都哈哈大笑起来。

生4：左拉歪坐在沙发上，压着一条腿，用手抓着自己的脚腕。莫泊桑走到他的跟前："最近过得好吗？""好，谢谢！"说完左拉又恢复了刚才的动作，观察着每一个人。

师：刚才同学们谈得很好，都抓住了四位大作家的性格特征来进行描写，今后我们在作文中，一定要学习本文的写法来刻画人物。另外，平时我们还要注意留心观察人物的一言一行、一举一动。抓住那些最能反映人物特征的表现来展开描写。这样，你笔下的人物肯定会栩栩如生。今天的作业是写一段文字，通过肖像、语言、行动描写表现班级里一位同学的思想性格特征。下一节课找同学来读，让大家来猜你写的是谁，如果一下子就猜对了，那说明你写得很成功！下课。

●●●●●[教学点评] 刘国臣

刘秋红老师讲的《福楼拜家的星期天》一课，我只听过两遍，但其中的一个细节给我的印象却十分深刻。这个细节是：在老师领学生将课文主体分析完后，给学生出了这样两个小练习：（1）出示莫泊桑头像的投影后，让学生试用在记叙、描写中插入议论、抒情的写法对莫泊桑作一下肖像描写；（2）假如福楼拜、屠格涅夫、都德、左拉正谈话时，莫泊桑来了，这时这四位大作家会有怎样的表情、语言和动作？这两个小练习（尤其是后一个），每次都能激活课堂气氛，引出学生虽略带稚气但却充满智慧的发言。经过一番思考，我认为这是刘老师所讲课水到渠成后的画龙点睛之处。

刘老师确定的两个学习目标是：（1）知道应抓住人物思想性格特征进行描写；（2）了解在记叙、描写中插入议论、抒情的写法。先主后次，先易后难；重点目标要求"知道"，非重点目标让学生"了解"。详略得当，用词恰切。教学中，刘老师引导学生依据课文，紧紧围绕两个目标进行条分缕析。分析中重点突出课文抓住人物的什么性格特征这一点，并随时分析课文进行了怎样的描写。教师循循善诱，学生跃跃欲试，课堂气氛亲切自然，最后板书出现了四行字——福楼拜：博学善辩、热情豪放；屠格涅夫：博学多识、老年持重；都德：幽默健谈、活泼开朗；左拉：沉默寡言、坚毅聪慧。这个板书，阐释了目标，训练了学生的分析、概括能力。这时刘老师出了上述两个练习，这既是学习目标的总结概括，也是为达标而作的巩固练习；既是对课堂"中心"的认定，也是对难点、重点的突破；既在意料之外，又在情理之中；既紧扣教材，又针对学生实际。科学、自然、新颖、实用，集中展现了高水平语文课的艺术性。

高水平的语文课都有"华彩"部分，有讲课人的"点睛"之笔。而这一部分，往往是在层层铺垫之后，学生水平和教材实际巧妙结合，经过教师精妙的引导，才会水到渠成、自然而然地到来。"过"则唐突，"不及"又让人遗憾。刘老师的课可以说颇得个中三昧。

《明湖居听书》教学实录

※ 邓 彤

一、导入新课

师：音乐，是人类心灵的诗章。真正的音乐能打动所有真诚而丰富的心灵。20世纪70年代中期，欧洲某乐团深入中非一个部落，为那里的土著居民演奏舒伯特小夜曲。令人惊奇的是，这些几乎没有接触过现代文明的原始部落的居民，居然被小夜曲感动得如痴如醉！19世纪末，当俄国大文豪托尔斯泰听了柴科夫斯基的《如歌的行板》后，禁不住老泪纵横，说自己因此"触摸到了俄罗斯民族的灵魂"。现在，让我们也来聆听这首《如歌的行板》吧。

（放录音。学生很快便沉浸到音乐之中，这正是选择该乐曲作为导入音乐的缘由。这段音乐情感极其浓烈，听者极易受到感动。）

师：此后不久，在中国有一位名叫刘鹗的奇人也被一段音乐陶醉了，请看《明湖居听书》（板书课题）。

二、把握课文框架

师：请同学们浏览全文，思考一下：本文写了几处音乐表演？重点写谁？

（学生迅速浏览，并在书中圈点勾画。已经进行预习，所以很快便有学生举手发言。）

生：本文总共描写了三个人的表演：一位丑陋的琴师的弹琴，一位名为黑妞的姑娘的演唱和白妞的精妙绝伦的表演。重点是写白妞。

师：那琴师和黑妞在文中能起什么作用？

生：烘托陪衬白妞。

师：请具体解释一下。

生1：琴师弹奏技巧纯熟，"入耳动心"，如此高明的琴师必有高超的歌手才会相称，他为白妞的演唱做好了铺垫。

生2：（补充）琴师弹琴时，"人也不甚留神去听"，这节文字与后文王小玉出场时"满园子里便鸦雀无声"形成强烈的对比。

师：那么写黑妞的作用呢？

生3：黑妞演唱如"新莺出谷，乳燕归巢"，令人听了"以为观止"，但这样精彩的表演仍然"比白妞不晓得差多远呢",可以想象白妞的演技定然是炉火纯青呢。

师：除了用人来衬托王小玉说书，文中还用了哪些内容陪衬？（加重语气，暗示可从另一角度考虑。学生思考。片刻，有学生举手发言。）

生4：文章开头写戏园子挤满了人，有官员、读书人、市民、生意人，下午才演出，不到十点就满座了，以至于老残要小小地行个贿（众笑）才得到一个小凳子，说明大家都是慕王小玉之名而来的。所以，这里是用场面描写来衬托重点内容。

师：说得真好！还有吗？

生5：还有最后一段，听众引经据典高度评价白妞也是在衬托中心。

师：（总结）经过层层铺垫，便给读者造成了一个极大的悬念，人们不禁想探究：这尚未出场的白妞究竟是何等高人？为什么她使这么多人如此沉迷？于是，当她正式演出时，作者便集中笔墨写尽了她的风采。最后的观众评论，要言不烦而又十分中肯地再次渲染了本文中心。整篇文章就如一曲音乐，围绕着主旋律，音乐家从不同侧面不同角度通过各种方式去渲染烘托它，于是使主题成为立体丰满的复调！

三、品读重点段落

师：现在，我们进入攻坚阶段，让我们先了解王小玉其人。品一品描写王小玉的文字，画出其中你最喜欢的句子。

（学生读书、动笔勾画。稍后，有学生举手。）

生：我喜欢"秀而不媚，清而不寒"八个字。

师：为什么？

生：这八个字刻画了白妞的风度神韵。

师：哦，你用了"神韵"二字，从哪儿学来的？

生：在《中国文学史》上看到的。

师：（由衷地）你阅读面真广，理解运用得也很不错。确实，王小玉相貌平平，"不过中人以上"，但她身上却有一种非凡的神韵气质。请问，她的气质主要表现在什么地方？

生：通过眼睛写她的气质。我最喜欢的就是这一句："那双眼睛，如秋水，如寒星，如宝珠，如白水银里头养着两丸黑水银……"

师：你觉得这句话好在哪里？

生：用博喻描绘王小玉眼睛之美，体现她的气质。

师：不过，用这一连串的比喻是不是嫌唆了些？写一句"眼如秋水"不行吗？

（学生七嘴八舌，有说"行"也有说"不行"的。教师指定一学生回答。）

生1：我觉得可以写简单些，不是说简洁是一种境界吗？"眼如秋水"已经写出了王小玉眼睛的美，后面就不必再重复了。

师：你认为后面几句是画蛇添足？（该生点头。教师又请另一位学生发言。）你的看法呢？

生2：我说不准。不过，既然刘鹗是大文学家，我想他的文章一定不会有问题吧？

　　（学生大笑，该生有些难为情。教师示意学生安静下来。）

　　师：你这种猜想有一定道理，文学大师笔下确实不会有太多问题。但猜测是没有说服力的，我们必须从语句本身去找根据。刚才有同学说这是一组博喻，请你说说比喻的基本特征。

　　生：本体和喻体之间有相似点。

　　师：秋水与眼睛的相似处在哪里？

　　生：（顿悟）这句话是用秋水比喻眼睛的清澈纯净。

　　师：（追问）那么，"寒星"有何特征？

　　生：非常明亮！

　　师："宝珠"呢？

　　生：有美丽的光泽。

　　师："白水银里养着两丸黑水银"呢？

　　生：黑白分明。

　　师：仅此而已？

　　生：（补充）圆润灵动。

　　师：分析得多好啊！（面向生1）请你把他（指生2）刚才的分析综合一下好吗？

　　生1：这双眼睛，像秋水一般清澈纯净，像天宇中的寒星一样晶莹明亮，像宝石一样闪烁着美丽动人的光泽，它黑白分明、像白水银中的黑水银一样圆润灵动。

　　师：你还认定后面几个比喻是蛇足吗？

　　生2：（笑）这几个比喻各自侧重一个方面，是从不同的角度进行描写的，不能算蛇足。

　　师：是呀，作者用一组比喻把一双眼睛描绘得如此动人。"巧笑倩兮，美目盼兮"，动人的眼睛是最美的风景。但是，本文中最美的还得算那动人的演唱。刘鹗用了两大段来描写这精妙绝伦的表演，请大家细读这两段文字并思考：1. 演唱可分为几个环节？2. 作者是如何描写空灵飘忽的音乐的？

　　（学生认真读书、思考，偶有小声讨论，教师巡视指点。）

　　生：我回答第一个问题。王小玉的演唱可分为六个环节：起初低唱，接着高歌，然后降调回旋，回旋后越来越低直至声音休止，短暂的沉寂之后突然爆发，最后人弦俱寂，表演结束。

　　（教师根据学生叙述板书音乐发展示意图。参见文后板书。）

　　师：概括得很好，请坐。（另指定一学生。）在这些环节中，你最喜欢的句子有哪些？请按文章顺序列举。

　　生：我觉得"五脏六腑里，像熨斗熨过，无一处不服帖，三万六千个毛孔，像吃了人参果，无一个毛孔不畅快"一句特别生动。

　　师：这是从什么角度来写音乐？

　　生：（沉思片刻）从听众的生理感受角度。

师：不错，入耳动听的音乐，常常令人舒心悦耳。顺便问一句，这句话若能换个标点，层次似乎更清楚，能找出来吗？

生：（略一思索，随即抢答）"服帖"后改分号！

师：为什么？

生：这是一个并列复句。前一分句写五脏六腑服帖，后一分句写全身毛孔畅快。用了分号层次更分明。

师：是呵，读书作文理应一丝不苟，这种认真也应落实到标点上。（一学生举手发言。）

生：第二环节中，形容歌声越唱越高时，用"一线钢丝抛入天际"来比喻，我觉得特别传神。我好像看到那根细细的钢丝笔直地蹿向天空，觉得那声音果然高极了。

师：对！你已经道出了描写音乐的一个重要方法，那就是状无形之物如在眼前。音乐是无形的是飘忽易逝的，只有通过形象化的语言才能使读者有亲临现场之感并获得美的享受。文中还有许多类似于此的句子，大家能找出来吗？（学生纷纷发言。）

生1：用登泰山一层高过一层来形容歌声的节节高起。

生2：用"飞蛇在黄山三十六峰半中腰里盘旋"比喻歌声回环往复。

生3：用东洋烟火形容歌声的纷闹繁多。

生4：用"百鸟乱鸣"形容歌声的和谐悦耳、活泼热闹。

师：请问，这些描写音乐的句子大多采用了什么修辞手法？

生：（齐答）比喻。

师：是呀，比喻是文章中一道美丽的风景线。善用比喻，往往能化枯涩为灵动，化平淡为丰富。现在，同学们从这两段文字中悟出了几种描写音乐的方法？请大家总结一下。

生1：要写出音乐的表演过程和基本内容。

生2：要写出听音乐者的感受。

生3：（补充生②）这些感受可以从生理上写，也可以从心理上写。

生4：最好能运用比喻来描写。

四、听音乐谈感受

师：我们分析了全文结构，也欣赏了作者对音乐的精彩描写。现在，让我们再欣赏一遍柴科夫斯基《如歌的行板》吧！听后，请同学们谈谈自己的感受。

（教师重播音乐，学生闭目聆听，有学生不时提笔记下瞬间感受。音乐结束后，教师不急于发问，有意留下3分钟空白，让学生沉浸在对乐曲的回味中，以期营造一种余音绕梁的氛围。）

师：说说你听音乐时想到的内容。

生1：我好像看到茫茫的俄罗斯平原，以及平原上散发着枯叶气息的白桦林，冰雪覆盖的世界，饥寒交迫贫穷无助的凄苦的农人。

生2：我仿佛看见伏尔加河上一艘货船正逆流而上，船上的船夫正吃力地撑着船，春天料峭的寒风吹在他瘦削的脸上；船尾一个小女孩托着腮望着岸上开得很早的几点小黄花，脸上露出一丝微笑……

师：除了这些由音乐联想起的景象外，还可以从哪些方面谈？

生：听了这段音乐，我的心不由自主地紧缩，我好像喘不过气来，鼻子酸酸的，我想放声大哭！

……

（铃声响起。教师要求学生将以上感受整理成一段文字，并加上小标题，作为课后作文上交。）

【附板书】

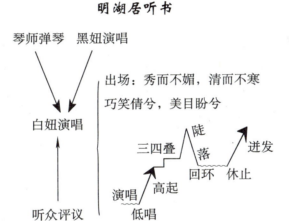

明湖居听书

● ● ● ● ● ［简要说课］

《明湖居听书》是一篇十分特殊的课文。

首先，它所处的单元在教材体系中位置特殊。在第三册教材中，学生已经学习了两个单元的小说，了解了小说的基本要素，基本上熟悉了小说的主要特点。而第五册教材则着重学习小说的鉴赏，对学生阅读小说提出了更高层次的要求。因此，第四册的小说单元实际上是一个承前启后的单元，进行本单元教学便应充分考虑这一特征。

其次，本课在单元中的位置特殊。本单元中其他三篇课文《林黛玉进贾府》《林教头风雪山神庙》《灌园叟晚逢仙女》均是典型的小说，唯独此文几近一篇描写音乐的散文：虽有人物描写，但主要不是为刻画性格；也有环境描写，却是为写音乐张本。况且本文结构并不复杂，语言也不艰深，完全可以突破教材编排体系，上成一堂趣味盎然的音乐欣赏课。

音乐描写，是本文的精彩之笔。本教案删除一切旁枝，不讲通感夸张，略讲烘托渲染，将教学重点确定为"对无形音乐的传神描写"，拟用一课时完成三项任务：分析小说结构，欣赏一段音乐，学习描写音乐。以音乐导入课文，以分析音乐描写方法为课堂主体，以欣赏品评音乐结束本课教学。

本设计试图在文学与音乐之间寻找交接点，并力求藉此培养训练学生的阅读写作能力，激发学生对音乐艺术的兴趣。因为语文课总是以人类一切文化积累为其背景的，将教学适当地向其他艺术门类延伸自有其必要性和现实意义。

但无论如何，它首先还应该是语文课。细细品味语言，立足于字、词、句、段、篇、章，仍是本设计所始终关注的。

●●●●●[教学点评] 陈小平

邓彤老师是安徽省首届教坛新星、第二届"语文报杯"教学大赛一等奖获得者，执教十余年来，他业已形成了自己的教学风格，本课教学实录便充分体现出他的教学特色。综述起来，突出表现在以下几点：

1. 不拘一格

"教无定法"虽系一句耳熟能详的套话，但在教学实际中却不容易做到。只有建立在对教材深透的理解和对教学规律深刻体会的基础上的教学，才有可能不拘一格，别出心裁，这样的教学才会蕴涵着鲜活灵动的生命力。本课教学紧扣音乐，由音乐起至音乐终，结构严谨自不必说，最令人称绝的是教师巧妙地借助音乐完成语文教学，两大艺术门类在这堂课上结合密切，和谐有机，毫无生硬之感。

2. 注重留白

很多巧妙的设计常令执教者为之着迷，最终却忘了设计的本意。我在欣赏本设计精巧的构想之余，尤其注重它特意留下的"空白"。教师在导入课文之后即空出一段时间供学生把握全文框架，在重点段落处又留出空白供学生品读，其余各处常常可见教师的"留白"。无字句处有华章。没有空白时段供学生思想自由翻飞，一切精彩的师生交谈便失去了依据；而若无教师精到的引导设问评述，这些"空白"就会变得单薄苍白。请读者留意这些"空白"。

3. 注重归纳

教师传授给学生的不应只是结论而更应是过程，人类的认识主要是归纳而不是演绎。要求学生学习描写音乐，既可以先示以规律再引例佐证，也可以通过分析事实求得规律。邓彤老师侧重的是后者。他不厌其烦地引导学生去分析，最后由学生总结出操作规则，他实际上将整个思维过程演示训练了一遍，其中合乎认知规律之处自不必多言。

如果说本课还有什么地方需加以完善的话，我认为还可以将教学内容再集中些。既然主体是音乐描写，则干脆将"把握框架"一环处理为让学生课外把握，集中力量听音乐、评音乐，将课后练习——"写音乐"一环置于课内。如此，课堂主体更加突出，一些精彩语段便可以让学生品得更深更透，本课的语文味道也许会更浓更醇。

《小橘灯》教学实录

❋ 樊友林

师：今天我们学习冰心奶奶写的《小橘灯》，任务是（屏幕显示本课学习目标）：1．整体感知课文；2．有感情地朗读课文；3．解决预习中的部分疑问。

师：课文的作者是冰心，大家了解冰心吗？

生1：冰心原名谢婉莹，福建省闽侯县人，她写过《寄小读者》，我读过她的《再寄小读者》。

生2：冰心，现代著名女作家，儿童文学家，代表作品有《寄小读者》《小橘灯》等。

师：刚才两位同学回答得很好，说明他们在预习时就查阅了有关资料。现在我们来了解一下课文作者冰心的有关情况（屏幕显示附有作者像的作家情况的文字介绍），请一位同学读一读。

生：冰心，原名谢婉莹，福建省闽侯县人，生于1900年，于1999年2月28日逝世，有"文坛祖母""世纪老人"之称，现代著名女作家、儿童文学家，著有诗集《繁星》《春水》等，散文集《冰心散文选》《寄小读者》《再寄小读者》等，以及散文《小橘灯》等。

师：课前同学们已经预习了课文，那么，《小橘灯》讲的是什么故事呢？请同学们用自己的语言简单概括一下故事的主要内容。

生："我"去了一个农村的乡公所探望朋友，遇到一个来打电话的小姑娘，"我"帮她打了电话，下午买了橘子去看望她和她的妈妈……

师：注意，要用自己的语言简单概括故事的主要内容而不是复述课文，哪位同学再来试一试？

生："我"去重庆郊外探望朋友时遇到了一个小姑娘，在与小姑娘接触的过程中，她以镇定、勇敢、乐观的精神鼓舞了"我"，使"我"对前途、对未来有所感悟。

师：概括得很好。那么，课文围绕这一中心事件又是如何有条理地展开叙述的呢？我们讨论一下课文结构层次的划分。你们认为应该怎样划分结构层次？大家各抒己见。

生1：我认为可分三部分，第一部分1～5段，第二部分6～9段，第三部分10～13段。

生2：我也分三部分，但分法和他不一样，我是这样划分的：第一部分1～4段，写初遇小姑娘；第二部分5～10段，写"我"去探望小姑娘母女，小姑娘制橘灯、赠橘灯；第三部分

11～13段，写小姑娘爸爸的情况以及"我"对小姑娘的想念。

师：很好，不但说出了自己是怎样划分的，还讲了划分的理由，讲得也很有道理。老师划分得要更细致一些，请同学们看屏幕，请一位同学读一下：

第一部分（第1~2段）"我"到乡公所去看朋友，写"我"和小姑娘相遇的缘由。

第二部分（第3~4段）小姑娘因母病来乡公所给医院打电话，写"我"和小姑娘的相遇。

第三部分（第5~10段）"我"去看望小姑娘和她生病的母亲，写小姑娘制作、赠送小橘灯。

第四部分（第11~13段）写小姑娘的家庭情况和"我"在这以后对小姑娘的怀念。

师：由此可见，课文的中心人物是谁？

生（齐）：小姑娘。

师：课文中的"我"对小姑娘具有什么感情呢？

生（齐）：喜欢、敬佩。

师：一开始接触小姑娘就喜欢、敬佩她吗？

生："我"对小姑娘的感情有一个发展过程，开始是同情她，通过接触，对她产生了喜爱、敬佩的感情，最后分别了又想念她。

师：说得很好，现在请一个同学有感情地朗读课文，随着故事的发展，要读出对小姑娘同情—喜爱—敬佩—想念的感情变化（屏幕显示："我"对小姑娘感情的变化　同情—喜爱—敬佩—想念）。

师：要读出对小姑娘"镇定、勇敢、乐观"的精神的赞颂。

生："这是十几年以前……噔、噔、噔地下楼去了。"

师：大家认为她读得怎么样？请一位同学来评价一下。

生：我觉得她读得太快，"小橘灯"的故事发生在黑暗的旧社会，现在回忆起来是很痛心的，所以读的时候应该舒缓一点，语调低沉一些。

师：朗读什么样的作品语调要低沉一些？

生（齐）：感情悲伤、哀愁的作品。

师：显然《小橘灯》不在此列，所以我们朗读时，语调可以比平时读书的正常语调略低一些，但不能以低沉的语调来读。

生：写小姑娘的外貌那一段应该读出对小姑娘的同情，她刚才读得比较平淡。

师：请你给大家示范一下。

生："我掀开帘子，看见……"

师：读得不错，把对小姑娘的同情读出来了，下面的内容也请你接着读。

生："我又回到里屋去……'红薯稀饭——我们的年夜饭。'"

师：哪个同学来评价一下她的朗读？

生1：她读得比较流利，不过一些字音读错了，比如"侧"她读成了"chè"、"愣"她读成了"rèng"。

生2：小姑娘和"我"的对话，她读得不好，应该读出小姑娘懂事、乐观的性格特点来。

师：那请你来把这一段对话给大家读一读。

生："我轻轻地问……'红薯稀饭——我们的年夜饭。'"

师：下面的内容请同学们认真欣赏配音画面，仔细体会，听完之后，请同学试着朗读（大屏幕展示配音画面）。

师：欣赏完了这一段画面，同学们仔细体会一下，我请一个同学来有感情地朗读第9段中小姑娘的语言。

生1："不久，我爸爸……"

生2：我觉得她读得不够好，最后两句话再现了小姑娘对革命胜利的坚定信心，对美好生活的向往，所以"一定"和两个"好"要重读。

师：那就请你来读一读。

生："不久，我爸爸……"

师：读得很好，感情把握得很准确，请同学们看第10段。第10段描写了一幅画面，这幅画面存在着一组对比，大家看看这是一组什么样的对比？

生1：小橘灯和小姑娘进行对比。

生2：应该是光线上"黑暗"和"朦胧的橘红的光"的对比。

师：对，光的对比，使小橘灯的"朦胧的橘红的光"显得鲜艳夺目，冲破了这黑暗，使"我"受到了鼓舞，增强了信心。我们一齐有感情地来朗读这一段。

生（齐）："我提着这灵巧的小橘灯……"

师：课文通过"朋友"之口交代了小姑娘爸爸王春林的情况，"我"和"朋友"的对话请两位同学来读一读，朗读时注意读出"朋友"惊异的语气。

生："从……从王春林家来……"

师：最后第11、12段请大家齐读。

生（齐）："当夜，我就离开了山村……"

师：大家读得很好，对这篇课文，同学们课前认真作了预习，课上我们也认真朗读了，对课文内容，同学们已经了解了，下面就请同学们把你们在预习过程中发现的问题拿出来，同桌之间互相讨论，如果讨论后还有些问题无法解决，就请提出来，我们共同讨论（学生讨论，老师巡视）。

生1：课文的第2段为什么详细地写"我的朋友"房间里的陈设？

生2：第7段"现在没有什么人，我爸爸到外面去了……"这句话是什么意思？

生3：第8段为什么详细写小姑娘制作小橘灯的动作？

生4：课文写的是小姑娘，为什么却以"小橘灯"为题？

生5：课文为什么几次描写重庆郊外的自然环境？

生6：课文第9段里两个"好"分别有什么含义？

……

师：同学们提出的这些问题都有价值，我把大家的问题大致归为四类：自然环境描写的作用，小姑娘的形象，小橘灯的象征意义，结构和语言等。

师：我们先来解决第一类问题，课文中有哪几处自然环境的描写？

生："天色越发阴沉了……"

师：这些自然环境的描写，仅仅是为了写重庆的自然环境吗？

生：不是，我觉得它还暗示了当时政治、社会的黑暗。

师：我们再来分析"小姑娘的形象"问题，课文是怎样来描写小姑娘这个人物的？

生：通过对她语言、动作、外貌的描写来刻画这一形象。

师：请大家找一找文中描写小姑娘语言、动作、外貌的语言。

生：外貌描写在第3段……动作集中在第8段……语言……

师：由此可见，小姑娘具有怎样的性格特点？

生：镇定、勇敢、乐观、能干、懂事。

师：同学们提出的四类问题这节课我们已经解决了两类，另两类我们下节课再讨论，课后，请同学们阅读自读课本中的《橘子》一文，看看与《小橘灯》在写法上有什么异同。

（在大屏幕显示）

作业内容：比较《橘子》与《小橘灯》在写法上的异同。

提示：两文的叙事线索、两文的环境描写、两文的结构层次、两文的人物形象。

●●●●● [教学点评] 王玲玲

教学千法读为本。学生对课文的感知是要通过读来完成的。本节课为第一课时。该节课围绕学习目标，通过学生读，学生评议，老师指点，学生再读等环节，让学生感知语言，揣摩作者的感情，从而读出对课文的领悟，可谓循循善诱，点拨到位。学生读得投入，听得认真，故而能及时发现问题，这是更深一层的感知。语文课堂教学贵在激活学生气氛，学生动起来，才能体现主体意识，也才能学会学习，提高阅读与理解的能力。教无定法，但教必须有法。

《家》教学实录

※ 朱则光

（课前：播放MTV《让爱住我家》）

师：刚才我们欣赏了《让爱住我家》，不少同学脸上还露出了甜蜜的笑容。那么，你有哪些感想急于告诉给其他同学呢？

生1：我感到画面中的这个四口之家太幸福了！

生2：他们相互关爱、相互体贴、相互包容，它让我想到了"温馨""温暖"这些人间最美的词汇！

生3：它让我想到了我严肃的老爸，温柔的老妈，慈祥的爷爷奶奶。家是我们每个人都向往的地方。

师：说得太好了！是呀，家，是妈妈的牵挂和唠叨，是爸爸的叹息和叮嘱；家，是爷爷胡子里长满的故事，是奶奶皱纹里饱含的沧桑。我们怎么能不爱它呢？家，是一个既古老又常新的话题。大家想不想知道当代作家周国平是怎样揭示"家"的真谛的呢？好！那就让我们一起徜徉《家》的世界，与这位作家进行一次人生的对话。（板书课文题目、作者。屏幕显示：与课文对话，领悟"家"之蕴。）

师：谁愿意与老师一起合作读课文？（与学生商定，由两生各读第一、二部分，教师读引言和第三部分）请其他同学带着自己对家的认识和体验，认真倾听，用心思考。（屏幕显示：作者认为"家"是什么？它带给了人们怎样的感受？）（全部读完后，听课老师及学生鼓掌）

师：谢谢！我想，老师和同学们已用热情的掌声给我们三个人打了高分。同学们读得很好，有几个字注意一下。（老师依次板书：载 讽 屑 憩 冶 曳，并简要讲解）

师：现在来回答老师刚才提出的问题：作者认为家是什么？它带给了人们怎样的感受？

生1：作者认为"家是一只船"，它带给人们的感受是"温馨"。

生2：作者认为"家是温暖的港湾"，它带给人们的感受是"温暖"。

生3：作者认为"家是永远的岸"，它带给人们的感受是"梦魂萦绕"和"永远的牵挂"。（师板书：家 船 港湾 岸）

师：为什么作者说"家是一只船"呢？（屏幕显示船的图片及问题）请同学们自由诵读第一部分，然后发表自己的看法。

生1：家是一条船，它是在有爱的河流中漂流的。

师：这样好不好？我们要考虑的是作者为什么认为家是一条船。

生1：作者认为家是一条船，在漂流中有了亲爱。

生2：作者事先看到了渔民们以船为家，他就想到船带给渔民们的是家一样熟悉的感觉，即使到了再陌生的水域，它也不会感到寂寞。

师：你能不能把作者想到的句子读一读呢？（生读：于是我转念想……不复可怕。）

师：在这一段中，哪一句话把你深深打动了？

生1：最打动我的句子是："人世命运莫测……莫测的命运仿佛也不复可怕。"它告诉我们的是家可以给人很大的力量，它让在外面的人感觉到家是一个人的支柱。

师：你感悟得很深。说得多好，好家总是带给人莫大的安慰和鼓励。你们认为什么样的家才是一个"好"家呢？

生1：温馨的、浓情的就是好家。

生2：和睦的没有争吵的互相谦让的就是好家。

生3：好家是让你在感到累和无助的时候，能够给你力量和温暖，能够让你想到它就感到很舒服。

生4：我认为好家就是每个家庭成员把爱心给予其他人。

生5：好家就是等你受到委屈的时候一想到它就觉得十分开心。家里没有嫉妒。

师：（屏幕显示两位老人的图片）你看大屏幕上的两位老人，命运与共，相濡以沫。有这样的好伴侣，这样的好家，即使生活道路上遇到再多的风雨坎坷，又有何惧？还有哪位同学想谈一谈打动你的句子？

生6：最打动我的句子是："四周时而风平浪静……一切都化为美丽的风景。"因为家中的成员只有团结一致，才能克服困难。

师：你能不能结合你家的情况来谈一谈，什么是"风平浪静"？什么是"波涛汹涌"？你有过这样的体验吗？（生：没有。）不过我想随着你年龄的增长、阅历的加深，一定会在切身的生活经历中理解这句话的深意。好，其他同学接着谈。

生7：最打动我的是："岁月不会倒流……我们竟不感到陌生。"我们不会感到陌生是因为家带给我们的安全感就好像在很黑很黑的夜里透过的一丝光亮和温暖。

师：你的语言很有文学色彩。接下来我们将在朗朗的读书声中再次感受家的温暖，你们想听哪位同学来读呢？

（众生推荐一同学朗诵第一部分。配音乐《秋日私语》，屏幕显示两张温馨家庭的图片。）

师：听你朗读真是一种高层次的享受！第一部分，作者由司空见惯的生活现象写到对家的深刻感悟和认识，自然流畅，水到渠成。这种表达方式是非常值得我们学习的。第二、三部分，我们尝试进行小组合作探究学习。

（屏幕显示：请你探究）

1.赏一句话——用赏析说服人；

2.读一句话——用美读感染人；

3.提出一个有价值的问题。

师（进一步解释）：1.赏一句话——用赏析说服人。选择你们认为深刻、精辟或发人深省的语句，结合自己的生活体验，阐述自己的理解和感受；2.读一句话——用美读感染人。声情并茂地吟诵你们组赏析的句子，力图打动听众，传达自己的理解和感受；3.提出一个有价值的问题。然后小组尝试研讨解决，当然可以对作者的观点提出质疑，向权威挑战。四人一组合作探究。时间：五分钟。注意：要在组长的主持下，分工合作、各司其职，集中所有成员的智慧，对探究成果作出摘记，然后推举三名同学代表小组分别陈述、展示探究成果。（学生分组合作探究）

师：时间到！下面我们分组展示探究成果。（各小组代表分别发言）

生1：我们欣赏的句子是："如果没有一片……家是供我们休憩的温暖的港湾。"这句话是说……

师：结合你们自己的感受谈谈好吗？

生1：我曾经参加过一个夏令营，很多天不能回家，晚上我偷偷地抹泪，真想马上回到我的家！等到终于回到家的时候，就像小船进了港湾，自由极了！幸福极了！

师：她谈得很好，谁来把这句话读一遍？（生读，师进行美读指导）你们的问题是——

生2：我们的问题是：为什么说"家是温暖的港湾"？

师：你们认为呢？

生3：课文第二部分的第5自然段作了详尽的阐释。

生4：我们赏析这一句："然而……多么欢快。"说明了船对港湾的依恋和向往。（师请一生朗读并进行指导）

师：有什么问题需要问吗？

生5：第一部分"家是一条船"里写道：渔民们安之若素，举止泰然，而船虽小，食住器具，一应俱全，也确实是个家。第二部分里却说，渔民们看到港口就希望回到家，这是否矛盾？

师：这位同学很有挑战精神。（问一生）你的理解是什么呢？

生6：因为港口是他们更大的家、更温暖的家。

师：下面哪位同学说说第三部分的内容？

生7：我们赏析这一句："至少，我们来到这个世界……这个家。"因为家使人感受到人生在世的美好。

师：你认为这一段中表达了作者对家的什么样的感情？

（生吞吞吐吐，师美读启发）

生7：表达了作者对家的向往和深深的思念。

师：从人生的起始到终结来看，家是永远的岸——沟通现实世界和天堂世界的岸，它既是每个人登临人生世界的起步之岸，也是每个人离开现实人生的离别之岸。叫人如何不想它？让我们齐读最后一段，读出这种"依恋"的情感来！（生读）

师：你们的问题是——

（学生没有提出问题）

师：老师倒有一个问题，文中说："家中琐屑的噪音也许正是上天安排来放松我们精神的人间乐曲。"我想很多同学的妈妈一定是制造这种所谓的"噪音"的"高手"。这种絮絮的唠叨声也是"放松我们精神的人间乐曲"吗？

生8：这是有前提的，是"在我们的灵魂被大海神秘的涛声陶冶得过分严肃以后"。譬如你在外孤苦无依备尝委屈艰辛时、被工作压得喘不过气时，再去听听妈妈的一些唠叨，不是很幸福的事吗？

师（指黑板）：文中，作者先是把人生比做"一种漂流"，又把家比做船、港湾、岸。想一想，这几个比喻之间有什么内在联系呢？（板书：人生漂流）（生讨论）

生1："把人生比做一种漂流"也就是把人生比做一条河，而船、港湾、岸都是与河流有关的。

师：也就是说，后面的几个比喻是以第一个比喻为前提的。同学们接着说——

生2：人生是漂流的，把船比做一个家，就是说漂流的人找到了休憩的地方。再把家比做港湾，是说船是靠着港湾的，港湾又靠着岸。这几个比喻是彼此相联的。

师（小结）：也就是说前面的比喻是后面比喻的前提，后面的比喻是前面比喻的深化，特别是关于家的第三个比喻，是前两个比喻的极致和升华。家为人类提供了登上世界的起始之站，又提供了一个离开现实世界的离别之站。（把板书勾连成船形）"家是什么？"不同年龄、身份、阅历的人就会有不同的回答。下面，让我们与自我对话，体味"家"之情（屏幕显示两段文字）：

我看见黑沉沉的大地展开在我的面前，用她的手臂拥抱着无数的家庭，在那些家庭里有着摇篮和床铺，母亲们的心和夜晚的灯，还有年轻轻的生命，他们满心欢乐，却浑然不知这样的欢乐对于世界的价值。

——摘自泰戈尔《新月集》

问孩子：家是什么？

他们回答：家是妈妈柔软的手和爸爸宽阔的肩膀，家是一百分时的奖赏和不及格时的斥骂。家是可以耍赖撒谎当皇帝，也是俯首听命当奴隶的地方。家是既让你高飞又用一根线牵扯的风筝轴。

——摘自《毕淑敏散文精品自选集》

（学生在《献给爱丽丝》的音乐声中朗读屏幕显示的文字）

师：（音乐声中动情讲述）和很多同学一样，老师也有一个温馨幸福的家。家里有我温柔贤惠的妻子，有我天真可爱的女儿。（展示家人的照片）我深深地爱着她们，她们也深深地爱着我。我们这只小船，已在风雨中驶过十多年的航程。在我心中，家是妻子无微不至的体贴，家是女儿得寸进尺的撒娇。我们今天用心品味了周国平的《家》，同学们对家一定有了更加深刻的认识，那么请你们来谈一谈：在你们的心中，家是什么。

生1：家是很温暖的让我可以依靠可以依恋的地方。

生2：家像我的一个支柱，时时刻刻支撑着我，无论我什么时候遇到什么困难，一想到家，我就有勇气来面对它。

生3：家是一盏为我点燃的灯，它永远地温暖着我的心，照亮着我的路。（掌声）

生4：我认为家是一棵大树，我在这棵大树的树荫下成长，它帮我解决生活中的困难，它给我温暖，给我依靠。（掌声）

师：同学们的发言既深刻又富有诗意，真让我激动！老师想说的是，我们在享受沐浴家人关爱的同时，千万不要忘了加倍地爱我们的家人。爱一切我们应该爱的人！去爱我们的民族和祖国，最后，愿在座的各位同学和老师都有一个温馨、温暖的家！下课！

● ● ● ● ●［执教感言］

《家》是语文版课标教材九年级下册的一篇议论性散文。作者从人们司空见惯的生活现象写起，运用三个层层递进的比喻，揭示了"家"的真谛，传达了他对"家"的哲学思考。教读这篇课文，我把教学目标确定为：1.与课文对话，理解"家"的蕴涵；2.与自我对话，学会思考人生，并力图体现以下理念：

（1）**平等对话：**阅读教学的过程是学生、教师、文本之间对话的过程。"与课文对话，领悟'家'之蕴"；"与自我对话，体味'家'之情"；着力为学生构建对话的平台。"哪句话让你心动？""你认为什么样的家才是一个'好'家？""妈妈的唠叨也是'放松我们精神的人间乐曲'吗？""在你们的心中，家又是什么呢？"——具体呈现的每一个教学细节，也着眼于"对话"的设计。在第二板块中，我深情讲述自己对家的真切感受，把自己也作为课程的一部分，真诚地袒露给学生，这不仅让他们深受感染，其实带给他们更多的应是"平等"的理念——人格的平等，思想的平等。

（2）**调动体验：**从谈话式的导入到抒情式的收束，从"带着自己的认识和体验"的听读要求到"结合自己的体验谈理解"的赏析提示，从深情款款谈自己的示范到轻拢慢捻的有意点拨勾连，都是为了激活学生真切的联想和想象，调动他们的体验和情感，从而使他们理解文章思想内涵，建构新的思想链条，提升自己的人文素养。

（3）**合作探究**：在师生共赏第一层次后，第二、三层次尝试四人小组合作探究。为避免流于形式，我作了如下策划：①递抓手：安排"赏析、美读、质疑"三个学习任务；②限时间：五分钟；③提要求："在组长的主持下，分工合作、各司其职，集中所有成员的智慧，对探究成果作出摘记，然后推举三名同学，代表小组分别陈述、展示探究成果。"但由于学生座次的临时性，操作不够流畅娴熟，未能及时组建"组长、记录员、发布员"的有效的小组学习机构，成员缺乏强烈的合作动机和主动的个人责任，致使合作探究虽小有成果，但并不让人振奋。

（4）**吟诵美读**：吟诵之重要自不待言。本课有全文的面式师生合作读，有片段的块式学生个别读，还有自选句的点式小组展示读。试想，在轻重徐疾中，在抑扬顿挫中，在浅唱低吟中，把理解认识融为一体，诉诸美妙的声音，作一次美丽的心灵的远游，奏一曲立体的有声的交响，撞击自己的、听众的心扉，产生思想的共鸣，谁说这不是得意忘形的语文学习之旅呢？

《七颗钻石》教学实录

❋余映潮

师： 咱们一起来学习《七颗钻石》。这是一节阅读活动课。什么是阅读活动课呢？就是又要阅读又要说话，又要探讨，还要想象的课。所以这节课会很有意思。

下面咱们来看看怎么活动。

（屏幕显示：活动一：进入录音棚）

师： 进入录音棚，意味着我们每位同学的身份是什么呢？

生（齐答）： 我们都是播音员。

师： 对，因此读课文就要读出播音员的水平。好，我们都来到录音棚了。那么，童话应该怎么读呢？童话是写给咱们儿童看的文学作品，我们在朗读童话的时候应该怎么样？

生1： 应有感情地读，要配合人物的性格来读。

师： 童话里有人物、有故事，所以要充满感情来读。

生2： 我觉得要将故事的高潮部分读得好一些。

师： 要读出它的情景、情节。

师： 那么童话究竟应该怎么读呢？（屏幕显示：用童声来读）

师： 可以这样读（师模拟一种童稚的声音）：在很久很久以前……

师： 好，就这样读，大家自由地读。将课文读一遍。

（学生各自快乐地大声地"用童声来读"课文）（大屏幕显示：读出故事味　读出文中情）

师： 要读出故事味，而且还要读出文中情。读出故事味就不能用一般的读书方法来读，要像刚才这位同学所说的那样，要随着故事情节的发展，像讲故事一样把内容读出来，那样就不会是"念书"了，而是带着情感在讲这个故事的内容。读出文中情，就是要把一些关键词咬准。特别是要把表示故事情节发展的字音突出出来。你看："小姑娘哪儿也找不到水，累得倒在地上睡着了。当她醒来的时候拿起罐子一看，罐子里竟装满了清亮新鲜的水。"这里的"竟"表示情节的突变，就要读出一种感到意外的味道来。

下面请大家重点体会"一天夜里……"和"她以为……"两部分，还是各自自由地朗读体会。过一会儿咱们选几个同学用童声来读。好，开始读，开始像讲故事一样地读。

（学生欣然地朗读起来）

师：下面我们就请几位同学来读。其他同学呢，就让我们沉浸于这个美好的故事中。我想请四位女同学来读：小女孩读小女孩的故事，挺有意思的，注意用童声来读。

（四位女同学自告奋勇演读课文，每人读一段）

师：同学们已经沉浸在童话里面了。我觉得有的地方读的时候韵味还要足一点。比如（师激情范读）："就在这一瞬间，水罐又从银的变成了金的。"这里要读出一点惊讶的味道，又比如最后一段（师又深情范读）："而那七颗钻石越升越高，升到了天上，变成了七颗星星，这就是人们所说的大熊星座。"要读得带有余味。总之，几位同学读得很不错了。看，你们都在录音棚里生活，刚才摄像师已把你们的精彩表现录下来了。好，咱们再开始第二个活动。

（屏幕显示：活动二：畅游智慧泉）（师请同学们一起说）

师：同学们，要开动脑筋啦！在智慧泉里尽情地畅游吧！下面讨论四个问题。

（教师用生动幽默的语调发问。屏幕同时展现：

话题一：不写第1段不行吗？

话题二：不写小狗与过路人不行吗？

话题三：不写水罐的"变"不行吗？

话题四：文章结尾不出现"七颗钻石"不行吗？）

师：请同学们自由地选择话题，然后结合文章的内容、结构、人物、情节来思考问题。

（生读课文，思考）

（生分组活动，交流自己的见解）

（师组织全班的交流活动）

生1：我觉得不写第1段不行，因为第1段说出了故事的原因，还突出了这罐水非常珍贵。

师：啊，你说到问题的边边上来了，还不确切，看看其他同学怎么说。

生2：我认为不写第1段不行，因为第1段写出了故事发生的背景，还有故事的时间和起因。

师：对，"背景"这两个字很重要，点出了故事发生的背景，或者说设置了人物活动的场景。

生3：我也认为不写第1段不行，因为它不仅交代了故事发生的背景，而且还为小姑娘一次又一次地把水给别人喝作了铺垫。

师：铺垫，说得好啊。

师：老师给大家作的小结是什么呢？——介绍一种写作知识：在我们记叙文里，或者在小说之类的文学作品中，为了更好地表现人物，往往把人物放在特定的场景里，比如说"狂风暴雨""大雪纷飞""烈日似火"等。这时候人物做事是不是困难了一些呢？所以，第1段的这种场景就是为表现人物服务的，用一种文学的语言来说，就是——（板书：写风写雨，笔无

虚设）

师： 课文里写的是"旱"，这一笔是为表现人物服务的，当然是笔无虚设了。

师： 再看话题二，不写小狗与过路人不行吗？

生4： 我觉得不写小狗与过路人是不行的。写小狗和过路人，正是对小姑娘的侧面描写。

师： 嗯，侧面烘托。写了小狗和过路人，就有了更多的形象，就能多侧面、多角度地表现小姑娘的言行和心灵。

生5： 我认为不写小狗与过路人不行。假设列夫·托尔斯泰不写小狗和过路人的话，光凭小姑娘给生病的母亲打水的事，这样就很单纯。如果写了小狗和过路人那就全面一些。

师： 对，如果不写的话内容就比较单薄，写了就比较丰厚。

生6： 如果不写小狗和过路人的话，那个木头的水罐就不可能变成银的，再变成金的。

师： 对，这样写就使故事更加曲折，使故事产生了波澜。如果单纯地写给母亲找水的话，这个故事稍微平淡一点。出现了小狗，使故事波折一下，然后又出现一个要水的人，故事又波折一下，这就叫做——（板书：一波三折，尺水兴波）

师： 有了波澜，故事就有味道了。

师： 接着来看话题三——不写水罐的"变"不行吗？

生7： 我认为不行。因为课文先写水罐变成银的，然后变成金的，然后又跳出了七颗钻石，我觉得这是一层一层地从侧面突出小姑娘心灵的美好。

师： 这是在烘托，同时点出了故事的发展。

生8： 我认为不写水罐的"变"是不行的。因为"水罐"是没有生命的物体，连没有生命的物体都被感动了，这就增加了文章的感染力。

师： 对，这就表现了童话的色彩。

生9： 水罐变成银的，变成金的，然后又变出钻石，可以看出小女孩的品质正在不断地升级。

师： 对，她的思想品质在不断地升华。

生10： 而且水罐的变化课文中没有点出缘由，这就让我们产生了遐想。

师： 这让我们想象，是不是有一个神被她感动了呢？是什么样的神力使这个罐子发生变化了呢？因此这又体现了童话充满想象色彩的特点。

生11： 水罐越变越好，这就说明有好心肠就会有好报。

师： 嗯，好心有好报。而且从文章情节的发展来看，小姑娘每有一次善良的行动，水罐就变化一次，这是一种巧妙的烘托。这就叫做——（板书：美好穿插，诗意烘托）

师： 你们看，小小的文章里面，有这么多美好的内容！

师： 下面我们来讨论话题四，文章结尾不出现"七颗钻石"不行吗？

生12： 我认为不出现"七颗钻石"不行，因为文章的题目就是"七颗钻石"，如果结尾不出现"七颗钻石"，那怎么行呢?

师：你真聪明。它呼应篇首，一下子就被你看出来了。

生13：我认为不写"七颗钻石"不行，因为水罐一直在变化。她做了这么一件好事，如果还不变化的话，就好像她做的这件事情不是很好，而且这七颗钻石也是她美好品质的一种升华，同时也点了题。

生14：首先，写七颗钻石和前面联系更加紧密。因为小女孩心地善良，每当她做了一件美好的事情，按我们的遐想来看，就有一位神仙给她一种回报，写七颗钻石不但点了题，而且使文章得到升华，也使文章有了一个高度。

师：对，文章的主题得到了升华。

生15：它突出了善良的伟大。

师：对，善良的伟大，结尾好像有点象征的味道。

生16："七颗钻石"的出现非常重要，因为"七颗钻石"变成了大熊星座，大熊星座非常明亮，给人们带来光明、指引方向，所以非常重要。

师：是啊，正像小姑娘美好的品格。

生17：钻石应该说是宝石中最珍贵的一种，用钻石来表现小姑娘的美好心灵，我认为是很恰当的，突出了童话的色彩，而且还很有诗意。

师：对，这个同学品出了童话的色彩，还感受到了诗意，她学得非常好了!

生18：因为童话本身就具有离奇故事情节的那种魅力，这里写七颗钻石，更体现了童话的童真，更给人一种离奇的感觉。

师：噢，让我们产生无限的遐思而向往这种美好的境界。

师：好，从文章的结尾来看，它是写得很漂亮的，它给我们这样一种感受，叫做——（板书：结而不尽，耐人寻味）

师：下面老师还加上一个话题，你们猜一猜? 好，请看大屏幕：

（屏幕显示：话题五：你也能问上一句吗?）

师：现在由你们来设计话题了。

生19：我想问，课文中为什么要出现七颗钻石，五颗不行吗? 三颗不行吗?

师：噢，谁来答?

生20：因为文章最后一段提到了大熊星座，也就是插图上的北斗七星，北斗七星常在夜空为人们指示方向，北斗七星在人们心目中地位神圣，所以应是七颗星而不是三颗或者五颗。

师：嗯，很正确，你可以得10分。

生21：首先大熊星座就是指北斗七星，而北斗七星是由七颗星组成的，如果你说三颗星、五颗星，那就不是北斗七星也就不是大熊星座了。

师：对，也是10分。

生22：我来问一个有童话味的问题吧，有一段话说小姑娘倒在地上睡着了。我想小姑娘一定做了一个很美的梦。我想问问大家她此时做了一个怎样的梦？

师（开心地笑）：噢，你把老师的秘诀给点破了。老师真的设计了这样一个问题，过一会儿再讨论好不好？她真聪明，读童话就读到想象上来了。哪个同学接着来？

生23：为什么要以"七颗钻石"为文章的题目？

师：是啊，为什么要以"七颗钻石"为题呢？

生24：为什么要以七颗钻石为题？这是小姑娘美好心灵的结果！

生25：这是一个文采飞扬的题目，起到了引人入胜、吸引读者的作用。

师：啊，你用的文学语言，真美！

生26：为什么母亲说她自己不能喝这罐水？

师：噢，你的同桌要回答。

生27：母亲是善良的，小姑娘受她母亲的熏陶，心地自然也是善良的。如果母亲说："哎呀，我全喝了，喝了就好了。"那就衬托不出小女孩的美好心灵。

师：对，这也是背景——小姑娘的家庭背景。

生28：在文章中小水罐是非常神奇的。我想问一下大家，作者为什么要把这个小水罐写得这么神奇？

师：噢，为什么这样神奇呢？其实刚才我们已讨论过这个问题了。哪个同学再来小结一下？

生29：是为了烘托小姑娘美好的心灵。

师：很好，同学们畅游着智慧泉，大家的智慧就像泉水在奔涌。下面我们进行第三个活动。（屏幕显示，同时，老师请同学们一起说：活动三：来到创作室

1.想一想，轻轻地描述一个好梦。

2.试一试，快乐地描述一个场景。）

师：描述什么好梦，描述什么场景，老师都不讲，你们自己决定。好，请同学们默想两分钟，开始编故事。（同学们构思）

生1：小女孩梦见一个神仙走到她面前。因为这个神仙被她以前做的那些好事所感动，所以对小女孩说可以答应她两个要求。于是，小女孩说，现在正有一场大灾难，请让所有的人都能喝上水，而且让所有的人都能健康地活下去。这位神仙对小女孩说："我可以满足你的要求。"然后就走了，而小姑娘也醒了。

师：这个同学理解了这篇童话的深意。好，第二位发言的是谁呢？

生2：梦仙子把小姑娘带到一个非常美丽的地方。这个地方有花有鸟，有树有草，有奔腾的小河，小姑娘突然想起了还在病床上的妈妈。小姑娘想，我的小水罐呢？我一定要给妈妈舀水。这时，梦仙子飘到她的面前，对她说："我可以给你一罐水，但你要好好利用这罐水，如

果你好好利用这罐水，它会给你一个惊喜的。"这时，小姑娘醒来了，她看到小水罐中装满了水。

师： 对，果然小姑娘很好地用了这罐水。很好，你想象的内容能和情节巧妙地接起来。

生3： 小姑娘梦见自己变成了一条小河，然后流到了地球的每个角落。所有的花草树木都恢复了生机，动物也恢复了生命的活力。然后，她妈妈就喝到了她变的那条河的水，她自己也感到非常高兴，因为她拯救了整个地球。

师： 噢，神奇的梦。

生4： 小姑娘梦见自己继续寻找水。这时飞来一只鸟。这只鸟开口说话了："请让我喝一口水吧。"于是小姑娘就毫不犹豫地给它喝了一口水。这时候，小鸟说："滴水之恩当以涌泉相报，我喝了你一口水，当然要还你一罐水。"小姑娘就这样惊醒了。

师： 真的，这一罐水就变成了涌泉。七颗钻石从罐子里跳出来，罐子里涌出一股巨大的清澈的水流。这水流干什么用的？就是大家喝的。小姑娘的爱心使大家都能喝上水并感受到喝水的乐趣。大家生命也获得了拯救。

师： 下面大家还要完成一个问题，我们来用一句话描述一下小姑娘。（屏幕显示：噢，你能用一句话描绘一下小姑娘吗？）

师： 大家一起把这句话读一读。（学生大声地读这句话）

师： 说说你心中的这个小姑娘，说说童话中的这个小姑娘。好，你说。

生1： 小姑娘的心如七颗钻石一样纯洁美丽。

师： 嗯，她有像七颗钻石一样晶莹的心。

生2： 小姑娘的心灵像那股清泉一样清澈。

生3： 小姑娘的行为就像大熊星座一样为人们指示方向。

师： 小姑娘的行为给我们做出了榜样。

生4： 小姑娘的心地可以感动上天，给人们免除疾苦。

师： 她是善良的化身。

生5： 小姑娘的品质是纯洁的、善良的。

师： 闪光的！

生6： 小姑娘的心灵如钻石那样璀璨，小姑娘的心灵如大熊星座那样熠熠生辉。

师： 啊，诗一般的语言，诗一般的美。

生7： 小姑娘的品格像梦一般的美、一般的神奇。

师： 对，梦幻般的神奇、美好。

生8： 小姑娘的心灵是如此美好，她那善良的心将永远鼓舞我们前进。

师： 啊，这是一句——大话。

（老师笑了，同学们也笑了）

生9：小姑娘的心无比的善良。

师：感动着我们。是啊，小姑娘是童话中的一个人物，就像稻草人、快乐王子一样，那么，她是一个什么样的童话形象呢？小结同学们的发言，我们可以这样说——

（屏幕逐句显示：

小姑娘是一个童话形象。

小姑娘是一个善待别人的人。

小姑娘是一个让上苍感动的人。

小姑娘是一个阳光女孩。

小姑娘是一个有钻石般心灵的姑娘。）

师：小姑娘是一个童话形象，要注意这一点。因为故事中小姑娘是一个善待别人的人，小姑娘是一个让上苍感动的人，因此有了这个美好的童话。用现在的话说，她是一个阳光女孩。她是一个有钻石般心灵的小姑娘！

师：这一次课，咱们在一种创设的环境里面生活，当我们进入录音棚的时候，我们读起来，读起来——让我们的心情激荡。当我们畅游智慧泉的时候，我们说起来，说起来——让我们的发现闪光；当我们来到创作室的时候，我们想起来，想起来——让我们的思绪飞扬。

师：因此，我们的阅读活动课让我们沉浸在美好的语文实践活动中，我希望同学们的每一节课都这么快乐！下课！

●●●● ［执教感言］

这一课的教学，从教学情味上看，关注了"情境生动"方面的创新。

这一课的教学，从教学进程上看，教学的思路简洁、漂亮。

它运用的是一种"板块式"教学思路：

进入录音棚——让心情激荡

畅游智慧泉——让发现闪光

来到创作室——让想象飞扬

可以看出，第一板块的教学活动主要是朗读，第二板块主要是品析，第三板块主要是表达。教师设置了一定的教学情景，渲染了一定的教学氛围，让学生在优雅的教学情景及浓郁的情境氛围中进行灵动的、多种感官并用的语文学习活动，从而让教学过程清新明朗，诗意浓郁，别具一格。

这就是教学思路的创新。

所谓"教学思路"，是对如何展开教学内容的"想法"，是指教师在设计课堂教学时所规划的、所要实施的教学流程。它或明或暗地被划分成若干个教学步骤，以便在课堂上有序地向前推进。

但从中学语文大画积上的阅读教学来看，科学地、艺术地设计教学思路的意识比较淡漠。教学模式普遍地表现为"导入课文——熟悉课文——课堂讨论——收束教学"这样一个俗套的流程。由于在"课堂讨论"中提问过多或讲析过多，这里往往形成一个内容繁杂时间冗长的"不歇气"的教学"大板块"，从而使课堂教学缺少节奏。因此我们应该进行教学思路的创新设计，让课堂教学的步骤明朗起来，生动起来，艺术起来。

　　在教学思路的创新方面，能够大面积地让老师们受益的是"板块式教学思路"。

　　所谓"板块式教学思路"，就是在一节课或一篇课文的教学中，从不同的角度有序地安排几次呈"块"状分布的教学内容或教学活动，即教学的内容、教学的过程都是呈板块状分布排列。

　　在教学实践中，这种教学思路表现出比较明显的特点：

　　1．就教学的有序性而言，课堂教学清晰地表现为"一步一步地向前走"，将全课的教学板块连缀起来看，呈现出一种层进式的教学造型。

　　2．由于教学中的每一个板块都着眼于解决教学内容的某一角度、某一侧面的问题，于是每个板块就是一种半独立的"小课"或者"微型课"，它要求教师精心地研读教材，优化、整合课文内容，提炼出可供进行教学的内容板块。

　　3．由于"板块"二字的出现，教师就要考虑板块的切分与连缀，考虑板块之间的过渡与照应，考虑板块组合的科学性与艺术性，这就改变了常规的备课思路，有利于提高教师的教学设计和创意的水平。

　　4．由于板块的有机划分，其中必然有让学生充分地占有时间、充分地进行活动的板块，也就是说，有些"板块"是明确地归属于学生的活动的，这就在让学生成为学习主体的方面迈开了扎实的一步。

　　5．教学过程中因为"板块"的清晰存在而容易协调教学节奏，能较顺利地展现课堂教学中教与学、疏与密、快与慢、动与静、轻与重的相互关系，使课堂教学波澜起伏，抑扬合理，动静分明，教学的清晰性和生动性都能得到鲜明的表现。

　　总之，板块式思路所表现出来的外部特征是教学结构清晰，所表现出来的内部特征是教学内容优化。对于传统的教学结构而言，板块式思路是一种创新与挑战。

《月迹》教学实录

※ 胡礼仁

一、激情导入

师：听说咱们这个班的同学充满智慧，富有灵气，敢于创新，这节课老师来亲自领略一下同学们的风采。好不好？

生（齐答）：好！

师：同学们曾经读过许多描写月亮的文学作品，唱过许多与月相关的歌曲，有的是歌颂月的美好和纯洁，有的是借明月表达心中的情感和思绪。现在请同学们说说与月相关的诗句。

生1：春风又绿江南岸，明月何时照我还。（王安石）

生2：野旷天低树，江清月近人。（孟浩然）

生3：海上生明月，天涯共此时。（张九龄）

生4：举头望明月，低头思故乡。（李 白）

生5：但愿人长久，千里共婵娟。（苏 轼）

师：大家平时很用心，积累了很多古诗句。这些诗句，在今后写作时都可以运用。

师：这节课我们来学习一篇也是与月相关的文章。（板书《月迹》贾平凹wā。）这里贾平凹的"凹"读wā，他是中国当代著名作家。

二、课文美读

师：请同学们用自己最喜欢的方式自由朗读课文，不认识的字词查字典，然后用精练的语言概括课文的内容。

（教师巡视，发现大部分学生已认真读完）

师：大部分的同学已读完，请大家注意以下字的读音：

（屏幕显示：倏shū忽 袅袅niǎo 嫉jì妒 掬jū 面面相觑qù。）

师：如果给标题前加上一个动词，组成动宾短语，该怎么加？

生1：寻月迹。

生2：看月迹。

生3：感月迹。

师：是"感受月迹"吧。大家说得非常好，我们还可以说发现月迹、争抢月迹、议论月迹……下面请同学们从任意一个角度说话，概括课文的内容。仿"这是一篇……的文章"的形式。下面开始发言。

生1：这是一篇写观察月亮的文章。

生2：这是一篇写观察月亮踪迹的文章。

生3：这是一篇写景的文章。

生4：这是一篇写景抒情的文章。

生5：老师，我想问一个问题。作者究竟想告诉我们什么道理？

（笑声响起。）

师：你是个肯动脑筋的孩子，这个问题问得好，等一会儿，老师会告诉你答案的。

生6：课文写了孩子们在屋里找月亮，在院子里听月亮，在酒杯里看月亮，在院外寻月亮，在河滩上感悟月亮。抒发了对月亮的遐想和对童年的怀念。

（全班热烈鼓掌。）

师：她不仅从文章的层次，而且从主题上概括了这篇散文，很好。刚才，同学们从不同的角度概括了课文的内容，课文的标题是"月迹"，围绕月迹，课文写了孩子们的哪些活动？

（每找一项内容请学生用不同的朗读形式进行朗读。）

生1：写了孩子们在窗前的穿衣镜上发现了月亮。

师：请你把这一段朗读一遍。

（学生有感情地朗读第3段。）

师：读得很有情味。

生2：还写了孩子们在院子中找到了月亮。

师：找得好，这一部分写得很有情趣，主要用了什么手法写的？

（几个学生小声说：对话。）

师：对，对话描写。下面请三位同学分角色朗读课文。

师：请你们三位同学来，这位女同学读奶奶说的话，这位男同学读"我们"说的话，这位女同学读作品中叙述的语言。开始。

（学生很有感情地读了第5段到21段。教室内响起热烈掌声。）

师：三位同学可以说读得声情并茂。请问还写了哪些活动？

生：还写了沙滩上看月。

师：对，这一部分请全班同学齐读。大家找到位置了吗？

（生齐答：找到了。）

师：同学们读的时候感情要充沛，文中对话的地方写得很精彩，要用充满童趣的语气来读。"月亮是个什么呢"中的"呢"字读时声音稍轻延长，要用充满深情向往而带有疑惑的语气读；"月亮是个好"中的"好"字要读得干脆有力。老师先给你们示范一下。

（老师读完后，学生鼓掌。）

师： 下面全班齐读，开始，读！

（全班齐读第31段至结尾。）

师： 还写了哪些？

生1： 酒杯中的月亮。

生2： 水中的月亮。

师： 同学们很专心，找得比较全面。老师将你们找的归纳如下，请看屏幕。

（屏幕显示：镜中之月 院中之月 杯中之月 水中之月 沙滩之月）

师： 同学们，你们看，这些内容看起来有点……

生1（抢着说）：有点散。

师： 同学们，你们说呢？

生2： 我觉得不散。因为所有的内容都围绕"月迹"在写。

师： 有道理，同学们想一想这是一篇什么文体的文章？

生（齐答）：散文！

师： 它的特点是

生（齐）：形散神不散。

师： 对。所谓的"神"，就是文章的思想感情。课文围绕寻找月亮的踪迹，写了镜中之月、院中之月、杯中之月、沙滩之月、心中之月，实际上都是紧扣"月迹"在写，表达作者那种月一般纯洁、真挚、明亮的心境，这就是散文的"形散神不散"特点。

三、赏读品味

师： 课文写了"镜中月""院中月""杯中月""河中月""沙滩月"，请你任选一个角度，在你最喜欢的段落、句子、词语中做好圈点勾画，写出自己的理解和感受，然后与同座交流自己的体验，谈谈欣赏的原因。

师： 老师先给同学们做个示范。第5段："满满的"写月亮的满圆；"玉玉的、银银的"写月光的洁白；"粗粗的"写桂树的粗壮；"疏疏的"写枝叶的稀疏；"累累的"写花朵的繁多。叠词的运用充满童趣。请同学们注意积累。

生1： 第3段"原来月亮是长了腿的……穿衣镜上的圆便满盈了。"用拟人的手法，把静止的月亮写活了。

师： 把月亮的情态写得很有韵味。

生2： 我补充一点。这一段中"只留下一个空镜，一个失望"一句还照应了前文。

师： 照应了前面什么呢？

生3： 照应了前面"盼着月亮"。

师（点头）：对。

生4：我品的也是第3段。我把"款款地，悄没声地溜进来"改为"深情地款款地，悄没声地溜进来"。（笑声响起。）这就把月亮比做一个美女，她偷偷溜到"我"院里。拟人手法很传神。

师：这位同学的品析也很传神，有创意。

生5：第24段中动词"浮""颤"用得好，写出了月亮轻盈的特点，还说明作者童心未泯。

师：品味得非常细腻有感情，老师也受到了启发。

生6：第35段是本文的寓意所在。这月亮象征了人们追求的美好事物，只要我们勇敢执著地追求，美好的事物就在我们心中了，"那无边无际的天空"才属于我们。

（全班鼓掌。）

师：同学们的发言精彩纷呈。刚才这位同学实际上点明了文章的中心，的确如此，我们只要善于发现美、追求美，美就属于我们每个人。

生7：第3段中的"爬"字把月亮拟人化了，"失望"一词写出了作者童年对月亮依恋的感情。

生8：我发现本文的对话很有特点。如"月亮进来了"，就把读者的视线引到了月亮上；第6～9段不仅起到过渡的作用，而且写出了孩子好奇的心情；第18～21段写出了争执的原因；第26段由奶奶的一句话结束了争执，将孩子们引到更远处寻月；第32～34段评价了月亮在孩子们心中的位置。文中，奶奶起到了推动故事情节的作用。

师：太妙了。老师还没有发现这一点，奶奶的话起着推动情节作用。这位同学善于发现。

生9：第28段中"细细的""净沙"等词写出了河水的静，沙的细腻，月亮的皎洁，表达出夜晚沙滩的柔和与光亮。

师：很好，抓住了景物的特点来品味字句。

生10（即前文提问的同学）：第26段中"月亮是每个人的"说得真好，只要我们发现美，执著追求美，美就属于我们每个人了。

师：看来，你已经解答了前面提出的疑问。有悟性！

生11：我喜欢最后一段。它把读者带进了甜美的回忆。我还发现文章有首尾呼应的特点。开头说"不觉满足"，结尾又说"觉得满足"，他告诉我们，找到了月亮就找到了希望，找到了希望就满足了。

师：这位同学在文章结构上又发现了一个亮点——首尾呼应。同学们的发言很精彩，老师很受启发。

师：上面同学们对课文优美的词句品味细腻独特，我们对课文内容有了更加深入的了解。现在，我想问一个问题：为什么文章要以月迹为标题？（月迹的含义。）

生1： 因为月亮就是一个美好的目标。告诉我们要勇于追求这个目标。

生2： 作者想要记录月亮留给他们的美好的东西。

生： 月亮是美好事物的象征。

师： 是啊，月迹可以理解为月亮在孩子心中留下的美好印迹；也可以理解为月亮变化的轨迹，寻月的过程就是寻找美的过程。通过记叙寻月的过程，描绘了美丽的月色，赞美了孩子们美丽纯洁的心灵，表达了孩子们追求美好事物的纯真愿望，同时告诉我们一个道理：美好的东西是属于每个人的，只要我们努力去寻找，就能找到我们所需要的美好事物。

四、诗意仿写

师： 刚才我和同学们一起学习了贾平凹借景抒情的美文《月迹》，请同学们模仿课文的手法，从下面提供的自然景物中任选一种，展开想象，用儿童化的语言写出其特征及你的感受，一百字左右，时间3到5分钟。

太阳　月亮　小草　树叶　荷花

（学生仿写，教师巡视，并与个别同学交流。3分钟过后，教师发现一部分同学已写好。）

师： 老师发现有部分同学已经写好，有的同学想象丰富，写得很有诗意，很有文采。下面请几位同学交流一下。

生1： 昨夜，第一片落叶无声无息地降落；今晨，第一丛落叶消失在风雨中。我深情地拾起它，仿佛听到它在叹息：从青青的嫩芽到枯萎的黄叶，我逝去了！等到寒冬过后，我将和泥土融为一体，成为护花使者。

如果真有所谓的下辈子，我仍愿做一片落叶。

生2： 夏天来了……荷花开了！在看似肮脏乌黑的泥塘里，冒出了一枝雪白雪白的荷。纯白的花瓣拼命地向外伸延着，一点一点缓缓地生长。终于，一瓣压着一瓣，重重叠叠地盛开了。花瓣根处一点点粉红，淡淡的像被洗过似的，被那雪白的露珠晕染开来；鹅黄色的花蕊结满了花粉，散发着香气。素雅的外表里永远贮存着馨香。

生3： 一次，我和往年一样坐在桌旁等月亮，当我看时，那静静的夜空中果然有了月亮，款款地，悄无声息地溜了上来。啊！今年的月亮比往年的圆。啊！今年的月亮比往年的大。啊！……这时我想起了小时候背过的一首古诗："仙人垂两足，桂树作团团。白兔捣药成，问言与谁餐？"的确，大自然塑造出了无与伦比的奇迹。这无疑让我感到大自然的伟大。

（生热烈鼓掌。）

五、课堂小结

师： 同学们的交流非常精彩，大家真是发现美创造美的人。生活中处处有美，只要同学们更好地去发现美、感受美、创造美，我们的生活就会变得更加美好，我们生活的世界就会变得更加美丽！

●●●●［执教感言］

贾平凹的《月迹》（鄂教版《语文》八年级下册，苏教版《语文》七年级下册）是一篇文质兼美的散文，在教授《月迹》这课时，我力图贯穿"以读为本，品写结合"，加强朗读，在声情并茂的朗读中，感受作者追求美好事物的情感，在细腻品味的赏析中，感悟文中所反映的孩子们纯洁美好的心灵，得到美的熏陶的教学思路。通过一节课的合作交流，基本达到了预期效果。

阅读的主心骨就是要"读"，语文能力"读"是根本。一个人不管是在校学习，还是毕业后从事任何工作，阅读能力都是最基础的、最必须的能力。关于阅读，《语文课程标准》强调："能用普通话正确、流利、有感情地朗读课文。"曾国藩说："非高声朗读则不能得出其雄伟之概，非密咏恬吟则不能探其深远之韵。"文章的情感和韵味，气势和神采，以及音韵美和节奏感等等，不经过反复诵读，一般是难以体会到它的美妙之处的。而涵咏，可以使"读书之味，愈久愈深"（程颐语），让人获得回味无穷的美感，进而达到发展学生个性，形成健全人格，培养创新精神，提高人文素养的目的。

阅读能力是一种复杂的心智技能，自然需反复历练，但教师的指导也很重要。因此，在第二个教学环节中，我设计了"美读课文"。在安排预习时，要求学生"有感情地朗读课文、理解文中表达的思想感情"。上课时，我先用大约四分钟的时间让学生用自己最喜欢的方式自由朗读课文。然后，在学生回答"课文写了孩子们的哪些活动"问题的过程中，分别运用了全班齐读、个别朗读、分角色读、教师示范读等形式，让学生在充分读的基础上感受文中的情愫，沉浸于课文中的情感氛围之中。在这个过程中，教师不失时机地给予恰当的指导、示范和评点。如对朗读得好的地方进行肯定，对还应该注意的地方，包括句子和有关的字词进行指导。这个过程大约用了12分钟。这样，既调动了学生"读"的积极性，又让他们掌握了有关"读"的方法。

"正确、流利、有感情地朗读课文"是语文课的最基本的要求，但这个最基本的要求已经被我们的语文教师给忽视了，现在的语文课很难听到学生有情有味的读，学生读的权利被教师的架空分析所代替。在此，我们必须清醒地认识语文教学的基本任务，就是"指导学生正确地理解和运用祖国语文"，掌握正确理解和运用母语的能力，这种能力从何而来？答案是唯一的：让学生去读书，让学生去感受，让学生去体味。古人云：书读百遍，其义自见。通过阅读大量的精美文章，积累语言材料，获得语感，进而形成语言能力。这是因为，语言文字蕴涵的语音感、语意感、语境感不是教师能够全部讲出来的。弘扬人文、熏陶感染，强调一个"润"字，在反复的朗读吟诵中，高尚的爱国情感、强烈的民族自尊心就会在潜移默化中影响学生。

语文学科是渗透着人文精神的学科，具有时代性、开放性、典范性和个性化的特点。重视多元文化，指导学生对课文的阅读要体现课标的理念，鼓励有个性的阅读，有创意的阅读，这是课标的要求和时代的需要。而阅读乃是个人色彩的活动，因为阅读的中心环节不是将文本照本宣科地念出来，更不是别人（如教师）讲给读者（如学生）"文本中都说了些什么"，当然也不能完全排斥教师的讲解作用；阅读的中心环节乃是读者自读时头脑中的重新"组织和转换"。读者进行重新"组织和转换"，将文本的思想写法"内化"为自己的精神财富，是用自己的思想、学识和经验去感知、思考、评价，与自己的认知结构联系、编码、贮存的过程，因此阅读后所获得的成果都带有个人的色彩。也可以这样说，读者进入了阅读过程之后，读者读到的不是书面上的语句，而是他的意识同语句"化合"的产物。因此在阅读教学中，应该十分强调"接受主体"在阅读中的主体地位。让"接受主体"自己先去读，自己先与"文本客体"发生碰撞，互相交流，互相制约，直到两者融为一体，形成"意思"。这样产生的"意思"，即文本的思想感情和写作特点等，才是"接受主体"真正接受的；"接受主体"的阅读能力也正是在"碰撞""反复""交流""制约"的过程中得以提高。当然，"接受主体"经历上述过程所"融合"取得的结果并不一定是正确的，这是因为文学作品欣赏的特殊性、文学形象的多义性，决定了人们对文学形象及其社会意义理解的不确定性，因此，在评价中不能用统一的标准去要求、去衡量学生对作品的解读的结果。对学生解读的结果，可以通过师生的相互"对话""交流"，使"接受主体"知己之长、舍己之短，并得到认同和修正。

阅读是一种个性化的心智活动，每个人由于知识、经验、阅历等不同，感悟的层次和结果也可能不一样，但需要接受主体通过自读来由"感"而"悟"，则是相同的。因此，感悟和品读应该成为我们阅读教学的一道亮丽的风景线。

关于品读，著名特级教师余映潮老师有过精辟的阐述："品读，就是精读、深读；就是对课文的赏析、体味；就是从不同的角度，或选点，或铺面，对文章进行品评赏析，从字里行间看出作者遣词造句的功夫与用心，看出文中的美点妙要，品出力透纸背的意蕴。"在第三个教学环节中，我以"赏读品析"为重点，让学生徜徉于品读的海洋。如学生对"浮""颤""爬""失望"等词的品析就很有特色；又如对"我突然觉得……按在天空上的印章吗"，"月亮是每个人的"，"款款地，悄没声地溜进来"，"原来月亮是长了腿的……穿衣镜上的圆便满盈了"等句子的品味，细腻深刻；再如对课文的结构特点（开头说"不觉满足"，结尾又说"觉得满足"）、思想感情（这月亮象征了人们追求的美好的事物，我们必须勇敢执著地追求，美好的事物就在你心中了，"那无边无际的天空"才属于你）等方面的品析也是独特新颖的。因此，品读教学成为了这节课教学的一个亮点。

"以读为本，品读结合"，读是根本，品为核心，以读促品，品读交融。只要我们树立科学的阅读观，我们的阅读教学必将在朗朗的读书声中"读"出中国语文教育史上最辉煌的篇章，在美妙的品析声中"品"出中国语文教育史上最动听的乐章。

《在烈日和暴雨下》 教学实录

❀ 阮翠莲

　　师：今天我们一起学习课文《在烈日和暴雨下》。这篇课文节选自老舍先生的长篇小说《骆驼祥子》第18章。作品写于1935年，发表于1936年。老舍是我国现代著名的文学家，他一生著作很多。同学们说一说，你们读过他哪些作品？

　　生：《济南的冬天》《小麻雀》。

　　生：《骆驼祥子》。

　　生：看过电视剧《四世同堂》。

　　师：老舍先生是一个勤奋的作家，一生作品很多。长篇小说《骆驼祥子》《四世同堂》，话剧《茶馆》《龙须沟》是老舍先生的代表作。老舍是北京人，他的作品也大都反映北京人的生活。1951年北京市人民政府授予老舍"人民艺术家"的称号。1966年8月24日老舍先生在文化大革命中被迫害致死。1968年诺贝尔文学奖评委已将老舍列为诺贝尔文学奖候选人，但是到中国了解情况时，得知老舍先生已经去世。大家知道，诺贝尔文学奖是不授予死去的作家的。后来日本作家川端康成获得了当年的诺贝尔文学奖。长篇小说《骆驼祥子》是老舍先生一生最满意的作品之一。同学们预习了课文，请大家说一说课文中的"祥子"是个什么人？

　　生：祥子是北平（北京）的人力车夫。

　　师：对，祥子是北平（北京）最底层的劳动者的形象。那么课文节选的部分写的是什么事？

　　生：祥子在烈日和暴雨下拉车。

　　（师板书。）

　　师：课文中最突出、最精彩的是对烈日和暴雨的描写，这是祥子活动的自然环境。因此，本文的学习重点与景物描写有关。1.学习景物描写的方法。2.体会景物描写与人物的关系。

　　（板书。）

　　师：下面请同学们速读课文，看一看课文哪些段落写的是祥子在烈日下的活动，哪些段落写的是祥子在暴雨下的活动？

　　生：1～7段写祥子在烈日下，8～17段写祥子在暴雨下。

　　师：请一位学生朗读课文第1、2段。

师：这两段文字集中描写天气炎热。你们认为第4段文字中哪些句子写得好？为什么？先认真读书，在书中标出你认为精彩的句子，然后同桌交流。

生1："天热得发了狂"一句好。一个"狂"字写出天热得肆无忌惮。

生2："太阳刚一出来，地上已经像下了火"一句好。这句运用夸张的手法写出了天气的炎热。

生3："一些似云非云似雾非雾的灰气低低地浮在空中"一句写得非常形象。"似云非云""似雾非雾"写出了闷热天气里的空气特征。

师：课文第2段作者选写了哪些景物？同学之间可以交流。

生（讨论后明确）：街道、柳树、马路、便道，狗、骡马、小贩们、铜牌，拉车的人们。

师：作者越写越细，我们便感觉天气越来越热。

师：同学们速读课文3～7段，看祥子在炎炎烈日下几次出车？作者重点写的是哪一次？

生（明确）：两次。作者重点写的是第二次（课文第6段）。

（生齐读课文第6段。）

师：本段文字中作者直接描写烈日阳光的句子有哪些？细读这些文字，说一说这是怎样一种阳光。给"阳光"加形容词或形容词短语。可以是本段文字中的词语，也可以是自己概括的词语。

生："闪眼的""像火球一样的""白花花的""毒花花的""毒恶的""炙人的"……

师：在烈日的炙烤下，祥子有哪些活动和感受呢？

生："祥子不知怎么是好了……水要往上漾"。

师：这几句话中哪一句把祥子的感受写得最细腻最形象？

生："脚心跟鞋袜粘在一块，好像踩着块湿泥，非常难受。"这句话把祥子在烈日下拉车的痛苦写得细腻、形象，我读后似乎也能感受到这种痛苦。

师：是呀，老舍先生的语言很有表现力。在烈日下拉车的祥子就这样昏昏沉沉、渴热难熬，像骡马一样。（板书。）

师：下面请同学们跳读课文第8～11段，看一看作者怎样写出暴雨从无到有的过程？把课文中相应的词句画出来。

（生读课文。）

生（讨论后明确）：风：凉风——柳枝飘摇——柳枝狂舞——柳枝横着飞。云：天边墨似的乌云——乌云遮黑了半边天——黑云铺满了天。雨：雨星——雨点——雨道——水世界。（板书。）

师：你们认为这几段文字中哪一段写得最精彩？

生：11段。

师：请一位同学朗读这一段。既然大家认为它精彩，那就一定能读出它的精彩。

（生读。）

师：这段文字如此精彩，课下我们把它背下来怎样？

生：好！

师：大家想一想本段文字在选景方式上跟第2段文字有什么不同？

师：第2段文字作者描写了同一时间段内不同景物的不同状态，我们可以称它为"横式选景"。第11段有什么不同？

生：11段按时间的推移，写了不同景物在不同的时间段内的不同表现，可以称为"纵式选景"。

师：想一想我们学过的写景的文章，哪些属于"横式选景"？

生：《春》《济南的冬天》。

师：哪些属于"纵式选景"？

生：《听潮》《海滨仲夏夜》。

师：有的文章在选景方式上可以说是"纵横交错"。譬如《听潮》，从通篇看是"纵式选景"，写海睡图时又是"横式选景"。同学们想一想，如果老师让你们以《雪后》为题写一写雪后的景色，你们想用哪种选景方式？

生："横式选景"。

师：你写些什么呢？

生1：雪后的街道，雪后的房屋，雪后孩子们打雪仗的情景。

生2：雪后的村庄，雪后的田野，雪后的河流，雪后的山景……

师：如果写"日出"呢？

生："纵式选景"。

师：写些什么呢？

生1：日出前天边的云霞，太阳露出一丝金边时的景色，太阳露出半个脸时的景色，太阳跳出地平线时的景色。

生2：我见过海上日出。我想写日出前海面的景色，太阳刚露出海面的景色，太阳跳出海面的景色。

生3：我观察过日落的景色，也可以用这种选景方式写。

生4：我观察过什刹海的景色，写作时可把这两种方式结合起来。

师：对。课后请同学们根据自己的生活积累，选择一种写景方式，自拟题目，写一篇日记好不好？

生：好。

师：下面请同学们默读课文第12段，看一看暴雨是怎样蹂躏祥子的。请同学们找一找本段文字中哪些动词用得准确、生动。

生（讨论后明确）："裹""砸""横扫""浇""拽""挣命"。

师：请同学们分别找这些动词的近义词跟这些动词比较一下，品一品这些动词好在哪里。

生："湿裤子裹住他的腿"，一个"裹"字写出雨量之大，如果换成"粘"字，就没有这种效果。

生："上面的雨直砸着他的头和背"，"砸"突出雨点大而有力，祥子所受痛苦之深。如果换成"敲"，感觉雨点就小了很多。

生："拽"写出祥子拉车极其艰难，如果换成"拉"艰难的程度就难以表现。

师：老舍先生不愧为著名的语言大师，用词准确、形象、生动，充满感染力。那么祥子在暴风雨中忍受煎熬，坐车人又是怎样表现的？课文中有祥子与坐车人的对话，请同学们摸拟一下。

（生模拟，众笑。）

师：同学们看一看，这里祥子说的话后面用了什么标点？

生：感叹号。

师：表达的是一种什么语气？

生：请求、恳求、哀求……

师：哪个词语最恰当？

生：哀求。

师：坐车人的话用了什么标点？

生：感叹号、问号。

师：表达了什么语气？

生：冷酷、凶狠。

师：我们再请一组同学表演。

（生表演。）

师：看了这两位同学的表演，同学们想一想，祥子的悲剧有烈日和暴雨的原因，可是仅仅因为烈日和暴雨吗？

生：还因为祥子生活在黑暗冷酷的旧社会。

师：一天之内，祥子经受了烈日的曝晒，又遭遇了暴雨的冲刷。回家后，祥子哆嗦得像风雨中的树叶。打这以后，祥子大病一场，躺了一个多月。祥子再也强不起来，从此一蹶不振了。这些在长篇小说《骆驼祥子》中还有许多精彩描写，同学们可在课下阅读。

师：同学们想一想，本文作者如此细腻传神地描写景物的目的是什么呢？

生：表现祥子悲惨的命运。

师：对，文中的景物描写是为了烘托人物的命运，烈日越烈暴雨越暴，祥子的命运越悲惨。学习这篇课文，我们学习了景物描写的方法，理解了景物描写与人物的关系。课下请同学们完成这节课要求的写作和背诵任务。下课！

●●●●●[执教感言]

　　《在烈日和暴雨下》是语文学习的经典材料，语言形象、生动、准确，感染力强；景物描写浓墨重彩，层次井然；人物塑造细腻传神。教学本文应在充分把握文章特点的基础上，把学习语言、学习景物描写作为课堂教学的总目标。课堂教学过程中，以下三点是我着力做到的：

　　首先，让学生充分体味语文的魅力。为此，我特意设计了几个教学环节——让学生找出最精美的语句，并说出理由；对课文精彩语句"脚心跟鞋袜粘在一块，好像踩着块湿泥"，"地上射起无数的箭头，房屋上落下万千条瀑布"等反复品味；课文第12段让学生对典型动词的运用细加比较、揣摩。这些环节不仅让学生体会到课文语言的精彩，而且激起了学生鉴赏语言、学习语言的浓厚兴趣。对重点段落11段的反复诵读，一方面积累语言，另一方面培养语感。给"阳光"加形容词、口头作文等环节，又让学生的语言运用能力得以牛刀小试。语文的魅力还表现在语文的情感色彩。教师通过引导学生对课文语言的学习，自然把学生引入语言所描绘的情景之中。烈日同样炙烤着学生的情绪，暴风雨又让他们经历了"惊心动魄"；同情祥子悲惨的命运，又憎恨坐车人的冷酷无情……

　　其次，精设计，巧引导，充分调动学生的学习热情。《在烈日和暴雨下》这样的好文章，课堂上一定要把文章完整而充分地交给学生，让学生在反复充分的阅读中感知、咀嚼、品味、消化。教师教学设计的出发点就是充分调动学生自主阅读的积极性，让学生在自主阅读的过程中自主发现，自我体验，学会阅读。因此，这堂课我精心设计了12个问题（实录中已标出）。其中，检查学生整体把握课文的情况，要求学生初读课文后要了解课文中的人、事、景。目的是引导学生精读课文1、2段，体味其语言表达的妙处，了解其选景的规律。学生在问题中阅读，目标明确，效率提高。引导学生速读课文，选出重点段。要求学生反复阅读第6段，揣摩语言，体会情感，把握人物。这两个问题的设计，引导学生从浅层阅读过渡到深层阅读，让学生在阅读中思考、理解、评判、表达。在深层阅读的过程中，学生才能体会阅读的成就感。要求学生跳读课文8～11段，找出景物的层次变化，体会选景特点。这部分文字较长，"跳读"可提高阅读速度，训练学生在阅读中获取主要信息的能力。是精彩段落的反复朗读，以加深印象，积累语言，培养语感。是教学重点的引申拓展，总结规律，教给方法。把学生从表演的兴奋中拉回课文的，是全文的总结与归纳。这12个问题紧扣教学目标设计。问题有总有分，有浅有深；有的把学生的思维打开，有的把学生的思绪拉回；有的引导学生深入阅读，有的引导学生归纳拓展。这些问题一步步把学生引入语文学习的佳境。

　　教学《在烈日和暴雨下》没有使用任何电教设备，因为，这样经典的语文学习材料，只有引导学生静心阅读，才能真正体会语文的妙处。实际教学效果也证明了这一点。单从教学手段的使用来看，这堂课的确不够"现代"，但是"传统"之中也蕴涵着"现代语文"的教学追求。

《雪》教学实录

✿ 石卉芸

师：同学们，这节课我们一起学习鲁迅先生的散文诗《雪》。

（板书：雪 鲁迅 一九二五年一月十八日。）

学习新课之前，我们交流一下同学们预习的情况。

（屏幕显示：磬口 忙碌 脂粉奁 灼灼 嬉笑 褪尽 朔方 凛冽 霁 眷念 荷戟 彷徨）

师：请同学们认读课文和附录中的生字词。

（师指生读；其间，"戟""彷徨"，有学生不认识，师板书：jǐ páng huáng）

师：识记生字词，是初中阶段语文学习的重要任务之一。同学们要常查字词典，注意课文注释。规规矩矩、认认真真地书写，扎扎实实地记忆，自觉地积累。

下面，请大家围绕预习提出的问题，交流小组合作学习的心得。

（屏幕显示：第二单元课文的共同特点是什么？《雪》主要写了什么？）

师：每个小组可以就你们认识最深刻的一个问题，和同学们交流。大家要认真听同学的发言，认真思考别人的意见，准备补充。注意，相同的意见不要重复。

（生相互商量，确定小组发言人；全班交流。）

生1：学习单元提示，我们知道了这个单元的课文是散文诗。这些散文诗语言很优美，充满了激情。（看课本）我们在学习过程中要捕捉作者的情感律动，感受他们心灵之声的无限风光。但我们觉得课文有的地方不太好懂，读了没有那种心灵被深深打动的感觉。

生2：这个单元的课文，写的都是平常的事物，但形象壮阔而美丽，我们要通过联想和想象，去感受。

师：感受、联想和想象，想到了学习方法。

生3（看课本，发言）：《雪》是一篇文字优美而寓意深邃的散文诗，它写了江南雪和北国雪的特点，营造了两种不同的情感氛围。

生4：《雪》用对比的方法描绘了两幅不同情调的雪景，语言优美，蕴涵丰富，要在反复朗读的基础上理解和品味它精粹的语言。

生5：《追求美好理想的心声》里说，江南的雪展示了作者追求美好理想的心声，朔方的雪抒发了同凛冽的严冬一样勇猛奋战的激情，我们觉得不大好理解，希望老师多讲讲。

师：各小组的交流发言，说明同学们认真预习了课文，通过自主合作学习，对单元、对课文有了初步的认识，大家在不同程度上有了收获，老师为你们高兴。

师：《雪》是一篇具有音乐美、画面美、情感美的经典散文诗，是文学大师鲁迅先生留给我们的宝贵的精神财富。学习这篇课文，我们采用的主要方法是诵读，在诵读中发挥自己的联想和想象，去感受作品的艺术美，领略大师心灵的无限风光。我们学习的基本步骤是：初读——感知意象、了解思路；细读——品味语言、体验情感；美读——个性欣赏、激情再现。

（同时板书。）

初读——感知意象、了解思路

细读——品味语言、体验情感　　联想

美读——个性欣赏、激情再现　　想象

师：下面，进入第一个学习步骤，先请大家听老师朗读课文。听读过程中，要注意联想和想象，感知鲁迅先生描绘的多姿多彩的雪景图。

（师朗读，学生专心地听读。师声音清澈、圆润，明显地强调了重音、停连、语气、节奏、语调对不同情调、不同风格的雪景图的再现。）

师：请同学们再听一次男声配乐朗诵，这是艺术家的朗诵。听读的时候，要注意体会作品营造的不同情感氛围，体会字里行间饱含的作者的心灵之声。

（男声配乐朗诵，生听读。配乐朗诵声音厚重、响亮，很好地把握了作品的感情基调和作者的情感律动轨迹。）

师：请同学们模仿艺术家的朗诵，自由地跟读第1段。要求声音响亮、饱满、清晰；忠于原文，读得准确，不读错，不丢字，不加字；要带着感情读，读得连贯流利，尽情地表现作品的美。

（学生各自小声跟读，各人表情不一。）

师：现在，我们请女同学有感情地大声朗读第一部分的第1段。男同学注意听读，认真体会哪些地方读得好，哪些地方读得不好或不够好，为什么？

（女同学朗读课文。）

师：请男同学评读。评读分两个层次：第一，评朗读的准确性；第二，评朗读的情感表达。相同意见不要重复。女同学有不同意见，可以辩论。请大家举手发言。

生1：总的来说我觉得读得还可以，声音很好听，可以说清脆悦耳吧。读得清楚，情绪也比较饱满。读得也准确，基本没有读错的字句。

生2：我觉得读得平铺直叙的，没有感情，没有读出江南雪景的美。

师：哦，具体说说。

生2：这是一幅冬花雪野图，山花烂漫、生机盎然，充分展露了鲁迅先生追求美好理想的心声，读的时候应该读得美好、热烈而有深情。

师： 引用"追求美好理想的心声"的语句，来表达自己的意见，用得自然贴切，很好。冬花雪野是江南雪景的第一幅图，鲁迅先生是怎样描绘这一幅山花烂漫、生机盎然的冬花雪野图的呢？应该怎样读呢？请大家注意发挥自己的联想和想象，接着往下说。

（学生纷纷踊跃举手。）

生1： 作者先写了江南雪总的特点，滋润美艳之至。然后写雪野中的花、雪下面的草，再写嗡嗡地忙碌地闹着的蜜蜂。"滋润美艳"是总写，应该重读。

师： 把握了作者的思路，发言具有层次美。

生2： "滋润美艳之至"后面是分号，"那是还在隐约着的青春的消息，是极壮健的处子的皮肤"也属于总写，其中"隐约着""青春""极壮健""处子"写出了江南雪的滋润、美丽、蕴涵希望，这些词语读的时候要强调出来。

师： "隐约着的青春的消息"和"极壮健的处子的皮肤"，从质和形的角度表现"滋润美艳之至"，突出江南雪的特点。品读细腻，不但注意了句子，还注意了词语的运用，注意了句中的标点符号，很好。

生3： 雪野中是花，雪下面是草，层次清晰，颜色也很美：血红、白中隐青、深黄、冷绿，这些词语我觉得也应该读重一点，突出雪野的色彩美。

师： 色彩斑斓的山花开在如健壮的处子皮肤一样的雪地里，简直美艳滋润之至了。

生4： 写雪野中的花用了排比句，读的时候慢一点，感觉就会很美。

师： 用舒缓的语气深情地朗读这一组排比句，会感到节奏和谐，富有音乐美。

生5： 蜜蜂在雪野中"忙碌地飞着"，"嗡嗡地闹着"，写得非常好，"飞"和"闹"有动作，有声音，是一派生气勃勃的景象，读的时候，这两个字都应该强调出来。这一部分，还让我想起了"花下成千成百的蜜蜂嗡嗡地闹着，大小的蝴蝶飞来飞去，闭上眼，树上仿佛满是桃儿、杏儿、李儿"的句子。

师： 《春》赞美了充满希望的春天，江南雪景也充满了春天的希望和生机。1925年初，正处于北伐革命的前夜，南方出现了热气腾腾的大好革命形势。鲁迅先生在这幅充满生机充满希望的雪景图里，寄寓了追求理想的美好心境。该怎样用声音来表现这幅充满生机充满希望寄寓着美好情感的美丽图画呢？哪位同学能给我们示范一下？

（许多同学举手，一女生声情并茂地颇有感情地朗读。读后，全班同学情不自禁地鼓掌。）

师： 赞美的语气、舒缓的节奏、恰当的重音，深情地表现了山花烂漫、生机盎然的冬花雪野图的勃勃生机，这里有柔美，有健美，有充满希望的美，让我们感受到了作者美好的心灵。朗读是用声音来表现作品艺术魅力的创造性活动。只有理解了作品的内容，领悟了作品语言的艺术魅力，领略了作者寄寓的思想感情，才能用自己的声音，把作品的精神实质再现出来。请大家各自自由地大声地把这个自然段朗读一次。

（生富有感情地各自大声朗读。）

师：那么美的雪野，自然是孩子们欢乐的天地。接下来的两个自然段，写的就是孩子们高高兴兴塑雪罗汉的情景。我们给它拟一个小标题，叫群儿玩雪图吧。同学们先商量一下，然后说说看，应该怎样朗读这两段？为什么？

（生交头接耳商量、勾画，课堂很热闹；接着，先先后后有同学举手。）

师：请大家发言。

生1：我觉得应该读得欢快、活泼一些。因为看得出孩子们很高兴，想象得出他们当时呵着冻得像紫芽姜一样的手的样子和他们偷龙眼核和胭脂的高兴的心情和样子。你看，课本上还写他们对着雪罗汉拍手、点头、嬉笑呢。

生2：我也同意，应该读得欢快、活泼。大人来帮忙，雪罗汉塑得其实不像，还觉得它"目光灼灼地嘴唇通红地坐在雪地里"。实际上是孩子们玩得高兴和快乐。"拍手、点头、嬉笑"要一口气读下来，节奏应该稍微快一点。（示范朗读。）

师：很好。

生3："洁白""明艳""生光"要读重一点，表现雪罗汉的美。

生4：不对，应该是"很""闪闪"读重一点，才能强调。

师：哦，读读看。

（生示范。）

师：修饰语重读，突出江南雪"滋润""明艳"。

生4："目光灼灼地嘴唇通红地坐在雪地里"，要读得响亮，才能突出雪罗汉的形象和孩子们的高兴。

师：也表现江南雪的滋润美艳。

生5："晴天又来消释他的皮肤"到"也褪尽了"，要读出有点惋惜的意思。

（生示范。）

师：节奏稍慢音节延长强调"褪尽了"。同学们说得很好，这两段文字，是欢快和富有情趣的，虽然雪的消释使人感到有些惋惜和遗憾。但孩子们给江南的雪野增加了情趣和生命活力，江南的雪景既有静美又有动美，既有色彩美青春美，又有生活美生命活力美，它们共同构成了美丽的江南雪景图，寄托着作者追求美好理想的心境。

师：现在请大家集体朗读这两段，用你们的声音，表现孩子们塑雪罗汉的情趣、欢快和喜悦，当然，不要忘记淡淡的惋惜和遗憾。要注意朗读的语气、重音和停连。

（生有感情地朗读，较好地表现了作品的基调，语气、重音和停连的处理也比较恰当，体现了初中学生对自己熟悉的生活特有的情感体验。）

师：南方的雪滋润美艳之至，朔方的雪呢？请大家自由朗读课文，找出描写朔方雪特点的句子。

（生自由朗读、勾画。）

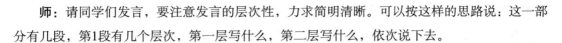

师：请同学们发言，要注意发言的层次性，力求简明清晰。可以按这样的思路说：这一部分有几段，第1段有几个层次，第一层写什么，第二层写什么，依次说下去。

生1：这一部分有3段，第1段有三句话：第一句总写朔方雪如粉如沙的特点；第二句写屋上的雪；第三句写其他的雪。第2段写旷野上天宇下旋转升腾的雪，最后强调朔方的雪是雨的精魂。

生2：朔方雪的特点是决不粘结，如粉如沙只是形状，第一句是总写，第二、三句是分写，写屋上雪很快消化和别的雪的奋飞，消化和奋飞是他们的不同特点。这部分主要写奋飞的雪，写它在晴天下在旋风中奋飞的景象。第2段和最后一段突出了它奋飞的美丽和孤独，写了它和雨的关系。

生：我觉得最后一句还照应了文章开头的一句，是前后呼应。

师：同学们对写朔方雪的思路和朔方雪的外在特点，把握得很好。现在，请同学们再朗读描写朔方雪奋飞的句子，发挥联想和想象，感受一下作者给我们展示的是一幅什么样的美景。

（学生大声朗读，同时勾画。）

生1：朔雪奋飞的图画。

生2：气势磅礴的美景。

生3：旋转飞腾的壮阔美丽的图画。

师：壮美！这是一幅旋转升腾弥漫太空，使太空也旋转而且升腾地闪烁的朔雪奋飞图，是一幅不屈不挠的斗志昂扬的朔雪奋飞图，是一幅个性张扬气势磅礴的豪迈壮阔的朔雪奋飞图。同学们，朗读这一部分，我们应该怎样展示朔方雪张扬的个性、磅礴的气势和不屈不挠的奋飞的精神呢？

生1：大声地，情绪高昂地。

生2：要精神饱满。

生3：读得铿锵有力，节奏要快一点。

生4：要用赞美的语调，读出感情。

师：好，现在我们请男同学用粗犷激扬的男高音，豪迈地再现朔方雪花奋飞图。

（男生情绪振奋地朗读，女生认真地看书，听读，少数女生在跟读。读完，女生鼓掌。）

师：读得壮阔美丽，有不可遏制的阳刚之气。"一切景语皆情语"，在无边的旷野上凛冽的天宇下蓬勃奋飞的朔方的雪，在日光中灿灿地生光。它的独立顽强，它的拼搏抗争，正是鲁迅先生不屈服于黑暗现实，为追求美好理想顽强奋斗的高尚人格的真实写照，也是中华民族奋斗和抗击黑暗的革命精神的写照。请全班同学一起来把这最后一段再朗读一次。

（全班朗读，铿锵有力，很好地表现了段落的感情基调。）

师：细读，品味领悟，让我们感受了作品语言的艺术魅力，领悟了作者充满激情的文字下的情感律动，感受了文学大师心灵的无限风光。《雪》表达了作者不屈不挠，独立不群，奋斗抗争，创造美好世界的思想感情，它将两幅各具特色风格迥异的雪景，两种不同的情感氛围，和谐地统一在一起。这是贯穿全文的主线，也是朗读全文的基调。

现在，让我们大家在音乐的伴奏下，用童声美读，读出我们对美的感受、理解和领悟，读出我们对作品艺术美的再创造。请大家调整好自己的感情，朗读时前半部分要轻松欢快、优美抒情，再现冬花雪景图、群儿玩雪图的柔美、健美、情趣和生机，后半部分要激越慷慨悲壮，凸显朔方飞雪磅礴豪迈奋力拼搏的壮美，注意把握作品的感情基调。

师（音乐起，师表情庄重地）：配乐散文诗朗诵《雪》，朗诵者，初二（Ⅰ）班全体同学。

预备——起。

（全班同学在音乐伴奏下，情绪饱满富有感情地朗读。）

师：同学们，《雪》选自鲁迅先生的散文诗集《野草》。《野草》被誉为中国现代文学史上的喜马拉雅山，它有着无穷无尽的艺术魅力。《雪》的美，也远远不是我们这一节课能够穷尽的，它留给了我们很多很多继续探索的美的空间。希望同学们能够阅读欣赏《野草》中更多的散文诗，能够阅读欣赏更多的经典文学作品。记住，阅读优秀的文学作品，朗读是最好的方法之一。朗读是艺术，是创造，更是一种高尚的精神享受。希望同学们热爱朗读，因此而热爱世界优秀的文学作品。

下课。

● ● ● ● ● ［执教感言］

教学《雪》这样的经典美文，怎样才能让学生与文本愉悦对话，在精神世界的崇高境界里，潜移默化地充盈自己呢？

《雪》的意象精美、语言精粹、沟思精巧、思想精深，有着无限广阔的审美空间，面对与作品有着一定时代距离的初中学生，教学中该怎么取舍呢？

《雪》是初中学生接触的第一个散文诗单元的第一篇课文。散文诗有着鲜明的文体特点，新课程又有意识地淡化了文体知识，教学过程中该怎么处理呢？

以上是《雪》在教学设计中难以回避的问题。我解决的途径是：从学生实际出发，个性化地用好教材。

从学生实际出发，就是尊重学生个性特征，尊重学生认知规律，客观面对学生的知识和生活积累，一切为了学生的发展。

个性化地用好教材，前提是依据《语文课程标准》确定教学基本目标。《语文课程标准》关于文学作品教学的目标是："欣赏文学作品，能有自己的情感体验，初步领悟作品的内涵，从中获得对自然、社会、人生的有益启示。对作品的思想感情倾向，能联系文化背景作出自己的评价；对作品中感人的情境和形象，能说出自己的体验；品味作品中富有表现力的语言。"据此，拟定《雪》的基本教学目标为：突出欣赏，尊重文本，强调个性化体验，强调语言品味，注重阅读的过程与方法。

用好教材，是个性化的基础，它的基本含义应该是：1．对所用教材的编排思想、编排体例、单元特点、文本特点、教学目标、教学重难点的分布等有关内容从整体到局部的理解和把握，并能据此确定某一个环节的属于自己的教学内容和设计。2．重视对教科书和教学参考书提供的有关文本的丰富的材料、观点的认真研读和思考，能根据教学内容个性化地进行科学取舍。3．帮助学生养成自觉使用教材的方法和习惯，让学生能够通过自主、合作的方式，去自由地探究、筛选和提取教材提供的信息，并乐于与人共享。

学生通过《雪》的课前自主合作学习，能了解单元的结构，感知文体的基本特点，扫清文字障碍，了解单元和课文的基本学习目标。附录《追求美好的理想心声（节选）》，能帮助学生理解和探究文本内容，缩短因时代造成的与文本的距离，丰富他们欣赏作品的语言，对学生的个性化阅读有很大帮助。从学生实际出发，自然也包括学生自主合作学习，自由提取教材信息，丰富自己阅读感悟的实际。

从学生实际出发，在用好教材的基础上，确定《雪》教学的基本内容为：以品味作品精粹的语言为支点，以诵读为抓手，发挥联想和想象，透过语言感受作品美的魅力，领悟作者美好的思想感情。作品的体裁特点让学生通过阅读活动去感知，文本有争议的众多解读，可作课后研究性学习的内容，教学过程中不涉及。

个性化地用好教材体现在教师富有个性的教学设计上。

课堂教学设计，应该线索简明，内容丰富，重点突出。《雪》的设计有纵横两条线索，纵线侧重于学习的过程和方法——"诵读，联想和想象"，它们与知识和能力密切联系，强调的是审美主体积极的充分的审美活动，追求的是学生愉悦地徜徉在经典文学中，自主地个性化地表现自己的审美体验。特点是动态生成：随着课堂教学的推进，随着学生情感体验的不断升华，它的内涵是在不断丰富和完善的。横线侧重于知识和能力——"感知意象、了解思路；品味语言、体验情感；个性欣赏、激情再现"，它与过程和方法紧密联系，不可分离。根据学生的认知规律，虽然在不同的教学环节中横线与纵线的交叉点不尽相同，但立足文本，品味语言，体验情感，是贯穿始终的核心。两条线索以情感、态度、价值观为纽带相互融合，互为表里，最后汇集于一个新的可继续发展的开端——"个性欣赏、激情再现"。

教学设计的个性化，理所当然应该植根于课堂教学的常规性中。识记生字词，培养学生用好课本的习惯之类的常规教学活动，不应该从个性化设计中绝对地剥离。个性化的教学设计，核心应该是语文的、平实的。它不排除多媒体辅助教学，但多媒体辅助教学，不是语文常规教学的主旋律。不能给教师，特别是农村中学教师造成这样的误会：我们这里很难上好课标教材，因为我们没有计算机，无法制作课件。依据《雪》的美，完全可以制作画面美、音乐美、情感美的多媒体课件，但这节课的设计，没有这样做。想表达的意思是：文学作品的美，是可以通过审美主体对文学语言的品味，融入自己的情感体验，借助联想和想象，个性化地感知、领悟和体验的。语言的美，是可以用声音再现的，语文的课堂教学设计，不一定离不开多媒体课件。

《斑羚飞渡》教学实录

✳ 张国生

（一）

师：张云娟，告诉听课的老师们，我们在语文课上经常干什么。

生：经常玩。

师：这堂课也是这样，与其说是学，不如说是玩；起码是一边学，一边玩。咱们该玩什么？

生：玩斑羚。

师：你们见过斑羚吗？

生：没有。

师：（故弄玄虚）我给你们找来了一只，想牵出来看看吗？……（像哄小孩）崔阳阳，你喊一声"斑羚出来"，它就自己出来了。

生：斑羚出来！

（随着"咩"的一声，一幅斑羚图片进入屏幕。生大笑。）

师：我们再进入一个介绍斑羚的网页了解斑羚。靳晓洁，请你读一读。

生（读）：斑羚，别名青羊、山羊，国家二级保护动物……

师：谁还了解斑羚的其他情况？请作补充介绍。……没有？老师再补充两点：它的角是珍贵药材，现在已被猎杀得濒临灭绝。这篇文章作者是谁？

生：沈石溪。

师：（投影）沈石溪，原名沈一鸣，祖籍浙江慈溪……被称为"动物小说之王"。把这几个字记在书上。这就是沈石溪（图片）。

（二）

师：下面我们"鸟瞰"课文。本文是什么文体？

生：小说……动物小说。

师：主人公是"我们狩猎队"吗？

生：不是。是斑羚。

师：作者具体写了哪几只斑羚？

生（抢答）：一只老斑羚……

师：我非常欣赏你的抢答。再重申一遍：如果没别人回答，你就直接站起来答，不必举手；如果有两个以上的人答，就谦让一下。

生：……镰刀头羊……灰黑色母斑羚……半大的斑羚……

师：其中哪个是一号"人物"？

生：镰刀头羊。

师：作者写这篇小说是什么目的？……（一时没人回答）他肯定是提倡，或者赞扬一种什么精神。

生：赞扬舍己为人的精神，大公无私的精神不对，是"舍己为羊"的精神。

师：其实课文中有作者提示，看谁先找到。

生：赞扬"心甘情愿用生命为下一代开辟一条生存的道路"的精神……赞扬在面临种群灭绝的关键时刻，为了赢得种群的生存机会"从容地走向死亡"的精神。

师：镰刀头羊是动物，可我刚才说它是"人物"，恰当么？

生：恰当。他是借动物写人。

师：对。沈石溪说过：动物小说，折射的是——

生：人……人的世界……人类的生活……人类社会。

（三）

师："鸟瞰"就到这里，下面是"解剖"——阅读各段。请大家齐读第1、2自然段。

（以下教师从"食草类动物中的跳远冠军"一句引导学生品味文章中拟人手法的幽默风趣，进而欣赏了镰刀头羊的高大威武、光彩照人，并明确了它的特殊身份。）

师：下面我们玩的内容应该是——

生：学羊叫。

师：光学羊叫还不行，还得把"羊语"翻译成汉语。（学生大笑。）过去你们只做过把文言文翻译成白话文，把英语翻译成汉语，恐怕没有做过把"羊语"翻译成汉语。镰刀头羊一共"咩"了几次？

生：三次。

师：第一次怎样"咩"的？请你学一学。……有点不好意思是吧？没关系，咱们是"玩"嘛！把上课当成玩，就不拘束了。

生：咩——

师：不行，这只是"咩"，不是"哀咩"，再"哀"点。

生（努力进入"哀咩"的状态）：咩——

师：这回不错。是什么意思？再翻译一下。

生：唉，我是心有余而力不足啊！

师："心有余而力不足"这个词语用得好，不愧是"小才女"。

生（非常动情地）：唉！无能为力啊！（学生笑。）

师：真好！第二次是什么时候"咩"的？

生（读）：灰黑色母斑羚的身体已经笼罩在彩虹炫目的斑斓光带里，眼看就要一脚踩进深渊去……

师：再学一学。

生：咩，咩。

（四）

师：学羊叫，译羊语就玩到这里吧。下面该"飞渡"了。斑羚的"飞渡"写得实在是太精彩、太感人了！对了，我告诉你一个提高口才的方法——凡是精彩感人的文章，你都尽量复述下来，讲给别人听，这样既感染了别人，又锻炼了自己的口才。下面请你复述斑羚飞渡的情景好吗？

（生复述。）

师：复述，包括简略复述、详细复述、创造性复述。你对哪种最感兴趣？

生：创造性复述。

师：好，下面请大家创造。怎么创造？

生：我把自己当成一只老斑羚或者小斑羚，以斑羚的口吻复述……

师：你真有创造性！这就更新颖、更有趣了。

生：我一边说，一边用动作比画，还模仿斑羚的叫声。

师：好，加上了体态语和"效果"，更生动形象、有声有色了。

生：我觉得作者写彩虹写得不好——彩虹不可能只有六米，也不可能一头连着伤心崖一头连着对岸。我让斑羚先看到山上的云彩，受这个启发，把云彩当跳板……

师：好！你真有创造性。

生：我复述时用景物描写渲染悲剧气氛，开头写："阴霾笼罩着伤心崖……"

师：真好！我说你是才女嘛！真是才女！

生：我给每只斑羚起个名字。落崖的那只就叫它"落崖"吧……（学生笑。）

师：那落崖的有好几只，得叫"落崖一号""落崖二号"。（学生笑。）

生：被救的那只叫他"希望"……

师：啊，有创造力，起名字也要学问的。

生：我觉得"在半大斑羚的猛力踢蹬下，它像只突然断翅的鸟笔直坠落下去"并不好，不如说像块石头一样落下去，形容摔得重。

师：有道理。

生："就像踏在一块跳板上，它在空中再度起跳"这一句，应该加上一句——"跳板反弹了一下"，——因为平时跳远时跳板是要反弹的……

师：哎哟，你真注意观察生活！我估计你将来也能写小说，当作家。可能还有别的创造性方案，就先说到这里吧。（课堂时间有限，没有实际复述。）

（五）

（师生互动学习，品味课文中关键词的情味，如井然、盯、溜，并斟酌词句的重读问题。）

师：请你用一个词语概括你对镰刀头羊的评价，注意是用一个词，要符合"一词说"。这是谁的主张？

生：福楼拜。

师：你用一个什么词语概括？这可检验一个人的语言能力啊。

生：临危不惧……无私奉献……舍己为人……舍己为羊……舍己为后……把生的机会留给别人，把死的危险留给自己。

师：也对，但这不是一个词，而是一个句子。

生：有集体主义感。

师："集体主义感"不合适吧？可以是"集体主义精神"或"群体意识"。对了，现代社会，任何事业的成功，都不是一个人的力量所能完成的，都要靠群体合作。所以一定要有群体意识，学会合作。

生：以身作则……临难从容……宁死不屈……泰山崩于前而面不改色。

师：对，但这也是一个句子。

生：以身殉职……有王者风范……

师：镰刀头羊应该是属于"领导干部"吧？所以我的意见是——领导干部的楷模。（学生笑。）社会需要镰刀头羊这样的领导干部。再用一个词语概括"人"的特点。

生：残忍……贪婪……自私自利……冷酷无情……冷血动物……铁石心肠……残害生灵……动物界的帝国主义者……

师：真给人类丢脸啊！作为人类的一员，我真为他们汗颜！……

（六）

师：这一课学到这里似乎可以结束了，但其实最多完成了一半——以上你们只是完成了课本和老师为你们安排的任务，还没有自己提出疑问，解答问题。而这比上面的内容更重要。因为（投影名言）：

1.尽信书不如无书。（孟子）

2.读书无疑者须先教有疑，有疑者却要无疑，到这里方是长进。（朱熹）

3. 学贵有疑。小疑则小进，大疑则大进。（陈献章）

下面进入"主人论坛"，请"主人"们发表对这一课的疑问和见解。我们先说哪里写得好，然后再说哪里写得不好。

生1："我们狩猎队分成好几个小组，在猎狗的帮助下，把七八十只斑羚逼到戛洛山的伤心崖上。""逼"字用得好。（以下略去教师评价。）

生2：结尾一段"只见它迈着坚定的步伐，走向那道绚丽的彩虹……它走了上去，消失在一片灿烂中"写出了斑羚死得伟大、死得光荣，说明斑羚闪光的精神，我为此而感动。

生3："每一只年轻斑羚的成功飞渡，都意味着有一只老年斑羚摔得粉身碎骨。"它们掉到河里，怎么能"粉身碎骨"呢？

生4："我看得目瞪口呆，所有的猎人都看得目瞪口呆，连狗也惊讶地张大嘴，伸出了长长的舌头。"这一句不真实。人有可能被感动，那么狗也可能被感动吗？猎狗的狗性决定，它这个时候只能是精神亢奋地追逐、围捕、狂吠、撕咬，而不可能被感动得惊讶地"张大嘴，伸出了长长的舌头"。

……

师：我在这里给大家提供另一个发表的天地：网络互动。我已经在"人教论坛／中学语文教师论坛"发帖——《〈斑羚飞渡〉质疑》，请大家登陆参加讨论。（师登录论坛）这就是我质疑的文章。你们看，后面已经有了许多跟帖……想发表意见的同学请课后登录这里，去与老师们论上一论，怎么样？我觉得咱们许多同学有这个能力。这样，全国各地的老师、同学都能看到你的意见，我们这堂课的境界就大大扩展了。还有，老师推荐大家阅读沈石溪的动物小说。（点击进入"沈石溪动物小说系列"网页。师依次点击并进行简要说明。）请看《再被狐狸骗一次吗》，再看看《保姆蟒》，让大蟒当保姆，《狼与"狈"的生死爱情》写爱情写得很感人哟！（学生笑。）还有《鸟奴》，人里头有奴，鸟里头竟然也有奴！我特别推荐阅读《刀疤豺母》。总之，我所看过的沈石溪的动物小说，每篇都比《斑羚飞渡》要好，也就是说，这篇《斑羚飞渡》最"差"！……这堂课上到这里就要结束了，但还不能算完，可能只上了1／4，甚至1/10……

下课！

●●●●● ［教学点评］ 袁卫星

2001年，教育部颁布了《全日制义务教育语文课程标准（实验稿）》，令人耳目一新。用专家的话说，"它科学地阐明了语文课程的基本理念，构建了全新的立体化目标体系，提出了教材建设、听说读写、教学评估的新思路"。但是带来的问题是，怎样用新的标准去规范和引导语文教育行为？或者说，怎样把那些先进的理念、崭新的思路转化为语文教育改革的具体行动？课改一轮过去了，裹足的依旧裹足，迷茫的仍然迷茫，因此，那些"用行动追寻理想"的"真的勇士"就显得尤为珍贵。

因为北京一次语文教育论坛的机缘，有幸聆听了以"大语文教学"为特色的张国生先生的

《斑羚飞渡》一课，就我头脑中的"大语文"说上几句，也算是对深爱的语文教育的一番思考、几许憧憬。

一、"大语文"彰显语文学习的精神本质

苏霍姆林斯基于1969年10月至1970年4月完成，但因与世长辞未及答辩的博士论文《全面发展的人的培养问题》中有这么一段："培养全面发展的人的技巧和艺术就在于：教师要善于在每一个学生面前，甚至是最平庸的、在智力发展上最有困难的学生面前，都向他打开他的精神发展的领域，使他能在这个领域里达到顶点，显示自己，宣告大写的'我'的存在，从人的自尊感的泉源中汲取力量，感到自己并不低人一等，而是一个精神丰富的人。"

这番话道出了教育，尤其是语文教育的真谛：精神发展，乃是学生学习的本质所在。语文教育的最终目的是唤醒学生的人格心灵，发展学生的精神世界。

现在让我们来看看张国生先生执教的《斑羚飞渡》：

"作者写这篇小说是什么目的呢？……他肯定是提倡，或者赞扬一种什么精神。"张老师这么引导学生。学生"鸟瞰"文章后得出观点：赞扬"心甘情愿用生命为下一代开辟一条生存的道路"的精神；赞扬在面临种群灭绝的关键时刻，为了赢得种群的生存机会"从容地走向死亡"的精神。在经过了文章的"解剖"之后，张老师进一步引导学生：镰刀头羊具有"集体主义精神"，是值得人类社会中的"领导干部"学习的榜样。

不难看到，张老师在课上注重学生通过文本获得精神体验，进而进行精神提升。尽管对于文本主题的开掘，我们还可以保留意见——因为在我看来这篇文章更多的是宣扬了"敬畏生命"这一主题——但我更欣赏的是，张老师从知识人本化与学习人本化的角度，构建这堂课，把阅读技巧、写作技巧这些科学化、基础性的东西渗透到了注重学生生活经验、心理特点和学习兴趣的人文教育中去，采用多维互动的方式，开展语文学习的精神活动，彰显语文学习的精神本质。张老师在课堂上扮演的是学生学习的促进者、鼓励者、帮助者、辅导者、合作者和朋友的角色，是"作为学生的教师"；张老师在课堂上着眼于学生的"学"，强调自主、合作和探究，鼓励大胆的发言、激烈的争论，倡导多维互动的活动，唤起学生内在的精神动力；张老师在课堂上并不用严格的甚至是苛刻的课堂秩序约束和限制一个个活生生的灵性，消减学生感受知识魅力和价值的欲望；张老师在课堂上并没有以"标准化"的教学和测量，简化学生的思维，扼杀学生的创新能力。特别是张老师在这堂课的最后让学生自己提出疑问，解答问题，甚至为学生提供网络互动这样一个发表的天地，这就使课堂有了让师生感受得到的生命的绽放、灵感的闪现、情感的激荡、思维的碰撞……有了学生精神发展的足够空间。

二、"大语文"重视语文学习的情境创设

"大语文教育"思想最根本的一句话就是："语文教育以课堂教学为轴心向学生生活的各个领域开拓、延展，全方位地与他们的学校生活、家庭生活和社会生活有机结合起来。"的确是这样，"大语文"教育应当注重密切联系学生的生活和经验以及社会、科技发展的现实，强

调学生经验、学科知识和社会发展三方面内容的整合，强调学习过程的实践性和体验性，力求一切都在生活态中进行。

在我看来，这里的"生活态"有别于"生活"。因为当前中小学生，尤其是寄宿制学校中小学生的生活是单调乏味的，因此，必须创设"情境"，创设一种源于生活而又高于生活的生活态"情境"来开展语文学习。这个"情境"是黑格尔所说的"使本来在普遍世界情况中还未发展的东西得到真正的自我外现和表现"的"更特殊的前提"。

张老师的《斑羚飞渡》这一课，无疑是力求在创设这种情境：无论是多媒体课件的制作运用，还是课外文本的导入对比，以及"主人论坛"的课堂开设……

需要指出的是，语文教育的情境创设在于一个"真"。语文教育中的"真"既不是生活本身的真实，也不是模仿和再现生活的真实，而是主观性和假定性统一的艺术真实。语文教育中的"真"体现在以下三个方面：A．体会作者（即创作主体）的真实动因；B．再现课文（即作品本体）的真实情景；C．抒发师生（即鉴赏主体）的真实感受。其中，B是A和C的中介和桥梁，C是A和B的目的和归宿。

还需要指出的是，课堂教学的成败在于教师能否适当地处理教材，并灵活地运用教法，从而有效地实现教学目标。因此，教学技巧的开发，在某种意义上说，显得十分重要。然而，课堂教学的本质绝不能是一堆技巧的堆砌与应用，教师也绝不能只做技巧高超的工匠。如果失去了教育目标的指引，盲目而不加分辨地僵化使用，或者过度使用某些特定的教学技巧，将很容易使教学活动迷失方向。就多媒体手段而言，我借用歌德的一句话："语言的尽头是音乐。"但当语言还没有用到尽头，我认为无需音乐。

另外，稍稍有点疑虑的是，张老师对于语文课堂"玩"的提出。我个人不是很能接受"玩"语文这样一个概念。在我看来，语文课堂在追求活跃与创新的同时，也需要，甚至更需要沉潜，需要"慢慢走，欣赏啊"。这样也会带来乐趣，而且可能会是更大的乐趣。

三、"大语文"突破语文学习的课堂模式

语文学科是基础教育中最基础的学科，语文课程的质量直接影响和制约其他学科的教学，所以语文学科始终处于教育改革的前沿。语文学科改了多年，但语文怎么教，语文怎么学，在经历了世纪之交的一场大讨论——甚至可以说是大批判——之后，依旧是摆在师生面前的一道世纪难题。方法在课内，可是课内效率不高；功夫在课外，然而课外缺乏指导。如此种种，都造成了语文教育裹足不前的窘迫现状。

这其中，作为教学内容重要载体的语文教材，无论是旧版还是新版，都未能很好地遵循学生的心理发展特点，从学生的兴趣与经验出发，以多样、有趣、富有探索性的素材来展示教育内容，颇失师生所望。因此，语文教育呼唤与生活领域相衔接、相融合的教学素材。这其中，叙事时代对抒情时代的取代，热切地呼唤着传统语文教育的变革，然而学生学习语文的自主性、互动性、网络化、社会化未能及时被提上操作日程。因此，语文教育呼唤与信息化环境、

学习型社会相适应的时空构建、教学构建。这其中，语文学习由原初的学习走向教育性学习，进而由教育性学习走向自主高效学习的走向尚不十分明晰。拖泥带水、支离破碎、死气沉沉的语文课堂依然存在。因此，语文教育呼唤一种生命化、创新化、最优化的课堂教学形式。

这其中，"升学率"的绳索给语文教育来了个五花大绑，"标准化"的棍棒将语文教育赶进了应试教育的死胡同。教师让学生练"武"，但很少让学生练"功"；学校教给学生解题答卷的"招式"，但在滋养学生人文素质的"底气"这块重视不够。因此，语文教育呼唤能够突现过程评量、个性评量的多元评量体系。

"大语文教育"对此作出响应，强调整体和综合，是一种综合性的语文学习，除了听说读写等语文基本活动，还进行观察、调查、参观、访问和搜集查阅资料等，在活动中提出问题，在活动中学习语文、运用语文，在活动中用各种方式不断呈现学习、探究的结果。在培养语文能力的同时，形成语文学习的兴趣、态度、策略、方法等。因此，它的课堂是开放的，阅读向文本开放，写作向读者开放；口语交际向生活实践开放，综合活动向社会、心灵开放。"大语文教育"力求让学生在使用母语的某一个特定专题的具体的生活态环境中去实践，去感知，接受熏陶感染，接受潜移默化，这样就有了"三个课堂"：第一仍是课堂教学，第二是语文活动，第三是社会生活和语言实践（相当于"语文环境"）。

这一点，张国生老师的《斑羚飞渡》体现得尤为明显。他的课堂，显然已经延伸到了课外，实现了和学生生活的对接。

《甜甜的泥土》教学实录

✤ 马 祥

　　师：今天我们将要学习的《甜甜的泥土》是一篇小说。大家知道，小说的一个主要任务就是刻画人物，那么本文的主要人物是谁呢？

　　生（齐）：小亮。

　　师：同学们觉得小亮生活得怎么样？

　　生（齐）：很可怜。

　　师：为什么这样说呢？

　　生1：他没有妈妈。

　　师：不对吧？

　　生2：就是。小亮有妈妈。我觉得应该说是小亮没有亲妈。

　　生3：不对。小亮有亲妈。那个给他送糖的女人就是他的亲妈。也就是小亮梦见的那个"过去的妈妈"。只不过他现在没有和亲妈生活在一起，而是和后妈生活在一起。

　　师：你从文章中的哪儿可以看出小亮和后妈生活在一起？我们不能光下结论，要从文章当中寻找依据。

　　生3：第21段有一句话："他梦见过去的妈妈笑着回来了，现在的妈妈垂着头走了。"可见，他的父母离婚了，他现在和后妈生活在一起。

　　师：他的后妈对他好吗？

　　生3：不好。

　　师：何以见得？还是那句老话，不能只下结论，要从文章中找依据。

　　生3：第20段有一句话："他好像又看到现在的妈妈扬起细眉在爸爸的耳边嘀咕什么，爸爸抓起一根柴棍，气势汹汹地向他走来。"可见，他的后妈挑拨他和爸爸的关系，让爸爸打小亮。

　　师：很好。如果把"嘀咕"换成"说"如何？

　　生4：我觉得"嘀咕"有一种让人讨厌的感觉，有什么话不能明着说，非要这么神神秘秘的？除非心中有鬼。因此，从这个词可以看出小亮对后妈的讨厌，而"说"就看不出来了。

　　师：很有道理。那如果把"爸爸抓起一根柴棍"中的"抓"改为"拿"如何？

生5："抓"说明爸爸拿柴棍的动作很快，可以看出他很生气，而这还不是后妈挑拨的？可见这个后妈是多么的"毒"啊！

师：是啊，这个后妈可真够"毒"的。那么，还有其他地方可以看出后妈对小亮不好吗？

生6：有。第22段，小亮起床之后还得干家务活。他得先把便盆倒掉、涮净……

师：谁的便盆？

生6：全家的。

师：这三个字能省去吗？

生6：不能。这三个字说明小亮倒的不仅是自己的便盆，还有他的后妈和爸爸的。他们的便盆还得小亮倒，小亮真是太可怜了。

师：小亮起床之后还做什么？

生7：淘米、添水、捅火、坐锅等。

师：这些活应该是一个只有8岁的孩子干的吗？

生8：这应该是他的爸爸和后妈的事，可他们却让小亮来干，这是虐待小亮。

师：虐待仅仅是这一天吗？

生：不是。他天天干。

师：何以见得？

生9：从"照例"一词就可以看出来。

师：同学们读书很细。我们读书就要这么细心。还有其他地方能够说明后妈对小亮不好吗？

生10：还有。第19段有一句："连那张了嘴的破鞋都甩掉了。"可见小亮连双好鞋也没有。

生11：还有。第22段写小亮上学的时候只拿了一个冷馍。可见他中午只能吃冷馍，连口热饭也吃不上。

师：你怎么知道这个冷馍就是他的午饭呢？

生11：小亮中午不回家，要不他的亲妈为什么没有见到他呢？所以，我觉得这个冷馍就是他的午饭了。

师：你的推理很有道理。这一段还有一句话："然后才背上书包拿块冷馍悄悄溜出门。"他为什么要"悄悄"的呢？而且还要"溜"呢？

生11：我觉得他是怕影响正在睡梦中的爸爸和后妈，以免他们又要生气。要知道，小亮起得特别早啊。

生12：大人还在睡觉，小亮却要早早起来干活，小亮真是太可怜了，他的爸爸和后妈也太可恨了。

师：是啊，他们这父母当得太不负责了。那小亮为什么要"溜"呢？

生13："溜"说明小亮走得快，他对这个家根本没有感情，他太想离开这个家了。

师：还有其他意思吗？

生14：这也说明小亮急着去找他的奶糖。

师：你们两个的看法合到一起，我认为就比较完整了。那还有其他地方可以看出小亮的后妈对他不好吗？

生15：第20段有一个细节：小亮口袋里装了几颗妈妈给的奶糖，"咋瞧都是鼓囊囊的"，最后不得不把糖藏起来。所以，他是怕回去以后让后妈看出来，又要挑拨他爸爸打他了。可见，这个讨厌的后妈不仅自己不对小亮好，也不让别人对小亮好。真是太可恨了。

师：看来这个后妈可真是……

生15：凶狠。

师：凶狠？为什么？

生15：小亮挨打就因为她啊！

师：可这个后妈自己打小亮了吗？

生（齐）：没有。

师：那"凶狠"这个词是不是就不恰当了？

生16：是不恰当。我觉得是不是可以改为"狡诈"？

师：说说理由。

生：她想虐待小亮，又不自己出面，装得像个好人，因此我觉得她很狡诈。

师：那大家同意这个说法吗？

生（齐）：同意。

师：不过，这个狡诈的后妈居然能得逞，也说明他的爸爸……

生17：没头脑。

师：没头脑？怎么就没头脑？

生17：一个大男人，自己没有主意，就听女人的。

师：看来你还有点大男子主义啊！

生17：不管怎么说，你也应该问问小亮啊，看看到底怎么回事，不能不问青红皂白就打小亮啊。

生18：是啊。小亮不是那个后妈的亲儿子，他可是你的亲儿子啊。

师：生活在一个狡诈的后妈和一个没有头脑的爸爸中间，小亮真的很可怜。那小亮的亲妈对他怎么样？

生19：很疼爱他。

师：何以见得？

生19：亲妈给小亮糖吃。

师：而且这糖还是——

生（齐）：小亮最爱吃的奶糖。

师：那这糖送得多吗？

生（齐）：多。

师：有依据吗？

生20：小亮拿到糖以后，给了每个小朋友一颗，给要好的伙伴发了两颗，还给了老师五颗，可见妈妈给了他很多。

师：是啊，她一定给了小亮不少糖。那送糖的那天天气怎么样？

生21：很不好。那天又刮风，又下雪，而且很冷。

师：风大吗？

生21：很大。

师：从哪个词可以看出来？

生21：从"呼啸"这个词就可以看出来。

师：天气这么不好，她可不能早去啊。

生22：不，她去得很早。

师：是吗？你从哪儿看出来的？

生22：从"雪雕"这个词就可以看出来。

师：具体解释一下。

生22："雪雕"这个词说明小亮妈妈身上有很多雪。说明她等了很长时间了。

师：那她难道不能走动走动，抖一抖身上的雪吗？为什么要"一动不动"？

生22：因为她怕动一动就错过了小亮，"一动不动"说明她等得很专注，生怕错过了小亮。她太想见到小亮了。

师：哪儿还能说明她很想见到小亮？

生23：第3段，听见放学的铃声响了，"她黯淡的眼神里，射出热切的光"，这一句说明她想到马上要见到小亮了，于是就激动了。

师：那她见到小亮了吗？

生23：没有。

师：她伤心吗？

生23：太伤心了。

师：从哪儿可以看出来？

生23：看到同学们都走完了，仍然没有见到小亮的影子，"她一阵眩晕，几乎站立不住，跌跌撞撞地扑过去，双手紧抓铁栏使劲地摇着"。可见她很伤心，很失望。

师："跌跌撞撞"说明什么？

生23：说明她有气无力。

师：这不和"扑"矛盾了吗？"扑"可是很有力气的啊。

生23：我觉得不矛盾。没有见到自己的儿子，她的内心很失望，她当然就有气无力了，也就"跌跌撞撞"了。可她太想见到小亮了，因此她又想"扑"进校门。这个"扑"字说明了她想见到小亮的急切心情。

师：很好。那除了"跌跌撞撞"之外，还有其他的词能看出她因为没有见到小亮而那么的有气无力吗？

生24：我认为省略号也可以看出来。"知……道……""大伯，麻烦……给孩子"。省略号在这儿表示的是说话的停顿，说明她说话时有气无力。

师：同学们连标点符号都注意到了，这很好，我们读书就需要这种功夫。

生25（忽然站起）：老师，我觉得小亮的亲妈对他并不好。

（全班同学都愣住了。）

师：哦？能说说你的理由吗？

生25：她连自己的儿子在哪个年级哪个班也不知道，这是一个合格的妈妈吗？

生26：我也这么认为，她并不常去看小亮。

师：你从哪儿看出来她不常看小亮？

生26：不知道自己的儿子在哪个年级哪个班，这本身就能说明。

师：还有其他地方吗？

生26：第19段有一句话："这最喜欢吃的奶糖，好久没尝过了。"这说明妈妈并不常去看小亮。如果去的话，她应该给小亮带糖。小亮也就不会好久没尝过奶糖了。

师：是啊，有道理。有没有不同意见？

（全班同学一阵沉默。）

师：大家是不是再仔细琢磨一下小亮不敢带糖回家的那个细节？

生27：对。我觉得小亮的妈妈不是不想去看小亮，而是不敢去看小亮。

生25：不敢？她去看自己的儿子有什么不敢的？

生27：你想想，小亮连自己最喜欢吃的奶糖都不敢往家带，为什么呢？因为他担心又会受到后妈的挑拨，自己又要挨打了。而且，这也说明小亮以前肯定有过这方面的教训。这就说明，这个后妈不想让小亮和他的亲妈接触，小亮的亲妈肯定知道这一点，她不想让小亮因为自己再受后妈的虐待。

师：这个推测很有道理啊。看来同学们读书真的很细心。小亮不能经常得到亲妈的母爱，还得受后妈的虐待，真的是太可怜了。不过，我们不能光看到小亮可怜的一面，也应该看到小亮幸福的一面。

（全班同学很吃惊。）

师：难道小亮生活的周围只有他的后妈和爸爸吗？

生28：不是，还有很多人很关心小亮。

师：比如——

生28：比如老师。第19段有一个细节，老师看到小亮和同学们分享着吃糖的快乐，悄悄背过了身，哭了。可见老师很同情小亮。

生29：我觉得传达室的老大爷也对小亮很好。

师：为什么？

生29：是他把糖给小亮的。

师：这糖传得容易吗？

生30：连小亮在哪个年级哪个班也不知道，肯定很不容易。要知道，学校的学生很多啊。

师：从文章中的哪个词也可看出不容易？

生30：从"终于"这个词。19段有一句话："下午，这包糖终于传到二年级二班王小亮手中。"

师：既然不容易，那这中间需要的时间肯定很长的。

生31：我认为不长。小亮的妈妈中午托付的，下午这糖就送到了，不能说时间长。

师：是啊，这时间并不长啊。可见这位老大爷很……

生31：很热情，很有同情心。

师：老大爷有同情心？他并不知道小亮可怜啊。

生31：他虽然不知道，但我觉得他很可能从小亮妈妈的表现中猜出来了。

师：说说你的理由。

生31：第18段写道，'老大爷看着小亮妈妈那夺眶而出的泪水和踉跄而去的背影，他"似乎明白了什么"，而且还叹了一口气，所以，我觉得他很可能猜到了小亮妈妈有难言之隐。恐怕也猜到了小亮的可怜处境。

师：老大爷与小亮素不相识，尚且对小亮拥有一颗爱心，而他的后妈居然那么冷酷。这对比真是太鲜明了。现在，我们根据上面的分析，能不能给文章另拟个标题？

生32：我试一下：《爱，不能没有你》。我这个"你"，指的是小亮的后妈。传达室的老大爷与小亮素不相识，尚且能关心小亮，而你这个后妈——虽然是"后"的，但也是妈妈啊，却对小亮那么冷酷。因此，我这个题目是希望小亮的后妈能够幡然悔悟。

师：多么良好的愿望啊。希望小亮的后妈能够听听我们这爱的呼唤。

生33：我拟的标题是《雪，终究是要融化的》。文章开头写下雪，最后写雪融化了，而且把小亮的奶糖也化掉了。这个题目可以呼应文章的首尾。同时，它还有象征意义，希望小亮那"雪"一般的冷日子能够被融化掉，能够拥有一个幸福的童年。

师：这真是一个好标题。解释得也很有意义。可作者为什么要用现在这个标题呢？

生33：我觉得作者的这个标题也很好。它可以包含"雪，终究是要融化的"这一个标题。正是因为雪的融化，小亮的奶糖才被融化掉了，而那泥土也才能够甜丝丝的。同时，因为结尾是"那泥土，甜丝丝的"，所以这一个标题就使结尾有了点题的作用。

师：那如果换成"甜甜的味道"呢？这不也点题了吗？

（全班同学一阵沉默。）

师：大家不妨从"泥土"这两个字联想一下，看看有什么妙处。

生34："泥土"是不是有象征意味？

师：没有关系，大胆谈谈你的看法。

生35：我觉得有了甜甜的泥土，也就是说，有了甜甜的土壤，就能长出甜甜的苗来。这体现了作者的一个美好愿望，希望小亮能够苦去甜来。

师：那这"甜甜的土壤"需要什么来培育呢？

生35：爱心。

师：谁的爱心？

生35：我们大家的。

师：是啊。如果我们每一个人，当然包括在座的同学们，都能用自己的爱心去培育一片甜甜的土壤，那小亮，还有像小亮一样的孩子们，就都能够苦去甜来了，而我们的社会，也一定会长出更多的甜甜的苗来的。

●●●● [执教感言]

陈钟梁先生曾经说过："语文课是美的，这种美潜伏在语言的深处。语文课首先要上出语文味儿，要上得朴素自然，要向学生传递语言深处的美。"那么，语文课如何上得"朴素自然"，如何向学生"传递语言深处的美"呢？我以为，关键的一条是：咬文嚼字。

咬文嚼字对于语文的教与学有什么意义和作用呢？我认为至少有以下三点。

首先，"咬文嚼字"可以避免语文课的异化。无可否认，由于对新课标的曲解和误解，现在的不少语文课，甚至不少具有一定规模、一定级别的公开课、参赛课、示范课，异化为了政治课、故事课、活动课、环保教育课、心理辅导课，等等，表面热热闹闹、生动活泼，但就是没有语文的味道。而如果坚持咬文嚼字的原则，就可以回归文本，聚焦语言，真正做到从文本中来，到文本中去，从而避免这种异化情况的发生。

其次，"咬文嚼字"可以更深层地感受语言魅力，更深入地走进文本，从而更深刻地领略"潜伏在语言深处"的语文的美。笔者在设计本课时，就很注意这一点。教学时，笔者反复提醒学生要从文章当中寻找依据，要品读文章当中关键的字、词、句，从而让学生真正回归文本。

第三，咬文嚼字可以提高学生对语言的感悟力和鉴赏力——这是学生语文能力的重要组成部分。这一点不言自明，无需多说。

那么，如何"咬文嚼字"呢？

首先，"咬文嚼字"不能只见树木，不见森林。"咬文嚼字"关注的重点也许可以说是文章局部的字、词、句，但这种局部的关注不能绝对化，而是要把这局部的字、词、句的理解与感悟放在上下文中，甚至是整篇文章的语境中。只有这样，才能有助于对整篇文章的理解与把握，才能更全面、更准确地"咬文嚼字"。如本课中"这最喜欢吃的奶糖好久没尝过了"一句，不能仅仅从表面上理解为小亮好长时间没吃过这种奶糖了，还要读出小亮的母亲好长时间没有来看他了，更要读出小亮的后妈对小亮亲妈的严加防范来。

其次，设计问题的角度要小，要尽量曲问，避免直问，以引起学生"咬""嚼"的兴趣。如笔者在本课的教学中，让学生思考小亮的母亲去看小亮去得早不早，她给小亮带的奶糖多不多，传达室的老大爷转送糖难不难、时间长不长等问题，引导学生走进文本，"咬""嚼"语言，从而既加深对文章的理解，也更进一步感受语言的魅力。

第三，采用多种方法"咬""嚼"文字。如可用换字法，在本课教学中，笔者让学生把"嘀咕"换成"说"，把"抓"换成"拿"，把"甜甜的泥土"，中的"泥土"换成"味道"等。可采用体会言外之意法，在本课教学中，笔者让学生体会第2段中"宛如一座雪雕"中的"雪雕"一词的言外之意（"雪雕"并不是指雕像，而更是突出了母亲站立得"一动不动"与时间之长，反映出见小亮心情的急切），体会传达室的老大爷"似乎明白了什么"一句的言外之意。

总之，笔者以为，咬文嚼字是教师教学语文、学生学习语文的重要途径，其意义不可低估，当然，笔者绝无将其绝对化，认为舍此别无其他良方的意思。

《窗》教学实录

❀ 李文忠

师：同学们，今天我们一起学习课文《窗》。这篇文章属第四单元。第四单元的内容是"小说之林"。这就是告诉我们，《窗》的体裁是小说。大家了解小说吗？

生1：小说里面有人物。

生2：小说有六要素：时间、地点、人物、起因、经过、结果。

师：这应该是记叙文的要素。小说主要的表达方式是记叙，但要素和记叙文不同。

生3：小说一般都要叙述事件。

师：很好，人物和事件确实是小说成其为小说的必要因素。大家过去学习过小说吗？

（师生共同回忆：《社戏》《三颗枸杞豆》《"诺曼底"号遇难记》《最后一课》等课文。）

师：不过，这些课文我们没有当成小说来学习，比如七年级第一个单元中的《"诺曼底"号遇难记》，学习的目的是让我们"亲近文学"。从这一节课开始，我们开始以单元的形式来学习小说。小说有三要素：人物、情节和环境。大家已经提到其中两个要素：人物和情节。"情节"和刚才这位同学提到的"事件"密切相关，是指事件的变化和经过。大家感到陌生的是环境，环境分两种：一种是自然环境，如《"诺曼底"号遇难记》中黑暗中的大海；一种是社会环境，如《最后一课》中法国战败被迫将两个地区割让给普鲁士的历史背景。

师：现在，我们抓住这三个要素来学习《窗》。首先请大家放声朗读课文，边读边勾画，读后复述故事情节。

（生朗读文章，师个别指导，和个别学生合作完成复述。）

生1：两个病人住在同一个病房里，一个靠近窗户，一个远离窗户。每天上午和下午，靠窗的病人就把他看到的窗外的景象描述给另一位病人。

师：打断一下，我有个问题，那位用耳朵听的病人为什么不到窗户跟前看一看呢？

生1：因为他"不得不日夜躺卧在病床上"。

师：对，这是一个很重要的细节，应该在复述中交代。下面复述的同学要注意。

生2：这段时光对两个人来说都很愉快。有一天，远离窗户的病人突然想："紧挨着窗口的为什么不该是我呢？"这个念头折磨着他，他常常彻夜难眠。

师：“折磨”这个词用得好，正因为折磨所以彻夜难眠。

生3：一天晚上，靠窗户的病人开始剧烈地咳嗽，可是他找不到电铃的按钮。另一个病人却一动不动，没有帮助他，靠窗户的病人就这样死去了。

生4：第二天，医护人员抬走了死去的病人。过了几天，另一个病人提出要求，要到临窗户的位置。等医护人员走了后，他往窗外一看，只看到光秃秃的一堵墙。

师：这四位同学复述得很完整。他们复述之前，我请两位同学帮我做一件事，什么事呢？请这两位同学告诉大家。

生：让我们统计同学们在复述过程中使用“窗”这个词语的次数。

师：那现在请你们公布统计结果。

生：一共用了10次。

师：看来“窗”在故事中很重要。那请大家告诉我，小说用“窗”为题目有什么作用？

生1：所有的故事都是围绕“窗”展开。

生2：“窗”是全文的线索。

师：所谓线索，就是发挥了贯穿全文的作用。大家看，“窗”给两人带来快乐，又给其中一个人带来烦恼，最后给另一人带来灾难，正是这扇“窗”推动了故事情节的发展。

师：下面，请同学们再读文章，然后说说两个病人各有什么性格。

（生读文章后回答问题。）

生1：临窗的病人心灵美好。

生2：临窗的病人品德高尚。

生3：躺着的病人很自私。

生4：听故事的病人太卑鄙了。

师：回答这个问题，最好结合文章的细节。比如文章倒数第4段，请同学们一起读这一段。

（师生齐读文章。）

师：我有一个疑问，一个病人死了，医护人员为什么竟然“丝毫没有大惊小怪”？

生1：因为是重病，死在预料之中，所以不奇怪。

师：你是说，重病人随时会死去是个常识。那文章写这个内容有什么作用呢？

生1：应该是突出临窗病人心灵的美好。

师：怎么突出的？

生1：生病了没有难过，还在想美好的生活。

生2：生了重病，还在为病友描述窗外美丽的生活，当然心灵美好。

师：一个随时可能被死神带走的病人，为了唤起同伴生活的勇气，面对一堵冰冷的墙，编织了一个美丽的谎言。这就是善意的谎言。我们一起来阅读这段“谎言”，感受他心灵的美好。

（师生阅读文章。）

师："泓"是什么意思？

生（齐）：道，片。

师：这是个形声字，左面表示和"水"有关，右面就是"弘扬"的"弘"。

师："漫游"的"漫"是什么意思？

生（齐）：到处。

师："漫"常见义项有四：（1）遍布。和大家理解的"到处"有关，比如漫山遍野。（2）水过满而外流。比如水漫过了堤岸。（3）随意，无拘无束。比如漫笔、漫谈。（4）长。比如长夜漫漫。这里用的是哪个义项？

生（齐）：应该是"随意"。

师："争奇斗妍"的"妍"什么意思？

生1：美丽。

师：你是怎么知道的？

生1：前面是"奇"，后面应该是"美丽"。

师：很好，你能通过词语结构推断意思，以后大家都可以试一试。

师：面对光秃秃的墙，靠近窗户的病人描绘了哪些景物？

生（齐）：湖水、公园、水禽、孩子、情侣、鲜花、比赛。

师：临窗病人"描述"得怎么样？

生（齐）：非常生动，非常逼真。

师：文章使用的词语是——

生（齐）：栩栩如生。

师：请大家从这一段中任选一个句子，进行扩写，效果就是要达到"栩栩如生"。

（生扩写，展示。）

生1：我扩写"水禽"。公园里有一泓湖水，微风吹来，湖面上泛起鱼鳞样的水波。一群群野鸭、天鹅在湖面上自在地游动。一两只野鸭突然蹿出水面，在空中飞行了一段距离后又扎入水中。而天鹅非常优雅，高傲地昂着头，缓缓地沿着堤岸游动。

师：有了细节，使用了修辞，画面感很强。

生2：我扩写"鲜花"。公园里有各种各样的鲜花，主要是玫瑰花，玫瑰正在盛开，娇艳欲滴。不同颜色的玫瑰分区栽种，形成了不同的色带。四周还有五彩斑斓、争相斗艳的牡丹花和金盏草，蝴蝶在这些花草上翩翩起舞。

师：动静结合，还有自己的设计，地面和天空都很美丽。

师：这是临窗病人含着泪的微笑，这是临窗病人忍着痛的欢歌，这样美好的心灵我们怎能不景仰？当我们歌颂美好的同时，自然就要批判丑恶的存在。文中的两个人物确实不同，不过，批判丑恶之前，我希望大家关注一下他们共同的处境。请快速读课文，概括他们面临的共同的处境。

（生读课文后回答。）

生1：他们的病情都很严重。

生2：他们的内心都很痛苦。

生3：他们居住的病房很窄小。

师：最后一点很重要，如果病房宽敞住了很多人，就不会有后来的故事了。概括大家的意见，那就是两个病人都面临着困境。困境尤其能检验一个人的品质，就像哈尔威船长就是在众人面临灭顶之灾的时候承担起英雄的责任一样。这就是小说的环境，所谓环境，简单地说就是一种特定的场合。

师：在这个不好的环境中，两个病人有没有过亲密的合作？从哪些词语可以看出来？

生（齐）：有，一个栩栩如生地描绘，一个津津有味地倾听。

师：他们的关系也很和谐，美在心中流淌，爱在心间传递。可是，故事至此突然开始转折。我总是在想，不转折行不行？比如这样结尾：过了几个月，两个病人痊愈了，他们走到那扇窗前，其中一个愣住了，然后紧紧地拥抱住了那位说了谎话的朋友。因为，窗外只有一堵冰冷的墙。

生1：这样写就显得太平淡了，没有震撼力。

师：你是说为了具有震撼力，就得有比较，就必须让一个人变坏？

（生笑。）

生2：那样就和题目没有太多关系了。

师：你说得有道理。看来"窗"可能不仅仅是作为道具出现，还有别的深意。否则不如用"两个病人"为题目。那到底还有什么深意呢？

（生沉默，师提示。）

师：我们常说，眼睛是——

生（齐）：心灵的窗户。

生3：透过"窗"，我们也看到了两个病人的心灵。

师：看来这是一个耐人寻味的题目。回到前面的假设，还有其他看法吗？

生4：我觉得这样写更真实。

师：怎么真实？

生4：在那种环境中产生那样的想法，发生那样的事情是可以理解的。

师：我明白了，小说不是为了带给大家震撼就随意编织故事，小说是在反映真实的生活。我们也许就遇到过这样的事情。假如你的一位朋友家庭富裕，常常给你物质上的帮助，你除了感激之外，就一直这样心安理得地接受吗？你有没有点什么别的想法？

（生笑。）

生1： 我会很忌妒他。

生2： 我会想为什么我不能给他帮助，为什么接受帮助的总是我呢？

师： 所以我假设的结尾不好，主要是不符合常人的心理，不够真实。

师： 现在，我们再来走近那位丑恶的病人。他不是天生的坏人，仅仅因为一扇窗子的诱惑，就堕落为一个杀人的凶手。优秀的文学作品中的人物就像雕塑家手中的艺术品，要到整个故事结束，塑造才能完成。《最后一课》中的小弗朗士开始是不爱学习的，可是在最后一课上他不仅听懂了老师的话，甚至还听懂了鸽子的语言；韩麦尔先生也是不负责任的，他曾经为了钓鱼就给学生放假，可是面对亡国的危机，他那一句"法语是世界上最美的语言"温暖了老人、孩子的心。

师： 假如你就是那位病人，面对"那光秃秃的一堵墙"，你会怎样想？

生1： 我会后悔，会为自己的行为自责。

生2： 我也是。

师： 大家都这样。那假如你看到的是一幅美丽的生活图景，是不是就不后悔了？

生（迟疑）：是。

师： 这个问题有些沉重，请大家带着思考来完成作业。作业是：假如又有一位重病人住进了这个病房，临窗的病人会怎样做？请大家续写结尾。

（生思考，写作，交流。）

生1： 那一位病人住进来的时候，正是临窗病人万分悔恨之时。现在，他又进入另一种折磨，无休止的懊恼压迫得他喘不过气来。一个早晨，新来的病人委靡的神态吸引了他，他仿佛看到了曾经的自己。刹那间，他作出一个决定。于是，他挣扎着坐起来，把自己听到的故事又讲给新来的伙伴。

师： 心中的善开始复苏，爱得到传递。生活中善恶往往不那么分明，这样的变化真让我们感慨啊！

生2： 新病人住进来之后，临窗病人非常警惕。他终日蜷缩在床上，一句话也不说。他忘不掉死去的病人，更忘不了他死去的原因。他对自己说："就是窗外真的很美，我也不能说。"日子一天天过去了。一个夜里，两个病人都死了。第二天早晨，医护人员来了，静悄悄地把他们的尸体抬了出去。

师： 巧妙地运用文中语句，很好。我想问你，为什么要设计这样暗淡的结局？

生2： 好心没有得到好报，不应该警惕吗？这样也很真实。

师： 我不会强迫大家接受什么观点，但我要告诉大家，文学作品往往就是让大家在困境中看到希望，远离丑恶，向往美好。我阅读这篇文章的时候，感觉文章中不是两个人，分明就是一个人，一个处于困境中的人。他正向外张望，乐观的时候，他看到了春天；悲观的时候，他看到了墙壁。在人生漫长的旅途中，我们常常面临困境，面临选择：经济贫穷的时候，眼前出现了一个厚实的钱包，是据为己有，还是归还失主？力量单薄的时候，面对行凶的歹徒，是保全自身，还是挺身而出？这时候，每个人的心中都将面临善与恶的交锋。恶就像歹徒，有时具有很强的破坏力，可以把自己的心灵世界击得粉碎。相比较而言，善是一颗珍贵的稚嫩的种子，就像世界上一切珍贵的物种一样，需要精心呵护才能长成大树。那么，热爱语文吧，语文可以为这颗种子浇水、施肥、播撒阳光。下课。

● ● ● ● ●［执教感言］

我把语文比做一棵树。是树，就要根正，这是树生长之本；是树，就要枝干分明，这是树生长之形；是树，就要叶繁，这是树生长之源。

我的观点之一，语文教学要把握语文教育之根。语文教育的根就是语文学科的性质，即工具性和人文性的统一。根对树的作用，不仅仅是吸收水分，更是对树的固定，决定了是这棵树而不是那棵树；工具性和人文性统一的性质，同样决定了语文有别于其他学科的属性。

因而，在教学中，我引导学生积累、理解词语，引导学生筛选、整合信息，引导学生复述内容表达感受，引导学生应对提问思想交锋，都是为实现语文工具性功能服务的。这些学习活动立足语文，指向能力，在忠实地表现着语文的属性。

语文学科的人文性决定了语文要发挥独特的教育功能。刘庆昌博士在《教育者的哲学》一书中说："教育的原则并不是幼稚地去消灭一切消极的情绪和情感，而是提醒和启发教育者把情绪、情感和教育的任务联系起来，重视情绪情感的教育学价值。"这一观点启发我们如何理性地对待教学中出现的消极情感。在本课的设计中，我没有简单地让学生划分善恶，而是引导学生去关注两位病人的生活环境，引导学生结合生活去体验人物内心的感受，进而把握人物思想的变化。这样，出现在学生面前的人物形象逐渐丰满，真实而又生动，几乎有了自己的影子，学生们在阅读的同时本身也在进行着一种带有情感的价值判断。

我的观点之二，语文教学设计要枝干分明。笔直的树干是树成材的追求，清晰的教学思路也应该是语文课的追求。一节课各个环节的设计，应该是一个科学的组合，彼此之间有清晰的逻辑关系。假想，教学环节凌乱的课堂，学生的思维势必也是凌乱的。教师如果能够科学设计各个板块，循序渐进，环环相扣，逐步深入，或做铺垫，或埋伏笔，前者呼，后者应，长此以往，有利于学生养成严谨的思维习惯。《窗》的教学设计，我遵循了这样的思路。

导入时，让学生谈自己了解的小说，让学生回忆学习过的小说，然后结合学生的感受和回忆介绍小说的三要素，尤其对学生感到陌生的"环境"进行了解释。这对于第一次学习小说单元可能是必要的。所谓要素，就是不可或缺的，就是学生需要关注的，在课堂教学中，要素既可以作为一节课的具体的教学目标来呈现，也可以成为学生阅读小说的方法。

在完成以上交流的基础上，阅读开始。首先是读课文，复述故事，针对的是"情节"；其次是读课文，评说人物，针对的是"人物"；评说人物的过程中，为了引导学生深入把握人物性格，我对学生进行了两次提醒：一次是提醒学生注意细节，这是对情节的深化；一次是提醒学生注意两个病人的共同处境，自然而又简要地回应了导入中的环境。关于环境的深入把握，留给以后的教学。

这样，整节课的活动相对集中，既保证学生有较充足的独立思考的时间，又避免了课堂的散漫。当然，我并不认为教学设计是一条直线，完全按照教师的预设推进。那样的课堂就像光秃秃的只剩下树干的树，没有了美感。不同观点的争论，意外情况的发生，即兴的发挥，生成的智慧，都是健壮的枝条，正是这些纵横交错的枝，成就了干的雄健。只是，这些"枝条"还是要依托主干，即目的明确的教学思路，学生才可以在有限的时间里集中思想和精力解决问题，这样的思考也是相对完整、相对深入的。

我的观点之三，语文训练的设计要有利于进行"光合作用"。树的生长除了依靠根植大地吸收水分外，更离不开叶子和阳光和空气的交流。语文课上也有"叶"，姿态婆娑，充满美感。我以为，这"叶"应该是读写结合的训练。这些训练吸引学生的积极参与，让学生经历一个吸收、转化、释放的过程，不就是在进行一种别样的"光合作用"吗？那么，读写结合训练的指向应该是什么呢？我认为是思维和表达的结合——让学生的表达有较高的思维质量，让学生的思考有恰当的表达方式。《窗》的教学围绕思维和表达相结合的训练有二：一是让学生对病人描述的窗外的景物进行扩写，二是让学生续写。学生的写作不是游离于阅读之外，而是和阅读密切相关，是阅读的延续，是阅读的提升，这样就和阅读建立了本质的联系。以读带写，以写促读，读写结合的思想自然而然地实现了。

我爱语文，我愿语文之树常青。

《三个太阳》教学实录

✳ 宋晓民

🌿 一、导入

师： 我们今天要学习的这个单元的主题词是什么？

生（齐）： 信息传播。

师： 是啊，生活中有很多种媒体，每天都在向我们传播着各种各样的信息。有一些很简短，比如说我昨天在新闻联播里听到一则很令人高兴的体育新闻——

生（齐）： 中国男子羽毛球队夺得汤姆斯杯。

师： 是的，这些新闻传递着我们身边最新发生的事件。假如我们想更具体地了解这些事件，了解这些事件中的人，就要借助于另一种新闻体裁——通讯。它可以让我们比较具体、详细地了解事件的始末和事件中人物的精神风貌。我们今天要学习的就是一篇通讯，题目叫做"三个太阳"。

我刚才了解到同学们已经预习过了课文，下面我们就具体地学习这篇文章。我们今天的课堂内容很简单，只需要回答两个问题，这两个问题解答完，我们今天的课就结束了，大家说行吗？

生（齐）： 行！

🌿 二、课堂活动一

师： 我先说第一个问题。既然这是一篇通讯，我们首先就应该了解它说的是谁，这个人做了一些什么事。请大家把课文重新浏览一下，然后回答。不过老师有个小小的要求——请同学们边读边在笔记本上写出你的理解，听清楚了吗？不光要说，而且要写。

（生读课文，在笔记本上写理解。）

师： 同学们基本上都写完了，老师请同学们按照先后顺序来说说。（指第一排一位没穿校服的男生）先请这位与众不同的同学来说。

生1： 我觉得这篇课文说的是一个南极迷。说的是她去南极和到南极后做的一些事情，以及她对考察南极做出的一些贡献。

师： 这位同学说的声音有一点低，老师复述一下。第一，他说她是一个"南极迷"，我觉

347

得这个绰号起得非常好；第二，他说她所做的事是她去南极和到南极之后做的一些事。是什么事呢？这个答案有些笼统，希望后面的同学能够更具体一点。

生2：我认为这篇文章主要是写一名女画家为了争取到去南极的机会。后面就是写她去了南极后对南极的印象和生活情况。

师：首先，她概括出了人物的身份——女画家，老师在这里提一个小要求，后面回答的同学最好给"女画家"加一点修饰语，可以吗？其次，我们应该关注一下她对事件的表述，请你重说一遍。

生2：我认为这篇文章主要是写一名女画家为了争取到去南极的机会。后面就是写她去了南极后对南极的印象，以及在南极做的一些事情。

师：哦，和刚才不太一样了。（生笑）"对南极的印象以及在南极所做的一些事"，什么事情呢？我感觉还是有些笼统。并且还有一个病句，"为了争取到去南极的机会"，一般在"为了……"后面，是要跟一个"而……"的。如何修正这个病句？我建议把"为了"去掉。这位女画家她争取机会去南极，对南极的印象以及在南极做的一些事。这位同学的概括有优点也有不足，希望后面的同学概括得越来越好。

生3：这篇文章说的是一个很爱南极的女画家……

师：好，修饰语是"很爱南极"。

生3：说这位画家到南极所做的一些事，完了她父亲的南极梦。

师：这个句子中有一个词语运用得不够恰当，应该怎么改？

生（齐）：圆了，圆了父亲的梦。

生4：我认为这篇文章讲的是一名对南极充满热情的女画家……

师：注意，他用的修饰语就更出色了——"对南极充满热情的"。

生4：她通过几番周折到了南极，到了南极以后，她对这里的人和事，非常感动……

师："她对人和事感动"，这个表述还不够准确，应该说"她被这里的人和事感动了"。

生4：她用"三个太阳"这幅画来表达对南极的热爱之情。

师：多好啊，他抓住了本文最核心的一个点——"女画家用'三个太阳'这幅画表达了自己对南极的热爱"。我觉得这位同学的答案很精彩，不知道后面的同学能否超越。

生5：我觉得本文讲的是一个女画家经过执著的努力，到南极战胜了生理和自然条件造成的困难，为中国南极长城站的建设出力，并为之作画立传的经过。

师：这个答案已经非常非常完美了，我很想请同学们更仔细地听一遍。

（生5重复。）

师：内容全面，语言简洁准确，这是她的优点。（此时坐在第一排的同学全部发言完毕）请问还有哪位同学有自信可以和她媲美或者能够超越她？

生6：我觉得这篇文章写的是一位对南极充满热情的女画家在她几经周折来到南极之后，

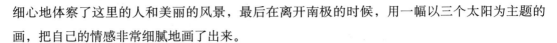

细心地体察了这里的人和美丽的风景，最后在离开南极的时候，用一幅以三个太阳为主题的画，把自己的情感非常细腻地画了出来。

师： 我想请你自评一下，你为什么有勇气站起来？或者说你觉得自己的长处在哪里？

生6： 我觉得我把女画家细心为南极立传和南极的风景这些内容表现了出来。

师： 表述更细致一些，不过却没有前一位同学精练，同意吗？

生6（笑）： 是的。

师： 老师想再请一位同学表达自己的概括的内容，然后请全体同学把他的答案抄写下来。哪位同学有这个自信？

生7： 课文写了一位不畏困难、热爱南极、热爱自己的事业的伟大的女画家……

师： 老师想问一下，你为什么说她伟大呢？

生7： 她在去南极的过程中，经历了很多很多的波折，也就是说她获得去南极这个机会是非常非常不容易的，但是她争取到了，这是她的第一个伟大。

师： 能争取到机会就是伟大吗？

生7： 她是唯一的一位女性，而且是一位画家。

师： 也就是说在这个群体中，她的身份是非常独特的。那么特殊就一定伟大吗？

生7： 特殊不一定就伟大，但是她并不是以一个考察者的身份去南极，她是以一个艺术家的身份去南极，从艺术家的角度观察南极。

师： 艺术的就一定伟大吗？

（生笑。）

生7： 但是这位女画家从另一个角度去看南极，跟别人的角度不一样。她有勇气，有勇气自己去争取。

师： 这句话说得非常好。第一，当你有勇气的时候，你就是一个伟大的人。从这个角度来说，只要我们能勇于去超越自我，我们每个人都会很伟大。第二，看问题能够有自己的角度，不人云亦云的人，是一个伟大的人。我今天把这句话送给你，能够在别人的答案已经很完美的情况下举手发言，你也是很伟大的。

生7： 我觉得这只是她伟大的原因之一，她在南极画画的过程中，条件是非常非常艰苦的，环境是非常非常恶劣的，但是她都一一克服了，而且画出那么伟大的作品，我想这也是一种伟大。

师： 这就是刚才那位同学说的，战胜了生理和自然条件造成的困难。确实是这样的，非常伟大。

生7： 这位女画家在南极画了"三个太阳"这样一幅伟大的画，表达了作者内心的感动。

师： 有点小问题，"表达了作者内心的感动"，请问这位作者是画的作者还是本文的作者？

生7：是画家。

师：那你怎么组织语言更恰当呢？请调整一下，避免歧义。

生7：她用三个太阳的画表达了自己内心的感动。

师：好，请重述一遍，让全班同学记录下来。

（生7完整表述，全体同学记录。）

师：应该说，我们的第一个问题基本上解决了，但是老师想问一下：前面所有发言的同学，把这篇通讯的"人物"都定位在了女画家身上，有没有同学对此有异议？也就是说，本文所着重描写的人物、表现的对象一定是女画家吗？

生8：我觉得这篇《三个太阳》所表现的是南极考察队员开拓事业的忘我精神，而女画家画这幅画所突出的也是这种精神，所以本文的主要人物应该是南极考察队员。

师：有没有同学支持她？

（部分学生举手赞同。）

师：我想许多同学开始逐渐地意识到，作者要着重表现的其实是一群人。但是我要追问了，我们怎么能找到支撑点？也就是怎么能从课文中找到证明呢？

（生看书并讨论。）

生9：我觉得"终于踏上了乔治岛的雪原"一节中写南极考察队员的部分可以证明。

师：是哪一部分？文章共分几个部分？

（生纷纷答，共四部分。）

师：我请你任意选择其中的一个段落给大家大声地朗读一遍。

（生9读172页第2段。）

师：这位同学读的仅仅是一个段落，但是我觉得这一个段落可以代表四个段落，这四个段落歌颂了一群人，而从这群人身上共同表现出的是那种忘我的、奉献的南极精神。有没有同学能够从其他角度继续证明呢？

生10：作者没有点出这位女画家的名字，一个"女画家"就能够很好地表现"南极精神"了。

师：点出她的名字就不能了吗？

（生语塞。）

师：谁来帮他回答？

生11：我觉得这篇文章所表达的主题是南极精神，而这位女画家只是一位线索人物，文章以女画家为主线，把南极这些人和事情叙述出来。如果点出画家的名字，不仅没有什么太大的用处，而且感觉会造成歧义，使大家认为作者要表现的人物就只是这位女画家。

师：多好啊，女画家是一个线索人物，作者借用这个人物，把南极种种的人和事贯穿在了一起，突出了作者所要表达的中心，这个中心就是歌颂南极精神。

 三、课堂活动二

师：第一个问题经过大家共同努力，解决得很好。接下来我们转入对第二个问题的探讨，也就是老师要请同学们表述的第二句话。女画家在南极作了一幅画，表现她对南极精神的理解。大家对这幅画议论纷纷，课文中有四句话表达了大家对这幅画不同的理解，请几位同学分别朗读。

（生分别朗读。）

师：我想，作者把太阳"象征着生命，象征着和平"这个句子放在最后，可能有他的用意。现在我想请同学们说的话是：三个太阳中，我认为有一个一定象征了什么。注意，我这里强调了"一定"，请你理直气壮地告诉大家你的答案和理由，不过同样要请大家先写在本上。

（生写。师巡视指导，不久后发现了问题。）

师：先停一停，老师请这两位同学说一下他们的理解。

生1：我认为这三个太阳中肯定有一个象征了和平。女画家之所以把她对和平的理解画成太阳，是因为她希望和平就像太阳光一样永远照耀在南极的上空。

生2：第三个橘红色太阳一定象征了"祖国"。橘红色的热烈，表达了她相信祖国的明天一定会更加昌盛、更加美好。

师：这两位同学的答案很完整。但是老师觉得存在一个问题，那就是在设想这个太阳象征什么的时候，过分地以自己的主观认识作为出发点。假如我们学校或是某个公园的墙壁上画有三个太阳，这样理解是不是也完全可以呢？画在南极长城站墙壁上的这三个太阳有什么不同呢？老师更希望同学们能够从文章中找到支撑点，告诉大家"因为文章中是这样说的"或"因为女画家或者南极人的身上是这样体现的"，我们这样思考的时候，我们说这个"一定"就更理直气壮了。

（几分钟后，师看到大多数人写好了，开始组织交流。）

生3：那个淡绿色的一定象征了生命的活力。"南极人"忘我的工作，不正是生命的活力的体现吗？

师：说得好！

生4：橘红色的太阳一定象征了"南极人"对事业充满热情以及执著的追求，正因为他们的热情和执著，才使得长城站那样快地屹立在冰天雪地的南极上。

师：想象和课文的具体内容充分结合起来，我们的理解就有根据了。

生5：我认为有一个一定象征了那些为了祖国，不畏艰难险阻，一切都可以抛弃的老知识分子们。因为在177页写到了女画家在构思创作这幅画的时候心中的所想，把她的这种思想在画中体现出来，所以其中一定有一个代表那些前辈们。

师：这些前辈可能还包括她自己的父亲。这个答案我非常喜欢。

生6：那个淡绿色的太阳一定表示一种严谨的科学态度。因为它是冷色调的，前面一个中

黄色，后面一个橘红色，颜色都那么温暖那么炽热，这样的设计突出了在科学方面更要具有严谨的态度。

师： 作为一个艺术家，本来应该喜欢充满活力的鲜红色，而当她来到这个地方，更多地感受到的是科学的严谨，态度的认真，从这个角度说，女画家宁愿把旁边两个色调降下来也要突出这样一种更核心的品质，我觉得你的理解非常有个性。

生7： 我觉得中黄色一定代表了南极的精神，因为整篇文章对南极的精神进行了非常具体的描写，表现了追求卓越不怕牺牲的南极情神的内涵，体现了他们对南极的热爱。

师： 南极精神一定是应该包含在里面的，不过这一位同学好像有点异议，你来说一下。

生8： 我觉得表现南极精神的应该是更热烈一些的颜色，应该是那种非常热情、温暖的橘红色。

师： 你们各有理解。

生9： 我觉得三个太阳中一定有一个象征着光明。因为171页说"这里没有黑夜，天空只不过微微暗些罢了"。这里没有黑夜，也就如同南极考察队员忘记自我、忘记休息的奉献精神。

师： 从你的意思中听到了这个太阳既包括自然环境，也代表着永远不落的那样一种执著的精神。

……

生10： 我认为淡绿色的太阳象征了青年人，就像文中的女画家，他们富于挑战，勇于创造，充满生命的活力；橘红色的太阳象征了中年人，他们年富力强，成为建设长城站、建设祖国的中坚力量；中黄色象征了老年人，课文里有这么一段话写她作画前的心理："哦，她又想起为了事业、为了祖国而不畏艰难险阻，连什么都可以抛弃的老知识分子的父亲。"女画家用三个太阳象征了整整一个时代的那些忠于事业、勇于奉献的人们。

师： 你把三个太阳的内涵联接起来了，很了不起！

✎ 四、结课

师： 我们今天的两个问题解决得很好，我们的交流也很愉快。大家在思考中理解了课文，在碰撞中增加了智慧。老师愿你们生命的天空中每天都能有三个美丽的太阳。谢谢大家！

●●●● [执教感言]

语文课堂要关注三个问题。

一、课堂环节要适量

课堂学习效率低下是语文教学中普遍存在的问题，效率低的一个重要原因是课堂教学环节过于烦琐。通常，一堂课教师设计的主要环节或板块总在四五个以上，否则就会觉得内容过于单一；对一篇课文的分析角度至少要有三四个，否则就会觉得没讲通没讲透。我听过一堂45分钟的公开课，教师设计的主要活动板块是8个。试想，平均只有五六分钟的语文学习活动怎么

能做到扎实有效呢?

于是,课堂上就常常出现这样的现象:

一篇比较长的课文,只给学生两三分钟自读,教师就赶着说:"读完了吧! 下面……"

学生的问题还没有充分解决,教师就匆忙说:"时间关系,我们先……"

小组讨论,不少学生还没有来得及发言,教师已经在说:"讨论好了吧,哪个小组先说?"

解决上述问题的方法之一是减少课堂环节。我认为,一节课,教师能组织学生把一两个问题解决好就完全可以了,不必为面面俱到而处处浅尝辄止。

减少课堂环节,教师首先要做到以下两点:

第一是要对教学目标有整体的把握。教学环节的庞杂往往源自于教师处理不好学生一段时间的学习总目标和一堂课的教学目标之间的关系,总怕学生学不会,学不到,结果就造成了每一篇课文都承载了太多的教学内容,最终是教师教得慌张,学生学得糊涂。

第二是心中有学生。教师务必要明白自己的学生在怎样的学习层面上,有怎样的学习状态,明白学生真正的需求,明白学生目前状态下的起点和可能达到的高度。在上述的条件下设计课堂教学环节,就可以做到少而精。

二、学生要在课堂上动笔

课堂上的"动笔"决不仅仅指的是记笔记,而是指学生在一定的思维过程中进行表达训练,其作用主要体现在以下几个方面:

1.增加思维量。语文课堂效率低的另一个表现是课堂讨论虽多,学生却往往过耳不过心,没有沉静下来独立思考。加强课堂的"写",避免把课堂变成只有少数几位活跃分子发言的课堂。学生都在写,都在参与表达,也就扩大了课堂上参与者的质和量。课堂上有机会跟老师面对面对话的学生数量有限,而通过写,教师可以"倾听"到全班学生的"发言",真正做到了关注全体学生,让不自觉的学生没有投机取巧的机会。

2.便于教师发现问题,及时调整。学生的写,可以使教师在巡视中发现学生存在的问题,及时点拨或是调整教学的内容,使自己的教学更有针对性。

3.加强了学生的自信心,使表达更具个性特点。学生的发言往往会受到前面学生的影响,容易出现人云亦云的现象。注重了学生的写,让学生在写后进行表达,学生会更有独立性和自主性,表达的内容会更充实。

4.强化了表达能力。课堂上与教师面对面的对话,学生如果没有充足的时间准备,表述的语言往往简短,有时会出现词不达意的情况。先写后说则可以强化学生表达的效果,使表述更严谨严密。

5.减少了学生的课后作业,给学生减轻负担。课堂上的写,效率高,相互可以很快进行比较、沟通和反馈,比完成一堆课后作业的效果显然要好。

"写"的内容包括：

①记录精彩表达。学生在课堂上往往会有或思维独特，或文采飞扬，或严谨严密的表述，其他同学记录这些内容，是一个很好的学习过程。

②小组活动前的"写"。小组讨论前，每位同学先把自己对所讨论问题的理解简要地写出来，这样就会对问题进行认真的思考，使自己的发言言之有物，更有利于相互交流和碰撞，有利于吸收别人的长处，看到自己的不足，有效地避免小组讨论中的"一言堂"现象。

③写出对课文或问题的理解。教师课堂上提出问题后（如要求学生评论写法、点评人物、分析情节等），可以让学生先写一写再说，在写的过程中学生能够整理思路。

④课堂上表达、迁移的训练。语文学习是要注重语言表达能力的，这个能力的训练放在课堂上进行比放在课下让学生独立完成效果要好得多，学生可以及时比较，迅速明确自己的长处和不足。

⑤课堂上的疑问。在学习过程中，要求学生把自己的疑问及时地写出来，并留有一定的时间给学生解决疑问，这样就真正增加了学生自主探究的意识。

课堂上的"写"不要长篇宏论，不需占用学生专门的时间。这个"写"的目的是落实课堂学习的结果，强化思维、训练表达、积累思想。强调课堂上的写，决不是不要讨论，不要发言，更不是说所有的问题都一定要动笔。我只是觉得一节课如果连一次有思维质量的"写"都没有，显然是有些遗憾的。

三、教师评价要有效

每一位教师都知道课堂上教师的评价是至关重要的，可是很多的课堂都缺乏有效的评价。那么有效评价的方法有哪些呢？参考名师的课例，我认为可以概括为"点""拨""挑"这三种类型。

点，就是使学生无意识或模糊的理解清晰化。请看特级教师董一菲老师《〈迢迢牵牛星〉教学实录》（《语文教学通讯》2005年7、8合刊）的一个片段。

师：第二组同学对本首诗"河汉女"的形象讨论得怎么样了？

生："河汉女"美丽、勤劳，内心充满了痛苦的思念。

师："河汉女"的美丽是怎么读出来的？

生："纤纤擢素手"啊！你想啊，有着"纤纤素手"的女子一定是一个美丽的女子。

师（追问）：这叫什么写法？

生：以点带面的细节描写。

师：其实这是古诗词惯用的手法，比如韦庄的《菩萨蛮》就用"垆边人似月，皓腕凝霜雪"来写江南女子的多情美丽。杜甫在《月夜》中用"香雾云鬟湿，清辉玉臂寒"来写妻子的美丽和对妻子的怀念。有人说，"手是人的名片"，看来很有道理。陆游永远难忘的也正是唐婉的"红酥手"。古今中外的艺术大师，无一不是深谙人性的大师。奥地利小说家茨威格的短篇《一个女人的二十四小时》更是将人的一双手写得令人如痴如醉。这首诗通过写手来写河汉女的美丽，真是最上乘的选择。

董老师的一番解说，让学生把模模糊糊感觉到的这种古典文学中塑造人物的方法清晰化，大量的例子佐证给学生深刻的印象。

拨，就是把学生不准确的回答规范化。请看李镇西老师的《〈提醒幸福〉教学实录》（出处同前）的片段。

师：为什么喜欢这一段呢？

生：因为这一段很有道理。

师：道理何在？

生：因为我们生活中也是这样的，生活中也是总会有灾难。

师：这段话着重强调了生活中的灾难吗？还强调了哪些东西？

生：不要太重视、警觉灾难。

师：这段话可能重点还不是要我们重视灾难。要怎么样？

学生对《提醒幸福》中一个段落的理解是不准确的，李老师及时地告诉学生：你的理解是错的，你需要重新理解。其实学生在课堂上肯定是常常会出现错误的，这很正常，但关键是教师一定要发现学生的不足，给他们以及时的引导。否则，学生的任何答案教师都不予评价甚至给予一个"好"字，这样学生的理解会误入歧途，还何谈进步呢？

挑，指在学生忽略或是遗漏的地方及时提醒，引发学生进一步的思考。请看黄厚江老师《〈黔之驴〉教学实录》（出处同前）片段。当时黄老师问学生读完之后有没有发现问题，学生提问后黄老师说：

很好，同学们提了三个问题，都是关于词句理解的。当然学文言文能够理解是最基本的要求，但我们又不能仅仅满足于句义的理解。其实，这篇课文中有许多值得我们思考的问题。比如：你们有没有注意到写老虎多呢还是写驴多呢？为什么"黔之驴"要写老虎多呢？

对于一些需要深层次思考的问题，学生由于这样那样的原因可能没有及时地触及到，教师有必要挑起新的话题，或者是新的思维角度，引导学生转换思维，进行进一步的理解和思考。

课堂上教师要给予学生积极的肯定、耐心的纠正、智慧的启发、适时的点拨，在知识的交流和思想的碰撞中，师生一定可以营造出更加和谐而热烈的课堂氛围。

《山中访友》教学实录

✿李镇西

（上课前学生默读文章。）

师： 同学们都读完了这篇课文，喜欢这篇文章就用手势告诉我。喜欢就喜欢，不喜欢就不喜欢，明确告诉我。

（不少学生举手。）

师： 喜欢这篇文章，证明大家都读懂了这篇文章。有谁告诉老师，你觉得怎样才算读懂了？

生1： 我觉得就是弄明白了作者要表达的意思。

师： 读懂，就要知道作者写了什么。读懂还有什么标准？

生2： 要了解作者的思想感情，同时要让自己和作者有一个感情上的共鸣。

师： 说得多好，要有情感共鸣。

生3： 一边读课文，一边想象课文所描绘的情境。

生4： 还要在课文基础上拓展联想。

师： 你读这篇文章，有什么联想？

生4： 我联想到山里的景色。

师： 嗯，不错。刚才李老师就由文中作者和蚂蚁的缘分，联想到我和大家的相遇也就是一种缘分，这也是拓展联想。

生5： 我觉得要揣摩作者的写作意图，明白他的用意。

师： 怎样叫读懂一篇文章，同学们说得很具体，也说得很全面，我觉得最起码要明白字的意思。文中有大家不明白的字吗？

（生面面相觑，默默无语。）

师： 李老师有一个不太明白的字，"你在这涧水上站了几百年了？""涧"字什么意思？谁告诉李老师呀？

生1： 就是山间流水的沟。

师： 非常好。你怎么知道这个字的意思的？

生1： 我以前学过一篇课文，叫……（作思考状。）

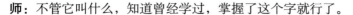

师：不管它叫什么，知道曾经学过，掌握了这个字就行了。

师：遇到不认识的字我们可以查字典，也可以回顾以前学过的知识。

生1：有一个地方我不明白。第61页的"岁月是一去不返的逝川"中的"逝川"是什么意思？

师：有谁能帮助他？

生2："逝川"就是流去的一去不复返的河流。

师："逝"就是流逝。"川"就是河流。（随手在黑板上画出一条河流）古人写"川"就是这样的，像流水一样，具有曲线美。

（生笑。）

师：今天，李老师要告诉大家一种阅读的态度，也就是我们应该以什么样的姿态来读一篇课文。刚才同学们说过读懂一篇文章要明白文章写什么，为什么要写。我补充两点：一是要明白作者是怎么写的；二是读一篇文章，要发现问题。

（生疑惑地望着老师。）

师：读出问题、发现问题并不是说明你没读懂课文，恰恰说明你读进去了。越是动脑筋，越是发现的问题多。请同学们把"读出自己，读出问题"这八个字写在书上。

（多媒体屏幕显示："读出自己，读出问题"●或读出自己：相似的思想、情感，熟悉的生活、时代……●或读出问题：不明白的地方，不同意的观点……●读出自己：是共鸣、欣赏审美（把自己读进去）；●读出问题：是质疑、研究、批判（与作者对话）。●由于生活经验不一样，面对同一篇文章，每个读者的收获不可能完全一样。）

师：刚才那位女同学说，读文章要让自己和作者产生情感共鸣，那就是读出了自己。读出自己就是想到与自己相似的思想，相似的情感。有人在看《红楼梦》的时候，看得流泪，是《红楼梦》里面有他的表姐，有他的表妹吗？

生1：没有。

师：那是因为他和作者以及作品中的人物产生了情感共鸣。前几天，李老师给同学们读一篇文章《一碗参汤荞麦面》，讲的是一位母亲带着两个孩子，相依为命，艰难度日的故事，读着读着，我就流泪了。后来，我跟同学们说："李老师失态了，但请同学们理解李老师。因为老师在9岁的时候，父亲就去世了，是我的妈妈带着我和妹妹一起生活的。"这叫什么？这就是读出了自己。

师：什么叫"读出问题"？不明白的地方勾画出来，不同意的观点做上记号。读出问题就是质疑、研究。告诉同学们，无论什么样的大作家写的文章，你们一定不要迷信，不要迷信作者，更不要迷信老师。

师：读出自己，读出问题，这就是老师教给大家的一种阅读态度，这就叫读懂了文章。

师：下面我把课文给大家读一遍，注意勾画不懂的地方。李老师不一定读得准确，请同学们认真听，给老师提出意见。

（师范读课文。略。）

师：你们有什么发现？你最喜欢哪一句？最喜欢哪个词？同桌互相交流。

（生热烈交流，朗读。）

师：谁来谈谈自己的发现，告诉大家。

生1：我喜欢瀑布大哥。"你好，瀑布大哥！……从古唱到今。""他不拉赞助，不收门票。"好像在讽刺人间唯利是图的一些可笑的事。

师：嗯，他也产生了联想。由瀑布想到了人们一些唯利是图的做法。只有大自然是最慷慨的。

生2：（饱含感情地读）"波光明灭，泡沫聚散，岁月是一去不返的逝川。"

师：读得多有感情呀。他读出了自我，他好像就是一座饱经沧桑的老桥。

生3：我们从出生到老去，仿佛就是短暂瞬间。

师：而我们此刻度过的这一刻很快就会成为过去，时间的紧迫感就是这样的。

生4："忽然下起了雷阵雨……又感动人又有些吓人。"我喜欢这一句是因为它写出了雷阵雨的气势。"仿佛是一千个侠客在吼叫一般。"

师：天上有侠客吗？

生4：没有，它采用了比喻的手法。"一千个诗人"也是比喻的手法。

师：同学们的发现真多。

生5：我也喜欢第5段，里面称呼有"山泉姐姐""溪流妹妹""白云大嫂""瀑布大哥"，等等，把山泉比做姐姐，把溪流比做妹妹，把白云比做大嫂，把瀑布比做大哥，给人以非常自然、非常亲切的感觉。

师：哦，这位同学提醒了我，全文用得最多的修辞手法是什么呀？

生（众）：拟人。

师：文章在哪个地方开始采用拟人的呀？

生1：第1段。

生2：第4段。

生3：第2段。

（学生众说纷纭。李老师笑着不断摇头。）

师：有的说第1段，有的说第2段，我觉得不是，比这还早。

生1：（恍然大悟，大声喊道）题目。

师：对了哦，是题目。《山中访友》中的"友"，就是指的大自然。想想：作者为什么采用拟人的手法？注意，这个问题是有难度的，这可是一个科研难题。作者为什么这样写，还用了许多比喻？

生1：因为那些事物都是抽象的，为了把它们写得形象些。

师：NO。

（生哄堂大笑。）

师：（环顾四周）我就喜欢同学们有一些思想碰撞。

生1：用拟人的手法，把抽象的精神表现出来。

生2：用拟人的手法赋予大自然以生命，好像和大自然很亲密。

师：大自然本身就有生命呀。

（生笑。）

师：其实大家说得都有道理，大家各抒己见，道理就会越说越明。

生1：用拟人让读者和作者产生共鸣，有亲切感；用拟人把自然的活力表现出来，好像有生命的张力。

师：哦，生命的张力。她用了"张力"这样一个词，不错。

生2：作者采用拟人，把自然写得更活泼、更亲切了。

生3：我也认为采用拟人是为了展示各种抽象的精神。如写"老桥"就是为了赞美它无私奉献的精神。

生4：我认为大自然本来就是我们的朋友，作者采用拟人的手法就是把他们写得更生动、更亲切。

师：（大声地）真好，他把我要说的话都说出来了，我真不该点他发言。

（生笑。）

师：大自然本身就是我们的朋友，写作就是为了表达自己的感情，所以，真情实感永远是第一位的，写作技巧只是第二位。

（多媒体展示图片：和同学们在油菜花地上课、雪地"一班"造型、在草地学狗叫、在草地接受大自然的召唤。）

师：李老师也喜欢和大自然为友，我和孩子们在油菜花地里上课，大自然的一花一草包括听我课的学生，都是我的朋友。

师：还有，我和我的学生们在雪地里打雪仗。（笑，指着图片）猜猜这是什么呀？

生（众）："一班"。

师：嗯，对。同学们聪明，设计的造型很有创意，是世界上最伟大的人体造型艺术，看这个"一"字，很有笔锋咧。（生大笑）我们写的是美术字，我们和大自然融为一体，就像大自然的婴儿，躲在宇宙的怀抱里。还没等我爬起来，他们就想把我活埋，让我在雪地长眠。

（生哈哈大笑。）

师：汪汪……这是我在草地上学狗叫。（指着在田野游玩的一幅图）这是我们在召唤大自然，也在接受大自然的召唤。和大自然相亲相爱，这是一种最高境界。

可是有很多人却不以大自然为友。我想大家听了也肯定是很伤心的。"国庆"长假期间的乌鲁木齐景区很脏，结果韩国80名游客，包括30名儿童自发地、自觉地捡起了垃圾，让当时所有的中国人感到脸红。捡完后，他们没有觉得干了一件了不起的事，而是继续游玩。这是一种多么真挚多么可贵的感情。

大家还有没有什么发现？（停顿了一下）大家前面说得真好，我都不需要讲了。

生1：我喜欢这一句："我闭上眼睛，我真的变成……被鸟儿衔向远山远水。"前面作者是把自然当做人来写，而这句是把自己当做自然来写。

师：（赞许地点头）说得非常好。这里给自己赋予植物的特点。

生2：我喜欢"满世界都是雨，唯有……给我的恩泽"，这句话让我体会到作者非常热爱自然、热爱生活，让我联想到我们应该打开心灵的窗户，去接受大自然赋予我们的一切。

生3：我喜欢这一句："你好呀，悬崖爷爷……可是出自你的手笔？"悬崖是很可怕的，但是作者把他比做"隐士""禅者"，这是因为作者以一种良好的心态在对待自然。

师：说得好。只要心态好，周围所有的一切就是好的。

生4：我喜欢"采一朵小花……悄悄地做了一会儿女性"。我觉得大自然非常纯洁，不说是非，但是人类就会嘲笑我们这样做。

师：非常好。大自然比人类要纯洁得多。

生5：我喜欢第7段，"俯身凝神……也做了一回患难兄弟"一句。这里的"好不动情"充分说明作者把蚂蚁当做了朋友。

师：连"蚂蚁"都成了兄弟，可见作者把自然界的一切都当做了朋友。

生6："捧起一块石头……深意的仪式。"我觉得作者看到一块石头，就产生了无限的遐想，说明他特别爱大自然。

生7：我喜欢文章第8段，"于是，我轻轻地挥手，告别了山里的众朋友，带回了满怀的好心情，好记忆，顺便还带回一路月色"一句。由这一句我想到了一句景点的公益广告词："除了带走你的记忆，什么也别带走。"

师：这里还有一句话：带回了一路月色。这暗示着什么？

生7：时间是晚上了。

师：作者什么时候去的呀？这说明什么？

生7：早上去的。这说明作者在山里玩了一天。

师：作者用一句话就交代了时间，富有诗意。

生8：我喜欢"喂，云雀弟弟……"这句，它写出了它们从不搬弄是非，而是注意欣赏大自然的好风景。

师：时间已经到了。哎呀，现在，李老师心里有一种感觉非常强烈。我想，要是我是你们的老师该多好呀，我就可以接着给你们上课。真想再跟你们上一节课。请大家允许我拖两分

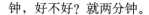

钟，好不好？就两分钟。

生（众）：（大声地、齐声地）好。

师：我把我的想法跟大家说一下，本来老师想带领大家实践一种读书态度——读出自己，读出问题。可是这节课，我们只解决了"读出自己"。过去读课文都是老师讲课文，可是只要每个同学都把自己放进文章中，哪里还需要老师讲解咧，大家讲得都很好呀！如果说我今天讲了的话，就是在讨论中告诉大家一个问题，任何写作手法都不是为用而用，而真情实感是它必须要有的。

师：另外，我在文章中就"读出问题"了，如60页，为什么要说"古老而又坚忍的灵魂"？下次上语文课你们可以跟语文老师提出自己的问题。

（一生迫不及待地高高地举起手。）

师：哦，你要说？

生1：因为古桥在这里站了几百年，默默地奉献着，它的这种精神是一种坚忍的精神。

师：时间长说明古老，一直站在这里，说明坚忍。

师：又比如说60页，最后一个字，为什么说"吻着水中的人影鱼影月影"？"吻"字用得好不好？你把它想深了，想透了，就明白它的妙处了。

另外第62页的第2段中"我加入了这短暂而别有深意的仪式"。我们可以提出三个问题：第一，这个"仪式"是什么仪式？第二，为什么说是"短暂的"？第三，为什么说这仪式是"别有深意的"？我们带着问题去读，就会更深入地领会文章的内容。

虽然今天的时间很短暂，但是你们给我留下了很深的印象。李老师马上就要离开宜都了，但是你们的青春与聪慧会永远在李老师的心里定格。

同学们，再见。

议论文部分

《论雷峰塔的倒掉》
教学实录

❋ 陆继椿

第一课时

[上课]

师: 今天我们要学习一篇伸引性的论述(板书:伸引性)。伸引性的论述,就是我们平常讲的借题发挥(板书:借题发挥)。在生活中,人们经常由某些事情引起一些感想,而引起感想时,就从这件事谈起,借题发挥了。因此,伸引性的论述总是从这件事情说到那件事情(板书:事),由这个意思引伸到另外一个意思(板书:意)。这样的文章我们有没有接触到过?

生(齐): 有的,像杂文、随感、小品都是。

师: 那我们自己有没有写过这一类的文章?

生(齐): 有的,像"从奥楚蔑洛夫想起"。

师: 对,这实际上也是一种借题发挥。我们有的同学从契诃夫笔下的变色龙,说到现在生活中还存在的变色龙,这种文章其实也就是伸引性的论述。究竟怎样写好伸引性论述的文章?它在写作上有些什么要求需要掌握?我们以鲁迅先生的《论雷峰塔的倒掉》作为例子,来钻研学习。《论雷峰塔的倒掉》是鲁迅杂文的代表作之一,是一篇很典型的借题发挥之作。文章把要借题的这件事,叙述得很具体、很生动,而把要表达的那个意思,也表达得很深刻、很确切。但这篇文章有个特点,那就是叙中有议(板书:叙中有议)。今天我们着重就要来研究研究文中的许多议论。下面请大家自己轻声读这篇文章。

(生自己读课文,每个学生都备了字典,随手翻阅,师巡视。)

师: 读了一遍,我们对课文有了一个初步的了解。刚才有的同学已经在议论白娘娘的故事了,那就请你们想一想,鲁迅先生写这篇文章,主要是不是在写白娘娘的故事?

生(齐): 不是的。

师: 那这篇文章主要表达什么意思?议论的中心又在哪里?这就需要我们深入地钻研。下面请大家认真地把课文朗读一遍。

（生朗读课文，读错之处由师生共同纠正。）

师：这篇文章有几个自然段？

生1：九个。

生2：十个。

师：看仔细一些，是十个自然段。下面请大家为每一个自然段写一句话概括大意。

（生自己准备写在课堂作业本上，师巡视。）

师：刚才看了一下，有的同学写得很详细，有的同学写得很概括，下面我们来交流。×××你先说。

生3：①我听说杭州西湖上的雷峰塔倒掉了；②西湖所有的胜迹之中，我知道得最早的就是这雷峰塔；③过去，我唯一的希望就是这雷峰塔倒掉；④现在，它居然倒了，普天下的人民都非常高兴；⑤人民都为白娘娘抱不平，怪法海多事；⑥和尚放下经卷，横来招是搬非，一定是嫉妒了；⑦我非常满意玉皇大帝处理这件事；⑧法海躲在螃蟹壳里避难；⑨法海独自静坐在螃蟹壳里；⑩法海活该。

师：×××写得比较详细。现在请写得概括的同学来说。

生4：①听说雷峰塔倒掉了；②我早知道雷峰塔；③希望它倒掉；④人民为什么欢喜它倒掉；⑤人民都为白娘娘抱不平；⑥法海怀着嫉妒；⑦和尚逃到蟹壳里；⑧取出蟹和尚；⑨雷峰塔终究要倒的；⑩活该。

师：好。大家都能把文章概括出来，这样对文章的结构也就清楚了，不过在概括时一定要避免用为什么之类的语言。下面我把大家概括的归纳一下，这十个自然段是不是可以这样写：①听说雷峰塔倒掉了；②关于雷峰塔的故事（或传说）；③希望雷峰塔倒掉；④现在它居然倒掉了；⑤怪法海太多事（或民意怪法海太多事）；⑥怪法海的嫉妒；⑦法海逃在蟹和尚里避难（或是玉皇大帝要拿办法海）；⑧蟹和尚就是法海；⑨雷峰塔终究要倒掉的（或非到螃蟹断种的那一天法海出不来）；⑩活该。

下课！

第二课时

师：刚刚我们对十个自然段作了概括，大家对整篇文章都已有了了解。这篇文章是围绕着哪两个字写的？

生（齐）：倒掉（板书）

师：对。因此我们围绕着"倒掉"两个字，可以把这十个自然段分成四个层次：

①听说；②希望；③居然；④终究（均板书）。

这四个层次条理非常清楚，第一自然段是写听说雷峰塔倒掉了；第二三自然段是写希望雷峰塔倒掉；第四五六七八自然段是写雷峰塔居然倒掉了；第九十自然段是写雷峰塔终究是要倒掉的。从这些论述中，我们可以看出，文章主要是两大部分，一部分是关于塔的论述（板书：

塔）；还有一部分是关于法海的论述。从论塔到论法海，鲁迅先生是从一件事情说到了另一件事情，从一个意思引到另一个意思。文章从雷峰塔倒掉说到了白娘娘的故事，从法海的下场说到蟹和尚，这里表达了什么意思？

生1：表达了对白娘娘的同情，对法海的憎恨。

师：对。但这是不是作者要表达的主要意思？

生（齐）：不是。

师：那是什么呢？

生2：是说雷峰塔代表了封建势力，希望它快快倒掉；白娘娘是好人，对她表示深切的同情；法海是坏人，对他表示强烈的憎恨。

师：对。这还不仅仅是作者的意思，这叫做民意，就是人民的意志。从对白娘娘的同情、对法海的憎恶、希望雷峰塔倒掉，说明了一个社会现象，那就是人民对当时封建势力（板书）及其代表人物，表示了极端的憎恶，要催促它的崩溃；而对受封建势力压迫的人民则寄予深切的同情。这就是这篇杂文的中心所在（主题思想），也是作者强烈的反封建斗争精神的具体体现。

生3：文章里的玉皇大帝应该怎样看待？

师：作者对他是肯定的，还是否定的？

生4：肯定的。

生5：否定的。

师：玉皇大帝要拿办法海的出处在哪里？文中说："只可惜我那时没有打听过这话的出处，或者不在《义妖传》中，却是民间的传说。"为什么要说民间传说？民间传说是不是一定是事实？不一定。要注意这里说的玉皇大帝，已经不是封建统治阶级所"设计"的上帝，而是赋予了他另外的意义了。当时的人民是借这个现成的神话说来表达自己愿望的。

下面请一位同学朗读一下论塔的部分，看看在这部分里有没有议论的地方。

（指名朗读。）

师：请你们把议论之处指出来。

生6："雷峰夕照的真景我也见过，并不见佳，我以为。"

生7："白娘娘终于中了法海的计策，被装在一个小小的钵盂里了。"

生8："那时我唯一的希望，就在这雷峰塔的倒掉。"

师：这些议论在这篇文章里起什么作用？

生9：表示作者的观点。

师：文中哪些词语表示对塔的憎恶？"破破烂烂"说明塔——

生（齐）：摇摇欲坠。

师：表达作者迫切希望它倒掉的心情。"白娘娘被压在这塔底下"一句中的一个"压"，

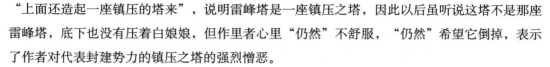

"上面还造起一座镇压的塔来"，说明雷峰塔是一座镇压之塔，因此以后虽听说这塔不是那座雷峰塔，底下也没有压着白娘娘，但作里者心里"仍然"不舒服，"仍然"希望它倒掉，表示了作者对代表封建势力的镇压之塔的强烈憎恶。

论塔这部分，并不是作者议论的中心，议论中心在下面一部分里。现在我们一起来看看下面一部分，先请一位同学把四五六三小节朗读一下。

（指名朗读。）

师：第四节很重要，我们集体再朗读一遍（生齐读。）

师：这三小节读了以后，你们感到文章有什么味道？

生10：讽刺意味很强（板书：讽刺）。

师：先看第四节："现在，它居然倒掉了，则普天之下的人民，其欣喜为何如？"这句话如果变一下，能不能这样说："现在，它居然倒掉了，广大人民都非常高兴。"还有第五节有一句："试到吴越的山间海滨，探听民意去。凡有田夫野老，蚕妇村氓，除了几个脑髓里有点贵恙的之外，可有谁不为白娘娘抱不平，不怪法海太多事？"能不能说成是：不信你到吴越去听听人民的意见吧，除了思想有问题的之外，都为白娘娘抱不平，都怪法海太多事。还有第六节中这一句："他偏要放下经卷，横来招是搬非，大约是怀着嫉妒罢——那简直是一定的。"能不能说成：法海不念经去干涉白蛇和许仙的婚事，一定是怀着嫉妒罢了。（出示事先准备好的小黑板，上面写着比较的句子。）

生（齐）：说是可以说，可是不生动。

师：这些议论如果换了一种语句形式，尽管语意相同，语气却显得不同了，效果也就不一样。因此，议论不仅要确切，而且要生动。有时在文中用几句文言句子，就能表示出讽刺的意味，如前面两句。至于"大约是怀着嫉妒罢——那简直是一定的"，先用一种推测，然后表示肯定，使议论逐步深入就增强了语言的力量。我们要学习这种表达方式。下面请一位同学把第七第八节朗读一下。（指名朗读。）

师：前面三节由论塔转到论法海，也就是从封建势力的崩溃写到封建势力代表人物的下场了。这两节鲁迅先生以嘲讽的笔调叙述了法海"逃在蟹壳里避祸"的可悲下场。叙述是很生动的，请同学们自己读一遍，并且把议论的语句找出来。（学生按各自的速度朗读。）

生11：议论的语句在第七节中："我对于玉皇大帝所做的事，腹诽的非常多，独于这一件却很满意，因为'水满金山'一案，的确应该由法海负责；他实在办得很不错。"

师：对。你们看，法海真是作恶多端，他不仅破坏白娘娘与许仙的幸福，"横来招是搬非"，造起了"镇压之塔"，还"以至荼毒生灵"，终于众怒难犯。那么一个非凡的人，得道的禅师，有法海无边的神通，竟然狼狈到逃在蟹壳里避祸，可见民意的力量，也就是人民的力量了。因此，对这段议论请大家注意"腹诽"与"满意"的表达，上一课我们已经讨论了这里的玉皇大帝是民间传说中的，是人民借来表现自己的愿望的，"也怪法海太多事"，就反映了民意。鲁迅先生"腹诽"的玉皇大帝显然是反映统治阶级愿望的，那是封建统治阶级设计的上帝。在"水满金山"一案中，玉皇大帝被民间借用了，所以鲁迅先生独于这一件很满意，称赞他实在办得不错，其实是在称赞民意。文章写到这里已经接近中心了，为什么还要细致地叙述一下吃螃蟹？请大家小组讨论一下。（学生前后排讨论，然后举手发言。）

生12：这样写使文章显得生动有趣。

生13：这才把白蛇娘娘的故事写完整了，并且证明了这个传说似乎是真的。

生14："蟹和尚"其实是蟹的胃，里面尽是脏东西。这一写就把法海看来横行，肚里肮脏的本质揭露了，罗汉模样的东西，不过是法海的丑态罢了。

师：同学们的体会都很好。文章写得精彩，可以同时表达几个丰富深刻的意思，这段一写，当然把法海的丑恶形象揪出来示众了，但最主要的是由这个故事叙述的结束，突出法海的可悲下场，引出全文的中心论述。请同学们把最后两个自然段齐读一遍。（生齐读。）

师：这两段是文章的中心论述段。既是全文从这件事说到那件事总的概括归纳，又是从一个意思引出另一个意思的集中表达，文章的中心论点无可辩驳地提出来了。哪些语句是概括事件的？哪些语句是突出中心论点的？

生15："当初……现在……"是概括事件的，因为全文就是从雷峰塔的倒掉谈起，说到白蛇娘娘跟法海的故事，这里再呼应加深。现在镇压之塔倒掉了，白蛇娘娘当然得到了自由；而法海，鲁迅先生讽刺他却是永远躲在蟹壳里独自静坐了，非到螃蟹断种的那一天为止出不来。

师：说得很好，那末中心论点就是下面这句话了："莫非他造塔的时候，竟没有想到塔是终究要倒的么？"

生16：是的。

师：好。说说你对这句话的理解。

生16：这是一句反问句，包括两个意思：一个是法海造镇压之塔时，确实没有想到它会倒，嘲笑了封建统治者妄想封建势力永存；另一个是镇压之塔不管法海想到还是没有想到，愿意还是不愿意，到后来总是要倒掉的，也就是严正地指出了封建势力一定会崩溃。

师：（向全班）同学们同意不同意他的分析，还有什么补充吗？

生17："终究"这个词用得好，准确地表达了封建势力崩溃的必然性。

师：对。塔"终究"要倒掉是不以人们意志为转移的客观规律，一切腐朽的上层建筑总是要垮台的，封建势力的垮台是必然的。这样，就从同情白蛇娘娘，憎恨法海，希望雷峰塔的倒掉，自然地引出了这条更深刻的、具有普遍意义的客观规律。文章到此可以结束了，为什么还要写两个字"活该"另起一段呢？

生18：是顺着他造塔的时候，竟没有想到塔是终究要倒的意思，讽刺法海自作自受的。

生19：是给法海下结论的。

生20：还表现了当坏人没有好下场，"则普天下的人民其欣喜为何如"的感情。

师：这里是承接上文的意思，从法海的可悲下场，指出封建势力的代表人物总逃脱不了自搬石头自砸脚的命运，这也是不以人们意志为转移的客观规律。"活该"两字分量很重、很够味，它使全文的讽刺意味集中起来，对镇压之塔，对非凡的老禅师，一倒一躲，幸灾乐祸，给予无情的嘲弄挖苦，同时，充满了胜利的欣喜。请同学们把这两节再读读体味体味。（学生自己读。）

师：这篇文章十个自然段，分为听说倒掉、希望倒掉、居然倒掉和终究倒掉四个层次，前两个层次论雷峰塔，后两个层次从论法海，到归纳全文的中心论点，借题发挥、叙中有议。我们钻研之后，对伸引性论述文章怎么写应该更清楚了，希望同学们认真复习，准备下一课学写伸引性论述的作文《从……谈起》，具体题目可以自拟。下课！

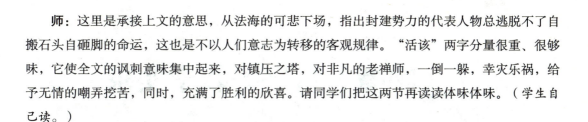

［教学点评］徐佩茂

一、如水的行板——结构简约合理

开篇明确文章的两个特点：一借题发挥，二叙中有议。继而提出这篇文章主要表达什么意思。然后概括文章十个自然段每段的大意。这样就整体了解了文章的结构。第一课时的任务就完成了。第二课时紧接着提出"文章围绕着哪两个字写的"——（倒掉）这个问题。并把这十个自然段的内容紧缩成了四个层次：听说、希望、居然、终究。再从文章论述的角度，把文章分为两大部分：关于塔的论述，关于法海的论述。如涓涓流水，将文章思路简约合理地呈现给了学生。

二、如流的和弦——互动具体明确

在师生互动的过程中，陆继椿老师设计的问题既能抓住文本特点，又能激发学生兴趣。如"文章围绕着哪两个字写的"？牵住了文章的牛鼻子。继而在互动中得出：文章从论塔到论法海，表达了对白娘子的同情，对法海的憎恨。然后设计的主问题是："这是不是作者要表达的主要意思？"这样就又很好地完成了对作品的主题讨论。

三、如潭的唱腔——内容充实深沉

本节课在整体感知全文内容、把握中心之后，并没有停留，又继续在分析课文议论写法的基础上，挖掘出了最关键的写作特点：讽刺意味。至此，文章结构、内容、写法已呈现无遗，但陆继椿老师又回应前一节课的内容，延续到了写作的引导上，布置了写伸引性论述的作文的准备。这堂课可谓充实而又深沉。

《〈呐喊〉自序》教学实录

❈ 曹勇军

教学重点：第二部分中三个关键性长句的理解把握。

（导课、分析文章内容略。）

师：鲁迅思想发展的第三、四阶段，原文中虽然没有"梦"这个字眼，但是先生在启蒙无望的严酷的现实面前，并没有放弃追求。《新生》流产了，从文之梦破灭了，后来作者回到北京，蛰居故都，一时找不到出路，感到苦闷、悲哀。这时候老朋友金心异来了，引出一段富有深意、十分精彩的对话。

下面请一、二组的同学扮演鲁迅，朗读第十九自然段；三、四组的同学扮演金心异，朗读第二十自然段。

师（面对三、四组同学）：读本段最后一句时应读出不容怀疑的语气来。把这句变成肯定陈述句应该怎么说？哪位"金心异"来答？

生：你应该说有毁坏这铁屋的希望。

师：很好！下面一起来看这个句子。

（出示投影）是的，我虽然自有我的确信，然而说到希望，却是不能抹杀的，因为希望是在于将来，决不能以我之必无的证明，来折服了他之所谓可有，于是我终于答应他也做文章了，这便是最初的一篇《狂人日记》。

这个句子很长，意思绕来绕去，不太好懂。全班先来齐读一遍：

（生读。）

师：这个句子中"我的确信""希望""我之必无的证明""他之所谓可有"意思不好懂。我们把这四个关键词、短语弄懂了，整个句子就不像现在这样难理解了。请扮演鲁迅的一、二组中的同学在刚才的对话中用原文回答，"我的确信"是什么？

生："一间铁屋子，是绝无窗户而万难破毁的。"

师：那么"希望"呢？请三、四组中的同学用原文回答。

生："然而几个人既然起来，你不能说决没有毁坏这铁屋的希望。"

师："我之必无的证明"呢？一、二组。

生："一间铁屋子，万难破毁，大喊大叫，不过是惊醒了较为清醒的几个人，但是无济于事。"

师： "他之所谓可有"？全班。

生（全班）： "然而几个人既然起来，你不能说绝没有毁坏这铁屋的希望。"

师： 是不是比刚才好懂一些了？请大家继续看这个句子。这是个复句，有个转折连词"然而"，这个转折连词除了起转折作用，还起什么作用呢？

（学生思考。）

师： "然而"是对上文的转折，是对自己从前想法、观点的否定，也是对下文的强调，说明自己抛弃了从前的认识，而接受了对方的观点。到此，这个句子意思就完全清楚了：我抛弃了自己从前的认识，接受了对方的观点，开始呐喊战斗。

师： "我抛弃了自己从前的认识，接受了对方的观点，开始呐喊战斗。"接受了对方什么观点呢？唤醒熟睡的人们，打破铁屋子。这里"熟睡的人们"和"铁屋子"各比喻什么？

生： "麻木的民众"和"黑暗顽固的旧社会"。

师： 好。这样我们就分析提取出了《呐喊》写作的第一目的：唤醒麻木的民众，摧毁旧社会。大家能不能在注释①中截取出一句与"唤醒麻木的民众，摧毁旧社会"意思十分接近的话来证明我们归纳的写作目的之一的正确性呢？

生（异口同声）： "将旧社会的病根暴露出来，催人留心，设法加以疗治。"

师： 很对。《呐喊》写作还有没有其他的目的呢？请看下面一段的第一句。（出示投影。）

在我自己，本以为现在是已经并非一个切迫而不能已于言的人了，但或者也还未能忘怀于当日自己的寂寞的悲哀罢，所以有时候仍不免呐喊几声，聊以慰藉那在寂寞里奔驰的猛士，使他不惮于前驱。

师： 这是个多重复句。先看第一分句。注释上说"不能已于言"的意思是？……

生： "不能不说话"。

师： "已"是停止的意思。"并非一个切迫而不能已于言的人"，请问：鲁迅当时是否急于呐喊？

生： 不是。

师： 理由？

生： 这个句子是三重否定，三重否定还是否定。

师： 请结合下文解释"本以为"。

生： 原来是并不急于要呐喊，现在要呐喊战斗。

师： 原文中有没有一个关联词可以来证明？

生（齐答）： 有，"但"。

师： 对，"但"。一转折，否定了原先的认识，强调现在要呐喊战斗。

我们根据"但"这个词，把前面不重要的意思删除掉，但是剩下的还不是最基本的意思，还应该删除一些，请问是哪些？

生："所以"之前的内容。

师：为什么？

生："所以"之前是原因，"所以"之后是结果，这里主要强调结果。

师：这样，我们把握住了这个句子的基本意思，即：呐喊几声，慰藉那在寂寞里奔驰的猛士，使他不惮于前驱。但这个句子仍不太好懂，什么叫"在寂寞里奔驰的猛士？"看154页注释①，能不能找个词来解释一下？

生：前驱者。

师：更确切一点？

生：革命的前驱者。

师：到此，我们就概括出《呐喊》写作的第二个目的：鼓舞前驱者，使他们勇于冲锋陷阵。

师：分析这个多重复句时，我们抓住第一层次中"但"这个关联词，根据"但"所指示的句意重心，把前面次要的意思舍弃掉，然后根据第二层次的关联词"所以"抓住句子重心中的重心，提取句意。

师：我已经和大家讨论分析了两个句子，下面我再给大家一个句子，让你们来分析分析。

（出示投影。）

至于我的喊声是勇猛或是悲哀，是可憎或是可笑，那倒是不暇顾及的；但既然是呐喊，则当然须听将令的了，所以我往往不恤用了曲笔，在《药》的瑜儿的坟上平空添上一个花环，在《明天》里也不叙单四嫂子竟没有做到看见儿子的梦，因为那时的主将是不主张消极的。

（全班齐读。）

师：我们把这个句子切为四段，从句首到"那倒是无暇顾及的"算第一段，第一小组的同学现在就代表这个分句。

第二组同学代表"但既然是呐喊，则当然须听将令的了"。

"所以我往往不恤用了曲笔"到"竟没有做到看见儿子的梦"，第三组同学代表这个分句。

剩下的给第四组同学。

每个同学都要认真思考，看这个句子的基本句意，在这四段中的哪一段？同邻座同学讨论讨论，方法就是刚才教给大家的方法。然后我请代表基本句意的那个小组的同学举手。

（教室里空前活跃，学生热烈讨论，第二组同学纷纷举手。）

师：现在我要问第一小组的同学，你们为什么不举手？

生：我们这个分句在"但"之前，不是句意的重心所在，所以我们不用举手。

师：第三组同学，你们为什么不举手？

生：我们这个分句是承上句来的，是具体举例，说明听将令的具体做法、具体行动，因此，我们这个分句也不是最主要的，不用举手。

师：第四小组同学为什么不举手？

生：我们这个分句是补充解释为什么"不恤用曲笔"的，也不是最主要的。

师：大家讲得很好，我小结一下。刚才第二组举手，一、三、四组同学也讲了，这实际上是演示了一个长句分析的思路。首先，大家找到第一层次，抓住"但"这个关联词，把"但"前面的次要内容舍弃，保留"但"之后的句意重点，接着又依据句意的主次来提取，从"所以我往往不恤用了曲笔"到"竟没有做到看见儿子的梦"是举例材料，去掉；"因为那时的主将是不主张消极的"，看似和"听将令"差不多，但却是补充解释为何用曲笔，也去掉。

师：好。现在我们依次概括归纳出三点，请看：（出示投影。）

1．唤醒麻木的民众，摧毁旧社会。

2．鼓舞前驱者，勇于冲锋陷阵。

3．呐喊当然须听将令。

请看，这些是不是都是《呐喊》写作的目的？

生（齐答）：不是。

师：哪些是？哪些不是？

生：1、2点是，第3点不是。

师：为什么？

生：1、2是为什么要呐喊，而3是说怎样呐喊。

师：这样我们就弄清楚了《呐喊》写作的经过和目的，完成了本课的学习内容。但得出结论并不重要，重要的是我们在分析讨论中教给大家的分析思路和办法。

（出示"阅读流程图"投影。）

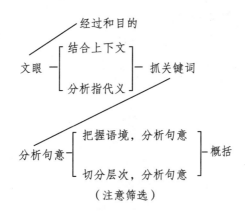

（教师小结阅读流程。）

师：这堂课我们介绍了三种分析句意的方法：1.抓关键词，分析句意；2.通过语境，分析句意；3.切分层次，分析句意。大家可以运用这些方法，在以后的阅读中不断练习，只有掌握了方法，才可以举一反三，提高阅读能力。

师：布置一道课后练习，看本文第23段，这又是一个长句，运用本课所学的知识，分析一下作者对自己小说结集是什么心情，是侥幸？是不安？还是高兴？回去认真思考。下课。

【附板书】

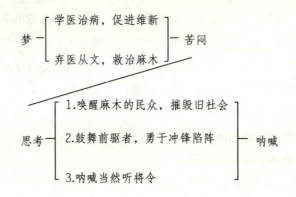

《〈呐喊〉自序》

（自序，文体，说明写书经过和目的）

●●●●● [教学点评] 孙芳铭

这堂课归纳起来有以下几个特点：

1.教学目标明确而集中。

2.训练思路清晰，训练层次明晰。

3.训练方法恰当，善于从学生实际出发，化繁为简，化难为易，深入浅出。

4.既有强烈的现代阅读指导意识，又有鲜明的阅读训练个性。

5.教学基本功过硬，教材钻研深透。

看来，只有顺着学生的认知心理、认知规律，循着训练目标和文章的思路，才能认定"启"所当"启"，才能收"发"所当"发"之效。

《谈骨气》教学实录

❋ 姚友勇

一、导入新课

记得有位名人说过："人不可有傲气，但不可无傲骨。"天地间有浩然正气，人应有铮铮骨气。同学们，今天我们就一起来学习《谈骨气》。（加点字板书，下同。）

二、检查预习

1. 出示小黑板，让一生给加点的字注音。

嗟（jiē）　吆喝（yāo）　丞相（chéng）　拘囚（qiú）　高官厚禄（lù）　拍案而起（àn）　富贵不能淫（yín）

2. 速读全文，划分结构。

师：这是一篇比较规范的短论文，从课后练习一可知，文章由三部分构成，即提出论点——论证论点——得出结论，也就是议论文的引论——本论——结论。请同学们据此找出各个部分的起止点，概括每个部分的主要内容。

小结：第一部分（1□4段）：提出论点，对"骨气"作初步的解释。第二部分（5□9段）：以三个事例论证"我们中国人是有骨气的"。第三部分（10段）：总结全文，指出无产阶级骨气的具体表现，号召我们克服困难，奋勇前进。

三、分析课文

师：作者的观点是什么？在提观点时带着一种什么样的感情？请同学们齐读第一部分。

生读。（略）

师：哪一句话是全文的中心论点？（第一句话）作者提出论点时带着一种怎样的感情呢？我们不妨对比阅读一下，把这句话改成"我们中国人有骨气"，同学们体会一下表达效果有什么不同。（生讨论。）

师：很明显，"我们中国人是有骨气的"一句语气肯定，"是"有强调作用，表达了强烈的民族自豪感。全文始终贯穿这种感情。

师：同学们再充满激情地把第一自然段齐读一遍。

生读。（略）

师：提出论点后，作者紧承上文，引用了孟子的三句话，这三句话是什么意思？有什么作用？

（生七嘴八舌，师引导学生齐读"高官厚禄收买不了……强暴武力威胁不了"。）

生讨论。（略。）

师：内容上解释了骨气的含义，全文也是围绕这三句话的顺序举例论证。请同学们齐读此段，把孟子的话背下来。

生读第二段。背孟子的几句话。

师：既然第二段已经解释了骨气的含义，那么文中的3、4段是否多余？为什么？

生讨论。（略）

师归纳：第3段指出"骨气"是中华民族的优良传统，第4段指出不同时代、不同阶段中，"骨气"的具体含义也不同，但是，中国人的骨气都体现了"坚定不移地为当时进步事业服务"这一原则。这两段的内容是对论点十分必要的补充，同时第4段又是对下文的总起。

生齐读第4段。

师：那么，哪些事例"值得我们学习"呢？文中选取了三个事例，是哪三个事例？请用简洁的语言概括出来。

生：文天祥拒不降元，穷苦人不受嗟来之食，闻一多横眉怒对敌人枪口。

师：读文天祥事例，男生读记叙部分，女生读议论部分。哪些关键词句体现了文天祥大义凛然的民族气节，说明文天祥是有骨气的？

生："坚决拒绝"体现了文天祥大义凛然的民族气节。

师：第6段能否删去？

生：不行。这个自然段是对文天祥事例的分析，是议论。举出他的《正气歌》更能证明文天祥有骨气。

师：文天祥的事例是从哪个角度证明论点的？

生：富贵不能淫。

分析第二个事例：

师：请同学们找出记叙和议论的分界处。女生读记叙部分，男生读议论部分。

生找出分界线。朗读课文。

师：穷苦人的骨气从哪儿可以体现出来？

生：拒绝了"嗟来"的施舍。

师：穷且弥坚，不坠青云之志，这正是孟子所称道的——（师停顿）

生：贫贱不能移。

分析第三个事例：

师：请男同学朗读这一事例的议论部分，女同学读记叙部分。问：这一段与前两个事例相比，在议论上有何特点？哪些关键词语体现了闻一多的英雄气概？这一事例又是从哪个角度来证明论点的？

生讨论。（略）

师归纳：这一段是通过名人名言来进行议论的，引用毛主席的话更有说服力。"大声疾呼""痛斥""拍案而起"等关键词语体现了闻一多的英雄气概。这一事例是从"威武不能屈"的角度证明论点的。

师小结：课文第二部分用了三个事例，从不同的角度证明论点，这就是议论文中常用的方法——摆事实。而第一部分就是讲道理。

师：中国人有骨气的事例很多，作者只选取这三个事例有代表性吗？

生讨论。（略）

师：文天祥是丞相，穷苦人是平民百姓，闻一多是民主战士。从古到今，从封建士大夫到平民百姓再到民主战士，时间跨度很大，各阶层的人士都有，当然有代表性。

师：第二部分从三个不同的角度论证了"我们中国人是有骨气的"，有叙有议。议论文中的记叙有什么特点？与记叙文中的记叙有什么区别？我们来对比阅读这两段文字。

师分发课外阅读材料："齐国发生了大饥荒。黔敖在路边摆设了食物，用来等待那些饥饿的人来吃。有一个饥饿的人，用袖子遮住自己的脸，拖着鞋子，没精打采地走来。黔敖左手送上食物，右手端着汤，向这个饥饿的人吆喝道：'喂！快来吃吧！'这个饥饿的人瞪着眼睛盯着黔敖说：'我正是不吃这种侮辱人的饮食，才落到这个地步。'这个饥饿的人谢绝了黔敖的食物，最后终于饿死了。"

师：请同学们对比阅读课文第二个事例和这则材料。这两部分文字记叙的是同一个内容，写法上有何不同？

生讨论。（略）

师：课文的记叙比较简明概括，材料则比较具体。课文有议论，议论了接受施舍带来的后果。由此看出议论文中的记叙是充当立论的论据或论证的材料，选择和安排都取决于中心论点的需要。而记叙文则要通过具体的人或事的记叙来使读者受教育，需要对人物作细致的描写，必须交代清楚事件的起因、经过、结局，这些都是议论中的记叙不可能做到的。

师：请同学们齐读最后一段。

生读。（略）

师：文章写于20世纪60年代初，我国正处于困难时期，作者写作本文的目的就是要人们在困难面前不低头。我们无产阶级的骨气体现在哪些方面？

生：决不向任何困难低头，压不扁，折不弯，顶得住，吓不倒。

师：以此为观点，同学们能从"威武不能屈"这一角度举出无产阶级有骨气的一些事例吗？先概括其主要事实，再进行简单议论。

生：刘胡兰面对阎锡山军队的威胁，从容地躺到铡刀下面，大声地说："死有什么可怕！要杀就由你们吧，我再活十七岁，还是这个样子。"这位17岁的女英雄就这样慷慨就义了。刘胡兰在敌人面前英勇不屈，大义凛然，体现了无产阶级的骨气。

师：这位同学说得好。概括事实时抓住了"从容""慷慨就义"，体现了刘胡兰"威武不能屈"。

生：陈然被囚于"中美合作所"时，受尽各种酷刑。特务逼迫他写自白书，他严词拒绝，并在激怒中写下了著名的《自白》诗。陈然以自己的实际行动显示了无产阶级的骨气，表现了坚贞不屈的英雄气概。

……

师：这样的例子还有很多。在引用这些事例的时候，同学们一定要注意：议论中的记叙要抓住最能证明论点的关键部分，要简明扼要。同时，不管什么时候，什么地方，我们都应做一个有骨气的人。请同学们再充满激情地齐读最后一段。

生读。（略）

师：课外请同学们把文中三个事例中最能体现"有骨气"的关键词语和孟子的几句话摘抄下来，并把课后练习七的词语抄在作业本上，积累这些词句。

下课。

【附板书】

谈骨气

提出论点：我们中国人是有骨气的。

证明论点：
- 富贵不能淫——文天祥拒不降元
- 贫贱不能移——穷苦人不受嗟来之食
- 威武不能屈——闻一多怒对敌人枪口

得出结论：决不向任何困难低头。

●●●●● ［教学点评一］

第七单元是第二册中唯一一个议论文单元，《谈骨气》又是一篇规范的短论。教学本文，目的有三：一是学生初步掌握课文提出论点——论证论点——总结归纳的基本论证格式。二是体会议论文中的记叙和记叙文中的记叙的区别，并注意积累有关词语。三是让学生理解骨气的内涵，继承中华民族的优良传统，立志做一个有骨气的中国人。其中第二点是重点。讲授本文，可以采用如下方法：

一、整体阅读，分析结构。让学生概括文中三个事例的主要内容，并体会三个事例的典型性，同时结合课后练习一把握文章的基本论证格式。这样既培养了学生的语言概括能力，又使学生对课文有了一个全局的把握，教师教学起来也会得心应手。

二、对比阅读，突破重点。在教学中，通过朗读让学生体会每个事例中记叙部分的特点，然后将文中第二个事例与课外阅读材料《廉者不受嗟来之食》进行比较，具体分析两处记叙部分的区别，不难得出：议论文中的记叙是作为事例充当立论的论据或论证的材料，比较简明概括；记叙文中的记叙需要对人物、事件作细致的描写，具体而又生动。

三、局部阅读，体味语言。对文中各部分的分析应抓住关键词语，深入体会其准确性和作用，并让学生积累一些词语或句子。

四、学以致用，能力迁移。有针对性地让学生举出无产阶级"威武不能屈"的一些事例，先让学生概括出主要事实，再进行简洁议论。这样既能进一步体会"骨气"的真正含义，又能锻炼学生的口头表达能力。

总之，讲授本文，可采取讲读结合、听说结合、课内与课外相结合的手法，教师精讲点评，学生收获必甚丰。

●●●●●［教学点评二］

此课堂实录有以下特点：

第一，教学目的明确，重点突出。教学的目的性是衡量一节课的基本要求，明确与否关系到课堂教学的成败。从实录的全过程看，教学目的是十分明确的，教学效果也是很明显的。《谈骨气》是七年级学生学习的第二篇议论文，学习本课的目的在于使学生了解议论文中的记叙与记叙文中的记叙的区别，并初步了解议论文的特点。为实现这一教学目的，教者进行了精心的教学设计：如在讲析三个典型例证时，教师有意指导学生把议论和记叙的文字分开朗读，以便了解记叙与议论的区别；为了突破"议论中的记叙"这个重点，教师印发了一篇关于"嗟来之食"的记叙文，指导进行比较阅读；在课堂结束时，教师还指导学生做了这样一道练习：以"威武不能屈"为观点，简要叙述现当代典型事例进行证明。这样做，不仅加深了对"议论中的记叙"的理解，而且还使学生初步懂得了如何用材料证明观点。

第二，相机诱导、适时点拨，学生主体参与意识强。教师能从整体入手，对局部进行具体剖析，教学思路清晰。每一教学步骤都能充分调动学生的积极性，把学法指导寓于诱导、点拨之中。如开头简要说明读、写议论文的基本方法：提出论点——论证论点——得出结论，然后就依据这个基本方法来找论点，找论证论点的道理和事实。按照这个思路进行教学，教师逐层启发，学生学得主动、轻松。至于为了突破重点、难点而进行的比较阅读和迁移训练，更是进行学法指导的生动例子。

第三，重视指导学生学习语言。在整个教学过程中，教师始终抓住关键词语进行教学，通过反复诵读以增强学生的语感，最后指导学生整理关键词语来帮助积累语言。

《说美》教学实录

❈ 吴明平

（课前配乐播放以"感受美"为主题的系列图片，营造"美"的氛围。上课铃响，停止播放）

师： 同学们好！

生： 老师好！（显得无精打采）

师(走到学生中间)：老师今天特别高兴。（生小声议论）

师： 高兴，不是因为自己参加比赛，而是因为能够和大家一起学习。今天的学习呢，气氛有点特别——后边坐着很多听课的老师。大家刚才已经上了一节课，还紧张吗？（生小声回答。有说"紧张"的，也有说"不紧张"的）

师： 其实没必要紧张，平时怎么学，今天照样怎么学。好吗？

生（小声地）：好！

师： 据说，大家都是七年级的学生，但我们今天要学的却是一篇九年级的议论文，并且还有一定的难度。大家是否有信心上好这一节课呢？

生（小声地）：有。

师： 好像信心不足哇？

生（信心十足地）：有！

师： 我想，凭大家的聪明程度，通过我们共同的努力是肯定能读懂这篇课文、上好这一节课的。况且，我们今天要讨论的话题也是大家非常感兴趣的——美。（屏幕显示：美）

师： 上课之前，我发现不少同学在欣赏屏幕上一幅幅优美画面的时候，都特别来劲。（风趣地）是呀，爱美之心，人皆有之。从古至今，人们总是在不断地探寻美、欣赏美，也在不断地创造美。不过，随着时代的变迁，今天人们的审美观念似乎正悄悄地发生着变化。你看吧，现在的人造美女、人造美男越来越多。（屏幕显示一幅漫画，学生小声议论）

师： 据说上海的一名中学生也想通过自我炒作成为"第一人造美男"；咱们浙江的慈溪市有一位16岁的少年也想成为中国第一人造美男，实现和韩国明星李贞贤同台演戏的梦想。听到这些消息，我们可能都觉得有点不可思议！惊讶之余，我在想，我们应该理性地思考一下"美"了。今天我们就随着大哲学家弗兰西斯·培根一起来《说美》。（屏幕显示课题：说美）

师： 大家是初次接触议论文，通过这节课的学习，我们需要完成哪些任务？我觉得主要有这样几个方面：把握课文的基本内容，明确作者的审美观念，理清作者的写作思路，培养高尚的审美情趣。好吧，下面让我们带着一种轻松、愉悦的心情，一起进入第一个学习环节。（屏幕显示：整体感知）

师：这样，大家先用自己最喜欢的方式认真地读课文，看看作者围绕着"美"，作了哪些论述?看看在这些论述中，作者最核心的观点是什么?读的时候，请拿起笔，把课文中的关键语句勾画出来。（屏幕显示：勾画关键句）

师：提示一下，在议论文中，哪些是关键句呢?能表明作者观点的，能给我们以启迪的，或者在结构上起承上启下的作用的，等等，都可以称之为关键句。好吧，请大家自由地阅读课文。（生自由读课文，边读边勾画关键句。师巡视，个别指导）

师：同学们都读得非常专注，那现在请大家说说，你勾画了哪些关键句。

生1："论起美来，状貌之美胜于颜色之美，而适宜并优雅的动作之美又胜于状貌之美。美中之最上者就是图画所不能表现，初睹所不能见及者。"

生2："假如美落在人身上落的得当的话，它是使美德更为光辉，而恶德更加赧颜的。"

生3："才德有如宝石，最好是用素净的东西镶嵌。"

生4："美有如夏日的水果，易于腐烂，难于持久。"

生5："美人底秋天也是美的。"

生6："很美的人多半不见得在别的方面有什么大的才德。"

师：同学们找得很好，老师也把自己觉得关键的语句摘录了出来，其实和大家所摘录的差不多。（屏幕显示关键句）来，我们先一起把这些关键句读一读，初步了解一下培根的观点。（生齐读，比较生疏）

师：这些关键句都蕴含着一定的哲理，我们该怎么读比较好呢?（生表现出思考的样子）

师：就用现在这种状态就比较好。带着思考，慢慢地读。来，我们再来一遍。（生齐读）

师：初步了解了培根的观点以后，大家再思考这样一个问题：现在如果请你从这些句子中，选取你觉得最精彩的一句做一张"美的格言卡"，你准备选哪句?为什么? 如果你觉得最精彩的句子，我们这里没有摘录出来，你还可以到课文中去寻找。（屏幕显示：美的格言卡）

师：大家先交流一下吧。（生品读、交流）

师：好，我们来听听大家的想法。（根据学生的回答，显示事先链接好的一张张漂亮的格言卡，为的是调动学生参与的积极性）

生1：课文开头一句话可以做成一张格言卡："才德有如宝石，最好是用素净的东西镶嵌。"这句话运用了比喻的修辞手法，非常形象。

师：是啊，文章是在论美，语言本身也很美，文章最后一段还有一句也使用了比喻的修辞手法："美有如夏日的水果，易于腐烂，难于持久。"这些比喻句的运用形象地唤起了我们的想象。

生2：我准备选的是这一句："假如美落在人身上落的得当的话，它是使美德更为光辉，而恶德更加赧颜的。"因为这句话说出了作者心目中的理想的美，即心灵美。一个心灵丑的人，不管他外表多好，也不会受人喜爱。

师：你说得很好，大家一齐读一下这句话。（生齐读）接着发言吧。

生3：我觉得用这句话做成一张卡片也是挺好的。"美中之最上者就是图画所不能表现，初睹所不能见及者。"因为有句话是"路遥知马力，日久见人心"，这里体现出人美就美在品德和精神。

师：她谈出了自己的理解。

生4：我说的是"假如美落在人身上落的得当的话，它是使美德更为光辉，而恶德更加赧颜的"这句话，我觉得一个人拥有道德美比拥有外表美好多了。

师：是的，外表美是美，心灵美更美。接着说。

生5：我喜欢这句："美人底秋天也是美的。"这句话让我领悟到这样一个道理：纵然年轻人有年轻人的可爱和美丽，而老年人也自有他们优雅的气质，老年人所焕发出的也是一种独特的魅力。所以，一个真正美的人，他的晚年同样是美的。

师：我记得有人这样说过：女人不是因为美丽才可爱，而是因为可爱才美丽。那我想，女人如此，男人、老人也是如此。你看，邓小平同志那么大年纪了，他南巡的时候，挥手的姿势依旧那么美。

师：好，通过对关键句的寻找和品析，大家对课文内容有了比较深入的理解，初步领略到了培根的观点，对课文的思路也有了一定的了解。现在，我们把这些句子再来齐读一遍。（生齐读）

师：这么多关键句里面提到了很多的美，有颜色美、状貌美，有优雅的动作之美，以及那种图画所不能表现、初睹所不能见及的德行美。作者在对这些"美"的论述中，最看重的是什么美？

生6：德行美。

师：容貌美、状貌美、优雅动作之美都属于外形美，德行美却是属于一种内在的美。在作者眼里，什么样的美才是最理想的美？

生7：内在美与外形美结合。

师：非常好。内在的德行美胜于外形美，而内外兼美乃至上之美，这是培根在这篇文章中所阐述的主要观点。（板书：内外兼美乃至上之美）

师：明确了作者的主要观点以后，我们再把这些关键句用心来读一遍。（生齐读）

师：同学们，应该说，我们对"美"的感受已经比较深刻了。但我们对课文的探究还在继续。接下来这个环节更是我们畅所欲言的时候。（屏幕显示：质疑问难）

师：如果你对课文的某一句话、某一个词不理解，可以提出来研究。甚至说，你对有些观点不认同，也可以大胆地发表自己的看法。总之，什么问题都可以提，言论自由嘛。现在请大家再次浏览课文，把自己觉得最有价值的问题提出来，我们一起探讨。（生浏览课文，准备质疑。教师激励：有人说过这样一句话，提出一个问题，往往比解决一个问题还难。我们看谁最

先提这个问题，谁就是最勇敢的。）

师：现在请同学们畅所欲言。

生1：我不理解这句话："我们一定会看得见有些脸面，如果你把他们一部分一部分地来观察，你是找不到一点好处的；但是各部分在一起，那些脸面就很好看了。"

师：有同学能理解吗？（无人回答）

师：听老师举个例子吧。外面有一块草坪，单独看不怎么美，这个草坪外面有一条小河，单独看也不怎么美，但你把这块草坪和小河放一块来看，碧水映着绿草，哇，太美了！这是一种怎样的美？

生（小声地）：和谐。

师：对了呀！和谐是美。同样的，文中这句话所揭示的也正是这个道理。

师：培根的《论美》写于四百多年前的英国，此刻，当我们用一个21世纪的中学生的眼光来重新审视他的观点，你完全认同吗？请班长发表一下意见好吗？

生：我赞同他的观点，虽然时代不同了，但他的论述在今天仍有积极意义。

师：作为大哲学家，培根的文章有强烈的个人色彩，他的观点有自己独到的见解。同学们平常在思考问题时，也应该保持自己的个性，想法具有独创性。（生默不做声）

师：同学们似乎没有更多的问题需要我们一起探讨。这样吧，如果还有什么问题的话，课外我们还可以继续探讨。（屏幕显示：拓展感悟）

师：说到这儿，我突然想起了雕塑家罗丹说过的一句话："世界上不是缺少美，而是缺少发现。"确实如此啊，只要我们用一颗善良的心灵去感受，用一双聪慧的眼睛去搜寻，用一双灵敏的耳朵去倾听，你一定会发现，美就在我们身边，就在我们的生活中。大家看我们右边墙壁上的宣传画，乒乓球运动员夺冠了，他握紧拳头，像是在声嘶力竭地呐喊，这难道不是美吗？再想想坐在我们身后的老师们吧，在这酷暑难耐的夏季，他们静静地坐着、听着，甘愿做我们的观众，这种场面不也是一种美吗？同学们放弃了暑假这大好的闲暇时光，坐在这里配合老师上课，你们的这种协作精神同样也是一种美呀！真的，在我们平凡的生活中时时处处都蕴藏着无穷无尽的美。（生情绪高涨）

师：老师这里准备了一个短片，现在请大家用眼睛、用耳朵、用心灵去捕捉，然后把你对美的感悟告诉在场的老师和同学们。（在《神秘园》的音乐声中，屏幕上显示出一幅幅优美的画面，从自然到社会，从生活到艺术，有关于季节的，有关于动物的，有关于运动的，有关于亲情的……学生津津有味地欣赏着、感受着）

师：给大家几分钟时间，就你的发现或感悟写一句关于美的格言，写一首关于美的小诗，或者写一段关于美的随笔。时间不多了，大家可以即兴发言。（屏幕显示：一句格言 一首小诗 一段随笔）

生1：美无处不在，只要用我们的心灵去体会，去感受，我们就能领略无穷无尽的美：春天，小草破土而出，那是一种生命萌动的美；冬季，白雪覆盖大地，那是一种素净淳朴的美。

师： 你的发言很精彩，如果能配着音乐把刚才的发言朗诵出来，那会更美妙的。来，试试！（生配乐用抒情的语调朗诵。全场响起热烈的掌声）

生2： 美源自自然，美源自生活，只要你用心去观察，你一定会找到美。

生3： 美无处不在，它等待着我们一起去发现和感悟。

生4： 山川河流之美，夕阳西下之美，生命勃发之美，花开花谢之美，和睦家庭之美，都能让人感到美的存在。（全场响起热烈的掌声）

生5： 妈妈的唠叨是美，爸爸的叮嘱是美，老师的安慰是美，同学的提醒是美。（全场响起掌声）

生6： 如花美玉也抵不过似水流年，但落花的刹那，也是叹息的微笑。

师： 同学们的交流非常精彩，我感觉，大家确实是善于发现美，能够鉴别美的人。同学们，我们人类对美的追求是永无止境的，对美的思考和研究也从未停止。我们这个社会需要美，我们这个时代需要美。无数的美学家给我们提供了大量的精神食粮——（屏幕显示：朱光潜《谈美书简》 宗白华《美学散步》）

师： 读一读朱光潜的《谈美书简》，读一读宗白华的《美学散步》，不能不说都是一种至高无上的享受，一种人格、境界的提升。建议大家在这个暑假里，好好地读读这两本书，它能使我们更好地去发现美、感受美、创造美。我们的生活也会因此而变得更加美好。下课！

● ● ● ● ● ［执教感言］

自从接到参赛通知那天起，一种无形的压力便莫名地缠绕着我，想放松但始终未能做到。7月18日是第一次抽签的日子，这之前我顾忌重重：害怕抽到第一天上课，害怕抽到难讲清楚的《说美》……可不想拥有的就在一瞬间全被我揽了。那么多用红包装点的签摆在我们选手的面前，万没料到我伸手便抓了个第一天第二节课的《说美》。又能怎样？我只能背水一战了。准备的过程是痛苦的，48小时，连做梦都在"说美"。直到7月20日下午从课堂上走下来，我才如释重负。

为了上好这一堂课，我特别重视学习环节的设计，并将自主—合作—探究学习的新课程理念贯穿其中。对七年级学生而言，议论文显得比较陌生，虽然我试图深文浅教，但如果思路不清晰，学生在有限的45分钟内也只可能是"雾里看花，水中望月"，为此，我精心设计了趣味引入、整体感知、品析哲理、质疑问难、拓展延伸、推荐阅读六大环节，除趣味引入和推荐阅读外，其余的环节都以学生活动为主，我试图将教师"讲"的成分降低到最少的程度，而让学生的活动占领课堂，让学生在读读议议、说说写写中不知不觉地把握课文的内容，理清行文的思路，培养审美的情趣。在课堂上，我基本遵循着这样的理念在组织学生、引导学生，最精彩的片段当属拓展延伸这个环节了。有专家说，一堂课不在乎处处精彩，能有一两个亮点就算成功。如果要问我这堂课的亮点在哪里，可能这里还算一处吧。同学们带着浓厚的兴趣欣赏了以"感受美"为主题的短片，又以同样的热情写出了自己独到的发现和感悟。听着他们的即兴之作，我感觉他们的思维已经被激活了。我在想，这或许与我精心的设计有一点点关系吧。

当然，我这堂课仍然有许多需要调整的地方。因为这是一篇译文，加之培根生活的时代距今已有四百多年，所以他的很多论述让今天的中学生来理解确实有些困难。在设计课堂教学时虽然我努力为他们创设良好的课堂氛围，试图多角度、多侧面地去激励他们主动参与，主动思考，主动探索，主动创造，但仍有少数学生是在被动地接受，他们似乎没有找到"真正做课堂主人"的感觉。其实，这也是我从教以来一直感到困惑的问题，还望各位同人指点迷津。

●●●●● ［附课文］

说美

弗兰西斯·培根

才德有如宝石，最好是用素净的东西镶嵌。无疑地，才德如果是在一个容貌虽不姣丽，然而形体闲雅，气概庄严的身体内，那是最好的。同时，很美的人多半不见得在别的方面有什么大的才德；好像造物在它的工作中但求无过，不求十分的优越似的。因此，那些很美的人多是容颜可观而无大志的；他们所研求的也多半是容止而不是才德。但是这句话也并不是永远是真的，因为奥古斯塔斯大帝、泰塔斯·外斯帕显努斯、法王"好看的"腓力普、英王爱德华第四、雅典人阿尔西巴阿底斯、波斯王伊斯迈耳都是精神远大，志向崇高的人，然而同时也是当代最美的男子。论起美来，状貌之美胜于颜色之美，而适宜并优雅的动作之美又胜于状貌之美。美中之最上者就是图画所不能表现，初睹所不能见及者。没有一种至上之美是在规模中没有奇异之处的。我们说不出阿佩莱斯和阿伯特·杜勒究竟哪一位是更大的戏谑者；他们两位之中一位是要根据几何学上底比例来画人，另一位要从好几个不同的脸面中采取其最好的部分以合成一个至美的脸面。像这样画出来的人，我想是除了画者本人而外恐怕谁底欢心也得不到的。并不是我以为一个画家不应当画出一张从来没有那么美的脸面来，而是他应该以一种幸运做成这事（如一个音乐家之构成优美的歌曲一样），而不应该借助于一种公式。我们一定会看得见有些脸面，如果你把他们一部分一部分地来观察，你是找不到一点好处的；但是各部分在一起，那些脸面就很好看了。

假如美底主要部分果真是在美的动作中的话，那就无怪乎有些上了年纪的人反而倍增其可爱了。"美人底秋天也是美的"，因为年轻的人，如果我们不特意宽容，把他们底青年也认为是补其美观之不足者，是没有一个可以保有其美好的。美有如夏日的水果，易于腐烂，难于持久；并且就其大部分说来，美使人有放荡的青年时代，愧悔的老年时代；可是，无疑地，假如美落在人身上落的得当的话，它是使美德更为光辉，而恶德更加赧颜的。

············· ○ ·· ○ ··· ○ ··· **说明文部分** ··· ○ ··· ○ ·· ○ ·············

《从宜宾到重庆》教学实录

❀李　淳

🦜 一、导入新课，出示目标

同学们，长江是我国第一大河，它孕育了我们中华民族悠久的历史、灿烂的文化。电视系列片《话说长江》配上著名播音员陈铎精彩的解说介绍了长江两岸的情况。今天，我们学习的第30课《从宜宾到重庆》就是这部解说词的第8回。根据课文内容和要求，我归纳了四点作为这堂课的学习任务，请看投影：

[投影：

学习目标：

1. 理清文章的思路。

2. 指出重点说明对象的特征并举例说明所使用的说明方法。

3. 文章采用了记叙、说明、抒情融为一体的表达方式，能对有关语段作具体分析。

4. 根据解说词语言上的特点，连贯、流畅地朗读课文。]

请大家再看一看，想一想。

🦜 二、整体感知课文大概内容

让我们先来欣赏一下这篇课文的配乐朗读，从总体上把握一下文章思路，听录音时请标好节次并思考这几个问题——

[投影：

1. 听清字音并能读准。

2. 初步弄清课文按什么次序介绍了哪几座城市。

3. 哪座城市详写？哪座城市略写？哪座城市一笔带过？]

（学生边听配乐课文录音边看书。投影显示课文中的生字词。）

大家听得很入神，很好！还有没有没听清和不会读的字？（教师检查，请一位同学读投影

上的生字词）请大家再齐读一遍。

这些生字词中有些比较生癖，像僰人的"僰"很少用了，像"娴静、荡漾、扑朔迷离"这些词现在还用，请同学们课后将这三个词各造两个句子。

（提问：这篇课文按什么次序介绍了哪几座城市？哪座详写？哪座略写？哪座一笔带过？）

（学生回答，教师边概括边板书：宜宾、泸州、重庆。）

三、局部分析宜宾部分

这篇解说词按长江流向由上游到下游依次介绍了宜宾、泸州、重庆，重庆详写，待会儿我们要重点讨论，泸州一笔带过，我们不作讨论，宜宾虽然是略写，但写得很有特色，我们作一个简单的分析。文章介绍宜宾时写了两个事物，一个是南广河，一个是僰人悬棺。（板书：南广河、僰人悬棺。）僰人悬棺用的是平实说明，明白易懂，介绍南广河用的是生动说明。

（学生朗读第二小节。）

第二小节共有四句话，第一句话是记叙，后面三句话写得很生动，为什么生动呢？比较两组句子——

[投影：

一

①如果说长江是人体的动脉的话，这南广河充其量也只是一根小小的毛细血管。

②南广河没有金沙江那样磅礴的气势，但金沙江也难得有南广河如此安逸的情怀。

③南广河像娴静的少女，迈着轻盈的步子，向长江走来。

二

①长江是宽阔的主流，南广河只是一条小小的支流。

②金沙江汹涌澎湃，南广河平静安逸。

③南广河缓缓地流向长江。]

第一组是课文中的原句，第二组是老师写的。两组的意思是一样的，但第一组较第二组生动得多。想一想，为什么生动？采用了什么方法？

（学生回答。）

同学们刚才回答得很好·它运用了拟人、比喻等修辞手法，采用了打比方、作比较等说明方法。那么，再请同学们体会一下，这里有没有作者的感情？什么样的感情？

（学生回答。）

是的，这里饱含了作者对南广河优美风光的赞美。所以这一段文字有记叙、有说明、有抒情，融记叙、说明、抒情为一体。像这样三者融为一体的语段后面还有，大家要细细品味。

四、局部分析重庆部分

重庆是详写，下面我们具体分析一下。写重庆先介绍了重庆的历史演变——是一座悠久的古城，地理位置和地形特点，但重点是写重庆的特点。

请同学们阅读课文第11～20小节，思考：重庆有哪两个特点？各自是从哪几方面写的？运用了哪些说明方法和表达方式？请同学们边看书边作好圈点勾画，必要的地方加上批注，同时填写好表格。

[投影：

阅读课文第11～20小节，填写下表

重庆特点	从哪几方面说明	说明方法	表达方式

]

（学生默读课文，圈点勾画加批注。10分钟。）

（学生四人小组讨论。6分钟。）

根据表格，我也作了概括，请同学们先看我这张投影，内容概括是否错误？说明方法是否有遗漏？表达方式是否正确？请同学们指出来并说明理由。

[投影复片：

山城	高度 街道 台阶	列数字 摹状貌 举事例	说明 记叙 描写 抒情
雾城	雾的特点 雾产生的原因 雾的害处		

]

（同学大组发表意见。）

（小结：从内容概括上看，雾的害处概括不全面，雾有它不利的一面，但也有有利的一面；从说明方法上看，遗漏了最主要的两种说明方法，即作比较和打比方。表达方式概括得比较正确。）

五、朗读训练

我们对文章的分析理解就到这儿，下面我们进行朗读练习。这篇课文是篇解说词，语言表达上口语化，像拉家常一样的自然亲切，我们就应以这样的口气来朗读课文。

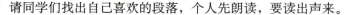

请同学们找出自己喜欢的段落，个人先朗读，要读出声来。

（学生在座位上出声朗读。）

现在请两个同学朗读，其余同学要认真听。

（同学加以评价。）

同学们很喜欢描写、抒情的语段，抒情味很浓了，但口语化还不够，再请一个同学朗读口语化较强的语段。

（推荐班里朗读最好的同学朗读，配上音乐。）

（全班齐读重庆是雾城的部分。）

（结束语：这篇课文的四个学习任务，我们基本完成了，还有什么问题没有？学完这篇课文，同学们想不想去看看重庆的山、重庆的雾、重庆的夜？想，那么现在可要认真学好知识，为今后进一步开发长江流域、建设祖国打下基础。）

●●●●●［教学点评］潘克勤

这堂课按照"自主学习"的模式设计并施教。试图在教学目标的导向下，充分发挥教师的主导作用，让学生在紧张积极的语文实践活动中，自己去探索和获取知识。

在教学目标的制定上，根据课文的"训练重点"和所在单元的要求，确定了四条认知目标，既包含了字词句章等基础知识，又兼容了听说读写等基本能力，且能按照教学目标的陈述要求，用"指出""理清"等外显行为动词，使学生明确本课的学习任务——"学什么""怎样学""学到什么水平"。为进一步强化学生的目标意识，用了投影以加深印象。

教学过程，除开头的"导入"外，共分为四块。每一块都是以教学目标为"抓手"，把目标转化为活动情景和问题情景，组织学生手脑口并用的智能活动，让学生自己去获取知识；并组织各种评价活动，及时了解学生的学习结果。

第一块，"整体感知"。让学生带着问题边听录音边看书，动耳、动眼、动脑，提高了感知的效率。恰当的导语加上配乐的朗诵，使学生能较快地进入情境，受到美的熏陶，以图实现情感领域目标的有机渗透。

第二块，"局部分析"宜宾部分。这部分虽不是课文的重点，却是语言训练的好材料，因此，把它作为实施第三个教学目标的载体。采用比较阅读的方法，让学生通过比较、分析等思维活动，运用已学过的知识，较好地掌握了"融记叙、说明、抒情为一体"的写法。

第三块，"局部分析"重庆部分。这一部分是课文的重点，也是实施主要教学目标的主材料；故将课堂教学的大部分时间和空间让给学生的自主学习活动。在这里，执教者的指导是很到位的：不仅给学生布置了明确的学习任务，在学习方法上也作了"圈点勾画加批注"的要求，而且还精心设计了一张表格，试图将学生在阅读中通过分析、归纳、概括后得到的信息用表格形式整体展现出来。由于指向明确，学生在近20分钟时间内，思维始终处于一种亢奋、活跃、积极的状态中。所以，尽管在这长达20分钟的时间内，教师没讲一个字，但学生得到的更多。让学生充分自学，不等于放任自流，必须及时评价，取得反馈信息以采取必要的补偿措施。本课教者在评价方式上，也是别具匠心的——设计了一张复片投影，让学生辨误，从中了解学生的学习结果。这比通过一问一答的评价方式要省时间，比直接抛出所谓"标准"答案的简单做法更是不可同日而语。

第四块，**"朗读训练"**。在当前语文教学的"分析"病愈演愈烈的情况下，有识之士纷纷指出，必须让朗朗书声重新回到课堂上来。但有些课的朗读，是为读而读，甚至把朗读作为讲解的附庸。为什么读、怎样读，缺乏训练意识。本课教者较好地处理了其中的关系。首先，指导思想明确，以解说词的特点指导朗读，通过朗读进一步体会解说词的特点。其次，过程清楚。通过"指导——在座位上试读——个别读——学生评价、教师评价——推荐同学配乐读——齐读"一系列的训练，使学生的朗读取得长足的进步。

当然，如对本节课全过程进行较为严格的"工艺水平"分析，还是能发现不少问题的。如第二块"局部分析"宜宾，教师直接出示两段文字的比较，实际上是将最重要的语意理解，直接出示给学生了。这就是以教师的思考代替了学生的思考，降低了学习的水平，为追求一个目标而牺牲了另一目标，从培养学生阅读能力的角度看，是不足取的。

《向沙漠进军》教学实录

❋ 陈钟梁

[上课]

师：今天我们要学习《向沙漠进军》，这篇课文事先你们已经预习过了，大家对这篇文章有没有兴趣，读起来感到有没有味道？我想先请你们谈谈自己读了以后的感受和体会，下面请大家发言。

生：这篇文章读了以后感到很平淡，不像以前学的《我的老师》《八只小猫》《小橘灯》那样有趣，以前学的文章都有故事的发生、发展、高潮和结局，而这篇文章是没有情节的，虽然写得很精确，但我感到读起来不合胃口。

生：文章的前半部分写得很好，从西方写到我国，从遥远的过去写到现在，可是后半部分却写得很枯燥，读起来不大有味。

生：这篇课文写得还是很好的，文章里所有的词都用得很精确，不像以前学的《夜明星》那样的文章，尽管写得很动人，但有些词语用得不大精确。

生：这篇课文虽然内容比较枯燥，但是它告诉了我们许多科学知识，像沙漠是怎样危害人们的，我们应该怎样去征服自然等，使我们开阔了眼界。

生：我觉得这篇课文写得比较好，文章的语言很生动，结构也很清楚。

师：好，你讲讲语言生动表现在哪里？

生：课文里有许多动词用得很准确，如写沙漠对人类的危害，选用了"侵占、侵入、袭击、进攻、摧毁、埋葬、逞强施威"等动词，写人类对沙漠的改造，选用了"抵御、收复、防护、开辟、征服"等动词，就像双方打仗似的。

生：这篇文章里用了很多"什么""是什么"的句式，这就把说明文要说明的东西说得很精确。如课文第一句里的"之一"，用得很精确，因为人类的自然敌人有很多，像风灾、旱灾等；"最顽强"也用得很精确，人类的自然敌人虽然很多，但是有一些是比较容易战胜的，好比虫害，只要用一些化学药品，就可以克服它，但是沙漠这个自然敌人在短期内却是不容易征服的。因此，我认为本文虽然读起来比较枯燥，但是用词却是非常准确的。

师：刚才大家发表了自己的看法，都讲得很好。这篇课文是一篇说明文，说明文主要抓住事物的特征（板书：特征），要以准确的（板书：准确）语言，来加以表达。比如文章一开始就说沙漠是人类的自然敌人之一，这个自然敌人和其他的自然敌人有什么区别？它是"最顽强"的。"顽强"这个词语能用"强大"来改换吗？（生摇头）大家都摇头，表示不行，"顽强"，不但是强大，而且是顽固。说明文总是要对说明的对象，加以判断（板书：判断），而在判断的过程中，加以科学的限制（板书：限制）。今天这节课，着重要和大家一起来研究说明中的判断与限制。

现在大家把课文翻开，我先把课文的第一部分读一遍，读的时候，我有意识地漏掉了一些词语，你们听的时候，用笔做一下记号，然后我们来一起研究，漏掉了这些词语，将对准确地说明事物带来什么影响。

（教师读课文，有意读漏某些词语，学生仔细地听并认真地在做记号。）

师：刚才我有意读漏了一些词语，下面请你们把它指出来，并说明遗漏了这些词语对准确地说明事物有什么影响？

生：第一节里漏掉了"若干"。不加"若干"这个限制，说明就显得不够精确，因为可以住人的地方很多，并不包括每一个能住人的地方都被沙漠所侵占。第二节里漏掉了"有些部分"，"有些部分"如果不加，就等于说是全部变成荒漠了，这样说也是不够准确的。

师：对，这些限制词不能漏，漏掉了就等于在夸大事实。

生：第三节里漏掉了一个"还"字。漏了"还"字，就是说陕西榆林地区的雨量很多。加了"还"字，可以清楚地看到这个地区在我国西北那里雨量是比较充沛的，但和沿海地区相比，雨量就要少得多。所以"还"字不能漏，漏了表达就不准确了。下面还漏了一个"多少"。漏了"多少"一词，这句话就不对了。"没有风沙"，是说风沙一点也没有，"没有多少风沙"，是说风沙还是有的，但是不多。

生：第四节中先漏了一个"大"字。没有"大"字，就说明风沙不大，这就不可能把"幼苗打死"，更不可能"连根拔起"。又漏了一个"全部"，漏了"全部"，就不知道幼苗打死了多少，这样说就显得很不准确。

师：幼苗全部打死，甚至连根拔起，造成了怎样的结果？刚才我在读的时候，有一个小小的遗漏，不知大家听出了没有？

生：漏掉了"才能有点收获"中"有点"的"点"字，有收获，是说收获的全部，有点收获，是说风沙很大，幼苗被打死，补种以后，也只能是有点收获，而不是全部都有收获。

师：对。下面还漏了"森林全被摧毁，田园全被埋葬"里的两个"全"字，漏了这两个"全"字，就不能把沙丘对人类的危害强调出来。

同学们，你们发现了没有？以上遗漏的一些必要的限制，有两种情况：一种是把话讲过头了，不符合实际；另一种是话的分量讲得还不够，同样也不符合实际。这两种情况，都不能把事物的特征准确地表达出来，都不能把沙漠这个人类最顽强的自然敌人说清楚。

面对着沙漠这个人类最顽强的自然敌人，同学们，你们说我们该怎么办？（众：要进

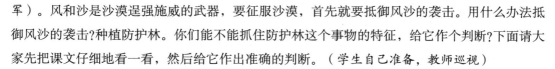

军）。风和沙是沙漠逞强施威的武器，要征服沙漠，首先就要抵御风沙的袭击。用什么办法抵御风沙的袭击?种植防护林。你们能不能抓住防护林这个事物的特征，给它作个判断?下面请大家先把课文仔细地看一看，然后给它作出准确的判断。（学生自己准备，教师巡视）

　　师：现在谁来讲什么叫防护林?

　　生：防护林是并行排列的许多林带。

　　生：防护林是抵御风沙袭击的并行排列的许多林带，两列之间的距离不要超过林木高度的二十倍。

　　生：防护林是抵御风沙袭击而培植起来的两行之间距离不超过林木高度二十倍并行排列的许多林带。

　　师：刚才同学讲的，有的是从培植方法讲的，有的是从培植目的来说的。现在我请一位同学，把以上几位同学所讲的几个判断综合起来，完整地讲一讲什么叫防护林?

　　生：防护林是劳动人民为了抵御风沙的袭击而培植起来的防护林带，它并行排列，两行之间的距离不超林木高度的二十倍，其主要作用是减少风的力量。说得形象一点，就是我们在电影《沙漠的春天》里看到的在广阔的大沙漠建造起来的一排排、一行行的林带。

　　师：刚才×××同学把以上几名同学的判断综合在一起，还加上了自己的联想来说明，这很好。这样组织起来，实际上就是一篇小小的说明文。

　　那么，我们抵御沙丘进攻用的是什么方法?（众：植林种草）请问在沙丘中植林种草，这林和草怎么成活?原因很简单，因为在沙丘中有湿沙层。什么叫湿沙层?也请你们抓住湿沙层这个事物的特征，给它作出判断。大家先看看书，准备一下，然后再发言。（学生准备，教师巡视）

　　师：什么叫湿沙层? 谁来作这个判断?

　　生：在流动沙丘以下十厘米的深处，水分含量逐渐增大，达到百分之二以上，这就是湿沙层。

　　生：湿沙层是在流动沙丘以下，从表面干沙层到四十厘米的深处，水分含量达百分之二以上的沙层就是湿沙层。

　　师：谁还有补充? 这一句话要讲通顺，讲准确。要作出这一判断，前面就要有限制它的特征。

　　生：湿沙层是流动沙丘在四十厘米深处，水分含量达百分之二以上的沙层。

　　师：好，这句话就完全准确了。

　　我们向沙漠进军，不但要采取守势，还要采取攻势。我们能不能征服沙漠? 能，但最主要的是靠水。一讲到水，我们往往较多想到的是滚滚的黄河，滔滔的长江，那沙漠里有没有水? 它在哪儿? 有的，在地下，形成地下水。什么叫地下水? 我们能不能抓住地下水的特征作出判断?请你们来说说。（学生稍做准备）

生：地下水就是地面上的河流渗入到土壤岩隙中的水。

师：一定是地面上的河流？如果沙漠上没有河流？

生：地下水是地面上的河流和降水渗入到土壤岩隙中，逐渐形成的水流。

师：这样就更加准确了。

说明文的确像刚才同学所说的那样，不像《我的老师》《小橘灯》《八只小猫》那样有生动的情节、优美的描写。然而通过阅读说明文，我们能够获得丰富的知识，当我们领悟到文章里思维的逻辑性、语言的准确性时，不也是一种艺术的享受吗？从刚才几位同学的回答中可以看出，大家已经读过不少说明文了，有些同学在预习时曾经说过，现在已经是20世纪80年代了，这篇文章的结尾是否可以按照20世纪80年代的眼光来加以修改和提高呢？这个意见很好。下面就请大家一起来考虑考虑，如果按照八十年代的眼光，那结尾可以进行怎样的修改和提高？（学生做准备，教师巡视）

生：我是这样修改的：上面一切告诉我们，沙漠是顽强的。沙漠固然顽强，难道人类就不能征服它？能，我们一定能。这个在以前的幻想——一个永久的幻想，现在已经成为了现实——一个极端美好的现实。将来在沙漠上会是怎样的景象？它将成为一个绿洲世界？还是会变成一个像上海一样繁荣、美丽的大城市？这仍然是一个迷。同学们，展开你理想的翅膀，去改造自然、建设祖国吧！

生：我的改法是：从上面这些情况中可以清楚地看到，沙漠虽然会给人类带来巨大的灾难，但却是完全可以征服的。目前，在许多有沙漠的地带，已经有计划地植树造林，正在治理和利用它。从现在看来，沙漠正在逞强施威，但是随着科学事业的日益发展，人类是一定能够征服沙漠，使它变成绿洲世界的。

师：说得很好。

生：我的改法是：我们都知道，沙漠是人类最顽强的自然敌人之一，如果我们不去征服它，它就会给人类带来灾难。因此，治理沙漠，已经成了人类最紧迫的任务。

师："最紧迫的任务"这种说法要再考虑一下，我们也要学着把话说准确。

刚才几位同学谈了自己的设想，谈得都很好。这节课我们认真研究了这篇说明文语言的准确性。

当前，我们不但要向沙漠进军，而且要向科学、向四化进军，宇宙有许多奥秘需要我们去探索，世界有许多事物需要我们去说明。在今后的学习中，将会遇到大量的说明文，需要我们去读、去写。我们应该把学好的说明文与今天的学习、明天的战斗，紧密结合起来。学完了这篇《向沙漠进军》，我布置的作业就是请你们把结尾的一段作一番修改和提高，现在大家可以开始准备，回家把它写在本子上。

下课！

●●●●●［教学点评］叶灵飞

这是一堂启动学生思维、增长能力的语文课。在整个教学活动中，教师没有就文论文地讲解有关的知识，也没有用深奥的逻辑定义，去帮助学生建立抽象的概念。而是饶有趣味地以激发学生兴趣、调动学习积极性入手，通过引发问题、设置矛盾、锻炼思路、启发想象等各个教学活动，让学生在动脑、动口、动手一系列自身劳动中，牢固地获得新知，增长能力。

兴趣是学习的原动力，是激发求知欲的重要手段。心理实验表明，人在满怀兴趣状态下学习，注意力最集中、思维最活跃、接受最快、记忆也最牢固。在教学中，教师以一定深度与难度的问题去吸引学生，以满足他们的好奇心和求知欲，这是对学生兴趣的一种最大的激发。陈老师以引发问题开端，组织同学交流、学习、体会，把感到枯燥乏味的课文，通过分析、比较，让学生看到它的内在联系和本质特征，进而使同学产生探求新知的强烈愿望。这样的设计，不仅符合语文教学心理学的原则，也有利于对学生逻辑思维能力的发展与培养。

在教学中，教师用设置矛盾的办法，让学生通过仔细观察、深入比较、准确分析，去掌握"限制"这一逻辑概念的作用与它的形式特点。这样的设计，既有助于学生对知识的掌握，更有助于对学生思维素质的锻炼。因此，这样的教学，不仅教得活，而且教得深。

"判断"是个不易理解的逻辑概念，如何让学生去掌握它？陈老师没有越俎代庖，把这个科学定义嚼得稀烂喂给学生，让他们毫不费力地接受书本中的条条，而是引导他们从深入观察事物的现象中，深刻地去发现它的本质特征，然后归纳出有关的知识来。"防护林"、"湿沙层"和"地下水"这三个概念，都是学生自己给它们作出的准确判断、所下的科学定义。实践证明，这种让学生根据教师所提供的材料，自己去观察、分析、推理的学习方法，比教师以概念到概念的讲解，有实效得多。

一切的教学过程，最终都必须以学生获得知识、增长能力为目的。科学说明文是一把打开科学大门的钥匙，随着时代的前进、科学的不断发展，它的内容越来越丰富，形式也越来越多样。如何使说明文说明得更科学、更有时代的气息？这就要求教师以主导作用之火，去点燃学生思维的火花，启发学生展开丰富的想象。《向沙漠进军》是20世纪60年代初期写的一篇说明文，今天，时代已经进入了20世纪80年代，该怎样使它表现出时代的精神？陈老师在教学中设计了要学生修改、加工文章结尾的训练。这个训练设计得好！不仅开阔了学生的视野，锻炼了他们的思路，也发展了他们联想和想象的能力。从学生的修改中，我们可以看到，他们的思维是多么有条理，他们的想象力又是多么丰富！

总之，这是一堂很有新意的语文课，教者有方，学者有劲，课堂上自始至终洋溢着热烈的气氛。这堂课不仅很好地完成了阅读方面的任务，也很好地完成了训练方面的任务（口头的和书面的），使学生在掌握知识的同时，发展了智力，增长了能力。难怪学生都兴奋地说："这样学语文，有趣、有味、更有得。"

从陈老师的教学中，我看到了教学的艺术，看到了教师的能量。

●●●● ［附课文］

<h2 style="text-align:center">向沙漠进军</h2>

竺可桢

沙漠是人类最顽强的自然敌人之一。有史以来，人类就同沙漠不断地斗争。但是从古代的传说和史书的记载看来，过去人类没有能征服沙漠，若干住人的地区反而为沙漠所并吞。

地中海沿岸被称为西方文明的摇篮。古代埃及、巴比伦和希腊的文明都是在这里产生和发展起来的。但是两三千年来，这个区域不断受到风沙的侵占，有些部分逐渐变成荒漠了。

我国陕西榆林地区，雨量还充沛，在明末清初的时候是个天然草原区，没有多少风沙。到了清朝乾隆年间，陕西和山西北部许多人移居到榆林以北关外去开垦。当时的政府根本不关心农业生产事业，生产技术又不高，垦荒伐木，致使原来的草地露出了泥土，日晒风吹，尘沙就到处飞扬。由于长城外的风沙侵入，榆林城也受袭击，到解放以前，榆林地区关外30公里都变成沙漠了。

沙漠逞强施威，所用的武器是风和沙。风沙的进攻主要有两种方式。一种可以称为"游击战"。狂风一起，沙粒随风飞扬，风愈大，沙的打击力愈强。春天四五月间禾苗刚出土，正是狂风肆虐的时候。一次大风沙袭击，可以把幼苗全部打死，甚至连根拔起。沿长城一带风沙大的地区，农民常常要补种两三次才能有点收获。一种可以称为"阵地战"，就是风推动沙丘，缓缓前进。沙丘的高度一般从几米到几十米，也有高达100米以上的。沙丘的前进并不是整体移动的。当风速达到每秒5米以上的时候，沙丘迎风面的沙粒就成批地随风移动，从沙丘的底部移到顶部，过了顶部，由于风速减弱，就在背风面的坡上落下。所以部分沙粒的移动速度虽然相当快，每天可以移动几米到几十米，可是整个沙丘波浪式地前进，移动速度并不快，每年不过5米到10米。几个沙丘常常联在一起，成为沙丘链。沙丘的移动虽然慢，可是所到之处，森林全被摧毁，田园全被埋葬，城郭变成丘墟。

抵御风沙袭击的方法是培植防护林。防护林的主要作用是减小风的力量。风遇到防护林，速度就减小70%～80%。到距离防护林等于林木高度20倍的地方，风又恢复原来的速度。所以防护林必须是并行排列的许多林带，两列之间的距离不要超过林木高度的20倍。其次是培植草皮。有了草皮覆盖地面，即使有风，刮起的沙也不多，这就减少了沙粒的来源。

抵御沙丘进攻的方法是植树种草。我国沙荒地区，有一部分沙丘已经长了草皮和灌木，不再转移阵地了。这种固定的沙丘，只要能妥善保护草皮和灌木，防止过度砍伐和任意放牧，就可以固定下来。根据近年治沙的经验，陕北榆林、内蒙古磴口、甘肃民勤地区的流动沙丘，表面干沙层的厚度一般不超过10厘米。10厘米以下，水分含量逐渐增大，到40厘米的深处，水分含最达到2%以上，这就是湿沙层了。湿沙层的水分足够供应固定沙丘的植物的需要。所以在流动沙丘上植树种草，是可以成活的。林木和草类成长以后，沙丘就可以固定下来了。

仅仅防御风沙袭击，固定沙丘阵地，还只是采取守势，自然是不够的。征服沙漠的最主要的武器是水。无论植树还是种草，土壤中必须有充足的水分。所以要取得向沙漠进军的胜利，必须有充足的水源。

我国内蒙古东部和陕西、山西北部有足够的雨量。就是西北干旱地区，地面径流和地下潜水也是很大的。有些沙荒地区，如河西走廊、柴达木、新疆北部准噶尔和新疆南部塔里木，都是盆地，周围的高山上有大量的积雪。这样看来，只要能充分利用这些水源，我们向沙漠进军不但有收复失地的把握，而且能在大沙漠里开辟出若干绿洲来。普通河流愈到下游，水量愈多，河流愈大。但在沙漠中，因空气的蒸发，泥土的浸润，河流反而愈流愈小，终至于干涸不见，一部分水被蒸发到空中，一部分浸入到土壤岩隙中成为地下水。如地质构造是一个盆地，则能汇成地下海，可以作为建立绿洲的水源。据中国科学院综合考察委员会的调查，只要有水源，单新疆尚有1亿亩荒地可以开垦。

沙漠是可以征服的。在党中央和毛主席的领导下，我们有计划地向沙漠展开攻势，已经取得了若干成绩。新疆建设兵团在天山南北建立国营农场，开沟挖渠，种麦种棉植树，那里原是不毛之地，现在一片葱茏，俨然成为绿洲。内蒙古沙荒区的治沙工作也获得不少成绩。

我们向沙漠进军，不但保护了农田，开辟了绿洲，而且对交通线路也起了防护作用。包兰铁路从银川到兰州的一段，要经过腾格里沙漠，其间中卫县沙坡头一带，风沙特别厉害。那里沙多风大，一次大风沙就可以把铁路淹没。有关部门在1956年成立了沙坡头治沙站，进行固沙造林。这一工作已经提前完成。包兰铁路通车以来，火车在沙漠上行驶，从来没有因为风沙的侵袭而发生事故。

风是沙漠向人类进攻的武器，但是也可以为人类造福。沙漠地区地势平坦，风力很强。如新疆的星星峡、托克逊、达坂城都是著名的风口。中国科学院力学研究所在托克逊地方试制了半径2米的风力车，可以供发电、汲水、磨面之用。

沙漠地区空气干燥，日光的照射特别强烈。那里日照时间又特别长，一年达到3000小时，而长江流域只有1500小时，华北地区也不过2500小时。日光可以用来发电、取暖、煮水、做饭。沙漠湖水含盐，日光使水蒸发，可以取得蒸馏水和盐。把日光变为热能和电能的最良好的工具是半导体，估计将来有可能在沙漠里用便宜的半导体做屋顶，人住在里边冬天不冷，夏天不热。

从上面介绍的一些情况，可以清楚地认识到，人类征服沙漠的远大理想在社会主义制度下会更快的成为现实。我们一定能逐步改造沙漠，使沙漠变成耕地和牧场，为人民服务。

《奇妙的克隆》教学实录

※ 周丽君

一、激发兴趣，导入新课

师：大家都知道，《西游记》里的孙悟空有一个绝招——"猴毛变猴"。每当他与妖魔们作战手头吃紧时，就立刻从身上拔下一撮儿猴毛，吹一口气变成一大群小猴参加战斗。这当然是神话，但今天的科学却可以实现类似的奇迹，这就是"奇妙的克隆"。（屏显课题）什么是克隆？它何以如此奇妙？今天我们将跟随我国著名遗传学家谈家桢的笔，一同走入奇妙的克隆世界。

二、默读课文，整体感知

1.结合注释，默读课文。

师：这篇科普文章约三千字，涉及一些生物学相关术语，请结合老师提供的补充注释默读全文，5分钟读完。

屏显：

生物学术语

胚胎（pēi tāi）：在母体内初期发育的生物体，由精细胞和卵细胞结合发展而成。

囊胚（náng pēi）：胚胎的初期。

两栖（qī）：有时在水中生活，有时在陆地上生活。

脊椎（jǐ zhuī）：人或动物背上中间的骨头、脊骨。

哺乳（bǔ rǔ）动物：最高等的脊椎动物，基本特点是靠母体的乳腺分泌乳汁哺育初生婴儿。

乳腺（rǔ xiàn）细胞：人和哺乳动物乳房内分泌乳汁的细胞。

促性腺素：用于诱发排卵的激素类物质。

（生边结合补充注释边默读课文，5分钟。）

师：以上是这篇科普文章涉及到的生物学术语。大家注意，专业语与通用语并陈是科普文章语言的显著特征之一。

屏显：

通用语	专业语
一分为二	胚胎
相安无事	囊胚
永无止境	两栖
切实可行	脊椎
濒临绝种	促性腺素
悲喜交集	胰蛋白酶

师：读过课文之后，同学们有哪些问题或疑点？

生1：为什么克隆羊"多利"的诞生在全世界引起了轰动？

生2：课文最后一节说"科技进步是一首悲喜交集的进行曲"，这句话是什么意思？

生3：著名分子生物学家J.D.沃森为什么说要"严肃地考虑克隆的含义"？

师：好，问题主要集中在第三四节，让我们带着这些问题学习课文。

2．整体感知，概括内容。

师：本文分列四个小标题向我们介绍了有关克隆的科学知识，从理清思路、把握结构的角度，你能将四个小标题分别概括成两个字吗？

（生思考2分钟。）

生1：我概括的分别是：含义——实验——发展——造福。

生2：我概括的分别是：释义——探索——发展——利用。

生3：我概括的分别是：定义——发展——突破——应用。

……

师：第二和第三个意见较准确，由此可见，这篇科普说明文脉络清楚，层次分明。

三、速读课文，筛选信息

师：说明文显著的特征是"授人以知"。本文分列四个小标题为我们解说了有关克隆的科学知识，下面我们速读课文，根据问题筛选信息。

屏显：

速读第一节，用一句话概括"什么是克隆"，作者主要采用了哪些说明方法？

（生速读第一节，圈点批注，4分钟。）

生1：凡来自一个祖先，无性繁殖出的一群个体叫克隆。

生2：克隆是无性繁殖以及无性繁殖出的一群个体。

生3：克隆是无性繁殖的新兴生物技术。

……

师：大家的发言都抓住了克隆"无性繁殖"这一重要特征。克隆的"奇妙"也正在此。请注意，"克隆是无性繁殖的新兴生物技术"这一表述对吗？依据课文回答。

生：不对。"生物"应该包括动物和植物，关于"植物的克隆"，课文开头说"一根葡萄枝切成十段就可能变成十株葡萄"，这是葡萄与生俱有的，这能称为新兴技术吗？我认为作者是由"植物的克隆"说起，引出下文"动物的克隆"，结合全文，克隆在本文主要指的是"动物无性繁殖的新兴技术"。

师：对，你读书很仔细，紧扣课文寻找依据，这种读书的方法很可贵。的确，克隆在本文主要指的是"动物无性繁殖的新兴技术"。为说明这一问题，作者主要采用了哪些说明方法呢？

生1：课文开头举出"细菌、葡萄、仙人掌、草莓靠自身的一分为二或自身的一小部分的扩大来繁衍后代"的例子来说明什么是克隆，这是举例子的说明方法。

生2：为突出说明克隆"无性繁殖"的特征，作者在第2段首先给"有性繁殖"下了科学的定义，然后将"有性繁殖"与"无性繁殖"进行比较说明，更好地突出了克隆"无性繁殖"的特征。

生3：第一节最后引用吴承恩《西游记》中的精彩描述把克隆技术写得形象而富有趣味。

师：好，下面我们速读第二三节，根据表格筛选信息，填写相关内容（除最后一纵栏），比比看，谁筛选得又快又准。

屏显：

克隆技术的进程

时间	对象	类别	技术	顺序
	鲫鱼		换核卵 （囊胚细胞核）	
		两栖类		
	黑斑蛙			
		异种鱼类	异种鱼类换核卵	
1996				

（生速读课文，独立填写表格空缺内容。4分钟后，师指导：难点在于"克隆技术"相关内容的填写，同桌可合作完成，两生到讲台前敲击键盘，打字填表。5分钟后集体交流表格内容。）

屏显：

时间	对象	类别	技术	顺序
1979	鲫鱼	鱼类	换核卵(囊胚细胞核)	
1960~1962	爪蟾	两栖类	换核卵（肠上皮、肝、肾细胞核）	
1978	黑斑蛙	两栖类	换核卵（红细胞核）	
	鲤鱼鲫鱼	异种鱼类	异种鱼类换核卵	
	鼠	哺乳类	换核卵（胚胎细胞核）	
1996	羊	哺乳类	换核卵（体细胞核）	

师：通过填表，大家应该对"'克隆羊'的诞生为什么在全世界引起了轰动"这一问题有了答案。

生1："克隆羊"之所以在全世界引起了轰动，是因为它换进去的是体细胞的核，而不是胚胎细胞的核，这成为克隆技术的新的进展和重大突破。作者为此单列一节进行解说。

生2：老师，我发现一个问题：作者为什么不按时间顺序安排呢？

师：眼光敏锐，问题问得好！大家都来动脑思考：作者是根据什么来安排这两部分的说明顺序？为什么？

生：课本第二节第5段有一句"对科学的追求是永无止境的。鱼类、两栖类克隆的成功自然而然地使科学家把目光投向了哺乳类"，我认为是按照生物进化由低等到高等的顺序，也就是从鱼类到两栖类再到哺乳类，这样安排有条不紊，如果按时间顺序就乱了。

师：文中这句话太重要了，找得好！

生：动物越进化，越难以进行无性繁殖，我认为这两部分是按克隆技术的难易程度由易到难安排顺序，这样安排体现了科学研究是一个不断求索探究的过程，体现了科学家的探索精神。

师：大家说得好，这些看法综合在一起就全面了。第二三节是以克隆技术的发展为顺序安排的。从克隆鲫鱼到克隆羊，克隆技术不断地发展，这也正是克隆"奇妙"之所在。

四、以意照言，体悟精神

师：从克隆鲫鱼到克隆羊，我们不仅了解了克隆技术的进程，更重要的是从字里行间我们还能体悟到科学家难能可贵的科学态度和科学精神。下面请同学们搜索阅读课文，找出能表现科学家严谨、求实、锲而不舍的态度与精神的句子，并加以点评。

（生搜索阅读课文，圈点批注，4分钟。）

生：我找的是第二节中"……经过385天59代连续传代培养后，用直径10微米左右的玻璃管在显微镜下从培养细胞核中吸出细胞核……在189个这种换核卵细胞中，只有两个孵化出了鱼苗，而最终只有一条幼鱼渡过难关，经过80多天培养后长成8厘米长的鲫鱼"。首先，"385天59代"一个惊人的数字震撼人心，表明实验的艰辛。"用直径10微米左右"，我们知道微米是何等微小的单位，进一步反映实验进行之艰难、精细，科学家们严谨求实的精神跃然纸上。"接纳""准备就绪"，一切有条不紊地进行着，然后经过如此精细的准备后，大部分却"夭亡"了，即使是这样，科学家们也不放弃。"189个""只有两个"，"只有一条渡过难关"，由此可以想象实验艰辛的程度，失败率之高。最后，经过"80多天"漫长等待，成长为"8厘米"长的鲫鱼。这一过程使我感受到科学家们在探索过程中克服多少困难，经历多少挫折才获得成功。他们这种锲而不舍、严谨求实的态度更是常人难以想象的。我们青少年在探索知识的过程中更需要这种精神。

（学生分别找出第二节第2、4、5段，第三节第1段等相关语句进行点评，内容略。）

师：科学道路无坦途。科海遨游靠的是渊博的科学知识，精湛的科学技术，更要靠严谨求实的科学态度和坚持不懈、永不言败的科学精神。这种难能可贵的科学态度和科学精神值得我们每一位中学生借鉴学习。

五、思考讨论，探寻主旨

师：同学们，这里还有一个问题。大家看，课文最后一节的小标题是"克隆技术造福人类"，而末段首句说"科技进步是一首悲喜交集的进行曲"，既然是"造福人类"，都是"喜"才对啊，何来的"悲"呢？这里是不是弄错了？

（生疑惑，看书，思考。）

生：我觉得不矛盾。克隆技术有利有弊，课文小标题"造福人类"是其"利"的一面，也就是"喜"的一面，这是主要方面。但是克隆技术越发展，尤其是"克隆人"会给社会及人类带来负面影响，正如文中所说"有可能引起许多有关的伦理、道德和法律等问题"，这是其"弊"的方面，也就是"悲"的一面。

师：说得不错。大家从文章中找找，克隆技术有几"喜"几"悲"？

生：三"喜"。第1段"克隆可以使高附加值的牲畜有效地繁殖"，第2段"克隆技术可以用来挽救珍稀动物"，第3段"克隆动物对于研究癌生物学、研究免疫学、研究人的寿命等都有不可低估的作用"。"悲"就是刚才那位同学说的，"有可能引起许多有关的伦理、道德和法律等问题"。

师：好。关于"喜"的一面，课文写得具体明白，显而易见。大家想想看，"克隆人"怎么会引起许多有关的伦理、道德和法律问题呢？

（生兴趣盎然，议论纷纷。）

生1：假如若干年后克隆一个"我"出来，那我的父母、同学、师长及所有认识我的人应该怎样称呼"我"？"我"又该如何面对这些人呢？再说，如果克隆出来的"我"犯了错误或触犯了法律，应该惩罚"我"，还是惩罚我？有关部门怎样辨别哪个是真我，哪个是"冒牌"的呢？

（生笑，纷纷举手。）

生2：假如将来克隆出了一个希特勒或东条英机，世界可能会发生第三次世界大战，世界将重新陷入战争深渊。

生3：如果能为自己克隆一个器官仓库，解决器官移植供体不足的问题，那么人们能够坦然地从与我们一样五官齐全、表情丰富的克隆人身上摘下一只肾，挖走一只眼吗？

生4：如果面对一群面貌、体态、风姿一样的克隆人，我们该怎样确认他们的身份？如果他们犯罪，我们又用什么手段缉拿真凶？再说，人类居住的地球早已因为人口爆炸难堪重荷，我们还有什么理由用另一种方法生产自身？

（生鼓掌。）

……

师：既然如此，我们该怎么办呢？著名分子生物学家J.D.沃森的话给了我们答案。

（生齐读："可以期待，许多生物学家，特别是那些从事无性繁殖研究的科学家，将会严肃地考虑它的含义，并展开科学讨论，用以教育世界人民。"）

师：克隆技术是一把双刃剑，既可造福人类也可殃及人类。值得我们欣慰和骄傲的是，面对克隆，人类表现得比以往任何时候都富有成熟理性和远见。如果克隆技术真是上帝放在人类面前的又一只潘多拉魔盒，那么人类将满怀自信地伸出两手。一只手叫智慧或灵性，它让克隆技术为我所用，造福世界；另一只手叫理性，它将控制和防止克隆技术走向反面。这也就是要"兴利除弊"！科学家们有足够的信心，能够智慧、理性地运用科学之剑，使之为人类造福！

下课！

●●●●● ［教学点评］ 曾祥芹

在"文学阅读教学"受到普遍关注的热风下，着意安排"文章阅读教学"实验课，吹点凉气，"让文学教育与文章教育和谐发展"。2004年10月下旬于新乡市举办的"首期全国中学语文目标教学骨干教师培训班"，凸现这个指导思想，相当高明，可以说是对课标精神的创造性贯彻。

鉴于文章阅读研究滞后于文学阅读研究，科普文章怎么阅读？怎么教学？怎么体现工具性和人文性的统一？师生长期感到困惑。周老师迎难而上，勇敢地承担了这个教改攻关任务，

"高难动作"，该加三分。

《全日制义务教育语文课程标准》规定："阅读科技作品，注意领会作品中所体现的科学精神和科学思想方法。"我认为，科普文章阅读的一般操作要领是："概念理解或要句阐释，信息筛选或要点归纳，文意概括或篇旨点睛，信息推断或价值联想。"面对八年级学生阅读《奇妙的克隆》，周老师设计了四个课堂教学板块，井然有序，师生互动，50分钟读懂并用活了一篇3000字的科技说明文，教风学风扎扎实实，没有花里胡哨，是一堂相当成功的文章阅读课。其可取之处至少有下列各点：

一、阅读教学目标明确、具体。说明文的共性目标是通过《奇妙的克隆》这篇例文的个性目标来体现的，"终结性总目标"是依靠"过程性分目标"来实现的，既贯彻了教科书编者的意图，又尊重了学生读者的自选意愿。默读课文之后，学生的三个疑问集中在第三四节，恰好是课文的重点和难点，教师临上课时欣然采纳，既使教材编者和学生的阅读期待达成一致，又让教师的预设目标和学生的生成目标求得统一。可见，其教学目标的确定是科学而民主的，实施也是切实而有效的。

二、抓准了科普文章的言语特点——中文和外文交错，通用语和专业语并陈，精确语和模糊语互现，在"感言知义"上下硬功夫。周老师意识到"感知文章言语的有组织的意义是阅读的起点，读懂说明文先要跨越科学语言的门槛"。全篇的中心词"克隆"，英文叫"Clone"，希腊文叫"Klone"，其原意（用"嫩枝"或"插条"繁殖，属植物克隆）和变化义（无性繁殖、无性繁殖系，属动物克隆）必须弄清楚。科普文章的语言有其共性和个性，区分通用语（一分为二、相安无事、永无止境、切实可行、濒临绝种、悲喜交集）和专业语（胚胎、囊胚、两栖、脊椎、促性腺素、胰蛋白酶），各自挑选出6个，通用语紧扣课文内容重点，具有普遍应用价值，专业语均为遗传学术语，以读懂课文为限，不去深究，这个理解分寸把握得好。对"什么是克隆"的定义推敲，对"克隆鱼"实验之艰难的数字说明，不但让学生领悟了科学家严谨求实、锲而不舍的科学态度与精神，而且感受了说明文语言的高度精确性。课文最后一段出现了弹性较大的模糊句："科技越发展，对社会的渗透越广泛深入，就越有可能引起许多有关的伦理、道德和法律等问题。"周老师又引导学生化虚为实，自由议论，给"克隆人"可能引起的伦理、道德和法律等问题以生动有趣的阐发，营造了"同阅一卷书，各自领其奥"的阅读境界。

三、在"授人以知"的基础上做到"授人以渔"。科普说明文的本意在"授人以知"，教科普说明文的目标在"授人以渔"，即掌握阅读科普文章的技法。周老师的教学设计，实行通篇略读和快读，重点精读和研读，贯彻了"精读、略读、快读一条龙"的训练方略。3000字课文要求5分钟默读完，平均1分钟读懂600字，恰是略读应达到的最高速度和快读应达到的最低速度。读懂的标准，在形式上是辨识说明方法（举例、比较、引用）和说明顺序（时间顾前续后、生物进化）；在内容上是看对文本信息筛选的准确性，或用两个字分别概括四小节的内容，或用一句话概括克隆的定义，或用一组词语来概括克隆技术的进程，其筛选的范围和规格不同，都运用了"提纲挈领"法，都落实到语言表达上。执教者有意引导学生由"读书"向"看书"过渡，由"对话"向"行文"过渡，如填表阅读和电脑阅读的操作，旨在强化"用书面语言表达阅读心得"的动笔按键能力。第三个教学板块"以意照言"，正是"循环解释法"（"语言——思想——语言"）中的回环，即张志公所说的"在语言和思想之间走个来回"。毛泽东说："只有理解了的东西，才能更深刻地感觉它。"用"文意"之"激光"去照射"文辞"，最能品味语言的妙处。读法对头，所以学生对科普文章渗透的科学态度、科学精神的体悟都落到了语言上，体现了工具性和人文性的统一。

四、比较好地处理了"走进文本"和"走出文本"的关系。针对"浅阅读"蔓延，未能走进文本的通病，周老师运用"披文得意"的阅读规律，紧扣文本去解读，务使学生"见得亲切"。如第二节第5段第一句："对科学的追求是永无止境的。鱼类、两栖类克隆的成功自然而然地使科学家把目光投向了哺乳类。"这是透露作者思路、显示说明顺序（从鱼类到两栖类再到哺乳类）、闪耀科学精神的关键句子，经学生找出，教师强调，共同辨识"不按时间先后顺序说明"的奥妙，就在于"按生物进化顺序说明"最能体现克隆技术探索和发展的进程。克隆技术的奥秘都在"换核卵"，但"换核卵"本身又在不断突破，"克隆羊"不是换"胚胎细胞核"，而是换"体细胞核"，所以在全世界引起了轰动。阅读如此"同中见异"，确实"登堂入室"，走进文本深处了。真是"牵一句而解全文！"

在引导学生走进文本"入情得意"之后，又不能自我封闭在"解文"的小圈子里，还要奋力走出文本，"知人论世"，读以致用，使文本迁移、延伸到实际生活中去。第四个教学板块，讨论第四个小标题"克隆技术造福人类"与末段首句"科技进步是一首悲喜交集的进行曲"是否矛盾，说克隆技术带来"三喜"，可以"入文论证"，说克隆技术带来"三悲"，则只有依据"伦理、道德和法律等问题"做"出文阐发"了。这是一个饶有兴味、开阔视野、读出创意的话题，教师抓住火候，学生"运思及物"，纷纷发言，撞击出灿烂夺目的思想火花。

这就是走进文本之后的"出文见人，出文论世"！这就是"同阅一卷书，各自领其奥"的"阅读对话"！这种阅读对话不是散漫无归的胡乱扯淡，而是紧扣文本"克隆人"可能引起许多有关的伦理、道德和法律等问题，发挥联想，给"悲"以丰富多彩的阐发。

周老师在见仁见智的热烈讨论中，没有从流飘荡，任意东西，而是坚持主导，及时总结：这就是在教师指导下的学生"群体阅读"所展现的"个体阅读"的创造性。

《奇妙的克隆》作为科普文章阅读的实验课，当然有美中不足之处。教学总是遗憾的艺术。观摩的同行认为周老师"有点拘谨，缺乏激情，未能完全放开"，确是一语中的。我以为突出的问题是没有很好地抓住"奇妙"这个"文眼"，引导学生去领悟谈家桢介绍克隆技术时所张扬的科学创造精神、科学思想方法和人文审美情趣。"克隆"这项高科技"奇"就"奇"在无性繁殖，"妙"就"妙"在杂交创新。看似没有必然联系的生物体，一经"换核卵"式的杂交，就会繁衍出新的后代群体。作者先从植物克隆谈到动物克隆，再从鱼类、两栖类克隆谈到哺乳类克隆，后从"克隆羊"谈到"克隆人"，表明科学家探索的目光没有禁区，永无止境，这是人类最可宝贵的科学创造之"神奇"和科学创造之"美妙"。吴承恩的"克隆猴"，武汉水生生物研究所的"克隆鱼"，童第周的"克隆蛙"，证明在克隆技术上中国并不落后，案例中灌注着作者对中华民族科学创造潜力的赞美和期待。特别在对克隆技术"悲喜交集"的理性思考中，充满了"兴利除弊""造福人类"的乐观信念。通篇字里行间浸透着作者自珍、自爱、自豪、自信、自强的情怀。这种难以觉察的、强度很低的、比较稳定持久的、成为作品基调的情感潜流，我们称之为"情操"，是科技说明文的情感因素的特征。

感悟了克隆技术的神奇美妙，体味了作者"科学审美"的情趣，还要走出文本，类化迁移，读以致用。这种"致用"，不只是从生物学、社会学的视角去思考克隆技术的革新发展和兴利除弊，还要立足语文，从写作学、阅读学的视角去吸取克隆技术的精神营养。这是语文课区别于生物课的分水岭，也是走出文本不能走得太远的界碑。生物"克隆"作为一种科学的创造精神和科学的思想方法，是完全可以借鉴到文章、文学的写作和阅读中的。鲁迅写小说，对阿Q、孔乙己、祥林嫂等人物形象的创造，"往往嘴在浙江，脸在北京，衣服在山西，是一个拼凑起来的角色"（《我是怎么做起小说来》）。把互相没有必然联系的东西，重新组织在一起，杂交成新的机体、新的生命，这难道不类似于无性繁殖的生物克隆吗？这就是典型的"写作克隆"。如果我们的语文教师能够引导学生学习鲁迅的榜样，运用"杂交创新"的科学创造精神和科学思想方法，大胆进行"写作克隆"和"阅读克隆"的实验，那么《奇妙的克隆》就算学到家了，"有创意的表达"和"有创意的阅读"就算学到手了。尽管达到这个理想目标并不容易，我们还是要努力去探索，要不然，怎能说是攻破科普文章阅读教学的难关呢？

《桥之美》教学实录

※ 冯大海

师：同学们，像你们这么大的时候，我看过一部外国故事影片《桥》，影片中的桥凌空飞跨，把两岸险峻的山峰连在一起，构成了一道美丽的奇观。

（教师点击鼠标，屏幕映出一座美丽的桥，几个游击队员历经艰险终于接近这座桥，他们正被这座桥的美丽所迷醉。这座桥的工程师也在深情地注视着这座自己设计的桥。）

一游击队员："美极了！还是那样。"

工程师："变样了，不完全一样。现在漂亮多了，和峡谷融为一体了！"

桥被拉近、定格。桥乍现屏幕时，学生一阵惊喜，有几个同学也情不自禁地赞叹："好漂亮的桥！"）

师：自从看了这部电影后，我就喜爱上了桥。以后每到一地，我就特别留意桥，体会各种样式的桥的美。今天，让我们跟随著名画家吴冠中先生去感受一下"桥之美"吧。

（点击鼠标，"桥之美"三字旋转着居于桥的中央，其中"美"字为艺术字体，比其他字略大。）

（教师配乐朗读课文，要求学生注意语音语调和情感，并将不理解的生字词做好标记。）

师：请大家借助工具书查阅生字词，借助工具书还不能理解的请提出来共同解决。

（生查字典或词典。）

生1：第5段"高山峡谷间，凭铁索桥、竹索桥交通"，这里的"交通"是什么意思？

师：谁能够联系这个句子解释这个词？

生2："交通"在这里是往来通达的意思，不同于"交通运输"的"交通"。

生3：第6段"脂粉颜色哪能左右结构之美呢？"中的"左右"在这里是什么意思？

生4（不假思索地）：不就是左右的意思吗？与"上下"的意思差不多。

生5：不对！好像有"影响"的意味。老师，是这样吗？

师：赞同。像"交通""左右"这类词一般作名词用，但有时候在某个句子中会发生一些变化，我们要根据具体的语境来推断，不能凭过去的经验想当然。还有吗？

生6：第4段最后一句"画家和摄影师们必然要在此展开一番搏斗"中的"搏斗"是不是用错了，难道画家和摄影师还会在这里打架？

（众笑。）

师：很欣赏你的怀疑精神。请你根据这个句子推断一下，"搏斗"在这里究竟作什么讲？

生6（略加思索）：是不是"争斗"的意思？（似有所悟）噢，我明白了，联系前文看，作者是说，画家和摄影师想抢占"廊和亭"这样的"理想位置"，欣赏桥下"急流"形成的"飞瀑流泉"。

师：你很聪明，能结合前面的文字理解这个词。有时候，我们推断某个词的意思，还必须"瞻前顾后""左顾右盼"。

师：下面请大家细读课文，看看在画家眼中，"桥"美在何处？

（生读课文，并不时在书上作标记。）

生1：桥之美，美在形式。在第2段中，作者清楚地告诉我们："美术工作者偏重于绘画的形式美。"

生2：不是这样的！桥之美，美在与周围环境的协调。在第3段中，作者说得再清楚不过了："不过我之爱桥，并非着重于将桥作为大件工艺品来欣赏，也并非着眼于自李春的赵州桥以来的桥梁的发展，而是缘于桥在不同环境中的多种多样的形式作用。"

师：现在有两种看法了，哪种看法准确呢？让我们深入课文，作进一步的探究。下面请同学们分小组讨论，然后推举代表发言，注意要言之有据。

（生分组讨论。师巡视，不时驻足与学生商讨。不多久，有部分同学举手。）

生3：我们小组赞成第2种看法，即桥之美，美在与周围环境的和谐，这是不言而喻的。拿我们荆州新建的长江大桥来说，设计很美，但周围的环境不好，使桥的美打了折扣。今年春节期间，我乘车路过，就发现桥北瑞一带很乱，一座水泥厂的断墙残壁还没有清理……

生4（迫不及待地）：那是春节，现在你再去看，美得多了！

师：你能够联系家乡的桥作说明，这很好。不过，最好在课文中寻找根据，课外的例子可作为补充。

（一阵沉默，生在继续思索。）

生5：我们组的意见还不统一，我个人赞同第二种意见。从作者所举的例子来看，主要还是说明桥应该和周围的环境协调才显得美。这从第4段所举的几个例子可以看出来。如第1个例子，作者是这样描述的："茅盾故乡乌镇的小河两岸都是密密的芦苇，真是密不透风……那拱桥的强劲的大弧线，或方桥的单纯的直线，都恰好与芦苇丛构成鲜明的对照。"这个例子说的是石桥与它所处的环境——苇丛的对比之美。

师：你有自己的理解，这很好。请继续说。

生5：第2个例子是写石桥在细柳的轻拂下所呈现的美景，第3个例子是写长桥以宽阔的水面作背景所呈现的史诗美，第4个例子是写风雨桥……我说不上来了，但感觉还是与环境有关。

师：第4个例子作者没有明说，我们读一读，体会体会。

（生齐读课文：广西、云南、贵州等省山区往往碰到风雨桥，桥面上盖成遮雨的廊和亭，那是古代山水画中点缀人物的理想位置。因桥下多半是急流，人们到此总要驻足欣赏飞瀑流泉，画家和摄影师们必然要在此展开一番搏斗。）

师（启发）：从这段话描述的景象看，风雨桥所处的环境是什么？

生（小声议论）：建在"急流"形成的"飞瀑流泉"上……

师：桥面上的"廊和亭"为什么是"理想的位置"呢？让我们设想一下，当我们散步来到荆州的"三国公园"，驻足在月桥上的亭子里时，我们感受到什么？

（有的说"悠闲"，有的说"闲情逸致"。）

生5：我明白了，这段话提到风雨桥上的廊和亭，让我们感受到闲适的情调，这与桥下"急流"形成的"飞瀑流泉"构成对比之美。这个例子还是说的桥与周围的环境构成了美丽的奇观。

师：现在大家大多赞同第二种意见，还有补充的吗？

生6：第5段作者以《清明上河图》里的"虹桥"和乡间小桥作补充，说明桥普遍具有的形式作用，不过这种作用仍然离不开环境的帮助。如"无论是木桥还是石桥，其身段的纵横与桥下的水波协同谱出形与色的乐曲"。

生7：这一句也是："画家们眼里的索桥却是一道线……一道孤立的线很难说有什么生命力，是险峻的环境孕育了桥之生命……"

师（点头赞同）：你们刚才的发言，让我想起了一个哲学家的名言："美在关系。"（板书）的确，美存在于各种关系之中，拿本文来讲，是桥与它所处的不同环境共同创造了美。这些美，比如大家刚才提到的对照美、映衬美、和谐美等不光适用于"桥之美"，还适用于其他许多方面，它是我们人类通用的美学原则。因此，作者在结尾说——

生（齐读）："凡是起到构成及联系之关键作用的形象，其实也就具备了桥之美。"

师：刚才我们一起领略了画家眼中的"桥之美"，这种美是通过生动的语言描述出来的。请大家再读课文，找出你最欣赏的一句话，说说好在哪里。

（生读课文。）

生1：我最欣赏的是这样一句"茅盾故乡乌镇的小河两岸都是密密的芦苇，真是密不透风，每当其间显现一座石桥时，仿佛发闷的苇丛做了一次深呼吸，透了一口舒畅的气"。这和我们夏天在水下憋气潜泳刚钻出水面的感觉太像了。

师（笑）：你刚钻出水面的感觉是怎样的？

生1：刚钻出水面时，我深吸一口气，感觉又获得了新生，不然我就会在水下憋死。（众笑）我觉得在密不透风、死气沉沉的苇丛中建一座石桥，也使这里获得了新生——石桥劈开了一处苇丛，使苇丛找到了一个透气的地方。

师：你结合自己的体验来谈对这个句子的理解，很真切。你的语言也很有表现力，特别是"石桥劈开了一处苇丛"这句中的"劈"字就很形象：桥的出现顿扫苇丛多年的死寂，多有气势呀！

生2：他谈的是桥对环境的作用，其实反过来也成立，环境也赋予桥新的风姿，后面提到"险峻的环境"也可以"孕育"桥的生命。像银幕上那个幽静的峡谷上的桥，要是建在我们荆州就很普通了。

师：何以见得？

生2：我们荆州多是平原，没有电影中那样险峻的环境，因而电影中的那座桥建在荆州就不美。

生3：可是作者在第6段末尾分明告诉我们："美与险并不是一回事。"

（生2一时语塞。）

师：请大家看前面的叙述，作者说自己"每过环形的山谷，前瞻后顾，许多桥的直线时时划断陡坡，有时显得险而美，有时却险而不美……"为什么会有这种差别呢？请大家再把这部分内容看一下。

（生默读、思索。）

生2：我明白了，美不美，关键是看桥的设计与周围的环境是不是协调。协调，就险而美；不协调，就险而不美。因此，险和美不是一回事。

师：噢，你悟出来了！我们也可以从生命的角度去领悟这种现象。在画家眼中，一切事物都是有生命力的，不论桥也好，还是周围的景物也好，他们都是生命的构成部分，生命体当然得讲究和谐呀，所以中国古代的哲人说"天人合一"（板书）才是美的最高境界。这里的"天"指自然环境，这里的"人"是指人本身，还指人类生产的物质世界，如桥、塔等。

生4：我觉得这个句子中的"孕育"一词用得好。在画家的眼里，桥不是人修建的，而是像哺乳动物的幼崽那样"孕育"出来的，这说明"险峻的环境"和"索桥"已经融为一体了，就像银幕上的桥和幽深的峡谷融为一体一样，非常亲密，非常和谐，同时也表现了桥梁工程师的设计水平之高。

师：的确如此。世界著名的美籍华人建筑大师贝聿铭，最为人称道的就是他的设计往往能与周围的环境形成惊人的和谐，让你觉得天然如此，所以成语里面有一个词语叫——

生（齐）：巧夺天工！

师：对！巧夺天工！（板书）

生5：我最欣赏这样一句："早春天气，江南乡间石桥头细柳飘丝，那纤细的游丝拂着桥身坚硬的石块，即使碰不见晓风残月，也令画家销魂！"在这里，柳丝的柔美与桥身的坚硬形成一种特殊的美感，特别是"销魂"一词把它的艺术效果充分表达出来了，这种美使画家的灵魂都离开了肉体！

生6：惊艳！

师（面向生6）：你是从言情小说上看到这个词的吧？不错，画家是有"惊艳"的感受在内，他被眼前的景象惊呆了，连灵魂都出了窍，你看这乡间细柳下的桥多有魅力呀！

好，现在请同学们把这些句子连起来朗读一遍，注意把美感读出来。

（生大声读课文。）

师：刚才大家品析了本文的语言，感觉到这些句子情味很浓，意蕴也比较深。作者为什么把桥写得如此美呢？

生1：画家善于观察，他为了画长江大桥，曾爬上南京狮子山反复察看。

生2：作者是一名画家，他将自己的感情完全倾注到了桥上。

生3：在画家的眼中，桥和它周围的景物不再是简单的点、线、面，而是具有独特生命的个体。

师：大家说得不错！现在我们就学习这篇文章的写法，用艺术家的眼光来说说我们家乡的桥。

（师点击鼠标，银幕上映出荆州长江大桥。生交头接耳，试着在说。准备约三分钟。）

生4：我说说我们荆州的长江大桥：荆州长江大桥在新世纪到来之时，犹如一道绚丽的彩虹，飞架在荆江南北。那高高的桥塔上密布的钢索，远远看去，就像一架巨大的竖琴，大风一吹，嗡嗡直响，仿佛在弹奏一首动听的乐曲。北岸的万寿宝塔，望着她娇美的身姿，默默无语，也许它在哀叹自己的生不逢时吧。（热烈的掌声响起。）

师：掌声已经说明了一切，你说得太好了！在你生动的描述中，融进了音乐的美感，还有万寿宝塔构成的反衬。还有谁说？

生5：我说老家的小桥可以吗？

师：完全可以。

生5：我最爱老家的石拱桥。老家的石拱桥躲藏在一片丘陵地带的凹处。她十分害羞，你不走近她，是看不见她的美丽的面容的。桥下是淙淙流过的溪水，宽大的水草叶子在水流的冲刷下悠闲地摇着尾巴。深秋时节，正是桥两边的几丛野菊花盛开的时候，那散发的幽香格外地诱人（闭上眼作陶醉状），让你舍不得迈步。（掌声又起。）

师：多美的小桥流水呀！就差"人家"了。

生5：我爷爷奶奶家离桥不远。

师：真羡慕你爷爷奶奶呀，住在那么美的地方！（下课铃响。）

师（提高声音）：同学们，桥的魅力真是言说不尽，相信你们走过的桥多了，一定会有许多新的发现。让我们用审美的眼光去不断地探寻桥之美吧！

●●●●● ［执教感言］

语文，天然地承担着审美的功能，审美能力是语文素养的重要组成部分，提高审美情趣是语文教学的重要目标，审美教育理应摆在初中阶段语文教学的重要位置。

文质兼美的语文课文给我们展现了一个璀璨夺目的美的世界，它是学生感受美的基本凭借。教师应该在探究性阅读的过程中，带领学生去认识这个美的世界、把握美的本质，从而培养学生的审美情趣。要达到这一目标，至少须在以下几个方面作出努力：

一、教师要善于创设情境，以唤起学生的审美需求，激发学生探究美的欲望。特别是当课文内容与学生的生活世界相距甚远时，这种情境的创设就成为必须。创设的情境一定要与课文内容相契合，这样才可以缩短文本与学生的距离，消除学生与文本之间的"心理隔阂"，从而为下面的教学打下基础、做好铺垫。

例如笔者执教的《桥之美》一课，虽是一篇带有说明性质的小品文，却聚积了著名画家吴冠中先生多年的审美体验和感受，内涵丰富，特色鲜明。要让一个审美趣味尚处于初始阶段的学生在有限的时间内去体验画家积淀多年的审美经验，感受桥在不同环境中所产生的美学效果绝非易事。课文所传达的一些美学原理毕竟离学生的生活较远，要让他们理解确实存在着很大困难，但这些又是无法回避的，因为它构成了本课教学的基本内容。这就需要教师创设情境，在去除文本的陌生化上下一番工夫。于是我在导入新课时特意剪辑《桥》的片段（侧重于"桥与峡谷融为一体"），拉近了学生与文本之间的距离，通过这个环节唤起了学生的审美注意和审美期待，使他们主动地进入文本之中，去感知美的意境，探寻美的奥秘。

二、教师要充分利用文本所提供的资源，让学生认识美、发现美。语文课的审美对象——课文，它的字、词、句，以及由字、词、句组合的形象——构成了学生审美的基本内容，是学生想象、体验、理解的基本着眼点。教师应充分利用这些基本点，引导学生深入课文，探究其蕴涵的美学价值。如果脱离课文架空分析，抽象地去谈文章的美学意蕴，不仅使学生失去了与文本对话的机会，而且也削弱了学生在学习中的主体地位。

当然，教师在关键点的启发、在疑难处的点拨还是必要的，特别是哲理的点示，往往能提升课堂的境界，如本课"美在关系"的归纳、"天人合一"的解说，就是为了开阔学生的视野、深化学生的感悟，使他们从哲理的高度进一步理解本文所蕴涵的美学价值。

三、教师要善于调动学生的生活经验，展开联想和想象，以把握文本所蕴涵的审美特色。学生的生活经验也是重要的课程资源，它是学生建构审美认知的重要基础。在教学中，若巧妙地利用这个资源，往往能够突破教学难点，收到事半功倍之效。如我借助一学生"水下憋气潜泳"的生活体验，就很好地完成了一处难句的赏析。

在探究性阅读的过程中，教师绝不要责备学生生活体验的粗浅（这种粗浅常常表现为回答问题时的幼稚、不合规范）。如果急于用教参上的结论去规范所有的学生，那么不仅难以达到目的，还会消弭学生的个性，语文应有的灵性也就在这种强加的规范中丧失殆尽了（"标准答案"往往与"僵化思维"相伴随）。

四、教师要善于将学生阅读时获得的审美体验运用于具体的场景，以实现审美迁移或审美创造。 语文课的审美教育不仅要让学生在感情上得到美的陶冶，思想上受到美的启迪，还要引导学生借鉴美、表现美、创造美；要将前人积累下来的审美经验和审美成果加以迁移，按自己的审美理想去创造，这是培养审美情趣的途径，也是审美教育的归宿。因此，语文课堂应该给学生留出表现美、创造美的空间。学生能否较好地完成这一任务，也是检验语文教学是否有效的重要标志。

正是基于这一认识，笔者才在学习新课之后，让学生学习这篇文章的写法，用艺术家的眼光来叙说家乡的桥。这一拓展与前面的教学环节自然衔接，与前面的教学内容互相印证，它是教学的有机组成部分。从实施的效果来看，学生对本课所蕴涵的美学价值已经了然于胸，并能运用从课文中获得的审美认知去发现美、描摹美、创造美了。

著名教育家苏霍姆林斯基曾充满激情地说："我一千次地确信，没有一条富有诗意的感情和美的清泉，就不可能有学生的全面智力的发展。"语文教学由于担当美育的重任，理应努力开掘这种"美的清泉"，去实现学生在这个世界的诗意栖居，这是学生全面自由发展的至高境界！

● ─ ○ ─ ○ ─ ● 诗歌部分 ● ─ ○ ─ ○ ─ ●

《天上的街市》教学实录

※ 洪镇涛

师：同学们好！

生：老师好！

师：今天，我们来学习郭若的一首诗——《天上的街市》。（板书课题及作者，边板书"沫"字，边说。）注意，"沫"字右边上面一横长，下面一横短，不要写成"未"字。

师：下面，我把这首诗读一遍。

（师范读，声情并茂。）

你们刚才听我朗读，觉得在读这首诗的时候，应该用什么样的语调，什么样的节奏？语调是——（板书：语调）激昂还是柔和的呢？

生（有的，小声）：柔和。

师：哦，柔和的。（板书：柔和。）节奏呢？

生（有的，小声）：缓慢。

师：好，舒缓吧。（板书：节奏——舒缓。）

现在请同学们各自用柔和的语调、舒缓的节奏把它读一遍，不要齐读，各人放声读，大胆读。

（生各自读，声音很小，师大声鼓励："大声读！"）

师：好，大家读了一遍。现在我们来深入学习这首诗。你看这首诗不长，语句也通俗易懂，一看就明白。但是，我们深入进去，还有很多地方值得我们品味，值得我们揣摩，值得我们学习。

下面，我们采用这个方法好不好？我先提出两个问题，然后依照我提问的角度和方法，你们自己来提出问题，自己来解决问题，好不好？

（生有的点头，有的说"好"。）

（师读第一节后。）我们看第一节，我现在把"天上的明星现了"，这"现了"两个字换一换，换成"亮了"。"天上的明星亮了，好像点着无数的街灯"，行不行呢？好，好多人举手了，你说。

生：天上的星星一直都是亮着的，一直都发出亮光。只是白天太阳的光芒把它们的掩盖住了，当黑夜来临，太阳被地球挡住了，这个时候才能看见其他恒星的光芒，所以应该是"现了"而不是"亮了"。

师（高兴，喜悦地）：好！他运用了科学知识。因为星星没有由暗到亮的过程，只有由隐到现的过程，对不对？回答得很好！而且既然称为明星，这儿用"亮了"好不好哇？（生齐答：不好。）明星就是亮的嘛，那不是重复了吗？

好，我现在提第二个问题。第一节有两句话，我现在把这两句话颠倒一下，看行不行。（朗读。）"天上的明星现了，好像点着无数的街灯。远远的街灯明了，好像闪着无数的明星。"（略顿。）换了个位置，怎么样？哦，好多举手的呀，你说。

生：我觉得不行。因为他首先是由人间的街灯联想到天上的明星；然后再由天上的明星，很自然地联想到天上的街市；又由天上的街市想到天上的人物。所以不能颠倒。（在生回答时，师板书：街灯。）

师：噢，他从作者联想的过程来看，说这样不妥当，是不是啊？（生纷纷答：是。）他说得有没有道理呀？（生纷纷答：有。）（接着师边讲边板书。）作者先是看到了远远的街灯，于是联想到了天上的什么？明星。然后由明星就想到了什么？想到了天上的街灯。由街灯就想到了天上的街市。哦，天上也有美丽的街市。那么这个街市上面陈列的一些物品，定然是世上没有的珍奇。然后想到什么？还有人啦，就想到什么人呢？哦，牛郎织女，牛郎织女在天街闲游。

这里哪些是实实在在看得见的东西呢？"街灯"是不是？

生：不是。

师：还有什么？

生（齐）：明星。

师：这是实。先看到的是实景。然后由街灯就联想到明星。由明星就想象到天上的街灯，由街灯再想象到天上的街市，想象到天上的人物。这实际上是由实到什么？（生：虚。）对，由实到虚的过程。首先是联想，然后是想象。

（附此处板书。）

街灯→明星→（天上的）→（天上的）→牛郎织女

街灯　　街市　　天街闲游

联想　　想象

（实）——（虚）

师：由此看，这两句诗就不能改了，是不是？同学们答得很好。

那么，同学们发现没有，我刚才提的两个问题都是从作者怎么样运用语言的角度提的。第一个问题涉及到用词的准确性，第二个问题就涉及到这首诗构思的问题了。请同学们也从语言运用的角度，学习我提问的方法，我是运用了什么方法呢？

生（有的）：推敲，比较。

师：对，我就是用的比较揣摩法。现在请同学们也运用我提问的角度和方法，自己来提出问题，解决问题。下面，一桌三个人为一个小组，可以互相讨论，好不好？大声说话没关系。

（同学们先小声嘀咕，教师走向同学们中间，时而鼓励，时而参与讨论，既而学生热烈讨论起来。）

师：现在，请大家提问题。

生1：第3小节，"定然是不甚宽广"，为什么这个地方不直接写"那定然是很狭窄"，而用了否定句呢？

师：哦，那浅浅的天河，定然是很狭窄，好不好？

生1：我想，如果用很狭窄，就太绝对了，语言就不灵活不自然。而且"不甚宽广"和后面的"骑着牛儿来往"押韵。

师：对，她从押韵的角度考虑，很好。她自己提出问题，自己解决了。挺好！哪位同学再提？

生2：这首诗的第2节，用了个"定然"。这是诗人的联想和想象，那为什么要用"定然"呢？

师：对，我怎么没想到这个问题呢？把"定然"换成"可能"不好吗？好，这位同学，请你自己解决问题。

生2：我想，这里用"定然"，是坚信这个美丽的街市是存在的。

师：哦，说得挺好。作者坚信美丽的街市是存在的。定然有美丽的街市啊，是种肯定的语气，对不对？如果说可能有美丽的街市，那就不可靠哩。可能有，也可能没有，是不是？当然，前面用了个"我想"，说明了是作者想象的。你看，这个同学也是自己提出问题，自己解决问题。很好，很有水平。再来，哦，好多同学举手。

生3：第1小节的第4行，为什么用"好像是点着无数的街灯"，而不用"亮着无数的街灯"？

师：你认为呢？

生3：我想是这样的，这里的"点"是一个动词，点上街灯只有人才能办到，而这首诗写的是"天上的街市"，有街市就有人，这一句是紧扣主题了。

师：极有见解。同不同意这个意见？（生纷纷说：同意。）同意，挺好！

生4：第4节的"不信，请看那朵流星"，为什么要说是那"朵"流星，而不说成是那"颗"流星？

师：对，一般我们说那颗流星，一颗星，为什么要用"朵"呢？你说说。

生4：我是这样想的："朵"一般是形容花，花是非常漂亮的、鲜艳的，在这里形容流星，也说明了流星是非常漂亮的，说明了作者觉得，天上人的生活是非常美好的。

师：哦，说得挺好的。一般形容花是一朵，天上的灯笼也漂亮，像一朵花一样的美啊！

生5：第3节"那隔着河的牛郎织女，定能够骑着牛儿来往"，第4节"我想他们此刻，定然在天街闲游"。为什么第3节要用"来往"，第4节要用"闲游"？

师：你是怎么解决这个问题的？

生5：我觉得，因为牛郎织女是分别住在银河两岸的，所以在银河上来往，他们到一起了，就在天街闲游。

师（点头）：对。

生6："不信，请看那朵流星"，为什么要加"不信"两个字，这两个字表达了什么感情？

师：嗯，这个问题提得很好，为什么要用这两个字呢？

生6：吸引读者看下文，表达一种亲切的感情。

师：哦，他把语言的情态都说出来了。哦，那个同学的手举得好高哇。

生7：第3节一开始"你看，那浅浅的天河"，第2节开始有个"我想"，"我想那缥缈的空中"。第3节中如果没有逗号"你看那浅浅的天河"，不是和第2节更加对称些吗？

师：嗯，逗号去掉确实是没有什么关系的，作者为什么要加逗号呢？

生7：我觉得，第一，使读者感到亲切，像谈话一样，拉近了读者和作者之间的距离；第二，他也把读者引入了诗的意境。

师：挺好！继续发言。

生8：我的问题在第1节，为什么在第一句用"远远的街灯明了"，而不用"遥远"的街灯。我想可能"远远"是叠词，读起来押韵，有音乐美，比"遥远"更准确些，所以作者在这里用"远远"一词。

师：很有见解，你说"远远"读起来有味道些，你对比着读一下。

（生读，读得平淡。）

师（有感情地）：远远的／街灯／明了。遥远的／街灯／明了，就不如"远远的"有味，我同意你的意见。

生9："我想那缥缈的空中"，为什么不改成"在那缥缈的空中"？

师：对，为什么呢？

生9：因为，这一段是想象的。"我想那缥缈的空中"这个"缥缈"，是形容隐隐约约，若有若无，而"在那缥缈的空中"是实有的。这是很难实有的东西，所以我认为，应该用"我想"。

师：说得很好！是作者想象的。若有若无，时隐时现，这才神妙啊！有见解。哪位再提？

生10："预习提示"里说，这首诗的背景是目睹了社会黑暗以后，思想上有些感伤，但并不绝望，仍执著地寻求光明和理想。这样，这首诗的感情应该是非常激昂的，作者在这种背景下应该激励人们去寻求光明，然而这首诗语调却非常柔和。为什么？

师：哦，作者追求理想境界，对黑暗不满，应该是很激昂的感情，为什么这首诗语调是柔和的，节奏是舒缓的？（师激昂地，略带夸张地读。）"远远的街灯明了，好像是闪着无数的明星。"行不行啊？（生齐笑着摇头。）不行，那你怎么看这个问题？

生11：作者对光明和理想充满信心，所以就非常柔和。

生12：在当时的背景下，他想象得美好，更说明了背景十分的恶劣，对反抗当时社会更有力。

（学生纷纷举手要求回答这一问题，一学生主动站起来。）

生13："预习提示"里说了，这首诗就是以奇妙的联想和想象编织出一幅天上的美景，把读者带进了神话的境界。如果把语调读得很激昂的话，就跟这个境界不符合。

师：噢，他认真阅读了"预习提示"。作者勾画了天上的美景，也就表达了对理想社会的追求。好，刚才那位举手的同学，你想提什么问题？

生14：第4节"我想他们此刻，定然在天街闲游"，先用了"我想"，又用了"定然"，这是不是有矛盾？

师：嗯，这不是矛盾的吗？你说说看。

（生摇头。）

师：哦，她自己说不了，哪位同学能解决？

（学生纷纷举手。）

好，请你说。

生15："我想"是表示他是想象出来的，然后再肯定他们在天街闲游。

师：对，整个都是想象的，但是在想象当中要用肯定的语气，表现追求理想境界的坚定信念。

还有没有问题？哟，还有好多同学举手。好，这位同学说。

生16：第2节的"街市上陈列的一些物品"，为什么要说"陈列"的物品？

师：嗯，你说说。

生16：我认为陈列的物品是放了很长时间，是从从前一直藏到现在的；而且为下文"世上没有的珍奇"做好铺垫，所以要用"陈列"。

师：噢——"世上没有的珍奇"没有人买，买不起呀！（笑）想象得好。陈列，不是陈旧的意思，而是整齐排列的意思。我再提个问题：传说中的牛郎织女大家都知道吧？（生纷纷回答：知道。）王母娘娘让他们隔河相望，每年见几次面呀？（生纷纷答：一次。）哎，喜鹊帮

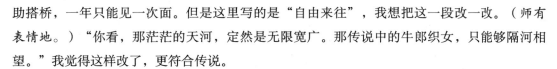

助搭桥，一年只能见一次面。但是这里写的是"自由来往"，我想把这一段改一改。（师有表情地。）"你看，那茫茫的天河，定然是无限宽广。那传说中的牛郎织女，只能够隔河相望。"我觉得这样改了，更符合传说。

生（摇头）：不好。

师：你们赞不赞成这样改？（生纷纷举手。）请这位同学说。

生17：我认为这样改不好。因为这就破坏了全诗表达的美好意境，就不符合作者美好的想象，美好的向往。

师：什么向往呢？

生17：作者对美好生活的向往。

师：嗯，作者想象到天上的生活比人间的美满，很自由。很好，我同意你的意见。解决了我的问题。哦，还有同学举手，请说。

生18：作者写这首诗的时候，当时中国人民正生活在水深火热之中，作者在这首诗中，写出了对幸福和美好生活的向往，他相信中国人民能凭自己的力量达到理想的境界，过上幸福的生活。

师：嗯，当时人民生活在苦难之中，天上的生活却是那么的幸福，作者希望中国人民也有这样的幸福生活。在天上就要移到人间来，你看，我们现在就达到了。同学们理解得很好。

我发现同学们水平很高，你看，这首诗构思的特点，这首诗的主题，这首诗的遣词造句、语气语调，都涉及到了，而且理解得很深。可能还有很多问题，请同学自己去钻研，自己能提出问题，自己就能解决问题。

下面，我们还要进一步朗读它。

我们说了，这首诗用了柔和的语调和舒缓的节奏。现在请同学们拿起笔，看着书，我和同学们一起读。读的时候用笔画出停顿记号。跟我一起读。

（师生齐读，师读得流畅而有激情，生读得声音较小，在专心地画停顿号。）

师：现在，我请一个同学读。

（生朗读。）

师：好，读得较好。还可以提高，你看这个地方，"走——"（师伴着"走"的读音打了个抑扬的手势，让学生能感觉到"走"的情态。）好，各人再读一遍，大声读。

（生各自大声地读第4节，一学生在其他同学读完后，仍在忘情地有表情地朗读。）

师：（师生均笑。）你读得太好了！大家都在听你读呢。好，请你再从头读一遍。

（生有表情地朗读。体现了柔和的语调和舒缓的节奏。）

（全场发出赞许的笑声，并热烈鼓掌，师生均露出欣喜之色。）

师：好！下面请同学们背诵，给同学们1分钟。

（生各自放声读、背。）

师：谁会背了？请你背一下，背的时候也要有感情哦。

（生较熟练地背诵，师时而纠正他的语调，背到"提着灯笼在走"时，师举起手，如打拍似的提示，让学生背出语调，背出意境来。）

师：好！（生齐鼓掌，师纠正"定然是"的语调。）现在一起来背："天上的街市——"预备起。

（生齐背诵。）

师：好，课就上到这里，下课！

●●●●●［执教感言］

语感是语文能力的核心，语文教学要着力于培养学生的语感。吕叔湘先生也说过："语文教学的首要任务，就是培养学生各方面的语感能力。"语感能力可以在语言实践中自然形成。如小孩学话，完全是在自然形态下，靠听话和说话的语言实践形成口头语语感的；还有许多成年人，也完全是在自然形态下，靠读文章和写文章的语言实践形成书面语语感的。但在语言实践中自然形成语感，往往是低效的，并且是不完全可靠的。真正高层次的书面语语感的形成，离不开有意识的语感训练。

语感训练包括两个方面，一是语感实践，一是语感分析。语感实践，就是指导学生感受语言材料和运用语言，也就是说，让学生多听、多读、多背、多说、多写成套的语言，这是语感形成的基础。但仅有语感实践是不够的，还要有语感分析。语感分析，就是分析语言的运用。它不同于通常说的"语文分析课"的分析，其区别有以下几点：

1.目的要求不同。"分析课"分析的目的在于使学生理解课文的思想内容和表现形式；语感分析的目的在于提高学生对语言运用的分寸、和谐、情味的感受能力。

2.角度重点不同。"分析课"着力于语言材料的表面特征，从课文的思想内容到表现形式作全面细致的分析；语感分析则是从语言运用的角度，深入到语言内部，拎出某些语感因素强的地方，作语言例析。

3.方式方法不同。"分析课"的分析，属于知识传授性质，最简便的方式是教师讲给学生听；语感分析，属于语言感悟性质，其方式只能是学生在教师的指导下，对语言进行比较、推敲和品味，而这些又是同语感实践紧密结合的。

4.作用效果不同。"分析课"大都采取一种静态的架空的分析，对提高学生的语文能力作用不大，何况大都不让学生参与分析，只让学生被动接受，效果就更不好了；语感分析是一种紧扣语境的动态的例析，内容比较具体实在，思考性、趣味性都比较强，学生又是参与分析的主体，一般积极性较高，因此对提高学生的语文能力作用较大，效果较好。

语感分析如何操作？下面借鉴"儿童创造技法"，列举一些方法，供读者参考。

1.加—加。

"加—加"，就是采用在原文上增加标点、字词、句子或段落的办法，让学生比较、推敲、品味语言使用的妙处，形成语感。

2. 减—减。

"减—减"，就是采用在课文上删减标点、字词、句子或段落的办法，让学生比较、推敲、品味语言使用的妙处，形成语感。

3. 换—换。

"换—换"，就是采用置换课文的标点、字词、句子或段落的办法，让学生比较、推敲、品味语言使用的妙处，形成语感。如《天上的街市》教学实录中用"亮"换"现"，即是。

4. 调—调。

"调—调"，就是采用调整原文的词序、句序、段序的办法，让学生比较、推敲、品味语言使用的妙处，形成语感。如《天上的街市》教学实录中把课文第一段语序调整为"天上的明星现了，好像点着无数的街灯；远远的街灯明了，好像闪着无数的明星"即是。

5. 联—联。

"联—联"，就是采用联系前后的词语、句子或段落的办法，让学生比较、推敲、品味语言使用的妙处，形成语感。

6. 改—改。

"改—改"，就是采用比"换—换"动作更大的对标点、句子或段落作修改的办法，让学生比较、推敲、品味语言使用的妙处，形成语感。如《天上的街市》教学实录中把"你看，那浅浅的天河，定然是不甚宽广；那隔着河的牛郎织女，定能够骑着牛儿来往"改为"你看，那茫茫的天河，定然是无限宽广；那传说中的牛郎织女，只能够隔河相望"即是。

7. 读—读。

"读—读"，就是采用朗读的办法，让学生比较、推敲、品味语言使用的妙处，形成语感。

语感实践和语感分析是语感训练的两"手"，这两"手"都要硬。在语感实践和语感分析的交叉作用下，感性——理性——感性，螺旋式上升，语感能力也随之不断提高。需要特别指出的是，语感训练不但不排斥"分析"，而且确定地要采用分析的方法；不但不排斥语言知识，而且确定地需要语言知识的介入（不要求语言知识的系统性），运用语言知识对语感分析给予理性观照。

《沁园春·长沙》教学实录

❋ 张 超

一、导入新课

要点：①美学家朱光潜先生说："要养成纯正的文学趣味，最好是从读诗入手，能欣赏诗。自然能欣赏小说、戏剧及其他种类的文学。"②毛泽东就是一位古典诗词的爱好者。他的一生，不仅在临窗伏案时，就是在戎马倥偬之间也不断地默诵吟哦、写诗填词。据中南海毛泽东图书管理员统计，毛泽东生前认真批注、圈画过的诗词总计在1590首以上，一般性地翻阅、欣赏至少在2000首以上，凭记忆手书的有117首，其中有许多长篇叙事诗。③著名诗人臧克家说："毛泽东诗词是伟大的篇章。"

二、整体感知

老师范读。(教师感情充沛地朗读全词)

三、明确学习目标

"诵读、领会；品评、鉴赏"(板书)

四、学习过程

师：这首词写于1925年(板书)，当时毛泽东32岁，正是风华正茂的年龄。下面请一位同学把117页的注①读一下。(生读)这是这首词的背景。开头三句"独立寒秋，湘江北去，橘子洲头"，诗歌语言的跳跃性很大，语序往往倒装，而且有些成分省略了，要靠想象把诗意串合起来。哪位同学能按调整好的正常语序，把三句的大意顺畅地说一下？

生：在深秋时节，毛泽东独立于橘子洲头，看着湘江水滚滚北去。

师：说得不错。"独立"能否改为"站立""直立"等？

生：不行。"独立"不仅表明是一个人，而且显示了诗人砥柱中流的气概。

师：对。联系当时的背景，军阀赵恒惕正在通缉毛泽东。诗人身处险境却能"独立寒秋"，坦荡从容。唐朝柳宗元有一首题为《江雪》的绝句，谁还记得？

生："千山鸟飞绝，万径人踪灭。孤舟蓑笠翁，独钓寒江雪。"

师：背得很好。这是柳宗元政治革新失败之后，被贬永州，身处逆境时写的一首诗，表露了诗人与恶势力绝不妥协的心志。柳宗元是"独钓寒江"，毛泽东是"独立寒秋"，意境相似，当然封建士大夫与革命伟人的胸襟境界又是不可同日而语的。一个"看"字，一直控制到哪里？

生："万类霜天竞自由"。

师：对，共7句。在古诗词中这叫"一字领起"，俗称"领字"(板书)，一般上下阕各有一个，读诗词要注意找出这种领字。我们初中学过的《沁园春·雪》上阕的领字是哪个？

生：望。

师：对。也是控制7句直到"欲与天公试比高"。这里诗人都看到了哪些秋景？我请一位朗诵水平高的同学来读一下。(生1读："看万山红遍……万类霜天竞自由"7句)

师：哪位同学能读得更好一些？（生2再读）。

师：个别地方处理得还不够理想。"看"是领字，要稍顿，以下几句要读得抑扬顿挫，充满兴奋喜悦之情。最后一句"万类霜天竞自由"是哲理概括，要有彻悟、慨叹之情(师范读此7句)。现在大家再齐读一下这7句（生齐读）。这几句视角变化和写景顺序极有特色。前两句"看万山红遍，层林尽染"诗人是怎样看？

生：放眼望去。

师：对，是"远眺"，你能模仿一下吗？(生模仿)这写的是"远景"。接下来两句"漫江碧透，百舸争流"，诗人的视线又怎样？

生：收回来。

师：这是"近观"，你再模仿一下(生模仿)。这写的是"近景"。"鹰击长空"怎样看？写的什么景？

生："仰视"，写的是"高景"(生模仿)。

师："鱼翔浅底"怎样看？写的什么景？

生："俯察"，写的是"低景"(生模仿)。

师：真是"远近高低各不同"啊！现在请同学们设身处地，体会诗人"独立橘子洲头"，饱览大好秋色时的情景，把观赏这些秋景时的神情、动作连起来表演一下。咱们班谁的表演能力最强？(生上台演示)毛主席的"手"该怎样放？是倒背好，还是插腰好？

生：插腰。

师："视角"的转换是快点好，还是慢点好？

生：慢点好。

师：对。是兴味盎然地品味观赏，而不是急匆匆地走马观花。你刚才视角转换得就太快了点。现在我读着这几句，你再来表演一遍好吗？(生演示)神态自然、从容多了，颇有点伟人的气度。现在同学们展开想像，最好是闭目瞑想，把诗人所描绘的秋景由文字变成形象的画面，在"大脑荧屏"上放映出来。雨果说："想象是人类思维中最美丽的花朵。"黑格尔说："想象是最杰出的艺术本领。"现在看谁的脑海中绽开的想象的花朵最美丽，谁具备这种最杰出的艺术本领。可分四步：第一步"勾勒形态"，将群山、层林、江水、船只、雄鹰、游鱼……的轮廓勾勒出来；第二步"染上色彩"，把黑白荧屏变为彩色荧屏，火红的枫林、蓝天碧水……看谁脑海里的色彩更鲜艳、更丰富、更美丽；第三步，"使画面动起来"，秋风送爽，吹动满山的枫叶，像熊熊燃烧的烈火，江水缓缓流淌，大小各式的船只争相竞发，雄鹰在蓝天翱翔，游鱼在清澈的水底自由轻快地嬉戏；第四步，"让画面更细致、逼真"，在脑海中来几个特写镜头，譬如船上耀眼的白帆，游鱼的细鳞，水底的沙石……同学在自己的"大脑荧屏"上看到这一切了吗？感觉到秋色的美好了吗？嗅到秋的气息了吗？

生：看到了，感觉到了，嗅到了。

师：好。在这几句中，哪几个动词用得好？

生：染、击、翔。

师："染"为什么好？

生：用了拟人手法。

师：对。其实古人早就用过"染"这个词，王实甫的《西厢记》中就有"晓来谁染霜林醉，总是离人泪"的名句。这漫山遍野像火一样的枫林，很容易使人联想起什么？

生：让人联想起星火燎原的革命火炬。

师：是的。革命形势蓬勃发展，"万山红遍"，大有燎原之势。"击"改"飞"可以吗？

生：不好。"击"能显示出雄鹰展翅奋飞、搏击大气的强劲有力，"飞"太一般了。

师：说得好，这位同学的语言感悟力较强。"翔"改为"游"好像更准确一些，鱼儿怎能像鸟儿一样飞翔呢？

生："翔"写出了鱼儿在清澈见底、水天相映的水中游动得自由轻快，像在天空中飞翔一样。

师：说得好。"浅底"并非真的水浅，而是清澈见底，显得水浅。你想，蓝天倒映在碧水中，看上去鱼儿像在天空中游动，在天空中游动不是很像飞翔一样吗？古人就有"秋水共长天一色"的名句。你们看，毛泽东用词是多么精妙，多么生动传神。据他身边的工作人员回忆："毛主席写作时，常在屋里踱来踱去，时而凝眉沉思，时而昂首吟哦，时而坐下来写几句，又摇摇头，把纸揉成一团……次日清晨，工作人员发现纸篓里已装满了大半。"毛主席这种苦心孤诣、语不惊人死不休的铸炼语言的精神，值不值得我们学习？

生：值得学习。

师：最后一句"万类霜天竞自由"——由眼前景物一下扩展到世间万物，并做了哲理性升华。既然世间万物都在秋光中争着过自由自在的生活，在斗争中获得生存自由，那么作为万物之灵的人类，特别是被压迫被剥削的人民，不是更应该竞自由吗？这实际上是对被压迫人民的一种什么？

生：号召和呼唤。

师：对，如同说：饥寒交迫的奴隶要起来为生存自由而斗争。同学们看，毛泽东笔下的秋

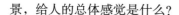

景，给人的总体感觉是什么？

生：绚丽多彩，生机盎然。

师：是的，绚丽蓬勃，充满生机(板书)。古人写秋多怨秋、悲秋，把秋写得萧杀悲凉、清冷惨淡，什么"自古逢秋悲寂寥"，"万里悲秋常做客"，"秋风秋雨愁煞人"等等。我们高一学过的郁达夫的《故都的秋》也是写秋的什么特征？

生：清静悲凉。

师：是的，那么毛泽东笔下的秋为何如此绚烂多彩、充满生机呢？为何如此与众不同呢？(生沉思)这与一个人的什么有关？

生：气度、胸襟、性格、身份有关。

师：毛泽东最与众不同的是什么？他是一介普通书生吗？

生：不是。他是叱咤风云的一代伟人，胸怀大志杰出的政治家。

师：是的，他有经天纬地之才，再造乾坤之志；他有博大的胸襟，崇高的风范，奋发向上永不消沉的乐观性格，不同于那些多愁善感的纤弱文人，所以他的诗词也不同凡响，充满豪情壮志。古人云："诗的品评在意境(板书)的高下，而意境的高下，又决定于人的品格的高下。"最后诗人笔锋一转，出人意料地提出一个巨大而严肃的社会问题——"怅寥廓，问苍茫大地，谁主沉浮？"诗人面对广阔的宇宙思绪万端，深沉地思索，禁不住向苍茫大地发问：谁来主宰你的沉浮荣衰？"主沉浮"是什么意思？

生：主宰国家的命运，掌握民族的前途。

师：这是全诗的"诗眼"。上阕就这样通过"写景提出"(板书)"谁主沉浮"(红色大字板书)的问题。下面齐读一下上阕。(生齐读)

师：上阕提出"谁主沉浮"，下阕是怎样回答的呢？"携来百侣曾游，忆往昔峥嵘岁月稠。""百侣"与上阕的哪个词呼应？

生："独立"。

师：对。"橘子洲"是青年毛泽东与同学战友们常来游览的旧地，风物景观非常熟悉。旧地重游，能够回忆起的往昔不寻常的岁月太多了。同学们初中学过的《沁园春·雪》，与这首词的词牌是一样的，同样词牌的词的格式——整首词的字数、句数，以及每一句的字数等——都应该是相似的。哪位同学能参照《沁园春·长沙》的下阕格式，把《沁园春·雪》的下阕背一下。(生背诵)《雪》下阕的领字是哪个？

生："惜"。

师："对"，往下领起7句到"只识弯弓射大雕"。据此推断这首词下阕的"领字"是哪个？

生：恰。

师：对。一直"领"到哪里？

生："粪土当年万户侯"。

师：也是7句，下面请一位同学把这7句读一下。(生诵读)

师："恰"应稍顿一下，突出其领字作用。以下几句要读得激昂慷慨，充满自信，语速稍快。(师范读)我们再来读一遍。(生齐读)"恰"——正值，同学们正值青春年少，风采才华旺盛勃发，革命青年们意气风发，正强劲有力，他们指点江山。"江山"代指什么?

生：国家大事。

师："指点"即评点、关心；并且写出激励昂扬的文章，宣传真理，蔑视权贵，把大军阀大官僚视若粪土。这几句是回忆往事以"抒情"方式(板书)"回答"(板书)"谁主沉浮"。可能有同学要问：为什么这几句就能回答"谁主沉浮"呢?哪位同学能根据你的理解解释一下。

生：这些青年有才华、有能力主宰国家命运。

师：有道理。方才同学们背诵的《雪》里的"秦皇汉武""唐宗宋祖""成吉思汗"，都是历史上赫赫有名的大英雄、大豪杰，所谓"马上打天下"的皇帝，为什么诗人用一"惜"字将他们全部否定了呢?

生：因为他们"略输文采，稍逊风骚"。

师：武功尚可，文治才华就差一些了。成吉思汗更是"只识弯弓射大雕"的一介武夫，更不值一提，更谈不上文采。"俱往矣，数风流人物，还看今朝"——这些人都过去了，要数真正的能主沉浮的风流人物，还要看现在。"风流人物"指什么人?

生：能文能武的杰出人物、英雄豪杰。

师：是的。那么"现在"这首词里所列举的包括诗人在内的革命青年，都是些什么人物?

生："风华正茂，书生意气"——有才华、有能力、能文能武，是真正的"风流人物"。

师：对。这样的人不主沉浮，谁主沉浮?天不降大任与斯人，更与何人?所以说下阕通过抒情，巧妙地回答了"谁主沉浮"这一重大问题。可能有同学又要问：下阕为什么不能直截了当地回答呢?譬如说："知识青年担当大任，仁人志士主宰沉浮。"这样不是更明白易懂吗?(笑问)我这两句诗写得比毛主席的怎样?

生：诗味不浓，像口号不像诗。

师："稍逊风骚"是吗?诗歌宜形象，忌抽象。这也是一切艺术的共性。毛泽东曾说："诗要用形象思维，不能像散文那样直说。"我这两句诗就太直、太白了，所以不像诗。最后三句："曾记否，到中流击水，浪遏飞舟?"多么大的气魄!这么大的气魄当然"能主沉浮"。毛泽东青年时代就有"自信人生二百年，会当击水三千里"的鸿鹄大志，革命气概何其大也!下阕抒发的感情是"慷慨激昂"(板书)。

师：我们齐读一下全词，要感情充沛，气势高昂。(生齐读)

●●●●● [教学点评] 程翔

看到山东兖州一中张超老师的《<沁园春·长沙>教学实录》，我着实有些兴奋：一则本篇实录有诸多地方启人心志；二则表现出张超老师的确"更上一层楼"。

导入部分表现出执教者的视野是开阔的。朱光潜的论述，臧克家的评语以及毛泽东的阅读数量——摆列出来，学生对毛泽东的敬仰之情会油然而生。这大概是创设情境，为学习本词作铺垫吧。

执教者是深谙语文课的真谛的。你看，为了学习领会"独立寒秋"四个字，教师先抓住"独"字，初析匠意，然后联系《江雪》一诗进行对比，从而突出毛泽东一代伟人的胸襟。接着，教师抓住一个"看"字，带出写景的文字(7句)。这表现出执教者的教学思路是十分清晰的。然而，执教者没有满足这种条分缕析，而是以语言为依托，抓住关键字词，让学生含英咀华，细细品味语言的美妙。含英咀华必须是有选择地品味重点词句。执教者抓住"染、击、翔"等字细嚼慢咽，通过联想、想象、解说等手法挖掘出这些字词的丰富含义，给学生留下了深刻印象。含英咀华还必须通过诵读来实现。执教者没有忘记诵读是语文课的本色。你看，有一句一句的读，有一段一段的读，有全词一遍一遍的读；有发挥想象的诵读，有突出感情的诵读，有男女轮读，还有教师的示范读。我一直认为没有读的语文课不是好的语文课，尤其是这样精美的文字，如果不读，不仅仅是遗憾，简直就是贻害学生。我相信，通过这些品读，学生会背诵下来的。

● ● ● ● ● ［附课文］

沁园春·长沙

毛泽东（1925年）

独立寒秋，
湘江北去，
橘子洲头。
看万山红遍，
层次尽染；
漫江碧透，
百舸争流。
鹰击长空，
鱼翔浅底，
万类霜天竞自由。
怅寥廓，
问苍茫大地，
谁主沉浮？

携来百侣曾游。
忆往昔峥嵘岁月稠。
恰同学少年，
风华正茂；
书生意气，
挥斥方遒。
指点江山，
激扬文字，
粪土当年万户侯。
曾记否，
到中流击水，
浪遏飞舟？

《雨霖铃》教学实录

❊ 程红兵

教学目的

通过学习宋词婉约派代表词人柳永的作品《雨霖铃》，使学生对宋词有进一步的了解。在诵读、赏析的同时，把握诗作的景与情，运用联想和想象，探究它的意境，并体会婉约词的风格特色。

教学过程

（教师：程红兵；每课一诗：徐晓燕；课文主持：李佳梁）

一、每课一诗，由徐晓燕同学介绍宋代词人晏殊的作品《蝶恋花》。教师稍加点拨，要求同学们熟读成诵。（略）

二、《雨霖铃》教学

师：今天我们要学习的是一首宋词。下面，就请李佳梁同学来主持这篇课文教学。

主：老师们，同学们，大家早上好。很高兴我能有这样一个机会，来主持这篇课文的学习。刚才，徐晓燕同学给大家介绍了宋代词人晏殊脍炙人口的名作《蝶恋花》，下面我们要学的同样是一首千古流传的好词。说到词，它究竟是怎样一种诗体呢？请大家看投影幕。

[显示]词，是诗歌的一种。古代的词，都合乐歌唱，故唐、五代时多称为曲、杂曲或曲子词。词体萌芽于隋唐之际，与燕乐的盛行有关（一说萌芽于南朝），形成于唐代，盛行于宋代。句子长短不一，故也称长短句。另有诗余（馀）、乐府、琴趣、乐章等别称。宋词是我国文学史上的又一座高峰。宋词习惯上分为婉约和豪放两派：婉约派以写闺情、离绪为主，代表作家有柳永、李清照等；豪放派扩大了词的题材，对社会生活的种种感受皆可入词，代表作家有苏轼、辛弃疾等。

主：我们知道，宋词与唐诗一样，是我国文学史上的一朵奇葩。后人习惯上把宋词分为婉约和豪放风格迥异的两派，前者往往大气磅礴，飘逸洒脱，而后者则以清丽柔婉见长。值得指出的是，这种划分是针对作家创作风格的主要倾向而言的，并不绝对。历史上的许多词人就既有豪放的词作，亦不乏婉约的作品。比如苏轼，我们对他的"大江东去"相当熟悉，但他的作品中也有"十年生死两茫茫，不思量，自难忘"的词句。这是我们要在鉴赏过程中注意的一点。今天学习的这首词的作者是婉约派的代表人物柳永。

[显示]柳永（约987～约1053），北宋词人。原名三变，字景庄，后改名永，字耆卿。排行第七，崇安（今属福建）人。景祐进士。官屯田员外郎。世称柳七、柳屯田。为人放荡不羁，终生潦倒。其词多描绘城市风光和歌妓生活，尤长于抒写羁旅行役之情。创作慢词独多。铺叙刻画，情景交融，语言通俗，音律谐婉，在当时流传很广，对宋词的发展有一定影响。《雨霖铃》《八声甘州》《望海潮》等颇有名。但作品中时有颓废思想和庸俗情趣。诗仅存数首，《煮海歌》描写盐民贫苦生活，甚痛切。有《乐章集》。

主：北宋词人柳永，字耆卿，原名三变。在家中排行第七，所以后世也有人称他为"柳七"。后来他官至屯田员外郎，故也被称做"柳屯田"。柳永年轻时到下京应试，常常和歌妓们一起生活，为人狂放不羁。当时的皇帝宋仁宗听到柳永这个人之后，说："此人任从风前月下浅斟低唱，岂可令士宦！"所以柳永落地了。到了景祐元年，也就是柳永在47岁左右的时候，他才进士及第。柳永终生潦倒，据说在他死后，家中没有多余的钱来安葬他，只能由几个歌妓一起出钱葬在了南门外。柳永的词作音律谐婉，词意妥帖；多描绘城市风光和歌妓生活，尤其擅长抒写羁旅行役之情。词作中铺叙刻画，情景交融，语言通俗，在当时流传很广，对宋词的发展也有一定的影响。但在他的一些作品中，时有颓废思想和庸俗情趣，这是我们应当剔除的。

[显示]雨霖铃　宋·柳永

主：下面要学习的《雨霖铃》这首词，可以说是柳永婉约风格的集中体现。《雨霖铃》这一词调，本来是唐代教坊大曲，一作"雨淋铃"。相传唐玄宗入蜀，到了斜口的时候，霖雨连日。他经过秦岭栈道，耳闻铃声，勾起了往事，于是创作此曲，悼念杨贵妃，寄托哀思。大家可以想见这一词调悲怆低回、凄楚欲绝的情味。而当时的柳永由于仕途失意，心情十分压抑，决定离开京城到外地去。但一想到从此将不能与心爱的人生活在一起，失去爱的慰藉，更是觉得痛苦万状。这首词就反映了柳永当时的这种复杂心情。下面请大家听一听课文的朗读。

[播放课文录音并显示]《雨霖铃》全文

主：从刚才的录音朗读中，不难发现这首词的基调格外低沉。作者运用了"歇""噎""阔""别""月""设""说"等十个入声韵，不押韵的地方也多以仄声来收句，如"绪""处"。大家都能感觉到，入声字短促急迫，容易传达悲切痛楚的情绪，加上又用了双声的齿音，如"凄切"，令人想象到那种抽泣哽咽之声。由于充分发挥了词的音乐性能作用，作品形象的凄美和声音凄凉相统一，增强了艺术效果。此外，我们在朗读的时候还应注意保持乐句的完整性。下面就请大家一起朗读《雨霖铃》。

（主持人领读。）

主：好的诗词，要多读多背。在诵读的过程中，推敲字、词、句的意思，体会作者在作品中所要表达的感情，这是十分重要的。有句话说"书读百遍，其义自见"，讲得很有道理。

所以，下面给大家4分钟时间，熟读这首词，并在此基础上，争取把它背出来。4分钟以后，以小组为单位，检验大家背诵的效果。同时也可以比较一下，哪个小组中的成员强记的本领最强。大家现在可以开始背诵了。

（大家各自轻声朗读，边读边背。）

主：好，时间到。让我们先从第一小组开始，前一位同学在背诵时发生"卡壳"或错背，就请坐下，由下一位同学接着背。我们一起来看一看，哪一组用最少的同学解决《雨霖铃》的背诵。

（隐去投影幕上的全文显示，四个小组顺次背诵。）

主：从刚才各小组的背诵情况来看，大家都用心去读了、背了这首词。《雨霖铃》的字面意思并不复杂，课文的注解也比较详细，应该说大家在字面上的理解不会有太大的问题。接下来的几分钟时间，留给大家提问，不管是字面上的，还是诗作理解上的疑惑，都可以举手发问，我们一起来讨论解决。

[显示]词作全文

生1：主持人刚才说，柳永是宋代词人中婉约派的代表人物，其词作多曲折委婉。《雨霖铃》中有"念去去，千里烟波，暮霭沉沉楚天阔"一句，我觉得此句应当出现在豪放派的词作当中，而现在出现在婉约派词人的代表作之中。是否有些矛盾呢？

主：我认为这句话在整首词中并不矛盾。它表现了作者在离开京城、离开心爱的人之前，对今后的前途感到茫然，楚天辽阔却不知路在何方的内心感受，抒发了一种凄婉哀怨的情感——这是理由之一。第二，在介绍宋词时，我提到过豪放派和婉约派的划分不是绝对的，同一个词人既可以有婉约的作品，也可以有豪放的作品，所以即使这句话被视为"豪放"，也并没有产生矛盾。

师：我再补充一下：我们现在所说的"豪放"也好，"婉约"也罢，都是后人评论的——是后人加上去的。这些词人自己可没有承认过自己是属于哪一派的，更没有想到自己今后会被归作某一个派系，他们完全是按照自己的意愿进行创作的。所以我们在鉴赏宋词时，需要体会和比较这两种不同的风格，却没有必要拘泥于风格的划分，作一个非此即彼的判断。

生2："都门帐饮无绪，留恋处兰舟催发"这句话什么意思？作者写这句话，有什么用意？

主："都门帐饮"意思是在京城门外设帐饯别，"无绪"指心情不好，"兰舟"就是木兰木造的船。整句话可以这样理解：在京城门外设帐饯行，诗人和他的爱人彼此的心里都不好受，就在两人依依不舍、相互留恋的时候，船夫却不停催促诗人赶快出发。我们不妨想象一下这样的情景：好友在机场送你，两人相视无语、难舍难分的时候，机场的广播里传出你乘坐的那次航班马上就要起飞的信息，此时你也许会希望时间就在这一瞬间停下脚步。作者当时的体会与这种感受应当是相同的。

生3：这首词的开头有"对长亭晚"一句，由此我们可以知道诗人是在晚间乘船离开京城的。但据我所知，限于古代航行技术的落后，晚上一般不会开船。作者在这里是不是故意说成"晚"呢？

主：在古代晚间不能开船吗？这我没有听说过。你认为这里作者有意把离别的时间定在晚上，这倒不见得。就我看来，两人相对而坐，畅饮饯行，一直到日落西山，只好在夜间出发，这也是顺理成章的嘛。

师：能够联系以前学过的内容，并灵活加以运用，这很好。其实在我们刚学过的白居易的《琵琶行》中就有"浔阳江头夜送客"一句。

主：读完全词之后，相信大家一定感受良多。词中也一定有一两句你觉得相当精彩的句子，给你留下了很深的印象。下面就请大家说说自己觉得该词中写得最美的句子，并且一起来讨论为什么这句话会给人这样的感觉。

生5：我最喜欢的一句是"念去去，千里烟波，暮霭沉沉楚天阔"。"千里烟波"让人联想到烟波缥缈的江面，想到江面上的一叶孤舟；黄昏已过，暮色沉沉，诗人正像在黑暗中前行，前途不定；空有望不到边际的辽阔楚天，却不知道下一步该走向哪里。诗人的这种忧伤、无望、彷徨的复杂心情，跃然纸上。

生6：我印象最深刻的是"执手相看泪眼，竟无语凝噎"。首先，我认为这句话生动地刻画了离别时两人恋恋不舍的情态，很是传神。另外，作者在这里"无语凝噎"的描写极能打动人。试想，在这样一个离别的时刻，"无语"明显要比互道珍重的效果好得多。白居易有"此时无声胜有声"，苏轼有"相顾无言，唯有泪千行"，和这一句堪称有异曲同工之妙。

生7：我觉得全词的第一句"寒蝉凄切，对长亭晚，骤雨初歇"很有味道。一个"寒"字点出了送别的季节，凄切的蝉鸣使人想到离人的哽咽；长亭长久以来被视做离别的象征，作者一开篇就勾起了读者阵阵离愁；"骤雨初歇"交代了送别时的天气，烘托出深秋的寒意，也为后一句的"兰舟催发"做捕垫。全句之中，"凄切"一词是关键，也是整首词的重点所在，为全词奠定了悲凉的基调。

主：前面几位同学提到的，我都颇有同感。我个人以为，"今宵酒醒何处？杨柳岸晓风残月"这句十分精彩。我们知道，举杯的目的在于浇愁，而结果往往却只能是使人愁更愁。无论今宵酒醒何处，离愁总是有的。睁开眼睛，只是佳人不在身旁，倒也罢了。但诗人睁开眼，却偏偏目睹勾人离愁之物——深秋的晨风寒气逼人，给人透骨的寒意，使得整个环境更显凄楚；而这晓风中飘动的柳枝，让人想起朋友间相互赠别时的折柳相送；空中的一轮残月，更是叫人想到苏轼在《水调歌头》中的名句，"人有悲欢离合，月有阴晴圆缺，此事古难全"，陷入一种人世聚散离合的深深感叹之中。此刻，诗人的离愁之感可谓是达到了顶点。两情恩爱的凄凉回味，创造出《雨霖铃》这首词"凄美清丽"的境界和美感。一叶孤舟，夹岸杨柳，天边残月，这样的一幅画面，布置萧疏错落，显现出烟水凄迷的阴柔之美，淋漓尽致地体现出作者婉约的风格特色。清初的著名诗人王士祯有诗云："江乡春事最堪怜，寒食清明欲禁烟。残月晓风仙掌路，何人为吊柳屯田？"由于柳永的墓地在真州城西的仙人掌，所以诗中有"仙掌路"三字；而"残月晓风"则说明《雨霖铃》、"杨柳岸晓风残月"和词人的名字，这三者已经难以分拆了。下面让我们再将《雨霖铃》齐读一遍，注意要把作者的感情融入其中。

（大家再次朗读课文。）

师：通过刚才的再次朗读，相信大家对《雨霖铃》这首词更多了一份体会。词，无论是虚写、实写，总离不开写景、写情。景是"清秋节"，情是"伤离别"，以清秋之萧飒，写离别之凄恻，即景抒情，融情于景，臻于情景交融的化境。这首《雨霖铃》乃是写景、抒情与叙事的统一，并寓含着说理成分。词人于离别的场面、进程的展示中进行写景、抒情，笔下自是由眼中景包罗了景中人、人中事、事中情、情中理。作者别开生面的写景、写情，是柳永在词的艺术表现上的杰出创造。正如清代词人冯煦在《宋六十一家词选·例言》中所说："耆卿词曲处能直，密处能疏，傲处能平，状难状之景，达难达之情，而出之以自然，自是北宋巨手。"全词语言清新，节奏鲜明，音韵和谐，很适合于歌唱。

（下课的铃声响了。）

师：感谢李佳梁同学的主持，他为我们还准备了许多精彩的东西，我们明天继续享受。另外请大家课外完成《雨霖铃》的背诵。今天的课就上到这里，下课！

（公开课到此结束。第二天的课上李佳梁同学请一位很善于朗读的同学很有感情地诵读《雨霖铃》，体味词作的意境。请同学们比较苏轼的《念奴娇·赤壁怀古》，体会两种词风格的不同。还安排了两位同学根据自己对词作的理解，分别画出两首词的意境图，让大家进一步体会词意、词风。）

●●●● ［执教感言］

也许老师们看了这篇教学实录，会产生疑问，整堂课都是学生为主，那么教师的主导作用如何体现？应该说，一堂课只是教学过程的一个横截面，但即使是一个横截面，老师的作用也依然体现在三个环节：

课前：学生主持人在备课的过程中要和老师共同探讨许多问题，有关课文内容的，有关课文教法的，老师给予细心的指点。

课中：学生主持人碰到一时无法解决的问题就会请教老师，老师觉得重要的问题也可以及时启发点拨学生。

课后：老师对学生主持人工作给予评价，引导学生正确把握课文，学会主持集体学习。

从整个教学过程来看，学生的主体作用增大了，教师的主体作用减少了，顺应了由保姆式到师傅式，再到导师式的变化，初步实现了"教是为了不教"。

《水调歌头》教学实录

吴积兴

师：走进古诗世界，我们惊讶地发现，这里处处有月亮的影子。从小学到现在我们学过了许多有关月亮的诗歌，现在请大家回忆一下，你想起了哪些有关月亮的诗句？

生1：举头望明月，低头思故乡。

生2：举杯邀明月，对影成三人。

生3：海上生明月，天涯共此时。

生4：露从今夜白，月是故乡明。

师：那么大家有没有想过，为什么月亮有如此的魅力，深深地吸引着诗人？诗人又在写月亮时寄托了哪些情感，让这个平凡的星球变得如此富有诗意？月亮究竟在中国文人笔下代表什么？今天我们一起来探讨这个问题。（点击"课堂探究"网页。）

师：在中国众多文人中，苏轼是比较喜欢写月亮的，而且也写了许多和月亮有关的名篇。下面，我们先走进苏轼笔下的月亮，学习他的《水调歌头》，看看在这里，苏轼借助月亮抒发了什么情感。下面大家齐读这首词，想想苏轼写的是什么时候的月亮。（学生齐读全词。）

师：苏轼这首词写的是什么时候的月亮？

生：中秋。

师：从哪里看出来。

生：小序中有"丙辰中秋"。

师：（点击解析小序网页）苏轼写的是中秋的月亮，中秋是中国人团圆的节日。大家能注意到小序，不错，下面请齐读小序。（学生齐读小序。）

师：词的小序往往是作者用来交代写作背景和写作目的的。在这个小序里面，作者交代了什么写作目的？

生：小序中提到了"兼怀子由"，可见是怀念子由。

师：原来苏轼在月圆的中秋写这首词是怀念他弟弟苏辙，希望能和他团聚。那么大家知道为什么苏轼在这个时候会怀念他弟弟吗？

师：（点击怀子由网页）苏轼和他弟弟已经七年没有见过面了。而且他们两兄弟感情特别好。他们从小志同道合，在文学上珠联璧合，生活上更是手足情深。老师这里举一个例子，乌

431

台诗案后，苏轼被贬官到黄州，苏辙马上上书皇帝，愿意用自己的一切官位为他哥哥赎罪，足以说明他们兄弟感情的深厚。这一点从他们诗文的往来可以看出。苏轼写给苏辙的诗歌多达104首，而苏辙写给苏轼的诗歌更多，有130首。难怪在月圆的中秋，苏轼渴望能和久别的弟弟团聚。

师：通过对小序的分析和材料的介绍，我们明白了苏轼写这首词的目的，但是关键还要看在词中有没有体现。你能不能从词中找出表现苏轼怀念子由，渴望和他团聚的句子呢？

生1："转朱阁，低绮户，照无眠"中的"照无眠"可以看出苏轼想念兄弟，怀念到难以入睡。

师：好，这个同学能抓住关键字回答问题。

生2："何事长向别时圆"这句话的意思是苏轼恨月亮为什么在人们分别的时候特别圆。因为月圆人团圆，圆圆的月亮勾起了他对弟弟的怀念。

生3："人有悲欢离合，月有阴晴圆缺。"月亮都没有办法长圆，人其实也是这样的，悲欢离合都是人之常情，必须承认离别、不能相聚的现实。人生很难十全十美，总有不可填补的缺憾。从这句话中也可以感到他和弟弟的分离。

生4："但愿人长久，千里共婵娟。"在这里作者发出美好的祝愿，祝愿所有的人都能团聚。从另一个角度可以看出苏轼和他弟弟没有团聚。

师：大家说得都很好。通过对词的解读，发现苏轼在这一段里紧紧围绕月亮，借助月亮抒发了对弟弟的怀念。虽然，苏轼不能和弟弟团聚，但他并没有因此而悲观，最后还为天下不能相聚的人们发出美好的祝愿。苏轼这种乐观豁达的胸襟、积极的人生态度值得我们学习。

师：我们刚才从小序知道，苏轼写这首词的一个目的是怀念子由，难道苏轼写这首词的目的仅仅是怀念子由吗？从小序中的哪个字可以看出来？

生："兼怀子由"中的"兼"字。

师：这个"兼"字告诉我们一个很重要的信息，苏轼写这首词除了怀念子由，还有一个更重要的目的，到底是什么呢？小序中也没有介绍，怎么办？下面老师就教大家一个方法：知人论世。

师：（点击知人论世网页）知人论世是中国古代文学评论的一个重要方法，所谓知人论世，就是为了了解一个人的思想行为而对他的经历和所处的时代背景进行论述。同样，我们要了解苏轼写这首词的另一个重要目的，必须了解这首词的写作背景和苏轼在这个时期的遭遇。（点击苏轼的遭遇网页）苏轼因为反对王安石变法，在政治上受到压制，虽然他一心报国，最终还是被贬官到密州。政治上的失意让他心情十分悲痛。可见苏轼除了告诉我们他怀念子由，更想告诉我们什么？

生：政治失意。

师：苏轼这种失意后郁闷的心情，以及对重新回到朝廷做官的渴望，表现在这首词的哪些句子上？下面请同学们先找出上阕描写到月亮的句子，注意结合注解。

生： "明月几时有"，"天上宫阙"，"琼楼玉宇"，"高处"等都是写月亮。

师： 把月亮代进去，依字面说说这段的意思。（学生简要翻译上阕的意思。）

师： 其实月亮在这里还有另外一个更深层的意思，是什么？

生： 朝廷。

师： 把朝廷代进去，重新说说这段的意思。

生： 不知道朝廷现在的情况是什么年头，怎么样了？我想乘着风回到朝廷，又害怕朝廷太高太寒冷。

师： 苏轼为什么要问"天上宫阙，今夕是何年"？

生： 因为苏轼虽然身处密州，但是心里仍然十分挂念朝廷的情况。

师： 其实"今夕是何年"还有更深的含义。俗话说，天上一天，人间一年。那么天上如果一年，人间起码要几百年，苏轼现在却问天上是几年了，可见他感觉自己在人间密州好像已经过了几百年。虽然他贬到密州不到两年，从中可见苏轼在密州的心情是多么郁闷。

师： 归去，就是回家，朝廷是苏轼的家吗？怎么理解这个家？

生： 从这里可以看出苏轼对朝廷的忠诚，朝廷虽然不是苏轼现实中的家，却是他的精神家园。

师： 很好，其实中国文人往往把朝廷当做精神家园，你能举出几个例子吗？

生： 李白的"一为迁客去长沙，西望长安不见家"。

师： 朝廷怎么会寒冷，这里的寒冷怎么解释？

生： 朝廷肯定不会寒冷，这里的寒冷应该是朝廷中复杂的政治斗争，让苏轼感到害怕、心寒。

师： 所以即使回到朝廷做官又能怎样？

生： 起舞弄清影，自己和自己的影子相伴，孤孤单单。还不如在人间密州来得逍遥。

师： 苏轼借助月亮表达出他矛盾的心情：既渴望回到朝廷却又害怕朝廷尔虞我诈的政治斗争。不过，高高在上的月亮在苏轼的笔下，成了高高在上的朝廷，可望而不可即。

师： 通过刚才的解读，在《水调歌头》中，苏轼借助月亮抒发了什么情感？

生： 月亮在苏轼的笔下代表两种情感：怀念和失意。

师： 词可以唱，至于古人是怎么唱的，我们不得而知，下面请欣赏王菲唱的《水调歌头》。会唱的跟着一起唱，在欣赏优美旋律的同时注意体会其中优美的句子。（点击古词新唱网页。）

师： 刚才我们探讨了苏轼《水调歌头》中的月亮。其实，中国有许多咏月诗词，诗人在月亮上寄托的感情也是各不相同的。中国文人对月亮的情感到底有哪几种？月亮在中国文人笔下代表什么？现在要求四人小组合作，共同探讨。探讨时注意，每小组中围绕一个观点进行探究，推选一名发言代表，发言时请先阐述观点，再引用诗句论述。（点开网页，展示选集的咏月诗词。）

（分发资料，选发言代表，老师当场查看指导，学生发言。）

（学生汇报合作探究成果。）

小组代表1：我们这组认为月亮在中国文人笔下代表思念故乡。证据是李白《静夜思》中的"举头望明月，低头思故乡"，还有杜甫《月夜忆舍弟》"露从今夜白，月是故乡明"。从这些诗句里面可以看出古人喜欢借月亮表达思乡之情。

小组代表2：我们这组认为月亮在中国文人笔下代表思念亲人，这里"亲人"的含义包括爱人和家人，证据是张九龄的《望月怀远》："海上生明月，天涯共此时。情人怨遥夜，竟夕起相思。"还有杜甫的"露从今夜白，月是故乡明"，也是借月亮表达对舍弟的思念。

小组代表3：我们这组认为月亮在中国文人笔下代表思念朋友。证据是李白的《峨眉山月歌》中借助月亮抒发了"思君不见下渝州"的情感。

小组代表4：我们这组的观念不同，我们认为月亮在文人的笔下代表愁绪。证据是王建的《十五夜望月》："今夜月明人尽望，不知秋思落谁家。"还有李白的"我寄愁心与明月，随风直到夜郎西"还有李煜的《虞美人》："春花秋月何时了，往事知多少。"这些诗词无不通过月亮抒发了惆怅的情感。

小组代表5：我们这组认为月亮在中国文人笔下代表物是人非。证据是赵嘏的《江楼感旧》："同来望月人何在，风景依稀似去年。"还有李煜的"小楼昨夜又东风，故国不堪回首月明中"，还有李清照的《偶成》"今看花月浑相似，安得情怀似往时！"这些诗词无不是借助月亮表达出物是人非的情感。

小组代表6：我们这组认为月亮在中国文人笔下代表着边塞生活，因为以前老师提过唐代的边塞诗歌大多和月亮有关。比如王昌龄的《出塞》就有"秦时明月汉时关，万里长征人未还"，还有王维的《陇头吟》："陇头明月迥临关，陇上行人夜吹笛。"都是借助月亮来渲染边塞生活的。

师：很好，刚才同学们对月亮这个意象进行深入的探究。发现月亮在中国文人笔下代表了思念、愁绪还有边塞生活以及物是人非的情感，等等。

在这里大家运用了一种新的学习方法：探究性学习方法。（点击探究学习介绍网页）探究性学习的基本步骤就是提出问题，收集资料，然后解决问题。比如刚才我们在讲解苏轼的《水调歌头》中月亮代表什么的时候，先提出假设，然后从词中找出相应的句子加以证明。对中国文人笔下的月亮，也是这样，先提出观点，然后找到相应的诗词加以证明，最后得出结论。其实，我们还可以利用《水调歌头》作为平台，作为切入点，多角度来探究。比如（点击课外探究网页）

1. 从苏东坡角度进行探究。

《手足情深：苏轼怀子由诗词探究》（点击苏轼诗词网页。）

《苏东坡与饮食文化》（点击苏轼饮食网页。）

2. 从本词的主题进行探究。

《〈水调歌头〉并非为了怀念苏辙》

3. 从本词的艺术手法进行探究。

《〈水调歌头〉的月意象探究》（点击月·诗词网页。）

4. 从其他相关方面进行探究。

《逆境与成才：文人迁客探究》（点击迁客会集网页。）

《中秋节传说探究》（点击月·传说网页。）

师：这些是大家课外探究的题目，请大家根据今天学到的探究学习方法进行探究，可以广泛收集资料，也可以参考我们今天上课的网页。完成后，把作业以帖子的形式上传到网页上（点击我的作业网页），到时我只要打开这个网页就可以看到你们的作业，大家也一样可以看到其他同学的作业。这节课先上到这里。

苏轼生平课件选录：

[应试及第] 仁宗嘉佑元年（公元1056年），21岁的苏东坡和苏辙在父亲的陪伴下赶赴京城参加科举考试，举进士及第。殿试时，献上二十五篇进策，深得仁宗皇帝的心，被评为翰林学士。欧阳修很赏识他，提拔他，后来苏轼及苏辙便拜欧阳修为师。

[出任凤翔] 嘉佑六年十一月十九日，苏轼出任签书凤翔府判官事，离开父亲和弟弟。

任职期间，闹过的水灾和旱灾都得到很好的处理。但疲乏的工作加上官场的你争我斗，苏轼渐渐感到无比的忧戚。

[王安石变法] 熙宁元年，神宗即位，为重建面临困境的国家财政，任用王安石为相，推行新法。苏轼由于有不同的政治思想，受到排挤。熙宁四年（公元1071年），年方36岁的苏轼被迫请调杭州（今浙江省杭州市）。

[乌台诗案] 神宗元丰二年（公元1079年）时，在他移任湖州的第三个月的一天，一位朝廷钦差为了要讨好王安石，把苏轼捉拿进京，指称他作诗讽刺新法，请皇上下令司法官员判他的罪。不久苏轼就被送入狱中，这就是著名的"乌台诗案"。苏轼被定为"讥讽政事"之罪。后受皇帝恩赐，判他流放黄州，免于一死。

[元佑更化] 元丰八年（公元1085年）三月，哲宗登基，逐次废除新法。新法派被排斥。昔日重臣重新掌政。史家称为"元佑更化"。

这一阶段，苏轼先后为中书舍人、翰林学士、知制诰、杭州知事、兵部尚书、礼部尚书。

[南行千里] 元佑八年九月，"元佑更化"宣告结束。18岁的哲宗开始亲政，重新推行新法。59岁的苏轼被指称诽谤朝廷，贬为岭外英州（广东省英德县）知事，六月在转任英州的途

中又受命流放惠州（今广东省惠州市）。朝廷奸人仍不罢休，两年后苏轼被放逐到自古所说的天涯海角——儋州。

● ● ● ● ［教学点评］ 黄麟生

　　《水调歌头》一课，教师在信息技术与语文课程学习的整合上做得巧妙。本课的亮点：其一在于教师把文本与非文本（信息技术）有机整合起来，加大了课堂知识信息容量，开拓了学生的视野，启迪了学生的思维——这是新课标所提倡的。其二在于整堂课贯穿了一根指导学生探究学习的主线，充分调动了学生自主参与的积极性。其三在于教师注重了师生两个主体的互动，教得主动也学得主动，学生在愉悦中学习、探究。总之，整节课给予学生一种美的享受——在愉悦中学习，在学习中逐步铸造高尚的人格。

《迢迢牵牛星》教学实录

❀ 董蓓菲

师：同学们，你们觉得《迢迢牵牛星》借助"牛郎与织女"这个美丽凄婉的爱情神话传说写离别有什么好处？

生1：使主题更深刻，立意更深远。

生2：有一点浪漫和神秘。

师：很有感受力。

生：更经典。

师：很漂亮的词。（追问）你还知道中国古代神话传说中的哪些经典故事？

生：梁祝化蝶，精卫填海，夸父逐日，干将莫邪……

师：还有人补充吗？

生：女娲补天，鲧禹治水，孟姜女哭长城，白蛇传。

师：神话是一个民族童年的梦想，是这个民族文学艺术的土壤。你还知道哪些文学作品，借助了这些色彩斑斓的神话传说？

生：《聊斋志异》《西游记》，还有屈原、李白的浪漫主义诗歌。

师：看来比比皆是，你的知识面很广，这些神话传说与天不老，与地同春，具有无穷的魅力。《迢迢牵牛星》引用神话传说，还有其他的作用吗？

生：更有天上人间的感觉。

师：好！怎样理解"天上人间"？

生：既是指天上的"牛郎织女"，又写人间的"怨妇思夫"。

师：你真的很棒！在你的启发下我甚至明白了《红楼梦》借助绛珠仙草和神瑛侍者的木石前盟，写出的是林黛玉和贾宝玉之间爱情前世今生的感觉。看来，为了增添表现力，我们也可以在作文中涉及一些经典的神话传说。

师：下面我们进一步来阅读和感受这首诗。

（生全体读。）

师：可以分四组讨论：①体会六组叠字的作用。②体会河汉女形象。③和秦观的《鹊桥仙》比较，体会"牛郎织女"的形象。④仿句练习。

（学生讨论。）

师：第一组的同学对这首诗的叠字有什么样的认识？

生1：读起来有一种音韵美，非常深情。"迢迢牵牛星"的"迢迢"、"皎皎河汉女"的"皎皎"悠长美丽，有了光年，有了岁月，有了永恒，甚至有了光亮和色彩。

生2：叠字可以加深程度，使得文章情深意长，意境开阔。

生3：纵观这六组叠字，有写距离的如"迢迢"，有写光彩的如"皎皎"，有写外貌的如"纤纤"，有写感情的如"盈盈"和"脉脉"。

师：虽然这种分类不十分科学，但却是一种个性化和创造性的解读。很不错，请继续补充。

生：我看了文下注释，这是一首汉代的诗歌。老师讲过第一部诗歌总集《诗经》，就运用叠字的艺术手法，这是不是对《诗经》的一种传承？

师：说得好！文化具有传承性，如果说《诗经》是叠字的滥觞的话，那么《迢迢牵牛星》就是一种很好的继承和光大。叠字是我们汉语独有的语言现象，它有着重重叠叠，曲曲折折，平平仄仄的美丽，一波三折而又回肠荡气，唐诗宋词元曲哪一页都有它的美丽。谁能背李清照的《声声慢》的开篇几句？

生：寻寻觅觅，冷冷清清，凄凄惨惨戚戚。

师：这七组叠字写尽了易安居士国破家亡之恨。哪位同学能模仿老师的这句话给《迢迢牵牛星》的叠字作结。

生：《迢迢牵牛星》六组叠字写尽了"牛郎织女"的相思之苦。

（掌声响起。）

师：第二组同学对本首诗"河汉女"的形象讨论得怎么样了？

生："河汉女"美丽、勤劳，内心充满了痛苦的思念。

师："河汉女"的美丽是怎么读出来的？

生："纤纤擢素手"啊！你想啊，有着"纤纤素手"的女子一定是一个美丽的女子。

师（追问）：这叫什么写法？

生：以点带面的细节描写。

师：其实这是古诗词惯用的手法，比如韦庄的《菩萨蛮》就用"垆边人似月，皓腕凝霜雪"来写江南女子的多情美丽。杜甫在《月夜》中用"香雾云鬟湿，清辉玉臂寒"来写妻子的美丽和对妻子的思念。有人说，"手是人的名片"，看来很有道理。陆游永远难以忘记的也正是唐婉的"红酥手"。古今中外的艺术大师，无一不是深谙人性的大师。奥地利小说家茨威格的短篇小说《一个女人的二十四小时》更是将人的一双手写得如醉如痴，课下有时间可以读一下。《诗经·硕人》有"手如柔荑"，《孔雀东南飞》中的刘兰芝"指如削葱根"……这首诗通过写手写河汉女的美丽，真是最上乘的选择。

生：她的手不光美丽，而且灵巧，因为她能织出朝霞和晚云。

师：看来写织女的一双"纤纤素手"可以起到一箭双雕的作用。刚才这组同学说"河汉女"很勤劳，我有不同看法，明明是"终日不成章"嘛。

生："终日不成章"不是因为织女不勤劳，而是因为她思念牛郎所致。

师：看来是为突出主题服务的。"泣涕零如雨"采用了什么修辞手法？

生：比喻，还有夸张。

师：形式永远为内容服务，写出了织女怎样的情感世界？

生：悲伤的，无奈的，绵绵无绝的思念。我认为"盈盈一水间，脉脉不得语"还是在写织女，是间接描写或侧面描写。"盈盈"既是"河汉女"的眼泪，又是天河；"脉脉不得语"更是写出了织女的一往情深和柔情似水。

师：很好！侧面描写，这一解读十分到位。其实很多成功的文学形象，都是侧面描写的结晶。杨贵妃的美是"回眸一笑百媚生，六宫粉黛无颜色"；李夫人的美是"一顾倾人城，再顾倾人国"；海伦的美来自德高望重的长老的慨叹："为这样的女人，再有十年战争也值得。"

师：第三组同学比较阅读得怎样了？（用多媒体课件打出秦观的《鹊桥仙》，学生从主题、风格、表现手法、语言四个方面比较。）

鹊桥仙

秦 观

纤云弄巧，飞星传恨，银汉迢迢暗渡。金风玉露一相逢，便胜却人间无数。

柔情似水，佳期如梦，忍顾鹊桥归路。两情若是久长时，又岂在朝朝暮暮。

生1：《迢迢牵牛星》的主题是状写离愁别恨，是伤感的无奈的；《鹊桥仙》的主题是歌颂执著忠贞的爱情。

生2：虽然都借助于"牛郎织女"的神话传说，但主题却稍有不同，《迢迢牵牛星》更执著、痴迷；而《鹊桥仙》却有一种面对离别的潇洒人生观。

生3：我认为《迢迢牵牛星》的风格婉转、缠绵、悲哀、伤感；而《鹊桥仙》的风格却清晰、飘逸、洒脱、淡远、瑰丽而神奇。

师：打个比方好吗？

生3：如果说《迢迢牵牛星》是一个素面的少女，那么《鹊桥仙》就是一个仪态万方的美人。

师：谁再说说？

生1：如果说《迢迢牵牛星》是一朵幽兰，《鹊桥仙》就是一朵牡丹。

生2：如果说《迢迢牵牛星》是素绢，《鹊桥仙》就是织锦。

师：同学们的比喻都很精彩！

生：我谈一谈两首诗的表现手法吧。《迢迢牵牛星》是白描勾勒，《鹊桥仙》是工笔重彩。

师：这两首诗共同的突出的表现手法是什么？

生：那当然是用典了，都借用了"牛郎织女"这个典故。

师：反应非常快！

生：《迢迢牵牛星》的语言特点是清新明丽，《鹊桥仙》的语言特点是色彩绚丽。

师：好！同学们对一诗一词的主题、风格、表现手法、语言特点等方面进行了粗线条的勾勒。下面我们要对这一诗一词进行"地毯式"的"含英咀华"的鉴赏，你们喜欢哪一句诗或哪一个字，全体同学共同参与，把直觉感悟谈出来。

生：我喜欢"飞星传恨"的"恨"字，这一"恨"字不仅写出了牛郎绵绵无尽的思念，还将飞星拟人化、人性化，并完成了从"星"到"人"的过渡，也是"星人"合一。

师：精彩！谁再补充？

生1：纵观两首作品，我最喜欢共同采用的"迢迢"这组叠字，所有的距离感尽在这一组叠字中。

生2：我喜欢"泣涕零如雨"的"雨"字，我似乎感觉到了织女的眼泪在飞，在所有的滂沱的雨中，在李贺的红雨，杜牧的清明，余光中的冷雨，在五千年的岁月中淅淅沥沥。

师：很有文化底蕴，联想丰富而精彩。

生1：我喜欢《鹊桥仙》的"两情若是久长时，又岂在朝朝暮暮"。有丈夫气，豪迈洒脱，有点徐志摩的"轻轻的我走了，正如我轻轻的来"的味道，在所有的"游子思妇"诗和爱情诗中有一点与众不同。

生2：我最不喜欢的正是这句"两情若是久长时，又岂在朝朝暮暮"，既不深情又不痴情。我更喜欢"盈盈一水间，脉脉不得语"的那一份美丽柔情与朦胧，这更像诗。而秦观写得太直白了。

师：同学们的探讨由艺术而人性，又由人性而艺术，很深刻。继续谈。

生：《迢迢牵牛星》的"盈盈一水间，脉脉不得语"由于设立恰当的距离，达到了情感的最高境界，有点儿像《诗经·蒹葭》中的"在水一方"的感觉，而《鹊桥仙》中的"柔情似水，佳期如梦"过于世俗和香艳。（生笑。）

师：有极高的审美品位，允许见仁见智。

生1：《迢迢牵牛星》通篇采用记叙的手法，有一种古拙之美，而《鹊桥仙》熔记叙、抒情、议论于一炉，哀乐交织，天上人间融为一体，极具华彩的美丽。我更喜欢《迢迢牵牛星》中织女的形象，美丽、忠贞、深情、楚楚动人，更能打动人心。她单纯得令人心疼，是一个悲情的、很"中国"的形象。而《鹊桥仙》中织女的形象更像一个敢恨敢爱，甚至敢怨的西洋女子。

生2：我补充几句，刚才的这位同学启发了我的灵感，我借用余光中的一个比喻吧，如果说《迢迢牵牛星》中的织女是一朵红莲，那么《鹊桥仙》中的织女就是一朵红玫瑰。（学生笑，掌声。）

师：同学们谈得很深刻，还有许多同学的许多想法，因时间关系没有表达，课下再读书探讨。最后，由第四组同学作仿句练习。

（多媒体展示）

世界上最远的距离

泰戈尔

世界上最远的距离

不是生与死

而是我站在你面前

你不知道我爱你

……

师：请同学们仿照这首诗，结合《迢迢牵牛星》的内容写一段文字。

生1：世界上最远的距离／不是生与死／而是牛郎与织女／盈盈一水间／脉脉不得语

生2：世界上最远的距离／不是牛郎与织女的距离／而是我无法寻到你

生3：世界上最远的距离／不是生与死／而是牛郎织女今夕的七夕／和明朝的七夕的距离

师：同学们很机智，对《迢迢牵牛星》的理解深刻。再作一段仿句练习。（多媒体展示例句。）

金风玉露一相逢便胜却人间无数的爱情

胜却了西楚霸王与虞姬的生死相依的爱情

胜却了唐明皇与杨贵妃的天上人间的爱情

胜却了罗密欧与朱丽叶的旷世无瑕的爱情

生1：金风玉露一相逢便胜却人间无数的爱情，胜却了梁山伯与祝英台化蝶的爱情，胜却了林黛玉与贾宝玉木石前盟的爱情，胜却了小龙女与杨过天残地缺的爱情。

（师生鼓掌。）

生2：金风玉露一相逢便胜却人间无数的爱情，胜却了陆游与唐婉苦难无果的爱情，胜却了李煜与小周后的凄美无助的爱情，胜却了爱德华八世"不爱江山爱美人"的爱情。

师：同学们从不同的角度阐释了本诗所蕴含的爱情之美，仿句很有创意，也展现了较为深厚的文学素养，深切的人文关怀，真的很棒！还要多读书。

师（小结）：文化是一条不息的河，两岸郁郁葱葱，花果飘香，那是我们精神永远的诱惑和永世的家园。让我们爱诗，爱我们的文字，爱这条墨写的黄河。最后让我们伴着音乐齐背这首《迢迢牵牛星》。

（音乐起，师生齐背课文。全课结束！）

●●●●[执教感言]

本节课教学的一首小诗——《迢迢牵牛星》，选自《古诗十九首》，是梁太子萧统编入文选的十九首古诗之一，被称为五言诗的冠冕。正如《诗经》一样，《古诗十九首》抒写了许许多多的爱恨情愁。其实这也是心灵的觉醒，状写这份莫名的无形的情感难，而解读这份情感表述之妙也很难，于是便涉及到教学中惯常的思路"短诗长教"，也就是把这首10句短诗，放在文化的背景上，放在诗的长河中，放在审美的坐标中，去引导学生解读、感悟。

下面我就谈谈我的四个教学设计，三个追求，两个遗憾。

第一个教学设计：神话切入。《迢迢牵牛星》借助的是一个家喻户晓的神话传说。于是开篇我直奔主题，直问、追问：《迢迢牵牛星》借助了"牛郎与织女"这个美丽凄婉的爱情神话传说，同学们，你们觉得这样写离别有什么好处？这一问，解决的表层问题是《迢迢牵牛星》的主题和大意，其实深处触及的是神话传说在文学中的地位。这种举重若轻，使学生们不畏艰难，自然而然地去联想相关的优秀作品，去叩问神话的经典，甚至浪漫主义流派，因而对学生的积累和写作都会有较大的帮助。但决不能细抠、深挖，只能"蜻蜓点水"，点到为止，还要做到"红炉一点雪"，了无痕迹。叠字的美主要体现在音韵上，因此在设计这一教学环节时，应通过"读"去体悟、去感受。其一，在反复的诵读中体味。其二，把这种感觉用语言表达出来。其三，教师帮助学生进行理性升华。其四，师生一起将这首诗放在中国文学的长河中定位、比较。由点到线到面，桐城派的刘大说过："天下可告人者，唯法耳。"这一教学环节使学生在春风化雨中完成了一个超越，突破了诗歌教学中的一个重点。

第二个教学设计：体悟形象。鉴赏中学生们抓住了河汉女的真、善、美、痴、伤、勤劳等特点，从人性、民族审美、写法等方面具体地对文本进行解读。

第三个教学设计：比较阅读。将《迢迢牵牛星》与《鹊桥仙》比较是许多教师英雄所见略同的共识，然而，寻找比较点却应格外用心、细心。我仍然沿用着从面到点这样的思维规律，先从主题、风格、表现手法、语言四个方面粗线勾勒比较，然后重锤敲重音，"拉网式"进行"含英咀华"，于是便有了许多独特的发现和意外的收获，课堂有了许多亮点。这种师生对话式的教学在平等、合作、切磋中，使教学走向高潮。师生共同理解美、欣赏美、创造美。

第四个教学设计：仿句。仿句对于学生来说，是一个绝好的训练形式。一可以从课内到课外，由已知到未知。二可以体现一种创造力，对文本进行再一次的解读和创造性的应用。

总之，四个教学设计既环环相扣，逐层深化，又能各自独立突破教学的重点难点。另外，利用分组讨论法既节省时间，使学生有充分的时间内化知识，又使知识共享，合作探究。

下面我简单谈一谈我语文教学中的三个追求：

一是学生的回答有思想深度。

二是学生的回答语言有文采。

三是学生的回答有文化含量。

这绝非一日之功，这是长期不懈的熏陶、培养、训练的结果。主要的做法是，第一，让学生背诵大量的古今中外文质兼备的诗，一年完成二百首左右。第二，设计专题性诗歌鉴赏十讲左右，教学生鉴赏的方法。第三，教师在课堂上进行点点滴滴的语言示范。第四，打印几十篇适合学生阅读鉴赏的文章。只有做到了这些，才可以有课堂上的师生互动和美的对话。以上四种做法可谓是四座平台，为我心目中的三个教学追求层层铺垫，最终水到渠成，使学生有了"慧眼"和"诗心"。我想语文教师有那么一个神圣的使命，就是让孩子们漂亮而又优雅、诗意地存在着。

任何艺术都充满了遗憾，《迢迢牵牛星》这节课最大的遗憾有二：其一，整节课的节奏感不甚分明。这种对话式的、谈话式的教学弄不大清"快板"和"慢板"，因此，在剪裁和取舍上难度很大；有一种参差的立体感固然好，但很难突显主线。随意中的刻意很难做到。当同学们对一个问题滔滔不绝时，教师如果想扭转话题往往于心不忍，于是，有些环节显得拖沓冗长。其二，我在语文教学上一向追求"语不惊人死不休"，教师的这种示范也势必带来学生的这种语言风貌，我既喜且忧，迫使自己在今后的语文教学中，在纯美上下工夫。

有人问球王贝利："哪一个球踢得最好？"贝利说："下一个。"是啊，好在还有下一节课，可以让我努力讲得好一些。

● ● ● ● ●［附课文］

迢迢牵牛星

迢迢牵牛星，皎皎河汉女。

纤纤擢素手，札札弄机杼。

终日不成章，泣涕零如雨。

河汉清且浅，相去复几许？

盈盈一水间，脉脉不得语。

《行路难》教学实录

❋ 严华银

师：同学们，通过自读、查找相关资料、研讨和交流，我们已经基本理解了李白《行路难》一诗中的诗句和大致的内容。当然，尽管如此，我们还不能说已经读懂了李白的这首诗，可能还会有这样那样的问题。下面分组研讨，请大家围绕全诗深层次地理解和提问；并请各组组长将问题归类以后传递给我。时间10分钟。

（10分钟左右的时间里，各组将集中过的问题陆续递上。）

师：综合各组的问题，有代表性的是这样几个：

1.诗题中的"行路难"有无比喻意义？与全诗所表达的思想内容和作者的情感态度是否是一致的？

2.诗中"金樽""玉盘"是否真实？我们怀疑李白应该没有这样的生活条件，但他为什么要如此说呢？

3.由"闲来垂钓"到"乘舟日边"，这样的转折太快了，是不是太过夸张？

4."渡黄河""冰塞川""登太行""雪满山""济沧海"等说法，很明显是另有其意，它们实际所指应该是什么？

5.这首诗的感情、思想，我们究竟怎样表述才比较恰切？

6.都说李白是浪漫主义诗人，这首诗是否能体现其浪漫主义的特点？如果能，它是怎样表现的？

师：我们再进一步地看看，还有什么样的代表性的问题未能归并进来？

生（大部分）：我们没有了。

师：这样的话，大家再用5分钟时间，对这些问题中新出现的你没有研讨过的部分，作一些分析研讨，准备大组交流。

（5分钟以后）

师：下面请大家围绕上述问题进行讨论交流。交流的过程中可以自由发表意见，甚至是完全相反的观点；也可以借题发挥，引发新的问题；至于说你想具体讨论问题中的哪一个问题，则悉听尊便。总之，随心所欲，畅所欲言。

生1：老师，还是我来抛砖引玉吧！

师：非常感谢你！但你也不必如此谦虚。我们洗耳恭听你的高见。

生1：谢谢老师鼓励！我想说的是第二个问题。我觉得该同学的问题忽略了一个历史背景，就是在中国古代"金樽""玉盘"并不稀奇，尤其，"金樽"的"金"，不过是普通"金属"的"金"，而不是我们今天的"金银"的"金"；"玉"在古代是极平常的事物，好坏之别犹如天壤。所以我认为，这两种器皿是实写。李白这里所写，并非他自己的生活，而是他的朋友的宴请，跟李白的生活条件没有关系。

生2：这是我们当时思考时所忽略的。我基本同意你的想法，但是，诗句中提到的"十千"和"万钱"，又怎样理解呢？

生3：我觉得这应该是虚写，朋友宴请，似乎不必如此的炫耀和夸张。但作者却夸大其词，一定有深意在。

师：我很同意你的观点。你能揣摩出作者的意图吗？

生3：我怕说不好。

师：我们是讨论，说得好坏都没有关系。孔子不是说"各言其志"吗？

生3：我想应该是通过夸张宴请的价码，来表现朋友对自己的重视程度，一方面表现友谊之深，另一方面也是抬高自己的地位和身价。这与李白个性中自视清高、喜欢张扬的一面是一致的。

师：我觉得这位同学能够结合作家的个性来谈对作品的认识理解，很了不起，这就是古人所言"知人论诗"。大家看就此问题还有想法需要补充吗？

生4：我认为，他所言还不是问题的根本，我以为，李白的夸张主要意图虽在于表现自己，但这个自己，不是讲自己的地位和身价，而是想要证明自己不是一个追求物质享受的平庸之辈，而是一个始终不忘理想追求的有着鸿鹄志向的君子。

师：这位同学说得非常准确，理解十分到位，这是从整体上把握了全诗以后才有的分析。这一点很值得我们以后阅读文章时注意。进一步说，李白将宴请的价码提得越高，对自己追求理想的决心也就表现得越强。从修辞上讲，这是一种——

生：衬托。

师：很好。我们继续讨论其他的问题。

生5：我想讨论的是第一个问题。我查过有关的资料，"行路难"作为本诗的诗题，与本诗内容应该是既无关又有关的。理由是，"行路难"是乐府《杂曲歌辞》篇名。《乐府解题》说："《行路难》，备言世路艰难及离别悲伤之意。"原为民间歌谣，晋人曾修改其歌词与音乐。这就是说，"行路难"是一种乐章名，它与所写实际内容应该说没有什么关系；但由于它是一种曲调，而曲调又是有感情基调的，又是有其适应性的。比如，本曲调就比较适合抒写"世路艰难"和"离别悲伤"的感情。这就对表现的内容范围有了一定的限制，这样说来，它应该与诗歌的主题有相关性。就本诗的具体内容而言，它表现的是有关李白思想变化、情感转折的内容，而且情感的基调体现为"悲怆"和"苍凉"。这应该说与"行路难"乐章的风格是一致的。

生6： 老师，我由该同学的问题想到另外一个问题，就是说，这种乐章名称和其所代表的那样一种乐调，那样一种风格，让我想到唐朝后期出现的词牌，能否将"行路难"看成是后来的词牌呢？

师： 这个问题有意义。同学们是否有哪位做过这方面的研究？

（生沉默。）

师： 应该说这个问题有难度。我也没有作过专门的研究。但刚才这位同学的问题引发了我的一些思考。我想到许多著名的词牌在表达内容上也有其限制性，比如"满江红"这一词牌，就适合于表现慷慨激昂、雄奇悲壮的情感，像岳飞的"怒发冲冠"便属于此类。我目力所及，未能看到以"行路难"为名的词牌。但不管怎么说，李白用这一乐章来写作，应该相类于词牌之于词，只是究竟有什么样的关联，我们课后一起来研究。

生7： 我接着想来说说第三个问题，我个人觉得李白在诗中从"闲来垂钓碧溪上"，突然转折到"忽复乘舟梦日边"，并不奇特，因为他是浪漫主义诗人。就我所了解，浪漫主义诗歌的一个重要特点便是想象奇特，大起大落。

师： 是不是仅仅如此呢？

生8： 刚才这位同学讲的观点我完全同意，但他是从艺术形式的角度来理解的，我想说的是，这里的起落实际是很好解释的。李白的"溪上""垂钓"，也许是朋友的相邀，也许是自己主动想以此消遣，当然更有可能就是表达情感需要的虚写，不管怎样，正像俗语所云的"日有所思，夜有所梦"，理想和追求缠绕着他，实现理想的欲望占满了他的心灵，所以，哪怕短暂的忘记和消遣，都异常困难。这样想，是作者的一种反衬之笔。

师： 我觉得他如此一补充，该问题的答案应该就比较圆满了。下面我们继续进行下去。

生9： 我要讨论的是第六个问题。刚才前面同学谈到这首诗中诗句表达的内容和情节间跳跃性较大，说得很有道理。但我觉得这又不是最主要的。本诗浪漫主义特征最明显的体现应该是在诗歌的最后，作者对未来实现理想的信念，对命运的勇敢的挑战，展现了诗人的博大胸怀和阳光心态。我把李白的这首诗与南朝诗人鲍照同题目的两首诗进行过比较，明显地看出李白与鲍照思想层次和情感境界的不同：

李白诗结尾说：尽管"行路难，行路难，多歧路，今安在？"但是"长风破浪会有时"，终究可以"直挂云帆济沧海"。

而鲍照的诗是怎么说的呢？《拟行路难（其四）》说："心非木石岂无感！吞声踯躅不敢言。"《拟行路难（其六）》说："弄儿床前戏，看妇机中织。自古圣贤尽贫贱，何况我辈孤且直！"

显然，尽管表达的是同类感情，鲍照的诗就显得相当压抑和低沉，胸怀不够开朗，风格比较阴郁。"吞声踯躅""弄儿""看妇"，甘于"贫贱"而自赏"孤直"可以说是一种自卑、自怜，或者说是一种百般无奈之后的孤芳自"慰"。

对照而自明的是，鲍诗恰恰与李诗不同，是现实主义的。

●●●●●[执教感言]

"问题解决"是教学中传统的授课方式。这里要说的是下列两种情况：

一种是结果的直接呈现。这也有两种表现形式：一是教师"主演"的直截了当的"告诉"式。尽管有时候"告诉"也不失为一种教学方法甚至是好的方法，但过多的"告诉"必使我们的课堂变成报告厅或者是"教室"。假如从任务完成和显性的角度看，这个办法是非常高效的。但若是从"教育"的高度看，这又无疑是"搞笑"。二是直来直去的互动"问答"式。教师提问题出来，同学举手回答，答错了，自有其他同学"接力"，直至正确答案"出笼"，此一"游戏"方算告一段落。接着进入下一个循环。一般情况下，一个问题，总要数个同学的"共同努力"，才可得以解决。一堂课大致就是由这样的游戏节目、接力循环组合而成的。机智的教师会在学生回答的基础上做一些"为什么"的追问；更高层次的，则会在数人不同回答的基础上，作一点比较，叫学生去错存对，去粗取精。

一种是启发、点拨式教学。这是我们今天最为主流的"教学法"，也是我们教学评价者交口称誉的重要评价标准，几乎可以说是有之者则优，无之者则劣。启发、点拨当然是课堂教学的最重要的手段和方法，但问题的关键在于它们是不是在任何时候都万能和必须。当启发和点拨完全出自教师课前的精心的预设，又充斥课堂教学的每一个环节；当点拨和启发成为教师主宰课堂的一个借口，严重影响了学生主体的地位，那么它们存在的合理性和合法性就理应受到怀疑和挑战。而这样的课堂我们几乎在所有的示范教学中都可以毫不费力地觅见其"芳容"，而其被大家津津乐道的程度，足以证明"教师主体"地位之被剥夺的困难程度。

对上述这两种情况做一点分析，我们会发现：这样的课堂乍一看来，是有"活力"的。师生互动，甚至也可能有一定程度的生生互动，你来我往，你方言罢我上场，真是好不热闹！但这种热闹的背后又有些什么东西呢？不过是少数同学固有知识的"汇报"，少数精英同学的才智"炫耀"；即使有同学在教师所谓的启发、点拨下"豁然开朗"，我怀疑也是被教师的启发、点拨牵着鼻子走的，是一种下意识的非常简单的思维活动。他自身的独立思维、理性思考、创造潜能实在很难有机会得以培养和激发。而且在这样一种热闹活动的过程中，教师的"活动"几乎占据了课堂的最主要的时空。教师一个人的发问、启发、点拨可能占据了课堂语言总量的60%以上；在整个课堂活动中，教师的身影不断地晃荡在课堂前面的大半个场地上，很突出地闪现在所有同学的视野中，其身影也是"阴影"，严重翳蔽了学生的思维创造之灵光；其声音又总是以近乎高八度的音量刺激着同学的耳膜乃至神经，这除了可以干扰少量患有嗜睡病症同学的嗜睡神经系统外，实在难以有多少非常积极的意义。

这样两种情况可能会有表现形式的不同，甚至与传统的满堂灌的教学还有比较大的差异，但殊途而同归，形异而实同，应该说都难以体现现代教育的基本思想，无法实现新课程的基本理念。一句话，尽管月光换成了阳光，可惜"山还是那座山"，学生依然走不出"被动""客体"的"围城"。如此说来，这课上的"热闹"，显然是一种虚假的繁荣，近乎"泡沫经

济"，是潜藏着危机的。

矫正的办法在哪里呢？

一是"问题解决"的主体是学生，课堂必须给学生最充足的时空。说是"给"，实际应是"还"。因为学生是主体，课堂的时空主体无疑是学生的。没有时空的保证，主体的任何活动都是没有办法实现的。就现实的情形看，我们最需要做到的是如何使这非常有限的时空让学生"独享"而不让教师巧立名目地侵夺。凡我所见的公开教学或者我们平时所听的各类语文阅读课中，这类成本的投入是很少很少的。那么，学生在这一时空中可以做些什么呢？我想，应该是独立地静思或搜寻资料、同桌间的切磋交流、学习小组内围绕困难问题的探讨争论等。教师要根据问题的难易程度，敢于拿出合理的时间，而自己则退避三舍。

二是"问题解决"应该是一个过程，而且是一个动态生成的过程，这一"过程"的主要内容是"活动"。与以上我所陈述的那种几乎跟思维活动无关的伪过程的情况，可以说完全相反，这是学生自己的学习、思考、活动、探究的过程。在这一过程中，学生始终处于主体状态，倒是教师反而要被学生牵着鼻子团团转。当问题一经确定，不仅学生要按照教师的部署去进行一系列学习活动，而且教师也别无选择地要积极主动地思考、研究学生们的那些问题，这些问题中的或多少的部分，都将挑战教师的水平、能力和威信，这是万万懈怠不得的。不仅如此，教师还得顺着这些问题去紧张思考一系列与之相关的话题和连类而及的问题。于是，教师与学生共学共生，教学相长就成为必然。

三是这一过程又决不排斥点拨启发。但这样的点拨启发应该是随机的，应该是比较被动的，而不是预设的自觉和主动的行为。这与前文所言对一个预设了的大的问题，预设了几套"点拨""启发"的方案的情况是完全不同的。实际上，只要是一节真实的阅读课，只要研讨的问题真正来自学生，或者针对了学生的阅读困惑，那在具体的教学情境中，任何人都是没有什么办法和能耐全程"预设"事态的发展的。这时候，需要的是你的学养的深厚、"导引"的机智和点拨艺术的高超。只有这种状态下的点拨和启发，才是教师教学的真水平、硬功夫。而在这一过程中，检验其点拨、启发的效果和质量的，就是看参与者思维发展的程度。

而这样的阅读教学，也才是真真实实令学生欢迎的阅读教学。

●●●● [附课文]

行路难

李 白

金樽清酒斗十千，玉盘珍羞直万钱。停杯投箸不能食，拔剑四顾心茫然。欲渡黄河冰塞川，将登太行雪满山。闲来垂钓碧溪上，忽复乘舟梦日边。行路难！行路难！多歧路，今安在？长风破浪会有时，直挂云帆济沧海。

《石壕吏》教学实录

❈ 金 戈

一、初读课文，唤醒情感

师：一个黄昏，历经安史之乱之苦、身心疲惫的杜甫投宿到一个农家，仿佛在汪洋中暂时找到了一条小船。夜里，一阵阵叫嚣、一声声哭泣，惊醒了他。

"吏呼一何怒！妇啼一何苦！"让我们随诗人一起倾听老妇的哭诉，感受她的悲痛。

（多媒体展示：石壕吏、杜甫。）

（师朗读全文，要求学生圈点重点字词、生字词。）

师：这四个字需要重点识记。

（多媒体展示：正音释义：逾yú 戍shù 妪yù 咽yè）

二、细读课文，品味探讨

1. 观官吏之举

师：第一节诗，我作了改动，自认为还不错。改文与原文哪个好？同学们细细加以比较、品析。

（多媒体展示：

原文：暮投石壕村，有吏夜捉人。老翁逾墙走，老妇出门看。

改文：暮投石壕村，有吏来征兵。老汉攀墙走，老妇出门看。）

生1：原文好，"夜"字表明是黑夜突袭，老百姓没有防备，可以抓到人，可见手段狠毒。

生2：白天到处抓人，抓的人不够，夜里继续抓。"夜"这个字用得好。

生3："捉人"二字带有强制性，有暴力倾向。

（生笑。）

师：曹雪芹说过，细按则深有趣味。细细品味某一句话，某一个词，你会发现深藏的感情。继续搜索、品析。

生4："逾"不如"攀"好。

师：呵呵，还有同学说我改得高明的，何以见得？

生4："逾"是越过，很平常；"攀"表现出老翁的努力，想早点逃掉。

师：请结合生活体验想想，人在什么情况下会"飞越"障碍物？再想想，这可是一位老人啊！

生4：人在紧急的情况下，会不顾危险越墙而过，"逾"表现老人拼死逃命的情景，而"攀"体现不出这样的特点。

师：说得真好，你已经懂得"逾"在文中的内涵了。

生5：老翁，是指年纪很大的人，连老人都不放过，可见官吏捉人到了疯狂的地步。

师（小结）：一边是黑夜突袭，真毒；一边是老翁拼死逃命，真苦。一幅民不聊生图啊！

（板书：观官吏之举——毒。）

2. 听老妇之诉

师：文中哪一个字最能表现老妇的心情？

生（齐）：苦。

（板书：听老妇之诉——苦。）

师：找出具体的词句，抓住关键字，说说老妇之苦。

生1："一男附书至，二男新战死。"这个"新"字说明刚刚战死，血迹未干，老人心灵的创伤还未痊愈。官吏又来抓人，真是雪上加霜。

生2：三男中两男战死，这对老人的打击太大了。

师：是呀，人生有三大哀，一是少年丧父，二是中年丧偶，三是老来丧子，而老来丧子其痛最哀。

生3："偷生"，意思是苟且活着，是说老人苦度悲惨的日子，毫无生气。

生4："室中更无人，惟有乳下孙。有孙母未去，出入无完裙"一句，一是说明家里再也没有男人，二是说他们的生活已经陷入非常痛苦的境地，希望以此来换取官吏的同情。

师：为什么要强调"更""惟"？

生5：强调家里实在没人了，苦苦哀求不要再抓人了。

生6：强调他们已为国家贡献了一切，再也无能为力了，想以此感化官吏。

师：老妇的哭诉有没有感化官吏？从哪里可以看出？

生7：没有，从"老妪力虽衰，请从吏夜归。急应河阳役，犹得备晨炊"看出，官吏连年老体弱的老妇都要抓走，可见他们的无情。

生8：老妇的话没有感化铁石心肠的官吏，但感动了我们，尤其是最后几句，从"虽、请、急、犹"等字中看出老妇虽有万般不愿，但她还是深明大义，为国难奔赴战场。

师：解读得很到位，在字里行间读出了老妇的思想情感。老师尤其欣赏的是，你带着自己的感情去读诗歌，通过朗读加深了对诗句的理解。那么应该用什么语气读老妇的致词？

生9：悲痛。

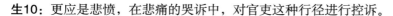

生10：更应是悲愤，在悲痛的哭诉中，对官吏这种行径进行控诉。

师："存者且偷生，死者长已矣！"这一句，你们认为应该抓住哪些词语，加以重点朗读，比如情感上的重读、语气上的处理、节奏上的变化。

生11："偷生"，语调低沉，节奏缓慢。应读出一种凄惨、悲哀。

生12："已"，是生命的完结，让人心伤。

师：有时候，我们还应关注一些看似平常的虚词，这些虚词也许更能体会人物的情感。

（生略有所思。）

生13："且"字，读得低沉，还要有一点停顿，表现老人苟且生存，了却残生的心理状态。

生14："矣"，拖长音，表现出亲人离去的无限哀伤，虽然嘴里说过去了，但心中只有更深的哀伤。

（请生13、生14朗读，效果很好，学生陷入一种深沉的情感体验中。）

师：同学们很会读书，从字缝里读出了诗歌的内涵，读出了老人的悲情与哀伤。

（再请生集体朗读"老妇致词"一节。）

师：老妇致词的语气，是不是从头到尾不变。

生15：为死去的亲人，为家庭的惨状哭泣，应是一句比一句令人心碎。读最后几句应振作起来，表明老人的深明大义。

（生再次集体朗读体验，群体陷入一种悲怆的氛围中。）

3. 察作者之情

师：在这苦难的现场，杜甫都做了些什么？从文中哪些诗句可以看出？

生1："夜久语声绝，如闻泣幽咽"，是说作者侧耳倾听，夜不成眠。

生2："天明登前途，独与老翁别"，是说作者独自与老翁道别。

师：杜甫侧耳倾听，夜不成眠。他为什么夜不成眠？

生3：为这一家人的命运担忧。

生4：深深的自责，没有勇气站出来。

师："夜久语声绝，如闻泣幽咽"，其中"咽"应怎么读？

生5：低低的，还应带着哽咽。

师：为什么要这样读？

生5：低低的，是怕再招来官吏；哽咽，是因为极度的悲伤。

师：还有谁也在内心哽咽？

生6：杜甫。

师：为什么哽咽？

生7：为这一家人所遭受的不幸。

师：只是为这一家人吗？

生7：杜甫为所有遭受安史之乱之苦的百姓哭泣。

（多媒体展示：杜甫在安史之乱时以途中所见所闻而作的组诗"三吏""三别"，用实录的笔法，记下了一幕幕惊心动魄的场景。其中诗云："积尸草木腥，流血川原丹"，"白水暮东流，青山犹哭声"。）

师：一路过来，他看到太多的血腥，听到太多的哭声，为黎民的苦难命运，为自己的颠沛流离，为这"国破山河碎"的现实情不自禁地哽咽。

师："天明登前途，独与老翁别"，其中"独""别"怎么读？

生8："独""别"，要读得沉痛、凄惨。

（生朗读体验。）

师：我们见过很多"别"："何事长向别时圆"，那是对亲人的思念；"相见时难别亦难"，那是对情人的眷恋；但都不及这个"别"字来得凄惶、无助。

三、展读课文，深入探究

师：杜甫为什么不像史官那样记录"安史之乱"的大事件，或像白居易那样描绘唐明皇与杨贵妃凄婉的爱情故事，而关注战乱中一位普通老妇的哭诉？

生1：因为杜甫自己也在经历战争的痛苦，对普通老妇的痛苦感同身受。

生2：他认为战乱中普通老妇的悲惨遭遇更值得同情。

师：这就是杜甫的良心，他在用心感受战乱中一个普通人的生命痛苦，满怀同情之心。

你能否从老妇一家之苦感受到广大人民的痛苦？

请用这样的句式回答：每一个家庭（或每一个人）都在经历……

生1：每一个家庭都在经历生离死别。

生2：每一个家庭都在经历鸡犬不宁的生活。

生3：每一个家庭都在经历战乱的痛苦。

生4：每一个家庭都在经历腥风血雨。

生5：每一个人都在经历战争的恐惧。

……

师：苦难无边，整个国家陷入一场空前的灾难。杜甫的"三吏""三别"，真实记录了人民的苦难，篇篇相连构成一幅浩大的历史画卷，所以后人称他的诗为——

生（齐）：诗史。

师：应该用什么样的情感读这首诗？

生：悲痛、悲愤。

师：更应是：沉——郁——顿——挫，忧——愤——深——广。

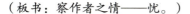

（板书：察作者之情——忧。）

师： 带着我们的情感，带着我们心灵的体验，再次朗读全诗。

（生齐读全诗）

（多媒体展示：读《三吏》《三别》，你一定要读到抑扬顿挫，读到涕泪满襟，你才真正读懂杜甫了。

他悲悯的目光拂过失去亲人的老妇，拂过在边疆浴血牺牲的将士，从一个家庭延伸到整个民族，整个国家。

杜甫用他的一生抒写着仁爱的内涵，他厌恶战争与仇恨，认为只有爱、宽容和同情才能拯救我们这个世界。

让我们的心灵植根于大地，吸收苦难和幸福，承接光明和黑暗，最终从叶片上滴下一颗颗关于爱与同情的文字。）

下课！

● ● ● ● ● ［执教感言］

《唐宋诗举要》曰："此首尤呜咽悲凉，情致凄绝。"意在说明《石壕吏》具有高超的语言表现力与丰富的情感内涵。对于像《石壕吏》这样文质俱佳的古诗文，我们应该怎样教学？

如果逐词逐句地串讲，学生学习古诗文的情趣索然，同时也是对如此绝美之诗的糟蹋。

为此，我在寻找一种突破，一种回归。概括起来就是以下几个方面：

一是在古诗文教学中注重朗读、品析，接续传统的诵读、涵咏式语文教学传统，促使学生初步获得语感，同时带动学生的情感体验与对文本的生动解读。

二是在一定的语境与文化背景下，完成对词句的理解，使学生的理解更加深刻。

三是与现实生活联系，搭建心灵的桥梁，拉近学生与古诗文的心理距离，同时在这种联系、学习中完成对知识新的建构。

四是搭建扩展的平台，突破教材的封闭状态。以传统文化为背景，对内容作适当的补充、扩展和延伸，那么就能赋予每篇课文以丰富的文化底蕴，初步完成一种文化的建构。

以下结合教学片段作具体阐释：

朗读品析法——通过朗读品析，从语言的气势、韵味、节奏、停顿中，引领学生辨别语言的感情色彩，感受人物的喜怒哀乐，领悟作品的思想内涵，使体验更加细腻，使感知更加深刻，最终促进知、情、义的和谐发展。

师： "存者且偷生，死者长已矣！"这一句，你们认为应该抓住哪些词语，加以重点朗读，比如情感上的重读、语气上的处理、节奏上的变化。

生11： "偷生"，语调低沉，节奏缓慢。应读出一种凄惨、悲哀。

生12： "已"，是生命的完结，让人心伤。

师：有时候，我们还应关注一些看似平常的虚词，这些虚词也许更能体会人物的情感。

（生略有所思。）

生13："且"字，读得低沉，还要有一点停顿，表现老人苟且生存，了却残生的心理状态。

生14："矣"，拖长音，表现出亲人离去的无限哀伤，虽然嘴里说过去了，但心中只有更深的哀伤。

（请生13、生14朗读，效果很好，学生陷入一种深沉的情感体验中。）

师：同学们很会读书，从字缝里读出了诗歌的内涵，读出了老人的悲情与哀伤。

在古诗文中，一些虚词（语气词）中有情感之意蕴，有精神之魂灵，通过对虚词细腻入微的品味，我们会发现一个通向文本的新天地。那么，课堂教学便有了另一种丰盈和充实。比如《〈论语〉十则》中的语气词隐约传达着孔子的喜怒哀乐和他的立场观点，抓住这些语气词也许是抵达孔子思想情感世界的秘密通道。于是我在《石壕吏》一课的教学中，重点指导学生细细体味这些虚词（当然也包括意蕴丰富的实词），从语气、语调、节奏、停顿中，引领学生辨别语言的感情色彩，再现当时的场景，感受人物的喜怒哀乐，进而领悟作品的思想内涵。在朗读指导中，激发学生的生活积累，引发学生的情感体验，拉近学生与文本的距离，不仅仅是让学生走进人物的内心世界，更要让人物走进学生的内心世界。

师："夜久语声绝，如闻泣幽咽"，其中"咽"应怎么读？

生5：低低的，还应带着哽咽。

师：为什么要这样读？

生5：低低的，是怕再招来官吏；哽咽，是因为极度的悲伤。

师：还有谁也在内心哽咽？

生6：杜甫。

师：为什么哽咽？

生7：为这一家人所遭受的不幸。

师：只是为这一家人吗？

生7：杜甫为所有遭受安史之乱之苦的百姓哭泣。

语境解读法——在一定的语境（包括文化背景）下展开古诗文语言层面的教学，通过"语境创设"让学生走进文本，从而带动对字词的理解，这比单纯讲解字词要生动、有效得多。还原语境，还能使学生在阅读古诗文时做到如临其境，与文本深入对话，从而领会作品的精彩之处。

《〈论语〉十则》其中一则——子曰："由，诲女知之乎！知之为知之，不知为不知，是知也。""子曰"就是孔子说。大家能根据孔子说话的内容体会出孔子当时的心态吗？请在"曰"字前加上一个表示情态的状语。并说明理由。

在理由的陈述中同学们真正理解了"知"的含义。如"严肃地说——告诫不要不懂装懂，意味深长地说——期待诚实"，等等。

这是情境性的语境创设，带动学生对"知"的理解，对孔子的理解。

下面是比较性的语境创设，与前者所达到的目的是相同的。通过改文与原文的对比，完成对词语、文本、人物的理解。

师：第一节诗，我作了改动，自认为还不错。改文与原文哪个好？请同学们细细加以比较、品析。

生1：原文好，"夜"字表明是黑夜突袭，老百姓没有防备，可以抓到人，可见手段狠毒。

生2：白天到处抓人，抓的人不够，夜里继续抓。"夜"这个字用得好。

生3："捉人"二字带有强制性，有暴力倾向。

……

生4：人在紧急的情况下，会不顾危险越墙而过，"逾"表现老人拼死逃命的情景，而"攀"体现不出这样的特点。

师：说得真好，你已经懂得"逾"在文中的内涵了。

……

联系生活法——要学生结合生活体验品读句子，从而复活文本，使学生走进文本，并能走出文本，完成知识的建构。

在《与朱元思书》一文中，解释"猛浪若奔"的内在含义时，引入生活体验：若奔，像奔马一样奔驰着、腾跃着、不受拘束、没有节制。学生很快就感悟出——这表现作者当时无拘无束、自由放旷的心境。

联系生活法，在教学《石壕吏》一课时，最突出的是这一片段：

生4："逾"不如"攀"好。

师：呵呵，还有同学说我改得高明的，何以见得？

生4："逾"是越过，很平常；"攀"表现出老翁的努力，想早点逃掉。

师：请结合生活来体验，人在什么情况下会"飞越"障碍物？再想想，这可是一位老人啊！

生4：人在紧急的情况下，会不顾危险越墙而过，"逾"表现老人拼死逃命的情景，而"攀"体现不出这样的特点。

生4开始时的误解，一是对词语未真正理解，二是生活体验未被唤醒。所以生活体验在语文教学中是很重要的，只有在充分唤醒的基础上，才能更好地理解文本。后来他的回答比较精彩，是因为生活情境的创设激发他原有的生活体验，反过来促使他更好地理解文本。

延展扩充法——古代优秀诗文有巨大的解读空间，需要阅读者以传统文化为背景，对内容作适当的补充、扩展和延伸，赋予每篇课文以丰富的文化底蕴，初步完成一种文化的建构。

比如由杜甫对普通个体苦难的关注到对国家苦难的思考，引出"诗史"的问题，尽管这样的解读还是比较肤浅的，但会为学生打开一扇精神的天窗。

阅读教学，我们不仅要注意细腻度，既要挖掘字里行间的意蕴，还要透过语言的层面，深入文本的内核；同时还要拓展视野，由树木到树林，不仅把语文的根留住，还要繁衍语文的树林。

由杜甫的"悲悯"与"仁爱"出发，进入对我们心灵的叩问：如何面对苦难，如何汲取爱与同情的力量，等等，这是杜甫在我们现实中的意义。德国哲学家狄尔泰有一个著名论断："自然科学需要解释说明，对人则必须理解。"即以个体的人生体验去体验存留于文本中的他人经验，既理解他人，又理解自己。以伽达默尔为代表的现代诠释学更注重个体独立的体验、自主的生命感悟。在体验他人生命时，必须要注入自己的感悟，并且会丰富作者的创作原意。

所以，语文阅读应以读出自我始，常读常新，在阅读中不断完成对自我意义的建构，这才是阅读的人文意义。

● ● ● ● ［附课文］

石壕吏

杜 甫

暮投石壕村，有吏夜捉人。老翁逾墙走，老妇出门看。

吏呼一何怒，妇啼一何苦！

听妇前致词：三男邺城戍。一男附书至，二男新战死。存者且偷生，死者长已矣！室中更无人，惟有乳下孙。有孙母未去，出入无完裙。老妪力虽衰，请从吏夜归，急应河阳役，犹得备晨炊。

夜久语声绝，如闻泣幽咽。天明登前途，独与老翁别。

文言文部分

《五柳先生传》教学实录

❀ 黎 胜

一、人物竞猜，导入新课

师：今天有很多老师走进了我们的课堂，将和我们一起度过一段学习时光，欢迎他们！（掌声）在上课前，我们先做一个人物竞猜的小游戏，请根据我提供的信息猜猜他是准？

师：他是中国文学史上开创田园诗的第一人，美妙的田园生活描写为中国文学增添了一种新的题材。

生：陶渊明……

师：且往下听，验证一下。他是一位很有创造性与想象力的诗人，他的《桃花源记》创造出了一个和平、安宁、美好的世外桃源，成为"乌托邦"的始祖。

生：陶渊明……

师：他偏爱菊，因为对混浊现实的不满，不愿为五斗米折腰，毅然抛弃官职过上了隐居生活。

生：陶渊明……

师：对，他就是陶渊明，又名陶潜，号五柳先生。《五柳先生传》就是他的自传。今天这堂课让我们跨越时空去结识这位特立独行的东晋大文人。（多媒体演示课题：五柳先生传。）

二、研读课文

师：这位五柳先生可是个性格鲜明的人，同学们一读就知道了，请先对照注释和课后习题自读课文，读出声来，边读边圈点勾画，有问题就举手，老师会马上来帮助你。

生：（自读，自疑，自学，出声朗读课文。）

师：看见同学们读，老师也想吟读一番，在读之前很想听听同学们的建议，你认为老师用什么语气来读才能表现出作者对五柳先生的态度？

生1：赞美，因为文中结尾有"赞曰"，作者是欣赏五柳先生的。

师：好！老师用一种自赏自嘲的语气来读读，请听。

（学生听教师诵读，并初步体会作者自赏自嘲的语言风格，感受人物性格。）

师：让我们再齐读一遍课文，读出这种情态来，读得摇头晃脑。

（师生同读感悟。）

师：通过几遍朗读，我们对五柳先生有了个大体认识，你眼中的五柳先生是怎样的人？尽可能依据文中的语言想象出来。带着问题再读课文，小组边读边讨论。

（学生小组交流，热烈讨论。）

师：哪位同学先来？

生2（钟乐）：我认为他是一个好酒的人，我是从"或置酒而招之，造饮辄尽，期在必醉"看出的，一旦有了酒，他就要喝个尽兴，一定要喝到醉为止。

生3（吴佳敏）：我认为五柳先生是一个安贫乐道的人，我是从"环堵萧然，不蔽风日；短褐穿结，箪瓢屡空，晏如也"看出的。"晏如"就是安然自若。虽然住房环境很差，衣服穿得不好，但他还是安然自若，所以我认为他是一个安贫乐道的人。

生4：我补充一下吴佳敏所说的，我认为五柳先生是一个过着闲云野鹤生活的隐士，虽然不是很有钱，但他仍然能够安然自若。最后一段："赞曰：黔娄之妻有言：'不戚戚于贫贱，不汲汲于富贵。'"这句话也照应了这里，说明他是一个不慕富贵的隐士。

师：非常好，很会读书，都注意到了前后呼应，而且"闲云野鹤"这个词用得妙。

生5：我认为他是一个不与世俗同流合污的人，从"闲静少言，不慕荣利"看出他不追求功名利禄，不求荣华富贵，愿意过清贫的生活。

师：读出了他的淡泊宁静。

生7：他是一个喜欢读书并且会读书的人，读书只求领会要旨，不死抠字眼。我从这句话看出的："每有会意，便欣然忘食。"

师：嗯，你很会读书。我们看到，在很多文章中作者喜欢引用"好读书，不求甚解"一句，但关键其实在后句"每有会意"，强调的是看书讲究心领神会，求其真谛，不死抠字句。

生8：他是一个自娱自乐、有情趣的人，如："常著文章自娱，颇示己志。"自己写文章，自得其乐，自己发表自己的观点，不求别人赞同他的观点，有点孤芳自赏。

生9：陶渊明的坦然让我佩服，他虽贫困，但自娱自乐，安贫乐道，这便是坦然；他不计较条件好坏，只注重自己的情趣，乐在其中，这便是坦然；他不求荣利，过着自己的隐逸生活，这便是坦然。

师："坦然"这个词用得好，很平淡地、坦然地面对生活。能读出这一点，你真了不起。

生10：我认为他是一个安贫乐道、很淡泊的人，从"忘怀得失，以此自终"可以看出，"忘怀得失，以此自终"的本意是：忘记失去或者得到，然后以此终了一生，可以看出他不是一个斤斤计较、追求名利的人。

师：很多同学都理解得不错，文章只有短短的一百多个字，却把人物刻画得神情毕现，自古也有很多画家根据文字画像，我们来欣赏两幅画。

（教师多媒体展示"五柳先生读书图"。）

师：大家看看，这幅画面与文中哪些句子相呼应？

生：（七嘴八舌）"好读书，不求甚解，每有会意，便欣然忘食。"还有五棵柳树，便是"宅边有五柳树，因以为号焉"；还有"性嗜酒，家贫不能常得……"

师：（奇怪的）怎么会有"性嗜酒"？

生：您看，那儿有一个酒壶……

（众笑。）

师：观察真仔细呀，这幅画把先生读书的欣然之态画得尤为传神，沉醉书中自得其乐，精神上极为满足的姿态画得活灵活现。再看《醉归图》。（多媒体展示《醉归图》。）

生：（齐读）性嗜酒，家贫不能常得。亲旧知其如此，或置酒而招之；造饮辄尽，期在必醉。既醉而退，曾不吝情去留。

师：画出了什么？

生：陶陶然，微醉往回走……

师：说到醉酒，有学者说陶渊明的醉真叫"陶醉"，他离不开"酒"字，篇篇文章有酒，他酒量不大，喝一点就醉，醉后常常抚弄家里的无弦琴自我陶醉。无弦琴怎么弹奏出音乐？可见他不求他人听懂，但求抒发自己的情韵，自我欣赏。真是独一无二的陶渊明。

师：陶渊明以自赏自嘲的语言写出了自己淡泊名利、安贫乐道、悠然自得的形象，语言特别有味。好的语言就要品读，你最喜欢哪一句？找出来进行赏读。

（学生交流，师生共赏共品。）

生1：我喜欢这一句："好读书，不求甚解，每有会意，便欣然忘食"，刚才也欣赏了五柳先生读书图，他怡然自乐的样子很可爱，我开始读的时候认为这句话有矛盾，不求甚解，怎么会有"每有会意，便欣然忘食"的境界呢，后来仔细一读注释，不求甚解是不死抠字眼，重在领会要旨。而且我觉得五柳先生跟我一样，我也是很喜欢读书的。（众笑。）

师：你很会读书啊。善于生疑，反复阅读，并借助注释领会，这很好。我也给同学们补充一个陶渊明读书的故事。陶渊明喜欢读《山海经》，曾写过13首关于读《山海经》的诗，据说有一次读《山海径》，他觉得自己仿佛穿越时间、空间，窥破了宇宙间的玄奥，兴奋得手舞足蹈，无以复加。这便是"会意"的境界。他不为功名读书，所以享受读书了。

生2：我喜欢"不戚戚于贫贱，不汲汲于富贵"。这是一个很高的境界，说明他不与世俗同流合污，自视清高，洁身自好。

师：很好，这确实是一种很高的境界，不因为贫贱而忧心忡忡，也不对钱财迫切地追求。

生3：我喜欢"亲旧知其如此，或置酒而招之；造饮辄尽，期在必醉。即醉而退，曾不吝情去留"。写出了五柳先生的性格，他很豪爽，不像现在有些人扭扭捏捏的，人家请客吃饭，敬来敬去的，五柳先生喝酒的时候不像别人喝醉了就闹，而是醉了就走，很洒脱的。

师： 他说出了五柳先生的率真放达，"豪爽"这个词用得很好。

生4： "既醉而退，曾不吝情去留。" 他不是很留恋，也不拘礼节，大大咧咧的。

师： 不拘礼节，不把这些小节放在眼里。

生5： 我喜欢这一句："环堵萧然，不蔽风日；短褐穿结，箪瓢屡空，晏如也。"这句说的是吃的、住的、穿的都显得很贫困，很窘迫，但是仍然安然自若。不像现在的人，明明自己口袋里没有钱，还装得很有钱似的到处炫耀。

师： 很洒脱，平淡自然，表现得很传神。

师： 好句子就要背下来，大家选自己最喜欢的句子，背下来，我来点兵点将，进行一分钟背诵比赛。

（生踊跃背诵。）

师： 我来点一名同学。

生1： 每有会意，便欣然忘食……

生2： 好读书，不求甚解……

生3： ……

三、能力拓展

师： 东晋以后，很多文人欣赏陶渊明的人生态度和生活方式，以陶渊明自况，陶渊明成了中国士大夫精神上的归宿，许多士大夫在失意或厌倦官场混浊时都回归到陶渊明，从他身上寻找新的人生价值，像白居易、苏东坡、陆游、辛弃疾等都在人生失意的时候在作品中表达了独善其身、洁身自好、不随波逐流、归隐田园的愿望，这正是中国文人张扬个性、自我欣赏的"风骨"。下面我们再看一篇《老舍自传》。

师： 我们请同学读一读。

（教师展示多媒体《老舍自传》，并请一生朗读。）

师： 想一想两篇传记在语言风格上有什么相似点？

生： 两篇都以自赏自嘲的语气，写出了人的精神面貌。

师： 不错，我们在诙谐风趣的语气背后看到了老舍平淡自然、淡泊人生，却又认真处事的精神风貌。其实，同学们也可以学习这种自赏自嘲的笔调，写出自己的个性风采。老师现学现卖，做个样子给大家介绍自己。

老舍自传

舒舍予，字老舍，现年四十岁。面黄无须。三岁失怙，可谓无父；志学之年，帝王不存，可谓无君。无父无君，特别孝爱老母，布尔乔亚之仁未能一扫空也。幼读三百篇，不求甚解。继学师范，遂奠教书匠之基。及壮，糊口四方，教书为业，甚难发财；每购奖券，以得末彩为荣，示甘于寒贱也。二十七岁发愤著书，科学哲学无所懂，故写小说，博大家一笑，没什么了不得。三十四岁结婚，今已有一男一女，均狡猾可喜。闲时喜养花，不得其法，每每有叶无花，亦不忍弃。书无所不读，全无收获，并不着急。教书作事，均甚认真，往往吃亏，亦不后悔。如此而已，再活四十年，也许能有点出息。

生：（朗读《老舍自传》）

<h2 style="text-align:center">"五同"老师传</h2>

听母亲说，我黎明出生，初来人间，哭声震天。家人以为生了个大胖小子，却原来是一瘦小千金。父母盼我争强好胜，故取一小子之名曰黎胜。然争强有余，总不能胜：学唱歌，五音不全；学跳舞，步伐不健；亦追时尚赶新潮，却不愿改变自我、丢失自然……于是拼命读书，与莎翁交友，与太白唱吟，与孔老夫子对话，与五柳先生趣谈。立三尺讲台，难守本分，不迷信于旧规，而有志于挑战，不仅课内揭秘，而且课外探源，每有所悟，便怡然自乐，得意扬扬也。

学生叹曰：黎老师有童心之纯真，无师道之尊严，与我们"五同"为伴，戏称为"五同"老师。何谓"五同"？师生同读、同写、同讲、同议、同评也。

（教师读完后，学生掌声鼓励。）

师：请同学们也来介绍一下自己吧，可以抓住某个特点，话也可以只是一两句话，表现出自己的个性。

（学生写作并准备交流。）

师：王同学已经写好了，我们来欣赏。

生：我姓王名，古人曰："关口为。"同"笑"字，为乐观也。此名怕是前无古人，我亦以此自矜。我整日笑对一切，好似没有烦恼。我笑对考试，笑对分数，笑对批评。若考砸了，我便自省，以便改进，若挨批，则静心思考错误，扫除烦恼。我便又读书画画了，如此便是保持心情了。

师：写的真好，我们能感受到小作者积极乐观的精神气质。陈峥也写好了，我们听听。

生：（声很轻，老师又重读一遍）陈家有一女，姓陈名峥，住地环境优雅，无丝竹之乱耳。此女性格内向，不常与外界交往，只爱在家中阅书、抚琴或烹饪。不喜运动，因而长不高。此女亦是追星族，爱与超女同吟"希望"；与笔畅同写"笔记"；与靓颖一同"漫走人生路"；与茜茜共度"一帘幽梦"。但不喜何洁之疯狂，宇春之嗓音。此女甚爱大长今，常在家中仿其言行举止、发型、菜肴等，亦学其高尚品德。不亦乐乎？

师：真是才女呀，写得精彩极了。

师：这堂课即将结束了，大家在言语的学习和文化的熏陶两方面，都是有收获的，今天我们只是初步走进陶渊明，课后还可以上网更多地了解他。老师给同学们推荐一个很好的陶渊明网站（多媒体展示"精彩网站推荐"），相信同学们会更有收获，课后接着写好自己的小传。好！在依依不舍中我们下课吧。

●●●● ［执教感言］

我一直认为，语文教学要回归"真义"：要走向智慧，让每一个学生都充分张扬个性，敢想敢为，自主学习，充分发展，享受到语文学习的乐趣，感受到自己智慧的力量。要走向生活，让语文成为学生的生活需要，使语文教学充满生命的活力。要走向运用，拓宽语文学习和运用的领域，积极引导学生到生活中去学习语文、运用语文，培养学生"留心处处皆语文"的意识。

因此，在教学过程中，我与学生同读、同讲、同议、同写、同评，都力图表现出师生之间、生生之间平等的对话。整堂课中，师生通过讨论，营造出对话、交流、沟通的氛围，让学生在合作中探究，在自主参与的状态下发表意见，教学过程也充分地给予学生思考的空间、探索的可能，学生的个人体验、个性感受、独特理解都尽可能得到尊重。在整个教学过程中，我所希望的是教师不灌输、不说教，学生更主动、更积极，其目的就是师生能够共同促进、共同发展。为此，我引进《老舍自传》后，又引进了《"五同"老师》这篇"下水文"，目的就是引导学生通过拓展性阅读，不仅加深对课文的理解，而且对中国传统知识分子的"风骨"，对中国文人用自嘲包裹的傲骨，也有一些初步感受，悟到一些"味"，使学生在无形之中拥有学习的收获。特别是教师文本的参与，也使学生积极性大大提高。

我想，师生在阅读过程中能够产生愉悦，是优美的语言、优美的感情、优美的精神共同作用的结果。因此，立足课文又不局限于课文，在对课文展开读、写、议、讲、评的教学策略下，唤起师生共同的兴趣、体验，达到师生视界融合、情感沟通才是重要的。因此我认为：

课文教学是一个起点——是师生情感交流沟通的出发点，是学生兴趣、能力的爆发点；

课文教学是一段历程——是师生认知碰撞冲突的交往经历，是师生同进、共生的历程；

课文教学是生命、生活的一部分——是师生达成较为一致的见解与体验的空间，是足以体现学习生活的有价值的一部分。

●●●● ［附课文］

五柳先生传

陶渊明

先生不知何许人也，亦不详其姓字，宅边有五柳树，因以为号焉。闲静少言，不慕荣利。好读书，不求甚解；每有会意，便欣然忘食。性嗜酒，家贫不能常得。亲旧知其如此，或置酒而招之；造饮辄尽，期在必醉。既醉而退，曾不吝情去留。环堵萧然，不蔽风日；短褐穿结，箪瓢屡空，晏如也。常著文章自娱，颇示己志。忘怀得失，以此自终。

赞曰：黔娄之妻有言："不戚戚于贫贱，不汲汲于富贵。"其言兹若人之俦乎？衔觞赋诗，以乐其志。无怀氏之民欤？葛天氏之民欤？

《石钟山记》教学实录

❋ 夏 健

（师出示教学目标：①倒装句式；②学习苏轼大胆质疑、重视实践的做法。学生朗读课文后提出质疑。）

生：文章一开始讲："《水经》云：'彭蠡之口有石钟山焉。'"为什么作者不直接讲出来，而要引用《水经》中的话？我觉得这样写是多余的。

师：这到底是不是多余的呢？大家讨论一下。

生1：这里不是多余的，因为郦道元是为《水经》作注的，而作者是同意郦道元的观点的，这表明了作者的态度。

生2：作者引用书中的话比自己的话有力，同时说明石钟山是真有其山，表示作者"夜泊绝壁"和写作此文的必要性。

生3：引用《水经》的话表示作者知识渊博。

生4：这里通过《水经》提出郦道元的观点，后面提出李渤的观点，两种观点提出来，有了比较，就为作者的质疑提供了基础。

师：大家各抒己见，从各个侧面回答了这个问题，思维很活跃，讨论很热烈，很好。在预习中还发现了什么问题呢？

生："郦元以为下临深潭，微风鼓浪，水石相搏，声如洪钟。"这里"以为"是什么意思？

师：你猜一猜是什么意思？

生：可能是"认为"吧？

师：很好，你真聪明。以后遇到解决不了的难题，先猜一猜，说不定真猜对了。还有别的问题吗？

生："士大夫终不肯以小舟夜泊绝壁之下"中的"士大夫"是不是指李渤？

师：有不同意见吗？

生：我觉得是指古代文人。因为李渤是文人。

师：那古代文人不是因为李渤而倒霉了吗？（笑）有不同意见吗？

生：这里的"士大夫"是指古代做官的人。因为做官的人是不愿"以小舟夜泊绝壁下"

的。

师：他们为什么不愿意？

生：因为他们觉得书上写的没有必要去考证，而且他们养尊处优，不乐意深夜去探险。

师：是不愿和不屑，对吧？

生：我认为"士大夫"是指像李渤那样的不肯实地考察、浮而不实的一类人。

师：同意他的观点吗？

生齐答：同意。

师：他能够深入地思考问题、分析问题，并且透过现象看到了事物的本质。这是很可贵的思维方法，大家应该向他学习。

师：还有人提问吗？如果没有，老师要提问了。

第一个问题："石之铿然有声者，所在皆是也，而此独以钟名，何哉？"这句话作何解释？

（一学生翻译。略。）

师：有谁知道我为什么要把这个句子提出来吗？

生：因为这里的"名"是名词活用作动词，作"命名"解。

生：这是一个定语后置的倒装句。

师：你能把正常语序讲出来吗？

生：应为"铿然有声之石"。

师：对。

第二个问题："空中而多窍"如何翻译？

生：这句话的意思是"中间空的并且有许多小孔"，这是一种倒装句式，正常语序应为"中空而多窍"。

师：你很聪明，分析得对极了。

最后一个问题：因笑谓迈曰："汝识之乎？噌吰者，周景王之无射也，窾坎镗鞳者，魏庄子之歌钟也。古之人不余欺也！"这段话你们懂吗？

（一学生翻译。略。）

另一学生站起来："古之人不余欺也"是个倒装句，是否定句中的宾语前置。

师：对，在否定句和疑问句中，当宾语是代词时，一般就会提到动词前面。大家记清楚，宾语前置有两个条件，一是否定句或疑问句，二是代词作宾语。能不能回忆一下以前有没有碰到这样的例子？

生："时人莫之许也。"

师：很好。在本文中我们学到两种倒装句，一种是定语后置，一种是宾语前置，请大家课后在笔记本上把它们整理出来。

师：无射和歌钟是古代帝王用的十分有名的编钟，声音美妙动听，苏轼为什么把"噌吰"声和"窾坎镗鞳"声比成无射和歌钟的声音？"噌吰"和"窾坎镗鞳"是什么声音？

生："水石相搏"的声音，这是两个象声词。

师：这些声音曾经给作者什么样的感觉？从书上找出有关句子来。

生："舟人大恐"，"余方心动欲还"，这声音曾经让作者十分恐惧。

师：那么作者为什么把这些让他吓得魂不附体的声音比成仙乐一般的美妙声音呢？讨论一下。

（学生讨论，发言。）

生：因为"噌吰"和"窾坎镗鞳"的声音和编钟的声音很相似。

师（追问）：那么干吗不干脆说像"钟"而非比成那么有名的"无射"和"歌钟"呢？

生：这与作者的心情有关，因为作者经历了那么艰险的探索终于找出了石钟山命名的真正原因，所以他心里高兴，听这个水石相搏的声音就像"无射"和"歌钟"奏出来的音乐一样美妙了。

师：这种高兴的心情表现在这一句的哪个字上？

学生齐答："笑"。

师：这个"笑"表现了作者什么心情？用一个词概括一下。

学生纷纷议论：高兴的笑、欣慰的笑、开心的笑。

师：前后翻翻，本文共有几处"笑"？

学生查找后得出结论：有四处"笑"，"余固笑而不信也""又有老人咳且笑于山谷者""因笑谓迈曰""而笑李渤之陋也"。

师：这四处"笑"中有三处是作者的"笑"，分别体会一下作者在笑什么？

生："余固笑而不信也"是笑"寺僧和小童"的行为，还笑他们和李渤同样的观点。

师：用一个词概括一下，什么笑？

生：否定的笑。

生："而笑李渤之陋"，这个"笑"是嘲笑李渤，概括为"嘲讽的笑"。

师：苏轼为什么要笑李渤？

生：笑李渤不实地考察，"事不目见耳闻而臆断其有无"。

师：对，苏轼在这篇文章中告诉我们的就是这样一种重视实践的思想。老师想问大家一个问题：李渤真的可笑吗？

（学生讨论）

生：我认为李渤不应该被笑，因为他能够对郦道元的观点提出质疑，并且考证它，得出新的结论，这和苏轼的行为同样可贵。而且苏轼笑李渤也是不对的，如果这样，后人也同样可以笑苏轼，因为在后人看来，苏轼的观点也是错误的。

师：讲得好极了，给他掌声（教室里掌声热烈）。你的思想很深刻，能够运用辩证的观点去看问题，很可贵。下课后把你的发言写成一篇小文章，好吗？

师：学习《石钟山记》的目的并不在于评判谁是谁非，而在于学习苏轼这种不迷信旧说，大胆质疑，而且敢于探索，通过实践得出结论的精神。世界上的万事万物都是千变万化的，而且在不断地发展变化着，在已知事物中可以找出未知的因素，对于已知事物的描述也不是尽善尽美的。所以，对于书本上的东西，对于名人的观点，我们都不能看成一成不变的真理，要敢于质疑，并且去小心地求证，这就是《石钟山记》给我们的启示。

师：大胆质疑的精神在现实生活中显得尤为可贵，大家能不能举出一些科学家大胆质疑的例子？

生1：哥白尼勇敢地提出"日心说"。

生2：还有布鲁诺捍卫哥白尼的学说。

生3：伽利略提出空气阻力学说。

师：科学家质疑的例子很多很多，谁还能讲讲政治家大胆质疑的事例？

生1：毛泽东不迷信陈独秀，在革命关键时刻坚持真理。

生2：邓小平反对"两个凡是"，提出改革开放。

师：很好，无论是科学家还是革命家，他们这种敢于质疑的思想都是一种科学思想。提出一个观点远远要比证明一个观点更难，所以，质疑是一种很可贵的科学精神，我们在学习中同样要培养这种质疑精神，用胡适先生的话说就是要"大胆假设，小心求证"，并且运用辩证的方法去作出尽可能正确的判断。

好，今天的作业就是请同学们针对我们平时学习中存在的问题写一篇作文"由苏轼的质疑想开去"。这是一篇读后感，关于读后感的写作方法大家都很清楚了，有没有困难？

学生齐答：没有。

师：下课！

●●●●●[教学点评] 王军

按照"一主两翼语文教学过程模式"的要求，语文课应该是在课前"自读"的基础上进行"研读"。"研读"有三个环节：第一环节是"围绕目标，质疑问难，开发智能"；第二环节是"及时小结，分析异同，揭示规律"；第三环节是"读研结合，读写结合，加强读写能力迁移"。《石钟山记》这堂课，执教者夏健老师正是按照"研读"的环节要求，进行了认真的实践和探索。

从执教者的教学思路来看，这堂课的结构有四个层次：

第一个层次，检查学生"自读"（预习）情况。检查的内容是学生对这篇课文是否达到了"读准字音，读清句读，读出语气"的要求。对于出现的错误，执教者坚持让学生自己纠正，

而不是一讲了之。

第二个层次，让学生质疑问难。学生在自读（预习）过程中，碰到了一些问题，这些问题通过自己查找资料和认真思考，仍然无法得到解决。有些问题似乎解决了，但答案准不准，心里没有底。对于这些问题，让学生在课堂上提出来，进行"研讨"。从这堂课提出来的问题看：有基础知识方面的，如"余是以记之"的"是"等，有理解方面的，如"士大夫"指谁。数量不是太多，但有深度，这说明，学生在"自读"（预习）过程中，无论基础知识还是理解方面，绝大部分问题是能够自己解决的，而且经过了自己的认真思考，剩下的问题确是有一定难度的。质疑问难中，对学生提出的问题，老师也不是由自己一一作答，而是引导学生去查找资料，或者鼓励学生去大胆猜测，从多角度去分析。教者还要注意引导学生透过现象看本质，让学生达到思维的更高境界。

第三个层次，围绕目标，进行"研读"。如果说以上两个层次尚属检查学生"自读"（预习）情况，并解决"自读"（预习）中没有解决的问题，老师还没有真正发挥主导作用，那么从这时候起，老师开始围绕教学目标对学生的"学"真正发挥其主导作用了。

首先，执教者围绕本课的教学目标，检查了倒装句式，并注意揭示一般规律，在揭示规律的基础上再引导学生运用这个规律去解决问题。如教者引导学生通过对"古之人不余欺也"这一句的分析，揭示了古汉语中"宾语前置"的一般规律，然后让学生联系过去所学内容，再举例分析宾语前置的例句，较好地完成了一个揭示规律和运用规律的过程。

其次，抓住"三笑"这个纲，涉及全文，揭示作者"质疑—探疑—解疑"的精神，起到了纲举目张的作用。在分析理解"笑李渤之陋"时，教者提出李渤是否真的"可笑"，让学生思考，从而训练了学生的辩证思维能力。真正起到了开发学生智能的作用。

第四个层次，强化能力迁移，开发学生潜能。教者在引导学生对本文的主要内容理解得比较透彻的基础上，又即刻引导学生展开联想。把在课堂上习得的知识与学生原有的知识进行融合，让新知识融化在学生原有的知识背景之中去，通过启迪感悟，激活思维，重组了知识结构，培养了学生的创造精神。

如教者引导学生由苏轼的质疑，联想到科学家和政治家的质疑精神，然后再联系自己身边的人和事，进一步认识到质疑精神的重要性。在这个基础上，要求同学们写一篇"由苏轼的质疑想开去"的文章，这无疑强化了能力迁移，开掘了学生的潜能。这种读写结合的收益，显然与平时布置一篇作文是不可同日而语的。

从以上四个层次可以看出，教者不但思路清晰，有梯度和深度，更主要的是体现了如下四点教改精神：

（一）体现了"学生会的老师不讲，学生能做的老师坚决不做"的教改精神，学生成了学习的真正主人。

（二）课堂上自始至终是学生研讨为主。

（三）教者将知识与能力训练有机地结合在一起。如对"宾语前置"的训练，教者首先从个别问题出发，总结出一般规律，然后再从一般规律出发去解决个别问题，这种从个别到一般，从一般再到个别的训练方法，无疑有效地训练了学生的思维能力。在这样的训练中，让学生获得知识与能力的双重丰收。同时在整个教学中，教者还启发学生透过现象看本质，用辩证思维方法看待"笑"，多侧面、多角度分析"士大夫"，大胆猜测等，都是本堂课开发潜能、强化能力训练的典型例子。

（四）读写结合处理得比较好。当然本堂课还只是一次"一主两翼语文教学过程模式"中"研读"课文结构模式的实践和探索。不足之处也是十分明显的，尚须作更大的努力，笔者就不一一赘述了。希望有志于"学堂·主人·训练"课题改革的老师，共同努力，互相学习，共同提高。

《陋室铭》教学实录

❋ 李卫东

师： 不知同学们有没有读过这样一本书，叫"古文观止"，这是清康熙年间编纂的供学塾用的文章读本。此处的"古文"指古代的散文，用"观止"作书名，表明编者的态度是：古文的精品都已选入了，你已经观赏到最好的了，不用再看其他的啦，这当然有点夸张。这本书选了从先秦到明末的222篇古代散文作品，其中有一篇仅仅81个字，这篇文章叫——"陋室铭"。为什么仅仅81个字的短文就占有古代散文精品的一席之地呢？让我们带着这种思考一起来学习唐代刘禹锡的散文小品——"陋室铭"。（师板书：课题、作者。）

师： 我们学习古文应该反复诵读，以致成诵。古人说过"书读百遍，其义自见"，还说"熟读唐诗三百首，不会作诗也会吟"。是的，不诵读就不能领会文章的意蕴。这节课我们就通过反复诵读来学习文章。我们的第一遍读，要求结合注释读准音，并大体弄懂文章的意思。如果有疑问，可以和同桌商量，实在解决不了，请提出来。（师板书：一读，读准音，通文意。）

生： "白丁"是什么意思？

师： 谁来回答这个问题？

生1： "白丁"是平民的意思。

生2： 这里指没有学问的人。

师： 简单说一下。在唐朝，穿衣服能体现人们地位的高低，以黄赤最为高贵，红紫为上等，蓝绿次之，黑褐为低下，白色是没地位的，所以，"白丁"指平民百姓，这里可以理解为没有学问的人，为什么？

生： 因为前文中有"谈笑有鸿儒"的句子，鸿儒指有学问的人，前后对应，后文的"白丁"应指没有学问的人。

师： 这位同学能结合语言环境来理解词语的意义，很好。还有问题吗？

生： "何陋之有"的含义是什么？

师： 你能说说它的字面意思吗？

生： 字面意思是"有什么简陋的呢"。

师： 这是一个反问句，它的意思是这个屋子根本就不简陋。你想问这句话的深层意义，是吗？这个问题我们在反复诵读中解决它，如果老师忘了，你可以提醒我。

师："无丝竹之乱耳，无案牍之劳形"中的两个"之"字有什么作用？

生1：代表"的"的意思。

生2：代词"他"的意思。

生3：副词，没有多大作用。

师：从语法角度说，它是助词，没有实在意义，我们朗读时能借它调整节奏，从中传出文章的意蕴就够了。

师：老师提一个词——"斯是陋室，惟吾德馨"的"馨"，谁能在黑板上写一下，并注出它的意思。其他同学看课文，加深印象。（生板书，师作评。）

师：字面上还有问题吗？好，下面我们进行第二遍读，这一遍读能不能带上感情，读出感受？（生带感情朗读。师板书：二读，带感情，谈感受。）

师：请同学们谈谈你的粗略感受，看看作者传达了什么样的感情，或者说笼罩全文的感情基调。随便说说，没有标准答案。

生1：即便房子很简陋，如果居住的人品德高尚，房子也是美的。

生2：外界环境不重要，重要的是超越自我。

生3：这个房子"可以调素琴，阅金经。无丝竹之乱耳，无案牍之劳形"，从这个意义上来说，它是一间多么豪华的房子啊！

师：你这里的"豪华"是指——

生3：自由的空间。

师：让我们来小结一下，大家的意思是说，即使居住简陋的屋子，只要品德高尚，学识高超，即德高学富，就能超越自己，就会受人敬仰，就能得到无比宽广的世界。

师：刚才有位同学说，房子"可以调素琴，阅金经。无丝竹之乱耳，无案牍之劳形"。什么是"素琴"？

生：不加装饰的琴。

师：对，不加装饰的琴，它给人一种朴素的感觉。（师板书：室中事。）这里谈的是室中之事，请同学们用一个字来概括它的特点——

生1：好。

生2：馨。

师：老师说一个字——雅。此外，文中还写了室中人、室中景。（师板书：室中人，室中景。）刚才我们知道了室中来来往往的都是有学问的人，品德高尚的人。接下来看看室中景。请大家找出文中写景的句子，一起来读。（生读：苔痕上阶绿，草色入帘青。）

师：我觉得这句话并不美，草是那么的乱，台阶上还长了青苔。是不是这样呢？

生1：这个景给人的感觉是生机勃勃，永远向上。

生2：绿色给人以清静幽雅的感觉。

生3：我们在生物课上学过，"苔"在清新潮湿的环境中生长，这里突出空气清新。

师：我觉得大家说的都有道理。清雅、清新、清丽、清静，总之，陋室不陋。所以，揭示文章主旨的句子是——（生齐说）：斯是陋室，惟吾德馨。

师：通过上面的学习，我们搞清了文章的主旨，下面，我们进行第三遍读。这一遍读要求同学们涵泳语言，品味意蕴，比如，哪些字眼的表达突显功力，哪些句子的节奏韵律给你留下了深刻的印象，等等。读完后说说你的体会。（师板书：三读，传蕴味，养语感。生大声朗读。）

师：谁来说说读的体会？

生1："可以调素琴，阅金经"给人一种闲雅的感觉。

生2：文中押ing或in韵，读来朗朗上口。

生3：第一句"山不在高，有仙则名"与"水不在深，有龙则灵"对应，山对水，高对深，对仗工整。

师：这下，问题来了，紧接下来是"斯是陋室，惟吾德馨"，如果改成与上文句式一致的句子不是更好吗？我们大家来改改看。（学生试着改写。）

生1：房不在好，有我则行。

生2：室不在陋，有德则馨。

师：室不在"陋"吗？对，说反了，应是室不在——华，我们可以改成：室不在华，有德则馨。行吗？意见不一致。那么，我们再来看这样一句，"苔痕上阶绿，草色入帘青"。它的后面几句是"谈笑有鸿儒，往来无白丁。无丝竹之乱耳，无案牍之劳形"。如果按两两相对的结构，可以改为"有苔痕上阶绿，有草色入帘青；无……无……"同学们试着再加一加。（学生试改：无房子之华丽，无闲人来打扰；无奇花异草，无群蜂群蝶……师逐一评点。）

师：老师也试着加一句：无名花攀影，无贵木帮衬。改后感觉怎么样啊？老师来读一下——山不在高，有仙则名；水不在深，有龙则灵。室不在华，有德则馨。有苔痕上阶绿，有草色入帘青。无名花攀影，无贵木帮衬。

生：缺少美的语感。

师：噢，他感觉出来了，结构太一致了，没有变化，一个调子，让人生厌。整散结合，长短结合，读来才会抑扬顿挫、摇曳生姿。我再提一个问题："南阳诸葛庐，西蜀子云亭"，刘禹锡为什么把自己的陋室和诸葛亮、杨雄的房子作比，最后才说"何陋之有"呢？这也是课堂开始那位同学提出的一个问题。

生1：这两个人都立下了赫赫战功，把自己和这两个人并列起来，作者想要表达的是要像他们两个人一样建功立业。

生2：这两个人品德都高尚，放在一起，突出自己的志趣。

师：下面我们进行第四遍读，要求放声来读，读时你对哪些同学或老师的说法有疑问，甚至对课文的写法有疑问，可以谈谈自己的看法。（师板书：四读，放胆评，出口诵。生大声自由读。）

生："斯是陋室，惟吾德馨"与"苔痕上阶绿，草色入帘青"的过渡有些突兀，应加个过渡句子，使其连贯。

生：我感觉不该加，"斯是陋室，惟吾德馨"是总写，以下是分写。

师：本文是一篇韵文，不是叙事散文，句意间有一定的跳跃性，类似诗歌，所以，我也觉得不用加，但我赞赏这位同学敢于质疑的勇气。

生：第一句中又是"龙"，又是"仙"，有点迷信思想。

师：这里，作者用了一种约定俗成的说法，为引出下句服务。

生："孔子云"应去掉，因为后一句话最值得回味。

师：这位同学提的问题很有深度。补充一点，"孔子云"一句引用的是《论语·子罕》中的内容，原文是："子欲居九夷。或曰：'陋，如之何？'子曰：'君子居之，何陋之有？'"老师的问题是：不但不把"孔子云"去掉，而且加上"君子居之"，行吗？（生自由发言。师生小结：写文贵在含蓄，"君子居之"还是不加为好，"孔子云"一句还是不删为宜。）

师：铭，就是古代刻在器物上警戒自己或称述功德的文字。相信你们都有座右铭，大家一起来分享一下吧。请问，你的座右铭是什么？

生1：人生有三部曲：立志，工作，成功。

生2：对于每个人来说，一天都是24小时，善于抓时间的人可以使生命发出无限的光彩。

生3：不负生命。

师：铭，可以刻在任何器物上，有的刻在沐盆上：苟日新，日日新，又日新。有的刻在砚台上：伴我诗，伴我酒，伴我东西南北走，人不嫌我丑。在《十六岁的花季》里，有一篇模仿《陋室铭》写的《课室铭》：

分不在高，及格就行；学不在深，作弊则灵。斯是陋室，惟吾闲情。小说传得快，杂志翻得勤。琢磨下象棋，寻思看录像。可以打瞌睡，写情书。无书声之乱耳，无复习之劳形。是非跳舞场，堪比游乐厅。心里云："混账文凭！"

对此，你们有什么看法？

生1：它讽刺了那些反叛的学生。

生2：可以把它看做学生课外的闲情逸趣。

师：如果你将它作为讽刺胸无大志、整天无所事事的人的戏文来理解，是可以的；如果它是因颓废消沉、自轻自贱而写，则是不可取的。刘禹锡认为，文章应"以才丽为主，以识度为宗"。即文章应该有文才，更重要的是诗意，即思想境界。你们学习了这篇美文，了解了他对文学的有关主张，也可以模仿本文写一篇铭文，为你的书房，为你的铅笔盒，等等。好，下课。

●●●● [执教感言]

设计这堂课时，我有四点想法：一、以学生为主体，还学生以调控策划课堂进程的权利，而不只是按教师自己的预设计划演进；二、以朗读为主线，以读促思；三、以体验为核心，引导学生调动语言积累和生活积淀，涵养语感，提升修养；四、以运用为宗旨，注重语言实践。在这节课中我最想突破的还是第四点，以"用"激活文言文教学。无论是探讨"白丁"的词源意义，还是课堂中的多次改写、比较练习，还是请学生说出自己的座右铭，还是布置模仿《陋室铭》写篇铭文的作业，都是着眼于语言的运用。也恰恰是在"运用"的层面，本课做得还很稚嫩，只是有了初步的探索，还需要不断研究与改进。

●●·●● [附课文]

陋室铭

刘禹锡

山不在高，有仙则名。水不在深，有龙则灵。斯是陋室，惟吾德馨。苔痕上阶绿，草色入帘青。谈笑有鸿儒，往来无白丁。可以调素琴，阅金经。无丝竹之乱耳，无案牍之劳形。南阳诸葛庐，西蜀子云亭。孔子云：何陋之有？

《与朱元思书》教学实录

❀韩军

师：请一位同学把课题写在黑板上。（生纷纷举手。）

师：我找一位没有举手的。（指一位同学）就是你吧。你为什么没有举手？

生：我字写得不好。

师：没关系。没有谁不练习就能把字写好的，练习练习吧。（生上台板书。）

师：字写得蛮可以嘛，虽然不能说漂亮，但是笔顺都对，间架结构都合理。要努力，大胆些，敢于表现，才有成功。（生欲回去。）

师：先不要走。当老师还没有当完呢，给大家解释一下课题呀。

生：和……朱元思写信。

师："与"有"和"的意思，但这里应解释为"给"；"书"解释得很好，在这里是名词，"信"的意思。

生：给朱元思的信。

师：非常棒！你再看看书，就会知道，这篇文章还有一个名字。

生：《与宋元思书》。

师：到底是"朱元思"还是"宋元思"，已经无从查考，大概过去刻板印刷的时候，刻写不清楚，让读者"朱""宋"难辨。

师：这是一篇骈体文。

师：再请一位同学当一当小老师，给大家范读一遍课文。（生纷纷举手。指定一生来读，由同学来纠错。）这封信美不美？一封信居然还写得如此之美！下面我们齐声把全文朗读一遍。（生齐读。）

师：通过大家的读，我也似乎看到了吴均书信中描绘的那既秀丽又壮美的景色。俗话说"三分文章七分读"，一篇好文章如果按十分计算的话，那么，朗读带给人的美的享受应该占到七分。刚才大家的朗读就是如此。

师：听老师给大家示范一下。"风烟俱净……天下独绝。"开头两句，应当显得特别大气，眼界非常开阔；中间两句，要显得特别自在；而"自富阳到桐庐，一百许里，奇山异水，天下独绝"应当带着欣赏的态度，非常陶醉。来，跟老师一齐读。

师：看看，老师是没有看书，背诵的，哪位同学也来试试？

（一分钟后有同学举手。老师示意他背诵。）

师：全体齐背。（生朗朗而背。而后同学翻译，师订正。）

师：我们再来诵读。在我们的大脑中，要想象，天空中万里无云，天和山都是青青的颜色。我吴均坐在船上，跟随流水飘荡，随着水流任凭它把我带向东带向西。从富阳到桐庐这一百来里呀，全是奇山异水，是天下独一无二的，我吴均真是看不够。（情不自禁唱起来）船儿哟，你慢些走呀，慢些走。让我把这美丽的富春江看个够……（课堂里响起热烈的掌声，还有笑声。）

（教师示范背诵，学生背诵。）

师：这是总写，还是分写？

生：是总写。

师：总写富春江的什么特色？课文中有四个字可以具体来概括。注意具体概括。

生：是"奇山异水"。

师：或者叫"山奇水异"。那么，接下来，就应该分别来写，山之奇，水之异。往下看，从哪里到哪里，分别写的什么。

生：从"水皆缥碧"到"猛浪若奔"写的是"异水"。从"夹岸高山"到"千百成峰"写的是"奇山"。

师：我们再一同来背诵，先背诵"异水"部分。（师生齐背。）

师：写了哪几个方面？

生：先写水色和水深，然后写水清，再写水急。

师：很好，总结还非常简练，都是用"水怎么样"来概括，很精彩！只是有个问题，文章有没有直接写水深？"千丈见底"是不是写水深？

生1：是！

生2：不是！是写水清！"千丈"是写水深，可是"千丈见底"就是写水清了。

师：即使千丈深，仍然能够见到底。对吗？总起来，是写三方面，水色、水清、水急。

再背诵，背出情感来。"水皆缥碧，千丈见底。游鱼细石，直视无碍"，带着非常新奇的神情、非常欣赏的态度，来诵读，要有点悠然，读得稍细。"急湍甚箭，猛浪若奔"，要绘声绘色，读得粗重、浑厚。（生齐读背。）

师："甚箭"，"若奔"，分别是什么意思？

生："甚箭"，是甚于箭，比箭还快速。"若奔"，像奔马一样。

师："于"字在这里省略了。看看用了什么修辞手法？

生：夸张和比喻。

师：大家看看以上写异水的三个句子，前两句和最后一句，在写法上有什么不同？

生：前两句是直接描写，最后一句是间接描写。

师：还有吗？比方："动态"与……

生：前两句是静态描写，最后一句是动态描写。

师：动静结合，直接间接描写结合。所以，才如此美妙。再诵读。（课堂又响起朗朗的书声。）

师：再读奇山。（生读。）

师：还是先把它背诵下来。这是写山的，要背诵出气势来。

师：大家知道，山是静态的，生长时也是默默的，可是，这里24个字，就写出了夹岸高山昂扬的生命力。这种写法，叫什么？

生1：以动写静。

生2：化静为动。

师：很好。再考虑，这一段是从视觉，还是从听觉上来写的？

生：是从视觉上写的。

师：我们接下来再往下读，看看通过什么来写山。

生：是通过泉水来写山的。

师：是吗？我们一起来读背。从"泉水激石"到"猿则百叫无绝"。

（师生一同朗读、背诵。）

师：这里写了哪几种景物？

生：泉水、鸟、蝉、猿四种。

师：通过四种景物的什么来写。

生：通过响声。

师：也就是通过听觉来写的。也就是说，有的泠泠作响，有的嘤嘤成韵，有的千转不穷，有的百叫无绝。这样就形成了一种非常喧闹、非常嘈杂的景象。是吧？

生：是呀。

师：大家再仔细品一品，这是一种嘈杂的气氛吗？

生：嘈杂的声音让人讨厌，而这里明显是让人喜欢。

师：对。你看，猿，本来是一种叫声凄厉的动物，俗话说"猿鸣三声泪沾裳"，可是在这里，我们却觉得是一种美妙的声音。

这里表面上喧闹、嘈杂，实际上，却都是自然界的非常和谐的声音，没有社会上、官场里、商场里，那种人声鼎沸。这种嘈杂，是一种天籁之声，是上天构造大自然，让所有这些动物发出的真实的声响，是非常洁净的声音，它们发出声音，不是为了名，也不是为了利，既不是奉迎拍马之声，也不是争权夺利之声，更不是风啸啸、马悲鸣，刀枪剑戟冲撞的厮杀之声！

这里的声音，都是和谐的、"洁净"的。所以这是以闹来写静，或者是以表面的繁杂来写单纯。

这里，作者是怀着一种对大自然的向往之情、赞美之情来写的。这样，写到这里，我们就很容易理解下面两句。

师、生： "鸢飞戾天者，望峰息心；经纶世务者，窥谷忘反。"

师： 鸢，一种非常凶猛的鸟。戾，到达的意思。飞得非常高的鸢，比喻为了功名利禄而极力攀高的人，他们看到这山峰后，也会平息自己那热衷功名利禄的心。经纶，就是筹划，治理。筹划世俗事物的人，看到这幽美的山谷，也会流连忘返。这是作者的感慨。

作者是南朝著名的文学家，博学多才，对史学有研究。他也曾经做过闲散的朝官。他曾经撰写《齐春秋》，得罪了梁武帝，遭遇了焚书免官的惩处。正因为有这样的遭遇和经历，面对这样的美景，作者自然产生对大自然的留恋、向往之情。

可是，这里"望峰息心""窥谷忘反"说的不是作者自己，而是那些想干一番大事业的人，那些在官场乃至商场中人，那些如日中天的人，他们如果见到这样的美景，一定会放弃自我的事业，迷途知返，陶醉在这富春江的美妙之中。

大家考虑考虑，这是写人呢，还是写山水呀？

生： 是写山水之美。

师： 这是一种什么写法？

生： 反衬。

师： 对，这是一种反衬的写法。主要突出富春江景色的奇异、独绝。

我们再接着往下背。

师、生： "横柯上蔽，在昼犹昏；疏条交映，有时见日。"

师： 请一位同学解释一下。

生： 横斜的树枝在上面遮蔽着，在白天也如同是黄昏一样；稀疏的树枝交错着，时而能够见到太阳。（一生举手，有问题要问。老师示意他发言。）

生： 我觉得，文章写到前面两句，应该结尾了，可是后面为什么还要接着写景？接着写下去，我觉得有点不伦不类。（学生中有笑声。）

师： 大家觉得他说的没有道理吗？

生： 我觉得有道理。

师： 你说说。

生： 文章到"鸢飞戾天者，望峰息心；经纶世务者，窥谷忘反"，就是文末点题了，而再写下去，好像又是一个开头，那样结尾不如就在"窥谷忘反"那里结束好。

师： 大家都是文章专家。我跟大家的感觉也是一样的。实际上，也有不少大人，读了这篇文章后，觉得最后两句删掉才好。理由跟你们的差不多。

大家再仔细品读一下全文，带着感觉去读，考虑考虑作者留下这两句的原因是什么？

　　想想，作者乘着船，在刚刚发出那番感慨后，船仍然继续前进，江面上又出现了一种景观：两岸高大繁茂的树木，把整个江面遮蔽了，好像一个大帐篷，船就在这种笼罩中慢慢前进、慢慢游弋，一会儿又到了江面稍宽的地段，"横柯"变成了"疏条"。

　　生：哦，船一直是在前进的。

　　师：用陆游的话来说，是"柳暗花明又一村"。我们可以由此再进一步想象，再接下去，还有什么美妙的景致？让人愈想愈觉得有吸引力，真是言有尽而意无穷。下面，我们一起把全文再背诵一遍。

　　师：宋朝的苏轼曾经评价唐朝的王维，说他的诗"诗中有画"。咱们今天读了吴均的骈文书信，有什么感觉？

　　生：也是"诗中有画"。

　　师：这就是有名的"吴均体"，短小精悍，诗中有画。

●●●●● **[执教感言]**

　　追求传统与现代的相融，追求中西教学方法的合璧，追求吟唱诵读与分析讨论的共生。这，一直是我语文课堂的梦想。我知道，真正完美地实现这个梦想很难很难，但我殚精竭虑地努力。这堂不成样子的课，就是我努力的一个结果，就是我梦想的一个影子，就是我追索路上的一个脚印。如果此课有一个可取之处，那大概就是"相融""合璧""共生"，这该是语文课堂教学的一个至高境界吧。我深深懂得，现代与传统、中与西、吟唱背诵与分析讨论三对元素关系的内部，偏执于任何一级都是"偏颇"，都是一种"童稚"，我努力摆脱"偏颇"走向"中和"，努力跳出"童稚"走向成熟。

《童趣》教学实录

※ 曹双英

师：有许多专家和老师在这里听课，同学们多少有些紧张吧。为了放松一下大家的心情，先请同学们看一样东西。（屏幕显示图片。）

师：这是什么？

生：一块石头。

师：对！一块石头，不过，这可不是一块普通的鹅卵石，它是一件收藏品。你们再仔细看看，它跟一般的鹅卵石有什么不同？

生：石头上有彩色的图形。

师：这彩色的图形像什么？

生：像金鱼。

师：你们真会观察。它的确像两条金鱼。艺术家给它取了个很好听的名字——金鱼戏水。你们看，一块看似普通的石头，经过仔细观察，经过丰富的想象，就会发现它的审美价值。这说明，观察和想象是很重要的。它能使世界变得丰富多彩，能使我们的生活充满情趣。尤其是天真活泼的儿童，更能从丰富的想象中获得无穷无尽的乐趣。今天，让我们共同来学习一篇充满想象力的文章——《童趣》。（屏幕显示标题。）

师：这是一篇文言文。可能同学们会在语言上感到有些困难。但"书读百遍，其义自见"，通过反复诵读，这个问题是不难解决的。同学们在预习时已读过多遍，我想了解一下朗读的情况。先请大家齐读，注意读时要字正腔圆。所谓"字正"，就是字音准确；所谓"腔圆"，就是发音饱满。（生齐读。）

师：同学们读得很流畅。朗读还要注意抑扬顿挫。先听老师读第1段。（教师范读）你们认为应怎样读才会有抑扬顿挫的效果？

生1：要注意停顿。

生2：要分出轻重。

生3：还要读出感情。

师：说得很好，要注意停顿、轻重，谁愿意试试，读给大家听？（3个学生分读2~4段。）

师：情感式朗读，是朗读的最高境界。要把蕴涵在字里行间的情感读出来。就本文而言，应该读出什么样的感情？

生1：从题目《童趣》可以看出，应该读出愉悦的情感。

生2：我同意，还可从文中"怡然称快""怡然自得"中看出这一点。

生3：第1段，还可以是自豪的感情。

师：体会得很准确。下面，我想请一位感情丰富、声音甜美的同学为我们朗读这一篇文章。（一女生朗读全文，教师播放古筝曲《平湖秋月》。）

师：她读得太好了！使我仿佛又回到了童年。我想大家也一定有同样的感受。同学们刚刚接触文言文，请你们把它和现代文比较一下，看看二者最明显的区别是什么？

生：文言文十分简洁。

师：对，预习提示也告诉我们，是简洁。同一个意思，现代文通常用双音节词表示，而文言文多用单音节词。因而语体简洁。比如第1段里的"忆"我们现在说"回忆"，"能"说"能够"，"张"说"张开"。你能在文中再找出一些这样的词吗？

生1："林"说"森林"。

生2："兽"说"野兽"。

生3："项"说"颈项"或"脖子"。

生4："果"说"果然"。

……

师：大家找得又快又准。有了这种能力，再借助课文注释，理解文章大意，就简单多了。请大家准备准备，说一说文章大意。（4个学生分别讲述4段大意。）

师：同学们说得非常流畅。今后还要注意说得完整些。下面请大家逐字逐句地研读课文，互相切磋，有什么问题提出来。（学生自主钻研，邻座互相交流。）

师：同学们刚才讨论得很热烈，有什么新问题吗？

生：我提一个问题，为什么要把丑陋而又令人厌恶的蚊子，比做美丽的白鹤？

师：你觉得比做什么好？

生：麻雀呀，燕子呀什么的。

师：好，提出了一个很好的问题，值得探究。

生1：我来回答，还是比做鹤好，因为鹤和蚊子的脚都比较长，在外形上比麻雀、燕子都更相似一些。

生2：我不同意，麻雀、燕子体形小些，更接近蚊子。

师：我们不仅要从外形上考虑，还要从想象的目的考虑。

生：鹤比麻雀、燕子漂亮些。

师：所以才会更具情趣，才会"怡然称快"。

生：鹤比麻雀、燕子飞得高。

师：所以才会有"徐喷以烟，使之冲烟而飞鸣，作青云白鹤观"。（生随师齐念）比做鹤，不仅外形上相似，而且更富有审美情趣。

生1：我提一个问题：人是强大的，癞蛤蟆是弱小的，为什么当癞蛤蟆出现时"我"会"不觉讶然一惊"？

生2：因为他看得太出神了。

生3：是的，我看书看入神了，你轻轻拍我一下，我也会吓一跳。

师：书上怎么说的？

生："余年幼，方出神，不觉讶然一恐。"

师：文言文要反复诵读。下面请女生齐读第1段，男生思考：哪一个词语最能概括这篇文章的内容？（女生齐读。）

生1：是"忆"字，因全文都是作者回忆的。

生2：是"察"字，所有的"物外之趣"都得仔细观察。

生3：是"物外之趣"，全篇都是写"物外之趣"。

师：大家从不同角度思考，找到了不同的词语。不过我们从题目《童趣》来看，文章主要还是写"趣"，写由观察"藐小之物"而获得的"物外之趣"。

刚才男生表现不错，我们就请男生齐读第2段，女生思考：本段中具体写了哪一种"藐小之物"来表现"物外之趣"？（男生齐读。）

生：是从蚊子飞舞中找乐趣。

师：对，是戏蚊之趣。把蚊子当做伙伴，做了两个游戏。书上怎么说的？

生1："夏蚊成雷，私拟作群鹤舞于空中。"

生2：还有"又留蚊于素帐中，徐喷以烟，使之冲烟而飞鸣，作青云白鹤观，果如鹤唳云端"。

师：说得好。女生表现毫不逊色。下面，大家自由朗读3、4段，考虑一下，这两段主要写什么地方的乐趣。（全班自由朗读。）

生1：写的是"土墙凹凸处，花台小草丛杂处"。

生2：主要是"草丛"。

师：对，是"丛草之趣"，那又从"丛草"中找到了哪些乐趣呢？

生1："以丛草为林，以虫蚁为兽，以土砾凸者为丘，凹者为壑。"

生2：补充一下，还有"见二虫斗草间"。

师：大家读得非常细致，真叫人高兴！不过，有件事我不明白：作者为什么会有"物外之趣"？

生1：因为他视力好，能"明察秋毫""张目对日"。

生2：因为他善于观察。

生3：因为他对事物充满好奇心。

师：仅仅如此吗？

生4：还有，他富有想象力！

师：谁整理一下刚才的发言？

生：仔细观察，加上丰富的想象和联想。

师：太精妙了！（师一边参与讨论，一边在屏幕上显示板书。）

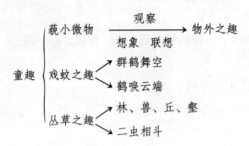

师：同学们刚刚度过自己美妙的童年，或许也有过这样的物外之趣，讲一讲，让我们分享你的快乐！

生1：小时候，我们小伙伴分成两组，玩打仗的游戏。

师：你充当什么角色？

生1：司令。

师：感觉怎么样？

生1：神气、满足、自豪，还有好玩。

生2：我小时候，在家里，拿着话筒，当歌星。

生3：我最喜欢过家家，把沙土当做米，水当做油，野草当做菜，做饭吃。

师：通过你们的讲述，我也分享了你们的快乐。学习这篇课文，我们真切地感受到：想象可以使我们发现美，并从中得到快乐。其实，想象不但可以发现美，还可以创造美。你们看见过树根吗？（生回答看见过）树根有各种各样的形状，正是这不同的形状，给人们提供了想象的空间，而艺术家便借助想象把它们雕成一件件令人赏心悦目的艺术品，这就是根雕。下面让我们一起来欣赏几件作品。这些作品都是想象的结晶，也可以使人们产生丰富的联想。请同学们仔细观察，发挥自己的想象力，给每幅作品取一个好听的名字，看谁取的名字最美。（屏幕依次显示《快乐的小山羊》《父与子》《比翼鸟》《老寿星》《弯弓射大雕》等根雕的图片。师生共同欣赏、取名、评议。）

师：看来，生活中处处都有美，只要我们有一双慧眼，并张开想象的翅膀，就能发现美、创造美。我们的生活就会因此而增添美色。今天，我们生活在美好的新时代，让美永远和我们相伴，让快乐永远和我们同行！

●●●●● ［教学点评］ 冯大海

曹老师执教的《童趣》获"荆州市第13届课堂教学艺术研讨会"优质课竞赛的一等奖。其成功之处，主要有二：

一是教师深得本文题旨，善于营造"乐学"的氛围。综观全课教学，一个"趣"字贯穿始终，学生置身于轻松愉悦的学习氛围之中，创造的潜能得到了激发，于是放言无忌，妙语连珠（可惜"实录"未能将这种妙趣横生的场面充分描摹出来，笔者以及当时观摩的老师可是为学生的表现而笑得前俯后仰的。）倘若教者将文本大卸几块，细细解剖，处处串讲，必然兴味索然，趣味尽失，哪里还有什么"童趣"可言！

二是在新课程理念的指导下，教师角色定位适当，充分调动了学生学习的主动性，在"戏蚊之趣"和"丛草之趣"这一教学中心环节里，教师将发问权交给学生，让他们自己指出问题，自己解决问题，老师只起引导、指点、促进的作用。对学生不同的见解，只要言之成理，老师就予以肯定，充分尊重学生个性化的阅读成果，从而避免了文章的一元解读。

于是，我们看到，语文课程的三维目标在这节课得以实现：知识与技能得到了落实（主要表现为语言的习得，如正确地朗读、对文言字词的理解等）；过程与方法受到了重视（主要表现为学生"自主、合作、探究"的学习过程，如品味"戏蚊之趣"和"丛草之趣"等环节）；情感、态度与价值观受到了熏陶（分享了作者的"物外之趣"，感受到了作者爱护动物、热爱生命的善良品格）。

●●●●　[附课文]

童趣

沈　复

余忆童稚时，能张目对日，明察秋毫，见藐小之物必细察其纹理，故时有物外之趣。

夏蚊成雷，私拟作群鹤舞于空中，心之所向，则或千或百，果然鹤也；昂首观之，项为之强。又留蚊于素帐中，徐喷以烟，使之冲烟而飞鸣，作青云白鹤观，果如鹤唳云端，为之怡然称快。

余常于土墙凹凸处，花台小草丛杂处，蹲其身，使与台齐；定神细视，以丛草为林，以虫蚊为兽，以土砾凸者为丘，凹者为壑，神游其中，怡然自得。

一日，见二虫斗草间，观之，兴正浓，忽有庞然大物，拔山倒树而来，盖一癞虾蟆，舌一吐而二虫尽为所吞。余年幼，方出神，不觉呀然一惊。神定，捉虾蟆，鞭数十，驱之别院。

《黔之驴》教学实录

❀ 黄厚江

师：同学们，今天我们学习一篇文言文《黔之驴》，作者柳宗元。哪位同学说说对柳宗元的了解？

生1：他是一个诗人。

师：对，他是唐代很著名的诗人，写过很多脍炙人口的好诗，如"千山鸟飞绝……"但他又不仅仅是个诗人。

生2：是个哲学家。

师：他是有一些哲学思想，但一般还不说他是个哲学家。那么他的主要成就在哪一方面呢？

生3：散文。

师：对。唐宋散文八大家中，唐代两个，一个韩愈，一个柳宗元，合称"韩柳"。课后有兴趣去读读柳宗元的诗和散文，一定会有很多的收获。今天我们一起学习的《黔之驴》，不是诗，也不是散文，是什么呢？（生齐答：寓言。）对，是寓言。课前我还没有和你们见过面，请你们的蒋老师给大家提了预习的要求。你们还记得是什么要求吗？

生4：读5遍。

师：凡是读了5遍的同学请举手。（学生举手。）非常好，很多同学都读了5遍。那我们看看读了5遍以后能达到一个什么水准。（指一生）大家听听他读得怎么样。

（一生读完课文第1段停下，老师点头。）

师：再请一个女同学。

（一女生续读。）

师：同学们觉得她读得怎么样？哪一句读得最好？（生：庞然大物也。）对，把文言文的语言魅力读出来了，也把老虎的内心感受读出来了。我总觉得大多数同学文言文不如现代文读得好，没有读出文言文的特点。下面我读一遍，同学们注意体会。

（师范读，学生显出敬佩状。）

师：同学们只要多读，多揣摩，慢慢地就能读出文言文的味道。其实，学习文言文，能读好仅仅是初步要求，还应在读中理解，在读中发现问题。同学们在读5遍的过程中，有没有发现问题？

生2："终不敢搏"，到底是虎不敢搏还是驴不敢搏？

师：哦，是一个关于句间关系理解的问题。其他同学还有问题吗？

生3："荡倚冲冒"，注释上解释了每个字的意思，但这四个字总体的意思我还是不理解。

师：好，学文言文就要会看注释。整体解释的，要了解关键词的意思；注解了关键词，要连起来整体理解。还有问题吗？

生4："慭慭然"的"然"没有办法解释。

师：很好，同学们提了三个问题，都是关于词句理解的。当然学文言能够理解是最基本的要求。但我们又不能仅仅满足于句义的理解。其实，这篇课文中有许多值得我们思考的问题。比如：从文章题目看应该写的是什么呢？（生齐答：驴。）其实这篇寓言不仅仅写驴，还有什么？（生齐答：老虎。）对，还有老虎。既有驴还有虎。你们有没有注意到写老虎多还是驴多呢？（生齐答：老虎多。）为什么"黔之驴"要写老虎多呢？为了解决这个问题，请同学们先看书，在书上画出写虎和写驴的句子，然后再圈出表现出老虎和驴特点的动词，想一想它们不同的特点。

（学生看书画出相关语句。）

师：好，请这位同学来说说写驴的句子和词语。

生5："庞然大物也"，"驴一鸣"，还有"驴不胜怒，蹄之"。

师：从这里能看出驴有什么特点呢？

生6：驴不会咬人，看到老虎只会去踢。

师：哦，似乎还不够概括。不要紧，我们先来看看老虎的特点，好吗？你画出哪些写老虎的语句了？

生7："以为神"，"终不敢搏"，"蔽林间窥之"，"慭慭然，莫相知"……

师：刚才有位同学不清楚"终不敢搏"是老虎还是驴，现在清楚了吧？好，这位同学找得很全。我们一起看看老虎有什么样的特点。

（以下为师生共同活动。）

师：老虎看到驴子挺庞大的，怎么办？（生："蔽林间窥之"。）"窥"，有观察的意思。观察一段时间，才慢慢地靠近它。"慭慭然"，是非常小心的样子。"莫相知"，说它还不了解驴子。"然往来视之"，是反复地观察，文中三个"近"字相互呼应，是很能表现老虎特点的。在观察的基础上，还要试探一下，这就是老虎的聪明。"益狎"，还怕不怕了？"荡倚冲冒"，书上是怎么注释的？这些都是写老虎对驴子的试探：碰一碰它，撞一撞它，擦一擦它……于是，驴子的弱点暴露出来了。老虎"因喜"，"因"是什么意思？（生齐答：因此。）因什么而高兴呢？因为驴子的本领仅仅如此而已。于是老虎"跳踉大㘚，断其喉，尽其肉，乃去"。从老虎了解驴、战胜驴的过程看，老虎有什么特点？（生答：做事情小心谨慎。）还有呢？（生答：有条理。）这两种回答都有点道理。但老虎战胜驴子，是因为小心吗？是因为做事有条理吗？想一想，老虎战胜驴子主要靠什么？

生1：它通过观察，发现驴子除了踢，没有别的本领。

师：你抓住了关键。如果贸然地去做，就有可能失败。老虎看到一个庞大对象，先冷静地观察、了解对手，这是它战胜的第一步。可是，仅仅观察就能战胜驴子了吗？（生答：还要有本领。）对，学了《黔之驴》，不要认为观察一下就可以战胜对手。刚才驴的特点我们还没有概括好。现在我们了解了虎的特点，在寓言中，老虎和驴之间有一种什么关系呢？（生齐答：对比。）对，对比。通过对比你能把驴的特点概括出来吗？

生2：太轻易地露出自己的本领来。

生3：驴子看上去非常大，其实没有战胜虎的本领。

师：对，看上去强大，其实不强大。你能想到一个词语来形容吗？（生：外强中干。）外强中干？外表强大，内在虚弱。驴子内心似乎不虚弱。

生4：貌似强大。

师：对。这样概括更准确一些。貌似强大，实则无能，这就是驴的悲剧所在。现在大家能说说柳宗元为什么要用"黔之驴"做题目而不用"黔之虎"呢？

生1：他通过驴的悲剧来说明道理。

师：对。什么叫寓言？寓言就是假托一个故事，大多数用拟人的手法，给我们讲一个道理。那么，驴的悲剧告诉我们一个什么样的道理呢？

生2：我们没有本领的时候不要贸然跟别人斗。

师：有道理。但驴并没有去和别人斗啊。

生3：我们自己要有本领。

师：作者写《黔之驴》时，因为参加王叔文的变革失败了，被贬到永州。作者写驴，其实是在嘲讽一种人，嘲讽什么人呢？哪位同学能说说关于这个课文的成语？（生齐答：黔驴技穷。）黔驴技穷，讲的是什么样的人？

生4：没有什么本领，就这么两下子。

生5：江郎才尽。

师：江郎才尽和"黔之驴"有关系吗？（众笑）不过，和我倒有点关系。有人说我以前文章写得不错，现在写得不好，是"江郎才尽"了，因为我的名字最后一个字是"江"啊。（生笑）跟课文有关的成语还能想出来吗？（生：庞然大物。）"庞然大物"形容什么人的？（生：形容外表强大而没有本领的人。）柳宗元的本意就是通过驴的悲剧来讽刺那些看似强大其实没有本领的人，所以他要把"黔之驴"作为标题。那为什么要说"黔之驴"呢？就用"驴"不好吗？（生：不好。）为什么？谁来说说道理？（生：黔是个地名。那里有很多贪官。）对，黔是个地名。哦，柳宗元是要讽刺贵州地区的贪官？（生：不一定。）我也觉得不一定。其他地方没有贪官吗？朝廷没有吗？理解文章要从文章本身出发。文章的内容都理解了吗？（生：理解了。）好，请喜欢老虎的同学举手。那位同学说说，你为什么喜欢老虎？（生：我觉得老虎具有观察能力，还有本领。）有没有喜欢驴的？（生：有。因为有驴才会有这个故事；因为有了驴的衬托才显示出老虎非常聪明。）你讲得很有道理，但不能说有了驴才有这个故事，假如没驴，还可以写个"黔之狗"啊。（生笑）寓言是一种文学体裁，它通过驴来假托，不代表不能用别的动物。说驴衬托出老虎很有本领，这也有道理。但我们讨论的不是对文章表现手法的理解，而是对驴的命运的认识。有没有喜欢驴的？（生：没有。）有没有同情驴的？（生：没有。）为什么呢？（生：驴没有本领。）驴没有本领吗？（生：会拉磨。）对啊。驴会拉磨，也是一个本领啊。我倒是蛮同情驴的。驴不仅会拉磨，还能拉车，在中国很多地方，驴是宝贝，家里有驴是财富，家里没驴就说明贫穷。驴可以帮人做很多很多的事情，谁说驴没有本领？想一想驴的悲剧根源在哪里？（生：好事者。）对啊，你们读一读课文，"黔无驴，有好事者船载以入"，什么叫"船载以入"啊？是用船把它装载到贵州去。贵州是什么样的地方？是山区。那个地方用不上驴，驴就显得无用武之地了，所以最可恨的是"好事者"。这驴还是值得同情的。这篇寓言，柳宗元通过驴嘲讽了那些貌似强大其实没有本领的人。作者不用"驴"为题，因为不是所有的驴都是貌似强大实则无能的。脱离了它能够发挥本领和才能的地方，来到了一无用处的贵州，才是这头驴的悲剧根源。通过刚才的学习，我们知道，老虎有许多值得我们学习的地方，驴也给了我们不少教训。接下来我们做一件很有意思的事情。同学们在驴和老虎中选一个角色，讲一讲这个故事。要求是：第一，你就是这个角色；第二，贴近原文；第三，有适当的想象；第四，有明确的中心。开头的一句话是"我是一头驴"或"我是一只老虎"。

（学生准备。）

师：哪位同学愿意先来尝试一下？

生：我是一头驴，被一个好事的人从其他地方运到贵州。贵州都是山区，我就没有用武之地了，被放在山脚下。一天，一只老虎碰到我，看我身材高大，以为我是神。一开始它还不敢靠近，躲在树林里观察我。后来，它通过观察了解了我，就来捉弄我，我有点火了，踢了它一脚。这一脚害得我被这老虎给吃掉了。因为这老虎知道了我没有什么办法对付它。

师：好的，应该说这位同学的故事讲得不错。但你讲这个故事要告诉你的小驴们、驴后代们一个什么道理呢？

生：本领要大，不要貌似强大。

师：可是你的故事还不能充分突出这一点。

师：课后，请大家写出这个故事，一定要注意几个要求。《黔之驴》这篇寓言，还有许多值得讨论的问题，我们还可以从中读出很多新意。在这样的过程中，我们对原文的理解也会不

断加深。这一节课，我们就学习到这里。好，下课！

●●●●● ［执教感言］

逐词逐句的串讲，至今仍然是文言文教学比较普遍的现象。似乎大家对文言文采用串讲式的教学方法，具有高度的认同感。新课程改革以后，探索文言文教学方法改革的力度也大大小于现代文。文言文占课文比例比较小，的确是一个因素；但思想深处的认同，才是根本的原因。

有些老师对文言文的教学在思想认识上有这样一些误区：

一是认为文言文的教学目的就只在于让学生理解文义。以为中学生学习文言文，会翻译就完成了任务，所以整个教学过程就直接指向这一目的。而传统的命题，考查文言文也就只是考查词语的解释，句子的翻译。在教学和考试中，都很少着眼于"语文"的全面内涵来理解文言文的教学。

二是认为文言文的教学任务就在于语言。对文言文教学目的的理解失之于偏颇，导致文言文教学仅仅关注语言本身（即完成由文言到白话的转换）。教学过程，常常纠缠于词语细微意义的区别和一些古代汉语知识的传授。而对古代汉语独有的语言魅力，学习古代汉语对提高语言素养的价值，文言文中强烈的文学因素、文化因素和人文因素等都极为漠视。

三是认为只有串讲，才能有实实在在的效果。有人认为采用其他教学方法所花时间多，教学节奏缓慢，难以完成教学任务；有人认为其他教学方法比较虚，比较空，无法做到句句落实、字字落实，难以保证教学效果；有人认为学习文言文，学生还不具备自主学习、合作学习的条件；甚至有人认为文言文的特点决定了没有其他更好的方法可以取代串讲式的教学。

我们并不简单地否定串讲式在文言文教学中的价值，但认为一概采用串讲式教学，总体来说是弊大于利，应该尽量避免。其危害有：

一是扼杀了学生学习文言文的兴趣。由于串讲式教学，教师句句翻译，字字落实，学生几乎没有思考的空间，要做的就是记下教师讲的内容，课后去花时间记忆。单调乏味的教学形式，使学习的内容失去了应有的趣味，严重挫伤了学生学习文言文的积极性，扼杀了学生学习的内在需要，更不可能激发学生主动学习。大多学生不喜欢学习文言文，与教师普遍的串讲式教学不能说没有关系。

二是容易陷入知识中心。由于是句句落实、字字落实的串讲，教师为了落实到位、讲得清楚，很容易引入较多的古汉语知识，诸如词的活用、倒装句式、通假字等，甚至在现代文阅读教学中已经不再强调的有些语法知识，在讲文言虚词的时候则要花很多时间去讲解，比如"以"在什么情况下是介词，什么情况下是连词。甚至有教师认为不讲文言知识，就没有办法进行文言文的教学，就没有办法使学生听懂。

三是窄化了文言文教学的内容。文言文的学习，应该有着丰富的内容。它不只是理解词

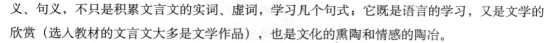

义、句义，不只是积累文言文的实词、虚词，学习几个句式；它既是语言的学习，又是文学的欣赏（选入教材的文言文大多是文学作品），也是文化的熏陶和情感的陶冶。

那么避免串讲式的文言文教学有哪些途径呢？

一是让学生借助注释和工具书自主学习和合作学习。借助注释和工具书阅读浅易的文言文，理解其基本内容，是课程标准的明确要求。这既是一种良好的习惯，也是一种学习能力。遗憾的是我们常常不能充分注意，甚至出现学生只记教师课堂讲的内容，从不看注释，更不查检工具书的情况。在文言文的教学中，让学生借助注释和工具书自主学习、合作学习、探究式学习，是一种很有效的方法，既可以养成学习文言文的良好习惯，提高学习文言文的能力，又可以培养自主、合作、探究式的学习方式。教学过程中，教师应该指导学生学会运用注释和工具书自主学习。教师要让学生了解不同注释的不同作用，凭借注释理解句义、文义。有些是整体注释的，要根据注解自己去落实关键词；有些只注释关键词，要自己贯通全句的意思。课文没有加注释的地方，一般是比较容易理解的，但对有些同学或许还有一定的难度，这就要学会使用工具书，学会根据具体语言环境进行分析探究。自己一个人解决不了的问题，可以和同学一起合作解决。

二是在诵读中理解。"书读百遍，其义自见"是句大家熟知的老话，但真正重视，真正"会读"，能够在读中见"义"，并不容易。有些教师虽然比较重视读，但常常是为读而读，没有具体明确的目的，没有能使读有效地为理解服务，没有能在读中感受和表现文言文独有的语言魅力。文言文的诵读，最基本的要求是读准字音，句读正确。这和词的理解、句的理解都有紧密的联系。仅仅如此还不够，还要能读出文言文的情味，在读中发现问题。这就是比较高的要求了。要读出情味，就要体会文章表达的情感，揣摩语言的运用；要在读中发现问题，就要有自己的独立思考，就要在读中有自己的发现。因此文言文的诵读，不仅是用口，更强调要用心。用心，才能感受到字里行间的感情；用心，才能发现问题。这些问题，或者是理解的困难，或者是提出了新的有价值的疑问，或者是对现成结论的质疑。在教学过程中，教师不仅要让学生有自由诵读的机会，更要指导学生的读。这样才能利于学生吟咏玩味，体验情味，发现问题。就目前实际，学生诵读文言文的能力，普遍地比读白话文要差得多。这与教师重视串讲，轻视诵读，对诵读缺少有效指导和示范不无关系。

三是在问题的探究中理解。引导学生对一些有价值的问题进行思考和探究，在这个过程中，弄清句义和文义，解读文本，也是文言文教学很有效的一种方法。钱梦龙先生教学《愚公移山》是一个经典的文言文教学的案例，整个教学过程就是以问题串联起来的。第一个阶段是学生自读质疑，问题主要集中在对词义、句义的理解，教师尽量引导学生借助注释和工具书解决，只解答学生经过努力仍无法解讲的问题。第二阶段是教师提出问题引导学生探究思考。这些问题既有一些比较零碎但比较有趣，主要着眼于句义、文义理解的问题：寓言共写了哪些人物？老愚公多大年纪？智叟是个年轻人吗？遗男姓什么？几岁了？他去移山他爸爸同意吗？参加移山的一共有多少人？移山困难吗？劳动辛苦吗？也有一些思维强度较大、探究性很强的问题：愚公的妻子和河曲智叟都劝阻愚公移山，但说的话不一样，哪些话愚公的妻子能讲而智叟不能讲，哪些话智叟能讲而愚公的妻子不能讲？即使两个人都能讲的话，在内容上和语气上又有什么不同？愚公到底愚不愚？智叟到底智不智？这些问题的讨论，使全文关键词句的理解几乎都得到了落实。在这个过程中，不仅极大地激发和调动了学生的学习兴趣，同时培养了学生良好的学习习惯和自主、合作、探究的学习方式，认识水平、思维能力都得到了有效提高。长期如此，学生阅读文言文的能力必然会有较大的提高。实践证明，以意率文，以问题的思考和探究带动词句的理解，是初中文言文教学切实可行的方法。

四是在语文活动中加深对文义的理解。随着教学形式、教学手段的不断创新，语文课堂教学的活动形式也日益丰富。文言文教学中，恰当地运用这些新的教学形式，开展各种有效的活动，也可以使文言文的教学取得比较理想的效果。一位老师教学《三峡》这篇课文，在借助注释初通文义以后，让学生看了一段有关三峡的录像，比较课文和录像所表现出的三峡的不同特点。这样既可以借用录像的形象资料帮助理解文本，又可以在比较中加深对文本的理解，同时又是阅读概括的语言训练，可谓一石三鸟。教学《黔之驴》，我让学生"根据课文以老虎或驴子的口吻对它们的下一代讲一段话"，用意也是如此。"根据课文"是要求学生的讲话要贴近原文，但要有自己的适当想象，以"我"的口吻讲，就是要融进自己的感受和理解，对"下一代"讲，就是要明确中心。

从某种意义上说，初中文言文的教学真算不上是语文教学的主要内容，但它对学生语言素养的提高有着重要的影响，所以不能忽视。在新课改的背景下，更应该努力探索文言文教学的有效形式，应该努力避免串讲式。

Chapter

02

写作教学

与阅读教学相比，写作教学随机生成的特点更鲜明更突出，它要求教师自主地构建课程目标，营造教学情境，设计教学过程，提出评价标准。因此说，教师就是课程，每位教师都可以有也应该有各自的一套教学方法。

多角度立意

❋ 李承奎

🔖 教学目的

1. 学生具有定势思维的习惯，本节作文教学的宗旨就在于以多角度立意训练，开启学生创造的闸门，培养学生发散思维的品质和能力。

2. 文贵有新。进行多角度立意训练，以求在准确把握题意的基础上，打开思路，拓宽主题，立意出新，乃是本节教学的又一目的。

3. 重读写，轻听说，是当前语文教与学的一大弊端。听说读写综合训练，乃是本节教学目的之三。

课时安排：二课时

课前准备：投影仪，黑板，写好多角度立意要领、阅读材料的透明胶片，微型麦克风，两三个无线话筒。

🔖 教学过程

第一课时

一、激发感情，导入课题

师：同学们，当你走进浩瀚的沙漠，你最希望看到的是什么？

生：绿洲。（齐声应答。）

师：不错。请再回答，当你置身于寒冷的冬天，伫立于一片"枯藤、老树"前，你最希望看到的又是什么？

生：新芽。（齐声应答。学生颇有新意感。）

师：很好。我再问：当你读着那些千篇一律、千文一面的文章时，你最盼望的是什么？

生："语言优美的文章"，"描写生动的文章"，"富有感情的文章"，"不，具有新意的文章"。（七嘴八舌，略有争议，开始活跃。）

师：（微笑着）这就叫"萝卜白菜，各有所爱"。（笑声，轻松）不过，你们说的这些好文章中，哪一种最能回答我的问题？

生：（稍有思索）有新意的文章。（大多数。）

师：对了。当我在批改作文时，读着那些千文一面、千篇一律的文章，犹如行走在荒漠之中，感到十分寂寞；这时，倘若发现了一篇颇有新意的文章，我就好像夏天里吃了一支冰激淋，会感到通身舒畅！（笑声，对老师的谈论"啧啧"有声，赞叹不已）那么，怎样才能使自己的文章有新意呢？这正是我们今天要学习和训练的课题。（挥笔板书：多角度立意。）

二、立意训练，说话作文

师：什么叫多角度立意呢？让我们先看一个材料。（放投影。）

师：意大利著名画家达·芬奇的老师对达·芬奇谈自己画蛋的体会，他说——

生：（齐诵）"即使是同一只蛋，只要变换一下角度，形状便立即不同了。"

师：让我们再看一个材料。（放投影。）

师：我国宋代伟大诗人苏轼也谈过类似的体会，他仔细地观察了庐山，然后作诗云——

生：（齐诵）"横看成岭侧成峰，远近高低各不同。不识庐山真面目，只缘身在此山中。"

（书声朗朗，气氛热烈。）

师：这两个材料告诉我们，无论绘画还是观景，都要善于选择不同的角度。这样，才能发现事物、景物的不同特点，画画，才能画出新意；观景，才能观出新意。

写景、状物、记事的文章也如此。对你所写的景物、事物，在动笔之前，在审题的过程中，也要善于从不同的角度去观察，去思考，从而寻找出其特点，然后运用类比的方法，由物及人，联系实际，确立中心。在此基础上，对各种中心进行比较、分析、权衡和抉择，才能确立一个"最佳"的中心，这就是多角度立意的要领所在。（投影"要领"。）

生：（齐诵）"观察思考——寻找特点——类比联想——联系实际——确立中心——抉择最佳中心。"

（学生有云遮雾障，豁然开朗的愉悦。）

师：明确了"要领"，我们应该运用这个"要领"去作多角度的立意训练。今天训练的题目是你们再熟悉不过的事物。

（教师伸出一只手，亮相、转身，板书四个大字——手有五指。）

生：哇？（大有出其不意之惊叹。）

师：同学们，现在让我们在这只小手上来做大文章：先从不同角度观察思考手的五个指头，找出其特点，并且由物及人，从现实生活中找一个话题并阐述自己的观点。看谁能异想天开，思维敏捷，口齿伶俐。

（学生呈现出探求的神情。）

师：我们先确定一个角度：请想一想，这只手怎样才能变得有力量？

生：五指并拢！（一个学生。）

生：还要握成拳头！（几个学生。）

师：不错。五指并拢握拳力量大。这是一个特点。据此，你们能由物及人，确立一个中心吗？

生：团结起来力量大。（多数学生。）

师：好。现在就围绕这个话题，请诸位动动笔墨，发表高见。（笑声。）

（埋头写作，"沙沙"有声，教师巡堂10分钟后，几个学生举手要求发言，选其一。）

师：顺便提一个希望，发言中，你们认为讲得好，请给予掌声鼓励。

生：（读文）五指分开是分力，五指并拢成合力，合力大于分力，五个手指屈曲向掌心，又聚成了一种强大的向心力。我们班47名同学，若能紧密团结，服从班委领导，就一定能在这次校运动会中夺魁！（全班哗然。）

师：（笑着说）你的力学学得好，活学活用，比喻贴切生动，并且能联系实际，很有一股子集体英雄主义精神！

（笑声四起，学生获得了很大的成功感。）

师：现在让我们变换一个角度：常言道，劳动创造世界，双手扭转乾坤。我们的手怎样才能变得灵巧、能干？

生：需要五个手指互相配合，亲密协作。

师：OK，事情要做好，五指配合少不了。那么，请你们围绕这个中心再动笔墨，继续发表高见吧！

（兴奋，渴求；笔声"沙沙"，教师巡回，与个别学生耳语。10分钟后，几个学生举手，选一。）

生：（读文）人类依靠双手改造了自己，征服了自然。手之所以能干会做，在于各个手指密切配合，协作工作。我在初中时，学过笛子。吹笛子，需要手指巧妙配合，不然，就会走音跑调。同样，写字、绣花、打字、微机操作、拔河等一切细活、粗活都要十指配合。

师：立论稳妥，材料与观点统一。不过议论还只停留在手指上，似乎还有需要发挥的地方。

（片刻，又一学生举手。）

生：（读文）我们的手指都是好朋友，一个有难，其他手指都很自觉地来帮助。我们同学之间也是这样，大家在学习上互相帮助，我们班学习成绩便逐步提高了。我们的社会也是一样，一处有难，八方支援。支援灾区、希望工程、义务献血，都体现了这种互相友爱、团结协作的精神。

师：好。讲友爱，讲团结，由物及人，议论已进了一步。但此论只赞扬了一种"精神"，似乎还应该扣紧我们的立论"事情要办好，五指配合少不了"，谈一谈作用、效果。

（沉寂。片刻，几个学生举手，择一。）

生：（读文）俗话说，"孤掌难鸣"，"独木不成林"，"众人拾柴火焰高"。单靠一个手指是办不成事的。团结协作是一种润滑剂，要使机器运转，少不了润滑剂。人与人之间如果你走东，我走西，那么就永远走不到"成功"这个美妙的地方。搞现代化建设也一样，农业、工业、服务行业是互相联系的，互相依靠的。农业为工业提供原料，工业又为农业提供工具和产品，而第三产业又为工业、农业的发展积累了资金，他们就像五个手指一样，血肉相连，密切配合，我们的社会主义建设才能蓬勃发展。你说，互相协作不重要吗？（鼓掌，气氛活跃。）

师：（热情地）很好，大家的议论由物及人，由浅入深，步步深化。我为大家叫好。（热烈鼓掌。）

（铃声响起，教师宣布休息。）

第二课时

师：上一节课，同学们学习积极、主动，大家读读议议，说说写写，谈笑风生，学得轻松愉快。这一节课李老师想把你们结结实实地再辛苦一下，来一下"马不停蹄，人不下鞍"。你们能不能吃了这个苦？

生：（齐声回答）吃得了！（课堂活跃。）

师：好。现在让我们再变换一个角度，单独地论一论这个大拇指吧！（教师伸出大拇指）大家看一看，想一想，这个"老大哥"有些什么特点？

生：（七嘴八舌）"大拇指力量大"，"大拇指干事处处带头"，"大拇指最短、最粗"，"大拇指很丑"，"大拇指与四个手指隔得远远的，它瞧不起别人，孤芳自赏"，"大拇指最骄傲，你看他，时时翘起来叫好"……（思想活跃，笑声四起。）

师：嗬！优点缺点还不少呢！假若现在要你们写一篇"大拇指赞"呢？你们当如何立意，如何选材？请大家再动动笔墨。

（聚精会神，舞文弄墨，各显风骚。10分钟后，几个学生举手，选其一。）

生：（读文）或许有人认为，大拇指是五个手指中最粗最短的，比不上其他手指纤细好看，实在丑陋！但是，你有没有想到它的力量和作用呢？许多繁重的工作，都要烦劳大拇指。比如按图钉，只有它最得力；又比如写字，没有它就管不住笔杆；再比如拿东西，没有它管住四指，整只手就失去了力量。大拇指就像一些长相丑陋的人，虽然其貌不扬，但他有自己的长处，有自己的内涵。要衡量一个人美不美，不应只看外表，只要他能为人民，为社会作出贡献，那他就是一个美丽的人。所以我的立意是："大拇指不丑"，请你们珍爱自己的大拇指吧！（热烈鼓掌。）

师：（挑战性地）刚才有同学说大拇指孤芳自赏、骄傲自夸，也是持之有据的啊？

（一些学生点头，一些学生摇头，兴奋、思索、纷纷举手，口头发言。）

生1：大拇指内质美而外形丑陋，由于其他四指看问题片面，所以不愿意靠近他。怎能说他孤芳自赏？（哄堂大笑。）

生2：你的谈话太牵强，手指不是人，怎谈得上看问题片面全面？（哄堂大笑。）

生3：假若大拇指与四指都长在同一水平线上，手掌就失去了他的灵巧与力量，这正是拇指的特殊地位、特殊作用啊，所以不能视为他脱离朋友，孤芳自赏！（鼓掌。）

生4：大拇指虽然时时翘起来叫好，但那是称赞别人的啊！（热烈鼓掌，课堂气氛达到高潮。）

师：（激动地）说得好，很有见地，很有新意，很有说服力！（稍事平静）现在，让我们再变换一个角度，谈谈小指。

师：先读下面一段材料（放投影）。

（请一位朗读好的学生朗诵。学生声情并茂地。）

电视剧《明天正是早晨》中有这样一个镜头：一位母亲，在小儿子屡犯错误的情况下，精神恍惚，凝视双手，凄然叹息："十个指头啊，你为什么不一般齐呢！"气愤之余，病情发作，竟用剪刀把五个手指剪平了，还说："这下可好了，五个指头一般齐了。"

（室内静寂，沉思。）

师：同学们，听了这个故事，你有什么感想？作何评论？请你选择一个角度，发表高见吧！

（兴奋、激动、颇有新奇感。紧张思索，抒写感慨。10分钟后，几个学生举手，选其二三。）

生1：（读文）荒唐的思想，干出荒唐的事！世间的事物总是千差万别的，我们可以把母亲的小儿子比作小指，尽管小指很小、很细、很笨，甚至沾满了污泥，但它总还是我们手上的一个指头，和我们的血脉筋骨连在一起，所以不要嫌弃它，而要爱护它。

师：有道理。

生2：（读文）人与人也像手一样，长短不齐，好坏不一。一个失足的青少年，一个残疾者，一个治愈了的精神病患者，就好像"小指"一样，他自卑、他孤独、他空虚、他恐惧，他觉得自己步入了一个冰冷的世界，他会绝望。然而，在这时，你的一颗爱心、一腔热情、一份援助，都可以烘烤这个世界，融化冰雪，挽救一个垂死的灵魂。只因为他是我们社会的一员，是我们躯体的一个细胞，所以我的立意是："要爱护和帮助弱者。"（热烈鼓掌。）

师：（无比激动地）情满于山，意溢于海！写得真好！愿我们的世界充满爱。

生3：（读文）我的立意是："小指莫自卑。"十个指头有长有短。不错，小指最细、最笨。可是，再细想一下，倘若缺少了它，我们会有两只完美的手吗？小指，虽然它的力气比不上其他四指，但是在做某些事情时却总是少不了它啊！比如弹琴、吹笛、拉二胡，没有它的配合，能演奏出一支支优美动听的乐曲吗？又比如，绣花、打字，这些精细灵巧的活儿，小指又总是挺身而出，充分发挥自己的特长。再比如，朋友间表示友好，或表示守信，都要勾小指，小指还是友谊的桥梁，是盟誓的使者呢！除此之外，画家作指画，小指那种轻捷、灵巧、飞龙舞凤的本领更是其他手指所不及的。在我们同学中，也有许多"小指"，愿你们看到自己的长处，要自尊、自信、自强。倘若我做不了大拇指，我就做一个"好小指"！（热烈鼓掌课堂再次掀起高潮。）

师：（激动不已）真是别有洞天，语出惊人！（稍事平静）不过，我的贤弟子们（笑声），手指的文章还没有做完呢！现在，让我们再变换一个角度。

生：哇，好多角度！（兴奋、激动、好奇）

师：如上所述，我们的手指各有各的作用，它们都在自己的位置上，勤奋努力，勇挑重担。但是，大家想一想，五个手指能不能事事都一齐动作呢？

生：（齐答）不能。

师：好，你们能举出一些生活实例吗？

（沉寂片刻，逐个抬起头来，胸有成竹，七嘴八舌，活跃起来。）

生1：握笔写字时，食指、中指与拇指配合工作。

师：（追问）其他两指呢？

生2：躲避了呗！

师：（转身，板书"避"字）它们可不是消极地"躲"啊，而是自觉地"避"啊！

生3：数数时，（演示动作）"1"，食指竖起。"2"，食指、中指并列伸出。"3"，食指、中指和无名指并列伸出。

师：（追问）其他手指呢？

生4：让开了啊！

师：（又板书了一个"让"字。）

生5：（领悟地）缝衣、做针线活，飞针走线，只用拇指、食指和中指，无名指和小指自觉地避让在一边。

生6：看少林寺的和尚表演"一指功"，只用了一个中指（笑声），假若其余四指都要表现自己，和尚就没有"功"了。（笑声。）

师：好了，大家联想实在丰富！（稍停）试问，你们从这些实例中悟出了些什么道理呢？

（生踊跃发言。）

生1：当上就上。

生2：有上有让。

生3：当让就让。

师：这些道理都对，但其中哪一种精神和风格最"可歌可泣"？（笑声。）

生：（众口一词）当让就让。

师：（俏皮地）我完全"附和"（笑声）。现在就以"避让风格赞"为题，联系实际，发表议论。

（生兴奋、激动，有的交头接耳，窃窃私语；有的凝神屏气，奋笔疾书。10分钟后，几个学生举手，选其一。）

生：（读文）我们大多数人都看到了手指的"做"和"助"，肯定了他们勇挑重担和乐于助人的精神，却往往忽视了它们另一个可贵的品质，这就是它们在必要时，还能自觉地"避"和"让"——吃饭时，无名指和小指自觉地让在一边，让其余三指配合握住筷子完成任务；称赞别人时，大拇指一个代表就足够了，其他四指都躲了起来。正如五指一样，人与人之间也要懂礼让。可有的人却不尽然：购物排队，就有人争先插队；乘公共汽车，老人小孩残疾人站在身边，他却视而不见，麻木不仁；轮到评先进，却争个脸红脖子粗……与此相反，在我们身边也不乏乐于避让的人：他们见荣誉就让，见工作就上，把困难留给自己，把方便让给别人，特别值得赞颂的是无数老干部，他们为了革命事业后继有人，热心培育青年干部，主动荐贤让能。他们虽然从高位上退了下来，但却在人民心中立下了一块永不倒的丰碑！（神情激动，语调高亢，四座静寂。）

师：（无比兴奋、激动）听了这位同学的一番论谈，我深受启发、深受教育。他紧扣五指能避能让的特点，联系实际，类比恰当，有贬有褒，旗帜鲜明，神采飞扬。让我们为他叫好！（长时间鼓掌。课堂掀起第三个高潮。）

（时间剩下最后五分钟。多角度立意已告段落，但学生被点燃的创造思维的火花仍在四处飞溅。）

三、训练小结，布置作业

师：同学们，今天的立意训练很好。大家开动"机器"，驰骋想象，多角度地观察事物、分析事物，思维得到了发散，发表了许多高见，写出了不少好文章，充分显示了大家创造的灵性，显示了大家的口才、辩才和文才。（笑声，学生获得了最大的成功感，露出了欣喜的神色。）

综上所述，围绕"手有五指"这个题目，我们从五个角度思考，确立了以下这些中心：（放投影，教师归纳诵读）

1. 五指握拳，团结起来力量大。

2. 事情要做好，五指协作少不了。

3. 拇指不丑。

4. "小指莫自卑"或"要爱护、帮助弱者"。

5. "避让"风格赞。

但这并不是我们的最终目的，我们还应该从这些立意中进行分析、比较，选择其最佳角度。什么是最佳的？就是立意比较深刻和比较新颖的，而又为你所熟悉和理解较透彻的。

大家权衡一下，哪些最佳？

（议论纷纷，一生举手。）

生：我认为第3、4、5最佳，第1、2老生常谈。

师：同意吗？

生：（众口一词）同意。

师：（高兴地）我也完全赞同。看来大家对多角度立意的要领和要求已经比较熟悉了。现在，我再布置一道作文题，请你们应用今天所学到的本领，再来一个妙笔生花。（笑声。）（教师转身挥笔板书：根须赋。）

●●●●[执教感言]

这是高二学生的一节校际教学观摩课。上完这一课，走下讲台，如释重负，好不轻松！这并非以为此课上得尽如人意，而是觉得起码收获了我所希冀的那种感觉，那种和学生共处一种和谐氛围中的感觉，一种师生之间、同学之间自然然进行感情交流的氛围，这也就是语文课特有的氛围。尤其是开展创造思维训练，特别要创设一种良好的心理环境，要使学生消除压抑感，具有安全感；要减少"他信力"，增强"自信力"；要形成轻松、愉快、和谐的课堂氛围，唯其如此，学生的大脑神经细胞才得以兴奋活跃，学生才能保持旺盛的精力，发挥创造才能，自由地探索。

多样化思维与作文

❀ 程红兵

一、认识多样化思维

师：我们今天上节作文课：多样化思维与作文。老师在上课之前先出个小题目：想过河没有船怎么办？

生1：游过去。

师：还有没有别的办法？我不会游泳怎么办？

生2：砍块木头抱着游过去。

生3：造个桥过去。

生4：像荡秋千一样荡过去。

师：哦，如果河太宽的话就不行了，黄浦江就不行了，小河、小溪可以，好。

生5：坐直升飞机过去。

师：好，现在从空中过去。还有没有？

生6：造个热气球过去。

生7：还可以挖个海底隧道。

师：咱们是过河，不是过海，挖个河底隧道就行了。还有一个笨办法，就是走到河的尽头绕过去。绕着过去可以一路欣赏风景，也是非常有意思的。好了，下面老师再出道题，这个题是这样的：

A．一本平装书

B．一瓶百事可乐

C．一根纯金项链

D．一台彩色电视机

请开动脑筋，从上述四种物品当中选出一种"与众不同"的物品。

生1：我选B。因为百事可乐是喝的，其他都是看的。

生2：我选A。因为书是一种知识，可以武装人的思想，其他都是享受的。

师：一本平装书可以获得知识，其他都是享受的，你们同意她的观点吗？大家说说。

生3：我觉得电视机也可以获得知识。

师：有道理，那你选什么？

生3：我选电视机。因为只有电视机是用电的，其他都不用电。

师：哦，如果百事可乐有电的话，我们都不敢喝了。那A、C可不可以选呢？

生4：我选纯金项链。因为在这几种物品中，纯金项链是在物质上价值最高的。

师：你们同意吗？你不同意，你说。

生5：电视机有贵的有便宜的，纯金项链有重的有轻的。

师：有道理的，从贵重的角度来讲，电视机也有贵的。

生6：既然是平装书，肯定是用纸做的，其他的都不是。

生7：纯金项链是装饰用的。

师：有道理。第一个问题搞清楚的话，那第二个应该问题不大了。刚才我们从不同角度找出了与众不同的一种物品，现在我们从四种物品中找出同一类的物品。

生1：平装书和彩色电视机都是用来传播信息的。

生2：百事可乐和纯金项链都可以给人精神上的满足。

师：那一本平装书不可以给人精神上的满足吗？

生3：百事可乐和纯金项链是物质上的享受，平装书和彩色电视机是人精神上的享受。

师：彩色电视机只是精神上的享受吗？

生4：也可以给人物质上的享受。

师：大家再说说。

生5：平装书和百事可乐比较便宜，纯金项链和彩色电视机比较昂贵。

生6：平装书和电视机是立方体。

师：那其他是什么体的，我的数学都忘掉了。

生7：百事可乐是椭圆体的，纯金项链啥体的都有。

生8：纯金项链和彩色电视机是由有色金属组成的。

师：我见有的百事可乐的瓶盖好像是金属。

生9：平装书和金项链有保存价值。

师：好，百事可乐不保存，彩色电视也不会太长久的，假设如果是唯一一台，可能会放到博物馆保存起来，第一台或者某某人物用过，都很珍贵的，但这是特例，从一般常规不能这样说。

生10：可口可乐和纯金项链不需要文化，文盲就可以享受，平装书和彩色电视机需要有文化才能享受。

师：彩色电视机没有文化就不能享受吗？我前段时间去湖南，人们给我讲了一个故事：老太大，放中央一台她听不懂，放中央二台她听不懂，长沙台听不懂，湖南台听不懂，最后一个外语台，她听得懂，说这个话跟咱们的话差不多嘛，没文化可能她文字搞不清楚，甚至语言她搞不清楚，但画面她还是搞得清楚的。所以说没有文化不能享受好像也没道理。

生11：有的百事可乐瓶子是塑料，彩色电视机的外壳也是塑料的。

师：你说有的百事可乐瓶子是塑料的，有的不是，这样归为一类就有点不周密了。

生12：百事可乐和纯金项链盲人也可以享受，但平装书和彩色电视机他就看不见了。

师：哦，这个角度是我没想到的，老师为你鼓掌，你们想到盲人身上了，不过这也是特例，我们一般人还是看得见的。百事可乐和彩色电视机可以归为一类吗？

生13：百事可乐和彩色电视机都是近代发明的，纯金项链和平装书在古代早就有了。

师：好，非常有道理。我们从多重角度来分析，就是要说明什么是多样化思维。所谓多样化思维就是通过多种多样的思维活动，从思维的各个层次出发，对事物进行多角度、多方面、多因素、多变量的系统考察。多样化思维有这么几个特点：第一个是多角度性，如上面的例子。第二个特点就是多层次性。第三个特点就是开放性。什么叫开放性呢？我举个小例子，美国的生物学家做了一个非常有趣的实验，在一只瓶里抓了五只蜜蜂，五只苍蝇，你们猜一猜，苍蝇聪明，还是蜜蜂聪明？

众生：苍蝇。

师：你们为什么都猜苍蝇，不猜蜜蜂？你们喜欢苍蝇还是喜欢蜜蜂？

众生：蜜蜂。

师：你们喜欢蜜蜂，而猜苍蝇聪明？这是什么逻辑？

生1：因为苍蝇开放性强。

师：你怎么知道，你说。

生：一般这样的问题都是意想不到的结果。

师：你的猜法还是有道理的。他做了个什么尝试呢？假设这个是玻璃杯，有底、口，正常情况下底朝下，科学工作者呢，就把它倒过来，底部朝上了，光线从上而下，把五只苍蝇和五只蜜蜂分别放在两个瓶子里，结果发现很有趣的现象，五只苍蝇都飞了，五只蜜蜂都死了。按照常规，昆虫都是向着有光线的地方飞的，五只苍蝇飞来飞去撞得疼了，它就往后飞了，所以就从下面出来了；五只蜜蜂是前仆后继，不怕牺牲，勇敢进取，结果撞得头破血流，全部死光了。这说明它们思维不是开放的。当我们从一个角度不能考虑问题的时候，换个角度来考虑，这就是所谓的多样化思维。

二、运用多样化思维

师：现在考虑个题目，慢慢地过渡到写作上来。啤酒瓶子有多少种用途？我们要写出个说明文的话，要写啤酒瓶子有哪些用途呢？

生1：首先可以装啤酒，也可以装流体状的液体。

师：什么是流体状的液体？

生2：比如说醋，还可以卖钱。

师：有环保意识，好。

生2：可以敲出不同的美妙音乐。还可以在同歹徒博斗时，作为自卫的武器。

师：这个同学发现了啤酒瓶子的两个特征，一个就是她抓住了这个酒瓶子通过敲打可以发出声响这个特征，可以作为乐器；另一个就是抓住了这个酒瓶子有硬度，蛮重的，可是对好人可不敢敲啊。顺便说一个电视剧里的啤酒瓶子是糖做的，看起来跟真的似的，一敲就碎了，不会造成什么伤害。

生3：我家原来住的平房，有段时间地震比较频繁，就把啤酒瓶子倒立过来预防地震。

师：哦，还可以预防地震，你给我们说说怎么个预防法。

生3：就是把啤酒瓶子倒立过来，底朝上，然后在上面扣上一个铝盘或会发出声响的东西，当大地有点震动的时候，它就会掉下来。

师：好，下次有地震的时候，我也这么做。

生4：啤酒瓶子通过改造，可以装饰家。

师：你来说一说怎么用啤酒瓶子装饰家呢。

生：酒瓶子是玻璃的，可以融化，可以拉丝，改造一下来装饰。

师：哦，那不是酒瓶干，那是玻璃。你的想象力很丰富，你把这个酒瓶子全面改造了。

生5：把后盖打烂，做个漏斗。

师：你家是这么做的吗？你家不是，我们最好也不要做。

生6：可以做饲养院里的自动饮水机，把瓶子装满水后倒立过来插入容器中，容器中的水被家畜喝完之后，它会自动流出来。

生7：可以用啤酒瓶做一个煤油灯。

师：有道理，还是从容器方面。

生8：还可以拿啤酒瓶当手榴弹用。

师：他考虑了啤酒瓶的形状，也非常好。

生9：可以往啤酒瓶中放入信物，然后放到水中传递。

生10：啤酒瓶子还可以做保龄球来娱乐。

师：你也考虑了它的形状，不过拿啤酒瓶子做保龄球来用挺伤脑筋的，这保龄球一过来，哗，全碎了，伴随着美妙的音乐声，你扫去吧。啤酒瓶子的表面是非常光滑的，我在部队的时候，用它当擀面杖做饺子。大家还有什么角度？

生11：运输一个面积比较大的东西的时候，可以把啤酒瓶子放在下面滚动。

师：像轮子一样，哦，可以尝试一下。那么关于啤酒瓶子能够建立一个多样化的概念了。下面的问题是什么呢？生命是什么？请用多样化的形式，形象化的比喻来说明这个问题。

生1：生命像一条河流。

生2：生命像火种，它点亮了世界。

生3：生命像雨，很多时候我们要忍受雨中的潮湿与阴暗。

生4：有人说生命在于运动，我觉得生命就是运动。

生5：生命就是时刻在给自己准备葬礼的过程，谁在他生前做过宏大的事情，在他死的时候就场面宏大。

师：啊，看来你是比较追求死了以后的场面宏大。同学们学过茨威格的《世间最美的坟墓》吗？托尔斯泰的追求是非常朴素的。

生6：生命像一副扑克牌，拿到好牌不一定能赢，要看你怎么来出牌。

师：这个构思非常新颖，我还是第一次听说，拿到好牌不一定能赢，关键看你怎么来玩，有的人玩得很精彩，有的人玩得很落魄。

生7：生命像一只红舞鞋，关键看你是被动的还是主动的，主动就能创造新的舞曲。

生8：生命像一座钟，在被敲打的时候才发出最美丽的声音。

生9：我觉得人生如梦，生命如梦。开始是不懂的，后来懂了也就晚了。

生10：生命像太阳，青年是早晨的太阳，老年是黄昏时的太阳。

生11：生命是为自己谱写的没有结局的五线谱。

师：我非常喜欢你这个没有结局的五线谱，你讲讲。

生：因为对自己的未来无法预测，所以说是没有结局的五线谱。

师：但人生有时候还是可以预测的，虽然无法预测哪天要发生什么事情，但对人生大的方向还是可以预测的。

生12：生命就像是天山上的雪莲，冷傲而又坚强。生命也像是插在牛粪上的一朵花，看一个人的成就，不光看到一堆牛粪的肮脏，还要看到它里面蕴含的养料。

师：有道理，我发现这个同学很有哲学家的辩证思维能力。

生13：生命像首歌，悠扬、动听，但其中也有曲折。

生14：生命像一粒沙，这粒沙只有通过贝壳的孕育才能变成一颗闪亮的珍珠。

生15：生命像一场马拉松赛跑，需要用激情和毅力才能跑完。

生16：生命像瀑布，瀑布的高度就像人取得的成功，它越高结尾越壮美。

生17：生命像一匹奔马，要自己来驾驭。

生18：无论是小小的蚂蚁，还是伟大的人类，生命都是应该被尊重的。

生19：生命是一本书，看你怎么读它。

生20：生命像蜡烛，燃烧自己的同时，也照亮了别人，体现了自己的价值。

师：哦，不能毁灭了自己，生命应是电灯，你亮我也亮，是吧。

生21：生命是一出戏，你是导演也是主角，你可以把它演成一出喜剧，也可以演成一出悲剧。

生22：生命就像一双皮鞋，你给它打油它就会发亮，不给它打它就会发暗。

师：很好。刚才我们就生命是什么展开了多样化的联想、想象。如果我们要把它形成文章，可以有多种方式。比如说把它作为我们的主题，来构思这篇文章，这是一种方法；另外就是我们把众多的关于生命是什么的描述按照一定的逻辑顺序重新加以组合，也可以成为一篇美妙的散文。今天同学们都回答得非常好，最后，我还想折腾你们一会儿，给你们出一个最难的题目，你们看怎么做？

阅读下文，以"魔球现象"作为话题，自己确立主题，写一篇文章（诗歌除外），不少于1000字。

我国曾召开过一次研究创造的会议，会上日本的创造学家村上信雄走上主席台，拿出一把曲别针，同时提出一个问题："这些曲别针有多少用途？"当时在场的一位中国学者说有30多种，村上信雄自己证明有300多种，大家为他热烈鼓掌。这时台下有人递上来一个条子，条子上写道："我明天将发表一个观点，证明这个曲别针可以有亿万种用途。"这个人叫许国泰，他提出的这个方案后来被称为魔球现象。根据他的论证，曲别针由于相同的重量可以做各种砝码；作为一个金属物，曲别针可以和各种酸类及其他的化学物质产生不知多少种新物质；曲别针可以变成1、2、3、4、5、6、7、8、9和加减乘除，可以变成英文、拉丁文、俄文，于是，天下所有语言能够表达的东西，曲别针都可以表达。

生1：一个物体，通过多样化思维，可以与其他物体有条件联系。

生2：做事不要墨守成规，要学会创新。

生3：人的潜力、创造力是无限的。

生4：答案是丰富多彩的。

生5：不要一味地去发现，要去创造。

生6：什么都是有可能的，生活是一棵生满可能的树，我们必须对每一种事物都有信心，我们可以把失败变为成功，把苦难变为幸福，把眼泪变为微笑。

生7：创新思维可以让我们与时俱进。

生8：只有想不到的，没有做不到的。

师：刚才这堂课和大家讨论得非常热烈，我想我们的作业就是把前面的这几道题完善一下，然后就我们刚才关于生命的讨论，构思成一篇很好的文章。

● ● ● ● ● ［执教感言］

我将思维与作文联系起来进行教学，是一个系列，希望换一条思路，改变原来单纯从文章出发的作文教学思路，走一条新的路子，从人出发，从人的思维出发，教给学生一点思考问题的方法，提升学生作文质量。这样教学的基本原则是：在故事中获得感悟、在思维中学会思维、在开放中放飞思想、在民主中均衡发展、在融会中实现贯通。实践下来学生作文思路明显开阔许多。

这样的作文教学也有问题，其一，不够具体，还应该提供给学生一些具体的思考路径，一些可操作的方法，比如"多样化思维与作文"，实际上现在的教学仅仅停留在让学生知道有一种系统化的、多层次、多角度、多方面的思考问题的方法，还应该给学生一些相关的训练，特别是写作过程中如何进行多样化思维，进而把握相关的规律，让学生明确"如何做到"。其二，语文的味道不够浓郁，还应该提供更多的文章范例，对文章进行充足的思维规律分析。其三，那就是作为一堂课还是有新意的，但是这是一系列的作文课，基本形成了这样一种模式，问题于是产生，如何突破这种模式，如何在形式上不断创新，如何使每堂课都有新鲜感，这又是摆在我面前的新课题。

心灵里飞出的歌

✽ 梁吴芬

一、初步感受

1. 投影出示三则学生练笔的片断——

之一：日记一则（崔恺仑）

今天，妈妈带我一同去开发区，买了一只鸡回来，说要做辣子鸡。走在回家的路上，我突然发现鸡的爪子伸出了塑料袋，伸向天空，仿佛在向老天申冤。开始还觉得好玩，可看着看着，我有了一种说不出的感觉，看了很久，想了很多……人类为了自己能够享受，而大量地捕杀各种动物，残害它们的生命。人类的一切行为，都是只考虑了自己的利益。人类啊，你真自私！我想，那些可爱的小生灵们能不对天申冤吗？

回到家，妈妈开始忙活了，不一会儿，就端上了香喷喷的辣子鸡，可我却迟迟不愿动筷……

之二：清清河水爽人心（杨昀娟）

提起巴里坤，大家总是异口同声地说："美！"

巴里坤为什么会这么美呢？因为它的草原广，因为它的松林绿，因为它的河水清。

巴里坤的小河随处可见，人们见了，第一句话总是"河水真清啊"。

你看，河水顺着山势，时而深，时而浅，时而宽，时而窄。茂密的松树倒映在水里，一根根松针都历历可见；活泼的鸟儿倒映在水里，一片片羽毛都清清楚楚。

嫩绿的小草也爱在水中照个影儿，那草尖上还挂着颗露珠呢！瞧，那朵朵漂亮的小花，引来了一只小蜜蜂，正准备落上去，又突然飞了起来。哈哈，原来它把倒影当真的了！

之三：美丽中秋（张雨慧）

……泉水从泉眼里源源不断地流出来，荡起缕缕轻波。细腻而柔和的月光洒下来，加上蛐蛐的低吟，让这儿充满了幻想和感伤。但是，这一切都因为我们的到来而变得活跃起来。我们开心的笑声划破了寂静的夜空，蛐蛐的叫声变得悦耳了，小泉的流水变得欢快了。我们比赛背诗，成语接龙，唱歌……在比赛背带"月"字的诗歌时，杨叔叔背了很多，让我刮目相看！我演唱了《明月几时有》，杨叔叔亮出自己引以为豪的公鸡嗓子演唱了《春江花月夜》，一遍唱完，两遍唱完，还陶醉得不停下来……今晚的夜空格外美，美得像淳朴的村姑，美得像小河中光洁的鹅卵石……

2. 请小作者谈写作动机。

崔恺仑：那次我和妈妈一块去买菜，回来的路上，偶然低头见到了装在塑料袋里的鸡。当时鸡头朝地装在塑料袋里，一只鸡爪露在袋子外。刚开始只觉得好玩，后来不知怎么的，感觉就变了，当天写日记时就将这件事记了下来。记得还有一次放学回家，那时已经是初冬，天气有些冷了。刚出校门，就见一位同学跑出来，奔向来接他回家的妈妈，嘴里还大叫着"冷！冷！"他妈妈马上就把自己的羽绒服脱下来给他披上了。这位同学脸上露出了满意的神色，可我却看见他妈妈在寒风中抱紧了双臂……当时我就很为这位同学的行为羞愧，回家后就写了一首小诗。

师： 从崔恺仑同学这里我们可以得出一个结论，那就是只要内心受到了触动，写出来就是感情真实的文章。

张雨慧：我已经有三个中秋节没有和爸爸妈妈一块过了。前两个中秋节都是守在电话机旁听着爸爸妈妈的声音度过的，可今年不一样，今年我是和最好的朋友杨雅宁一家在公园过的。记得走在去公园的路上时，杨叔叔对我说："雨慧，你什么时候都可以到我们家来，我们的家就是你的家。有什么困难呢，尽管对你杨叔叔说！"当时我听了心里暖烘烘的。到了公园，我们寻找到了最好的赏月场所——后山上的笔泉那儿。我们四个人吟诗、唱歌、联句……笑声划破了公园的寂静，我真的好开心！回家后，这些文字就像那月光下的泉水一样，汩汩地流向笔端了。

师： 大家听见了吧？美丽的文字原来来自美好的人情啊，是人与人之间美好的感情酿出了咱们张雨慧这篇文章呢。看来呀，作文，是从心灵里飞出的歌！（板书：作文，心灵里飞出的歌）

二、深入感受

师： 刚才听了咱们几位小作者的创作谈，下面，请同学们结合自己的成功作品，谈一谈你的创作动机。

董爽： 我在小学曾写过一篇《春》，记得写这篇文章之前，我们江老师曾带我们到植物园去体验春天。因为整个冬天都猫在屋子里，暖气熏得人感觉也有些迟钝，人也有些烦躁。可一出去，被微带寒意的春风一吹，感觉竟是那样新鲜！看那枝条上的桃树的芽苞，胀鼓鼓的，好像马上就要进裂而出；柳条儿已经泛出了淡淡的绿色，远远望去，有点像绿色的雾，朦朦胧胧的。回来后，我特别激动，这篇文章就一气呵成了。

师： 在大自然勃勃生机的撞击下，诞生了董爽的《春》！

杨鑫潇： 我写过一篇《基地的秋天》，曾发表在《小学生天地》上。当时写这篇文章也不是老师布置的。咱们基地的四季应该说秋天是最美的，所以每到秋天，我就爱到公园玩。那天傍晚，我走在公园的林荫道上，秋风拂过，带来一股树叶的清香；地上铺着厚厚的落叶，满眼都是温暖的金黄。当时，我的心情特别愉快，好像在唱歌一样，于是怀着这样的心情写出了这篇文章。

师： 看来，秋风拂过了杨鑫潇的脸，也拂过了咱们杨鑫潇的心；秋叶落在了大地上，也落在了咱们杨鑫潇的心坎里呀！有感而发，很好。

王鑫： 说到风，我也想起了我的那篇《风中纪事》，相信同学们都记得。那天刮大风，呼呼的风声把同学们的注意力全吸引过去了，于是老师干脆让同学们去感受大风。文静的同学就趴在窗户上静静地观察，有几个调皮的同学跑到教室外，敞开外套迎风"飞翔"……那天我们都玩得很开心。晚上回家，我就把这件事记了下来。第二天，老师还当范文在班上念了呢！我还特别喜欢科幻类的文章，家里的书柜里大部分是这类书。一天，我突发奇想，我能不能也写一篇科幻文章让人家看呢？说干就干，我还真写了一篇！

师： 哦，大家想想，生活中的突发事件是不是最能触动我们，给我们留下深刻的印象，从而产生好作文？

窦睿： 这突发事件我也有过一次。记得那天中午我让妈妈三点叫我起床，可是等妈妈用惊慌的语调叫醒我时，却分明地听到"三点半了！窦睿，快点！"我心里万分难受：迟到了是多么脸红的事儿！但我还是飞快地向学校跑去。我来到学校时，见校园里安安静静，我更慌了。我低着头，心里像有一面小鼓在"咚咚"地敲着。来到教室门前，却见教室里空无一人！我诧异极了，我又跑到老师办公室，见到了班主任。她见了我问："窦睿，这么早你到学校来干嘛？""不是已经上课了吗？"我疑惑地问。她笑了："还不到三点呢！到教室先休息一会儿！"——这件事给我的印象太深刻了！所以我把它记了下来，也被老师当做范文在班上念过。

师： 原来好文章是误打误撞找上门来的！看来呀，只要有生活，就有好文章！生活这双大手时时都在拨动着我们的心弦。同学们，用心去感受生活吧，你会有比他们更精彩的故事讲给我们听的。（板书：生活，拨动我们心弦的神奇大手）

三、具体感受

师： 在学校生活的这段时间，军训是一段难忘的时光。我在军训期间拍摄了一些照片，下面，就让我们一块儿重温一下那些美好的瞬间。

投影出示"军训生活剪影"照片（伴以《咱当兵的人》的歌声）。

第一幅：教官哥哥

第二幅：笑靥如花

第三幅：顽皮小子

第四幅：威风军体拳

第五幅：军中小憩

第六幅：我们是参天白杨

师：看同学们的表情，相信你们的心弦已经被军训生活轻轻拨动了，那么，咱们就用"作文"这种方式将自己的心灵之歌唱出来吧！我们用小标题的方式说或者写一个印象最深的片断。我这里有几个参考标题，同学们可以照用，也可以自拟。

（投影出示小标题）

①教官长尾巴了

②我们的教官是"诗人"

③难忘"鸭子跳"

④最美是军姿

⑤看招！

⑥本周，我是家中小皇帝

⑦我的脚上三个泡

⑧军营男子汉

⑨一声问候

⑩难忘军训的N个理由

学生准备后展示作品。

薛娇：我的小标题是《一声问候》。

夏晓丹个子不太高，瘦瘦的，话虽不多，但她常常默默地帮助别的同学……在回校的路上，我的脚里扎进了一个玻璃碴，脚掌心疼痛难忍，就在队伍里不住地小声叫唤。这时，我身旁的夏晓丹便过来关心我道："你怎么了？"……每到过马路或我的脚很疼的时候，她都扶我一把，不让我掉队，时常还会问候一下，让我继续坚持下去。

田杨：我的小标题是《站军姿》。

……没过几分钟，我的汗像小虫子一样从我的脖子沿着背滑落了下来，痒痒的，又不能动，只能忍住。没过多久，我的衣服就湿透了，脸上，鼻子上的汗珠，好像是从好远的地方赶集似的都来了。

崔恺仑：我的小标题是《教官长尾巴了》。

"终于休息了！"我一边说一边坐了下来。在军训中，我头一次感觉到坐下来是那样的爽，水是那样的甜。正在这时，不知是哪几个顽皮的小鬼，在教官的腰带上扎了一束狗尾巴草。于是乎，教官便长了一个"小尾巴"。同学们都哈哈笑了起来。教官却拔下狗尾巴草，专挠爱动的同学痒痒——草儿摇身一变，成了对付我们的武器，真是服了他了。

……

师：生活中有多少有趣的打动人的细节！当我们捕捉住这灵光片羽，并用文字将它凝固下来，它就是我们生命中美丽的珠贝。同学们，记住，写作是歌唱生活的最好方式。（板书：写作，歌唱生活的最好方式）

●●●● ［执教感言］

这是苏教版七年级上册第一单元"到生活中找'米'"的作文指导课，也是学生升入初中后的第一次作文指导课。上课之前，我有意识地做了一些准备工作，收集学生的优秀日记，拍摄军训期间的难忘瞬间等，当然，这些都是悄悄进行的。

大约是开学三周之后吧，这节经过精心准备的作文指导课和孩子们见面了。尽管是刚组建不久的班级，尽管我和孩子都还不是那么熟稔，但是，日记中那些生活气息浓郁的细节显然深深打动了他们。孩子们时而凝神思考，时而神思飞扬，时而陶醉其间，尤其是那些小作者们，他们又惊又喜，没想到自己的文章成为作文课上的范文！我自己觉得，这节课的过渡尤其巧妙——让孩子们在《咱当兵的人》激越豪壮的歌声中观看我抓拍的军训期间的照片，课堂有些沸腾，经过几周沉淀的记忆重被唤醒，激发起孩子们强烈的写作欲望，因而，下面精彩片断的诞生也就水到渠成了。

上课时，和孩子们一块儿感受、体味、喜悦、兴奋、激动；下课后，我一个人默默回味着课堂的甜蜜、幸福。这节课再次让我深深感到：其实，一节让执教者感到"上课是一件美好的事"的课，同样应该是从心灵里飞出的歌！

"看标识学语文"部分
活动片段实录

❋ 蔡 明

现在的学生特别喜欢看电视，每每放假回家，大半时间都泡在电视机旁，家长也感到头疼。我没有简单地去批评学生，只是做了两件事：一是给他们发了一份材料《看一万小时电视＝学习几门外语》；二是让他们完成一份作业。这份作业是，回忆各个电视台的台标，并识别和解说其中的含义。

起初，同学们兴趣浓郁地进行回忆和分类研究。不久，面露难色，无法深入。此时，我作了一个简单的识别标识的辅导。之后，让他们继续完成没有完成的识别，尤其是文字解说的作业。

在收阅了作业之后，我组织了一堂作业交流展示评议课。评议的重点，不只是解说是否正确，更在于解说是否有特色，表达是否精彩独到。（热烈的场面与过程略）

这里选录几则有代表性的解说词和同学们对解说文字的特色评价，供参考：

① 四川电视台标识

解说文字：

这是一则充分运用汉字"四川"二字的优势变化而成的电视台台标，在所有的台标中，这则台标最具中国文化的特色，中间的空白处是一个"V"字，加上"川"的曲线，也让人一见便知是电视台的标识。构图简洁，寓意明确。（陈彦材解说）

特色评点：

采用平实说明的方法，将构图的造型和含义作出了明晰的解说。

② 海南电视台标识

解说文字：

蔚蓝色的大海，让人神往；绿色、生态、旅游的故乡，怎不让人流连难忘；城市的骄子，那可爱的椰子树，不仅给人送来椰子的清香，还给人送来了电波的激荡，享不尽的精神食粮……（许月解说）

特色评点：

面对一个很有诗情画意的电视台台标，解说词也能用散文诗的语言加以呼应，这是一种大胆的尝试，有味儿。

③ 江苏电视台标识

解说文字：

江苏卫视进万家，大江南北火样红。构图巧妙而充分地运用了江苏简称的"苏"的拼音第一个字母"S"，既体现了江苏地处长江南北的地形特点，换一个方向看，又是一个"V"字，加之两边的造型，既像一个变形的"T"，也像一个变形的"J"字，集中明确地显示出"江苏TV"的信息。（周纯醇解说）

特色评点：

首先用整齐的句式，概括了整体构图的特色；接着用一个长句准确而充分地解读了标识的内涵。平实、明确、严谨。

④苏州电视台标识

解说文字：

这是苏州电视台的标识，呈现在屏幕上的色彩和中央电视台的一样，是银灰色的。其实就是苏州拼音的第一个字母"S"的变形，但寓意丰富。她，独具慧眼看世界，那是苏州电视台的服务承诺；她，苏州人民观宇宙看世界的独特的视窗，"秀才不出门，尽知天下事"；她，一汪清澈的太湖如镜，蓝天倒影，相映生辉，真乃"上有天堂，下有苏杭"，"说不尽苏州好风光"！（王琨解说）

特色评点：

在先总说构图特点之后，运用整饬的句式，尽情挖掘了标识的深层内涵，独具慧眼的标识遇上了独具慧眼且富有文化品味的解说，可谓高山流水。

一堂课下来，同学们意犹未尽。为了满足同学们的要求，也让同学们更好地通过标识这个窗口向艺术、向生活学习语文，接着给同学们布置两道课后作业：

一、课后在自己视野的范围内收集至少两则商业广告标识，并试着进行赏读并解说。

二、结合老师提供的六大银行的标识，以及电视台的标识，运用求同求异的思维方法，从标识创意的角度概括一下其中的秘密。写一段三百字左右的体会文章。（六大银行的标识如下图）

作业情况举例：

作业一：

① 张家港市土产果品总公司广告标识

解说文字：

这则土产果品总公司的广告标识，采用的构图元素是产品果品的第一个拼音字母和绿、橘黄两种色彩。变形字母既可以说是产品又可以说是果品，在P的空白处用橘黄色，其余用绿色，以示新鲜、绿色。中间又可视为"1"，表明质量第一，顾客至上的服务承诺。（王珊珊解说）

赏读评点：

没有选择什么有名的广告标识，而选用了港城自己的标识，可见观察细致，对生活留心。

②李宁牌系列产品广告标识

解说文字：

构思之独特，造型之别致，简直是妙不可言。这个红色飘带般的"一"字，既是"李宁"两个字的第一个字母，像L，又像N；更是李宁获得奥运体操三项全能冠军时举着国旗在现场上的狂欢场景的再现；加上"一切皆有可能"的广告语，谁见了不叫绝，谁见了不兴奋？谁想忘都忘不了。（李莉解说）

赏读评点：

这个解说词首先是一个总体评价，然后从三个方面对标识内涵进行了由浅入深、由局部到整体到创意的解说，表达富有力度。

●●●●● ［执教感言］

美国教育家华特有一句非常经典的概括："语文的外延与生活的外延相等。"但我们往往忽视了这一经典的概括，一是就语文学语文，没有拓展我们语文学习的时空，没有意识到语文与生活之间的关系，片面强调语文教材的选编，投注大量的人力、物力和财力，结果还是不能事如人愿。二是把语文与生活两者简单地画等号，认为只要有生活就是学语文，只要有活动、有实践，就是学语文，错解了华特的表达，丢掉了"外延"二字，外延相等，不一定内涵也相等。语文就是语文，绝不能把两者完全等同起来。当然，这些错误从某种意义上来说也是在所难免的，因为，我们的语文到底是什么？我们语文学科的性质到底是什么？语文的核心能力又应该是什么？什么才是语文的真正的元素？这一系列的问题，即使在专家们那里也没有得到明确的答案，更不用说回答了。即使是《语文课程标准》也没有说清楚，甚至在有意回避。这就难怪我们第一线从事具体教学工作的语文老师搞不清弄不明了。

回到"语文的外延和生活的外延相等"的话题上来，我以为，作为第一线的语文教师，最重要的是如何组织学生将这样的语文学习理念变为切实有效的语文学习行为。因此，我在语文教学活动中，视界是比较开阔的，尝试是比较多的，我的确尝到了"生活处处是语文"的甜头。

我引导学生通过看漫画去学语文写作文，最后编写并出版了《漫画作文》一书；我引导学生运用《读者》刊物作为语文学习的主要教材之一，再加上语文课本上的"文言文"。这样的学习，使同学们的知识丰富了，能力提高了，成绩也上去了；我引导学生在网络上交流，在网络上学习，在网络上写作，同学们的写作能力尤其是语言表达的技艺大为长进；我引导学生读古诗，背古诗，评古诗，同学们对文学的修养大有长进；我引导学生去工厂，去农村，去街道，进行广泛的社会调查，学生在社会实践中学到了语文，进一步明白了语文学习的重大意义。这次提供的"看标识学语文"既是近期的一项学语文活动，也是我的"生活处处是语文"的一个例证。这样的活动，我化学生的无意注意为有意注意，仅从标识一个角度，把看电视与学语文，看各种标识与学思考、学表达结合起来，养成观察、分析、思考和表达生活的习惯，培养学生求同求异的思维能力，其意义是多方面的。

无论是什么样的活动，最终的归结在学语文。就说这里的课例，有好心的同人建议，你为什么不借此再做下去，让学生每人搞一个创意，甚至再试着用示意图什么的表现出来呢？那样，学生的创新思维能力将会得到更好的培养。我感谢同人的提醒，但我不想继续做下去。因为，在我看来，那已经不是在学语文，不是在学习用语言文字去表情达意了，而是在学习标识的创意制作了。而我们这一"看标识学语文"活动，始终不忘的一点就是学生的语言运用和语言表达。把看到的想到的，用恰如其分的语言表达出来，用不同风格的语言表达出来，用不同品位与内涵的语言表达出来，并且对每一次的表达都进行评议和评点，重点和中心始终在语文学习和语言表达，而不是其他方面。面对学生们写给评委的那封富有见地、表达到位的信，作为一个语文老师能不高兴吗？即使在标识的认识上有些门外汉的不足，又怕什么呢？

写到这里，我不得不说一件一直令我担心的事：听某些名家上课，欣赏某些所谓获大奖的优质课，我常常会问自己，这是语文课吗？如果把所谓的亲情教育、伦理修身、幻想推测、热闹取笑等因素过滤一下，这堂课中语文学习的成分还有几何呢？

一方面，我们应该看到，语文教学只有扎根于生活这片沃土，才能发芽，开花，结果。另一方面，我们更应该记住，只有让生活的列车行驶在语文的轨道上，才能处处语文风光好。请允许我做个不合格的仿句：原句——酒肉穿肠过，佛祖心中留，仿句——生活晃眼过，语文手中留。

"童心诗趣"教学实录

❋ 孙 艳

一

（先请同学登录"童心诗趣"（http：//homepage.10000h.com/txsq）个人网站。伴随着以太阳花为背景的漂亮的主页面的出现，熟悉的歌《童年》响起，顿时教室里氤氲着一种重返童年生活的浪漫情怀。）

师：十四五岁的你们正处在诗意盎然的年龄，应当喜欢读诗，并尝试写诗，用青春的笔表露心中跳动着的情感，和亲密的朋友交换从心灵深处流泻出来的吟唱。也许是因为觉得跟诗的距离太遥远，大多数人会望而却步。其实写诗并不难，今天，孙老师就带领你们一起进入童心诗趣写作活动课，一起来读诗、品诗，并且尝试着写诗。首先我们一起进入"播种诗意"。

（学生打开"播种诗意"网页。）

师：小时候我们都唱过童谣，现在虽然我们长大了，可是在我们的记忆中，一定还固执地认为，天下最美的歌就是童谣，最让我们刻骨铭心的还是故里的童谣，它始终封存着我们童年生活中最动人、最美好的记忆。童谣给童年的生活带来无穷的快乐，还给人以美的启迪和向上的力量。那么，我们想不想唱一下童年时熟悉的童谣呢？

师：这里呢，孙老师给你们提供了一些童谣歌曲，你们可以自己选择。

（网页提供了《找朋友》《萤火虫》《小燕子》。学生在网页上自由选择歌曲，同时网页上还链接了"听我为你唱歌谣""儿童歌谣"等相关童谣知识的网站，供学生课外浏览。）

（伴随着《萤火虫》MTV背景音乐，学生由低到高唱起了这首歌，后来还打起了拍子，眼神也开始明媚起来，脸上露出欢喜的神色：

萤火虫，萤火虫慢慢飞，夏夜里，夏夜里风轻吹，怕黑的孩子安心睡吧，让萤火虫给你一点光。燃烧小小身影在夜晚，给夜路的人照亮光亮，短暂的生命努力地发光，让黑暗的世界充满希望……）

师：唱了以后，我想请你们说说此时你们内心的感受。

生1：我感觉又回到了童年。

生2：感觉很甜蜜，仿佛又回到了从前快乐的时光，享受到了童年的温馨。

师：好，那么你们能不能用一个比喻句说说对童谣或童年的感受呢？

生1（内心有所感，举手雀跃）：童年犹如一片薄雾，从梦的地方开始缓缓升起，那就是我快乐与忧愁的所在。

师：你已经在写诗喽！一种唯美的情怀！你很好地把你的体验融入了其中。

生2：童年像一颗颗珍珠，在阳光下闪闪发光。

生3：童谣像雨露，滋润了我们的心田。

生4：童谣是一曲经典的歌，永远珍藏在我们的心头。

生5：童年是一种蜜，甜甜的，让人回味无穷，但永远在未能尝到最甜的时候就过去了。

生6：童年是七彩长虹，带着太阳无限的梦想与希望。

师：同学们说得都很好。事实上，大家已经从童谣往前迈了一步，开始进行创作了。因为对于童谣的感受是一种很抽象的感情，但是大家通过比喻的方式，找到了一个具体的形象，也就是物象，把这种感情生动而具体地传达出来了。这就是诗歌创作的第一步，找到"物象"（板书）。

二

师：好，下面我们进入"萌发诗情"。（学生点击萌发诗情网页）老师在这里提供了一些关于春天的诗，首先请大家熟悉一下，酝酿一下感情，并分工朗读。（俏皮的音乐响起）下面孙老师先开个头，给大家范读一下我作的序诗——春来了／你瞧——／我们脱下厚厚的冬装／一头扑进春天的怀抱／然后问一声——／春天，你好！／你瞧——／春雨唱着歌儿／乐得又蹦又跳／春风吹着笛儿／整天东奔西跑／你瞧——／几只小小的风筝／把蓝天拥抱／细柳向着池塘／抛下富有弹性的线条／迎春花争奇斗俏／小粉蝶在春光里闹／几只啄破蛋壳的小雏鸡／唧唧叫着，吹着春天的小号／啊，春天真好！

男生（朗诵）：春草／绒绒的春草／直挠脚心／我一路走／一路笑。

女生（朗诵）：春风／地面上／小草探头探脑／春风伸手／三把两把／就把它们揪出来了。

男女生（合诵）：春雨／顽皮的小雨滴／一个接一个／从云里跳下来／跳到屋顶上／被屋顶踢下来／可怜的小雨滴／一个接一个／从屋顶跌下来／跌到树叶上。

（音乐欢快，面对网页情境，朗诵入情入境。）

师：很好！我觉得你们读得比老师好，那么我想问一下，读了以后，你有一种什么感觉呢？就请不爱说话的男同学来发表意见吧！

生1（面带笑容）：我觉得春天是很美丽的。

师：那你心里的感受呢？

生1：我觉得心里很温暖，觉得我在春天的怀抱里成长，充满了活力。

师：很好，你不仅把这种感受说出来，而且还丰富了你所要表达的东西。不过我还要问你，你感到很温暖、很活泼、很快乐、很温馨，但是作者有没有直接告诉你"好开心！好快乐"？他是通过哪些具体的形象，也就是物象来表达的呢？

生1：我觉得是通过春天的风、草、雨这些东西表现出来的，而且把它们拟人化了。写出了它们的动作、神态。

师：很好！那我还想问你，你找到作者感情所寄托的物象了吗？

生（异口同声）：春草、春风、春雨。

师：但是，在这一基础上，我想大家还有更深一层的领悟，小诗中通过拟人化的手法写了春草，那么，春草还是现实生活中的草吗？

生2：不是了，作者写的时候好像融入了自己的感情。

师：很好，融入了自己的感情。是的，在诗歌创作中，你除了找到一个物象之外，还要善于把自己的感情寄托在上面，这就是"移情"（板书）。

师：那我要考考其他同学了，如果你快乐，你觉得树叶会怎样。

生1：如果我快乐，我会觉得树叶迎风飘舞，仿佛在为我高兴，为我欢呼！

师：嗯，甚至拍着巴掌。

生2：甚至它还会飘下来。

师：那如果你觉得忧伤，你会觉得怎样呢？

生3：它会忧郁，静默地看着我。

师：如果你觉得愤怒时，你又会觉得怎样呢？

生4：它会像母亲一样，抚慰着我。

师：不管大家怎样设想，总之大家在领悟一点，就是：在诗歌创作过程中，你找到了物象，又寄托了不同的感情，事实上，你就找到了"意象"（板书）。那么大家一起来总结一下，在诗歌创作中，首先要找到一个物象，然后移情，这个时候你就有了一个意象，同时你的语言要注意含蓄、凝练。

三

师：现在想请大家即兴来仿写。

（点击网页"FLASH作品"——《风筝》。风筝在叮当声中飘动，出现了几行字：如果我是风筝／你就是线／无论我飞到哪里／都和你紧紧相连。）

师：你从诗中读到了些什么？

生：亲情、友情。

师：诗中这种感情是通过线与风筝关系的角度来思考的。其实，我们还可以从其他角度来想。比如：风筝与天空——

生1：如果我是风筝／你就是天空／我要自由地飞翔／天空永远敞开怀抱。

生2：如果我是风筝／父母就是那根丝线／永远伴随我无忧无虑。

生3：如果我是风筝，翱翔在天空／总有一丝牵挂像那条丝线一样／牵着我飘飞。

生4：如果我是风筝／风就是我前进的动力／永远推动我前行。

师：好，你们已经学着从不同角度用意象来表达自己的诗情了，如果语言再精练些，就有诗味了。

生5：如果我是风筝／你就是放线的人／灵魂攥在别人手里／沉浮全然不能自主。

……

四

师：孙老师还想教你们一个办法，就是从网上摘选一些你们认为比较喜欢的诗，做成电子文摘卡的样式，然后试作点评，点评的过程就是你借鉴和学习的过程。请你们通过搜索引擎，搜索相关诗歌进行交流。

（学生上网搜索，做电子文摘卡，然后交流。）

生1（6号机）（交流演示）：我摘录的这首诗，把乳名跟生活中一些细小的，通常不被人注意的东西联系到了一起，写得很有感情。

生2（24号机）（交流演示）：我摘录的这首诗写天空，但是它是通过蓝衣裳来表达的。

师：是的，把天空的透明感和澄澈感很好地表达了出来。

师：好，时间关系，我们暂时交流两个，孙老师也想把自己做的电子文摘卡跟大家交流一下。我在摘录的过程中还注意到了把同类主题的诗放在一起比较、发现，其实，有些诗看起来难懂，一分析思路就很容易明白。

（师生点击网页上的电子文摘卡。）

师：我们再来看一下，两首诗都是写太阳的，虽然表现方式不同，但都是按照寻找太阳的红的原因来构思的，是一种寻因法。

师：我们再来看一下，还可以寻找结果，好，下面我们来按照寻结果的方式改编这首诗：下雨了／来一点／来一点，不要太多／来一点，不要太少／来一点，泥土咧开嘴巴等。

生1：来一点，小菌们撑着小伞等。

生2：来一点，小荷们站出水面等。

生3：来一点，笋芽儿探出头来等。

生4：来一点，花儿打开窗子等。

生5：来一点，湖水泛着微笑等。

师：你看，写诗一点都不难，找准思路就好。下面我们要接受更大的挑战。请大家进入"烂漫诗趣"，进入涂鸦板，以"春"或"童年"为话题，选用本网站上提供的图片，为图配诗，限时递交。

（学生点击网页，当场创作。）

五

师：现在我们选一些诗，现场来点评一下。

（选定一生来读他（她）写的诗并自评。）

生1：（又是樱花飘飞季节／远方的友人／你在哪里／我想念你／又是樱花飘飞季节／我心中的思念／又如丝线缠上心头／回忆是片片真情／回忆是丝丝浓意／就像樱花不断飘飞，飘飞……）我看到了樱花这幅画面，我觉得有一种思念之情在里边。所以就写了这首诗。

师：那同学们能不能对这首诗作些评点呢？（顿时一片沉默。）

生2：我觉得诗写得固然优美，也移情了，我也能读出她的感受，就是不太简洁。

师：那你能不能帮她改得更简洁一些呢？（生摇头笑。）

师：好像还不行。好，孙老师帮你们想到办法了。今天呢，孙老师请了两位诗人来到我们的现场，一起来参与对你们诗歌创作的点评。诗人阿西和诗人卫星，有请两位上场。

（学生欣喜，热烈鼓掌。两位诗人上场。）

师：谁愿意先来提问，我们自己鼓励一下自己。（鼓掌）我们可以向诗人发出挑战，一起来挑战诗人。

（一生犹豫着欲言又止。）

师（打圆场）：你想问谁？

生1：卫星。

诗人卫星：首先，我觉得这已经是一首好诗了，因为它发乎这位同学的内心，这是一个纯真的剔透的童心，这在我们成年人是没有的。第二，我觉得她的想象也是很丰富的，樱花和友人联系在了一起，春情、诗情和友情融为了一体。第三，她的语言也比较凝练，朗朗上口，如果要我提一些小建议的话，最后几行可以改一下，比如：回忆是片片真情，回忆是丝丝浓意，不要直接说出来，因为孙老师已经讲过，诗歌的语言讲究含蓄，在这里要含蓄一点，即使不说，读者也能明白。不过，我从这位同学的创作中领悟了一句话：诗是人类思想的精髓，它提升人的一生，并且提炼人的一生。谢谢！（掌声）

师：还有谁愿意让诗人评点一下你的帖子。

生2：我想请教诗人阿西，为什么你在回帖上给我回了这样几句？

（附学生的诗：嫩绿的叶儿／透明的叶儿／为何你要落下晶莹如珠的泪儿／是喜极而泣／喜在你又有了蓬勃的生机。诗人阿西的回帖：不错，写得不错。）

诗人阿西：刘梦琦同学，我觉得你首先做到了诗歌中的情真。在这一点上你把握得非常好，你的感情非常细腻，非常敏锐，把感情全部移托到了物象上，从这一点来讲，写诗的最基本的一点情真你是做到了，而且在语言上，这里所用的晶莹的泪珠、蓬勃的生机都融入了诗歌的基本要素，我觉得是一首不错的诗歌。但是有些句子，如"喜在你有了蓬勃的生机"这样长的句子再改得凝练一些就更好了，你可以把你的欣喜之情放在描绘中间，不要把它直接地说出来。

师：天空是诗，大海是诗，自然界一草一木都是诗，只要我们拥有一颗善感的心，我们就会拉近与自然的距离，我们就会捕捉到生活中一切美好的东西，用鲜活的意象，唯美地体现在我们的诗行里。孙老师还给大家提供了所搜集的"面朝大海——新诗朗诵"的网址，大家可以开个诗歌朗诵会；孙老师还提供了"童诗社论坛"网址，大家可以参与到论坛的诗歌创作中，那里有许多人会给你的诗作出评点。也许再过20年，在中国网络诗歌的大典中会有同学们的优秀作品。好，让我们带着这种心愿，一起来唱一下《心愿》，在歌声中结束我们这一课。

（在浪漫而富有诗意的校园歌曲中本课结束。）

（说明：该课例获全国第五届初中信息技术与课程整合评优课一等奖。）

●●●●●［教学点评］袁卫星

孙老师的这堂课听了让人感到非常振奋。这堂课初看起来，首先是个诗歌教育，亲近诗歌、了解诗歌、喜欢诗歌，甚至学写诗歌，仅做到这一点，我认为已经不错了。因为随着抒情时代的结束，应试教育的侵袭，诗歌以及诗歌的教育已经在我们这个泱泱诗国的大地上水土一般地流失了。孙老师不甘心这样一种流失，她把诗歌的真、诗歌的善尤其是诗歌的美带到课堂里来，介绍给学生，让学生充分领悟到诗是我们生活中的精细部分，它扩展、净化、提炼我们的心灵，提高我们的人生，从这一点上来说，孙老师在落实这样一种教育教学理念，那就是：教什么永远比怎么教更重要。不仅仅如此，孙老师还在课堂上和同学们一起把童心与诗趣结合起来，创造了另外一首诗，这就是呈现在课堂上的，师生的生命的活动、情感的激荡、灵感的碰撞以及闪亮，这就体现了语文教学较高的美学追求。下面就结合这堂课的几个重要环节来简单地说一说。

第一个环节：播种诗意。学生唱儿歌进入角色，教师要求学生用比喻句说一说对童谣的感受，这其实就是让学生捕捉生活中的诗，告诉学生诗并非遥不可及，不一定就是阳春白雪，诗歌渗透在生活的每一个角落里，生活中的一切精细的部分，它都是诗。另外是比喻句的使用，它非常符合初一学生的心理特点，它能形象地把学生内心的感受表达出来，这个比喻句的形式又和后面提到的物象相联系，化抽象的创作理论于生动活泼的形式之中。

第二个环节：萌发诗情。网络教学的交互性，使课堂教学的文本得到了无限的拓展，也使课堂的互动达到了一个灵活自如的境地。怎么说它是一个无限的拓展呢？有这样一个环节，孙老师在让学生自写自吟展露诗情的同时，也把写春草、春雨、春花的三首诗放在那里，让学生通过比较领会，更重要的是还引入了FLASH动画作为课堂教学的资源，那么在这里，这个教材就不是我们传统意义上的教材，而衍化成一个教学资源，这样随着网络平台的搭建就形成了一个没有限制的空间。在师生互动这一环节，不仅是一个学生和老师之间的互动，学生和计算机的互动，更重要的是学生感官的互动。网络教学非常独特的魅力就在这里体现出来，因为它展现了音乐、画面、文字，声色俱全，形神兼备。这样一个教学的素材，它调动了学生各方面学习的感官，应当说是非常独到的。在文本拓展、师生互动的基础上，教师还很好地解决了诗歌的意象及语言的特点，学生通过读诗、说画面，来体会情感和物象的结合，从而形成意象这样一个诗歌创作的理念。在这个教学环节，孙老师还让他们展示了自己制作的电子文摘卡，电子文摘卡的制作是一种学习方式的变革。我想在这个信息化的社会，学习型的社会，制作电子学习文摘卡的意义和作用是不言而喻的，新课程强调要由教师的教转化为学生的学，学习方法的变革在一堂课中很好地体现出来，也应是衡量一堂好课的标准之一。

第三个环节：传递诗趣。这个环节是这堂课最精彩的部分。在我看来，一堂好课的标准不外乎这几个方面：一、是否着眼于学生的发展；二、是否着眼于学生能力的发展；三、是否着眼于培养学生探索未知创造能力的发展。而这个环节恰恰是体现了这三个方面。在这个环节中，学生的参与率达到了最高的程度，总的来说，这堂课都是学生全员参与的，课堂的量与质与传统课相比都有明显的提高。尤其是这样一个环节，学生不仅是学、读、想而且开始创作，因为提供了一个网络平台——涂鸦板。涂鸦板上学生自由地创作，涂鸦板成了学生展示才情的舞台。学生在一个非常好的情境中创作：教师利用网络平台引入了一个音配画的情境，不仅是营造氛围，更是黑格尔美学概念上的一种情境的创设。黑格尔所说的情境是一种特殊的人物关系，他说这样一种情境，本来在现实生活中还没有得到发展的东西得到真正的外在表现，我觉得在这里，学生内心的东西、学生的童心通过诗这种形式得到了外泄和表现，转化成了诗趣。在这个环节中，教师还有一个匠心独运的地方就是挑战诗人，她让两位诗人来评价学生的诗作，虽然是写在涂鸦板上的，但是得到了诗人的首肯，这样一种评价我觉得是非常重要的，是现代教育评价中急需发展的一种观念。

总的来说，这是一堂在新课程下的好课，如果说对这堂课还有什么期待的话，我希望当童心唤起了童心、诗趣激发了诗趣，当平台搭建了之后，我们的教师和同学不要就此止步，还要继续在这个平台上把生活中的精细部分更好地显露出来，尽情地创作出来。让我们的生活进入到一种诗歌的状态，这是语文教育工作者应该追求的事，不仅要把语文味上出来，更重要的是学做人，学生活。

《读〈邯郸学步〉有感》
作文讲评教学思路

❋ 程　翔

❧ 教学说明

此前，教师要求学生写一篇作文，正标题自拟，副标题是"读《邯郸学步》有感"。下面是针对该次作文的讲评课。

❧ 讲评摘要

总体看有进步，但仍然不理想。主要问题有：

一、有的同学没写正标题，只有副标题

这种情况肯定要扣分。正标题和副标题的关系是什么呢？正标题表明文章的观点；副标题说明文章的缘起、范围和角度，具有一定的背景性。正标题要贴切、醒目、简明、新颖。两个标题各司其职，不能混淆。考场作文写不写正标题，要视"考试要求"而定。

好标题举例：《学习不可盲目——读<邯郸学步>有感》。

需要改进的标题举例：《从学步到学英语——读<邯郸学步>有感》《步法——读<邯郸学步>有感》《燕国少年其人——读<邯郸学步>有感》。

总之，好标题太少了！

二、"感"不够突出

"读后感"重在一个"感"字。你的感受究竟是什么，千万不要含蓄、含糊，一定要鲜明地表达出来。同学们的"始发叙述"还是可以的，但是紧接在"始发叙述"后面的过渡句没有写好。怎么写呢？可以这样写："读了这则寓言，我的感受是……"或"读罢这则寓言，我掩卷深思，我深切地感受到……"或"人们都嘲笑燕人愚蠢、盲目，但是我不这样认为，我强烈地感受到燕人的学习精神是非常可贵的！"这就是"过渡句"，由"始发叙述"过渡到中心论点。这属于语言表达技巧，很好学，很好掌握。当然，语言功底在此分出高下。

过渡句写完后，就要集中谈感受。以"学习不可盲目"为例，要先认定燕国人"学步"具有盲目性，导致"爬"回家。接下来，要把"学习为什么不能盲目"的道理讲清楚、讲透彻。学习本来是为了提高自己，盲目的学习非但不能提高自己，反而损害自己。盲目的学习，就是不加选择，不管需要与否，不看客观条件，只是凭主观热情，心血来潮，感情用事，是非理性的。那么，怎样才能避免学习上的盲目性呢？这就深入了一步。要冷静客观地分析自身条件，从实际出发；要注重学习的方法和步骤。可以结合自身、他人、集体、国家和民族，从不同的层面上来谈感受，使得自己的感受丰富、深刻、多层面，避免单调、肤浅。举例要简洁，不要叙述故事，举例是为表达感受服务的。

请参考下面一篇文章：

"邯郸学步"的启示

相传战国时，赵国邯郸人走起路来威武大方，姿势特别优美。燕国有个青年，不顾路途遥远，到邯郸学习走路的姿势。他抛弃了自己原来走路的习惯，跟在邯郸人后面一招一式地学。几个月过去了，青年人没有学会邯郸人走路的姿势，却忘了自己原来的走路姿势，变得不会走路了！结果他只好爬回了燕国。从此留下了"邯郸学步"的千古笑谈。

"他山之石，可以攻玉"，不可否认，在经济建设过程中，学习、借鉴他人或外地经验是必不可少的。但是，如今类似"邯郸学步"的现象并不少见。有的地方看到别人养牛养羊致富了，于是一窝蜂地跟着养牛养羊，但养出来的牛、羊却没有别人的肥，品质没有别人的好，等不了一年半载，"牛羊不知何处去，此地空余牛羊舍"；有的地方看到别的地方种瓜栽果富了，于是又争先恐后跟着学起来，但是种出的瓜却总是没有那个味，栽出的果也没有那个形。这样，其结果必然是浪费时间、浪费金钱、浪费精力，不仅损失难以计数，而且自己原来的事业也耽误了，这无异于"邯郸学步"，怎样避免邯郸学步式的结局？我们应从中得到什么教训和启示呢？这值得所有准备外出学习考察的企业领导深思。

学习借鉴外地经验要充分论证必要性。我们应该看到，邯郸人的步伐固然不错，而燕国人的步伐未必丑陋，只要雄赳赳气昂昂，满怀信心地走，照样能走出自己的特色，走出自己的一片天地。然而当今有些地方领导，总是盯着别人的优势和长处，别人这也好、那也好，月亮都比自己的圆，而对自己的潜力和优势不挖掘、不开发，不愿默默无闻地闯自己的路，一心只想走捷径，"克隆"他人，一步登天，结果往往事与愿违，别人的经验没有学到，自己的事又耽误了。所以，与其"亦步亦趋"，不如走自己的路。走出自己的风采。

学习借鉴外地经验要充分考虑可行性。邯郸人的优美步伐能学到当然最妙，但我们能不能学会是个必须考虑的问题。因为，他们的步伐也许是由其特殊的体形、体质等先天性因素决定的。在你不具备这种先天性条件的情况下，你再怎么努力也是白费工夫。当前，某些地方的特色经济搞得好，殊不知，这种成功是依托其某种特有的资源优势所造成的，别的地方不具备这种条件，却又盲目跟进，当然得不到理想的效果。因此，在学习外地经验时，要充分评估自身的条件，尊重客观规律，没有条件不能硬上、蛮干。

学习借鉴外地经验要充分估量艰巨性。燕国青年"学步"几个月就放弃了，结果毫无所获。假如他再努力一点，再坚持一下，也许结果就会两样。干什么事情，上什么项目，都不可能一帆风顺，总会遇到这样那样的困难，我们不能被困难和挫折吓倒，一遇风浪马上掉转船头。只要真正认准了自己的方向，就要锲而不舍、坚持不懈，用一往无前、义无反顾的勇气和毅力去争取成功。

三、语言不够漂亮

精彩的语言可以使文章熠熠生辉，同学们要有"读者意识"。所谓"读者意识"，就是提起笔来就想到读者，为读者着想，自己总想写得精彩一些，在修辞、句式、标点、语气、风格等方面做得更好一些。请同学们看看自己的文章，除了逗号就是句号，是不是太单调了呢？

四、思路不够清晰、不很合理

思路出岔是中学生作文常见的毛病，是大毛病。出岔导致论述不集中。第一个问题还没说完，就急忙转向了第二个问题，结果什么问题也没谈透彻。请看下面一篇作文：

走自己的路

——读《邯郸学步》有感

①话说战国时，一燕人见赵国邯郸人走路姿势优美，于是前去学习，结果不但没有学会，连自己的走法也忘了，只好爬着回去。可见，盲目地学习他人，有时会带来相反的结果。因此，人们应该学会（坚持）走自己的路。

②当然，走自己的路并非一意孤行，一点也不学习他人的优点。从古至今，相互学习一直是人类进步的动力，人们通过学习，继承祖先的智慧，为创新打下基础。好学在任何文化中都被视为优良品德，而在将来的很长一段时间内，这一看法也不会改变。

③然而学习并不是在任何情况下都为褒义的。邯郸学步、东施效颦就是例子。东施也有爱美之心，学习皱眉也算一次善意的学习尝试，可为什么被传为千古笑话？错就错在她盲目仿效。事先不弄清自己与西施的差距，上来就效仿，这就犯了唯物辩证法的原则错误，适得其反也是在所难免的。学习要针对自己，就像择衣要自己试穿一样：人家模特穿什么都好看，而对于相貌平凡之辈，可要慎重选择了。

④历史上人们根据自身特点，走自己的发展道路而获得成功的例子屡见不鲜。中国走社会主义道路正是根据中国生产水平低下等多种因素而制定的。南美国家从贫穷走向富强也正得益于对自己得天独厚的自然资源的利用。设想中国若是学习西方走资本主义道路，南美学习欧洲列强走重工业道路，那么他们也不会有今天这样的崛起。

⑤那么，我们应该如何正确把握学习他人与自我发展呢？我的想法是，凡事学个七分，剩下三分自己悟，可谓站在前人的肩膀上攀登更高的巅峰。正如基因遗传：子女继承父母的大部分基因，保证一定的生命能力，而在同时进行基因突变，以达到进化的目的。而对人的进步来说，学习保证不退步，创新决定进步，两者不可或缺。

请同学们指出这篇作文中存在的问题。

五、反向论证的作文少

要学会"反弹琵琶"。写"翻案文章"容易出新意，老调重谈难得高分。这次的"翻案文章"只有三篇，比例上显得少了些。请参考下面一篇"下水文"：

劝君莫笑燕国人

——读《邯郸学步》有感

一个燕国人，看到邯郸人走路姿势优美，顿生美慕之情，立刻模仿起来。他抛弃旧姿势，学习新姿势，难度可想而知。结果，那个燕国人非但没有学会邯郸人的走法，就连自己原来的走法也忘记了，只好爬着回家。

可笑吗？的确可笑。从庄子在《庄子·秋水篇》中写了这则寓言开始，那个燕国人就成了人们的笑柄，一直到今天。但是，没有哪一个人站出来说一句："那个燕国人也有可贵之处！"

那个燕国人看到别人有优点，便生美慕之情，便生学习的欲望，这种精神是可贵的。《论语》中讲"见善如不及"，意思是说看到好的事物就唯恐来不及，就急忙去做。这说明中华民族是一个好学上进的民族。有的人，明知别人比自己强，却听而不闻，视而不见，故步自封，夜郎自大。两者相比，简直是天壤之别。燕国人不只是想想而已，他付诸行动了，跟在邯郸人后面一招一式地学了起来。他可能做得很难看，他可能学得满头大汗，他的身旁可能围着许多看客，指手画脚，嘲讽不断……但是，我相信他学得很认真，很投入。一个人，敢于丢弃旧的东西，努力学习新的东西，这种勇气不是很可贵么？燕国人没有学会邯郸人的走法，是的，美好的事物岂能轻而易举地获得呢？没有艰辛的付出，没有牺牲的精神，哪能换来甘甜与成功？我从内心敬佩燕国人"爬"的精神，也许他早就懂得了一个道理：学习别人之长，不会一蹴而就，可能成功，也可能失败；他不奢望一次学成，这次爬回去，下次走回去！

我的感受由此生发开去，我想到了"东施效颦"，我想到了"胡服骑射"，我想到了"百日维新"，我想到了"洋务运动"……学习新事物，容易招笑惹骂；失败之后，也总有事后诸葛亮评头论足。但是，纵观古今中外，学习他人、他国经验者，开始的时候总有些盲目，但正是因为有开始的盲目，才会有后来的清晰。社会的发展规律总是从盲目到清晰，于挫折处清醒，在失败中奋起。劝君莫笑燕国人，劝君重新看东施。万紫千红满园春，总有东风第一枝。

当然，作为一个成语，它有约定俗成的含义，这是语言学上的现象，我尊重这种现象。但同时，我不安分的大脑告诉我，要有一点自己的感受，尽管它很幼稚、粗浅，甚至可笑——但它是真正属于我自己的感受。我思故我在，所以我写了出来，与大家分享。

请同学们评论这篇教师"下水文"。同学们觉得还可以从哪些角度来"翻案"呢？

●●●● [执教感言]

上面两节作文讲评课的指导思想是：找问题，出范例，提高"读后感"的写作水平。我的目光盯在学生作文中带有普遍性的问题上。指出这些问题，让学生认识到这些问题，进而改正、提高，这是我的教学目标。

学生的问题可以分成技能问题、表达问题和思想认识问题三类。

技能问题，是具体操作层面上的问题，比较好解决。比如"始发叙述"，它是在阅读原材料的基础上，从写作需要出发，对原材料进行适当调整后进行的叙述。因为是用在文章的开头，所以叫"始发叙述"。对同一事件的叙述，因表达需要的不同，叙述的角度和侧重点也会不同。这就好比原告和被告，因为出发点不同，对所发生的事件的叙述也会各有侧重。过渡句的使用比较简单，但学生容易误解为套路（其实套路未必不好）。过渡句是连接"始发叙述"和读后感主体内容的，具有穿针引线的作用。不用过渡句，后面的"感"就会显得突兀。类似这样的技能还有很多，比如描写空间位置，要善于选取一个空间参照物。以参照物为基点来写，空间顺序就一清二楚。描写天安门广场五大建筑的位置关系，选择天安门为"参照点"，其他的建筑就清晰了。写记叙文，要善于选择"动情点"，学会使用"脉络句"，等等。写作知识重要不重要？当然重要。但是给学生什么样的知识呢？对此，我们研究得很不够。现代心理学从认知的角度将知识分为陈述性知识和程序性知识。陈述性知识告诉人们"是什么"，它是静态的，不能很快转化为能力，要转化成能力需要一个相当长的内化的过程。程序性知识告诉人们"怎么做"，是动态的，它可以很快转化为能力。过去，我们传授写作知识，注重了陈述性知识而忽略了程序性知识。比如，我们讲人物描写有"肖像描写""动作描写""心理描写""神态描写"，我们告诉学生空间描写的顺序有"时间顺序""空间顺序""逻辑顺序""心理顺序"，我们要求学生的记叙文要生动感人，等等。对不对？对。管用不管用？很有限。最糟糕的是，考试还要考"这是什么描写""那是什么描写"。我们做了很多无用功，究其原因，与我们忽略了程序性知识的传授有关。我们要在写作教学的具体实践中，加强程序性知识的教学，给学生切实、管用的指导。

表达问题相对于前者就有难度了。写读后感，不能想到什么就写什么。你的感受可能很多，要对它们进行整理，分出层次。要用通顺、规范、典雅的语言加以表述。语言表达可以从语句词汇的表达、段落的安排和整体的构思三个方面来考虑，不要局限在文句上。表达问题非常复杂，不是一期一夕可以彻底解决的。本课中，我从语言的"漂亮"和"思路"两方面指出了学生作文存在的毛病，并结合范文和病文让学生进行体会。应该说，还不够透彻，效果不够理想。其实，我也没有奢望通过这两节课就让学生完全掌握到位，如果学生能从范文《"邯郸学步"的启示》中得到启示，初步明白从不同的侧面（必要性、可行性、艰巨性）来谈感受，我也就知足了。

思想认识问题的难度就更大了。中学生还不具备深刻的思想认识能力，比较单纯幼稚。从思想认识方面对他们提出要求，有拔苗助长之嫌。但是，不排除少数学生有这方面的需要，教育的引领功能也要求教师走在学生的前面。处理好"度"是教育的艺术。本课做了一点尝试，从写"翻案文章"的角度开了一个小口，或许对部分学生有启发意义。我知道，能够写出"翻案文章"的学生是极个别的，但哪怕只有一个，我也高兴。立足全体，注意个别，这是教师的职责。

　　写作教学一直是语文教学的"老大难"，多年来，教师们殚精竭虑，然而收效甚微，它成为制约语文教学提高效率的瓶颈。究竟是什么原因呢？笔者以为，原因可能在于：第一，与阅读教学相比，写作教学见效周期长。写作能力不仅仅是写作技巧的问题，更重要的是思想认识水平和语言表现能力的问题，而这两个方面的问题绝非短时间内可以解决的。第二，传统观念严重影响着教师的作文评价标准，而要改变传统观念又非一朝一夕之事。第三，写作没有独立的教材，没有单独设课，无法取得独立地位，导致教学中的盲目性和随意性。第四，写作教学的评价体系仍处在混沌状态。第五，写作教学对教师的要求很高，不是所有语文教师都具备写作教学的能力。一部分语文教师写作能力欠缺，或者没有写作的切身感受，在指导和评价学生作文时缺乏针对性。要解决这些问题，应从转变写作教学观念、注重写作实践指导、建立新的写作教学机制等方面做起。要建立一套比较完整、科学的写作评价体系。评价体系涉及"学生写作目标要求及分步实施方案""写作能力训练指南""考试测评标准""阅卷制度及评卷细则""写作教师资格认定标准"等。建立起这一套评价体系后，语文的中高考也要进行配套的改革，为写作教学的顺利进行提供有力支持。我相信这一天一定会到来！

放飞想象

胡明道

师：我一来大家就没把我当外人，刚才就有同学向我诉苦呢！说刘老师每个星期都要我们交……来，你自己说！没事，刘老师看不见。（众笑。）

生1：每个星期写一篇周记，有的时候还有练笔，有的时候还会有摘抄。

师：哦，任务还不少呢。我觉得他是把我当朋友。作为朋友，我还想了解一下，你们在写作中有没有困难？说说你们的困难是什么？简洁一点，一个关键词。来！

生2：我比较懒。

师：你可要跟"懒"作斗争啊。

生3：我没有素材写。

生4：可写的内容越来越少。

师：哦，你把脑子里的材料都掏干净了。你呢？

生5：就是素材不缺，也不知如何将它们处理好。

师：你是追求完美的，你的困难是怎样能把材料组织得更好。今天，我们在短短的不到一分钟时间，进行了一次非常诚挚的交心谈心，大家都说了自己的困难。作为老师，我觉得我应该站在你们的角度，替你们着想，帮你们解决困难。虽然困难很多，但好像更多的是感觉没有材料，这大概就是第一个拦路虎了。大家觉得是不是这样？

生（众）：是的。

师：有的时候老师给了作文命题，我们虽然有点烦，但是好歹他还给我们指定了一个范围。如果让我们自己去练笔呢？那可就要遭遇这个拦路虎了。所以有个同学说了一句很经典的话，我说前句，你们接着往下说：练笔，想说爱你——

生（众）：不容易。

师：今天我们看看能不能通过这短短的一节课，为大家找到一点米，找到一个装米的盆儿。如果那个盆儿里的米可以源源不断地被掏出来的话，那个盆儿叫什么？

生（众）：聚宝盆。

师：对，聚宝盆。有的同学说聚宝盆有啊：生活、观察呀。对，今天我们来看看，除"生活"这个大的聚宝盆之外，能否再找到一个可以不断地从里边掏材料的盆。你们一定在心里说，有这么好的事情吗？好！那我们现在就开始试试。

现在，请把语文书翻开，翻到——其实任意的一课都行——就《社戏》吧。我们先把书搁着，看看待会儿它能否成为聚宝盆。好，先进行第一次合作，这次合作是保密的，就是我怎么利用它，暂时还不向外界透露，好不好？现在以四个人为一小组，我给每组准备了一张题卡，大家合作完成。（教师拿出准备好的题卡）每组抽一张。来，你抽一张。祝你好运！

（学生开始讨论。教师巡视，参与讨论。）

师： 好，请暂停。现在进行一次中期汇报，简略说说自己组内的意见，让大家盼着、想着，你们最后会送来什么样的惊喜。谁先来？

生1： 文中有的精彩片段，用简略的一句话就概括了，我们准备分工合作，进行扩写。

师： 哦，选的是简略点。

生2： 我们小组准备写课文中没有的，我们要突破心理活动。

师： 哦，选的是文中看不见的，那就是隐蔽点。好，我们等着听你们的心理描写。

生3： 课文里的情节太一般了，我们想写得越离谱越好。

师： 越离谱越好？我知道，你们在追求新奇的情节，那我们待会儿看看你们是怎么"离谱"的。

看来因为想到最后再给出惊喜，所以大家都还卖着关子。马上要开始写了，希望你们采取自己愿意的方式写，可独立写，可分工，可合作。可采用快速写法，先写出文章的开头和中间精彩的非写不可的部分，其他的写关键词就可以了。

（生组内写作。师巡视，10分钟。）

师： 讨论的结果并不是很重要，重点在于我们的过程，在于我们尝试怎么学，也就是学会创造性学习的过程。好，待会儿我们就一组一组交流。展示的时候，记住我们的要求：一位同学上台念作品，另外一位在黑板上给自己组的作品定个位，颁个奖。好，这一组先来。看看他们究竟抽到了什么？

（幻灯显示题卡内容。）

早上，我和平桥村一起从睡梦中醒来，出门一看，平桥村的早晨真美呀——

生1（读）： 金色的阳光如同一道道金光闪闪的利箭刺破了黑夜的幕布，生机，开始重现在这寂静的小村庄里。

鸟儿啾啾地歌唱，呼唤平桥村醒来，在清绿的河水和深灰的古老的石桥的映衬下，一只大蓬的白色的帆船静静地卧在那里。岸边是一片金黄的沙滩，沙滩旁便是那一片青翠欲滴的树林。鸟儿飞到那儿，望着旁边那一块块碧绿的豆苗田发起呆来。田边的那幢幢农房里，家禽们也已耐不住寂寞了，它们发出了一声声啼叫，喧闹着，荡漾着一阵阵的欢腾。隔壁的狗儿听到这些也毫不认输，"汪汪"地叫个不停。

在这喧闹之中，人们也行动起来了。他们纷纷走出农舍，走进金灿灿的阳光之中，融入这

"青山清水、蓝天绿田"之中，有的人在互相打着招呼，谈着今天的农活；有的人在给家畜家禽喂食；有的人拿起了农具，金属之间发出了清脆的撞击声。这一切，都使这个小村庄在异常宁静的环境下充满了生机。农田里，到处闪现着他们辛劳的身影；白帆间，他们张开大网，准备前行。平桥村正以崭新的姿态迎接这充满活力和激情的早晨，这真是一幅色彩斑斓的"平桥晨曦图"啊。

生2（板书）：最佳色彩奖。

师：我看到了很多颜色（举起左手，数指头），有金色、白色、绿色，也听到了很多声音（举起右手，数指头），有人声、狗的叫声、鸟鸣声、小溪流水声。好，我的指头都快不够了。我想采访一下你，你的作品是个人创作的，还是集体创作的？

生1：集体创作的。

师：那你们为什么会想到用这么多色彩来描写这一段呢？你去过乡间吗？

生1：在杂志、电视上看过。

师：好，这一组展开丰富的想象，刺激了我们的感官，又有颜色，又有声音。在集体构思的基础上，他们调动了生活的间接积累，用个性化的语言进行了表达。原来想象也来源于生活，来源于我们的直接经验和间接经验呀。他们给自己评的是"最佳色彩奖"，大家认同吗？

生（众）：认同。

师：好，我们给他们鼓掌。（鼓掌）这组来，请！

（幻灯显示题卡内容。）

今天是社戏开演的日子，早上起来，我就一直在房间和堂屋之间踱来踱去，但，一次又一次，还是没船，我躲在房里——

生3（读）：今天早晨的天气很晴朗，阳光很明媚，鸟儿仿佛飞翔在云端，但在我的心里却乌云密布，仿佛要下起雨来。房间里的气氛很沉闷，那种老房子里潮湿的气味似乎发了酵，让人感觉不安。就在刚才，阿发急急忙忙地跑过来告诉我："找不到船。"我满怀希望的心一下子从云端跌落到地面。母亲安慰我说："不要着急了，这次看不了戏，大不了下次看嘛。"我赌着气，躺在床上不想吃饭，桂生找我去钓虾也被我拒绝了。真是难熬的一天。

生4（板书）：最佳描写奖。

师：这是你独立完成的，还是集体构思的？

生3：集体构思的。

师：我想采访一下，看不成戏的"你"心里高兴吗？

生3：不高兴，"我"想去看戏。

师：既然不高兴，为什么开始要把天气、阳光写得那么美？

生3："我"想反衬"我"的心情呀。

师：哦，"反衬"。好专业的词！看来在展开想象的同时，我们也锻炼了表达能力。如果能加上一段描写心态、心情的文字就更精彩了。我还想问问，"你"在房间里，"你"的妈妈呢？她会给"你"说些什么？下去可以再补充。好，你们给自己评的是"最佳描写奖"。请这组同学说说。

（幻灯显示题卡内容。）

这天下午，双喜和阿发来邀我去钓虾，我高兴地随他们出了门。现在，我给你们讲讲这次钓虾的故事吧。

生5（读）：这天下午，烈日当头，好似整个世界都在一个被烤热的铁锅中，远处的景物好似在不停地抖动。我坐在门前，好像声音也蒸发了一样，只是偶尔能听见隔壁阿四的老婆在唠叨什么。一切是那么枯燥、无聊，我只好对着池塘发呆。

这时远处传来了熟悉的声音。是双喜和阿发！我快乐地跳了起来。随后我随他们到了一片树林中，这儿烈焰射不进来，遍地都是野花，一股股清香袭入我的鼻子，触动着我的嗅觉。一会儿，一潭小池映入眼帘，双喜说这儿有虾，我们可以钓虾吃。于是阿发掘蚯蚓，双喜做钓竿，而在一旁不知所措的我只好捡起了柴禾。我高兴地跑呀，捡呀，一不小心，掉到水里去了，呛了几口水不说，还生吞了几只虾呢。虾是水世界里的呆子，一个接一个地被双喜和阿发钓上来，可我却一只也没钓上，我甚至怀疑我比虾还呆呢！过后，我们将小虾用树枝串起，在火上烤着吃，那煳焦味现在都回味无穷。

生6（板书）：最佳离谱奖。

师：原文只有钓虾。你为什么会想到掉入池塘里？

生5：这样更有乐趣，我们想让情节更加离谱。

师：请问，你们的想象与人物的身份、地位、性格有关系吗？

生5：有关系。你想，双喜他们都是农村孩子，他们会钓虾，而"我"是镇上的孩子，不会钓，又觉得很新鲜，到处跑，当然可能掉到水里了，这样更有趣。

师：好一个"可能"掉到水里！你们新奇的想象与人物是有关系的，"虽然文中没有，但却可能有"，这就是想象的魅力。你们给自己评的是"最佳离谱奖"，要不要改改？怎么改？

生7（板书）：最佳构思奖。

师：好！下一个小组，请。

（幻灯显示题卡内容。）

我与小朋友们去看戏了，我母亲在家会发生什么故事？这是我从小舅那儿听来的故事——

生8（读）：家中，外祖母坐在床头，一面为我的出行而担忧，一面又期待着我回来后能给她讲戏中的内容。就在这种心情下，她拿出针线为我缝制衣裳，一针一线中，都穿透着她对我的担心、关爱与对戏曲情节的期盼。

母亲，则静静地在家中做些家务。事忙完了，便去岸边，想看看船是否已回来，我现在又怎样了。可她只看到了几只小船泊在岸边，随着水的波动而上下起伏，此刻，她的心也如小船一样，七上八下的。过了许久，母亲寻思着，我回来一定会饿的，便去炒了一锅米。等到米炒好，仍不见我的身影。于是，她再次去那停泊着与她心情一样上下起伏的小船的岸边。这次，她看到了她想看到的，我们的大船渐渐驶到岸边。

师：写得真切，情节有起伏。我想采访一下：你的母亲也是这样等你回来吗？

生8：是的。我出去玩，回去晚了一点，她就在门口等，晚自习还会到学校接我。

师：原来你有切身体会呀，看来想象的基础是生活。如果再把母亲在家里坐立不安、走来走去的情形写上就更好了。大家认为应该评什么奖？

生9（板书）：最佳情节奖。

师：好。你们组也来说说。

（幻灯显示题卡内容。）

听说，傍晚时分，六一公公提着一包东西到我家来了，他与我的外祖母、母亲还发生了很有趣的事哩。想听听吗？

生10（读）：傍晚时分，六一公公提着一包东西来到了迅哥儿家。

六一公公：大姐啊！你家迅哥被双喜带坏了！

妈妈（惊讶）：怎么回事？得罪您老了吧，我这里赔不是了。

奶奶（进来）：咋回事，迅子他妈？是不是迅子做错事了？

六一公公：婆婆，您家孙子不仅吃了我的豆子，还踩了我的豆子咧。背着俺偷吃俺的豆子，还踩了一大片咧。

奶奶：有这事？那对不起了。不过迅子从小很乖的。

（六一公公笑着呈上了礼物。）

六一公公：是啊，迅哥嘴真甜，就是他说豆好吃，老头子我听着心里就热乎！将来一定是状元的料，乡里孩子就是不如城里孩子咧。

妈妈：哦，是吗？

六一公公：可不是！这不，我这就送豆子来了嘛。

奶奶：这哪好意思！孩子顽皮不懂事，再要你豆子……

六一公公：婆婆，你这话我可不爱听。迅哥从小听话，是不会说谎的，这些豆子也不算什么，收下，收下吧。

妈妈：那还真不好意思，要不坐坐？

六一公公：不了，不了，家里还有豆芽咧。迅哥一句话，我就有的是劲。

（伴着笑声，六一公公渐渐离去了。）

生11（板书）：最佳乡情奖。

师：他们组写的是剧本，还制造了不少的误会呢，真不错。哦，还是从情感角度评的奖。还有想展示的吗？

（幻灯显示题卡内容。）

暑期过后，我回到了鲁镇。冬天的一个下午，饭桌上放了一碗罗汉豆，我吃时会有哪些感觉？

生12（读）：望着这一盘豆子，眼前似乎突然闪现了一些片段，耳畔仿佛传来了哗哗的水声。依稀是夜晚，有夜风拂过，托着丝丝的香气，"嗖"的钻进了鼻翼间，手不自觉地捧了一把豆，嗅了嗅，那味儿似曾相识。眼前就这样蹿出了一些火花在暗地里，照亮了些什么，嘴角不自觉扬起，可是……眉头又皱了起来，似乎……似乎是缺了些什么啊……

生13（板书）：最佳表达奖。

师：还有很多同学要展示，我们只好说遗憾了。每学期课本上都有几十篇课文，当练笔没有材料时，这些文章是不是聚宝盆？这就是巧用教材。从我给的题卡以及大家的汇报中，你们似乎已悟出了选点的方法，我再帮你们归纳几个。

（幻灯显示）

寻找隐点　　据情补白

寻找略点　　启思扩展

寻找续点　　延情接编

师：今天，大家的另一收获是学习如何利用课文进行合理而丰富的想象，如何进行巧妙的构思及表达。大家看这"四要四不要"，可否借鉴？

（幻灯显示）

要精心扫描　　不要脱离原文

要据情推理　　不要违背原文

要展开想象　　不要拘泥原文

要复位核查　　不要重复原文

师：好，这就是今天的学习收获。巧用课文，展开想象，发展创造思维，明天的创新人才就在你们中间。练笔，想说爱你——也容易。下课。

●●●● ● ［执教感言］

写作是中学语文课程的重要组成部分。《语文课程标准》的写作总目标是"能具体明确、文从字顺地表述自己的意思。能根据日常生活需要，运用常见的表达方式写作"。写作能力是每一个中学生都必须具备的。全世界都把读、写、算作为人的基本能力。因此，在新课程的实施过程中，探讨作文教学的策略是非常必要的。

写作的过程应是极富创造性的过程，是学生创造性地运用语言文字进行表达和叙述，创造性地表现世界、表现社会、表现自己，创造性地表述真善美的过程。写作也应是学生精神生活的一个重要部分，写作的过程就是不断地审视自我，完善自我的过程。因此，有个性、有创意，才是作文的关键所在。正如国际21世纪教育委员会的一项报告中所指出的："教育的任务是毫无例外地使所有人的创造才能、创造潜能都能结出丰硕的果实，这一目标比其他所有的目标都重要。"可见，在写作中，语言能力和思维能力必须在创新的目标下同步发展，不可偏废任何一个方面。

正是基于对作文内涵的如此解读，我坚持倡导自由作文，尤其是课外练笔、日记、周记、自由札记等。我认为，自由创新是"作文"作为一种独立"精神创造"活动与生俱来的天性！在与学生共同写作的过程中，我千方百计地帮他们找源头活水，总结方法，"课文作文"就是其中的一种。

什么是"课文作文"呢？"课文作文"是学习者以阅读教材文本为依据，以文中信息为触发点，进行联想、想象、推理、整合、重组、改装、评点后，写出既与原文有关，但又不同于原文的新片段或新篇章的一种练笔途径。类型有：扩展写、补白写、续接写、换向写、缩微写、改式写、赏评写等。

"课文作文"因其对想象能力的凸显、对未知情境的推想、营构能力的独特要求而具有创造魅力，因为，"想象力概括着世界上的一切，推动着进步，并且是知识进化的源泉"（爱因斯坦）。其实，想象也并不神奇，它是人们在已有的材料和观念的基础上，经过推理、联想、分析、综合，创造出新观念的思维过程。在"课文作文"中，想象是指将文中"未出场"的人、事、物、景及某些有内在联系的生活现象进行艺术概括，熔铸到一个生动、具体的典型形象或典型环境中去的思维活动。其次，由于它还沟通了读与写，提供了可利用的材料，以及对体裁、篇幅的可选择性，因而备受学生欢迎。

这节展示课只是一个例子，在策划及现场生成中，我注重目标从学生的困惑中来，设计了既有内涵又有乐趣的学习活动。尤其注重过程指导：（1）点拨中的指导。在题卡上我以"提示"进行了点拨，如：①可根据文中对平桥村的地理位置、简要概况，想象出一幅"平桥晨曦图"。注意，图中一定要有颜色、声音、人的活动啊。②想想，钓虾前我们干了什么，怎么干的，钓虾中会发生什么故事吗？注意描写人物的神态、动作、语言、心理。③不要简单重复课文中的话，要设计得有波有折，可添加小舅、小姨之类的人，让找船、钓虾、吃饭等活动曲折推进。④不要只停留在写母亲着急的神态上，要想象出可能发生在家中几个人之间的故事。⑤六一公公是来干什么的？在他讲述前因后果中，会不会引起误会？注意要对不同人物的不同表情、不同心态进行描写。⑥要着重描写"我"看见罗汉豆时的心理变化过程，要注意不要简单重复原文。（2）对话中的指导（含采访、赞赏、评价），让方法的形成、情感的提升过程融入其中。（3）归纳中的指导（含选题及写法的归纳）等。

抒写亲情

❀ 向明康

师： 上课了，老师很想请同学们唱一支歌，大家说好不好？

生（众）： 好！

师： 要唱的这支歌叫《我想有个家》。老师用电子琴为大家伴奏，一定要唱整齐，唱出感情啊！

（生齐唱。师伴奏。）

师： 同学们唱得很好！老师要大家唱这首歌，是想引发同学们对家的怀念和感激，对亲情的追忆和体验，切实感受到家的温馨，亲情的真纯，生活的美好。因为今天我们的作文就是"抒写亲情"。

师： 家庭，人类社会的一个细胞；家，铭刻心幕的一个字眼，幸福温馨的一个港湾。在这里，有人间至善至美的亲情，至真至纯的关爱。因此，自古至今，描写家庭生活经历、抒发人间亲情的诗文连篇累牍，也分外感人。如孟郊的《游子吟》，就是同学们最熟悉的一首抒写亲情的诗歌，请同学们齐声背诵一遍。

生（众）（背诵）： 慈母手中线，游子身上衣。临行密密缝，意恐迟迟归。谁言寸草心，报得三春晖。

师： 很好！同学们还记得朱自清抒写亲情的现代著名散文吗？

生（众）： 《背影》。

师： 是啊！《背影》写的就是人间至亲至美的亲情，确切地说，是感人肺腑的父子情！请想一想，《背影》的哪一点使人最受感动？

生1： 儿子望着父亲的背影三次流泪的情景很感人。

生2： 身子肥胖的父亲爬过月台为儿子买橘子的情景更感人。

师： 能说说这两处能感人的道理吗？

生2： 因为都写得很具体、很形象、很真实。

师： 是的。这两处都用了特写手法，是细节描写，是生活的真实，所以能感人，能引起感情的共鸣。那么，孟郊的《游子吟》又因何能感动人，让人觉得蕴含着浓浓的亲情呢？

生3： 是因为诗中所写的母亲为远行之前的游子缝补衣衫和叮咛嘱咐这一情景，表现了母

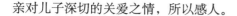

亲对儿子深切的关爱之情，所以感人。

生4：诗的最后两句表达了儿子要报答母亲的一片真情，也很感人。

师：分析得很有道理。这一诗一文，应当作为我们抒写亲情的样板。除此之外，同学们在课外阅读中读到过我们同龄人的此类佳作吗？请说出来让大家分享！

生5：我在作文杂志上曾读过一篇题为"扣子"的优秀作文，写的是儿子在上学前，母亲发现儿子的衣扣快要掉落，为儿子钉扣子的事。文章用母亲穿针眼，弓腰钉扣子，针刺破手指，钉好扣子为儿子扯衣角等镜头构织全篇。多个特写镜头，几处细节描写，把母亲对儿子的关爱之情描绘得生动传神，催人泪下。请让我念一段原文吧：

为了让母亲方便些，我斜着身子站着，腿和腰渐渐变酸，有点支持不住。可是，看到母亲深躬的姿势和专注的神情，我分明感到她的腰比我的还要酸疼。突然，一股暖流涌上我的心田，我的身体不禁抖了一下。母亲的手似乎颤了一下，但仍一声不吭地缝着，可我发现母亲的左手拇指冒出了殷红的血。"妈，您的手！"我提醒母亲。她却似乎没听到，只顾缝。

生6：我从一本作文书上读到了一篇题目为"我发现枕头里有个世界"的优秀习作。作者写自己从小就有落枕的毛病，母亲为了治好女儿的毛病，减轻女儿的痛苦，费尽心思，先后亲手缝制棉花枕头和绿豆壳枕头，父亲又特地托人从城里买回药枕的事。全文以枕头为线索，以小见大，表现了父母对女儿的一片浓浓关爱之情。

生7：我前不久从《语文报》上读到了一篇特别感人的亲情作文，题目叫"关爱"。作者很会用一些细小的事情来表现亲人们对他的关爱之情。文章设置了"缝着的细鞋垫"和"包着的橱角"两个小标题，各写了一件具体事。前一个小标题写"我"的鞋太大，不跟脚，妈妈就用糨糊和剪刀为"我"做鞋垫，奶奶戴上老花镜为"我"一针一针地纳鞋垫，手被针刺出血，染红了鞋垫的事；后一个小标题写"我"与家里橱角一样高时，额头总被橱角磕伤，爸妈便用布条把橱角包好，从此"我"的头再也没被磕出"包"的事。全文写的是缝在鞋垫中的关爱和包着的关爱，把亲情写得极其感人。

师：讲得很好！三位同学课外阅读收获不小，能把习作内容记得如此清楚。希望大家都能做这样的有心人！

对三位同学转述的三篇习作，老师想谈点看法，供同学们参考。三篇习作有两个共同点：一是"以小见大"，用细微小事表现主题，力求以一滴水折射太阳的光辉；二是构思巧妙，注重创新。习作不仅材料新颖鲜活，都是别人没有写过的事情，而且在文中设置小标题，使作文形式也有了特色。

生8：他们写的那些事我们也许经历过，可就是视而不见，感受不到，我很佩服他们感受生活的能力！

师：感受生活是一种能力，也是一种修养。要提高自己感受生活的能力，必须加强这方面的训练，还要热爱生活，注意观察生活，学会分析生活。比如《我发现枕头里有个世界》一文的作者，如果没有较高的观察、分析生活的能力，就不会发现三次换枕头之事，也就感受不到父母对孩子的一片真情。再如《关爱》中写的包橱角的小事，事虽小，但深究一下，就感受到了橱角所包着的一种深深的爱。总之，人间处处有真情，只是我们缺少发现，感受不到。

生9：我想触动自己内心的事就可以写，写出来也就能打动人。

生10：只要对那些印象深刻的事仔细想一想，多问几个为什么，也许就能发现生活的闪光点，感受到生活的美好了。

师：讲得很好！不过，要写好这次的亲情话题作文还须注意以下几个方面：

第一，写震撼灵魂的生活。这种生活可以与一个人有关，可以与一种物体有关，可以是感动人心的一幕，可以是触动灵魂的一瞬，还可以是我们成功或失败的一次人生抉择……不论写哪一种，我们都要求在再现上述某种生活情境中，表现出亲情的纯洁和伟大。

第二，有含情的细节描写。再现家庭生活，表现人间亲情，要力求选材典型，事情真实，叙写具体。此外，还需要运用细节描写等手法，生动、形象、传神地描写家庭生活中动人心魄的某个场面，人间亲情中感天地、泣鬼神的具体情境。这样才有艺术感染力，才能使读者产生共鸣。

第三，找到恰当的行文线索。这类文章少不了写人和叙事，其中的"人"，都是自己再熟悉不过的家庭成员；"事"则包罗了家庭生活中的所有事情，多而且杂。因此，在选材、立意、谋篇布局时，需要对选定的材料进行分析，力求从中找到一条能够贯穿全文，起提纲挈领作用的行文线索。该线索可以是一个人，可以是一件事，可以是人与事的某种联系，可以是事情本身的固有顺序，等等，只有这样，才能写出佳作。

（绝大部分学生在认真记着笔记，有的同桌之间在小声商讨。）

师：接下来，请同学们拟写作文提纲，进行选材构思。先要独立思考，把你们的作文未定稿写下来，然后各小组推荐一位写得好的同学，朗读自己的未定稿，与全班同学交流。

（学生作文。15分钟后，各小组推荐的学生陆续举起手来。）

生11：我想以"儿时的小背篓"为题写一篇文章。前不久我在我家的杂房里看到一个小背篓，它的里里外外都缝上了一层厚厚的红绒布。妈妈告诉我说，那是我一两岁时奶奶用来背我玩耍的小背篓。背篓刚买来时有些锋利的篾片露在外面，奶奶眼睛不好，没注意，结果我的小手被篾片划伤了，流出了血，我哭叫起来，奶奶心痛极了。那天下午，奶奶就去商场买回了几尺红绒布，晚上在灯下，戴着老花镜，一针一针地把布缝在了背篓上。从此后我就没被划伤过。听完之后，我感到奶奶太爱我了！奶奶如今不在了，但我要写好这篇文章，表达我对奶奶的感激与怀念。

师：选材很好！

生12：我的家乡有一条清亮的小溪，溪水中有鱼、虾、蟹。小时候我在同村孩子的带领下，常在溪边玩，有时还下水去捉鱼抓蟹。也许是日有所见夜有所梦吧，那年冬天的一天，我

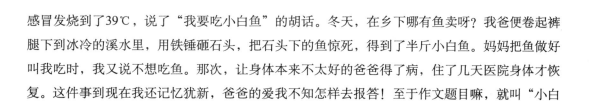

感冒发烧到了39℃，说了"我要吃小白鱼"的胡话。冬天，在乡下哪有鱼卖呀？我爸便卷起裤腿下到冰冷的溪水里，用铁锤砸石头，把石头下的鱼惊死，得到了半斤小白鱼。妈妈把鱼做好叫我吃时，我又说不想吃鱼。那次，让身体本来不太好的爸爸得了病，住了几天医院身体才恢复。这件事到现在我还记忆犹新，爸爸的爱我不知怎样去报答！至于作文题目嘛，就叫"小白鱼"吧！

生13：我生活在一个父母离异的家庭，随爸爸生活了整整四年。虽然妈妈不在身边，远在深圳打工，但四年来，妈妈每年都要汇给我一千多元的零用钱，并且总忘不了每周日晚上给我打电话，问我的生活、学习和交往，还问爸爸对我好不好……我每次都是哭泣着与妈妈交流，总能感受到电话那头传递给我的温暖与关爱。每当妈妈说到她打工劳累，要我努力学习时，我心如刀绞，真想让妈妈不打苦工，去做点别的事情！我想把心里的这些感受写下来，拟定的题目是"遥远的爱"。

师：上述三位同学围绕"亲情"这个话题，选择亲历的生活做材料，真实感人。请继续发言！

生14：我爸妈四年前就下岗了，为了生计，他们起早贪黑，劳苦奔波，很少有时间在家休息。尽管如此，他们还是轮流着每天为我做好饭菜，保证让我按时吃好饭，不影响上课，还不时地到学校找老师，了解我在校的情况。每当看到他们辛劳憔悴的身影和面容时，我就会簌簌掉泪，暗中下决心，一定要搞好学习，才对得起爸爸妈妈！这次作文我就想写这些。

生15：我生活在一个比较美满的家庭，家里有爸妈，还有年纪不算太大的爷爷、奶奶、外公和外婆，好大一家子人！我自然是这个家庭的中心人物，大家都围着我转，我仿佛生活在一个蜜罐里。如果我有了点小毛病，全家无一人不询问我："好些了吗？""要去医院吗？"如果我生病住院了，那么全家人常常是全体出动，轮流守护在病床边。每当那时，我都备感亲人们对我的深切关爱。

生16：我的妈妈是小学语文老师，我想写篇感激妈妈的作文，题目就叫"妈妈的关爱"。我最想写的是妈妈为我提高英语成绩的事。读初一时，她每天都要督促我读英语，记单词，做练习，我的英语才没落下。读初二了，由于妈妈的英语也不怎么好，辅导不了我了，你猜怎么着？她便抽时间到教英语的张老师那里去请教，自己先学，然后回到家里辅导我。我的英语成绩好，应该说是妈妈爱护、关心我的结果！有一次，张老师来我家对我说，妈妈年纪大了，学英语难度很大，但她坚持下来了，进步还挺大！我想，妈妈还不是为了我吗？我被深深地感动了！世上能有多少个母亲如此关爱自己的孩子呢？

师：以上六位同学代表了六个小组，讲述了这次作文的选材、构思情况，有的还为作文拟定了一个恰当而新鲜的标题，值得大家借鉴。不过要请大家注意，每个人的生活经历是不同的，感受也是不同的，同学们一定要写自己的生活经历和感受。同时，还应注意作文形式的创新，注重语言的个性化、生动性。只有这样，才能写出思想深刻、内容丰富、形式新颖、具有

真情实感的佳作！

● ● ● ●[执教感言]

《语文课程标准》指出，写作应"力求表达自己对自然、社会、人生的独特感受和真切体验"，这就为作文教学提出了明确的目标。要达成这一目标，教学中必须引导学生学会感知生活、认识生活，只有这样，才能对生活有独特的感受和真切的体验，从而提高学生反映生活的能力。因此，引导学生认识生活、感知生活，就成了这堂作文训练课的教学目标和着力点。

营造课前气氛

上课之前，组织学生唱一首与该堂作文主题相关的歌曲，形成一种特定的课堂情感氛围，使学生受到这种情感的影响或感染，能够有效地将学生的思想情感趋向集中，指向写作的主题上来，从而达到活跃学生思维、拓展写作思路、调适写作心态、提高课堂教学效果的目的。实践证明，活跃的课堂气氛，更易激发学生学习的热情和积极主动的参与意识，更能使课堂精彩纷呈。同时，学生唱歌，教师为之伴奏，教师已把自己融入到班级这个群体之中，加强了师生的亲近感，学生会更加配合课堂各环节的教学，课时教学目标就很容易达成。因此，营造课前气氛这一环节，切不可忽视。

讲授写作技巧

《语文课程标准》还指出："写作知识的教学力求精要有用。应抓住取材、构思、起草、加工等环节。"其中"精要有用"强调了写作知识讲授的"质"和"量"，是指非讲不可且十分有用的知识；而"取材、构思、起草、加工等"则具体指明了应讲授的知识点和应注意的重要环节。

综观前述作文训练课，教师的指导基本上遵循了"精要有用"的原则，都是围绕怎样感知亲情，怎样认识亲情来作知识讲授和写作指导的。具体来说，包括了亲情话题作文的选材、构思、起草等方面的精要有用知识，并将这些知识的讲授相继穿插在学生发言之前或之后，但又不是平均使用力气。比如，课前课时目标的出示和对话题的阐释，课中对本次作文注意之点的强调，对学生的及时评价或启发和引导，课末对整堂课的总结，作文语言的要求和作文创新的倡导，都显示出了教师在知识指导上的详略与轻重。

鼓励提取积累

有否进行生活积累，能否有选择地提取生活积累来作为写作的材料，都决定着作文的成败优劣。一般来讲，人们所积累的作文材料分为间接材料和直接材料两大类。间接材料应是从书籍报刊以及影视、互联网上得到的有价值的写作材料。直接材料主要包括作者亲历的事情、自我的思想认识和独特的情感体验等。其实，一部分学生虽然也有材料的积累，但对其内涵把握不准，对其本质认识不清，甚至对亲历的事情也无法感知，更谈不上有什么感受了。因此，想办法鼓励学生有选择地提取并讲出自己的积累，不失为一种提高学生认识生活、感知生活能力的好方法。

综观前述那堂作文训练课，我们不难发现教者在这方面做出的努力、取得的成效。比如，在教师的热情鼓励下，学生们不仅提取了《游子吟》《背影》这类表现亲情的经典材料，而且提取出了来自书籍报刊上的课外阅读积累，如《扣子》《关爱》《我发现枕头里有个世界》等。从学生提取、讲述的这类作文材料、构思写作样式看，学生认识生活和感知生活的能力得到了提高。他们已经能够把握"亲情"的本质和内涵，掌握了亲情作文写作要领。

注重合作学习

课堂上实施合作学习，不但可以培养学生的团结互助、主动进取的意识，还可以为班级学生创造出相互学习、取长补短的机会，为达到共同提高的终极目标奠定基础。

前述作文训练课就恰当地采用了合作学习形式，学生主动探究、团结合作的精神得到了充分体现。比如，启发学生讲出各自积累的写作材料的教学活动，就能有效地激起学生的主动探究热情，因为发言者只有精选自己的积累，讲出来的材料才会是最精彩、最典型的，才能与人分享、给人启迪。其次，每人讲一个，六个学生可讲六个材料，这就扩大了学生们的视野，丰富了他们的积累，为大家提供了学习借鉴的实例，使彼此受益，资源得以共享。再如，要求各小组推荐一人朗读作文未定稿的教学活动，更能体现学生的团结协作、合作学习的精神。各小组要从中推荐一名发言者，必须经过小组成员的分析、比较和商讨，才有可能将小组的最佳未定稿奉献给大家。而小组内的分析、比较、商讨和修正等活动，就是一次小范围的合作学习。各小组代表的朗读交流，更是一种大范围的合作学习机会。这些大小范围的合作学习，为学生写好本次亲情作文创造了有利的条件。

此外，合作学习确立了学生课堂上的主体地位，使学生成为学习的主人，教师充当的是学习活动的组织者和引导者。整堂课始终坚持在师生平等对话的过程中推进，是这堂作文训练课的鲜明特色。

"我和孔子"教学实录

❋ 杨东俊

师：昨天我给大家布置了一个课外活动，要求大家从图书馆、网上以及大家所能及的任何一种渠道，了解孔子的有关情况。哪位同学给大家说一下你所了解的孔子？

生1：孔子是一位大教育家，他教的学生很多，具体说，就是"弟子三千，贤人七十二"。我们在初一学过的《论语》中提到的曾子和子路就是孔子最有名的学生。

师：不错，《论语》是研究孔子思想的主要资料。你能否给大家背诵一下学过的《论语》中有关这两个学生的内容？

生1："曾子曰：'吾日三省吾身，为人谋而不忠乎？与朋友交而不信乎？传不习乎？'""子曰：'由，诲女知之乎！知之为知之，不知为不知，是知也。'"这句话中的"由"就是子路。"曾子曰：'士不可以不弘毅，任重而道远。仁以为己任，不亦重乎？死而后已，不亦远乎？'"

师：他背诵得真好。除了曾子和子路外，大家还知道孔子哪些有名的学生？

生2：还有子贡。《论语》中有关他的一句话是："子贡问曰：'有一言而可以终身行之者乎？'""子曰：'其恕乎！己所不欲，勿施于人。'"

师：子贡和孔子的问答很值得思考，现在先暂时放一放，等一会儿我们再讨论。刚才我们进行的课堂活动，其实是对孔子说过的两句话的印证，是哪两句话？

生（齐）："学而时习之。""温故而知新。"

师：很好！重温孔子的话，对我们学习知识的启发真是太大了。谁能说一说？

生3：孔子是春秋时代人，曾经周游列国，宣传他的学说，可那些国君都不听他的，到处碰壁，把他搞得灰溜溜的。他是儒家学派的创始人，"仁"的学说就是由他提出的。具体说就是"仁者爱人"，这个"仁"包含一切美德，其核心就是"爱人"。

生4：我以为孔子也是一个爱当官的人，他还不能免俗。孔子当过鲁国的司寇，这个职位大概与现在的公安部长差不多。

生5：司马迁说过"孔子厄而著春秋"，可知除了《论语》外，孔子还编写过一部书，即《春秋》。由其中的"厄"字，可以证明刚才那位同学说的"到处碰壁，把他搞得灰溜溜的"有道理，孔子生前遭遇过许多不幸。

师：了不得，还读过司马迁的文章。这篇文章的题目是什么？我们还学过这篇文章中的哪句话？

生5：这个我说不清楚，这句话我是从网上查的。

师：哪位知道？帮帮他。

生6：是《史记》吧？

师：一个"吧"字，说明了你还不太自信。《史记》中确实有一篇《孔子世家》，但是这句话出自司马迁的另一篇文章《报任安书》，小学学过的《为人民服务》中就引用过其中的一句话，大家想起来了吗？背背看。

生（齐）："人固有一死，或重于泰山，或轻于鸿毛。"

生7：我去过曲阜，到过孔府和孔庙，我在孔庙里见了许多碑，其中有无字碑，我猜想那是因为孔子这个人太难用文字评价了。

师：你真幸运，还去过曲阜，到过孔府和孔庙，你的这次旅游经历会成为你的人生财富。

从上课到现在，已经过去八分钟了，大家讲了自己对孔子的了解，相信还有许多同学的话没有说完，课下我们还可以继续说。至于评价孔子，倒是有一位学者在最近的央视"百家讲坛"中讲了孔子，她是——

生（齐）：于丹。

师：好，我们看看于丹如何讲她读《论语》的心得。刚才我说过一句话，就是"子贡和孔子的问答很值得思考"。我们看看于丹如何评价子贡和孔子的问答。

（播放于丹《〈论语〉心得》光盘中的有关内容。）

子贡问了老师一个非常大的问题。他说："有一言而可以终身行之者乎？"您能告诉我一个字，使我可以终身实践，并且永久受益吗？

老师以商量的口气对他说："其恕乎！"如果有这么个字，那大概就是"恕"字吧。

什么叫"恕"呢？老师又加了八个字的解释，叫做"己所不欲，勿施于人"。就是你自个儿不想干的事，你就不要强迫别人干，人一辈子做到这一点就足够了。

什么叫"半部《论语》治天下"？有时候学一个字两个字就够用一辈子了。

这才是真正的圣人，他不会让你记住那么多，有时候记住一个字就够了。

孔子的学生曾子也曾经说过："夫子之道，忠恕而已矣。"说我老师这一辈子学问的精华，就是"忠恕"这两个字了。简单地说，就是要做好自己，同时要想到别人。拓展一点说，"恕"字就是讲你不要强人所难，不要给别人造成伤害。言外之意是假如他人给你造成了伤害，你也应该尽量宽容。

师：这就是于丹心目中的孔子。现在大家大概知道这次作文写作的内容了。请大家翻到课本（人教版九年级下册）的166页，看看课本上要求我们写什么。（学生阅读）这次作文我们要写的话题就是"我和孔子"，话题作文怎么写，我已经给大家讲过多次，我们也写过不少话题作文了。在此之前，我们曾经写过一次"走近——（李白、杜甫、鲁迅、伏尔泰……）"的半命题作文，那次作文训练，我们走近了古今中外名人的精神世界，与他们有过一次心灵的对话，有那次作文的经验，我们可以把这次作文写得更好。距离下课还有半个多小时，下节课再给大家留二十分钟，相信你们能完成本次写作训练。

（学生开始写作文。第二节课开课二十分钟后，大部分学生的作文已经完成；几分钟后，除了个别学生外，都已经写完。）

师：绝大部分同学的作文都写完了。哪位同学展示一下你写的文章？

（用实物投影仪显示一生的作文。）

会见孔子

世界真奇妙。这不，居然有科学家发明了一种可以使时间倒流的逆时空飞船，坐上它就可以倒回到任何一个历史时期与任何一个古人对话。哈，这下可好了，我可以乘坐它去拜访一下那些让我仰慕不已的名人贤哲了。

于是我先去订票。订票的方式很特别，只要你说出你所要会见的名人的一句名言就可以了。这难不倒我，我早就想去会见孔子了，随口说出一句"逝者如斯夫，不舍昼夜"，票就到手了。

翌日，我乘坐"北京号"逆时空飞船来到了孔子讲学的杏坛，只见黑压压一片人——我知道，这就是孔子的三千弟子——正听一位老人讲学，那讲学的人正是孔子。细瞧一下，那孔子和我想象中的圣人可有点不一样，他穿的衣服很朴素，有好几个地方还打了补丁。未来之前，我还担心听不懂孔子的话，哪知这位大圣人讲的话并不难懂，凭我的古文知识，完全可以听懂他讲的"学而时习之，不亦说乎？有朋自远方来，不亦乐乎？"是什么意思。

一会儿，孔子走下讲坛，解答弟子们的问题。他瞧见了我，径直向我走了过来。我正有许多问题要向他请教呢，于是赶紧把问题提了出来："先生，怎样才能记住那些令人头疼的数理化公式和定理并能够娴熟地运用呢？怎样才能记住那些英语单词呢？怎样……"孔子闭目沉思了片刻，随口吟出一句话："知之者不如好之者，好之者不如乐之者。"然后就去解答别人的问题去了。

嗬！这下我明白了，我之所以对数理化公式和定理感到头疼，之所以记不住英语单词，原来是缺少兴趣呀！看来，求知路上兴趣的培养才是最重要的。今天真是不虚此行。

我带着沉甸甸的收获踏上归程。心想，下一次我还要去英国见见培根和莎士比亚，到时候我的英语一定学好了，我可以和这两个老外对话了。因为，今天孔子把求知的钥匙交给了我。

师：先让他来说说他是怎样构思这篇习作的。

生1：话题作文不限文体，我写作文就擅长写故事。孔子这个话题太大，我在一篇文章里不能把我所知道的都写出来，所以我虚构了一个故事，借这个故事表达我对孔子的了解。

师：他的习作大家都看了。哪位同学说说你对这篇习作的看法？

生2：我认为这篇文章是成功的。成功之处在于立意新颖，想象丰富、大胆。文章紧扣"我和孔子"的话题展开，虚构了乘坐逆时空飞船去会见孔子的故事，看似荒诞，实际上属于合理的想象，因为在科学技术高度发达的情况下，许多以前不敢想不能想的事情都可能成为现实。

生3：文章开头的"世界真奇妙"可谓开篇不凡，为下文展开合理想象奠定了一个基础。

生4：文章叙事从容不迫，对人物的描写简洁、生动、传神。

师：我认为这篇习作还有许多值得肯定的地方，除了大家提到的外，我觉得他巧妙地利用了自己已经掌握的知识，文中三处引用了孔子的话，其实都是教材中的原句。把已有的知识得体地运用于文中，在显示他的机智的同时，也显示了积累的基本功。他的机智，还体现在驾轻就熟上，文中提到了培根和莎士比亚，在结尾处轻点一笔，留下了余味。

让我们再看另一篇习作。

（用实物投影仪显示学生作文。）

孔子对我的影响

在浩如烟海的文化名人中，有这么一个人，虽已离开我们两千五百多年，却仍然影响着我们，他就是孔子。

或许你会说，"你说的就是那个孔老二？他早就成了散发着朽气的古董了，生活在信息时代的我们崇拜的是罗琳，是周杰伦，是刘德华……"

暂且不对你所说的话作任何评价，让我们先来看看这个变化多端的世界。当今世界正掀起一股"汉语热"，许多国家成立了孔子学院。这意味着什么？那些在世界上大红大紫的中国人——如章子怡，她俊秀的面孔和狡黠的瞳人里有孔子；如姚明，他憨厚的笑容里也有孔子——他们的血管里流着孔子的血液，这又说明了什么？

答案很简单，孔子并非是散发着朽气的古董，他还活着，活在你身上，活在我身上，活在每个炎黄子孙的身上，活在每个华夏儿女的心中。

孔子是我们这个民族无法回避的话题与存在。

两千五百多年过去了，岁月的漫漫长河淘洗了太多的泥沙，能保留下来的无疑都是历史的珍品。其中，占比例最大的是孔子；孔子的思想早已渗透到每个中国人的细胞中了，曾经的"打倒孔家店"，曾经的"批孔"，都没有把孔子从我们的精神家园里请出去。孔子是一棵有着两千五百多圈年轮的大树，我们脚下的每一寸土地都延伸着这棵树的根系，因此，你无论做什么都带有一股"孔味"。

孔子看着我们，在遥远的古代，在我们的前方……

师：还是先让这位同学讲讲自己是怎样写这篇文章的。

生1：我想写的是孔子对这个世界的影响，因为有些人对孔子的理解与我的不一样。我想从大一点的视野写我所了解的孔子，但是我觉得把握得不是太好。

师：大家说说对这篇文章的看法。

生2：我以为他的语言很不错，尤其是最后几段。只是"活在每个华夏儿女的心中"这句话与上一句重复，应该删掉。

生3：我觉得这篇文章有点四不像，前面好像是驳论，最后抒情味很浓，有点像散文。

生4：他在文章中提到的章子怡和姚明似乎是要证明孔子的影响很大，但我认为这两个事例针对性不是很强，应该做点调整。

生5：题目有点不妥，文章说的是孔子对中国人以及对世界的影响，不仅是对"我"的影响。

师：大家发表了自己的见解，希望他能够考虑大家的意见，在下面认真修改。还有一点时间，哪位同学再展示一下自己的习作？

（用实物投影仪显示另一生的习作。）

孔子的颜色

《论语》的真谛，就是告诉大家，怎么样才能过上我们心灵所需要的那种快乐生活。

——于丹

于丹火了，火在她在"百家讲坛"上讲的《〈论语〉心得》。

其实，在她之前，我也知道孔子和《论语》：历史课本上专门说过孔子，语文课本上学习过《论语》，只不过仅仅是知道而已。是于丹让我知道得更多，两千五百多年前的孔子不仅是印在教科书上的圣贤，孔子与我们的距离很近很近，他已经化为阳光普照到我们的内心，他就在我们的身边。

让我们将目光转向《论语》中那些闪烁着智慧光芒的句子，感受孔子的颜色。"子在川上曰：'逝者如斯夫，不舍昼夜。'"孔子让我看到的是如泗水一般的颜色，水中透射着飞梭一般的时间的颜色，如同孔子当年站在泗水边感到万物之浩大而人之渺小一样，我们也感到了万物中"我"的"小"。与永恒的宇宙比起来，人在岁月中健步，我们的人生实在是太短暂了，我们该怎样使我们的人生充实而有价值？孔子告诉我们："吾十有五而志于学，三十而立，四十而不惑，五十而知天命，六十而耳顺，七十而从心所欲，不逾矩。"孔子的这句话告诉我们，人的一生会定格在这几个画面中。而这几个画面中需要填充颜色，或红或紫，或淡或浓，全在于我们自己。

我正处于"十有五"的生命季节，"志于学"是我现在的必需。我被孔子的《论语》所征服，我会把所有的"怎样"变成"这样"，或许还是在这个柳絮纷飞的季节，或许在聆听秋风吹落树叶的季节。圣人孔子慈祥的面容，从两千五百年前穿越时空透着大智……

生活在紧张忙碌的现代社会，人们往往会重视那些花花绿绿的鲜艳色彩，而在不知不觉中忽视了其他颜色。走近孔子，读读《论语》吧，你或许能够体会到易中天所说的"一个大家都需要的孔子是灰色的"这句话的真意。因为灰色是最具普适性的色彩，可以和任何色彩搭配。我想起了另一位哲人的话："生命之树常绿，而理论是灰色的。"如果我理解得不错的话，有孔子与《论语》这样的灰色相伴，生命之树才能永葆绿色。

师：先让她谈谈自己是怎样写这篇习作的。

生1：昨天老师让我们查找关于孔子的资料，增进了我们对孔子的了解。我这段时间在课下认真地读了于丹的《〈论语〉心得》，收获不小，想模仿她的语言风格写写我所了解的孔子。

师：大家说说对这篇习作的看法。

生2：我觉得立意很新，从颜色的角度说孔子，不俗。这篇习作有点于丹的味道，读起来觉得新鲜。

生3：这篇习作的语言真的值得我学习，但我总以为这篇文章里的许多话是于丹的而不是她写的。天下文章一大抄，但不能照抄照搬，要抄出自己的风格来。

生4：这不太公平吧？其实文章中的许多内容还是她自己写的。

师：关于这篇习作，大家谈了自己的看法，可能有些同学还有话要说，下课后还可以充分发表自己的意见，至于老师怎么看这篇习作，我回头会和她谈。很快就要下课了，我想用孔子的两句话来总结这次作文训练，就是："学而不思则罔，思而不学则殆。""见贤思齐焉，见不贤而内自省也。"下课后，各个小组依据这节课的做法，在小组里互相把同学写好的作文评一评，然后每位同学根据大家的意见修改文章，工工整整地誊抄在作文本上，交给课代表。

● ● ● ●［执教感言］

我所任教的学校校址从前处在临汾的文庙，它的旁边是市委，每天各种豪华小汽车把自己的鸣笛声一股脑儿地塞向它的耳朵，林立的高楼大厦把它挤压在一个小小的角落里，像一个被人遗弃而可怜兮兮的垂垂老者，倾诉着它的不合时宜与寒酸。这座老式建筑似乎是一个象征，象征了孔子在当代文明中的位置。

但正如学生在习作中说的："孔子是我们这个民族无法回避的话题与存在。"孔子和《论语》突然热了起来，与于丹在央视"百家讲坛"讲的《〈论语〉心得》有关。当时我刚刚结束了人教版九年级下册第五单元的教学，这个单元的"综合性学习·写作·口语交际"安排的内容就是"我所了解的孔子和孟子"。它安排了两项活动，对写作的要求是："活动结束后，以孔子或孟子的某一句名言为题，写一篇议论文，内容不限，题目自拟，600字左右。注意立论要有依据。"我把关于孟子的内容安排在下次作文训练上，本次作文训练只安排"我所了解的孔子"，对写作要求也做了一点调整，变为话题作文，只规定作文的范围，不限定文体，自由度比较高。因为一个好的文题，对学生的文思有"唤醒""引燃"作用，能激发学生表达与创新的欲望。由于学生已经进行过多次的话题作文训练，有一定的积累与基础，关于话题作文如何写在课堂上就无须多交代。学生的作文内容只要与"我和孔子"有关就不算离题，有利于学生在这个范围内选用自己最熟悉的内容和最拿手的写法。这样，无论是内容还是表达，都尽量给学生留下一个比较自由开阔的空间，为学生写多种多样的内容和运用不同的写法提供了可能。

古人对写文章的要求可以概括为"有物有序"四个字，写作文首先要解决的是"有物"的问题，有物，才能有米下锅。在本次作文训练前给学生布置了一个小活动，即要求学生在课外通过各种渠道，了解孔子的有关情况，从情感、态度和价值观的上看，有利于学生走近先贤，与先贤对话，为写本次作文解决了"米"的问题。至于"有序"，牵涉到作文的技巧与方法，是技术层面上的问题，播放一段于丹的光盘，意图是给学生提供一个范例。学生已经在初中学习了近三年，每位学生都有自己的写作积累与经验，重要的是在写本次作文时，能够根据作文要求，有新的超越。

作文批改是令许多语文教师头疼的问题，我的做法是调动每个学生参与的积极性，在课堂上随堂评点几篇学生习作，营造一种可操作的合作与探究的氛围，形成学生与学生之间、学生与教师之间的互动，共享经验。

"角度巧妙"教学实录

——一节中考作文复习指导课

❀ 章登享

师：同学们，前两节中考作文复习指导课我们主要学习了"选材新颖""立意独特"两个专题，今天，我们再来学习"角度巧妙"。大家能说说自己是怎么理解文章"角度"的吗？

生1：苏轼的"横看成岭侧成峰，远近高低各不同"说的就是角度吧？

生2："角度"就是看问题的不同侧面。

生3：我想，一篇文章的角度，就是写人、叙事、描景、状物的某个"切入点"。

师：说得好！要写好一篇作文，选好表达的切入角度非常关键。下面我们共同欣赏第一篇文章——著名诗人流沙河的自白——《这家伙》（节选）。

（师出示课件。师请一男生诵读全文。）

这家伙（节选）

——流沙河自白

流沙河

这家伙瘦得像一条老豇豆悬摇在秋风里，别可怜他，他精神好得很，一天到晚，信口雌黄，废话特多，他那张嘴一九五七年就惹过祸了，至今不肯自噤。自我表现嘛，不到黄河心不死！

说他是诗人，我表示怀疑。

第一，据我观察，他几乎不读诗。每天他溜下楼一两次，到街上去逛报刊亭。诗歌刊物啦别的文学刊物啦他一本都不买，倒去买些莫名其妙的印刷品，而且期期必买，诸如《化石》《海洋》《科学画报》《自然之谜》《飞碟探索》《天文爱好者》《知识就是力量》《环球》《世界之窗》《世界博览》《东西南北》《现代世界警察》《新华文摘》《读者文摘》《青年文摘》《台港与海外文摘》。这类玩意儿对写诗有个屁用，倒夜夜狂读不已，好比吸毒上瘾一般。此外他还嗜好侦破小说——低级趣味！

第二，据我了解，前几年他确实写过诗，近两年几乎不再写诗了。江郎才尽，所以他才去写些莫名其妙的文章，骗稿费嘛。几乎不写诗了，还算什么诗人！

最可笑的是，第三，他根本谈不出写诗经验。有那些写诗的年轻人在会上诚心诚意向他取经，他却惊惊诧诧支支吾吾啥都谈不出来。那副窘态就别提了。其实写诗经验很容易谈。谁请我谈，我就大谈特谈，而且随时谈。传帮带嘛，有责任嘛。他谈不出来，证明他肚子里没有货。没有货就不谈，也算实事求是。可是他忸怩了老半天，嗨，居然谈起来了。他发言说（表情非常诚恳）："我有一条宝贵经验，就是字迹清清楚楚，不要草得龙飞凤舞。稿面干干净净，不要改得乌猫皂狗。多年来我一贯这样做。所以我的投稿，编辑看了，首先印象不错，相信我是认真写的，我有半分好处，编辑也能发现。这条宝贵意见使我获益不浅。此外便没有任何经验了。"他的这条所谓经验引起哄堂大笑，有喝倒彩的，有鼓反掌的。这老傻瓜，他还扬扬得意，站起身来频频鞠躬，我真替他脸红！

试问，他算什么诗人？

看这家伙怎样写诗，实在有趣。他在一张废纸上面涂涂抹抹，一句句地慢慢拼凑，一字字地缓缓雕琢，真是老牛拉破车呢，嘴里还要嘟嘟哝哝，就像和尚念经，看了叫人心烦，又常常停下笔查字典，一点也不爽快。这样磨磨蹭蹭，冷冷静静，斤斤计较，还有屁灵感！我的经验乃是写诗必须铲除理智，消灭逻辑思维，只用形象思维，昂扬主观战斗精神，进入狂迷状态，一气呵成，势如长江大河，直泻千里，绝对不能拖拖拉拉误了灵感，尤其不能改来改去失了灵气。用字妥不妥，造句通不通，又不是中学生写作文，管它做啥！

总而言之，这家伙不是写诗的材料。

说到诗风，这家伙极顽固。人家都在更新观念，纷纷地"现代"了，他还在弄传统，讲求形式节奏之美和音韵平仄之美，要求易懂，要求朗朗上口，真他妈的见鬼！我相信年轻人决不愿意读他的诗。历史将淘汰他，无情地！

这家伙最怕我。每次去看他，他都躲入镜子，和我对骂，就是不敢出来。

师：从"角度"来说，本文有些什么特点呢？

生1：如果我写这自白，会从"我"的角度写，我想大多数同学也会用第一人称写，而这篇文章用的却是第三人称。

生2：作者从第三人称的角度切入，太妙了！若用第一人称的角度写，表达效果也许就差多了。

师：对，这种角度，实则是人称的一种变换。文中的人称变换看似平常，其实是一种切入的角度。那么，这人称还能变出哪些新花样？

生3：可以用第二人称来写人，上次我们班的一位同学用第二人称写的怀念外公的文章，不是特别有情感吗？

生4：我觉得人称的变换有时还可从局部着手，有的文章有时几种人称变换使用，比如原本第三人称叙述，时而变成第二人称，时而变成第一人称，给人的感觉就特别好。

师：不同的人称有不同的情味。一般来讲，第一人称显得真实，第二人称显得亲切，第三人称显得冷静。巧变人称就是通过人称的变化给文章找到一种新的表达角度。通过这一篇文章

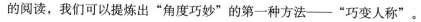

的阅读，我们可以提炼出"角度巧妙"的第一种方法——"巧变人称"。

下面我们准备欣赏第二篇文章，这是一篇以"我的快乐"为话题的中考满分作文。请同学们说一下，你准备怎样写这个话题？

生1：写我在学校、家庭、社会中的快乐呗。

生2：我会写亲情、友情的快乐。

生3：我会写耕耘与收获的快乐。

师：我们来欣赏第二篇文章，看人家怎么写的吧！

（出示课件，请一女生诵读。）

我的快乐

我是一只鸽子，一只传递欢乐的和平鸽。

我要做一次旅行，从我的家乡——台湾，一直飞到祖国的心脏，飞到我心中朝思暮想的北京，去看看祖国大地的锦绣河山，去呼吸祖国上空的温馨气息。

我，出发了，衔着一枚橄榄叶。

我来到一座新的城市，她回到祖国怀抱刚刚一年。从维多利亚港俯瞰，摩天大楼一座座托起火树银花不夜城，大街小巷一道道组成金碧辉煌光明路。香港，多么响亮、多么亲切、多么动人的名字！我呼唤着，我盘旋着，我欣赏着。我仿佛听到了江泽民主席在香港会议展览中心发出的庄严宣告，我清晰地看到了五星红旗在香港上空迎风招展，我的心在欢快地跳着，那是幸福，那是兴奋，那是激动……

我飞呀飞，怀着满心的喜悦飞得更快了。

远远望见一座高塔直耸云霄。我定睛一看，到了闻名中外的东方明珠。游目四顾，我差点儿惊呆了：从狭窄的马路到高架路盘踞，从黄浦江摆渡到第四座徐浦大桥通车，从虹桥机场到浦东空港，从和平饭店到东方明珠……啊，几年不见，上海正以矫健的步伐，向崭新的国际大都市加速前进呢！

我飞呀飞，带着内心的惊喜飞得更快了。

轰隆轰隆，不好了！长江中有动静。我飞得低些近些，只见大吊车上上下下，起重机奔来跑去，推土机南来北往……中华儿女正用血汗与智慧修建举世瞩目的长江三峡工程，奔腾万里的长江终于被驯服了。

我飞呀飞，继续向北飞，带着内心的冲动，我想马上飞到北京。远眺，一座座山绵延起伏，如绿色屏障；一道道河逶迤迂回，像蛟龙戏水。山上，一座长长的城墙蜿蜒起伏——那不是长城吗？我掩饰不住内心的喜悦，大喊："到了！"

我从八达岭飞到了天安门，五星红旗迎风招展，人民英雄纪念碑巍然屹立，中南海神圣静穆。我终于飞到北京了！我把橄榄叶交给了江主席，并对他说："台湾是我的故乡，我只想回祖国看看。香港已回归，澳门将回归，上海等地发展迅速。我载着2300万台湾同胞的心，衔一枚象征和平统一的橄榄叶，不远万里，千里迢迢地飞来了！祖国统一、繁荣富强，是我最大的欢乐。"

我又迎着初升的太阳飞去，飞得好快好快，我要把这快乐传到天南海北，传到祖国各地，传到我的家乡——台湾！

（生读完后议论纷纷，赞不绝口。）

师：怎么样？大家还是谈谈"角度"问题吧！

生1：这篇文章太好了，但为什么好我一下子难以说出来。

（全班学生大笑。）

生2：这样的话题，恐怕谁都会从"人"的角度写，可这篇文章却从一只鸽子的角度切入，实在出人意料。

生3：作者将"我"变成一只鸽子，通过鸽子的飞行，表现"以祖国统一、繁荣富强为自己最大欢乐"的主题，确实技高一筹。

师：那好，我们给这种切入角度命个名吧！

（生讨论，最后确定为"化人为物"，师板书这四个字。）

师：具体来说，"化人为物"一是将人"美化"，比如将人化成一只美丽的蝴蝶，化成一只飞翔的小鸟，化成怡人的和风，化成飘飞的云朵等，通过它们的"眼睛"写出生活的绚丽多姿。二是将人"异化"，比如把人化成一条狗，一只狼，一条蛇，通过它们的言行举止来表现生活。既然可以"化人为物"，那还应该有——

生（齐）：化物为人！

生4：说明文中特别多，比如《电脑的自述》《花之语》《云的旅行》等等。

师：太好了！下面我们再来欣赏第三篇文章的三个片断。

（师出示课件，生诵读。）

与众不同的老师

开学初，学校调来一位男老师接管我们班，同时兼教语文。对于他，我真是很难用一句话或是几句话来形容——听，下面便是大家对他的评价。

墙的话：

开学刚一个星期，庄老师就给我来了个"下马威"，说什么要在班里搞一个"成长的足迹、温馨的回忆"的活动，要求同学们每人带四五张不同年龄阶段的照片，订在我的身上作展览，以便同学之间互相交流、增进感情。但这个可苦了我啦！原来"洁白无暇"的皮肤被弄得"千疮百孔"不算，一些调皮的小家伙还在我身上为某些照片作"批注"。更可气的是，庄老师非但不批评他们，还笑眯眯地夸他们"有创造才能"！要是换了上学期的那位女老师，早就罚他们到办公室"悔过自新"了。听说庄老师以后还要搞什么"标本展览""剪纸展览"，看着同学们一个个摩拳擦掌、跃跃欲试的样子，我恐怕又得作出牺牲了——唉，这个怪老师！

黑板的话：

庄老师真是个怪人。开学第一天他就询问了同学们各自的生日——刚开始我还纳闷呢，他问这些干什么。现在我才知道，原来每到某一天哪位同学过生日，他都要用红粉笔在我身上写几句祝贺他（她）的话。这不，昨天张晓敏过生日，他就在我身上写"祝张晓敏生日快乐，学习进步"！乐得张晓敏笑了整整一天。庄老师还从第一小队开始，要求每人每天在我身上抄一句名言警句——嘿，你别说，这样一来，别说同学们，就连我自己都收获不小呢！

学生甲：

你看庄老师——说他像老师吧，他整天西装笔挺，一点也没有一般老师的"穷酸样"；说他不像老师吧，他知识渊博，古今中外，上至天文，下至地理，他都能侃侃而谈。从孔子到巴尔扎克，从鲁迅到莫泊桑，甚至列宁和马克思，他都能讲得头头是道，真让人佩服他与众不同的口才。他能和女同学一起讨论琼瑶、席娟，也能和男同学一起畅言金庸、古龙，甚至还会因为范志毅和祁宏的踢球脚法跟我们争得面红耳赤。有时候真觉得他不像是我们的老师，更像是我们的大朋友。

学生乙：（略）

……

综上所述，你应该知道我们的庄老师是个怎么样的人了吧？总之，四个字——与众不同。

（生思考，讨论。）

师：这是一种什么样的角度呢？

生1：侧面描写。

师：对！谁能说说什么是"侧面描写"吗？

生1：就是写人叙事不从正面切入，而从侧面落墨。

生2：就是所写的主角不从正面登场，而是通过他人的语言行为从侧面表现出来。

师：都说得很好。这种侧面切入主要有两种表现形式：一是借"人"表达，就是要写某人某事某物，完全通过他人的观察或叙说来反映，"主角"自始至终不出场；二是借"物"表达，比如要写一个人一件事，不从正面切入，而是将"物"拟人化，借"物"的看、听、说等活动予以表现，"主角"始终隐于幕后。下面大家给这种角度命名吧！

（生讨论，最后确定为：侧面迂回。师板书。）

师：以上应该是常见的几种角度。你们还见过哪些新的切入角度呢？请大家先以学习小组为单位进行交流，然后发言。

（生讨论约三分钟。）

生3：还有一种"多角切入"，比如写"诚信"这个话题，工人、农民、军人、商人、学生、老师都对它进行阐释，将这些阐释组合起来就成了一篇文章。

生4：我读过一篇名为"护士与患者的日记"的文章，分别从护士的视角和患者的视角切入，我们刚才讨论了一下，觉得可以命名为"视角互换"。

生5：我读过一篇"不爱乔丹"的文章，文中一次次表明"不爱乔丹"的理由，而实质是特别爱乔丹，这种角度叫什么呢？

生6：这类文章，有的明褒实贬，有的明贬实褒，我看可以叫"褒贬错位"。

生7：我看过一篇叫"生死回眸"的小小说，切入角度怪怪的，先写主人公腐败被枪毙，后一步步写到他诞生。它不同于倒叙，故事是按结局——高潮——发展——开端来写的，不知该怎么命名。

师：这篇小说我读过，不妨命名为"逆向运笔"吧！今天，同学们谈得太好了，下面，我们把这节课学到的"角度巧妙"的方法归纳一下吧。

生8：巧变人称，化人为物，化物为人，侧面迂回，多角切入，视角互换，褒贬错位，逆向运笔。

师：一篇文章要写出新意，当然需要与众不同的切入点，在今后的阅读和写作中，我们既要注意他人文章的切入角度，更要学会在自己的作文中写出新的角度。好啦，下面是课后练笔训练，请以"故乡风情"为话题写一篇文章，大家不妨尝试一下新的切入角度吧！

●●●●● [执教感言]

怎样指导初三学生进行中考作文复习？我一直在思索这个问题，也一直在进行探索。

中考作文复习指导缺乏序列、杂乱无章（平时作文训练也是一样），这恐怕是勿庸讳言的事实。解决问题的办法是如何构建中考作文的复习序列，编织中考作文的复习网络。

多年来，我就在尝试编织这样一张网络。

首先是构建整体框架，这个框架大致可以分为10个复习训练专题——

①标题夺目　②选材新颖

③立意独特　④角度巧妙

⑤结构精美　⑥铺展灵活

⑦语言生动　⑧体式丰富

⑨个性突出　⑩文体分明

然后是针对每一个复习专题指导学生进行鉴赏、归纳、提炼、训练，力图通过序列化的复习提高学生的写作水平。

在具体的复习指导中，我尝试从以下三个方面着手——

一、在阅读与鉴赏中感悟

中考作文复习既要有序列化的阅读鉴赏，又要有序列化的练笔提高。

阅读是"吸纳"，写作是"倾吐"，只有善于"吸纳"的人，才能更好地"倾吐"。读写结合无疑是提高学生写作水平的不二法门。在中考作文复习指导中，切不可因为时间紧而重

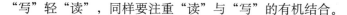

"写"轻"读"，同样要注重"读"与"写"的有机结合。

一是阅读"定向"。因为序列化的作文复习指导是分"专题"进行的，那么，阅读与平时学生的泛泛而读应有不同，它应该是对训练专题具有针对性的"定向"阅读。这就要求教师跋涉书山，踏破铁鞋，精选适合各个训练点的阅读材料。材料可以选"篇"，也可以选"段"，选文最好既有学生佳作，又有成人的优秀作品。这种"定向"的阅读材料，就是学生完成训练计划的最好范本。从某种意义上说，例文选得好，"定向"阅读就读得好，训练就会大有收获。

二是鉴赏"定点"。鉴赏"定点"就是紧紧扣住训练点，不旁逸斜出，不全面开花，将这个复习训练的"点"赏得美、赏得深、赏得透。比如讲"语言生动"这个专题，教师可以准备一系列语段，指导学生鉴赏以下各"点"：语言的简洁之美、朴实之美、形象之美、华丽之美、严密之美、风趣之美、诗化之美、含蓄之美、深刻之美，等等。

"定点"鉴赏的最大好处是角度单纯，视点清晰，便于学生掌握。"定向"阅读与"定点"鉴赏结合起来，穿插于作文复习指导课中，学生既可以增强感性认识，又可以增加理性感悟。

二、在提炼与归纳中得"法"

强调阅读的"定向"和鉴赏的"定点"主要是便于提炼归纳，就是要在对精妙例文的阅读和鉴赏中提炼出带有一般规律性的东西，归纳出具有可操作性的方法。

尽管文无定法，但还是有"法"可循的。而今，作文教学似乎都在诅咒"八股"，都在高喊"创新"，这些口号无疑是正确的，但我们不应该忽视大面积的初中作文思维紊乱、毫无章法的现状。对大多数作文入门入格尚感困惑的初中生大喊创新也许有点急于求成，终究还得我们语文教师一步一个脚印地对其进行引导，这种引导恰恰需要规律的揭示和方法的点拨。

比如，我们常常要求学生的作文"选材新颖"，具体来说，"新颖"怎么体现呢？通过对一系列精美例文的阅读与鉴赏，我们至少可以提炼出如下一些带有规律性的东西：以"真"见新，以"朴"见新，以"时"见新，以"知"见新，以"能"见新，以"奇"见新，以"联"见新，以"趣"见新，以"情"见新，等等。再比如"铺展灵活"，我们可以归纳出如下常见方法：借"景"铺展、借"物"铺展、故事铺展、对话铺展、双线铺展、对比铺展，等等。

在作文复习指导中，多一点这样的提炼与归纳，学生自然会从中得到一些规律性的方法，于作文水平的提高自然大有裨益。

三、在训练与修改中提高

上面所谈及的阅读与鉴赏、提炼与归纳，实则是一种针对作文复习专题的指导，仅有指导当然是不够的，更重要的是有针对性的训练与修改。

训练，就是把在作文复习指导课中学来的方法、技巧运用到自己的习作中去。比如学习"结构精美"这一专题，师生提炼出来的方法有"美句导航""排比构段""三点运思""镜头剪辑""一字立骨""一唱三叹""散点辐射"等，那么学生就可以选择其中最感兴趣的一种技法进行训练。由于学生各有所好，写出来的文章也就会多姿多彩。

修改，就是选择最具代表性的学生习作进行"升格"修改。修改的主线紧扣复习专题，在教师的引导下，发挥学生的集体智慧，将三类、二类作文"升格"为一类文，特别是在修改中让学生明白怎样熟练地运用大家归纳出来的一些专题技法。这样的修改特别实用，对提高学生作文水平很有帮助。

在初三作文教学实践中，我一直认为——

编织一张中考作文复习指导的网络，很有必要，也很迫切。

编织一张中考作文复习指导的网络，难度很大，但正因为难，才能显示其价值。

编织一张中考作文复习指导的网络，需要很多教师共同努力。

"自创短信贺猪年"教学实录

❋ 赵谦翔

一、激情导入

大年三十的夜里，我接到了来自祖国四面八方的数百条贺年短信，但有许多都是转发自专业短信写手的"花言巧语"。这些短信妙则妙矣，可惜都是现成的套话，没有个性，缺少真情。唯有我的两名弟子发来的贺年短信令我深铭五内，感悟良多。

其一：张茜贺年短信。

如梦令（二首）

学海屡遇艰险，无奈望洋兴叹。幸遇赵老师，顿悟花明柳暗。苦干，苦干，蓓蕾定将盛绽。

喜迎新春当下，奇葩嫣红紫姹。弟子诚祝福，永葆朱颜黑发。黑发，黑发，绿文丛中叱咤。

教师回复：

如梦令·贺张茜

短信多是套话，君诗惊喜读罢。语坛播绿者，幸遇郢人何怕？何怕，何怕，前途风景如画。

花甲金猪，祝君发"才"！

注释：《庄子·徐无鬼》："郢人垩慢其鼻端若蝇翼，使匠石斫之，匠石运斤成风，听而斫之，尽垩而鼻不伤，郢人立不失容。"言匠石神技，得郢人而后显，后因以郢人喻知己。我曾在教学中给学生讲过这个故事，以此告诫学生，语文成绩的提高，需要匠石与郢人的默契配合。只有教师的"主导"或只有学生的"主体"，都无法进入教学的最佳境界。

其二：魏聪伟贺年短信。

愿做您"猪大军"里的一员干将，誓死不为"猪将军"丢脸。嘿嘿！祝赵老师新年快乐，身体健康，万事如意。

注释：新年之前的语文课上，我曾经在课外阅读中与学生探讨过王小波的《一只特立独行的猪》。其时我曾说过，本人属猪，愿意在金猪之年带出一支"特立独行的猪大军"来。

教师回复：花甲金猪，恭喜发"才"。猪军干将，报上名来。

魏聪伟回复：在下愚昧，乃为"猪大军"内小卒一名，实为不值一提。不过我即使不是最优秀的，但也一定是最感恩的。老师，谢谢您一学期来对我的谆谆教诲，您辛苦了！我会努力的！

教师回复：干将何必匿姓名，司令从来重感情。绿色语文同开创，猪年携手并肩行。

魏聪伟回复：烟花烛光庆良辰，金银财宝进家门。爆竹声声辞旧岁，聪伟祝福恭送您。

教师回复：聪伟不愧性情人，真诚祝福动我神。花甲金猪献美意，同做绿色语文人。

学生的短信使我怦然心动，感而赋诗：

短信贺年有悟

西疆北国彩云南，

百感千情一指弹。

家信无须竹帛著，

锦书岂赖鸿雁传。

半秒飞达千里外，

一篇绽开万户颜。

短信虽妙出写手，

借花献佛已轻闲。

贺辞神速情趋浅，

巧言雷同智将残。

何如我手写我意，

自创美词动心弦。

继以上内容的叙述，我进一步向学生提出短信写作的要求：

以上述两位同学为榜样，编写一则贺年短信。要求：对象具体，个性鲜明，感情真挚，语言美妙，尤其要借"猪"发挥，可以模仿现成的短信精品，但不可抄袭。50字左右。

二、短信习作讲评

生1：好吃，好吃肉，好吃用你做的肉。猪年将至，愿你用"红烧猪蹄"干出更大的事业；用"油焖猪脑"汲取更多的知识。生活像"猪肉乱炖"般丰富多彩，家庭如"四喜丸子"般团团圆圆。我坚信，你的明天定会同明炉中的"烤乳猪"一样，红红火火，流光溢彩。"猪"你节日快乐！

师（点评）：借"猪"发挥，用心良苦，但有的地方牵强生涩，例如"用'红烧猪蹄'干出更大的事业"，搭配不当，如果改为"在事业的跑道上飞速前进"似乎好些。开头容易误解："好吃用你做的肉"对属猪的人来说，岂不因将遭灭门之灾而恐惧？

生2：猪年钟声到，金猪踏雪来。祝君猪事顺，新年发猪才。

师（点评）：言简意赅，句句借"猪"发挥。前两个"猪"，是真猪；后两个"猪"，是假猪。"猪事"者，"诸事"也，样样事情皆顺也；"猪才"者，"诸才"也，种种才华毕备也。用发"才"而不用发"财"，正可见对象是学生。

生3：给教育部——金猪串福送春来，举家喜笑灿颜开。学海无涯，文科语外最无奈。数理化生为所爱，大学遥遥我何在？应试教育实该改，中华儿女皆英才。

师（点评）：抬头不当：名为"给教育部"，应为"给教育部长"。观点不妥：自己学习不好，不可归咎于应试教育。内容不谐：开头祝贺新年，结尾抨击部长。事实不符：既然"应试教育实该改"，又怎能"中华儿女皆英才"？

生4：寒窗十载辛苦，郁闷无处倾吐。面对迷茫前途，得遇尔等良猪。心中压抑尽吐，换来声声祝福。感激流涕痛哭，你却六神无主。抬头茫然四顾，见你十分愤怒。敢问所为何故，鼻涕沾满衣服。

幸福，幸福，真情有目共睹。

师（点评）：语言乏美，表意混乱。前车之覆，至今未鉴。赠君劝学诗一首：

真情还需妙语说，

逐词逐句费琢磨。

随意涂鸦难成器，

浮躁成习贻害多。

生5：世界上最赖（懒）的动物是什么，最幸福的动物是什么，最不挑食的动物是什么？——猪。猪你像猪一样能睡个好觉，不用辛苦工作，也能收获幸福生活，吃饭不挑食，拥有一个健康的好身体。猪年快乐。

师（点评）："不用辛苦工作，也能收获幸福生活"，此种祝福，自欺欺人！

生6：猪儿美，窗外白雪映新梅；猪儿乐，狗年难关全迈过；猪儿喜，来年还是好成绩；猪儿到，京慧（学生名）祝你新年好。

师（评改）：此短信模仿《红楼梦》中的酒令："女儿喜，对镜晨妆颜色美。女儿乐，秋千架上春衫薄。"但语序不合逻辑，完善如下：

猪儿笑，京慧祝你新年好；猪儿乐，狗年难关全闯过。猪儿美，瑞雪飘飘映新梅；猪儿喜，金榜灿灿寒窗里。

生7：猪年临，花枝俏。朱联挂，文笔妙。烛光满，春意闹。竹挑炮，响声爆。嘱平安，语言巧。主家事，常操劳。祝父母，勿忘笑。驻青春，永不老。

师（评改）：初读未觉甚好，细品方知绝妙。原来八句开头都用了"猪"或"猪"的谐音。模仿三字经，简洁明快，一韵到底，很有新年喜庆气氛。可进一步修改为：

猪年到，梅花俏。朱联挂，文笔妙。竹挑炮，响声爆。烛光照，春意闹。煮饺子，可劲造。祝平安，开怀笑。驻青春，永不老。诸亲朋，和老少。

生8：冬去春来寒依旧，情随事迁几度休？昨日十年寒窗友，今隔四海自漂游。昔日时光难重现，友谊之树青永久。金猪过海送祝福，开心快乐永不休。

师（评改）：对象不注，读者自明，有个性。但重复词句太多，试改如下，供君斟酌：

冬去春来寒依旧，

情随事迁几度秋？

十载寒窗同甘苦，

四海别离独漂游。

往昔团聚虽难再，

来日友情总长久。

金猪过海送祝福，

开心如意时时有。

生9：朱朱，祝你在新的一年里，像株株一样活力四射，楮楮一样坚强不屈，珠珠一样光彩照人，猪猪一样致富发才。

师（评改）："株株"是露于地面的树根，"楮楮"是常绿乔木，"珠珠"是珠子的叠词，"猪猪"是猪的爱称。形容每一种事物的词语，都必须与这种事物的性质相关联，试改为：祝朱朱在猪年：株株一样扎扎实实，楮楮一样郁郁葱葱，珠珠一样光彩照人，猪猪一样大腹便便。

生10：漂亮的女生不好爱，太丑的女生没人爱，优秀的女生不敢爱，独立的女生没法爱。收到短信的你是个例外：猪圆玉润超可爱！祝可爱的你，猪年大吉，惹人喜爱！

师（修改）：漂亮的女生不好爱，太丑的女生没人爱；优秀的女生不敢爱，孤僻的女生没法爱。收到短信的你是例外：猪圆玉润超可爱！猪年大吉，人见人爱！

生11：狗说："轻轻地我走了，正如我轻轻地来。"猪说："好猪知时节，当春乃发生。"我说："太阳落山明朝才能爬上来，花儿谢了明年才能一样盛开。而你对我的爱，十六年来，从未更改。"你说："因为，我心永恒。"

师（修改）：狗说："旺旺地我走了，正如我旺旺地来。"猪说："好猪知时节，当春乃发生。"我说："太阳落山明朝才能爬上来，花儿谢了明年才能一样盛开。而你对我的爱，十六年来，从未更改。"你说："因为爱，所以爱。"

生12：赚钱了·金猪版

我赚钱了赚钱了，金猪买来送给妈。愿你精明强干事业旺，朱颜常驻人人夸。金猪送给妈，需要理由吗？

师（修改）：我赚钱了，赚钱了，金猪买来送给妈。愿你猪年逐日事事顺，洪福常驻人人夸。金猪送给妈，需要理由吗？

生13：蛛蛛和柱柱是两兄弟。蛛蛛柱柱两金猪，猪年逐个得祝福。柱柱勇猛助蛛蛛，蛛蛛伟岸顾柱柱。朵朵妖花与蛛逐，株株林木随柱仁。诸句祝福朱家驻，蛛柱猪年金猪助。

师（评改）：好一个"猪"的绕口令！有匠心，见功夫，难能可贵。修改稿：

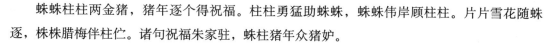

蛛蛛柱柱两金猪，猪年逐个得祝福。柱柱勇猛助蛛蛛，蛛蛛伟岸顾柱柱。片片雪花随蛛逐，株株腊梅伴柱仁。诸句祝福朱家驻，蛛柱猪年众猪妒。

生14：家父本是猪年诞，转眼又入丁亥年。父恩深似千丈海，儿孝重如万仞山。不求富贵扶摇上，只愿健康永平安。猪年好运猪福在，家庭和睦福寿延。

师（评改）：闻说你已立文志，自编好辞价不菲。情真尚须语言妙，咬文嚼字方无悔。修改稿：

慈父本是猪年诞，转眼又入丁亥年。恩情深似千丈海，孝心重如万仞山。不求富贵扶摇上，唯愿健康永平安。猪年好运猪福在，和和美美寿绵绵。

生15：恭祝姥爷新年好，贺电不穷信箱饱。新年伊始闻子来，喜迎儿孙膝边绕。猪君年高心不老，年年岁岁有今朝。吉人天相命多福，祥和安平直到老。

师（修改）：恭祝姥爷新年好，贺电不断信箱饱。猪年伊始儿孙聚，欢声笑语膝边绕。寿星年高心不老，鹤发童颜精神饱。吉人天相福寿多，祥和平安过到老。

生16：花炮鼓锣，又逢岁末。本命金猪，古稀外婆。金婚老人，双喜临门。满堂儿孙，气氛升温。福如东海，寿比南山。待看余辈，奇葩再现。

师（修改）：花炮鼓锣，又逢岁末；金猪外公，古稀外婆。金婚佳人，双喜临门；儿孙满堂，喜气氤氲。福如东海，寿可凌霄；晚辈盛赞，劳苦功高。

生17：献给同学们，祝大家猪年文章越写越精彩——福满三春享安居，才高八斗怀雅趣。谁道文章憎命达，意出肺腑悉佳句。行云不可随旧笔，流水还需辟新渠。狗去猪来送暮雪，蛟腾凤起插茱萸。

师（评改）：玉不琢，不成器；语不炼，不靓丽。改君诗，成白璧。个中理，君当记。修改稿：

狗去猪来送瑞雪，才满新春福满地。莫道文章憎命达，意出肺腑悉佳句。行云不可随旧笔，流水还需辟新渠。才高八斗怀雅趣，腾蛟起凤文采奇。

生18：赠赵老师——"猪"您平安，哦，"猪"您平安！感谢您的真情让我回头是岸。"猪"您平安，哦，"猪"您平安！猪年已到，"猪"赵老师开心永远。

师（点评）：感情真挚，造语新奇。从模仿歌词"祝你平安，哦，祝你平安"而来，但把"祝"变成"猪"，谐音双关，立见新意，感人至深，令人难忘。

生19：赠赵老师：学期过半，新春已至，值此辞旧迎新之际，万分感慨涌上心头。在奔向绿色语文天堂路上的"猪大军"中，吾实为一头"不知不觉"的"昏猪"。当听到陈一匡同学在作文中称自己为"劣徒"之时，我的内心犹如电击，顿时惭愧万分——我才是个不折不扣之大劣徒也！惭愧之余，亦觉后悔。我很想学好语文，但每次下定决心，只是几天热情，随后便烟消云散。我学习态度不端正，总不按时写作文，浪费了许多机会。希望您能原谅我的过失，再给我一次补救机会，我会学好语文的。祝您新春愉快，身体健康，万事如意，猪年吉祥。

师（点评）：真诚有余，精练、精彩不足。试作修改如下：

绿色语文天堂路，猪大军中有昏猪。先知先觉陈一匡，不知不觉我劣徒。机会错过已无数，猪年决心全补足。敬祝恩师身长健，子奇随您上新途。

生20：如梦令

昨夜月朦光淡，今朝阳光烂漫。光阴荏苒过，幸遇赵子无憾。期盼，期盼，猪年更添灿烂。

师（评改）：格律正确，感情真挚，寓情于景。白璧微瑕，试改如下：

除夕无月黯淡，今朝阳光灿烂。光阴荏苒过，幸遇赵子无憾。期盼，期盼，金猪更添烂漫。

生21：祝君今年气色好，赵云持战统万军。老当益壮心不已，师领我等猪大军。新年迎来六十喜，岁在本命笑迎春。快意如风挥墨宝，乐在其中兴犹存。

师（评改）：藏头诗不好写，常常以词害意，不如改写，以尽心曲。修改稿：

狗年相遇喜绿色，猪岁本命笑迎春。金猪今年气色好，神采奕奕赛赵云。老当益壮心不已，意气风发统猪军。快意如风挥翰墨，语坛协力乐耕耘。

生22：如梦令·贺新年

炮声行云响遍，花灯年夜照彻。喜祝猪将军，来年风乘浪破。齐贺，齐贺，语文一片绿色。

师（修改）：爆竹行云响遍，花灯年夜照彻。恭贺猪将军，语坛风乘浪破。齐贺，齐贺，焕然一新绿色。

三、整体讲评，短信作结

"逐"年发"才"
题材丰富如猪肚，
文采繁盛如猪毛。
观念先进如猪嘴，
精神坚挺如猪鬃。
观察细微如猪眼，
构思灵活如猪尾。
境界开阔如猪耳，
文质圆满如猪臀。

●●●●[执教感言]

"问渠那得清如许，为有源头活水来。""绿色作文"的活水从何而来？既非来自"名师"的头脑，也非来自"题海"的磨炼。它的真正源头，除来自读书之外，就是来自包罗万象的大千世界。《语文课程标准》指出："语文课程资源包括课堂教学资源和课外学习资源……自然风光、文物古迹、风俗民情，国内外的重要事件，学生的家庭生活，以及日常生活话题等也都可以成为语文课程的资源。"这对打破作文教学一潭死水的封闭局面，无疑起到了开源引流的治本作用。

作文教学的过程，好比铸造宝剑的工序：多读如备料，多写如铸造，修改如锤炼，反思如淬火。但一切皆以学生为主体，教师只能指导，无法替代。教师无法把自己储备的材料注入学生的大脑，只能指导"备料"的途径；教师不该施加"精神暴力"强制学生作文，只能激发"铸造"的热情；教师不可代替学生雕章琢句，只能点拨"锤炼"的方法；教师不能代替学生思考感悟，只能强化"淬火"的意识。

此次绿色作文教学有三个亮点：

首先是选题灵活。收发短信与当今的学生可谓朝夕相伴、形影不离。选择写作短信这个与学生生活密切相关的题材，极大地激发了学生的写作欲和创造性。如今短信的流行，已如飞流直下三千尺的瀑布般势不可当。除夕夜，仅北京一地每秒钟即有5800条短信发出！引导学生把随意的涂鸦变成刻意的创作，推敲语言文字，表达真情实感，这正是绿色作文的绝佳演练场。

其次是形式新鲜。把创作短信作为一种作文训练方式，正是绿色阅读教学中"精诚，精练，精彩"的"一言心得"，在作文教学中的变形精编版。简练也是一种美。越是精短的，就越是高难度的。学生精心地写作，教师精心地评改，这样才能有效地克服学生信笔涂鸦的坏习惯，使他们在朝朝暮暮的写写发发中养成咬文嚼字的好习惯。

最后是真情动人。无论是写给老师还是写给同学，无论是祝福亲戚还是祝福朋友，让短信成为沟通心灵的渠道和陶冶性情的手段，这正是作文与做人的自然统一。这样的写作训练既给学生带来了愉悦，也给我自己带来了欢乐。作文讲评课后，满怀喜悦，溢而为诗：

花甲金猪自画像

沧桑写满脸，憔悴丑容貌；故人惊衰老，我心不感冒。

上班提前到，骑车唱小调；上楼蹦蹦跳，讲课嗷嗷叫。

糖尿病不惧，吃饭可劲造；夜里打一针，白天三顿药。

备课一入境，疲劳全忘掉；习作读不厌，点评更乐道。

弟子有长进，扬眉哈哈笑；诗兴一旦发，苦吟不睡觉。

喜逢花甲年，金猪满屋闹；电子猪唱歌，陶瓷猪憨笑。

小猪U盘坠，大猪怀里抱；短信贺猪年，作文新创造。

自比常青树，人嘲大傻帽；语坛播新绿，诗意多美妙。

作文是火药爆破，还是蜗牛爬树？"火药爆破"明明行不通，却因"速成"的诱惑而有人追捧；"蜗牛爬树"明明是真谛，却因"慢成"的艰辛而颇遭冷遇。但正如胡适先生所说，"时髦不能赶"。我们只有指导学生一本一本地读书，一篇一篇地作文，一回一回地修改，一次一次地感悟，才能使他们最终习得作文的真本领。

让别人爆破去吧，爬自己的树！

让笔下多一点儿悲悯

❋ 王 君

🖐 一、激发——唤醒悲悯之心

师：王老师一直坚持写日记，今天的课就从老师的一篇班主任手记开始。

（投影展示《小鞋子》剧照。）

（师动情朗诵班主任手记《孩子，但愿阿里原谅你们》，讲述了班上的孩子嘲笑贫困生的故事，非常感人，听完后教室里掌声雷动。）

师：同学们，你们认为，王老师班上的孩子们到底丢失了什么？

生1：同情心。

生2：爱心。

生3：对生活的认识，对苦难的认识。

……

师：老师用一个词语来总结——

（投影展示作文课题目。）

让笔下多一点儿悲悯

悲悯：悲天悯人。以慈悲体恤之心去关注人世间的苦难，感同身受地去抚慰苦难中的人们。

🖐 二、省察——咀嚼苦难滋味

师：王老师天天都批改作文，老师特别喜欢读你们这个年龄阶段同学写的文章。你们写友情，那么真诚；你们写亲情，那么深切；你们写青春期朦胧的情感，更是细腻而率真；如果让你们写幻想，你们更是才华横溢。但是，王老师总觉得，你们的笔下还缺了一点儿什么。

课前部分同学看了重庆直辖十年的纪录片，我们有幸生活在一个伟大的时代，我们的祖国繁荣昌盛，我们的人民安居乐业。但是，我们要乐国家之乐，我们也要忧社会之忧啊！如果我们的视线越过校园的象牙塔，在繁华都市高楼大厦的背后，我们会看到，还有那么多苦难中的人们需要我们去关注，值得我们去书写。而悲悯情怀，自古以来就是成就经典的重要原因。来，让我们读一读几个大家非常熟悉的片段。

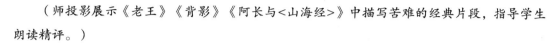

（师投影展示《老王》《背影》《阿长与<山海经>》中描写苦难的经典片段，指导学生朗读精评。）

师： 在艰难甚至黑暗的岁月里，悲悯情怀集中地体现为作家们心中的爱与尊严。屈原"长太息以掩涕兮，哀民生之多艰"。青年时代的巴金说："但愿每一个人都有衣服穿，都有饭吃，每一颗心都得到温暖。"当代著名作家林清玄的《随喜》中描绘的场面，同学们也许更为熟悉。现在请看手中的资料。

（全班同学推荐一生动情朗诵林清玄的《随喜》片段，并齐读最后一段。《随喜》主要讲的是一位父亲施舍一位断腿老人的动人故事。配乐《江河水》。内容略。）

师： 同学们，在我们的生活中，你是不是也看到过类似的苦人儿呢？

生1： 我经常在石桥铺的地下通道里看到一个盲人，他像瞎子阿炳一样拉着琴，他的琴声如泣如诉，听得让人想掉眼泪，但是他的小盆子里的钱总是很少，非常少！

生2： 在赛博电脑城外的广场上，还有一位老大娘，她一年四季都无家可归，总是在汽车站附近乞讨。她的年纪很大，几乎走路都很艰难，让人非常同情。

生3： 在南坪的步行街上，我经常看到很多畸形的孩子：有的脑袋很大，身子很小；有的没有胳膊，有的没有腿；还有的是全身烧伤的……这些孩子总是孤苦伶仃地在流浪。

生4： 还有一些孩子更可怜，四五岁就在大街上表演杂技。我看到过一个很小很小的小女孩儿倒立起来用嘴咬着木板上的一个凸起旋动身体，非常惊险。听说，许多孩子都是幼小的时候被拐骗出来的，他们真可怜。

生5： 在沙坪坝和杨家坪我还经常看到一个没有手的人用嘴巴咬着一支笔写毛笔字，他的字写得非常好，比我们正常人写得都好，但围观着看热闹的人多，施舍的人不多。

生6（义愤填膺地）： 我在报纸上还看到过民工讨要工资，老板不给，民工就只有跳楼自杀。居然还有人在楼下叫他快点跳下来。

……

师（激情地）： 同学们，从1978年到2006年底，中国的绝对贫困人口减少了2.28亿，为世界的繁荣做出了巨大贡献。但是，直到今天，祖国内地还有3000万人口没有解决温饱问题，有2000万儿童失学。今年入夏以来，我们祖国的淮河流域遭遇了五十多年未遇的特大洪灾，到今天为止，已经有三百多人丧生，直接受灾人口达到了1700万……还有病痛，还有战争……同学们，这也是生活，这也是我们的祖国，这也是我们的地球啊！我们是祖国的小小公民，是不是也应该有一些先天下之忧而忧的情怀呢？我们都市少年的笔，是不是除了书写友情、亲情、幻想之外，也应该饱蘸着悲悯情怀，去描写和思考苦难呢？

（投影展示。）

都市少年的笔，应该伸出青春的象牙塔，在人世间的饥饿、贫困、疾病、天灾、流血、战争的风风雨雨中去浸润。

怀着悲悯之心，描绘他们的生活。

怀着悲悯之心，感受他们的痛苦。

怀着悲悯之心，思考他们的命运。

怀着悲悯之心，抚慰他们的心灵。

师： 下面让我们看一个片子，看完之后口头作文。

（投影展示要求。）

观看影片，口头作文：

请你倾吐——此刻你内心的感受。

请你描绘——最难忘的一个镜头。

请你呼唤——向苦难中的人们、向社会、向自己、向天地……

师： 同学们，我们都是善良的人，只是很多时候这个时代的喧嚣和浮躁让我们的心灵钝化了。相信这些画面能够拨动我们心灵深处的那一根爱之弦。多一点儿悲悯情怀，少一点儿看客心态，希望同学们心中有爱，笔下有情！

三、表达——吐露良知真情

（生观看影片《苦难——让世界充满爱》，时间五分钟，影片由三十多张感人肺腑的图片构成，音乐为《让世界充满爱》。图片和音乐都具有强烈的冲击力，观看过程中，不少学生和听课的教师都流了泪。）

师（缓缓地沉痛地）：请用一个词语或者一个句子把你此刻的心情表达出来。

生1： 我的心情很压抑，像堵着一块大石头。

生2： 我非常震撼！

生3： 我想哭。

生4： 我觉得自己的心中很疼。

……

师： 老师很感动，因为同学们的情感都是发自内心的。那么，现在请你像杨绛描绘老王，像朱自清描绘"父亲"一样用深情的语言把你刚才所看到的最难忘的一个镜头描绘出来。

生1： 我最难忘的是一位矿工的手。那双手是全黑的、枯槁的，已经看不出皮肤的本色了。手已经变了形，手指的关节很大，皮肤粗糙得像要掉下来一样。那张图片上几乎就只有这么一双黑色的、粗大的手，看得我触目惊心。

师： "满面尘灰烟火色，两鬓苍苍十指黑"，都是一样的底层老百姓的手啊！请你继续描绘，这位矿工正在做什么？

生1： 这位矿工正在掩面哭泣。

师： 你能想象一下那双手后面的矿工的脸和表情吗？

生1：矿工的脸被那双手完全捂住了，但我想，矿工的脸一定和他的手一样黑，他在哭泣，泪水把他的脸冲出了一道道的沟。他的表情是痛苦的、绝望的。这位矿工使我想起了这段时间报道得很多的山西黑砖窑事件，那些可怜的民工们被折磨得连精神都不正常了，他们都是走投无路的可怜人！

师：你不仅是一个富有爱心的孩子，还是一个关心时事的孩子。你对社会热点焦点问题的关注使你的描绘更加震撼人心。（热烈的掌声响起。）

生2：我最难忘的镜头是一位背了一个沉重的巨大背篓的农村老大娘，那个背篓里装满了干柴。她瘦骨嶙峋的身体被背篓压得成了一个弓形，她脸上的皱纹深得真像刀刻的一样。她佝偻着身体，摇摇欲坠，似乎完全不能走路了。她好像背的不是一个背篓，而是一座高山。

师：是的，是一座高山，是生活的高山。生活对每一个人都非易事，对这样的已经到风烛残年的老人更非易事。

生3：我最难忘的镜头是那些眼睛，那些无助的、迷茫的眼睛。从那些眼睛中看不到希望，更看不到热情，只有逆来顺受和忍耐。

师：你能具体地说说某一双眼睛吗？

生3：有一幅图片的背景是一个大垃圾场，里边有一个小男孩儿，他面无表情地躺在垃圾堆中，看着天空。他的眼神是空洞的，什么也看不到。

师：你能想象一下这个孩子为什么会在垃圾堆中吗？

生3：他的家里一定很穷，所以他只能在垃圾场打工。或者他是一个孤儿，他的爸爸妈妈很早就死了，他只能靠自己捡垃圾谋生。也可能他是一个无家可归的流浪儿，被坏人控制并逼他到垃圾场来做苦力。

师（动情地）：这不仅是一个不能读书的孩子，而且还是一个连基本的生存权都无法得到保障的孩子！

生4：我最难忘的镜头是山村小学的一间教室。教室没有屋顶，泥巴的墙已经坍塌了一半，那些孩子们就在这样的屋子里读书。我看到学生们都是站着上课，或者跪着上课，一条破旧的长条形的板凳就是他们的桌子。但是他们上课非常专注，我看见一个小男孩儿正张大嘴巴兴致勃勃地读课文，他的眼睛发着光，非常努力非常认真的样子。而他们的老师是一个年轻的乡村女教师，一边上课一边还背着一个婴儿，婴儿在她的背上睡着了。这个老师也很专注，他们的脸上都是圣洁的表情。

师：你用"圣洁"来形容这些身处大山深处，在极其恶劣的环境里坚持学习的老师和学生，那是因为你也有一颗圣洁的心。

生5（饱含着热泪）：还有一间教室更让我心痛。教室后边全部都是水凼和泥坑，可以看出这是一间根本不能抵挡狂风暴雨的教室。可是，孩子们依旧在这样的教室里坚持学习。

生6：我记得有这样两个镜头，一个脏得不得了的小女孩儿用一支很短很短的笔在一块砖头上认真地写字，那块砖头居然就是她的练习本。还有一个小女孩儿，也是穿得很破很脏，脸上有很多泥巴，她躲在一间教室的门后朝里边偷看，她的眼神里满是渴望。这一定是一个刚刚失学的孩子在渴望重新回到课堂。

师：同学们，希望工程实施十年来，一共资助了260多万失学孩子回到学校，平均每年20多万，但是，这和全国2000多万失学儿童的数字比较起来，依旧是杯水车薪啊！生活有时候是非常现实和残酷的，它要把人打进十八层地狱太容易了。就是王老师，因为家庭贫困，如果当年没有亲戚的资助，高中毕业后就失学了，不可能上大学，更不可能成为现在这样幸福的老师……

（师哽咽了，教室里沉寂片刻，响起了热烈的掌声。）

（生继续描述。略。）

师：生活有时候是阴冷的，但是只要有爱，有悲悯，生活中就总有阳光。同学们请看这两张图片。

（投影展示："大眼睛"苏明娟8岁和20岁时的照片。）

师：同学们，认识这两张图片上的这两个姑娘吗?她们是同一个女孩儿。她的名字叫苏明娟。1991年，《中国青年报》的记者拍摄到了8岁的农村女孩儿苏明娟求学的照片，并作为希望工程的宣传照。从此，这个有一双明亮的大眼睛的8岁女孩儿的目光，就和希望工程连在了一起，打动了无数有着悲悯情怀的人们。十多年来，苏明娟在社会方方面面的关爱下终于完成了学业。2003年，苏明娟被安徽大学录取。现在，她在安徽省工商银行工作。当年的苦孩子，终于有了一个灿烂的前程！

更令人感动的是，在进入安徽大学的第三个月，苏明娟就致信中国青少年基金会，诚恳地要求自行退出基金会对她的捐助计划。她说：我已经长大了，我应该自食其力了，请把这笔钱用在更需要帮助的弟弟妹妹们身上吧。

同学们，听了这个故事，你的心中又会涌起一些什么样的感慨呢？请你像鲁迅先生一样呼唤出来吧！你可以对刚才影片中最让你牵挂的苦人儿说，对苦难说，对我们这个社会说；你还可以对自己说，甚至对老天说。让我们用这样的方式，为你的口头作文画龙点睛。

生1：我想对那些在泥泞的教室里上课的孩子们说：从你们的身上，我看到了自己的渺小和浅薄。我敬佩你们！

生2：我想对苦难中的人们说：你们一定要相信未来，相信明天，苦难一定会过去，幸福一定会到来！

生3：我想对社会上一些无聊的人们说：你们能够为超女快男去投票，为什么不能把对明星的热情匀一点儿给失学儿童呢！（掌声。）

生4：我想对社会说：让苦难中的人们看到希望并能尽快走出困境，是一个社会是否发达的重要标志。（掌声。）

生5：我也想对我们的社会说：你尽快地发展起来吧，让每一个人都有保障，让每一个人都得到幸福。

生6：我想对自己说：珍惜幸福，善待生活！（掌声。）

生7：我也想对自己说：尽你所能去帮助这些苦难中的人们吧，苦难会让你更加成熟和智慧。（热烈的掌声。）

师：同学们，一开始老师日记中提到的伊朗电影《小鞋子》还有一个翻译名叫《天堂里的孩子》。阿里和妹妹最终拥有了新鞋子。但愿我们也是一群天堂里的孩子——苦难给了我们黑色的眼睛，但是我们却用它来寻找光明。正视苦难，战胜苦难，超越苦难，这是民工孩子们的心里话，也是我们这个饱经磨难越发乐观坚韧的民族的最强音。同学们，悲悯不只在人与人之间，还在人与万物之间。如果这堂课给了你一些感动，请你在课后以"悲悯"为话题完成一篇作文。下课。

● ● ● ● ● ［执教感言］

写什么永远比怎么写更重要！

这是我一直以来遵循的作文教学原则。

作为一名自认为还有些社会责任感的语文老师，这些年来，我一直不太敢面对学生的写作。

不是学生缺乏才气，有才气的学生还不少。但令人失望的是，透过斐然的文采，我看到的却常常是让人压抑的文字：

一类文字优美而旨意寡淡。这类作品篇幅冗长而内容稀少，为表达一个简单的意思而矫情敷衍，结构曲里拐弯，有一点儿情节，有一点儿内涵，好读而不耐读，内容十分稀淡。特别是自《幻城》等作品走红之后，相当多的孩子开始尝试幻想型小说创作。但是因为人生体验的单薄，这类小说往往充斥着大量似曾相识的武侠情节，徒有空扬灵动的外表却缺乏真情实感和独特体验。

另一类艰深晦涩，貌似深刻。在这些作品中，不少少年才子们满纸苍凉孤独颓废，一副受了莫大灾难与折磨的样子。才子们还往往曲折附会一些貌似严肃的哲学命题，并以此显出与众不同的成熟。《三重门》等作品的火暴掀起了如此的"时尚创作"的高潮。现在哪个班上没有几个这般愤世嫉俗的"写手"呢？

当然更多的写作是连上面的两种"另类"的水平都还远远达不到，而是停留在流水账般地复制生活上。总之，纵观现在青少年的写作，相当一部分学生迎合了充满了小资气质、小资情调的伪伤感、伪叛逆、伪天真、伪深沉，迎合了世俗化的审美趣味。

面对中学生群体这样的写作现状，我迫切地感受到了责任：写作技巧的灌输和反复操练只是作文教学的末枝，我们最迫切需要做的事是把学生的眼光引向沸腾的真实生活，我们有责任告诉学生——

中学生的作文不应该是这样的：因为所感觉的范围颇为狭窄，便不免咀嚼着身边的小悲观，而且就看这小悲观为大世界。（鲁迅语）

中学生的作文不应该是这样的：一个初涉人世的少年，一落笔，就满纸苍凉，很孤独很颓废很绝望很仇恨，仿佛受了莫大灾难与折磨的样子，仿佛这个世界虐待了他丢弃了他。（曹文轩语）

中学生的作文更不应该是这样的：以叛逆为个性，以另类为时尚，以晦涩和忧郁为流行，人云亦云，东施效颦……（王栋生语）

我们应该让中学生懂得：

中学生作文的天地可以是广阔的：青春话题，公民意识，荣誉和责任，悲悯和同情……人与社会、自然、自我的关系应该是永恒的作文源泉。青年的写作能够展现青春气息而又思考大问题，能够体现胸襟抱负而又敢爱敢恨。如果我们在少年的写作中听到了生命的歌唱，哪怕是苦难的歌谣，他们的价值也远远超过了无病呻吟和故弄玄虚。

心中有爱、肩上有担、腹中有墨、胸中有识、目中有人、手上有艺，这才是中学生作文的一种境界——当然，这是文的境界，也是人的境界。

《让笔下多一点儿悲悯》这堂课，我以"悲悯"为内核，以"直面苦难"为内容，乃是因为这对于生于都市长于都市的学生，最具深刻的现实意义。

我希望教师的亲身经历、经典文本的震撼力、弱势群体的生存现状能构成强大的合力，把学生的视线引出都市校园的象牙塔，带领他们走进人生的苦难，使他们的灵魂受到重重的一击，然后清醒地意识到苦难原来离他是那样的近，由此唤醒他们的悲悯情怀，激发他们心中神圣而庄严的责任感，不仅为他们的笔灌注一点儿爱，更为他们的笔灌注一点儿元气和血性。

我期望这是一个开始：学生心灵的温度由此得到了提升，他们的文字开始变得温暖而柔韧。

我衷心地希望：苦难能够给孩子们明亮的眼睛，让他们的心中更有爱，笔下更有情。

文学观察与文学表现

※ 徐社东

师：今天我给大家发一个材料，是沈从文先生的《我读一本小书同时又读一本大书》。大家阅读时用笔画一画，再在后面做一个摘录。我已经对所摘录的内容做了分类。

（生开始阅读，勾画。）

师：小书，指学校里的书。读一本小书，指的是上学。那么，谁回答一下，大书指什么？读一本大书，又指什么？

生1：大书，指社会生活；读一本大书，指经历人生。

师：回答得很好。谁都在过生活，谁都在经历人生，但是，每个人的收获却不同。有些人丰富，有些人枯燥、乏味。有些人能纤毫毕现地描绘出来，有些人却把一切都藏在瓶子里……我们今天要研究一个个案，这就是后来成为文学大家的沈从文，看看少年沈从文是如何对人生这本大书充满好奇的，他看了些什么，想了些什么，经历了些什么。

（师边走边看学生的摘录。作业比较简单，生基本都能完成。）

生2：少年沈从文喜欢逃学，到处乱逛，到处乱看。

师：他看到了些什么？列举一下。

生3：他看到庙里有人在殿前廊下绞绳子，织竹簟，做香，下棋，打拳，相骂等。看到针铺门前永远有一个老人戴了极大的眼镜，低下头来在那里磨针。看到一个伞铺，大门敞开，做伞时十几个学徒一起工作，尽人欣赏。又有皮靴店，大胖子皮匠，天热时总腆出一个大而黑的肚皮，上面有一撮毛！用夹板绱鞋。剃头铺，任何时节总有人手托一个小木盘，呆呆地在那里等剃头师傅刮脸。一家染坊，有强壮多力的苗人，踹在凹形石碾上面，站得高高的，手扶着墙上横木，偏左偏右地摇荡。又有三家苗人打豆腐的作坊，小腰白齿头包花帕的苗妇人，时时刻刻口上都轻声唱歌，一面引逗缚在身背后包单里的小苗人，一面用放光的红铜勺舀取豆浆。一个豆粉作坊，远远的就可听到骡子推磨隆隆的声音，屋顶棚架上晾满白粉条。

师：童年的生活，这么清晰、深刻地烙印在作者的脑海里！

生4：还有，他看到屠户的肉案桌，那些新鲜猪肉砍碎时尚在跳动不止。扎冥器出租花轿的铺子，有白面无常鬼，蓝面阎罗王，鱼龙轿子，金童玉女。还有，大清早若干犯人戴了脚镣从牢中出来，派过衙门去挖土。杀人处，昨天杀的人还没有收尸，一定已被野狗把尸首咋碎或拖到小溪中去了，他们走过去拾起一块小石头，在那个污秽的头颅上敲打一下，或用木棍去戳戳，看看会不会动。

师：啊，好恐怖，但都是一些真实的记忆！新鲜猪肉在跳动，多生动！大家想一想，一个人的记忆，到底能精细到什么地步？我们能一口气数出这么多所看过的东西吗？我们记忆的像素有多高？"小腰白齿头包花帕"，可全是形象啊！"放光的红铜勺"，色彩感多强！皮匠，天热时总腆出一个大而黑的肚皮，上面有一撮毛，一个人，只用几句话，特征就全部出来了。多精彩！我们继续来看少年沈从文对世界的感知，除了这些，还有哪些？

生5：他闻死蛇的气味、腐草的气味、屠户身上的气味、烧碗处土窑被雨浇灌以后放出的气味。

生6：他听蝙蝠的声音、一只黄牛当屠户把刀攮进它喉咙里时叹息的声音、藏在田塍土穴中大黄喉蛇的鸣声、黑暗中鱼在水面拨剌的微声。

师：看着看着，我们开始佩服沈从文了，他把他少年生活的图片传过来了，气味传过来了，声音传过来了。通过文字，一切都复活了。人怎么才能做到这一点呢？是记忆的功劳，还是文字的功劳？对，是两者合力的结果。大家可以进而思考，作为一个文学家，需要具备一些什么素质。

继续来看你们整理的笔记，少年沈从文，所有的感官都处在超级活跃的状态。少年时代，对什么都好奇，看看还有一些什么精彩内容？

生7：还有"想"。他头脑里想河中的鳜鱼被钓起离水以后拨剌的情形，天上飞满风筝的情形，想到空山中歌唱的黄鹂以及树木上累累的果实。

生8：他还好奇。好奇为什么骡子推磨时得把眼睛遮上；为什么刀得烧红时在盐水里一淬方能坚硬，为什么雕佛像的会把木头雕成人形，所贴的金那么薄，又是用什么方法做成；为什么小铜匠会在一块铜板上钻那么一个圆眼，刻花时刻得整整齐齐。

生9：他还有梦想。梦见自己向天上飞去，一直到金光闪烁中，大叫而醒。

师：太精彩了！连一个生命体的心理内容也"表现"出来了，也被你们发现了！少年头脑里都是形象思维，都是有声、有色、有形的。一个文学家和一个雕塑家、一个造型艺术家、一个表演艺术家一样，通过对外部世界事物外形的抓取和表达，来表现他所想表现的东西。文学家用文字。文字不是泥巴，不是石头，不是身体，但照样可以表现一切。这就是文字的神奇之处。但文字是跟从人的，是跟从观察的人、感受的人的。感受在先，文字在后。有了精准的感受，文字就有了神性。

生10：老师，还有"体验"的部分。我来说少年沈从文体验的部分。

师：好。体验是亲身经历，是综合感知。在人的记忆里，它是与生相伴的印象，生命在，体验在。有些可以说是刻骨铭心，终生难忘。文中有很多，你拣主要的说一说。

生10（读）：我最欢喜天上落雨，一落了小雨……有理由即刻脱下鞋袜赤脚在街上走路。若在四月落了点小雨，山地里田塍上各处全是蟋蟀的声音，真使人心花怒放。

捉了蟋蟀，有时没有什么东西安置这小东西，就走到那里去，把第一只捉到手后又捉第二只，两只手各有一只后，就听第三只的……回家时常常全身是泥，于是不必多说，沿老例跪一根香，罚关在空房子里，不许哭，不许吃饭。

有时逃学到山上去偷人家园地里的李子枇杷，主人拿着长长的竹竿子大骂着追来时，就飞奔而逃，逃到远处一面吃那个赃物，一面还唱山歌气那主人。

我从不用心念书，但我从不在应当背诵的时节无法对付。许多书总是临时读十遍八遍，背诵时节却居然朗朗上口，一字不遗。

出门总得带一个削光的竹块，好好地插到裤带上；遇机会时，就取出来当做武器。尤其是到一个离家较远的地方看木傀儡戏，不准备厮杀一场简直不成。若包围到你身边的顽童人数极多，你还可挑选同你精力不大相差的人。

师：一个人经历过的事情一般都不会忘记，但随着积累的增多，有些开始淡忘，许多沉睡在那里，需要唤醒。所以，要想学会表达，除了一颗善感的心之外，还要善于打捞，从记忆里打捞。经历，是我们表达的资本。人们的身体经历、情感经历，都是非常个人化的东西，是非常珍贵的东西，是区别你和别人的标志性的东西。人永远是个别的，没有两个人一模一样。人们的外在经历可以大致相当，但情感经历、心理经历却大相径庭。这里，其实告诉了我们一个道理，那就是，怎么把我们的东西写得和别人的不一样。一个人经历过的事，比听闻到的要扎实，它们会永远驻扎在人的心里。这"经历"，就是生命的"体验"。

生11：可是，老师，我们现在整天读书，没有时间经历许多事情，没有机会去看死人，更不允许我们逃学乱看的!

师:这并不代表你不在感知这个世界。你头脑里一定有许多关于今天这个世界的鲜明的印象。你们今天对世界的认识,一定也比少年沈从文要深入,对世界的接触面也一定比他大。你们走过的地方,比他多,你们看到的东西,比他多。只是留在脑海里的印象,可能没有他那么深刻。只是描写出来,没有他这么生动。这个倒要好好思考,为什么?

(生思考。)

师:不过,我们正在学习他的文学观察力和文学表现力,学习他作为一个文学家具有的良好感觉,我们正在培养这样一种感觉。等我们有了这样一种感觉以后,我们再去看这个世界,我们就会变得职业一点。我们写起东西来,也会与以前不同。简单地说,文学只要这个世界的外部的形状,不要什么科学解释,文学感知世界的方式,是感性的,不是理性的。要想把东西写得像沈从文先生这样生动、可感,就要这样学,这样体会,这样找感觉。这也是今天这一节写作课的训练目的。

好了,现在我们进入到第二个环节,我们和沈从文先生同做一篇文章,题目就叫"我读一本小书同时又读一本大书"。请你们说说,你在读一本小书的同时,又在读一本什么样的大书。

(生思考,热烈交流。)

师:好,一起来谈论谈论。

生1:我先说。我这人不用心做事,许多古诗要背许多遍才能背熟,但我喜欢问问题。我的头脑里充满了疑问:为什么地球上有那么多的怪兽?为什么奥特曼要飞走?为什么别人的玩具都比我的好玩?我的恐龙战队怎么这么烂?为什么我们要上学?……我也到处去闻,闻鸡鸭鹅狗猫身上的味道,连刺猬我也闻过。我在各处听,听遥控车后轮的旋转声,听玩具奥特曼的手臂被我拧断的声音,听蚊子在我耳朵边跳舞的声音。

师:好哇,在短短的时间里,就想到了这么多。如果你静下心来,还会想出很多生动的细节的。

生2:我说我捉虫子吧。天气晴朗时,我就带上一只空可乐瓶外出"狩猎",通常一两个小时便能带一满瓶虫儿凯旋而归,运气差的时候也有半瓶打底。由于我的家里到处都是我捉来的虫子,所以,到了晚上,总有一点虫鸣声。有时,听到极好听的声音,我就循着声音找出是哪只虫儿具有如此美妙的声音,单独培养。从找虫子到捉虫子,有许多讲究,我是在书上看到的。昆虫陪我度过了整个快乐的童年。

师:虫子、昆虫,到底是什么昆虫?什么样子?什么声音?对形象化的表达来说,太重要了。清晰度再高一点,加油!达到沈从文先生的观察和表达的境界。努力!甚至瓶子上要不要留孔透气,都要细说。不过,你说的"夜晚好听的声音",非常有价值。你对声音的个别性很敏感,但你没有说出这声音与那声音的精细的区别。还有谁来说说?

生3：我记得我在奶奶家的时候，到人家竹林里偷人家的笋子。先观察一下，看别人在不在，然后，拎个袋子就跑进去。

师：有趣。怎么个偷法？用手？用手拔起来？感觉怎样？有声音吗？

生3：笋子外面毛茸茸的，有时候，要先把衣子扳掉，再拔，拔起来要左右晃的，晃到后来，一用劲，就会听到喀嚓一下，断了，从里面断的。

师：这样一说，就比较有意思了。还有别的吗？

生3：我还跟着奶奶去庙里吃素斋，听她们集体念经。

师：这个，要把场景想出来，让现在的你置身在那时的情境里。香烟缭绕，声音拖长。他们怎么坐着，表情怎样，你的感觉如何，都要想出来。接着说，还有谁？

生4：说实话，每年刚开学的时候，我就盼望放假。放假了，我就可以到农村奶奶工作的地方去。在那里，我有许多记忆。我总看到一条雪白的狮子狗带着小狗在路边散步。路边有推三轮车卖自家蔬菜的老头老太。又有一群拿着木槌，端着大木盆的阿姨在河边洗衣服。每次经过我姑姑开的饭店，她总会站在门口递给我一瓶饮料。我会经过一大片麦田，春天的时候，满眼望去，一片绿油油的。到了农村的菜市场，最让我感兴趣的是一些大人卖的小鸡，一团团黄黄的，毛茸茸地挤在一起。我也养起了小鸡。几乎每天我都会买上一只，因为我养的鸡没有几只是活到一周的。我前前后后埋了几只，每埋一次，我都会哭得稀里哗啦。直到明白小鸡是因为一只太孤单而死的后，我就改成两只两只地买了。这样，也结束了我埋鸡的生涯。不过，后来我养的鸡到底怎样，我就不知道了。

师：感觉很好。每一句听起来都有画面感。（师继续巡视，看学生写的作文。）我看到很多人虽然没有发言，但写得很有时代气息。比如有人喜欢QQ秀里的装扮，有人喜欢COSPLAY，有人喜欢博客，有人喜欢看别人的博客，有人喜欢在自己博客里换歌，有人喜欢听歌。今天，在网络上挂着，已经是我们生活的一部分。不过要注意，虚拟世界虽然很热闹，但它毕竟不是实体世界，在虚拟世界里的生活，也不是实体世界里的生活，不要把真实的世界忘了。还有些同学记下的内容，既有时代气息，也有有现场感的，如看赛车、看球赛、看动漫展，还有写学跆拳道钢管舞的。大家可以在这些同学的启发下，进一步打开思路，把你所读的这一本大书写好、写活。今天的作业就是做同题作文——"我读一本小书同时又读一本大书"。你对人生这本大书是如何充满好奇的？你怎样在读一本小书的同时又读一本大书？等着读你们精彩的个人生活！好，下课。

●●●● [执教感言]

对于作文而言，一个是发现，一个是提炼。发现是在个人体验里寻找，发现得用心。提炼是舍弃和选择，以及表现。发现是有技术的，提炼也是有技术的。个人体验的丰富库存，依赖良好的感觉训练。许多人看不见这个世界发生的精彩细节，许多人看不见自己经历里的宝贵矿藏，许多人的感官闲置着，漠然着，迟钝着，这一是因为生理因素，一是因为缺少训练。

寻找比较深刻的作文训练，要从作文直觉开始，从感觉开始，并把它们系统化。如果一种训练最终能变成一个人的"生命程序"，自动执行，那这一种训练一定是深刻的。然而深刻的未必是好的，一套拙劣的训练体系也可能是深刻的，但那是会害人的。我们都知道这么一个故事，有一个幼童，学会了用汤匙吃东西，不过他每吃一次，都要将汤匙在自己面前绕三圈。原因是大人这样教他，大人怕汤烫了，在送进孩子嘴里之前都绕几下。这"绕几下"，变成了花架子，离喝汤的本位越来越远。

作文，本质上说，就是细腻的感受，有选择性的表达或独到的表达，再加上思想的深刻等。当"它们"都啪啪啪地流淌出来时，可能就行了。当然，语言要跟得上感觉，语言要能匹配感受。有些中学生的感觉很好，但语言很差。这时，要坚定地肯定他的感觉，为他的语言补课。有些中学生语言很好，但感觉很差，这其实很危险，他可能永远也写不出独到的东西。

有一些学生，在生活中滔滔不绝，心性敏感，语言幽默，妙趣横生，可一写作文就失语。这一种状态，是作文训练的失败。作文训练没能释放他的内能，没能强化他的优势，他所接受的训练，可能是很绕，但又绕不到本质上去。

文学训练有它的个别性、独特性。文学感知世界的方式，和科学感知世界的方式不一样。观察的培养，文学注意力的培养，意识到生命体验独特性的可贵，意识到表达独到性的可贵，是非常重要的。沈从文的《我读一本小书同时又读一本大书》恰好为我们提供了这方面的很好的训练材料。

写作的金矿在哪里？在生活这里，在日常进行的生活这里。就是在这里，到处都是金子，到处都是金子在埋藏着。当生活之扇展开，当人的行走直径越来越大，所到之处，真可以说是遍地黄金啊，就看你发现没发现！

那缓慢演进的平庸生活，其实并不平庸，那里面有真金，需要的一是发现，二是提炼。我记得有一个早晨，我在进校门的一刹那，有一阵风吹来，一片树叶，大概是梧桐树叶吧，金黄色的，正落到一个清秀的青春女生的头上。我好感动，一个上午，我都在想着这一幕这一景。我的眼睛看到了一片树叶和一张美丽的脸的相逢故事，这不是一个巧合，这不是一个偶然。这是一首诗，这里面有语文的本质，值得仔细玩味。一个天空中的随风飞行之物，一个无生命的物质，遭遇了一个美丽的女生。而当时，那里有许多男生女生步行着或推车蜂拥着进校门，阳光照耀着那些青春的生命。而它，偏偏遭遇了这一个女生。这个女生也许没有感觉，也许她很吃惊，但只是瞬间的吃惊，因为功课很多，所以她没有时间来思考这片树叶。

所以，一个可以永恒的瞬间，在她那里被忽略了。生活里，有多少永恒的东西被我们所忽略啊！作为一个有道德的人，我们知道做人应该忠厚，我们一定不会去忽悠人。但作为一个审美的人，长年累月，我们忽略了多少事物啊，我们忽悠了自己多少次啊！我们是时光的罪人，我们是美学的罪人，而我们，作为自己的罪人，审美的罪人，居然对这一切还毫不知晓。她应该为一片小小的树叶而感动，而颤抖，而沉思。我们应该被一些小小的事物所打动，被一些不经意的小事所折服，因为那是一些碎金子，那是一些有价值的写作原料，那是宝藏金光的一种闪现。

当然，从背景之间，抓取出这个主体，并对这个主体聚焦，让这个主体处于中心和被强调的位置，也是非常重要的技术。不过，首先要积累生活里的许多有意义的场景，积累许多有意味的镜头。当记忆库里拥有了大量有价值的原材料时，你自然就会抽取了，自然就可以剪贴组合，表达你想表达的事物了。

原材料一直没有涨价，一直待在那里，等待发现。金子一直在那里，只是没有闪光，因为没有提炼。你也不一定要找到真金，找到矿石就行了；你可以进行无意义思考，无谓的思考。这种感觉很重要，对事物玄思的感觉，会导致你的发现。这种感觉其实就是对有趣的事情发笑和逗留。人的智力特点就是喜欢机巧和好玩的事，但后来，我们严重地被平庸化、格式化了，我们被要求这样那样，我们过多地被强调要理性，我们失去了好奇心，因而也就失去了最宝贵的审美直觉。其实，最后，当这些无意义的思考渐渐向有意义的思考进发时，我们就走向了成功。作文训练的起点，大概如此。要坚决在这些做法上形成惯性，并让这种惯性变成学生生命里的自觉。

关注大事件中的小细节
——"记住这一天"作文讲评及"地震作文"指导

❋ 杨红梅

（说明：2008年5月15日，我校初三学生一模考试，作文题为《记住这一天》。5月19日试卷改完。5月20日作文讲评。）

师：这一次作文，形成了很鲜明的两个阵营：有大约一半的同学从日常生活中发掘题材，以细腻的笔触，描述了给自己带来深刻变化或深刻印象的一天，比如一次特殊的生日，一次特别的谈话，一次偶然的相遇，等等，力求在平凡的生活中写出不平凡的意趣来；还有一半的同学有很强的时代感，他们凭灵敏的嗅觉，把目光锁定在5月8日深圳"点燃激情，传递梦想"的奥运圣火传递和考试前三天，即5月12日发生的四川汶川大地震上，这些同学的思路非常典型：这一天本来就不平凡，当然应该"记住这一天"。

（师边说边在黑板上画了两个圈，在第一个圈里写了"日常生活"四个字，在第二个圈里写了"重大事件"四个字。）

师：同学们看看自己的作文，你属于哪一阵营？你认为对方阵营在写作时哪些方面会比较有优势？

（学生迅速找小组内同学交换作文，讨论。全班交流发言。）

生1：写日常生活的角度比较细腻，个人感受比较好渗透到描写中去；写重大事件时内心特别震撼，但落实到字面上就成了"特别难过""特别激动""特别感动"之类的空词了。

生2：写日常生活容易打动人，比较耐读，因为我们的生活总的来看仍是平凡的，写生活中人人都会遇到的这些事，很容易引起读者的共鸣，激发读者的联想；写重大事件的文章容易流于形式，泛泛而谈，要打动人比较难。

生3：写重大事件给人很强的时代感，时代精神比较好体现，让人觉得作者有"狗一样的鼻子、鹰一样的眼睛、兔子一样的耳朵"。

（旁边学生马上回击："你才有狗一般的鼻子呢！"其他人都乐了。）

师：我补充，他们反击时还有"豹的速度"！（生鼓掌）

生4：我真的很羡慕那些同学。写日常生活呢，让人觉得生活面比较狭窄，难以出新。

师：说到了要害，看来你的眼睛也赶上鹰了！

生5：写重大事件比较大气，给人感觉作者忧国忧民忧天下；写日常生活只能围绕个人情感做文章，无论你怎么写都有点儿小家子气。

师：那要是再写这篇作文的话，你一定会写重大事件喽？

生5：不，我还会写日常生活。

师：那是为什么？

生5：因为这是我会写的，重大事件我把握不了，我不知道该怎么写，写出来的肯定是新闻报道之类的东西。

生6：对，我们几个写的都像新闻。

（生发言时，师捕捉关键词在对应圈下板书：角度小，好融情，耐读，但难以出新，"小家子气"；有时代感，新颖，大气，但易流于形式，泛泛而谈，难打动人。）

师：看样子，不是我们同学不想写重大事件，大事来了，谁不关注？老师相信，不只你们每个人想写，其他热血人都想写点什么。一个五四运动，诞生了一批文学巨匠；一场文化大革命，"地下文学""伤痕文学""反思文学"如雨后春笋；"5·12"四川大地震，一定也会震开文学天空中的阴霾，"地震文学"会率先在本世纪文学史上留下震撼人心的一笔。老师还相信，随着奥运圣火在中国大地上的手手相传，随着赈灾事件的持续进行，同学们的思维会在很长时间内受其影响，甚至这两个重大事件会在较长时间内成为我们作文题材中的第一选择。

写大事件的作文，该怎么写才能达到我们想要的效果呢？

（生茫然。）

师：不会？老规矩——从课本中找答案！我们学过写重大事件的课文没有？

生1：学过一篇写登南极的文章，叫什么来着？

生2（补充）：《伟大的悲剧》。

生3：《最后一课》的背景也是重大事件。

师：好像写大事的课文还真不多。那我们能不能从这两课中获得一些作文的启示呢？不太熟悉课文的同学可以翻书帮助回忆回忆。

（生有的翻书回忆，有的讨论，三分钟后开始发言。）

生1：《伟大的悲剧》中最叫人激动难忘的是细节。比如……我们写大事件时可以从小细节入手。

师：你的建议一语中的！

生2：《最后一课》是把大事件当背景，写与自己有关的小事。

师：对，"小事成就大事"，大事小事最终统一在一个主题上，那就是——

生（齐）：热爱祖国，热爱祖国的语言文字。

生3：这两篇课文都以细腻的心理描写见长，所以能打动人心。

师：不错，并且都是在情节的推进中写心理活动，所以它写出了变化，写得富有感染力。

生4：这两篇课文都有环境的描写，特别是《伟大的悲剧》中的环境描写，不仅让我们感受到南极气候的极端恶劣，更为斯科特一行人的覆灭增添了悲壮的色彩，给人以心灵的冲击。

师： 你的体会很细致：任何事件都是有背景的。

同学们的发现都非常有价值，无论是写小事还是写情节上的小细节，无论是细致入微的心理描写还是典型的环境渲染，都说明作者们关注的是大事件中的小细节。一部成功的文学作品，往往是由一个个鲜亮、感人的生动细节支撑起来的。把写作的角度定小一点，把感人的事件写详一点，把感受的渗透再细化一点，把题材的搜集作广一点。换句话说，只要我们用写日常生活的心态和手法来写重大事件，那么我们的作文肯定会有超越性的突破。

地震发生已经一周了，同学们的信息库肯定又充实了不少，思考应该也深刻了不少。请同学们根据自己手头掌握的资料，从细节上定全篇，你会怎样重新构思你的"地震作文"？给同学们八分钟思考时间，然后我们再交流。

（生思考，拟写提纲，自由交流，再举手发言，说自己的写作角度和大体构思。）

生1： 我的写作角度是歌颂母爱，文题是"这一刻，母爱最伟大"。我连缀了几个母亲保护孩子的感人故事。

生2： 我的写作角度也是歌颂母爱，文题是"母亲与生命"。我既想写一写那些痛失爱子或爱女的母亲，我还写一写像蒋小娟那样把别人的孩子当自己的孩子的母亲，正是这些母亲用女人的温情，支撑起一个民族的未来。

生3： 我的写作角度是表现爱情，文题是"我想抓紧你的手"。

师： 好，这个文题很有点"执子之手，与子偕老"的味道。

生4： 我的作文题目是"当灾难降临的时候"。我想表现灾难降临时勇敢无畏的老师们，他们用自己的生命教给孩子们面临灾难的勇气。

师： 比如舍身护生的教导主任谭千秋、用血肉之躯为学生牢牢把守住生命之门的张米亚老师、生死关头一心只想救学生的吴忠红老师等，你还可以上网查找相关资料。

生5： 我的作文题目是"向最可爱的人致敬"。我看见一个三岁小孩向解放军敬礼的照片，非常有感触，我要歌颂军警母亲，我要歌颂冒死伞降的十五军将士，我要歌颂那些有名的、无名的当代最可爱的人——解放军。

师： 我坚决支持你，灾难来临的时候，中国人民解放军真是我们最坚实的依靠。

生6： 我想给四川人民写一封信，文题叫"不能靠近你，也要温暖你"。

师： 这个文题充满柔情，鼓舞人心，希望四川人民能看到你的信。还有没有人也是写信的？（有四位学生举手）那你们都是写给谁的？

生7： 我是写给北川中学初三学生的。

生8： 我读过一首诗《孩子，别走……》，是一个父亲写给地震中死去的女儿的诗，字字含泪，句句带血，非常感人，我的信是写给那位父亲的。

生9： 我写的是《汶川不相信眼泪》，我打算用"×××，别哭！"的句式作为每一段的开头，劝慰那些活着的人一定要坚强地活。

师： "难说我们同姓，难言我们同源；我们从不相识，素未谋面；可是，早就有一条无形的丝带，将你我的心紧紧相连！"希望我们所有的同胞都能心相连。请继续发言。

生10： 我的作文是《废墟里的爱》，我是以"爱"为主线，串连了几个废墟中的故事，分别表现亲人之间的爱、军民之间的爱和所有人对祖国对民族的爱。

师： 这篇作文的层次感一定会很强。还有哪位同学是以"爱"为线来串连全文的？

生11： 我的作文是《爱，不轻言放弃》，把"5·12"看做数字语言的话，就是"我要爱"，我觉得地震中和地震后，我们都要秉承"不抛弃，不放弃"的信念，好好爱我们身边的人。

……

师： 同学们的发言都非常精彩，饱含真情，富有创意。更叫老师感佩的是你们在这次地震中所表现出来的责任意识，对灾情的关注，对赈灾活动的义不容辞。难道就没有同学把作文的视角放在写写自己的亲身经历上吗？

生12： 我写的是《难过的三分钟》。昨天，我注视着我们的国旗在雨中的国歌声中徐徐上升又缓缓降下，我觉得我的心和湿透了的国旗一样沉重。我听到拉响的汽笛和长鸣的警报，那呜呜的声音仿佛伴着我内心无声的哭泣，想起那些罹难的人民以及在地震中牺牲的英雄们，内心特别难受。

师： 是啊，没有哪一刻比这三分钟更加真诚而漫长。它如此饱满，渗透着感动、关爱与泪水；它如此厚重，载满了坚定、信念与希望。愿逝者安息，愿生者坚强！

生13： 我写的是《守候》。一回家我就守在电视机前看直播，稍微得闲就爱胡思乱想，我希望我的守候能给受灾和救灾的人以力量。

生14： 我写的是《最让我气愤的事》。国家有难，匹夫有责，不能到一线去出力的人，捐点款是理所当然的，但是，有一部分人眼睛只盯着别人，造谣诽谤，叫人气愤。

生15： 我也是写捐款的，不过我写的是我们班的捐款仪式，写的是亲身经历，我的文题是"爱的分量"。

师： 这个题好，每一份爱都是沉甸甸的。国殇不怕，因为有爱！

师： 同学们，通过这次辅导，你会写大事件了吗？刚开始上课时的几个写作难题都解决了吗？

（师引导学生积淀写作知识：写作角度定小一点，内容就具体丰富了，文章就避免了流于形式；把感人的环节写详一点，主题自然就鲜明了，感染力自然就强了；把自我感受细化一点，渗透在行文之中，文章很快就会入心入情。总之一句话，写好大事件，必须从小处入手，在细节上下工夫。写好细节，就能成就完美！）

●●●●[执教感言]

教材始终是语文教学的蓝本，课文永远是语文学习最生动的例子。这是我从教二十年来最真切的体会。所以，认真阅读好教材，充分运用好课文，跟着课文学作文，在每天就一节语文课的今天，在"观千剑而后识器，操千曲而后晓音"已经不大可能的当下，真是一种明智的选择。

比如写人，我们可以分几个阶段进行训练：记叙性写人，文学性写人，评议性写人。记叙性写人即以事表现人，小学时学的就是这种，初中课文对此不但有延伸，如《阿长与〈山海经〉》《台阶》《老王》《信客》《藤野先生》《我的母亲》《列夫·托尔斯泰》等课文，还给学生分角度描写人提供了范例。文学性写人，手段很多，可让学生跟着《俗世奇人》学用夸张手法突现人物的一个特点，使人鲜活而有个性，跟着《变色龙》学用漫画笔法不动声色塑造人，跟着《范进中举》学用对比手法刻画人。评议性写人，可以学《邓稼先》由点到面综述与专项相结合，可以学《闻一多先生的说和做》分时段多角度只评人物一个方面，还可以学《福楼拜家的星期天》把人物评价糅进他自身的外貌、行动描写中。

比如写事，《走一步，再走一步》给我们提供了一个写事文的典型结构："事+理"，事中寓理，理从事来，忌事、理两张皮；《谁是最可爱的人》又是典型的"事+情"的结构，事中蕴情，情由事生，忌无病呻吟。如何把事写得感人？学《背影》，给事一个典型的背景，描写时不断注入与强化个人感受的描写；如何把事写得生动吸引人？学《社戏》，一波三折造波澜。

再比如写景，学透一篇《春》，受用不尽。《春》每段都告诉我们一个不争的事实，要写景，一定要先抓住特征，时令特点、地域特点、景物特点；要构成景一般得有多个物，这就涉及到物与物的组合，即写景的层次，或由高到低，或由远及近，或由实到虚，或由物及人；有了整体把握后才能多角度细致描写，或正面侧面，或动态静态，或调动视听嗅味感官，或联想想象；着笔时还要注意语言的技巧，描摹力求形象，刻画力求精准，修辞力求妥帖，词句力求含情。这都是朱自清的《春》做得非常成功的地方。《春》不一定是最美的课文，但却是非常实用的写景范文。有了这样的基本功，写复杂记叙文中辅助表现人或事时单景的穿插、复景的描画，就是手到擒拿的事了。

诸如此类，不再赘述。常用的作文技法，几乎没有哪一种是在课文这个"聚宝盆"中找不到例子的。

当然，我们的教材不是以作文体系来编排的，但是我想，作文能力也不是按一两个体系训练就能具备的，只要我们扎扎实实地教好教活每一课，让学生受益，我们的教学就是科学的。

怎样编故事

❋ 郑桂华

师：同学们好！刚才跟大家聊天中，我知道了不少同学会编故事，现在我想问你们，你是怎样编故事的？请你把最得意的故事讲给我们听听。简单讲一讲就可以。（板书：编故事。）

生1：一个人失忆后，被海水冲到一个岛上，经过一段时间，最后又回到现实世界。

师：噢，失忆人，到小岛上去，最后回到现实中，很简明。

（板书：失忆人，小岛，回到现实。）

师：谁再说？——不一定是很满意的，不太好的也可以说。

生2：我这个不大好。宇航员在太空飞行的时候，遇到了黑洞，最后他摆脱了黑洞，又回到了地球。

师：很好嘛！宇航员，到太空，遇见黑洞，最后回到地球。

（板书：宇航员，太空，黑洞，回到地球。）

师：还有谁说？

生3：我要说的不是故事，是我做的一个梦。我平时很喜欢吃糖，我就做了一个梦，梦见我来到一个糖果王国，我吃得太多，牙齿都掉光了，我就不敢再吃糖了。

师：很有意思。

（板书：我，糖果王国，牙齿掉光。）

生4：我也做过一个梦，梦到在我家里，爸爸妈妈都不在家，来了一个强盗，我一害怕，就走在空气中了，后来就醒了。

师：这个梦也有意思，他能走在空气中。

（板书：我，家里，强盗，走在空气中。）

生5：我也做过一个梦，梦见我遇到了外星人，到了月球上，看到月球上的城市，然后就醒了。

师：我们有三位同学讲到梦境。他的故事是"我，月球，遇见外星人"。

（板书：我，月球，遇见外星人。）

师：你们也要记呀！我这么卖力地写，就是希望你们也写下来，这都是同学们的智慧。

刚才五位同学介绍了他们的故事，其中有两个是自己编的，有三个梦。你可能觉得这些故事不精彩，但它们有一些共同点，或者说，这些故事有一些共同的要素，我们来找找看是哪些。

生1：都有起因、经过、结局。

师：起因、经过、结局，也就是情节。你再说说起因是怎么起的，起因应该有什么。

生1：……

师：一件事，一定有发生的地方是吧？有目标或任务，有结局。我们提取公因式，找到它们共同的地方。

生2：要有一个场地。

师：不错，有场地。

（在前面板书里写着故事场景的上方补上：场地。）

师：你们记下了没有？大家看看，上面这些故事是不是都有场地，一起说——

生（齐）：岛上，黑洞，糖果王国，家里。

师：还有月球上。除了场地，还有公因式吗？

生3：都有一个主语。

师：主语你们都学过了？六年级就知道主语，真不错。不过，好像有人要帮助你调整说法，他说的主语应该叫什么更好？

生4：主人公。

师：好。

（板书：主人公。）

师：那么，这几个故事的主人公都是谁？

生5：失忆人，"我"。

师：还有什么发现吗？

生6：都不真实。

师：不真实，都是编出来的，虚构的。这是从故事的性质上说的，还不算构成元素。大家看，到黑洞里，月球上，糖果王国，都遇到了什么？

生7：麻烦。

师：他的发现很好，都有麻烦。有人好像说，糖果王国没有麻烦，有没有？

生8：有，牙齿没了。

师：对，这个"在家里遇到强盗"，麻烦就更大了。有麻烦就会怎么样？

生9：起伏。

师：故事都有麻烦，或者说有困难，遇到障碍。现在我请一个同学来总结，一个故事的基本要素有哪几点，哪些是必不可少的。

生10：任务、场地、结局、主人公、麻烦。

师：如果把它书面化一点，按照顺序来说，第一个肯定有"人物"，前面我们用的是"主人公"。第二个是要完成的"目标""任务"，或者，就是去做一件事。第三个，你们原来说是"场地"，有没有更好的？我觉得"场景"是不是更好？场景不仅包含场地，还有环境的意思。第四个我用的是"障碍"，而你们用"麻烦"，比我这个还生动。还有"结局"。

下面，我们就试着用这些元素来编故事，以四个人为一个小组。注意，你们的故事，要有哪些东西？

生（齐）：人物、场景、任务、障碍、结局。

师：很好。至于时间呢，先不限定吧。

（生忙于组对，讨论。师巡视并参加一些小组讨论。时间大约三分钟。）

师：好了，我看大多数小组都找好了，元素还没有定下来的，还可以接着做。已经想好了的，可以先来交流。注意，按照元素介绍，也可以围着其中的一个元素展开，具体写一段文字。好了没有？哪个小组最先来介绍你们商量的故事元素？一个人发言的时候，其他人做笔记。

生1：起因是——

师：还是按照前面说的要素来。

生1：在宇宙，寻找地球一直下冻雨的原因。

（师板书：宇宙，寻找冻雨原因。）

生2：因为地球上发生了连绵不断的冻雨，可能将会爆发第三次世界大战，（众笑）四眼天鸡为了寻找原因，来到外星球，后来知道外星人舰队无法供应能源，需要太阳能，于是四眼天鸡就帮助外星人制造发电器。最后地球恢复了正常，温度也回升了，阻止了第三次世界大战。

（师板书：地球恢复安宁。）

师：结局是"成功了"。

上面这个，我们叫它1号作品。下面的算2号作品，谁来？要做笔记，等一会儿我们要评选的。

生2：我的故事名字叫"QQ保卫战"。三个人的QQ名分别叫"冰薄荷""冰激凌"和"冰糖"，他们同时加入了一个QQ高手组织的QQ群，一个木马病毒侵入QQ群，并扩散到整个电脑，于是所有的QQ会员密码都被盗了，造成一片混乱。我的人物是三个QQ，目标是击败木马，地点是电脑核心，障碍是木马很多，数不胜数，战斗很艰难，最后，正义敌不过邪恶。

（生大笑。）

师：不要着急，让他来帮助你吧，刚才你帮过他了。

生1：邪恶敌不过正义，最后我们胜利了。

（师板书：三个QQ，电脑核心，击败木马，胜利。）

师：好！3号作品是谁的？

生3：人物是一个叫菠萝菠萝蜜的菠萝。（生笑）它想成为菠萝王国的首领，它要实现这个愿望，必须闯过三道难关。

师：哪三道难关？

生3：必须参加菠萝奥运会长跑，并拿到冠军，第二是获得举重冠军，第三是打败十八个水果铜人。最后他成功了，成为菠萝王国首领。

（师板书：菠萝菠萝蜜，菠萝王国，要成为首领，闯过三道难关，成为首领。）

师：很有趣。有没有第4号作品？

生4：人物是疯狂飙车族的"小贴"，目标是穿越时空回到现实，地点是22世纪高速公路，障碍是车坏了，无法穿越时空，结局是找到了当时最著名的博士，把车修好了，他回到了现实。

（师板书：飙车族，22世纪高速公路，穿越时空，车坏了，回到现实。）

师：请坐。还有谁？

生5：我选的人物是"我和动物们"，地点是穿越时空到了未来，目标是经过时看见许多灭绝动物，我代表人类请求这些动物原谅人类的愚蠢和对动物的大肆捕杀，可动物痛恨人类，让人类离开。

师：结局是什么？

生5：动物不要人类。

（师板书：我和动物，未来，请求动物原谅，被抛弃。）

师：人类被抛弃了。是人类被抛弃还是你被抛弃？

生5：我代表人类。

生6：一个叫"游戏"的人。

师：名字就叫"游戏"吗？

生6：是。他擅长各种游戏的玩法，有一天他被绑架了，被绑架到虚拟世界，他必须通过玩游戏打败敌人，才能回到现实世界，结局就是他回来了。

（师板书：游戏，虚拟世界，被绑架，打败敌人，回到现实。）

师：很有想象力。还有一个小组。

生7：我讲的人物是"七只蚂蚁"，它们小队的名字叫七色花小队，它们的目标是维护世界和平，打破大气毒层，地点是在地球魔幻界，障碍是阿纳蚁王。这个蚁王是个坏蛋，它千方百计阻止它们，结局是两败俱伤，最后，世界又恢复了和平。

（师板书：七只蚂蚁，地球魔幻界，打破毒气层，坏蛋蚁王，两败俱伤。）

师：我本来以为可能只有三四个小组有故事，现在，每个小组都有了，而且都很精彩。还有吗？

生8：我写的是一个叫"种子"的地球小孩，他和同学在参加与外星学校的交流中，来到一个与世隔绝的地方，遇到了远古时代灭绝的动物，它们也是要抛弃人类。因为它们是在冰河时期，种子可以帮助它们逃离险境，避免灭绝，最后又回到我们地球上。

（师板书：地球小孩，与世隔绝的地方，冰河时期，回到地球。）

师：哦，跟第5号有点像。

大家的想象很丰富，让人应接不暇。现在，让我们静一静，仔细想一想，上面的这些故事里面，你觉得哪个故事最吸引人，它为什么吸引你，或者，你觉得故事不够吸引人，但是，故事其中的哪一点不错。这八个故事，有四十个元素，哪些元素比较特别。我们每类找出三个来交流。注意，要求记住了没有——

第一，选择最吸引人的故事。第二，看哪些元素吸引人。一定要静下心来比较，如果你是一个读者，哪个故事最吸引你，故事里哪些元素最吸引你。

生1：我还是喜欢我的3号。

师：为什么？

生1：因为故事要吸引人，就要有突出的东西，我们就写了搞笑的。我已经把故事写好了。

师：那你说说看。

生1：在很久很久以前，在一个菠萝王国，有一个叫菠萝菠萝蜜的菠萝，因为它长得跟别的菠萝不一样——长了三条绿皮——大家都看不起它，它想改变自己，想变得更强壮，它就到菠萝A梦那里拜师。菠萝A梦告诉它，必须通过三道难关才能成功。第一是必须拿到菠萝奥运会长跑冠军，第二是必须拿到举重冠军，第三是打败十八个水果铜人。开始，它总是被打得鼻青脸肿，后来遇到了一个好朋友，叫萝卜萝卜罗，经过好几年锻炼，最后终于做到了。就在这时，菠萝A梦告诉他：你已经很强壮了。然后它就回到它的部落，成了菠萝王。

师：不错，已经很详细了。其他同学认可她说的，认为这是最吸引人的故事吗？

（有学生摇头。）

师：为什么？你们觉得她的故事哪里不够味道？当然，每个故事都有精彩之处，你可以说，哪些地方还可以更好。有人想帮助她吗？

生2：长跑、举重，这些不好。

师：为什么你觉得不好？

生2：不吸引人。

师：问题出在哪里？我要找个没有发过言的同学来说。你来。

生3：我觉得比赛太普遍了，应该特别一点，没有看到过的。

师：请你们做记录呀，这么好的建议！

（板书：太普遍。）

师：怎么样？如果太熟悉了，吸引人的可能性就降低了。当然，依靠情节变化也还有可能，但是总体上吸引人就难了。刚才她用了一个词——"太普遍"。很好。如果你的元素太普通，就要注意了。

生4：我觉得她写得太多，其实，只是一个项目就好了，这个地方就写"十八水果铜人"，"怎样克服他们"就可以更搞笑一点。

师：也就是让障碍更集中一点，更——

（板书：集中。）

生5：难度大。

师：太好了！

（板书：难度大。）

师：你跟我备课时想的一模一样，不过我是想了好久才想出的。你是说，长跑、举重不怎么样，跟十八水果铜人打就有难度，变化也多了。同学们看，为什么刚才她说到水果铜人大家就感兴趣呢？一比较就看出来了。现在我们已经有两点结论了。

生6：我认为，即使写比赛，也应该写出怎么练、怎么比的场景。

师：他更进一步了，意思是说就算写长跑，也必须写当中的一些障碍，而且要一个一个克服，是具体的不是笼统的。当然，"怎么写"的要求我们还没有谈到。

生7：还有，也许太简单化了，它要有波折，比如它失败了，不愿意再继续了，变得默默无闻了。

师：也就是说，结局不一定都是好的。平时我们看的文章，一般结局都是好的，你的故事结局也可以不好。

生8：出乎意料。

师：太好了，出乎意料。

（板书：出乎意料。）

师：我们中国人比较喜欢大团圆结局。其实很多事并不是大团圆，并不圆满。上面有没有这样的例子呀？

生9：有。7号作品。

师：结局怎么样？两败俱伤。前面的都是"成功了""战胜了""回来了"，7号作品写的是"两败俱伤"。

生10：她里面一个人物，好像是"萝卜萝卜罗"，她只有一句话概括，我觉得应该详细一点。

师：对里面的人物，一定要给他一定的空间来表现。

一个短的故事，人物不一定多，要少而精。你看，这里几个作品，人物就比较多，七色花，七个蚂蚁，三个QQ，多了来不及交代，就没有什么个性。

生11：另外，比赛的场景可以激烈一点，才能吸引读者。

师：场景不叫"激烈"，情节可以激烈。你说怎么激烈法？

生11：十八个铜人，差点就把它打输了，旁边还有很多人给它们加油。

师：这样的情节你们很想看吗？

（生摇头。）

生12：长跑一般是在跑道上跑，如果它是在水面上跑会怎么样呢？（众大笑）在水面上跑有趣。还有举重，一般是举杠铃，要是它举大象，会怎么样呢？

（众大笑。）

师：聪明吧？跑道上跑是不稀罕的，因为跑道上变化太少了，最多是摔一跤，而水上呢，有波浪，可能还有鲨鱼，变数就多了。假期，有兴趣可以去看看金庸的小说，它里面的场景变化就很多。变数多，故事就精彩。

生13：我觉得人物一开始可以占下风，但是后来它的体力和体能达到一定的境界，超过恶的人。

师：你说的是故事要有变化。

生14：我觉得可以这样：前面两个障碍很容易，都好过，一开始它占上风，后来差点就赢了最后一个铜人的时候，它放松了警惕，最后就失败了。

师：你这里还有哲理。

刚才这几位同学都讲到了，人物关系上要有变化，对手可以成为朋友，它们再去克服更大的障碍，更大的困难。

我知道大家还有很多发现和心得。但是，时间有限，我们简单来总结这堂课：怎样编故事精彩。首先，设置人物的时候，要少而精，有个性，人物可以发生一点变化，甚至人物关系都可以发生点变化。

场景上，要变数多一点，复杂一点。我这里把编故事的要素列了一个表，我希望你们以后再评价故事的时候，从这几个角度来。比如，"人物"按照个性系数给他打分，你可以为他打一分，打两分，也可以打十分；"目标"可以用"魅力指数"去评，去做这件事情是不是很有意思，很有魅力，很吸引人；"障碍"用"难度指数"去评；"场景"用"陌生指数"去评。

好，今天的作业：从上面我们讨论的七个故事中选一篇回去改好。可以用自己的，也可以选同学的作品，先按照标准修改要素，最后写成一个具体的故事。下课。

●●●●● ［执教感言］

这堂作文课是在福建武夷山借班上的，教学目标是学习编故事。

编故事不是初中语文课程规定的学习内容，更不在语文应试范围之内。但是我认为，让学生了解一点编故事的基本常识，锻炼点基础能力，在初中语文教学中自有其独特价值。一是教师可以借此提升学生的想象力，改善其语言表达质量；二是通过了解编故事的知识和技巧，提高学生理解、鉴赏文学性作品的能力；第三，语文学习的空间、样式与功能是多元的，而应试只是语文学习的一个方面，除此以外，还有更广阔的生活。通过编故事、写故事，学生可以尝试从不同的角度去理解人、理解社会。从课堂实录来看，这些目标都得到了一定程度的实现。

对于我自己来说，设计这堂作文课还有另外的试验价值，就是教师在确定了一个教学内容之后，如何将核心内容按照一定的程序，通过切实的训练步骤传达给学生，让学生学会基本的操作，还要明白为什么。比如，这堂课上完了以后，学生不仅能简单地按照要求写，还会辨别，能修改。这样的教学才有可能是有效的甚至是高效的。当然，对编故事的知识要点和训练程序，完全可以有不同的认识和设计，如果大家都往这个方向去努力，就一定能找到比较合理的训练路径。

有价值和有效果，这是评价一切教学活动的两个基本尺度。

有效性不仅体现在教学内容上，也不仅应验在个别学生身上，而是面向全体学生。我上课比较重视面向学生的训练，尤其是一些所谓"消极学生"，这堂课上几乎所有的学生都发言，且都有明显的提高。尽管这样做可能会使课的节奏显得拖沓，学生发言质量、课堂效果也不是非常精彩，但是，我觉得在语文课上，当学生愿意思考，愿意表达的时候，教师按照自己的思路随心所欲打断他是不礼貌的，也是与教育目的相违背的。对于语文教师来说，还有比激发学生对语文的兴趣更重要的吗？